本报告整理得到国家哲学社会科学基金资助

本报告出版得到陕西省文物保护专项资金资助

陕西省考古研究院田野考古报告　第88号

蓝田新街

——新石器时代遗址发掘报告

（上）

陕西省考古研究院　编著

文物出版社

北京·2020

图书在版编目（CIP）数据

蓝田新街：新石器时代遗址发掘报告／陕西省考古研究院编著. -- 北京：文物出版社，2020.1

ISBN 978 - 7 - 5010 - 6252 - 2

I. ①蓝… II. ①陕… III. ①新石器时代文化 - 文化遗址 - 考古发掘 - 发掘报告 - 蓝田县 IV. ①K878.05

中国版本图书馆 CIP 数据核字（2019）第 188294 号

蓝田新街

——新石器时代遗址发掘报告

编　　著：陕西省考古研究院

责任编辑：黄　曲
责任印制：苏　林
封面设计：程星涛

出版发行：文物出版社
社　　址：北京市东直门内北小街 2 号楼
邮　　编：100007
网　　址：http://www.wenwu.com
邮　　箱：web@wenwu.com
经　　销：新华书店
印　　刷：河北鹏润印刷有限公司
开　　本：889mm×1194mm　1/16
印　　张：53　插页：3
版　　次：2020 年 1 月第 1 版
印　　次：2020 年 1 月第 1 次印刷
书　　号：ISBN 978 - 7 - 5010 - 6252 - 2
定　　价：630.00 元（全二册）

Field Archaeological Report No. 88, Shaanxi Academy of Archaeology

Xinjie Site at Lantian

Excavation Report on the Neolithic Period Site

(I)

(*With an English Abstract*)

by

Shaanxi Academy of Archaeology

Cultural Relics Press

Beijing · 2020

目录

（下册）

插图目录

插表目录

第一章　绪　言

第一节　自然环境与历史沿革

一　自然环境

陕西省自然地形的突出特点是从北往南存有明显的地区差异：陕北是一个具有岩石、孤山和风沙地貌，以黄土塬、梁、峁、沟壑为主体的黄土高原；关中是一片由渭河干支流冲积而成的平原；陕南是主要由秦岭、大巴山构成的山地，其间分布小型谷地和盆地。

陕西省全境为大陆性季风气候，温差较大，降雨集中在夏、秋两季。因省境南北延伸达950千米以上，气候差别很大，跨温带半干旱地区、暖温带半干旱地区、暖温带半湿润地区和亚热带湿润地区四个热量—水分地带，生物、土壤也有相应的地带性差异。

陕西的河流大致以秦岭为界，分属两大水系。秦岭以北属黄河水系，流域面积约占全省三分之二，主要有黄河、渭河、泾河、洛河、延河、无定河、窟野河等，水量相对较小，含沙量多，流量变化大。秦岭以南除洛河（在河南省流入黄河）属黄河水系，余全属长江水系，流域面积约占全省三分之一，主要有嘉陵江、汉江、丹江等，水量丰沛，含沙量少，流量变化也小。

上述地形、气候、河流等方面的地域差异，使陕西境内形成了陕北黄土高原、关中平原和陕南山地三个各具显著特征的自然区。

陕北高原区

是我国黄土高原的一部分。包括陕北全部，南界不明显，一般以凤翔、耀县、韩城一线与关中平原分界。地势西北高东南低，海拔1000~1600米。除部分石质山地和土石山区外，大多有深厚的黄土层，最大厚度可达190米以上。黄土具有质地匀细、组织疏松、大孔隙构造、垂直节理发育、碳酸盐含量高、湿陷性和渗透性大、易溶解于水等特点。

本区位置偏北，受夏季风影响较小，年降水量350~600毫米，最冷月（1月）平均气温−10℃~−3℃，最热月（7月）平均气温22℃~24℃，无霜期150~190天。最北部的长城沿线一带属温带半干旱气候，其余广大地区属暖温带半干旱气候，并具有干草原—黑垆土地带的基本自然特征。

长城沿线的风沙区属毛乌素沙地的一部分，分布在东西长300余千米，南北宽15千米至80

余千米的狭长地带内。这里的沙区同西北某些沙区相比，降水量较多，并有窟野、秃尾、榆溪、清涧、无定、芦河等较大的河流和两百多个海子（即湖泊，水面面积 20 余万亩，大都为淡水），地下水源丰富，潜水位较高，常见旱柳、水桐、沙柳、柠条、沙蒿等多种适于在沙地生长的植物。

关中平原区

又名渭河平原或关中盆地。位于陕北高原和陕南山地之间，东起潼关县巷口，西至宝鸡峡，长约 300 千米，号称"八百里秦川"。该区土地肥沃，农产丰饶，人口众多，交通便利，是我国重要的工农业基地之一。平原西端狭窄，东部开阔，呈牛角形。咸阳以东最宽处达 80 千米以上，宝鸡市附近宽仅几千米，是断层陷落地带经黄土沉积和渭河干支流冲积而成的。渭河横贯平原，两岸有三级台阶，海拔多在 330～700 米之间，形成台阶状平原。渭河北岸的台阶最为宽广，有头道塬、二道塬、三道塬之称。二道塬和三道塬是渭河的冲积阶地，地势低平，渠系纵横。头道塬则是与阶地平行的长条形黄土台塬，黄土覆盖厚度由数十米至百余米，地势较高，地下水位深，过去缺少灌溉，一般亦称"旱塬"。

该区内最冷月（1 月）平均气温 –3℃～–1℃，最热月（7 月）平均气温普遍在 24℃ 以上，极端最高气温 45.2℃，是我国夏季气温最高的地区之一。全年无霜期 200～230 天，年平均降水量 550～700 毫米。属暖温带半湿润季风气候，具有暖温带半干旱落叶阔叶—褐色土地带的基本自然特征。

陕南山地区

又称秦巴山地。秦岭横亘于汉水、渭河之间，是我国南方和北方的自然区域分界，大部分是火成—变质岩山地，海拔 1500～3500 米。北坡有明显的断层，山势陡峻，南坡较缓，主峰太白山（3767 米）是陕西第一高峰，也是青藏高原以东的著名高峰。大巴山绵延于陕、川边境，属灰岩—变质岩山地，海拔 1000～2500 米，发育有石芽、溶洞等岩溶地貌。秦岭、大巴山之间由汉水干支流沿岸的汉中、西乡、石泉、汉阴、安康、商县、丹凤等一系列构造—冲积盆地（坝子）串联相通。著名的汉中盆地，西起勉县武侯镇，东至洋县龙亭镇，长约 100 千米，宽 5～30 千米，素称"鱼米之乡"。

本区纬度较低，秦岭横亘其北，受冷气流影响较小，冬季气温比我国东部同纬度平原区高。最冷月（1 月）平均气温在 0℃ 以上，最热月（7 月）平均气温普遍在 22℃～28℃ 之间，全年无霜期 210～250 天，年平均降水量 750～1200 毫米，是陕西水热条件最优越的区域。除商洛和秦岭北部外，属北亚热带湿润季风气候，具有北亚热带落叶阔叶与常绿阔叶混交林—黄棕壤与黄褐土地带的自然综合特征。本区山体高大，生物土壤（以黄褐土、黄棕壤、棕色森林土为主）的垂直结构复杂，是陕西亚热带生物资源和山货土特产的宝库。

该区河网稠密，水量丰沛，河道落差较大，利于发展灌溉和水电。汉水干支流变质岩区和火成岩区有许多良好的坝址，具备梯田开发条件。沿汉水干支流的盆地，土壤肥沃，水热充足，富庶的汉中盆地有陕西的"小江南"之称。

蓝田县位于西安市东南，县城距西安市区约 30 千米。蓝田县名大约出现于战国时期，据《周礼》记载："玉之美皆曰球，其次曰蓝。（蓝田）县出蓝，故曰蓝田。"

蓝田县南部和东南部属秦岭山地，海拔 800～2000 米，山峰连绵，山势陡峭。最高峰王顺山海拔 2311 米。县北的横岭为断块低山丘陵，海拔 400 ~ 800 米，地表有黄土覆盖，沟谷中的砂岩、砂砾岩及红色黏土广泛裸露。由于流水切割，沟渠发育，水土流失严重。

蓝田境内最大河流为灞河。灞河古名滋水，发源于蓝田县灞源乡华岔村西部，西北流向汇入渭河，全长 109 千米。灞河两岸为黄土台塬，适宜人类农耕与栖息。

蓝田县属暖温带气候，年平均气温 13.2℃，1 月平均气温 –1.4℃，7 月平均气温 27.2℃，极端最低气温 –15.8℃，极端最高气温 43.3℃。年日照 2138 小时，年降水量 731 毫米，全年无霜期 215 天。

二 历史沿革

蓝田县是著名的"蓝田猿人"的故乡。1963 年和 1964 年，我国科研人员分别在蓝田县陈家窝和公王岭发现了"蓝田猿人"化石。公王岭位于蓝田县城东南 17 千米，是一个小土岗，前临灞河，后倚秦岭。登上公王岭，即发现厚约 30 米的砾石层，上面覆盖着厚约 30 米的红色土。红色土的下部夹有两层埋藏土，在这两层埋藏土之间发现了一个比较完整的人头盖骨和三枚人类牙齿化石，还有石器和许多动物化石。在陈家窝则发现了一个比较完整的人下颌骨化石。据相关专家研究鉴定，公王岭的头骨大约是一位 30 岁左右的女性，而陈家窝的下颌骨大概属于一位老年女性个体。据古地磁法测定，其年代分别为距今 98 万年（公王岭）和距今 53 万年（陈家窝）。

到了我国史前时期的古史传说时代，据说今蓝田县华胥镇一带曾经是华胥氏部族的生息之处。明代赵廷瑞编修的《陕西通志》谓："三皇祠在蓝田县北三十里，祀华胥氏、伏羲氏、女娲氏。盖伏羲氏、女娲氏皆华胥氏所出，故祀于故里。"又曰："华胥氏陵在蓝田县西三十里。"今蓝田县华胥镇之华胥街，清代陕西巡抚毕沅《关中胜迹图》称为华胥渚，认为是华胥氏迁居之地。

根据蓝田泄湖遗址的考古发掘资料可知，蓝田当地新石器时代考古学文化的发展序列是：仰韶时代早期（半坡文化）—仰韶时代中期（庙底沟文化）—仰韶时代晚期（半坡四期文化）—龙山时代早期（庙底沟二期文化）—龙山时代晚期（客省庄文化）。

夏代以降，据西安老牛坡遗址的考古发现可知，当地曾有一支以"老牛坡远古文化"为代表的考古学文化遗存，应当属于夏王朝时期的方国遗存。及至商代，当地曾有一支以"老牛坡商代遗存"为代表的文化遗存，应当也是一种方国性质的文化遗存。

据青铜器铭文获知，西周时期，蓝田境内曾存在过一个叫作"弭"的封国或贵族采邑。

相关文献记载，秦献公六年（前 379 年）始设蓝田县。经两汉魏晋，到北魏太平真君七年（446 年）撤销，太和十一年（487 年）又复设。

北周明帝二年（558 年）曾分今蓝田西部和南部增设白鹿、玉山两县，保定元年（561 年）撤销。唐武德二年（619 年）复设白鹿县，武德三年（620 年）改称宁民，贞观三年（629 年）撤销宁民、玉山两县，辖地归并蓝田县。武周时复设玉山县，后撤销。后历宋、金、元、明、清各代至今。

第二节 考古发掘经过与报告的编写

新街遗址位于蓝田县华胥镇卞家寨村西南，西南距华胥镇约 3 千米，距泄湖遗址约 12 千米，再西南距蓝田县城约 20 千米。地理坐标为 N34°15′04″，E109°09′15″，海拔 488±3 米。遗址坐落于灞河东岸二级台塬之上，东西长约 600 米，南北宽约 500 米，总面积约 30 万平方米。遗址西南与白鹿原隔灞河相望，距今灞河主河道约 100 米，高于今灞河河床约 30～40 米，地势开阔，周围水源充足，为先民居住和生活的理想场所（图 1-1；图版一，1、2）。遗址周边古遗址密集，西北方向 10 多千米处即为著名的西安半坡遗址，而西安老牛坡遗址更是紧邻其西北，两者隔沙河沟相望。

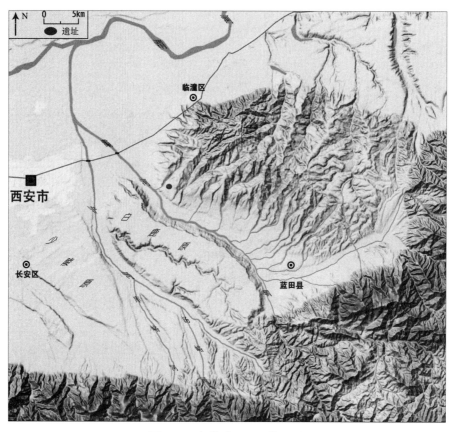

图 1-1　新街遗址地理位置图

　　新街遗址 1957 年被中国科学院考古工作人员首次调查发现[①]，1992 年被蓝田县人民政府公布为县级文物保护单位。2009 年 8 月至 2010 年 6 月，配合西安—商洛高速公路建设，陕西省考古研究院对新街遗址进行了为期近一年的抢救性考古发掘。由杨亚长担任领队，邵晶为执行领队，参加发掘工作的人员主要有：西北大学文化遗产学院硕士研究生蒋德伟、杨磊、李喆等，本科生孟庆旭、张毅、同银星、王叶、杨子龙等；陕西省考古研究院技师赵向辉、杨国旗、吕亚怀、史武平、卞卫东等（图版五，3）下家寨村 30 多位村民也为本次考古发掘工作做出重要贡献。现场照片主要由邵晶拍摄，遗迹遗物线图主要由刘军幸绘制。西北大学文化遗产学院硕士研究生钟华、王艳朋等对植物遗存进行了浮选，博士研究生邸楠对遗物进行描述，陕西省考古研究院胡松梅研究员对动物遗存进行了现场鉴定。发掘期间，陕西省考古研究院马明志、杨利平、郭小宁等同志也曾给予大力帮助。焦南峰、王炜林、张建林、王占奎、张天恩、李岗、孙周勇等多位领导和专

---

①　张彦煌：《浐灞两河沿岸的古文化遗址》，《考古》1961 年第 11 期。

家非常重视本项工作，多次亲临发掘现场（图版五，2）。西北大学文化遗产学院张宏彦、王建新、陈洪海、钱耀鹏四位教授也曾莅临工地，对发掘工作进行指导。

由于本次考古工作属于公路建设中的抢救性考古发掘，我们只能选择在公路建设施工范围内布设探方，又因公路方向所限，探方统一布设为北偏西30°。共布设10米×10米探方64个，实际发掘面积约6000平方米（图版二~四）。布方工作采用象限法，2009年发掘了部分Ⅰ区探方（南区），2010年发掘了其余Ⅰ区探方和全部Ⅱ区探方（中区和北区），所有遗迹统一编号（图1-2）。共发掘房址3座、灶址1个、窑址9座、灰坑406个、灰沟33条（其中商代和汉代灰坑各3个、现代灰沟1条，本报告略去汉代灰坑H4、H43、H281和现代灰沟G28的介绍）（图1-3至图1-5）。各类遗物十分丰富，出土多达数千件的生产工具、日用陶器以及装饰品（图版五，1）。整理结果显示，新街遗址主要包含仰韶文化、龙山时代、商代和汉代遗存，其中尤以仰韶文化晚期和龙山时代早期遗存最为丰富，其分布遍及整个发掘区，出土遗物极为丰富。

发掘期间，对于每个探方的发掘是根据地层堆积和遗迹之间的早晚关系依次进行的，常有各单位之间的连续打破，因此我们在发掘过程中非常注意进度的控制，最大限度地弄清楚各遗迹间的相互关系。对于房屋、灰坑等遗迹单位，一般采用1/2或1/4发掘法，注意观察剖面，了解其堆积情况，全部收集出土的陶质、石质、骨质等各类遗物。同时，还对一些重要遗迹中所采集的土样进行了浮选。但发掘工作中仍存在诸多遗憾，比如由于发掘工期紧促，部分遗迹单位因叠压于隔梁之下或位于发掘区之外，未及打掉隔梁或进行扩方，因而使得部分遗迹并不完整。

新街遗址的考古发掘工作于2010年6月结束，随后转入室内开始专门的资料整理工作。大致可分为两个阶段：第一阶段主要是对全部陶片进行清洗、拼对，修复和挑选标本，对可修复的器物和标本逐一编号、登记、绘图，并做好陶系和器形的统计；第二阶段主要是整理各个遗迹单位的文字记录资料，并对各单位的石质、骨质器物以及动植物遗存进行鉴定。

报告的编写建立在对遗址发掘及资料整理的基础上，传统的发掘报告体例多是按照年代对整个发掘区各遗迹单位进行细致的分期，再选择每一阶段中较为典型的遗迹、遗物按照类别与型式做出细致划分后予以公布，编写者往往容易先入为主，将自己的主观认识传递给读者，而使得公布的资料不够全面，为其他学者之后的研究带来一定困难。近年来新出版的一些报告，如《旬邑下魏洛》《垣曲上亳》等，另辟蹊径，将各遗迹单位放在较长时期的文化发展阶段中，全面公布出土遗物，这样的编写方式极大限度地保留了原始信息，更利于相关学者以后的深入研究。本报告的编写即汲取了近年来的新经验，以全面公布发掘资料为宗旨，按照仰韶文化、龙山时代、商代等不同时期，对各遗迹类型分类予以介绍。遗物从属于各出土单位，不做细致的分型定式，主要以质地、用途、形态加以区分，将出土遗物进行客观、全面的公布。在报告的最后部分，是我们所做的动植物遗存鉴定和初步研究成果，可供相关学者参考。

本报告作为新街遗址考古工作的最终成果，是对新街遗址发掘资料的全面、系统的报告，在发掘期间及资料整理过程中发表的相关报道与论述，若有与本报告不一致者，皆以本报告为准。

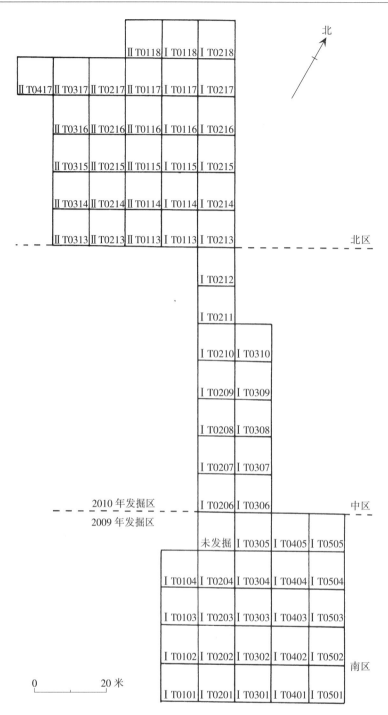

图 1-2　新街遗址探方分布图

第三节　地层堆积情况

新街遗址的地层堆积可分为 4 层（图版四）：

第 1 层：现代耕作层，厚 0.1~0.35 米。

第 2 层：黄色土，土质较坚硬，厚 0.2~0.9 米，仅发现于个别探方。包含物主要有汉代绳纹筒瓦、板瓦残片，说明该层应为汉代以后形成的堆积层。汉代与商代的遗迹单位均开口于此层下。

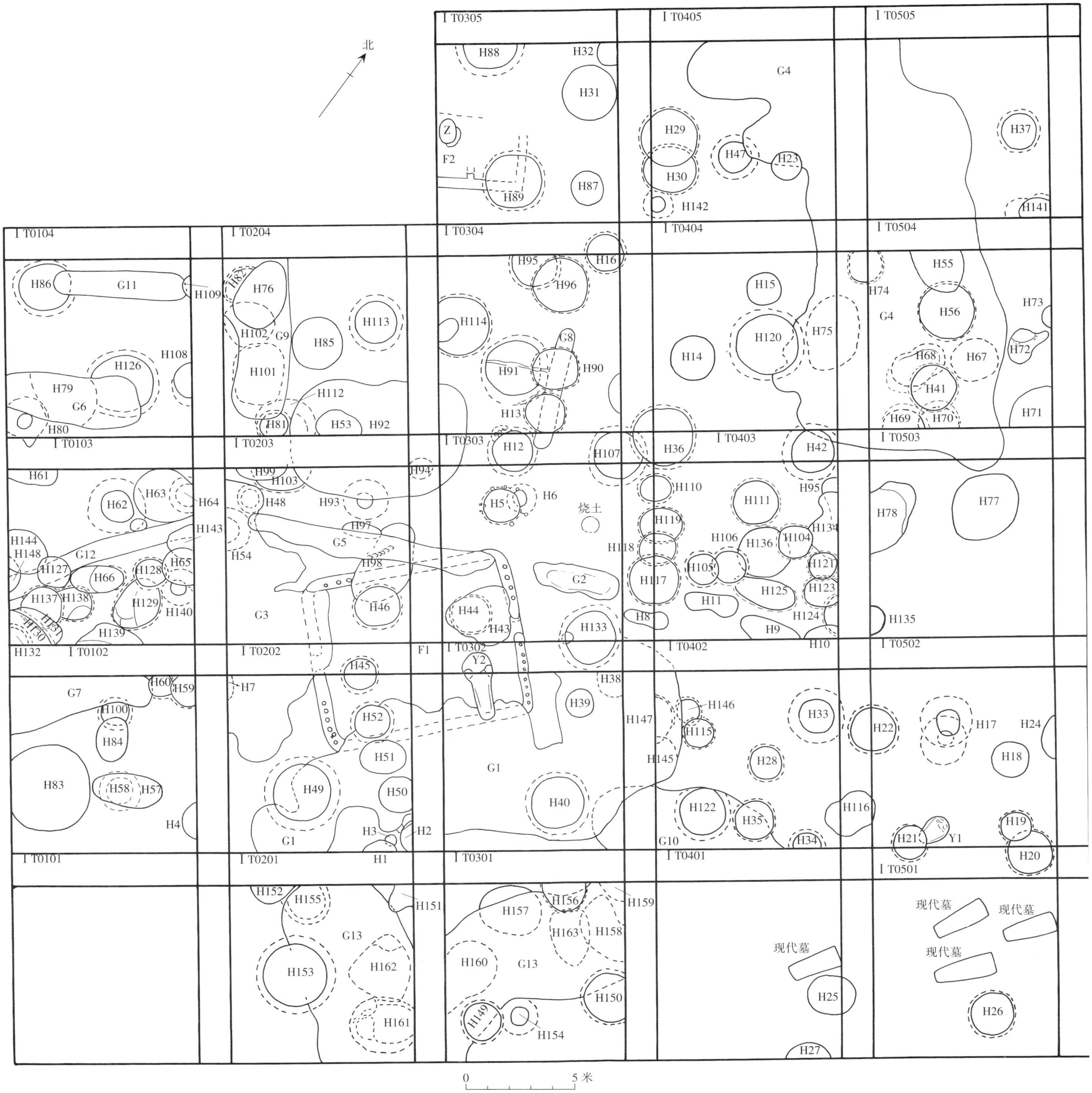

图 1-3 新街遗址南区遗迹平面分布图

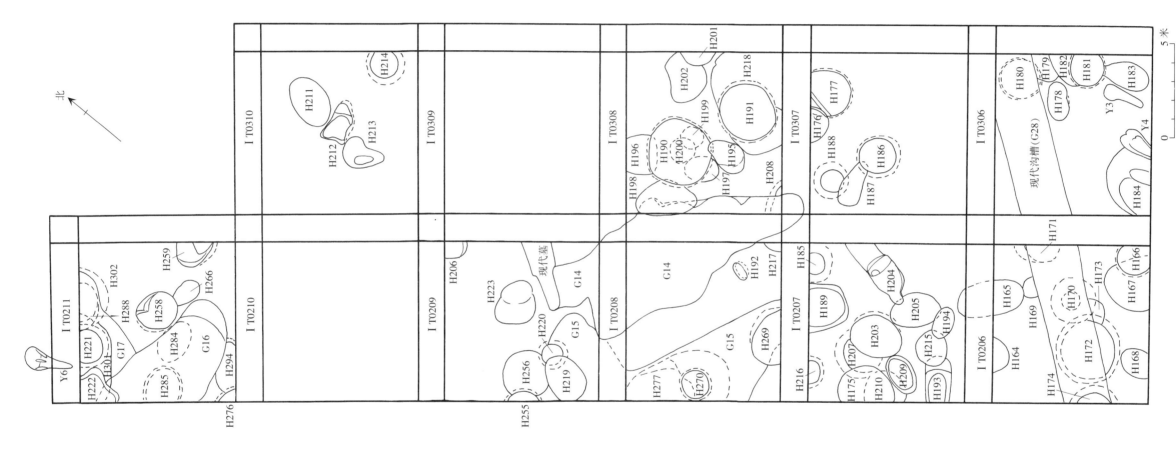

图 1-4　新街遗址中区遗迹平面分布图

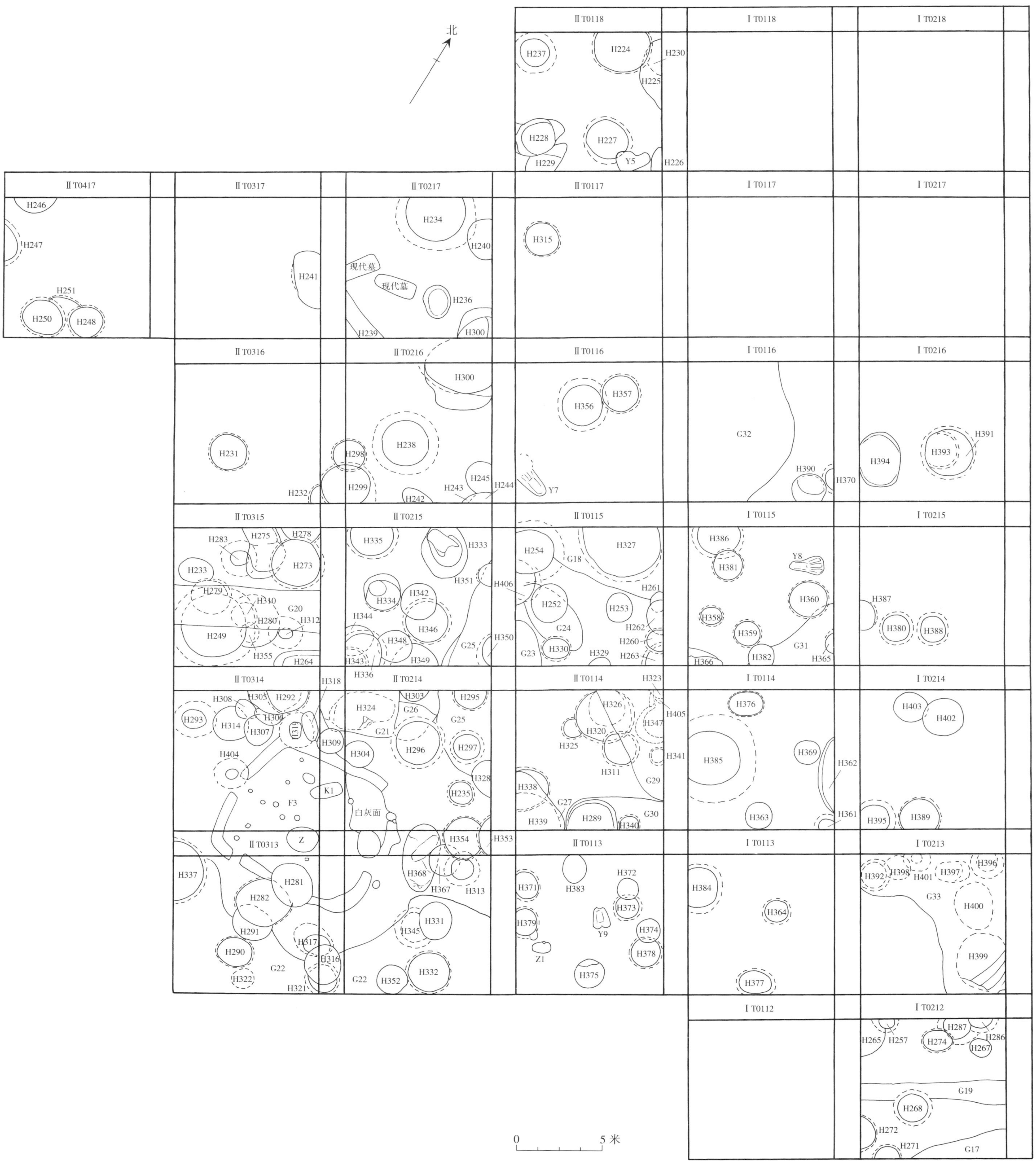

图 1-5　新街遗址北区遗迹平面分布图

北

0　　　　5 米

第3层：褐色土，土质较硬实，厚0.2～0.3米。包含物除仰韶文化陶片（器）外，还有龙山时代早期的陶鼎、陶䢁残片，说明该层应系龙山时代早期文化堆积层。部分龙山时代早期和仰韶文化晚期的遗迹单位开口于此层下。

第4层：灰褐色土，土质较疏松，厚0.1～0.3米。包含较多的仰韶文化晚期陶片，可辨器形主要有钵、盆、尖底瓶、罐等，说明该层应系仰韶文化晚期的文化堆积层。部分仰韶文化晚期遗迹单位开口于此层下。

需要说明的是，由于20世纪七八十年代的农田改造，本次发掘区域内的地貌发生过较大变化，在绝大多数探方中，第2～4层已被挖掉，这些探方中的龙山时代早期和仰韶文化晚期遗迹单位直接开口于现代耕作层下。

第二章 仰韶文化遗存

新街遗址发现的仰韶文化遗存，主要有房址 3 座、灶址 1 个、窑址 6 座、灰坑 345 个、灰沟 31 条。

第一节 房址与灶址

房址共发现 3 座，均为方形地面式建筑。此外，还发现灶址 1 个，其周围并未发现房址迹象。

一 房址

1. F1

位于 2009LX I T0202、T0203、T0302、T0303 四个探方之内，开口①层下，被仰韶文化 H44、H45、H46、H51、H52、H98、G1、G3、G5、Y2 和汉代 H43 打破。房址为地面式建筑，平面近长方形，南北长 8.7、东西宽 7.1 米，总面积约 61.8 平方米（图 2-1；图版七，1）。

四周墙体已无存，仅保留墙基，其中东南部已被破坏，东、西、北三面墙基局部保存较好。基槽直接开挖于生土中，宽 0.5 ~ 0.6 米，深 0.1 ~ 0.4 米。基槽内有一周排列有序的柱洞，共计残存 22 个（D1 ~ D22），其中东墙 13 个、西墙 6 个、北墙 3 个。柱洞直径 0.08 ~ 0.2 米，间距 0.2 ~ 0.4 米，深浅不一，多在 0.04 ~ 0.28 米之间。判断当时的墙体应系木骨泥墙结构。从墙基来看，房址的东、西两侧应有门道，东侧门道宽 0.64 米，西侧门道复原宽度为 0.76 米。室内居住面已遭严重破坏，地面加工方式不明。在室内中部偏南发现一小片红烧土范围，应为灶址所在。室内堆积仅一层，为黄褐色土，厚 0.3 米，土质疏松，出土少量陶片，可辨器形有罐和钵。

2. F2

位于 2009LX I T0305 西部，开口①层下，被龙山时代 H89 打破。房址西侧因延伸至发掘区外，未进行扩方发掘，故整体面积不详。房址东、北两侧墙体已毁，仅南侧存留一小段，残长 2.6、宽 0.42 ~ 0.55、高 0.63 米（图 2-2A；图版七，2）。室内发现有 5 层居住面，应系居住使用过程中逐次敷垫形成。各层居住面均用纯净黄土敷设，平整、结实，各层厚薄不均，厚 0.12 ~ 0.54 米。第 5 层居住面之下还有厚达 1.5 米、共分作 9 层的房基下垫土，应为修建 F2 前的基础处理迹象，与敷设居住面的黄土相比，房基下垫土更加坚硬结实。房址中部有一椭圆形灶址，直径

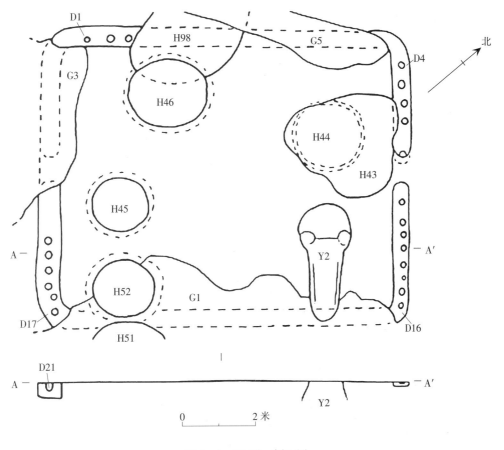

图 2 - 1　F1 平、剖面图

0.9～1.4、深 0.12 米，四周形成灰白色烧结硬面，内填大量红烧土。南侧墙体外有一圆形柱洞，直径 0.4、深 0.3 米。室内堆积仅一层，褐色土，厚 0.3 米，土质疏松，出土较多陶片。

值得注意的是，F2 的五层居住面连同灶圈均呈西北高、东南低的 30° 倾斜，而其下的九层垫土亦随之倾斜，这种现象显然非人力所为，亦非自然沉降所为，再联系遗址中所发现的沙脉喷涌与地层断裂错位等迹象（图版六，1、2），我们推测其很可能是因为地震而造成的。

F2 出土陶器 8 件，器形可辨钵、盆、瓶和罐。

陶钵　1 件。

标本 F2：3，泥质红陶。敛口，圆唇，弧腹，底部残。素面。口径 17.2、残高 6.8 厘米（图 2 - 2B）。

陶盆　2 件。可分为窄沿盆和宽沿盆。

窄沿陶盆　1 件。

标本 F2：5，仅存部分口及上腹部。泥质红陶。敛口，折沿微下斜，尖唇，腹较直。素面。残高 6 厘米（图 2 - 2B）。

宽沿陶盆　1 件。

标本 F2：6，泥质红陶。敛口，平沿，尖唇，口以下斜直内收，底部残。素面。口径 26、残高 6 厘米（图 2 - 2B）。

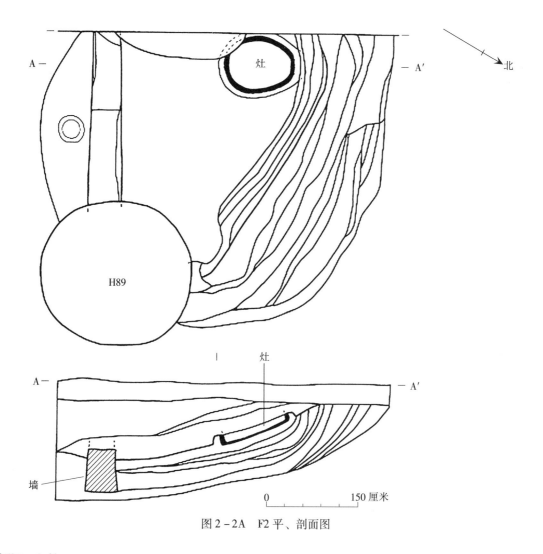

图 2 – 2A　F2 平、剖面图

陶瓶　1 件。

标本 F2:8，仅存口部。泥质红陶。平唇口，口内有一明显的折棱，直高领。素面，口下贴有小泥饼。口径 15.5、残高 8.7 厘米（图 2 – 2B）。

陶罐　4 件。可分为鼓腹罐和直腹罐。

鼓腹陶罐　3 件。

标本 F2:1，仅存口部。夹砂褐陶。敛口，斜折沿，圆唇，鼓腹。器表饰竖向粗绳纹。口径 16.4、残高 5.2 厘米（图 2 – 2B）。

标本 F2:2，仅存部分口沿及上腹部。夹砂灰陶。敛口，斜折沿，圆唇，腹微鼓。器表饰交错绳纹。残高 8.4 厘米（图 2 – 2B）。

标本 F2:7，仅存部分口沿及上腹部。夹砂灰陶。敛口，斜折沿，圆唇，鼓腹，上腹有双錾。器表饰竖向粗绳纹。残高 6.8 厘米（图 2 – 2B）。

直腹陶罐　1 件。

标本 F2:4，仅存部分口及上腹部。夹砂红陶。敛口，短斜沿，尖唇，直腹。器表饰竖向绳纹。残高 8 厘米（图 2 – 2B）。

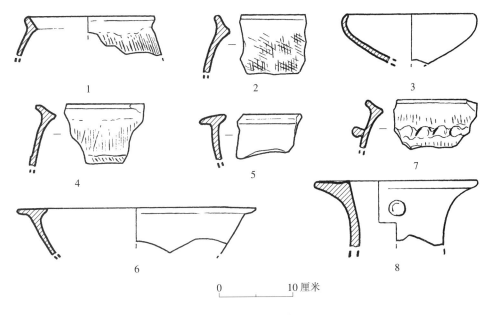

图 2 - 2B　F2 出土陶器

1、2、4、7. 罐　3. 钵　5、6. 盆　8. 瓶 *

3. F3

位于 2010LXⅡT0213、T0214、T0313、T0314 四个探方之内，开口①层下，被仰韶文化 H282、H304、H309、H318、H319、H404 和汉代 H281 打破。房址为地面式建筑，平面为圆角近方形，南北长 8.5、东西宽 8 米，总面积 68 平方米（图 2 - 3A；图版八，1、2）。

墙体已毁，保留墙基和部分居住面。东、西两侧墙基保存较好，基槽直接开挖于生土中。西侧基槽宽 0.6 米，内填灰褐色花土；东侧基槽宽 0.76 ~ 1 米，填土可分 3 层，依次为红褐色土、黄色土和杂色花土。基槽内填土均经踩踏夯实，土质坚硬，填土内发现柱洞（因工期原因，未及时解剖清理，已被毁坏，故基槽内柱洞详情不明）。居住面为白灰沙石地面，平整光滑。室内发现13 个柱洞，直径 0.15 ~ 0.23 米，深 0.04 ~ 0.28 米。墙基四周发现有 4 处缺口，应为门道所在，南墙和西墙各一，东墙有二，依次编为 1 ~ 4 号。1 号门道位于南墙偏西，宽 0.56 米；2 号门道位于西墙中部，宽 1.1 米；3 号门道位于东墙南侧，宽 1.1 米；此三门系开挖墙基时预留。而 4 号门道位于东墙北侧，宽 1.3 米，系敷设室内地面时建造，将连在一起的北墙墙基下挖 0.12 米，留出门道位置，又在近灶址处敷设沙石地面。室内有两处灶址，一处位于中部偏南（F3 - Z2），另一处位于东墙北侧门道南（F3 - Z1），旁有一火种罐。其中 F3 - Z2 保存稍好，为一圆形烧土面，直径 1.5 米，有两层使用面，厚度均为 10 厘米。室内堆积仅一层，黄色土，厚 0.4 米，土质疏松，出土少量陶片。

出土陶器仅有罐 1 件。

标本 F3∶1，可修复。为 F3 - Z1 旁的火种罐。夹砂红陶。敛口，沿外斜，圆唇，腹微鼓，上腹有一对鸡冠状器鋬，平底。素面，腹部有两周戳印。口径 18、底径 12.4、高 24 厘米（图 2 -3B；图版五五，1）。

---

* 本报告各遗迹单位出土器物图内小号均与各遗迹单位器物编号一一对应。

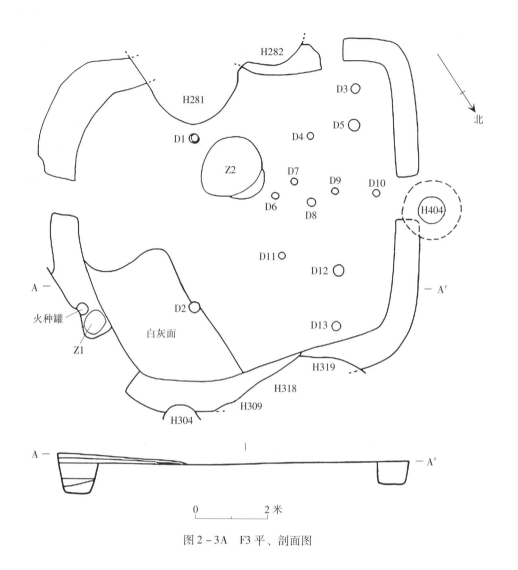

图 2-3A F3 平、剖面图

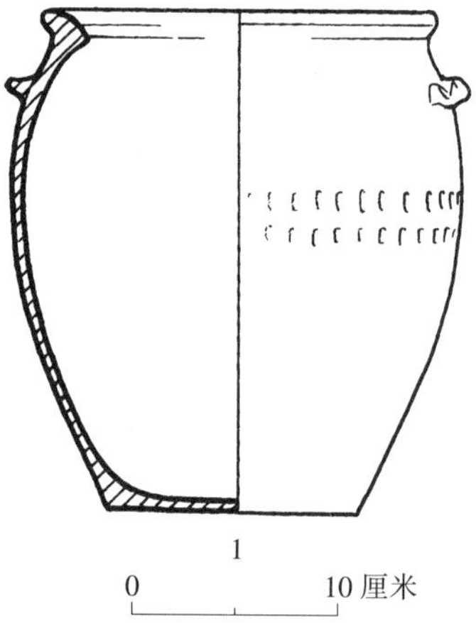

图 2-3B F3 出土陶罐

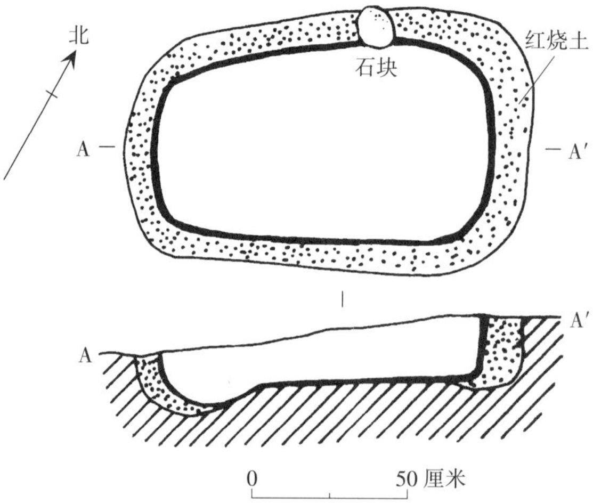

图 2-4 Z1 平、剖面图

二　灶址

Z1

位于 2010LXⅡT0113 西部，开口①层下。平面为椭圆形，直径 0.6~1.1 米，深 0.26 米（图 2-4）。因长期使用，周壁有一圈厚 0.08~0.16 米的坚硬红烧土。灶内堆积为灰褐色土，土质较坚硬，出土有少量陶片和红烧土块。

第二节　窑址

本时期窑址共 6 座，分别编为 Y1~Y4、Y6、Y9，分布较分散，结构大体相似，但多数破坏严重。现简述如下。

1. Y1

位于 2009LXⅠT0502 西南部，开口①层下，被仰韶文化 H21 打破。保存较差，仅留有火塘部分（图 2-5；图版九，1）。现存火塘部分为瓢形，直径 0.8~1.5 米，残深 0.28 米。内壁用草拌泥涂抹，已被烧烤呈青灰色。东北端用草拌泥筑成两个圆形烟道，残留底部。窑内堆积为灰褐色土，土质疏松，出土有少量陶片和红烧土块。

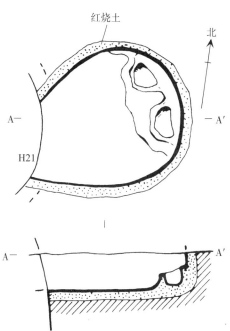
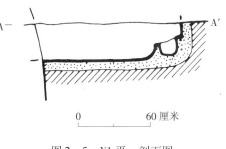

图 2-5　Y1 平、剖面图

2. Y2

位于 2009LXⅠT0302 西北部，开口①层下，打破 F1。由窑室、火塘、火道组成（图 2-6；图版一〇，1）。窑室位于西北部，破坏严重，仅存底部，近椭圆形，直径 1.4~1.7 米，残深 0.15 米（图版一〇，2）。窑室周壁涂抹有草拌泥，被烧烤呈青灰色。火道位于窑室西侧，连接窑室与火塘，分为两股，宽 0.2、深 0.6 米（图版一〇，3）。火塘位于南部，形状近圆形，直径 1.05 米，深 0.9 米。窑内填土为黄褐色土，土质疏松，包含有红烧土块，出土有少量陶片，可辨器形有罐。

3. Y4

位于 2010LXⅠT0306 西南部，开口①层下，打破 H184，仅存火塘和火道（图 2-7）。火塘位于西南部，现存部分为北宽南窄的梯形，底部平整，长 0.78 米，宽 0.17~0.28 米，深 0.6 米。火塘由于长期使用，内壁已形成"琉璃"层。火道位于东北部，与火塘相连，分为两道，残长 0.57 米，宽 0.21~0.26 米。窑内堆积为灰褐色土，土质疏松，出有少量陶片。

4. Y6

位于 2010LXⅠT0211 西北部，开口①层下，由窑室、火塘、火道组成（图 2-8；图版九，

3）。窑室在北，顶部已毁，现存部分呈圆形，底部较平，直径0.9米，残深0.5米；窑室内部涂抹有草拌泥，已被烧烤成红烧土层。火道分为三股，连接窑室与火塘。火塘在南，与窑室呈平面直线分布。火塘呈条形，长1.6米，宽0.4～0.8米，深1.2米，底部较平；由于长期使用，火塘内部形成"琉璃"层。窑内堆积为黑灰土，土质疏松，出土有少量陶片。

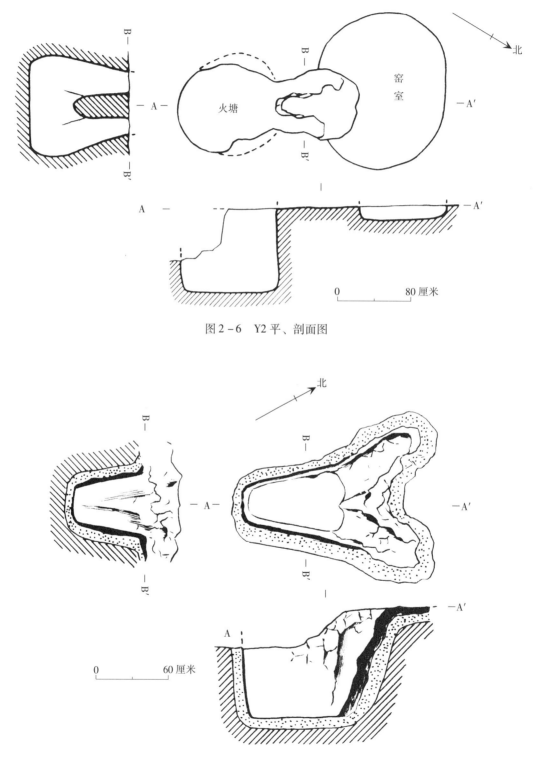

图2-6　Y2平、剖面图

图2-7　Y4平、剖面图

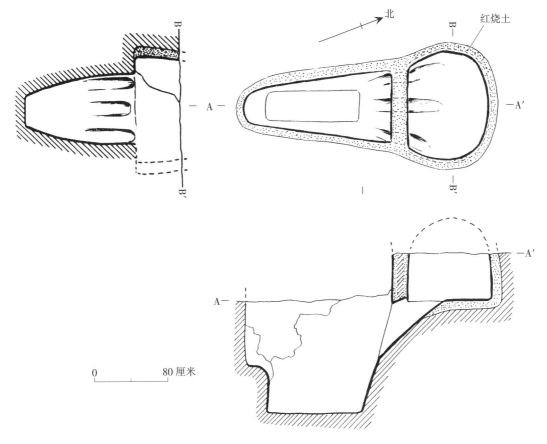

图 2 - 8　Y6 平、剖面图

5. Y9

位于 2010LXⅢT0113 中部，开口①层下。保存较差，仅留有火塘部分（图 2 - 9；图版九，2）。火塘位于北部，现存部分近三角形，底部平整，长 1 米，宽 0.33~0.72 米，深 0.6 米。火塘四壁有一周红烧土层。南部有两股火道，已残。窑内堆积为灰色土，土质疏松，出有少量陶片和红烧土块。

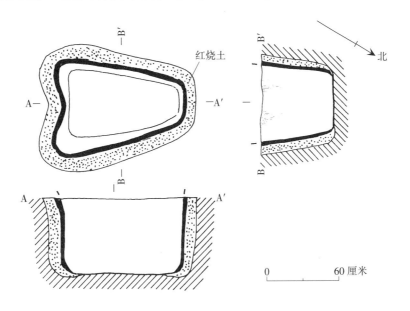

图 2 - 9　Y9 平、剖面图

第三节　灰坑

共清理灰坑 345 个，编号为 H1 ~ H3、H5 ~ H27、H30、H32 ~ H35、H37 ~ H39、H41、H42、H44 ~ H48、H50 ~ H77、H79 ~ H87、H90 ~ H95、H97 ~ H113、H115、H116、H118 ~ H132、H134、H136 ~ H152、H154 ~ H190、H192 ~ H223、H225、H226、H228 ~ H230、H232、H233、H235 ~ H237、H239 ~ H242、H244、H245、H248 ~ H251、H255、H256、H258、H259、H261 ~ H267、H269 ~ H272、H274 ~ H280、H282 ~ H288、H290、H291、H293 ~ H295、H297、H298、H300 ~ H310、H312 ~ H314、H317 ~ H319、H321 ~ H331、H333、H340 ~ H349、H351、H352、H355、H357 ~ H378、H380、H382、H383、H387 ~ H390、H392、H393、H396 ~ H406。

这些灰坑的总体分布情况如图 1 - 3 至图 1 - 5 所示，看不出明显规律。

这些灰坑中有不少被龙山时代灰坑打破，如 H29→H30（打破者为龙山时代灰坑，被打破者为仰韶文化灰坑，下同），H36→H107，H96→H95，H117→H118，H191→H218，H224→H225，H243→H244、H245，H254→H406，H257→H265，H260→H262、H263，H273→H275、H278，H292→H305，H299→H232、H298，H316→H317、H321，H320→H325、H326，H336→H343、H344、H348，H354→H313、H367，H356→H357 等。

在 345 个仰韶文化灰坑中，相互之间也有很多组直接打破关系。如：H1→H3，H5→H6、H10、H123→H124，H19→H20，H41→H68、H70，H46、H97→H98，H51→H52，H55→H56，H57→H58，H59→H60，H63→H64，H65→H128、H140、H143，H66→H138，H69→H70，H76→H82、H102，H79→H80、H126，H81→H112，H84→H100，H90→H91，H92→H93、H94、H103、H112，H99→H103，H101→H102、H112，H104→H134、H136，H105→H106→H125、H136，H115→H146，H118→H119，H121→H123、H134，H127→H144，H128→H129，H130→H131→H132、H137，H137→H138，H144→H148，H152→H155，H158→H163，H161→H162，H165→H169，H166→H167，H172→H170→H173，H175→H207、H210，H176→H177，H181→H182、H183，H182→H179，H186→H187→H188，H195→H190→H196、H197、H198、H199，H194→H205、H215，H199→H200，H201→H202，H203→H207，H204→H205，H209→H210，H215→H193，H219→H220、H256，H220→H256，H221→H288、H301，H222→H301，H225→H230，H228→H229，H248、H250→H251，H249→H279、H280、H310，H255→H256，H258→H266，H262→H261，H274→H287，H275→H283，H276→H294，H280→H310、H355，H286→H287、H288，H301→H302，H305→H306→H307、H308，H307→H308、H314，H308→H314，H310→H355，H313→H367，H318→H319，H323→H347、H405，H342→H346，H343→H344，H348→H349，H367→H368，H372→H373，H374→H378，H402→H403。除上述灰坑之间的直接打破关系外，仰韶文化灰坑与灰沟之间的打破关系亦较常见，由此形成了仰韶文化灰坑之间的间接打破关系。

以上两种打破关系是新街遗址仰韶文化遗存能够精细分期的重要依据。

新街遗址仰韶文化灰坑按形状可以分为圆形（椭圆形）锅底状、圆形（椭圆形）筒状、圆形（椭圆形）袋状、不规则形四种。现分别介绍于下。

一　圆形（椭圆形）锅底状

共 19 个。坑口形状为圆形或椭圆形，坑壁向下斜弧收，圜底。现依次介绍如下。

1. H15

位于 2009LXⅠT0404 中部偏北，开口①层下。坑口为圆形，斜弧壁，圜底（图 2 - 10；图版一一，1）。口径 160、深 26 厘米。坑内堆积仅一层①，浅灰土，土质疏松，出土少量陶片、兽骨和石块。

出土陶器仅钵 1 件。

标本 H15∶1，可修复。泥质灰陶。敛口，厚圆唇，鼓腹，平底。素面。口径 25.2、底径 14、高 15 厘米（图2 - 11；图版五一，1）。

2. H25

位于 2009LXⅠT0401 东南部，开口①层下。坑口为圆形，斜弧壁，圜底近平（图 2 - 12 左；图版一一，2）。口径 212、深 30 厘米。坑内堆积仅一层，灰土，土质硬，出土少量陶片。

出土陶器仅盆 1 件。

标本 H25∶1，底部已残，仅存口及腹部。泥质褐陶。口微敛，宽平沿，圆唇，弧腹较深。口下饰三周附加堆纹。口径 40、残高 17.2 厘米（图 2 - 12 右）。

3. H139

位于 2009LXⅠT0103 南部，开口②层下，南部压于隔梁之下。坑口近圆形，斜弧壁，圜底。口径 300、深 150 厘米。坑内堆积仅一层，灰褐土，土质疏松，出土有陶片及石锛 1 件（图版九五，1）。

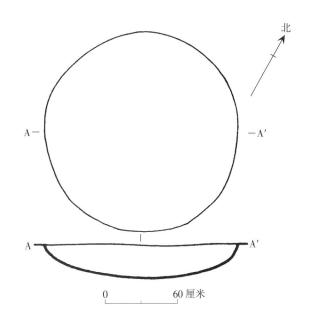

图 2 - 10　H15 平、剖面图

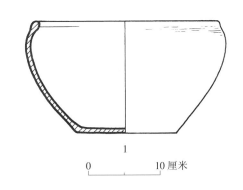

图 2 - 11　H15 出土陶钵

---

① 需要说明的是，报告中灰坑内的堆积层数为整理后的认识，部分数据与动植物遗存鉴定时的堆积层数未相统一。

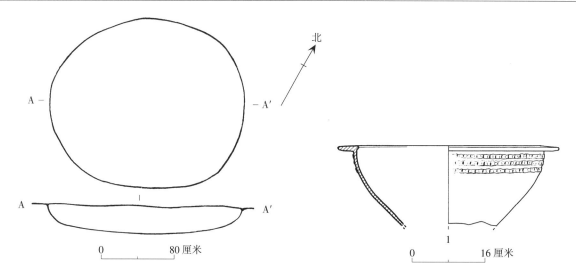

图 2 - 12　H25 平、剖面图及其出土陶盆

4. H144

位于 2009LXⅠT0103 西部，开口②层下，打破 H148、G12，部分延伸出探方西壁。坑口近椭圆形，斜弧壁，圜底。口径 180～200、深 172 厘米。坑内堆积仅一层，灰褐土，土质疏松，含少量草木灰，出土有陶片及骨锥、骨笄各 1 件（图版一二五，1）。

5. H152

位于 2009LXⅠT0201 西北部，开口②层下，打破 H155，部分压于探方北隔梁下。坑口近圆形，斜弧壁，圜底。口径 220、深 100 厘米。坑内堆积仅一层，灰土，土质疏松，出土有陶片等。

出土陶器 6 件，器形可辨钵、瓶、罐和甑。

陶钵　2 件。

标本 H152：1，可修复。泥质红陶。直口，浅弧腹，平底微凹。素面。口径 13.6、底径 8、高 5.4 厘米（图 2 - 13）。

标本 H152：2，仅存口部。泥质灰陶。敛口，尖圆唇，圆折肩。素面，抹光。残高 3.6 厘米（图 2 - 13）。

陶瓶　1 件。

标本 H152：3，仅存口部。泥质红陶。侈口，尖圆唇，颈部圆鼓，近葫芦状。素面，颈部有一周戳印。口径 4、残高 6 厘米（图 2 - 13）。

陶罐　2 件。根据形态可分为鼓腹罐和小口圆腹罐。

标本 H152：4，鼓腹陶罐。仅存口及上腹。夹砂红陶。敛口，斜沿，方唇，腹微鼓。器表饰斜向绳纹，腹有附加堆纹。残高 12 厘米（图 2 - 13）。

标本 H152：6，小口圆腹陶罐。仅存口部。泥质灰陶。侈口，圆唇，束颈。素面，抹光。口径 17.6、残高 4 厘米（图 2 - 13）。

陶甑　1 件。

标本 H152：5，仅存腹底部。泥质红陶。斜腹，平底，底有圆形箅孔。素面。底径 12、残高 4.4 厘米（图 2 - 13）。

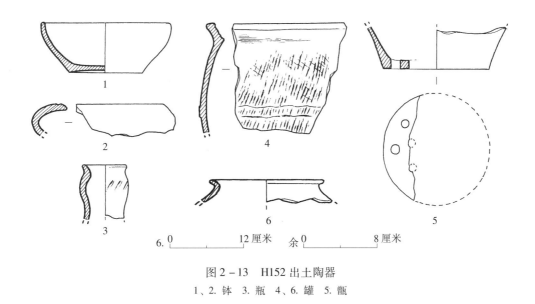

图 2 - 13　H152 出土陶器

1、2. 钵　3. 瓶　4、6. 罐　5. 甑

6. H192

位于 2010LX Ⅰ T0208 东南部，开口①层下。坑口近椭圆形，斜弧壁，一侧外扩，圜底（图 2 - 14；图版一二，1）。口径 70～112、深 30 厘米。坑内堆积仅一层，灰褐土，土质疏松，出土有陶片及陶刀 1 件。

7. H195

位于 2010LX Ⅰ T0308 中部，开口①层下，打破 H190。坑口近椭圆形，斜弧壁，圜底（图 2 - 15）。口径 160～208、深 50 厘米。坑内堆积仅一层，深灰土，土质疏松，含少量红烧土颗粒及草木灰，出土有陶片及陶环、石刀各 1 件。

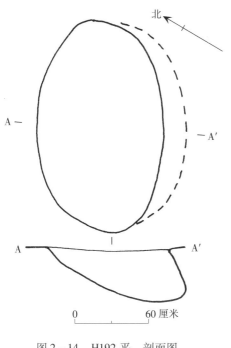

图 2 - 14　H192 平、剖面图

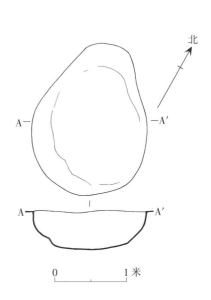

图 2 - 15　H195 平、剖面图

8. H197

位于 2010LXⅠT0308 中部，开口①层下，被 H190 打破。坑口近椭圆形，坑壁较直，圜底（图版一二，2）。口径 156～200、底径 140～142、深 84 厘米。坑内堆积仅一层，灰土，土质疏松，出土少量陶片。

9. H206

位于 2010LXⅠT0209 东北角，开口①层下，大部分压于东、北隔梁之下。坑口为圆形，斜弧壁，圜底。口径 90～136、深 80 厘米。坑内堆积仅一层，灰土，土质疏松，出土极少量陶片及兽骨。

10. H211

位于 2010LXⅠT0310 东北部，开口①层下。坑口近椭圆形，坑壁较直，圜底（图 2 - 16）。口径 194～274、底径 170～240、深 50 厘米。坑内堆积仅一层，灰褐土，土质硬，含少量红烧土颗粒，出土有陶片等。

11. H213

位于 2010LXⅠT0310 西南部，开口①层下，被现代沟槽打破。坑口近椭圆形，斜弧壁，底部不平。口径 164～210、深 48 厘米。坑内堆积仅一层，红褐土，土质硬，出土有陶片等。

出土陶器共 4 件，器形可辨包括钵、瓶、罐和釜。

陶钵　1 件。

标本 H213：2，可修复。泥质灰陶。口微敛，方唇，弧腹，平底。素面。口径 15、底径 9.6、高 6.2 厘米（图 2 - 17）。

陶瓶　1 件。

标本 H213：4，仅存口部。泥质红陶。直口，平唇，直高领。素面。口径 6、残高 9 厘米（图 2 - 17）。

陶罐　1 件。

标本 H213：1，仅存口及上腹。夹砂红陶。口微敛，斜沿，沿面较平，上腹较直。器表饰交错绳纹。残高 7.4 厘米（图 2 - 17）。

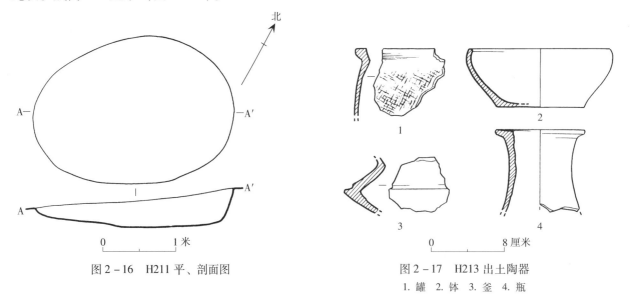

图 2 - 16　H211 平、剖面图　　　　图 2 - 17　H213 出土陶器

1. 罐　2. 钵　3. 釜　4. 瓶

陶釜 1 件。

标本 H213:3，仅存腹部。夹砂红陶。折腹，上有一周扉棱。素面。残高 6 厘米（图 2 - 17）。

12. H219

位于 2010LXⅠT0209 西南部，开口①层下，打破 H220、H256。坑口椭圆形，斜壁，圜底（图 2 - 18）。口径 180～254、底径 150～180、深 88 厘米。坑内堆积仅一层，灰褐土，土质疏松，出土有陶片及石纺轮、骨锥各 1 件。

13. H229

位于 2010LXⅡT0118 西南部，开口①层下，被 H228 打破，部分压于隔梁之下。坑口椭圆形，斜壁，圜底。口径 180～288、深 100 厘米。坑内堆积仅一层，黑灰土，土质疏松，含红烧土块，出土大量陶片及螺壳。

14. H236

位于 2010LXⅡT0217 中部，开口①层下。坑口近椭圆形，斜壁，圜底近平（图 2 - 19）。口径 150～200、底径 92～156、深 40 厘米。坑内堆积仅一层，灰土，土质疏松，出土少量陶片及骨锥 1 件。

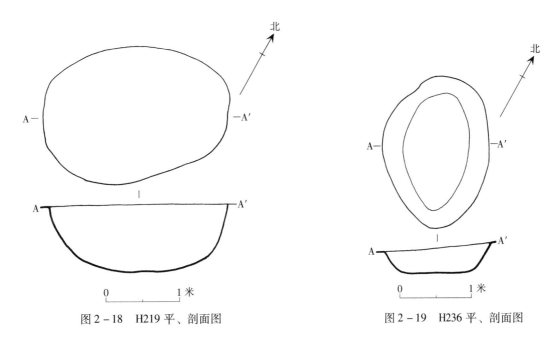

图 2 - 18 H219 平、剖面图　　　　　图 2 - 19 H236 平、剖面图

15. H242

位于 2010LXⅡT0216 南部，开口①层下，南部压于隔梁之下。坑口近椭圆形，斜壁，圜底。口径 90～150、底径 60～80、深 44 厘米。坑内堆积仅一层，深灰土，土质疏松，含红烧土块，出土少量陶片。

16. H256

位于 2010LXⅠT0209 中部偏西，开口①层下，被 H219、H255 打破。坑口近圆形，斜壁，圜底（图 2 - 20A）。口径 270、深 34 厘米。坑内堆积仅一层，黄灰土，土质硬，含红烧土块，出土少量陶片、兽骨及陶刀 1 件。

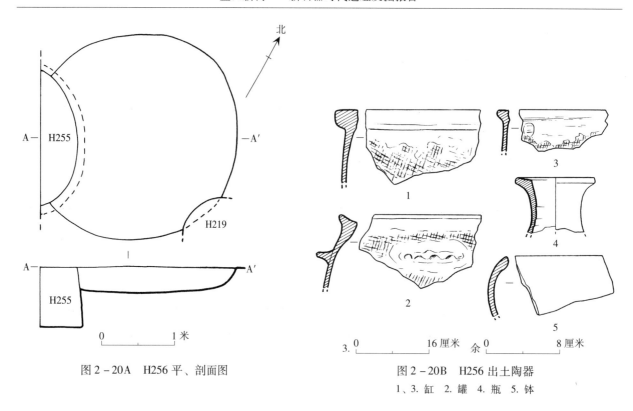

图 2 – 20A　H256 平、剖面图

图 2 – 20B　H256 出土陶器
1、3. 缸　2. 罐　4. 瓶　5. 钵

出土陶器 5 件，器形可辨包括钵、瓶、罐和缸。

陶钵　1 件。

标本 H256∶5，仅存口部。泥质红陶。敛口，圆唇，沿内有凸棱，鼓肩。素面。残高 6.4 厘米（图 2 – 20B）。

陶瓶　1 件。

标本 H256∶4，仅存口部。泥质红陶。口微侈，平唇微上斜，口内有折棱，高领。素面。口径 8、残高 6 厘米（图 2 – 20B）。

陶罐　1 件。

标本 H256∶2，仅存口及上腹。夹砂红陶。敛口，窄斜沿，圆唇，鼓腹，沿下有一鸡冠状器錾。器表饰交错绳纹。残高 8 厘米（图 2 – 20B）。

陶缸　2 件。

标本 H256∶1，仅存口及上腹。夹砂红陶。口微敛，平沿，厚方唇，上腹较直。器表饰交错绳纹。残高 8 厘米（图 2 – 20B）。

标本 H256∶3，仅存口部。夹砂红陶。直口，窄平沿，圆唇，口内微凹，直腹。腹饰交错绳纹。残高 8.8 厘米（图 2 – 20B）。

17. H304

位于 2010LXⅡT0214 西部，开口①层下，打破 F3。坑口为圆形，斜壁，圜底。口径 170、深 40 厘米（图 2 – 21）。坑内堆积仅一层，灰土，土色发白，土质疏松，含大量红烧土颗粒及炭屑，出土有陶片等。

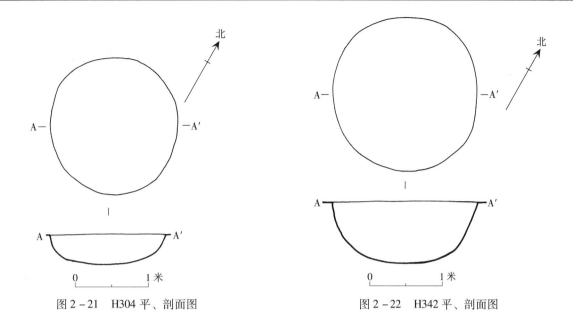

图 2 - 21　H304 平、剖面图　　　　　　图 2 - 22　H342 平、剖面图

18. H342

位于 2010LXⅡT0215 中部，开口①层下，打破 H346。坑口为圆形，斜壁，圜底（图 2 - 22；图版一三，1）。口径 200、深 80 厘米。坑内堆积仅一层，深灰土，土质疏松，含草木灰，出土大量陶片、螺壳、少量兽骨及骨笄、骨镞各 1 件。

19. H349

位于 2010LXⅡT0215 南部，开口①层下，被 H348 打破，南部压于隔梁之下。坑口为圆形，斜壁，圜底。口径 270、深 102 厘米。坑内堆积仅一层，灰土，土质疏松，含少量红烧土颗粒及炭屑，出土少量陶片。

二　圆形（椭圆形）筒状

共清理 138 个。坑口形状为圆形或椭圆形，剖面多为口大底小或口底等大的筒状，底近平。现依次介绍如下。

1. H1

位于 2009LXⅠT0202 南部，开口①层下，打破 H3，南部部分压于隔梁下。坑口近圆形，剖面为筒状，口大底小，平底。口径 150、底径 130、深 32 厘米。坑内堆积仅一层，深灰土，土质疏松，出土少量陶片及螺壳。

2. H2

位于 2009LXⅠT0202 东南部，开口①层下，东部部分压于隔梁下。坑口近圆形，剖面为筒状，口大底小，平底。口径 156、底径 130、深 48 厘米。坑内堆积仅一层，灰土，土质疏松，出土少量陶片及螺壳。

3. H3

位于 2009LXⅠT0202 东南部，开口①层下，被 H1、G1 打破。坑口为圆形，剖面为筒状，口大底小，平底（图 2 - 23 左）。口径 52、底径 44、深 10 厘米。坑内堆积仅一层，红土，出土少量陶片。

出土陶器仅壶1件。

标本H3：1，口部稍残。夹砂褐陶。侈口，长颈，圆鼓腹，平底。素面。底径5.2、残高12厘米（图2-23右；图版四五，1）。

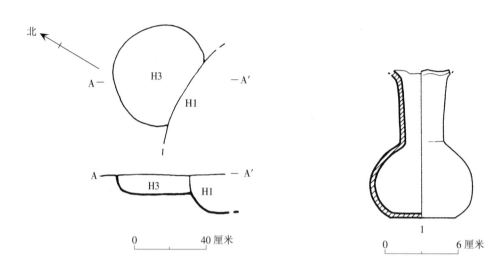

图2-23　H3平、剖面图及其出土陶壶

4. H7

位于2009LXⅠT0202西北部，开口G3下，大部压于隔梁之下。坑口近圆形，剖面为筒状，口大底小，平底。口径40~120、底径30~110、深56厘米。坑内堆积仅一层，灰土，土质疏松，出土少量陶片。

5. H10

位于2009LXⅠT0403东南部，开口①层下，打破H124，大部压于隔梁之下。坑口近圆形，剖面为筒状，口大底小，平底。口径60~150、底径40~110、深32厘米。坑内堆积仅一层，灰土，土质疏松，出土少量陶片及陶纺轮1件。

6. H14

位于2009LXⅠT0404西部，开口①层下。坑口为圆形，剖面近筒状，口大底小，底近平（图2-24）。口径202、底径160、深50厘米。坑内堆积仅一层，浅灰土，土质疏松，出土有陶片及少量兽骨、熔渣和螺壳。

7. H18

位于2009LXⅠT0502中部偏东，开口①层下，被现代沟槽打破。坑口为圆形，剖面为筒状，口大底小，平底。口径170、底径120、深48厘米。坑内堆积仅一层，浅灰土，土质疏松。被现代沟槽破坏严重，出土遗物甚少，仅发现个别陶片。

8. H23

位于2009LXⅠT0405东南部，开口①层下，打破G4。坑口为圆形，剖面为筒状，平底（图2-25）。口径126、深40厘米。坑内堆积仅一层，深灰土，土质硬，出土少量陶片、兽骨和螺壳。

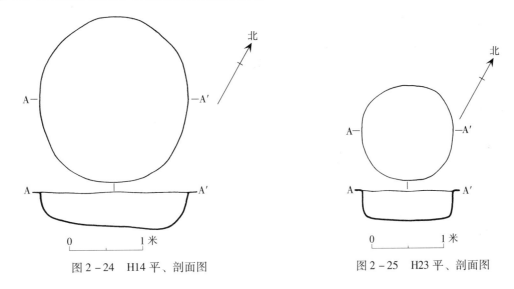

图 2 - 24　H14 平、剖面图　　　　　图 2 - 25　H23 平、剖面图

9. H24

位于 2009LXⅠT0502 东北部，开口①层下，东部压于隔梁下。坑口近圆形，剖面为筒状，口大底小，平底。口径 200、底径 164、深 30 厘米。坑内堆积分为两层：第①层为浅黄土，土质硬；第②层为红褐土，土质硬；出土少量陶片和兽骨。

10. H27

位于 2009LXⅠT0401 东南部，开口①层下，南部压于隔梁下。坑口近圆形，剖面为筒状，口大底小，平底。口径 198、底径 178、深 38 厘米。坑内堆积仅一层，浅灰土，土质疏松，出土少量陶片。

11. H38

位于 2009LXⅠT0302 东北角，开口 G1 下，大部压于北、东隔梁之下。坑口近圆形，剖面为筒状，口底等大，平底。口径 240、深 120 厘米。坑内堆积仅一层，灰土，土质疏松，颗粒度较大，出土有陶片、兽骨和石块。

出土陶器 12 件，器形可辨钵、瓶、盆、罐和瓮。

陶钵　2 件。

标本 H38：3，仅存口及腹部。泥质褐陶。直口，尖圆唇，口内有凸棱，弧腹。素面。残高 8 厘米（图 2 - 26）。

标本 H38：12，仅存口及腹部。泥质红陶。直口，圆唇，弧腹。素面。口径 17.6、残高 8.8 厘米（图 2 - 26）。

陶瓶　1 件。

标本 H38：9，仅存口部。泥质红陶。侈口，尖圆唇，颈部圆鼓。素面。口径 6、残高 4 厘米（图 2 - 26）。

陶盆　3 件。均为宽沿盆。

标本 H38：2，仅存口部。泥质褐陶。敛口，宽平沿，圆唇，弧腹，沿下有一鸡冠状器錾。残高 5 厘米（图 2 - 26）。

标本 H38：7，仅存口部。泥质红陶。敛口，宽平沿，尖圆唇，斜腹。素面。残高 2.6 厘米（图 2 - 26）。

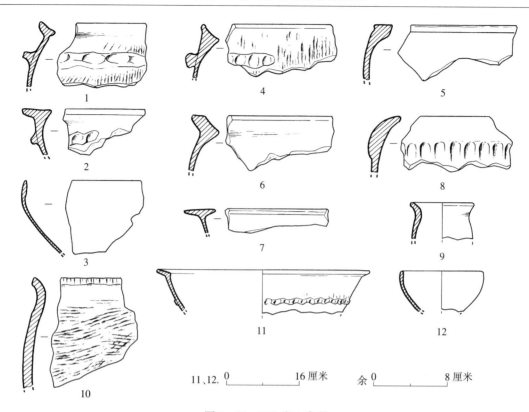

图 2 - 26　H38 出土陶器

1、4、6、10. 罐　2、7、11. 盆　3、12. 钵　5、8. 瓮　9. 瓶

标本 H38：11，仅存口及腹部。泥质灰陶。口微敛，宽沿上斜，圆唇，弧腹。腹有一周附加堆纹。口径 40.8、残高 9.6 厘米（图 2 - 26）。

陶瓮　2 件。根据形态可分为叠唇瓮和厚唇瓮。

叠唇陶瓮　1 件。

标本 H38：8，仅存口部。夹砂红陶。敛口，圆唇外叠。口下有一周按捺窝。残高 6 厘米（图 2 - 26）。

厚唇陶瓮　1 件。

标本 H38：5，仅存口部。泥质灰陶。敛口，厚方唇，腹较直。素面。残高 6 厘米（图 2 - 26）。

陶罐　4 件。均为鼓腹罐。

标本 H38：1，仅存口及腹部。夹砂灰陶。敛口，短沿上斜，圆唇，鼓腹，沿下有一鸡冠状器錾。器表饰竖向绳纹。残高 7 厘米（图 2 - 26）。

标本 H38：6，仅存口及上腹。夹砂红陶。敛口，短沿外斜，沿面窄平，腹微鼓。素面。残高 6 厘米（图 2 - 26）。

标本 H38：4，仅存口部。夹砂灰陶。敛口，窄沿外斜，沿面微凹，沿下有一鸡冠状器錾，腹微鼓。器表饰竖向绳纹。残高 5.6 厘米（图 2 - 26）。

标本 H38：10，仅存口及腹部。夹砂红陶。口微敛，短沿外卷，方唇，腹较直。器表饰斜向绳纹。残高 12 厘米（图 2 - 26）。

12. H39

位于 2009LX Ⅰ T0302 东北部，开口 G1 下。坑口为圆形，剖面为筒状，口大底小，平底（图

2 – 27A）。口径 130、底径 110、深 154 厘米。坑内堆积仅一层，灰土，土质硬，出土有陶片、兽骨和石块。

出土陶器 9 件，器形可辨钵、瓶、盆、罐和钏。

陶钵 2 件。

标本 H39∶1，可修复。泥质灰陶。直口，尖唇，弧腹，平底。素面。口径 25.2、底径 8.8、高 11.2 厘米（图 2 – 27B；图版四九，2）。

标本 H39∶2，可修复。泥质红陶。敛口，圆唇，鼓肩，斜腹，凹底。素面。口径 27.2、底径 12、高 11.4 厘米（图 2 – 27B）。

陶瓶 1 件。

标本 H39∶4，仅存口部。泥质红陶。敞口近喇叭状，口内有一不明显折棱，高领微束。素面，器表有抹痕，颈部贴附有小泥饼。口径 10、残高 11.6 厘米（图 2 – 27B）。

陶盆 3 件。根据形态可分为宽沿盆和带流盆。

宽沿陶盆 1 件。

标本 H39∶3，仅存口及腹部。泥质灰陶。口微敛，宽沿上斜，尖圆唇，浅弧腹。素面。残高 14.5 厘米（图 2 – 27B）。

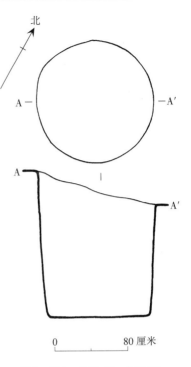

图 2 – 27A H39 平、剖面图

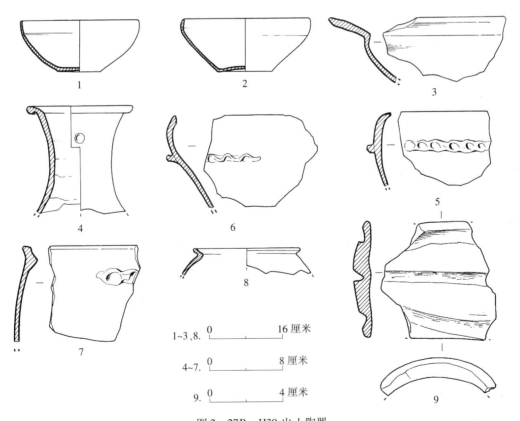

图 2 – 27B H39 出土陶器

1、2. 钵 3、5、6. 盆 4. 瓶 7、8. 罐 9. 钏

带流陶盆　2件。

标本 H39∶5，仅存口及上腹。泥质灰陶。口微敛，尖唇，弧腹，上腹有一鸡冠状器鋬。素面。残高 8 厘米（图 2 – 27B）。

标本 H39∶6，仅存口及腹部。泥质红陶。敛口，尖圆唇，鼓肩，有一鸡冠状器鋬，腹斜收。素面。残高 10 厘米（图 2 – 27B）。

陶罐　2件。均为鼓腹罐。

标本 H39∶7，仅存口及上腹。夹砂褐陶。口微敛，短沿外斜，方唇，上腹较直，有一鸡冠状器鋬。素面。残高 10.4 厘米（图 2 – 27B）。

标本 H39∶8，仅存口部。夹砂灰陶。侈口，圆唇，束颈，圆腹。素面。口径 22.4、残高 5.6 厘米（图 2 – 27B）。

陶钏　1件。

标本 H39∶9，泥质灰陶。已残，环状。器表有螺旋状凹槽。宽 6、残长 6.5 厘米（图 2 – 27B）。

13. H51

位于 2009LXⅠT0202 中部偏东，开口①层下，打破 H52、G1。坑口近椭圆形，剖面为筒状，口底等大，平底（图 2 – 28）。口径 170～230、深 140 厘米。坑内堆积仅一层，灰土，土质疏松，含有红烧土块及草拌泥块，出土有少量陶片及陶刀、骨锥、骨笄、骨镞各 1 件。

14. H53

位于 2009LXⅠT0204 南部，开口①层下，南部压于隔梁之下。坑口近圆形，剖面为筒状，平底（图 2 – 29A）。口径 204、底径 194、深 80 厘米。坑内堆积仅一层，灰土，土质疏松，出土有陶片和兽骨等。

出土陶器 6 件，泥器 1 件，骨器 6 件。陶器器形可辨瓶、盆、环和笄，泥器为盏，骨器为锥、镞和骨料（图版一二八，3）。

陶瓶　1件。

标本 H53∶3，仅存底部。泥质灰陶。底为钝尖状，下收为一小圆纽。器表饰细密线纹。残高 14 厘米（图 2 – 29B）。

陶盆　2件。均为带流盆。

标本 H53∶1，可修复。泥质红陶。敛口，鼓肩，斜腹，平底，一侧有一槽状流，上腹有一对鸡冠状器鋬。素面。口长径 38.4、底径 16.4、高 16 厘米（图 2 – 29B）。

标本 H53∶2，仅存流部。泥质红陶。流为槽状，弧腹。素面。残高 14 厘米（图 2 – 29B）。

泥盏　1件。

标本 H53∶4，捏制。口外敞，斜腹，小平底。口径 2.9、底径 1.4、高 2.3 厘米（图 2 – 29B）。

骨料　1件。

标本 H53∶5，柱状，两端截断较为平整。长 7.2 厘米（图 2 – 29B）。

骨锥　2件。

标本 H53∶6，一端已残，一端尖锐。残长 7.1 厘米（图 2 – 29B）。

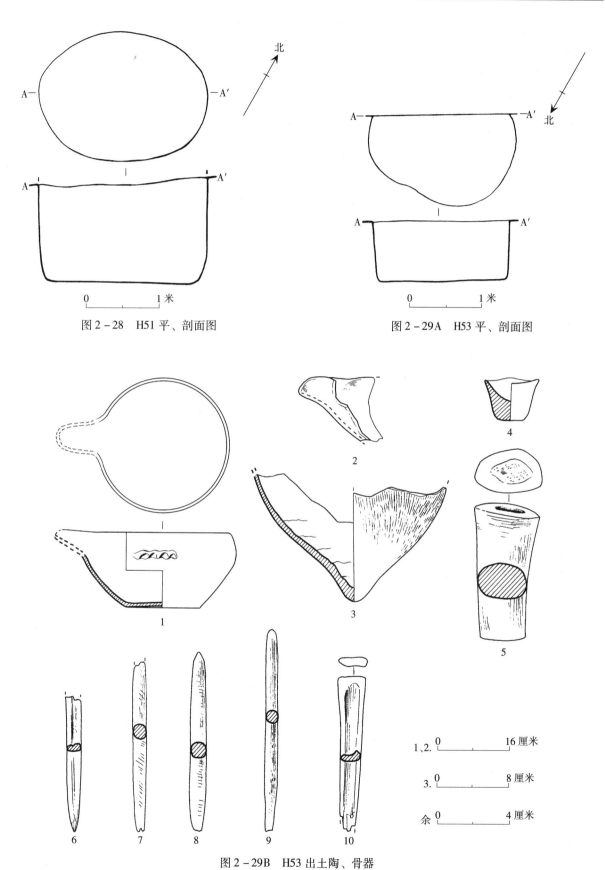

北

图 2 - 28　H51 平、剖面图

北

图 2 - 29A　H53 平、剖面图

图 2 - 29B　H53 出土陶、骨器

1、2. 陶盆　3. 陶瓶　4. 泥盏　5. 骨料　6、10. 骨锥　7~9. 骨镞

标本 H53：10，器身扁平，一端已残。残长 8.1 厘米（图 2 - 29B）。

骨镞　3 件。

标本 H53：7，柱状，两端均残。残长 9 厘米（图 2 - 29B）。

标本 H53：8，圆柱状，一端较钝，一端尖锐。长 9.5 厘米（图 2 - 29B）。

标本 H53：9，圆柱状，一端圆钝。长 10.6 厘米（图 2 - 29B）。

15. H55

位于 2009LXⅠT0504 北部，开口 G4 下，打破 H56，部分压于北隔梁下。坑口近椭圆形，剖面为筒状，壁微斜，口大底小，底稍不平。口径 200 ~ 230、底径 188 ~ 198、深 24 厘米。坑内堆积仅一层，灰土，土质硬，夹杂有黄灰色硬土块，出土有陶片、极少量兽骨和石块。

出土陶器 6 件，器形可辨钵、盆、罐、瓮和缸。石铲 1 件。

陶钵　1 件。

标本 H55：1，底部残。泥质灰陶。敛口，弧腹。素面，器表抹光。口径 23.2、残高 6 厘米（图 2 - 30）。

陶盆　1 件。

标本 H55：2，底部残。泥质红陶。口微敛，斜折沿，圆唇，弧腹。素面。口径 28.8、残高 6 厘米（图 2 - 30）。

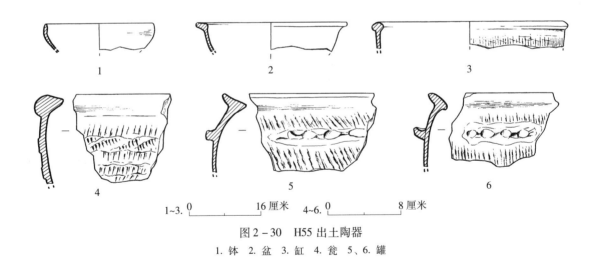

图 2 - 30　H55 出土陶器

1. 钵　2. 盆　3. 缸　4. 瓮　5、6. 罐

陶罐　2 件。

标本 H55：5，仅存部分口及腹部。夹砂红陶。敛口，斜折沿，尖圆唇，弧腹，腹部有鸡冠状器鋬。器表饰绳纹。残高 8.6 厘米（图 2 - 30）。

标本 H55：6，仅存部分口及腹部。夹砂红陶。敛口，斜折沿，尖唇，弧腹，腹部有鸡冠状器鋬。器表饰绳纹。残高 8 厘米（图 2 - 30）。

陶缸　1 件。

标本 H55：3，仅存口部。夹砂红陶。敛口，尖圆唇。器表饰竖向绳纹。口径 40、残高 4 厘米（图 2 - 30）。

陶瓮 1件。

标本 H55:4，仅存部分口及腹部。夹砂红陶。敛口，平沿，圆唇，弧腹。腹部饰有两周附加堆纹和竖向绳纹。残高9.6厘米（图2-30）。

16. H57

位于 2009LX I T0102 中部，开口①层下，打破 H58。坑口近椭圆形，剖面为筒状，斜壁，口大底小，平底（图2-31A）。口径 158～300、底径 120～200、深 120 厘米。坑内堆积仅一层，灰土，土质疏松，含有黄土块及少量红烧土块，出土少量陶片。

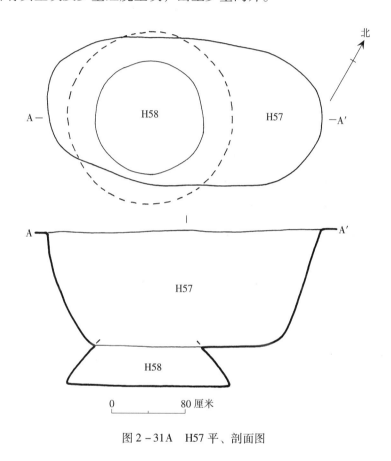

图2-31A H57平、剖面图

出土陶器5件，器形可辨盆和罐。

陶盆 2件。均为宽沿盆。

标本 H57:1，口部残片。泥质红陶。敛口，宽沿上斜。口沿残长12、残高6厘米（图2-31B）。

标本 H57:5，底部残。泥质灰陶。敛口，宽平折沿，鼓腹。口沿下有两个单面管钻孔。口径28、残高12厘米（图2-31B）。

陶罐 3件。根据形态可分为鼓腹罐和小口圆腹罐。

鼓腹陶罐 2件。

标本 H57:4，仅存口部。夹砂红陶。侈口，鼓腹，口沿下有鸡冠状双錾。腹饰附加堆纹。口径28、残高8厘米（图2-31B）。

标本 H57:3，下部残。夹砂红陶。侈口，鼓腹。腹部饰绳纹。口径24、残高6厘米（图2-31B）。

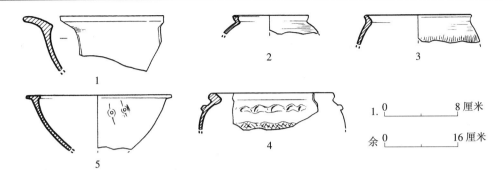

图 2 - 31B　H57 出土陶器
1、5. 盆　2～4. 罐

小口圆腹陶罐　1 件。

标本 H57：2，口部残片。夹砂褐陶。侈口，凹唇，鼓腹。器表有弦纹。口径 16、残高 4 厘米（图 2 - 31B）。

17. H63

位于 2009LXⅠT0103 东北部，开口②层下，打破 H64，小部分压于东隔梁下。坑口近圆形，剖面为筒状，口大底小，平底。口径 258、底径 200、深 140 厘米。坑内堆积仅一层，灰土，土质疏松，含有少量红烧土块，出土有陶片等。

出土陶器 4 件，器形可辨钵、瓮、罐和甑。石球 1 件。

陶钵　1 件。

标本 H63：1，仅存口部。泥质红陶。敛口，方唇，鼓肩，斜腹。素面，抹光。残高 9.8 厘米（图 2 - 32）。

陶罐　1 件。

标本 H63：2，仅存口及上腹。夹砂褐陶。口微侈，方唇，颈微敛，直腹。器表饰交错绳纹。口径 12.8、残高 7.6 厘米（图 2 - 32）。

陶甑　1 件。

标本 H63：3，仅存底部。泥质红陶。斜腹，平底，底部有圆形算孔。素面。底径 11、残高 3 厘米（图 2 - 32）。

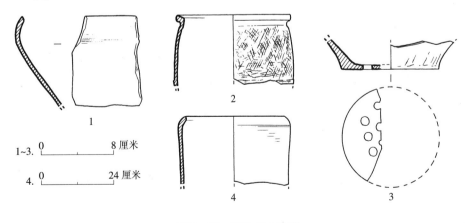

图 2 - 32　H63 出土陶器
1. 钵　2. 罐　3. 甑　4. 瓮

陶瓮　1件。

标本 H63:4，仅存口及上腹。泥质灰陶。敛口，圆唇，直腹。素面。口径 32.4、残高 22.2 厘米（图 2-32）。

石球　1件。

标本 H63:5，较完整。球形，表面有坑疤。直径 5.1 厘米。

18. H67

位于 2009LXⅠT0504 中部，开口 G4 下。坑口为圆形，剖面为筒状，口大底小，平底。口径 210、底径 180、深 110 厘米（图 2-33A）。坑内堆积仅一层，灰土，土质疏松，出土有陶片和兽骨。

出土陶盆、骨锥各 1件。

陶盆　1件。

标本 H67:1，可修复。泥质红陶。敛口，沿微下斜，圆唇，弧腹，平底。素面，抹光。口径 22.4、底径 12.8、高 10.2 厘米（图 2-33B）。

骨锥　1件。

标本 H67:2，柱状，一端已残，一端尖锐。残长 7.8 厘米（图 2-33B）。

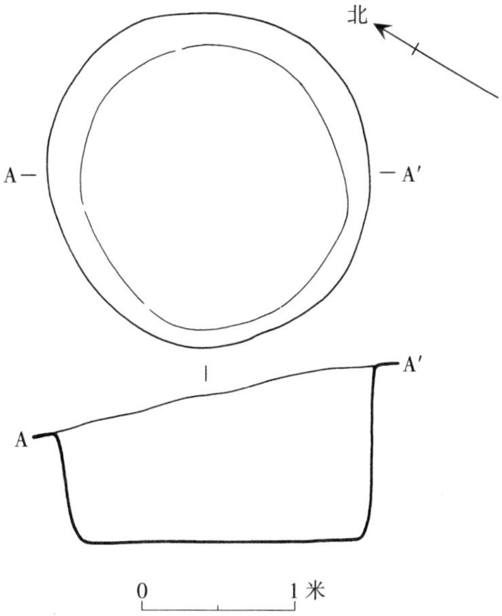

19. H71

位于 2009LXⅠT0504 东南部，开口①层下，大部压于隔梁之下。坑口为圆形，剖面为筒状，底部不平，东高西低呈台阶状。口径 400、底径 340、深 150 厘米。坑内堆积仅一层，灰土，土质硬，含有红烧土块及炭屑，出土有陶片等。

20. H73

位于 2009LXⅠT0504 东部，开口①层下，东部压于隔梁下。坑口近圆形，剖面为筒状，口大底小，平底。口径 106、底径 76、深 70 厘米。坑内堆积仅一层，灰土，土质疏松，出土少量陶片。

21. H75

位于 2009LXⅠT0404 东部，开口 G4 下。坑口近椭圆形，剖面为筒状，口大底小，平底（图 2-34；图版一三，2）。口径 250～350、底径 200～300、深 80 厘米。坑内堆积仅一层，灰土，土质疏松，出土有陶片、兽骨和石块。

22. H76

位于 2009LXⅠT0204 西北部，开口①层下，打破 G9、H82、H102。坑口近椭圆形，剖面为筒状，平底（图 2-35A）。口径 210～334、深 240 厘米。坑内堆积仅一层，灰土，土质疏松。出土有陶片、兽骨和石块。

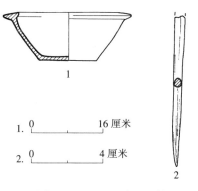

图 2-33A　H67 平、剖面图

图 2-33B　H67 出土器物
1. 陶盆　2. 骨锥

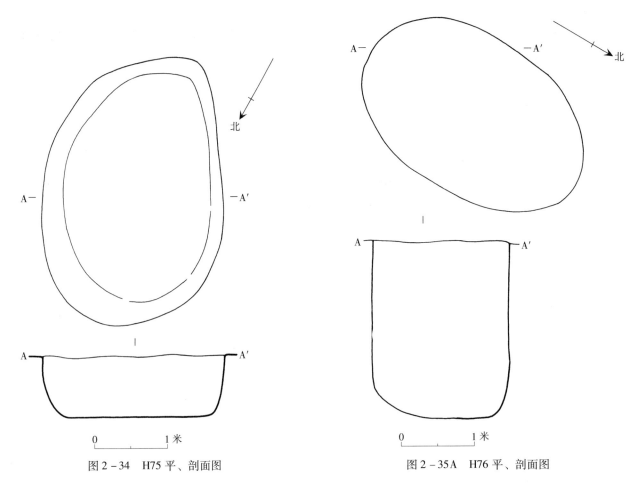

图 2 - 34　H75 平、剖面图　　　　　　　　　图 2 - 35A　H76 平、剖面图

出土陶器 13 件，玉器 3 件，石器 15 件。陶器器形可辨钵、盆、罐、瓮、鼎足、刀、笄和纺轮，玉器均为笄，石器有刀、斧、笄、刮削器、钻垫和球（图版一二〇，1）。

陶钵　2 件。

标本 H76∶4，仅存口部。泥质灰陶。敛口，鼓腹。外表抹光。口径 22、残高 4 厘米（图 2 - 35B）。

标本 H76∶5，底部残。泥质红陶。口微敛，鼓肩，弧腹。素面。口径 22、残高 9.2 厘米（图 2 - 35B）。

陶盆　2 件。均为宽沿盆。

标本 H76∶3，底部残。泥质红陶。敛口，宽平折沿，鼓腹。素面。口径 28、残高 8 厘米（图 2 - 35B）。

标本 H76∶6，仅存口部。泥质灰陶。敛口，宽折沿。素面，外表抹光。口径 28、残高 5.6 厘米（图 2 - 35B）。

陶罐　2 件。根据形态可分为鼓腹罐和折腹小底罐。

鼓腹陶罐　1 件。

标本 H76∶1，腹部以下残。夹砂灰陶。侈口，鼓腹。素面。口径 16、残高 6 厘米（图 2 - 35B）。

折腹小底陶罐　1 件。

标本 H76∶8，可修复。白陶。侈口，宽斜沿，尖圆唇，折腹，下收为小底，微凹。素面。口径 21.2、底径 8.4、高 19.6 厘米（图 2 - 35B；图版五三，1）。

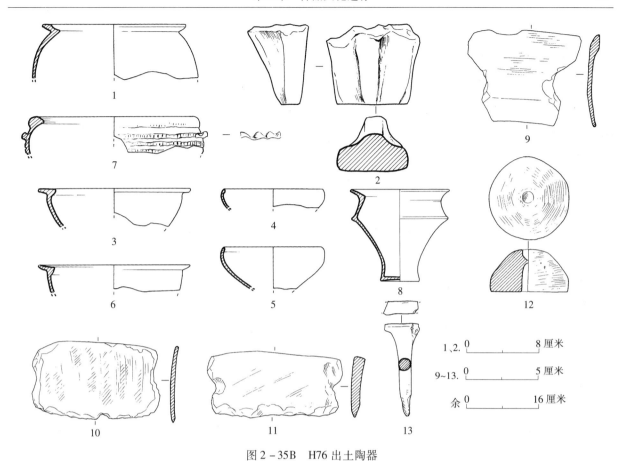

图 2 - 35B　H76 出土陶器

1、8. 罐　2. 鼎足　3、6. 盆　4、5. 钵　7. 瓮　9～11. 刀　12. 纺轮　13. 笄

陶鼎足　1 件。

标本 H76:2，夹砂红陶。锥状，截面呈"凸"字形。残高 8.6、残宽 9.2 厘米（图 2 - 35B）。

陶瓮　1 件。

标本 H76:7，仅存口部。夹砂红陶。敛口，圆唇，沿下有一对鸡冠状器鋬。腹部饰三条附加堆纹，堆纹上饰绳纹。口径 32、残高 8 厘米（图 2 - 35B）。

陶刀　3 件。

标本 H76:9，系用钵口沿打制而成。泥质红陶。近方形，单面刃，两侧有打制而成的缺口。长 7.7、宽 6.2、厚 0.6 厘米（图 2 - 35B）。

标本 H76:10，系用瓶类陶片打制而成。泥质红陶。长方形，单面刃，两侧有打制而成的缺口。长 8.9、宽 5.1、厚 0.3 厘米（图 2 - 35B）。

标本 H76:11，系用瓶类陶片打制而成。泥质红陶。长方形，单面刃，两侧有打制而成的缺口。长 9.4、宽 4.4、厚 0.7 厘米（图 2 - 35B）。

陶笄　1 件。

标本 H76:13，泥质灰陶。器身呈"T"字形，尾端尖锐。磨光。长 6.2 厘米（图 2 - 35B）。

陶纺轮　1 件。

标本 H76:12，泥质红陶。断面呈馒头状，中有一孔。直径 5.5、厚 2.8 厘米（图 2 - 35B；图版七七，5）。

玉笄　3件。

标本 H76：26，浅绿墨玉。柱状，一端尖锐，一端已残。残长 7.4 厘米。

标本 H76：27，绿墨玉。柱状，一端尖锐，一端已残。残长 6.6 厘米。

标本 H76：28，灰墨玉。器身呈"T"字形，顶端宽平并有残缺，尾端尖锐。长 8.6 厘米（图版八八，1）。

石刀　6件。

打制，均为长条形，两侧多有缺口（图 2–35C；图版一〇三，1）。

石笄　3件。

标本 H76：24，灰墨色。器身呈"T"字形，顶端宽平并有残缺，尾端残缺。残长 7.1 厘米（图版一二〇，1 中）。

标本 H76：25，绿墨色。器身呈"T"字形，顶端宽平并有残缺，尾端残缺。残长 4.7 厘米（图版一二〇，1 右）。

标本 H76：31，灰墨色。器身呈"T"字形，顶端宽平，尾端尖锐。长 8.9 厘米（图版一二〇，1 左）。

石斧　2件。

标本 H76：20，局部磨光。长条形，双面刃，一端留有打击疤痕。长 9.4、宽 4.2、厚 2.1 厘米（图 2–35C；图版九三，1）。

标本 H76：21，磨制。长条状，刃部已残，器身中部有一对钻穿孔。长 9.6、宽 6.6、厚 1.6 厘

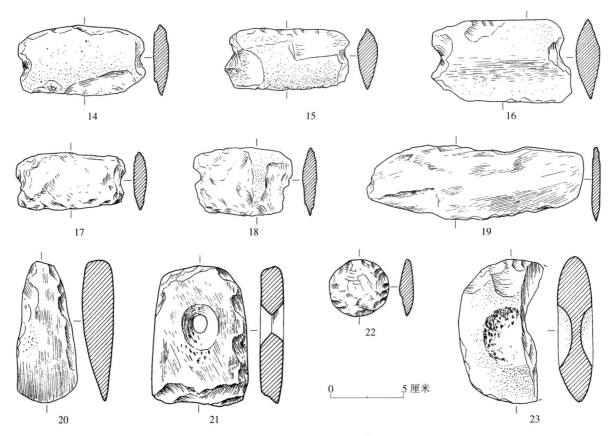

图 2–35C　H76 出土石器

14～19. 刀　20、21. 斧　22. 刮削器　23. 钻垫

米（图2－35C；图版九一，3）。

石刮削器　1件。

标本H76：22，圆饼状，器表及周缘有打击痕迹。直径4、厚1厘米（图2－35C）。

石钻垫　1件。

标本H76：23，圆饼状，边缘有打制痕迹，两面中部均有凹窝。长9.5、残宽5.8、厚2.4厘米（图2－35C；图版一一三，2）。

石球　2件。

标本H76：29，略残。球形，表面有少许磕豁及裂痕。直径5.4厘米。

标本H76：30，略残。球形，表面有坑疤。直径4.9厘米。

23. H77

位于2009LXⅠT0503东北部，开口①层下。坑口近椭圆形，剖面为筒状，口大底小，平底（图2－36A；图版一四，1）。口径276～360、底径180～290、深250厘米。坑内堆积仅一层，红褐土，夹杂少量浅灰土，土质硬，出土有陶片、兽骨和石块。

出土陶器8件，石器2件，骨器1件。陶器器形可辨钵、瓶、盆和罐，石器均为刀，骨器为锥。

陶钵　1件。

标本H77：3，仅存口及腹部。泥质红陶。直口，圆唇，浅弧腹。素面，抹光。口径14.8、残高4.6厘米（图2－36B）。

陶瓶　3件。

标本H77：6，仅存口部。夹砂红陶。平唇口，内有折棱，高领微束。素面。口径3.2、残高8.2厘米（图2－36B）。

标本H77：7，口部已残，仅存颈部。泥质红陶。高领，颈中部圆鼓。颈部有一周戳印，颈下饰细线纹和抹弦纹。残高11.4厘米（图2－36B）。

标本H77：8，仅存底部。泥质红陶。底呈钝尖状。器表饰细密线纹。残高9厘米（图2－36B）。

陶盆　1件。

标本H77：2，仅存口及腹部。泥质红陶。敛口，宽平沿，圆唇，弧腹。素面。残高5.4厘米（图2－36B）。

陶罐　3件。均为鼓腹罐。

标本H77：1，仅存口及上腹。夹砂红陶。敛口，窄沿外斜，圆唇，圆腹。素面。口径24、残高6厘米（图2－36B）。

标本H77：4，仅存口及腹部。夹砂红陶。敛口，

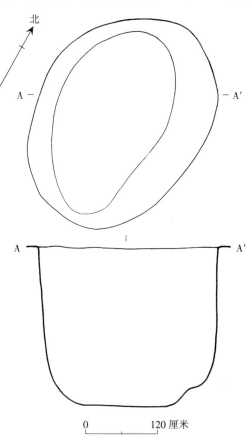

图2－36A　H77平、剖面图

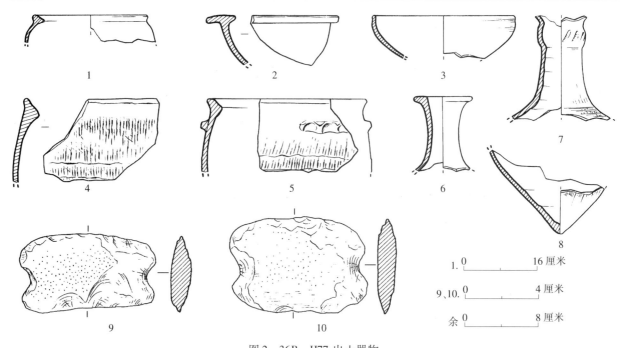

图 2-36B　H77 出土器物

1、4、5. 陶罐　2. 陶盆　3. 陶钵　6~8. 陶瓶　9、10. 石刀

沿上斜，尖圆唇，腹微鼓。器表饰竖向绳纹和附加堆纹。残高 9 厘米（图 2-36B）。

　　标本 H77：5，仅存口及上腹。夹砂红陶。敛口，斜沿，圆唇，上腹微鼓，有一鸡冠状器鋬。器表饰斜向绳纹和附加堆纹。口径 16、残高 8 厘米（图 2-36B）。

　　石刀　2 件。

　　标本 H77：9，长方形，双面刃，两侧有打制而成的缺口。长 7.5、宽 4、厚 1.1 厘米（图 2-36B）。

　　标本 H77：10，长方形，双面刃，两侧有打制而成的缺口。长 7.5、宽 5、厚 1 厘米（图 2-36B）。

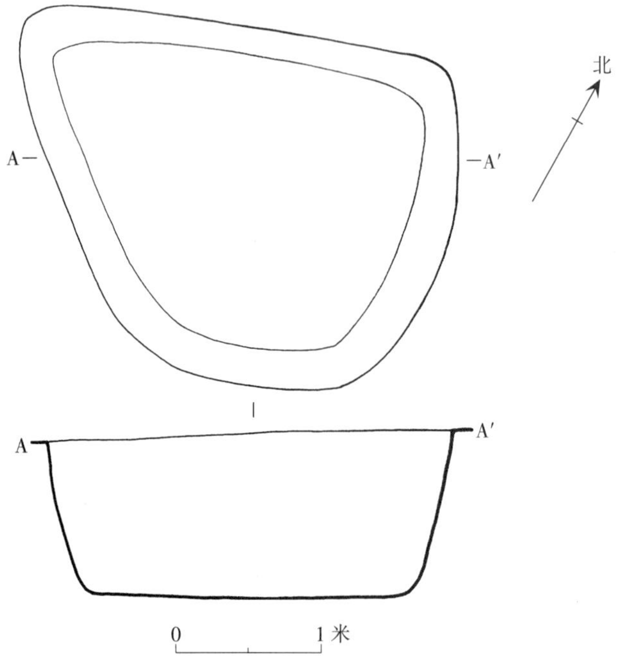

24. H79

　　位于 2009LXⅠT0104 西南部，开口 G6 下，打破 H80、H126。坑口近椭圆形，剖面为筒状，平底（图 2-37）。口径 232~300、底径 186~260、深 110 厘米。坑内堆积仅一层，灰土，土质硬，含有少量红烧土块及炭屑，出土有陶片和兽骨等。

25. H83

　　位于 2009LXⅠT0102 西南部，开口③层下。坑口为圆形，剖面为筒状，口大底小，底不平。口径 350、底径 280、深 110 厘米。坑内堆积仅一层，灰土，土质疏松，出土有陶片及少量兽骨。

北

图 2-37　H79 平、剖面图

出土陶器 13 件，器形可辨钵、瓶、盆、罐、瓮、釜、轮盘、灶足、刀和钏。

陶钵　2 件。

标本 H83：1，仅存口部。泥质灰陶。敛口，圆唇，上腹微鼓。素面，唇外有一周凹旋纹。残高 6 厘米（图 2 - 38）。

标本 H83：11，可修复。泥质红陶。器壁厚重。敛口，圆唇，鼓腹，平底，内壁有一舌形器錾。器表近底部饰斜向绳纹。口径 14.4、底径 13.2、高 11 厘米（图 2 - 38；图版五一，2、3）。

陶瓶　1 件。

标本 H83：7，仅存口部。泥质红陶。平唇口，直领微束。器表饰线纹。口径 8、残高 6.4 厘米（图 2 - 38）。

陶盆　1 件。

标本 H83：5，仅存口及上腹。泥质灰陶。敛口，圆唇外叠，腹内收。素面。残高 8 厘米（图 2 - 38）。

陶罐　3 件。均为鼓腹罐。

标本 H83：4，仅存口及上腹。夹砂红陶。口微敛，沿微斜，方唇，腹微鼓。器表饰交错绳纹，口下贴有圆形小泥饼。残高 8.6 厘米（图 2 - 38）。

标本 H83：6，仅存口及上腹。夹砂红陶。敛口，斜沿，圆唇，腹微鼓。器表饰斜向绳纹和附

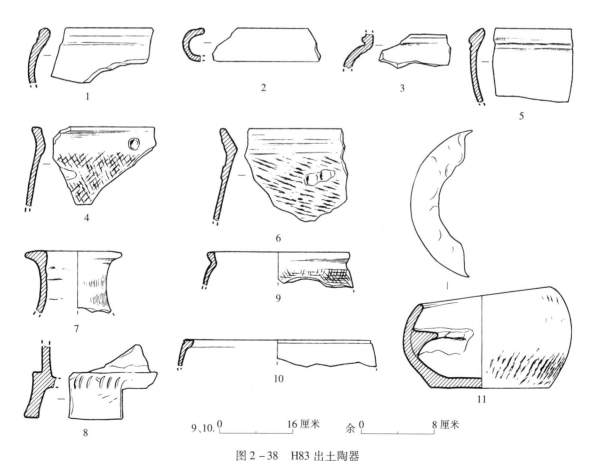

图 2 - 38　H83 出土陶器

1、11. 钵　2. 轮盘　3. 釜　4、6、9. 罐　5. 盆　7. 瓶　8. 灶足　10. 瓮

加堆纹。残高10厘米（图2-38）。

标本H83：9，仅存口部。夹砂红陶。口微敛，沿微外斜，方唇，鼓腹。器表饰交错绳纹。口径28、残高7.6厘米（图2-38）。

陶瓮　1件。

标本H83：10，仅存口部。泥质灰陶。敛口，窄平沿，腹微鼓。素面，口下有一周凹旋纹。口径36.8、残高5.6厘米（图2-38）。

陶釜　1件。

标本H83：3，仅存腹部。夹砂红陶。直领，腹外鼓。素面，器表有红色陶衣。残高3.8厘米（图2-38）。

陶灶足　1件。

标本H83：8，仅存底部。夹砂红陶。直腹，平底，下接横长方形器足。足上部有一周戳印。残高7.8厘米（图2-38）。

陶轮盘　1件。

标本H83：2，已残。夹砂红陶。敛口，圆唇，浅鼓腹，平底。素面，器表有红色陶衣。残高3.6厘米（图2-38）。

26. H84

位于2009LX Ⅰ T0102中部，开口③层下，打破H100。坑口为椭圆形，剖面为筒状，口大底小，平底。口径150～202、底径100～202、深160厘米。坑内堆积仅一层，深灰土，土质疏松，含有草木灰及黄土，出土有陶片及少量兽骨。

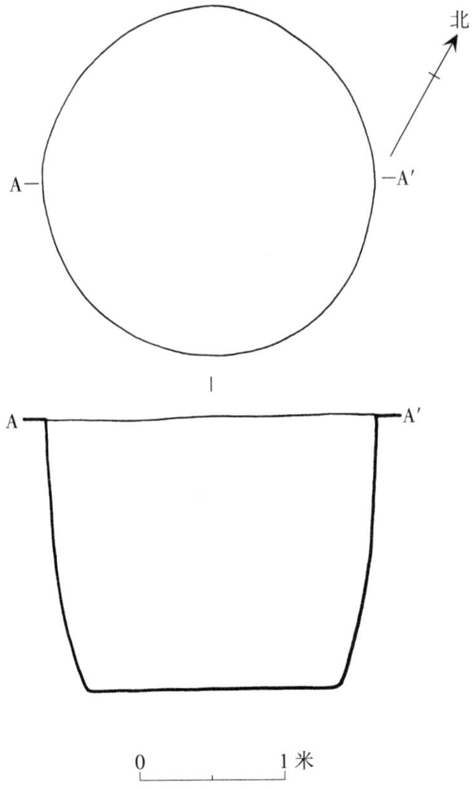

27. H85

位于2009LX Ⅰ T0204中部，开口②层下。坑口为圆形，剖面为筒状，平底（图2-39）。口径230、底径170、深180厘米。坑内堆积仅一层，灰褐土，土质硬，出土少量陶片。

28. H92

位于2009LX Ⅰ T0203北部、T0204南部，部分延伸至T0303和T0304，开口①层下，打破H93、H94、H103。坑口近椭圆形，剖面为筒状，口大底小，平底。口径550～820、底径400～700、深220厘米。坑内堆积仅一层，灰土，土质疏松，含有红烧土块、炭屑及熘渣，出土有陶片、兽骨及砾石。

出土陶器32件，石器6件，骨器3件，蚌器1件。陶器器形可辨钵、瓶、盆、罐、瓮、缸、甑、灶和笄，石器有刀、斧、铲和杵，骨器有锥、镞，蚌器为环。

陶盆　12件。根据形态可分为宽沿盆、窄沿盆和带流盆。

图2-39　H85平、剖面图

窄沿陶盆　7件。

标本 H92:1，可修复。泥质红陶。敛口，窄沿，圆唇，斜腹，平底。素面，器表有抹痕，盆沿有刻划符号。口径32.8、底径17.6、高10厘米（图2－40A；图版三七，2）。

标本 H92:2，可修复。泥质红陶。敛口，窄沿上斜，圆唇，斜腹，平底。素面，盆沿有四个"十"字形刻划符号。口径34、底径21.6、高10厘米（图2－40A；图版三七，3）。

标本 H92:5，仅存口部。夹砂红陶。敛口，窄沿微卷，圆唇，弧腹。器表饰斜向绳纹。残高5.6厘米（图2－40A）。

标本 H92:12，仅存口及上腹。泥质灰陶。敛口，窄平沿，尖圆唇，弧腹，上腹有一鸡冠状器鋬。素面，有抹痕。残高10厘米（图2－40A）。

标本 H92:13，仅存口及上腹。泥质红陶。敛口，窄平沿，圆唇，斜腹。素面。残高5.8厘米（图2－40A）。

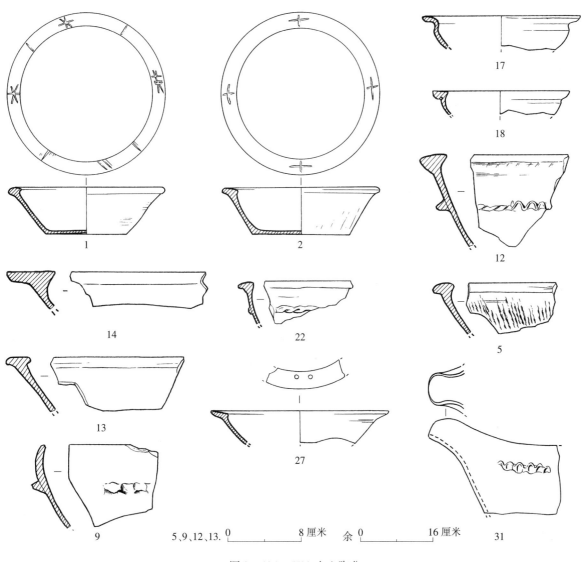

图2－40A　H92出土陶盆

标本 H92∶18，仅存口及上腹。泥质红陶。敛口，平折沿，圆唇较厚，贴于沿下，弧腹。素面。口径 24、残高 5.2 厘米（图 2 - 40A）。

标本 H92∶22，仅存口及上腹。夹砂红陶。口微敛，窄沿微卷，圆唇，弧腹。上腹有一周附加堆纹。残高 9.6 厘米（图 2 - 40A）。

宽沿陶盆　3 件。

标本 H92∶14，仅存口部。泥质红陶。敛口，宽平沿，圆唇，弧腹。素面。残高 4 厘米（图 2 - 40A）。

标本 H92∶17，仅存口及上腹。泥质灰陶。直口，卷沿，圆唇，弧腹。素面。口径 32、残高 7.6 厘米（图 2 - 40A）。

标本 H92∶27，仅存口及上腹。泥质红陶。口微敛，宽沿微上斜，圆唇，浅弧腹。素面，沿面有穿孔。口径 37.6、残高 7.2 厘米（图 2 - 40A）。

带流陶盆　2 件。

标本 H92∶9，仅存口及上腹。泥质灰陶。敛口，圆唇，鼓肩，斜腹，上腹有一鸡冠状器錾。素面，器表有抹痕。残高 9 厘米（图 2 - 40A）。

标本 H92∶31，仅存口部。泥质灰陶。敛口，弧腹，一侧有一槽状流，口下有一鸡冠状器錾。素面。残高 20.8 厘米（图 2 - 40A）。

陶钵　2 件。

标本 H92∶7，可修复。泥质灰陶。敞口，尖圆唇，斜腹，平底。素面，抹光。口径 10、底径 4.6、高 4 厘米（图 2 - 40C）。

标本 H92∶11，可修复。泥质灰陶。敞口，尖唇，弧腹，平底。素面。口径 14.6、底径 7、高 5.2 厘米（图 2 - 40C）。

陶瓶　5 件。

标本 H92∶3，可修复。泥质红陶。侈口，尖唇，颈上部圆鼓，呈葫芦状，溜肩，斜直腹，平底，上腹有一对桥形耳。颈部有一周戳印，器表饰竖向绳纹和抹弦纹。口径 4.4、高 34.8 厘米（图 2 - 40B；图版三五，1）。

标本 H92∶30，仅存口部。泥质灰陶。口呈管状，微侈，尖圆唇，直高领。颈中部有一周戳印，下有多周弦纹。口径 4.4、残高 10.4 厘米（图 2 - 40B）。

标本 H92∶19，仅存底部。泥质红陶。尖底近直角状。器表饰细密线纹。残高 7.8 厘米（图 2 - 40B）。

标本 H92∶20，仅存口部。泥质灰陶。敞口近喇叭状，高领微束。口下饰细密线纹，颈下部饰抹弦纹。口径 10.4、残高 15 厘米（图 2 - 40B）。

标本 H92∶21，仅存口部。泥质灰陶。口微侈，窄平唇，高领微束。口下贴有小泥饼，颈下部饰抹弦纹。口径 8.8、残高 18.4 厘米（图 2 - 40B）。

陶罐　5 件。均为鼓腹罐。

标本 H92∶6，仅存口部。夹砂褐陶。敛口，斜折沿，圆唇，鼓腹。器表饰竖向绳纹。残高 5.4 厘米（图 2 - 40C）。

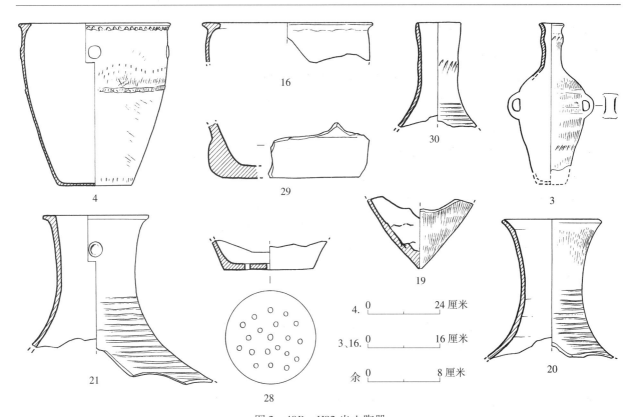

图 2 - 40B H92 出土陶器

4、16. 缸 3、19～21、30. 瓶 28. 甑 29. 灶

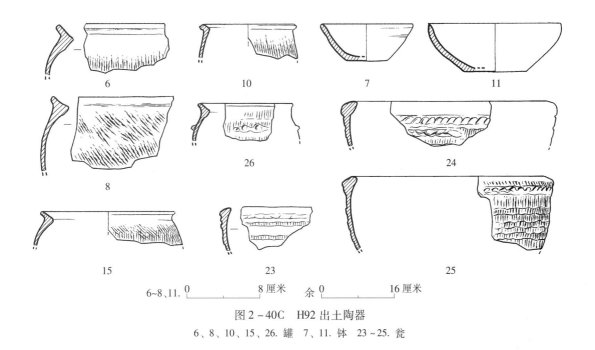

图 2 - 40C H92 出土陶器

6、8、10、15、26. 罐 7、11. 钵 23～25. 瓮

标本 H92：8，仅存口及上腹。夹砂褐陶。敛口，斜沿，圆唇，鼓腹。腹饰斜向绳纹。残高 8 厘米（图 2 - 40C）。

标本 H92：10，仅存口及上腹。夹砂红陶。敛口，斜沿，方唇，腹微鼓。器表饰竖向绳纹。口径 20、残高 7.6 厘米（图 2 - 40C）。

标本 H92：15，仅存口及上腹。夹砂红陶。敛口，斜折沿，圆唇，鼓腹。器表饰交错绳纹。口径 28.8、残高 7.6 厘米（图 2 - 40C）。

标本 H92：26，仅存口及上腹。夹砂灰陶。敛口，窄沿外斜，圆唇，腹圆鼓，有一鸡冠状器鋬。器表饰竖向绳纹。口径 20.5、残高 8 厘米（图 2 - 40C）。

陶瓮　3 件。均为叠唇瓮。

标本 H92：23，仅存口部。夹砂红陶。口微敛，圆唇外叠。口下有两周附加堆纹。残高 9.2 厘米（图 2 - 40C）。

标本 H92：24，仅存口部及上腹。夹砂红陶。敛口，圆唇外叠，腹斜收，口下有一对鸡冠状器鋬。器表饰斜向绳纹和附加堆纹。口径 42.8、残高 11.8 厘米（图 2 - 40C）。

标本 H92：25，仅存口部及上腹。夹砂红陶。敛口，圆唇外叠，腹斜收。器表饰竖向绳纹，唇下及上腹有多周附加堆纹。口径 42、残高 16 厘米（图 2 - 40C）。

陶缸　2 件。

标本 H92：16，仅存口及上腹。夹砂红陶。敛口，平沿，尖圆唇，直腹。素面，有抹痕。口径 29.6、残高 8.8 厘米（图 2 - 40B）。

标本 H92：4，可修复。泥质红陶。敛口，平沿，圆唇，上腹微鼓，下腹斜收，平底。器表饰少量绳纹，沿下和上腹各有一道附加堆纹，上腹贴有四个圆形泥饼。口径 44.4、底径 24、高 52.8 厘米（图 2 - 40B；图版六〇，1）。

陶甑　1 件。

标本 H92：28，仅存底部。泥质灰陶。斜腹，平底，底有圆形箅孔。素面。底径 10、残高 3.2 厘米（图 2 - 40B）。

陶灶　1 件。

标本 H92：29，仅存底部。夹砂红陶，器表有红色陶衣。斜腹，平底。素面。残高 6 厘米（图 2 - 40B）。

石刀　2 件。

标本 H92：31，打制。长方形，双面刃，两侧有打制而成的缺口。长 8.4、宽 5.4、厚 0.9 厘米（图 2 - 40D）。

标本 H92：32，打制。长方形，双面刃，两侧有打制而成的缺口。长 7.9、宽 4.7、厚 0.4 厘米（图 2 - 40D）。

石铲　1 件。

标本 H92：33，磨制。仅存刃部，双面刃，一侧有一对钻穿孔。残长 7.2、宽 4.8、厚 1 厘米（图 2 - 40D）。

石斧　3 件。

标本 H92：34，磨制。条形，一端已残，双面刃，刃部有残损。残长 10.8、宽 8.8、厚 5.4 厘米（图 2 - 40D）。

标本 H92：35，局部磨光。长条形，双面刃，器身及刃部有残损。长 10.7、宽 5.1、厚 2.5 厘米（图 2 - 40D）。

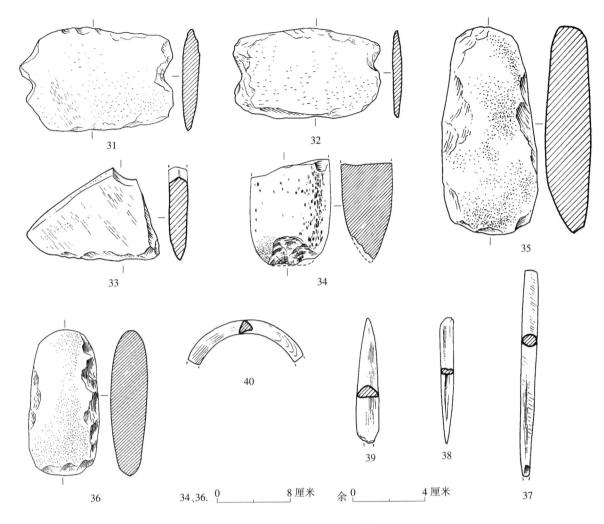

图 2 - 40D　H92 出土器物

31、32. 石刀　33. 石铲　34~36. 石斧　37、38. 骨锥　39. 骨镞　40. 蚌环

标本 H92:36，局部磨光。条形，双面刃，器身及刃部有残损。长 15.3、宽 7.5、厚 3.9 厘米（图 2 - 40D）。

石杵　1 件。

标本 H92:41，圆棒状，器身较长，一端有使用痕迹。长 12、直径 2.2 厘米（图版九九，2）。

骨锥　2 件。

标本 H92:37，柱状，一端圆钝，尖端残断。残长 10.7 厘米（图 2 - 40D）。

标本 H92:38，器身较短，一端圆钝，一端尖锐。长 6.6 厘米（图 2 - 40D）。

骨镞　1 件。

标本 H92:39，锋部为三棱状，铤部已残。残长 6.4 厘米（图 2 - 40D）。

蚌环　1 件。

标本 H92:40，残，半圆形，截面为三棱形。残长 6.1 厘米（图 2 - 40D；图版一三○，3）。

29. H94

位于 2009LXⅠT0203 东北角，开口 H92 下。坑口为圆形，剖面为筒状，口底等大，平底。口径 100、深 110 厘米。坑内堆积仅一层，灰土，土质疏松，含有少量红烧土块及炭屑，出土有陶片及陶刀 1 件。

30. H97

位于 2009LX I T0203 中部，开口①层下，被 G5 打破，打破 H98。坑口近椭圆形，剖面为筒状，口大底小，平底。口径 80 ~ 170、底径 60 ~ 150、深 30 厘米。坑内堆积仅一层，灰土，土质疏松，含有红烧土块，出土有陶片等。

31. H99

位于 2009LX I T0203 西北角，开口①层下，打破 H103，大部压于北隔梁下。坑口近圆形，剖面为筒状，口大底小，平底。口径 232、底径 192、深 58 厘米。坑内堆积仅一层，深灰土，土质疏松，出土有陶片等。

32. H101

位于 2009LX I T0204 西南部，开口 G9 下，打破 H102、H112。坑口近椭圆形，剖面为筒状，口大底小，平底（图 2 - 41A）。口径 230 ~ 300、底径 170 ~ 230、深 260 厘米。坑内堆积仅一层，灰褐土，土质疏松，含草木灰、红烧土块及炭屑，出土有陶片等。

出土陶器 20 件，玉器 1 件，石器 1 件。陶器器形可辨钵、盆、瓶、罐、壶、器盖、刀和环，玉器为笄，石器为铲。

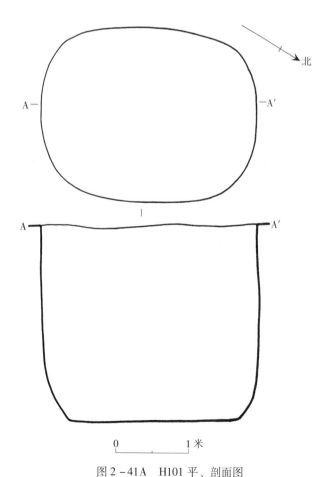

图 2 - 41A　H101 平、剖面图

陶钵　1 件。

标本 H101：1，仅存口及腹部。泥质红陶。直口微敛，圆唇，弧腹。素面。口径 19.2、残高 6 厘米（图 2 - 41B）。

陶瓶　4 件。

标本 H101：3，仅存口部。泥质红陶。侈口，尖唇，颈中部圆鼓，近葫芦状。颈中部有一周按捺窝。口径 4.8、残高 6.4 厘米（图 2 - 41B）。

标本 H101：5，仅存口部。泥质红陶。敞口呈喇叭状，直高领。素面，器表有抹痕。口径 6、残高 9.2 厘米（图 2 - 41B）。

标本 H101：8，仅存口部。泥质红陶。敞口近喇叭状，口内有一不明显的折棱，高领微束。口下贴有圆形泥饼，颈下段有一周附加堆纹。口径 10、残高 10.6 厘米（图 2 - 41B）。

标本 H101：10，仅存底部。泥质红陶。底呈钝尖状。器表饰细密线纹。残高 7 厘米（图 2 - 41B）。

陶盆　1 件。

标本 H101：4，仅存口及腹部。夹砂红陶。

敛口，窄沿微上斜，圆唇，弧腹。素面。口径21.6、残高7.2厘米（图2-41B）。

陶罐　3件。均为鼓腹罐。

标本H101：2，仅存口及上腹。夹砂红陶。敛口，斜沿外折，圆唇，上腹微鼓，上有一对鸡冠状器鋬。器表饰交错绳纹。口径20、残高10.4厘米（图2-41B）。

标本H101：7，仅存口及上腹。夹砂红陶。敛口，斜沿，圆唇，上腹微鼓，上有一对鸡冠状器鋬。器表饰斜向绳纹。口径27.2、残高9.2厘米（图2-41B）。

标本H101：9，仅存口及上腹。夹砂红陶。敛口，短沿外斜，圆唇，鼓腹，上有一鸡冠状器鋬。器表饰细绳纹。口径16、残高6.4厘米（图2-41B）。

陶壶　1件。

标本H101：6，仅存口及腹部。泥质红陶。直口呈管状，圆腹。素面。口径2、残高8厘米（图2-41B）。

陶器盖　1件。

标本H101：11，仅存顶部。夹砂灰陶。盖口外敞，平顶，顶部外壁有一穿孔。素面。残高7.2厘米（图2-41B）。

陶刀　4件。均系用瓶类残陶片打制而成。泥质红陶。两侧有打制而成的缺口。

标本H101：12，长方形，单面刃。长10、宽5.6、厚0.4厘米（图2-41C）。

标本H101：13，长方形，单面刃。长7.5、宽4.8、厚0.4厘米（图2-41C）。

标本H101：14，长方形，单面刃。长7.5、宽4.8、厚0.5厘米（图2-41C）。

标本H101：15，一下角残缺。长方形，双面刃。长8.1、宽4.8、厚0.4厘米（图2-41C）。

玉笄　1件。

标本H101：17，绿玉。器身呈"T"字形，顶端宽平并有残缺，尾端尖锐有残缺。长6.9厘米（图版八八，3）。

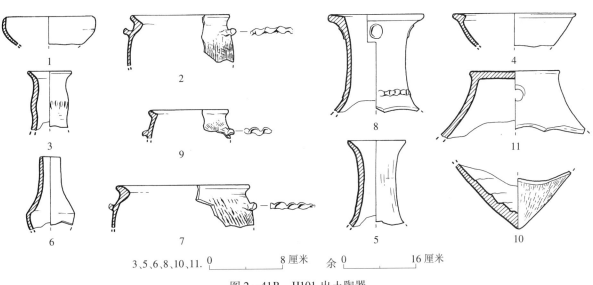

图2-41B　H101出土陶器

1. 钵　2、7、9. 罐　3、5、8、10. 瓶　4. 盆　6. 壶　11. 器盖

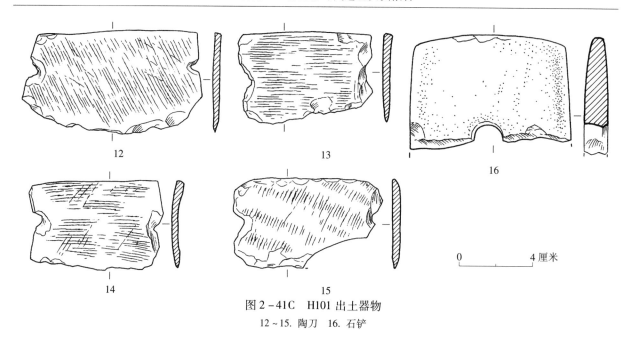

图 2 - 41C　H101 出土器物

12 ~ 15. 陶刀　16. 石铲

石铲　1 件。

标本 H101：16，通体磨光。条形，刃部已残，中部有一圆形对钻穿孔。残长 6、宽 8.9、厚 1.4 厘米（图 2 - 41C；图版九四，5）。

33. H102

位于 2009LXⅡT0204 西部，开口 G9 下，被 H76、H101 打破。坑口近椭圆形，剖面为筒状，坑壁部分坍塌，有斜向的工具加工痕迹，平底（图 2 - 42A）。口径 220 ~ 230、底径 160 ~ 170、深 300 厘米。坑内堆积仅一层，灰褐土，土质硬，含有草拌泥块、红烧土块和炭屑，出土有陶片及兽骨。

出土陶器 12 件，玉器 1 件，石器 1 件。陶器器形可辨钵、瓶、盆、罐、瓮、缸和灶，玉器为笄，石器为钻垫。

陶钵　2 件。

标本 H102：4，仅存口及腹部。泥质红陶。直口，圆唇，浅弧腹。素面。口径 20、残高 6.4 厘米（图 2 - 42B）。

标本 H102：12，可修复。泥质红陶。敛口，圆唇，鼓肩，斜腹，平底微凹。素面，内壁有白色附着物。口径 23.4、底径 11.8、高 12.8 厘米（图 2 - 42B）。

陶瓶　2 件。

标本 H102：6，仅存口部。泥质红陶。平唇上斜，口内有明显的折棱，直高颈。素面，颈部贴附有圆形泥饼。口径 11.4、残高 8 厘米（图 2 - 42B）。

标本 H102：7，仅存底部。泥质红陶。底呈钝尖状。器表饰细密线纹。残高 9 厘米（图 2 - 42B）。

陶盆　2 件。均为窄沿盆。

标本 H102：1，底部已残，仅存口及腹部。泥质灰陶。敞口，窄沿上斜，尖圆唇，弧腹。素面。口径 25.6、残高 8.4 厘米（图 2 - 42B）。

标本 H102：2，底部已残，仅存口及腹部。泥质红陶。敛口，窄平沿，圆唇，斜腹。素面。口径 22.4、残高 4.8 厘米（图 2 - 42B）。

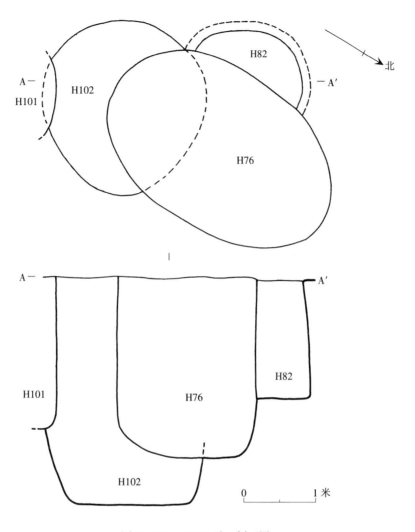

图 2 - 42A　H102 平、剖面图

陶罐　3 件。均为鼓腹罐。

标本 H102：5，仅存口部。夹砂红陶。敛口，短沿外斜，圆唇，上腹微鼓，有一鸡冠状器鋬。素面。口径 24.8、残高 6.4 厘米（图 2 - 42B）。

标本 H102：10，仅存口部。夹砂红陶。敛口，斜沿外折，圆唇，圆腹。器表饰竖向绳纹。口径 17.6、残高 5.6 厘米（图 2 - 42B）。

标本 H102：11，仅存口部。夹砂红陶。敛口，短沿外斜，圆唇，腹微鼓。器表饰竖向绳纹，上腹有一周附加堆纹。口径 12.4、残高 13.2 厘米（图 2 - 42B）。

陶瓮　1 件。

标本 H102：8，仅存口及上腹。夹砂红陶。敛口，斜沿，圆唇，上腹圆鼓。素面。口径 36、残高 10 厘米（图 2 - 42B）。

陶缸　1 件。

标本 H102：3，仅存口部。夹砂红陶。侈口，方唇，腹壁斜收。器表和唇面均饰斜向篮纹。残高 10.4 厘米（图 2 - 42B）。

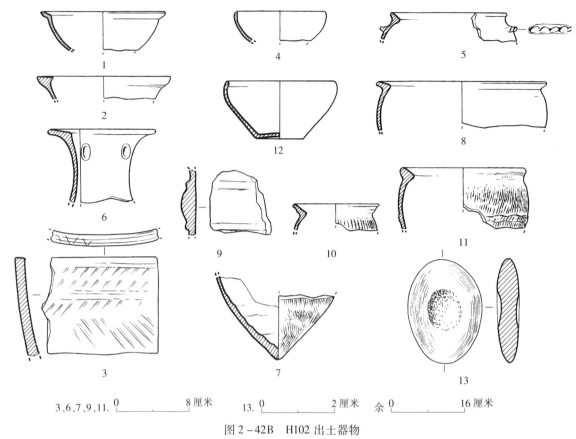

3、6、7、9、11. 0 ————— 8厘米　　13. 0 ——— 2厘米　　余 0 ————— 16厘米

图 2 - 42B　H102 出土器物

1、2. 陶盆　3. 陶缸　4、12. 陶钵　5、10、11. 陶罐　6、7. 陶瓶　8. 陶瓮　9. 陶灶　13. 石钻垫

陶灶　1件。

标本 H102∶9，仅存腹部残片。夹砂红陶，器表有红色陶衣。腹外壁外鼓。残高 7 厘米（图 2 - 42B）。

玉笄　1件。

标本 H102∶14，墨玉。柱状，一端已残，一端尖锐。残长 9.4 厘米。

石钻垫　1件

标本 H102∶13，平面呈卵圆形，较扁平，两面均有磨蚀的凹窝。直径 4.3 ~ 5.9、厚 1.3 厘米（图 2 - 42B；图版一一三，1）。

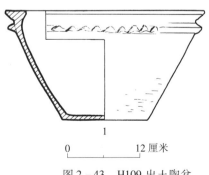

0 ———— 12厘米

图 2 - 43　H109 出土陶盆

34. H109

位于 2009LXⅠT0104 东壁北部，开口②层下，打破 G11，大部压于东隔梁下。坑口为圆形，剖面为筒状，口大底小，平底。口径 122、底径 80、深 80 厘米。坑内堆积仅一层，深灰土，土质疏松，出土有陶片等。

陶器仅有盆 1件。

标本 H109∶1，可修复。泥质红陶。敛口，窄平沿，圆唇，斜腹，平底，沿下有一周凸棱，局部呈鸡冠状。素面，器表有抹痕。口径 27.2、底径 14.4、高 18 厘米（图 2 - 43；图版四〇，1）。

35. H127

位于 2009LXⅠT0103 西南部，开口②层下，打破 G12、H144。坑口为圆形，剖面为筒状，口大底小，平底（图2-44A）。口径150、底径90、深100厘米。坑内堆积仅一层，灰土，土质疏松，出土有陶片等。

出土陶器16件，石器1件。陶器器形可辨钵、瓶、盆、罐、器盖、漏斗和鼓，石器为锛。

陶钵　1件。

标本 H127：2，仅存口部。泥质褐陶。口微敛，尖圆唇，口内有一凸棱，弧腹。素面。残高 5.4 厘米（图2-44B）。

陶瓶　6件。

标本 H127：14，可修复。泥质红陶。平唇口，内有

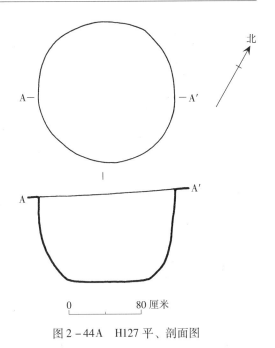

北

图2-44A　H127 平、剖面图

一折棱，高领，鼓肩，腹微内凹，钝尖底。器表饰细密线纹和抹弦纹，肩部形成涡状图案。口径5.6、高68.8 厘米（图2-44B；图版三三，3）。

标本 H127：3，仅存颈部。泥质红陶。口已残，高领，颈中部圆鼓。颈中部有一周戳印纹。残高9.2 厘米（图2-44B）。

标本 H127：5，仅存口部。泥质褐陶。敞口近喇叭状，口内有不明显的折棱，高领微束。颈下部饰弦纹，上部贴有小泥饼。口径8.8、残高10.2 厘米（图2-44B）。

标本 H127：6，仅存口部。泥质红陶。口微侈，平唇，口内有明显折棱，高领微束。颈中部有一周附加堆纹，上部贴附有小泥饼。口径7.2、残高12 厘米（图2-44B）。

标本 H127：9，口、底均残，仅存瓶腹。夹砂红陶。直高领，溜肩，腹中部微凹，有一对桥形耳。器表饰竖向绳纹。残高23 厘米（图2-44B）。

标本 H127：16，仅存口及上腹。泥质灰陶。敞口近喇叭状，口内有一明显的折棱，高领微束，鼓肩，中腹微凹。颈上贴有小泥饼，颈下饰线纹和抹弦纹。口径10、残高38.8 厘米（图2-44B；图版三四，1）。

陶盆　2件。根据形态可分为宽沿盆和带流盆。

宽沿陶盆　1件。

标本 H127：11，仅存口及腹部。泥质红陶。敛口，宽平沿，圆唇，深弧腹。素面。口径22、残高7.6 厘米（图2-44B）。

带流陶盆　1件。

标本 H127：10，仅存口及腹部。夹砂红陶。敛口，鼓肩，弧腹，一侧有一槽状流，腹有一鸡冠状器鋬。素面。口长径37.2、残高12 厘米（图2-44B）。

陶罐　4件。根据形态可分为鼓腹罐和小口圆腹罐。

鼓腹陶罐　3件。

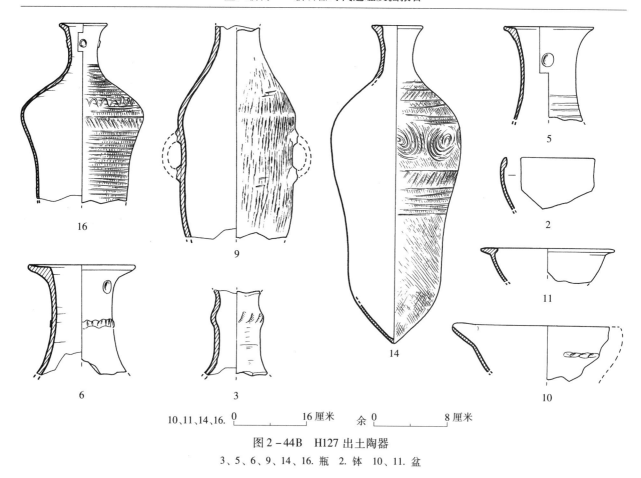

16　　9　　14　　5　　2　　11　　6　　3　　10

10、11、14、16. 0 _____ 16厘米　　余 0 _____ 8厘米

图2-44B　H127出土陶器

3、5、6、9、14、16. 瓶　2. 钵　10、11. 盆

标本H127：13，可修复。夹砂红陶。敛口，斜沿，圆唇，上腹微鼓，下腹斜收，平底微凹，沿下有一对鸡冠状器鋬。器表饰竖向绳纹，腹部有两周附加堆纹。口径22、底径10.6、高26厘米（图2-44C）。

标本H127：1，仅存口及上腹。夹砂红陶。敛口，短斜沿，圆唇，鼓腹。器表饰斜向绳纹。残高10厘米（图2-44C）。

标本H127：12，仅存口部。夹砂红陶。敛口，短沿外斜，圆唇，鼓腹。器表饰斜向绳纹和附加堆纹，口下贴有小泥饼。口径19.2、残高6厘米（图2-44C）。

小口圆腹陶罐　1件。

标本H127：4，仅存口部。泥质褐陶。敛口，斜沿，圆唇，圆腹。器表饰少量细绳纹。口径10.4、残高4.4厘米（图2-44C）。

陶器盖　1件。

标本H127：15，可修复。夹砂红陶。盖口外敞，曲腹，平顶。素面，器表有抹痕。口径23.6、高11.6厘米（图2-44C；图版六三，5）。

陶漏斗　1件。

标本H127：7，仅存流部。夹砂红陶。管状流。素面。径2、残高12厘米（图2-44C）。

陶鼓　1件。

标本H127：8，仅存口部。泥质红陶。直口，圆唇，直腹，口外有凸起的泥钉，内壁有穿孔。

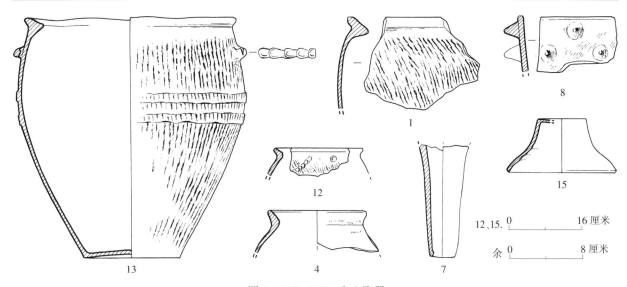

图 2 – 44C　H127 出土陶器

1、4、12、13. 罐　7. 漏斗　8. 鼓　15. 器盖

器表饰斜向线纹。残高 6 厘米（图 2 – 44C）。

36. H131

位于 2009LX Ⅰ T0103 西南部，开口②层下，被 H130 打破，打破 H132、H137，部分压于隔梁之下。坑口为椭圆形，剖面为筒状，口大底小，平底。口径 185 ~ 288、底径 150 ~ 250、深 214 厘米。坑内堆积仅一层，浅灰土，土质疏松，出土有陶片等。

37. H136

位于 2009LX Ⅰ T0403 中部，开口①层下，被 H104、H106 打破。坑口为圆形，剖面为筒状，口大底小，平底。口径 240、底径 180、深 112 厘米。坑内堆积仅一层，灰土，土质疏松，颗粒度大，出土有陶片等。

38. H143

位于 2009LX Ⅰ T0103 东部，开口②层下，被 H65 打破，打破 G12，部分压于东隔梁下。坑口为圆形，剖面为筒状，口大底小，平底。口径 150、底径 116、深 130 厘米。坑内堆积仅一层，灰土，土质疏松，颗粒度大，出土有陶片及兽骨。

39. H145

位于 2009LX Ⅰ T0402 西部，开口 G1 下，西部压于隔梁下。坑口近圆形，剖面为筒状，口大底小，平底，东壁下有一圆形小坑。口径 226、底径 180、深 60 厘米。坑内堆积仅一层，深灰土，土质疏松，含少量草木灰，出土有少量陶片等。

40. H147

位于 2009LX Ⅰ T0402 西北部，开口 G1 下，被 H145 打破，西部压于隔梁下。坑口为圆形，剖面北部坑壁底稍外扩，南部坑壁略呈台阶状内收，底不平，南高北低。口径 230、底径 176、深 132 厘米。坑内堆积仅一层，灰土，土质疏松，含草木灰及红烧土块，出土有陶片等。

41. H148

位于 2009LX Ⅰ T0103 西南部，开口②层下，被 H144 打破，打破 G12，大部压于隔梁之下。坑口为圆形，剖面为筒状，口底等大，平底。口径170、深116厘米。坑内堆积仅一层，灰土，土质疏松，含红烧土块和草木灰，出土有陶片等。

42. H151

位于2009LXⅠT0201东北角，开口②层下，打破G13，部分压于隔梁之下。坑口为椭圆形，上壁斜收，下壁较直，平底。口径90~130、底径80、深130厘米。坑内堆积仅一层，灰土，土质硬，出土有陶片等。

43. H157

位于2009LXⅠT0301西北部，开口②层下，被G13打破。坑口为椭圆形，剖面为筒状，口大底小，平底（图2-45A）。口径238~290、底径188~234、深100厘米。坑内堆积仅一层，黄褐土，土质疏松，颗粒度大，含少量草木灰及炭屑，出土有陶片等。

出土陶器10件，玉器2件，石器2件，骨器1件。陶器器形可辨瓶、盆、罐和环，玉器为笄，石器为锛和笄，骨器为锥。

陶瓶　2件。

标本H157:1，仅存口部。泥质红陶。平唇口，竖颈。颈下饰线纹和抹弦纹，颈部贴附有小泥饼。口径10、残高12厘米（图2-45B）。

标本H157:5，仅存底部。泥质红陶。底呈钝尖状。器表饰线纹。残高16厘米（图2-45B）。

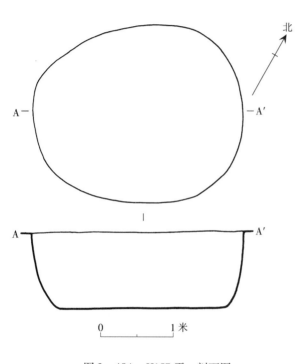

图2-45A　H157平、剖面图

陶盆　2件。根据形态可分为宽沿盆和窄沿盆。

宽沿陶盆　1件。

标本H157:6，可修复。泥质红陶。敛口，平折沿，尖唇，弧腹，平底。素面。口径27.2、底径11.6、高14厘米（图2-45B）。

窄沿陶盆　1件。

标本H157:4，仅存口及腹部。泥质红陶。敛口，窄沿微上斜，圆唇，弧腹，口下有一对鸡冠状器鋬。素面。口径25.6、残高9.2厘米（图2-45B）。

陶罐　3件。根据形态可分为鼓腹罐和小罐。

小陶罐　1件。

标本H157:7，可修复。夹砂红陶。口沿不甚平整，直口，斜沿，圆唇，直腹，平底，上腹有一对鸡冠状器鋬。素面，腹有两周附加堆纹。口径17、底径10.2、高15.8厘米（图2-45B）。

鼓腹陶罐　2件。

标本H157:2，仅存口部。夹砂红陶。敛口，窄沿微上斜，圆唇，腹圆鼓。器表饰斜向绳纹。残高7.6厘米（图2-45B）。

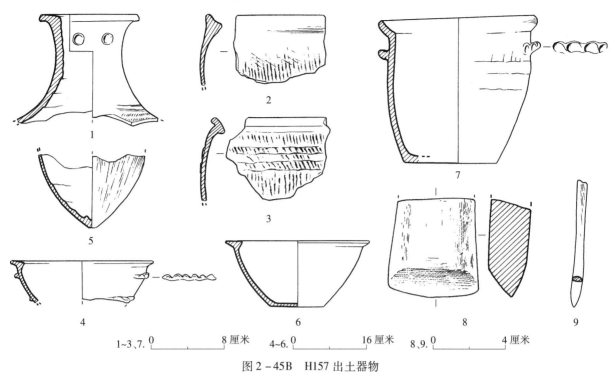

图 2 - 45B　H157 出土器物

1、5. 陶瓶　2、3、7. 陶罐　4、6. 陶盆　8. 石锛　9. 骨锥

标本 H157:3，仅存口及上腹。夹砂红陶。敛口，窄沿外折，方唇，腹微鼓。器表饰竖向绳纹，上腹有两周附加堆纹。残高9厘米（图2-45B）。

玉笄　2件。

标本 H157:10，浅绿墨玉。柱状，一端尖锐，一端已残。残长3.4厘米。

标本 H157:11，灰墨玉。扁柱状，一端尖锐，一端已残。残长7.4厘米。

石锛　1件。

标本 H157:8，通体磨光。仅存刃部。长条形，单面刃。残长5、宽4.7、厚2.1厘米（图2-45B）。

骨锥　1件。

标本 H157:9，器身较扁，一端已残，一端尖锐。残长6.8厘米（图2-45B）。

44. H158

位于2009LXⅠT0301东北部，开口G13下，打破H163，部分压于东隔梁下。坑口近椭圆形，剖面为筒状，平底。口径170～230、底径150～220、深118厘米。坑内堆积仅一层，灰褐土，土质硬，含少量草木灰及炭屑，出土有陶片等。

出土陶器9件，器形可辨钵、盆、罐、瓶、瓮和纺轮。石器1件，为球。

陶钵　1件。

标本 H158:6，底部已残，仅存口及腹部。泥质红陶。直口，圆唇，口内有一凸棱，上腹较直，下腹斜收。素面。口径21.6、残高7.2厘米（图2-46）。

陶盆　1件。

标本 H158:7，底部已残，仅存口及腹部。泥质红陶。敛口，窄沿上斜，圆唇微卷，弧腹。素面。口径28、残高10厘米（图2-46）。

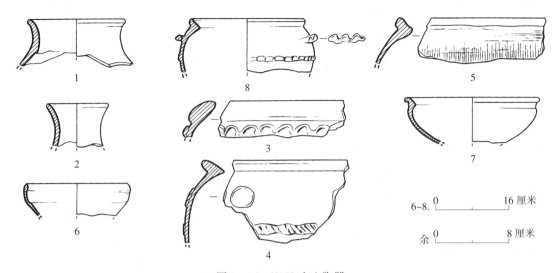

图 2－46　H158 出土陶器

1、4、5、8. 罐　2. 瓶　3. 瓮　6. 钵　7. 盆

陶罐　4 件。根据形态可分为鼓腹罐和小口圆腹罐。

鼓腹陶罐　3 件。

标本 H158：5，仅存口部。夹砂红陶。敛口，短沿外斜，圆唇，鼓腹。器表饰细绳纹。残高 5 厘米（图 2－46）。

标本 H158：4，仅存口及上腹。夹砂红陶。敛口，沿外斜，圆唇，腹圆鼓。器表饰附加堆纹，口下贴附有圆形泥饼。残高 9 厘米（图 2－46）。

标本 H158：8，仅存口及上腹。夹砂红陶。敛口，短沿外斜，圆唇，上腹微鼓，有一对鸡冠状器鋬。器表饰附加堆纹。口径 24、残高 12 厘米（图 2－46）。

小口圆腹陶罐　1 件。

标本 H158：1，仅存口部。泥质红陶。侈口，圆唇，束颈，腹外鼓。素面。口径 10、残高 5 厘米（图 2－46）。

陶瓶　1 件。

标本 H158：2，仅存口上部。泥质红陶。敞口，圆唇，口下微束。素面。口径 6、残高 4.8 厘米（图 2－46）。

陶瓮　1 件。

标本 H158：3，仅存口部。夹砂红陶。敛口，圆唇外叠，腹外鼓。口下有一周附加堆纹。残高 4 厘米（图 2－46）。

石球　1 件。

标本 H158：10，完整。球形，表面有坑疤。直径 5.2 厘米。

45. H159

位于 2009LXⅠT0301 东北角，开口 G13 下，大部压于东、北隔梁之下。坑口近圆形，剖面为筒状，平底。口径 90～135、底径 90～110、深 114 厘米。坑内堆积仅一层，灰褐土，土质疏松，含少量草木灰，出土有陶片及陶杯（图版六四，6）、陶笄、石凿各 1 件。

46. H161

位于 2009LXⅠT0201 东南部，开口 G13 下，打破 H162，部分压于东隔梁下。坑口为椭圆形，剖面为筒状，口大底小，底部东高西低，西壁有一台阶。口径 250～300、底径 180、深 300 厘米。坑内堆积仅一层，灰土，土质硬，出土有陶片、兽骨、石块及玉笄、石纺轮、石饼、石刀、骨锥各 1 件（图版一二四，5）。

玉笄　1 件。

标本 H161：1，墨玉。器身呈"T"字形，顶端宽平并有残缺，尾端已残。残长 4.7 厘米（图版八八，4）。

47. H162

位于 2009LXⅠT0201 东部，开口 G13 下，被 H161 打破。坑口近方形，剖面为筒状，口大底小，平底，西壁有一台阶。口径 278～280、底径 152～230、深 244 厘米。坑内堆积仅一层，深灰土，土质硬，出土有陶片、兽骨及石块。

出土陶器 7 件，玉器 2 件，石器 2 件，骨器 3 件。陶器器形可辨钵、罐、瓮、刀和环，玉器为笄和环，石器为刀和斧，骨器为笄和锥。

陶钵　1 件。

标本 H162：3，仅存口及上腹。泥质红陶。敛口，圆唇，鼓肩，斜腹。素面。残高 9 厘米（图 2 - 47）。

陶罐　2 件。均为鼓腹罐。

标本 H162：2，仅存口部。夹砂红陶。敛口，平沿外折，方唇，腹微鼓，上腹有一鸡冠状器鋬。器表饰斜向线纹。残高 7.4 厘米（图 2 - 47）。

标本 H162：5，仅存口及上腹。夹砂红陶。敛口，窄沿上斜，圆唇，腹微鼓。器表饰细密线纹。口径 30.8、残高 9.6 厘米（图 2 - 47）。

陶瓮　2 件。

标本 H162：4，仅存口及上腹。夹砂灰陶。敛口，平沿，圆唇，鼓腹。素面。残高 10.4 厘米（图 2 - 47）。

标本 H162：6，仅存口及上腹。夹砂红陶。敛口，窄沿微上斜，方唇，腹微鼓。素面。口径 36、残高 10 厘米（图 2 - 47）。

陶刀　1 件。

标本 H162：1，系用尖底瓶残片打制而成。泥质红陶。长方形，双面刃，两侧有缺口。长 6.7、宽 4.5、厚 0.6 厘米（图 2 - 47）。

玉笄　1 件。

标本 H162：11，绿墨玉。柱状，一端平整，一端已残。残长 8.8 厘米。

玉环　1 件。

标本 H162：9，残断。玉色乳白。断面呈半圆形。残长 5.2 厘米（图 2 - 47；图版八九，2）。

石刀　1 件。

标本 H162：8，打制。长方形，双面刃，两侧有打制而成的缺口。长 8.7、宽 4.8、厚 1.1 厘米

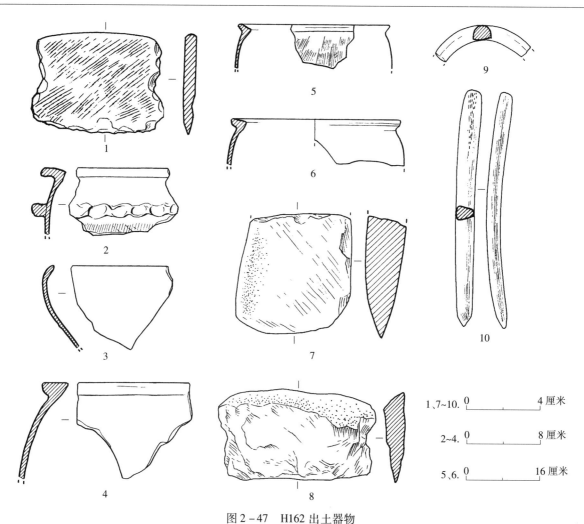

图 2 - 47　H162 出土器物
1. 陶刀　2、5. 陶罐　3. 陶钵　4、6. 陶瓮　7. 石斧　8. 石刀　9. 玉环　10. 骨笄

（图 2 - 47；图版一〇一，2）。

石斧　1 件。

标本 H162：7，磨制。仅存刃部。长条状，双面刃。残长 6.4、宽 6.3、厚 2.2 厘米（图 2 - 47）。

骨笄　1 件。

标本 H162：10，柱状，器身微凹，一端圆钝，一端尖锐。长 12.5 厘米（图 2 - 47；图版一二五，2）。

48. H163

位于 2009LX Ⅰ T0301 东北部，开口 G13 下，被 H158 打破。坑口近椭圆形，剖面为筒状，底不平，西高东低（图 2 - 48）。口径 200～270、底径 150～230、深 90 厘米。坑内堆积仅一层，灰褐土，土质疏松，出土有陶片等（图版一二六，9）。

49. H164

位于 2010LX Ⅰ T0206 西北部，开口②层下，部分压于北隔梁下。坑口近圆形，剖面为筒状，口大底小，平底（图 2 - 49）。口径 180、底径 130、深 90 厘米。坑内堆积仅一层，灰褐土，土质硬，含少量红烧土块及炭屑，出土有陶片及骨镞 1 件。

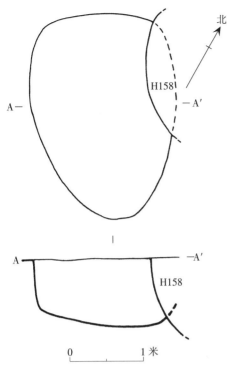

图 2 - 48　H163 平、剖面图

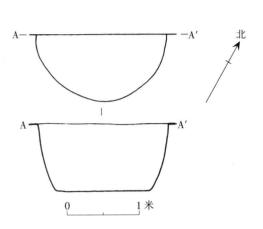

图 2 - 49　H164 平、剖面图

50. H165

位于 2010LXⅠT0206 东北部，开口②层下，打破 H169，部分压于北隔梁下。坑口近椭圆形，剖面为筒状，口大底小，平底（图 2 - 50A）。口径 162 ~ 180、底径 130 ~ 142、深 110 厘米。坑内堆积仅一层，灰土，土质疏松，出土有陶片等。

出土陶器 12 件，玉器 1 件，骨器 2 件。陶器器形可辨钵、瓶、盆、甑、罐、缸和瓮，玉器为笄，骨器为锥。

陶钵　1 件。

标本 H165∶10，仅存口及上腹。泥质红陶。口微敛，鼓肩，斜腹。素面。口径 25.6、残高 9.6 厘米（图 2 - 50B）。

陶瓶　1 件。

标本 H165∶4，仅存口部。泥质红陶。平唇口，口内有一折棱，束颈。素面，颈部贴有小泥饼。口径 7.2、残高 7.6 厘米（图 2 - 50B）。

陶盆　2 件。均为宽沿盆。

标本 H165∶1，可修复。泥质灰陶。敛口，宽平沿，尖圆唇，斜腹，平底微凹。素面。口径 25.2、底径 13.4、高 11 厘米（图 2 - 50B）。

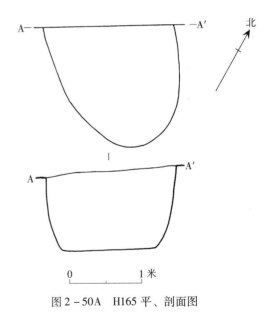

图 2 - 50A　H165 平、剖面图

标本 H165：11，底部已残，仅存口及上腹。泥质红陶。敛口，宽平沿，圆唇，弧腹。素面，器表有抹痕，沿面有刻槽。口径18.4、残高6.8厘米（图2－50B）。

陶罐　4件。均为鼓腹罐。

标本 H165：3，仅存口及上腹。夹砂红陶。敛口，斜沿，圆唇，上腹微鼓，有一鸡冠状器鋬。素面。残高9厘米（图2－50B）。

标本 H165：6，仅存口部。夹砂红陶。敛口，短斜沿，圆唇，腹圆鼓。器表饰抹绳纹。残高5.6厘米（图2－50B）。

标本 H165：8，仅存口及上腹。夹砂红陶。敛口，斜沿外折，圆唇，上腹微鼓，有一对鸡冠状器鋬。器表饰竖向绳纹。口径24.4、残高10厘米（图2－50B）。

标本 H165：9，仅存口及上腹。夹砂红陶。敛口，短斜沿，方唇，上腹微鼓，有一对鸡冠状器鋬。器表饰竖向绳纹和附加堆纹。口径24.8、残高16厘米（图2－50B）。

陶甑　1件。

标本 H165：7，仅存底部。夹砂红陶。斜腹，平底，底部有圆形箅孔。素面。底径12、残高4厘米（图2－50B）。

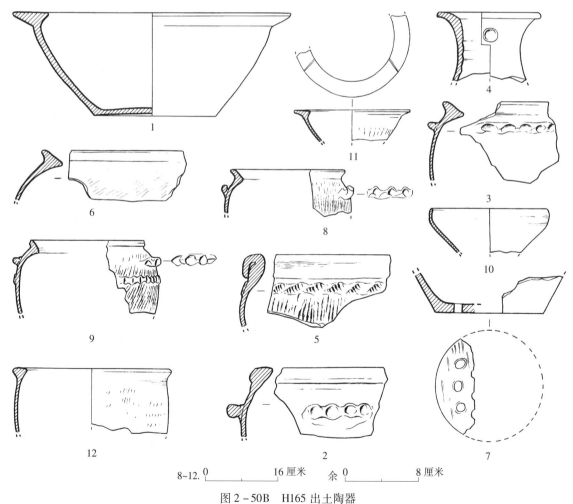

图2－50B　H165出土陶器

1、11. 盆　2、5. 瓮　3、6、8、9. 罐　4. 瓶　7. 甑　10. 钵　12. 缸

陶瓮 2 件。

标本 H165：2，仅存口及上腹。夹砂红陶。敛口，圆唇外叠，上腹微鼓，有一对鸡冠状器鋬。素面。残高 7.6 厘米（图 2 - 50B）。

标本 H165：5，仅存口及上腹。夹砂红陶。敛口，沿外卷贴于上腹，沿面窄平，腹微鼓。器表饰竖向绳纹，口下有一周附加堆纹。残高 8 厘米（图 2 - 50B）。

陶缸 1 件。

标本 H165：12，仅存口及上腹。泥质红陶。敛口，窄平沿，圆唇，上腹较直。器表饰稀疏的绳纹。口径 28.8、残高 14 厘米（图 2 - 50B）。

玉笄 1 件。

标本 H165：13，白色。柱状，一端尖锐，一端已残。残长 2.3 厘米。

51. H167

位于 2010LXⅠT0206 东南部，开口②层下，被 H166 打破，南部压于隔梁之下。坑口近椭圆形，剖面为筒状，平底（图 2 - 51A）。口径 250 ~ 280、底径 230 ~ 236、深 310 厘米。坑内堆积仅一层，灰褐土，土质疏松，出土大量陶片。

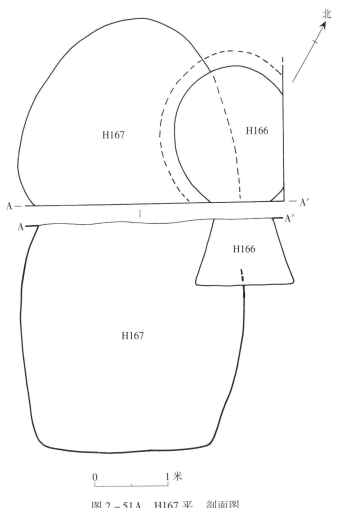

图 2 - 51A H167 平、剖面图

出土陶器 30 件，器形可辨钵、瓶、盆、罐、甑、瓮、器盖和刀。石器 7 件，为刀、铲和球。骨器 1 件，为镞。

陶钵　6 件。

标本 H167：4，仅存口部。泥质红陶。口微敛，圆唇，斜腹。素面。残高 8.4 厘米（图 2－51B）。

标本 H167：13，仅存口及腹部。泥质红陶。口微敛，圆唇，上腹微鼓，下腹斜收。素面。口径 22.4、残高 9.2 厘米（图 2－51B）。

标本 H167：19，仅存口及腹部。泥质红陶。口微敛，圆唇，深弧腹。素面，器表有抹痕。口径 18.4、残高 8.6 厘米（图 2－51B）。

标本 H167：23，仅存口及腹部。泥质红陶。敛口，圆唇，鼓肩，斜腹，口与上腹有两个圆形穿孔。素面，口部有一周黑彩宽带。口径 28、残高 9.2 厘米（图 2－51B）。

标本 H167：27，可修复。泥质红陶。敛口，圆唇，鼓肩，斜腹，平底。素面。口径 16、底径 10、高 9.6 厘米（图 2－51B）。

标本 H167：28，可修复。泥质红陶。敛口，圆唇，鼓肩，斜腹较浅，平底。素面。口径 14.8、底径 10、高 8 厘米（图 2－51B）。

陶瓶　6 件。

标本 H167：6，仅存口部。泥质红陶。为退化的重唇口，内唇为一周矮凸棱。素面。口径 6.4、

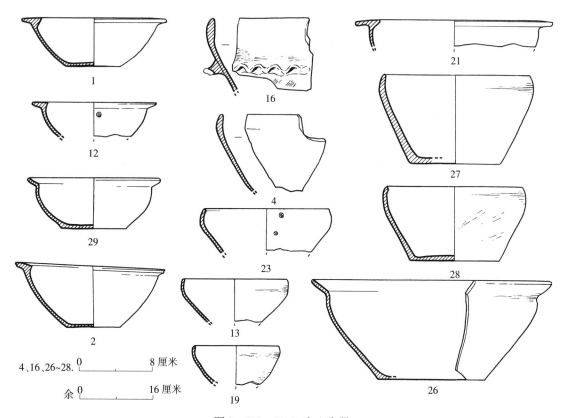

图 2－51B　H167 出土陶器

1、2、12、16、21、26、29. 盆　4、13、19、23、27、28. 钵

残高 5 厘米（图 2 – 51C）。

标本 H167：9，仅存口部。泥质红陶。小口微侈，圆唇，直领。素面，抹光。口径 4.8、残高 6.6 厘米（图 2 – 51C）。

标本 H167：11，仅存口部。泥质红陶。直口，平唇，口内有一明显折棱，高领微束。素面，颈部贴附有泥饼。口径 7.2、残高 10 厘米（图 2 – 51C）。

标本 H167：18，仅存口部。泥质红陶。小口微侈，圆唇，颈中部微鼓。素面，颈中部有一周戳印。口径 4.8、残高 10 厘米（图 2 – 51C）。

标本 H167：20，仅存口部。泥质红陶。侈口近喇叭形，口内有折棱，高领微束。颈以下饰细绳纹和抹弦纹，颈部贴有小泥饼。口径 8、残高 20.6 厘米（图 2 – 51C）。

标本 H167：22，口、底均残，仅存瓶腹。泥质红陶。圆肩，腹斜收，中腹微束，有一对桥形耳。器表饰细密绳纹。残高 28 厘米（图 2 – 51C）。

陶盆　7 件。根据形态可分为宽沿盆和带流盆。

宽沿陶盆　6 件。

标本 H167：1，可修复。泥质褐陶。敛口，宽平沿，圆唇，浅弧腹，平底微凹。口径 34.7、底径 17、深 15 厘米（图 2 – 51B）。

标本 H167：2，可修复。泥质红陶。器体不规则，口微敛，宽沿微上斜，圆唇，弧腹，平底。口径 41.5、底径 16、深 18 厘米（图 2 – 51B）。

标本 H167：12，仅存口及腹部。泥质灰陶。敛口，宽平沿，圆唇，弧腹。素面，上腹有一穿孔。口径 20.8、残高 7.6 厘米（图 2 – 51B）。

标本 H167：21，仅存口及腹部。泥质灰陶。敛口，宽平沿，圆唇，弧腹。素面。口径 32.8、残高 8 厘米（图 2 – 51B）。

标本 H167：26，可修复。泥质红陶。直口，斜折沿，圆唇，弧腹内收，平底。素面。口径 25.6、底径 11.8、高 10.8 厘米（图 2 – 51B）。

标本 H167：29，可修复。泥质红陶。口微敛，斜折沿，圆唇，弧腹，平底。素面，器表较粗糙。口径 28.4、底径 14.4、高 11 厘米（图 2 – 51B）。

带流陶盆　1 件。

标本 H167：16，仅存口及上腹。泥质灰陶。直口，圆唇，斜腹，有一鸡冠状器鋬。器表饰少量绳纹。残高 8 厘米（图 2 – 51B）。

陶罐　共 6 件。根据形态可分为鼓腹罐和圆腹罐。

圆腹陶罐　1 件。

标本 H167：30，可修复。泥质灰陶。侈口，圆唇，束颈，圆腹，平底。素面，抹光，颈部和上腹有几周附加堆纹。口径 10.8、底径 10.8、高 26 厘米（图 2 – 51C；图版五八，3）。

鼓腹陶罐　5 件。

标本 H167：5，仅存口及上腹。夹砂红陶。敛口，短斜沿，沿面微凹，腹微鼓，有一鸡冠状器鋬。器表饰斜向绳纹。残高 8 厘米（图 2 – 51C）。

标本 H167：14，仅存口及上腹。夹砂红陶。敛口，短沿外斜，圆唇，腹外鼓，有一对鸡冠状

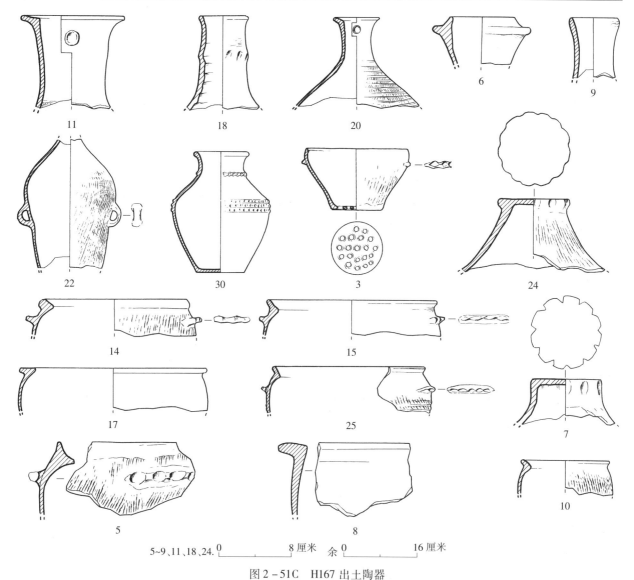

图 2－51C　H167 出土陶器

3. 甑　5、10、14、15、25、30. 罐　6、9、11、18、20、22. 瓶　7、24. 器盖　8、17. 瓮

器鏊。器表饰竖向绳纹。口径 30.4、残高 8 厘米（图 2－51C）。

标本 H167：10，仅存口及腹部。夹砂红陶。敛口，沿外斜，圆唇，鼓腹。器表饰斜向绳纹。口径 18.4、残高 7.6 厘米（图 2－51C）。

标本 H167：15，仅存口及腹部。夹砂红陶。敛口，斜沿，圆唇，腹外鼓，有一鸡冠状器鏊。素面。口径 36、残高 7.6 厘米（图 2－51C）。

标本 H167：25，仅存口及上腹。夹砂红陶。敛口，斜沿，圆唇，上腹微鼓，有一鸡冠状器鏊。器表饰斜向绳纹和弦纹。口径 32.4、残高 10 厘米（图 2－51C）。

陶甑　1 件。

标本 H167：3，可修复。泥质红陶。敛口，方唇，鼓肩，弧腹下斜收，上腹有一对鸡冠状器鏊。鏊以下饰抹绳纹，平底，底部有圆形箅孔。口径 22、底径 10.8、高 13.2 厘米（图 2－51C；图版四二，3、4）。

陶器盖　2 件。

标本 H167：7，仅存顶部。夹砂红陶。平顶，捉手有一周按捺窝。残高 5 厘米（图 2 - 51C）。

标本 H167：24，仅存顶部。夹砂红陶。盖口外敞，平顶。器表饰竖向绳纹，顶有一周按捺窝。残高 8 厘米（图 2 - 51C）。

陶瓮 2 件。均为平沿瓮。

标本 H167：8，仅存口及上腹。夹砂灰陶。口微敛，窄平沿，圆唇，上腹较直。素面。残高 8 厘米（图 2 - 51C）。

标本 H167：17，仅存口及上腹。夹砂红陶。敛口，窄平沿，圆唇，腹微鼓。素面。口径 34.4、残高 9.2 厘米（图 2 - 51C）。

陶刀 2 件。

标本 H167：31，系用瓶类陶片打制而成。泥质红陶。长方形，单面刃，两侧有打制而成的缺口。长 8、宽 4.6、厚 0.6 厘米（图 2 - 51D）。

标本 H167：32，系用瓶类陶片打制而成。泥质灰陶。长方形，双面刃，两侧有打制而成的缺口。长 9.4、宽 4.5、厚 0.4 厘米（图 2 - 51D；图版七五，1）。

石刀 3 件。

标本 H167：33，打制。长方形，双面刃，两侧有打制而成的缺口。长 8.3、宽 5、厚 1.2 厘米（图 2 - 51D）。

标本 H167：34，打制。长方形，单面刃，两侧有打制而成的缺口。长 8.4、宽 4.4、厚 1.2 厘米（图 2 - 51D）。

标本 H167：35，长方形，双面刃，一侧有打制而成的缺口。残长 6.1、宽 4.1、厚 1.2 厘米（图 2 - 51D）。

石球 3 件（图版一一五，1）。

标本 H167：37，完整。不规则球形，表面有坑疤。直径 4.9 厘米。

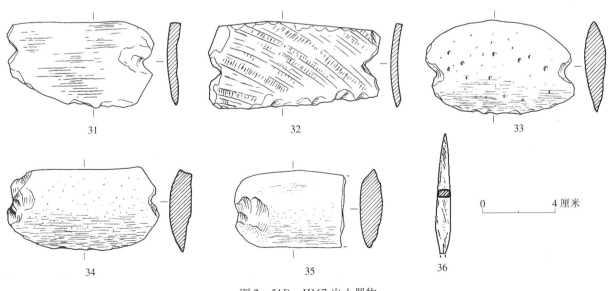

图 2 - 51D H167 出土器物
31、32. 陶刀 33～35. 石刀 36. 骨镞

标本 H167：38，完整。不规则球形，表面有坑疤。直径 4.9 厘米。

标本 H167：39，较完整。不规则球形，表面有坑疤。长径 4.9、短径 4.5 厘米。

骨镞　1 件。

标本 H167：36，锋部扁平，尖锐，铤部残断。残长 6.4 厘米（图 2－51D；图版一二六，10）。

52. H168

位于 2010LXⅠT0206 西南部，开口②层下，南部压于隔梁之下。坑口为椭圆形，剖面为筒状，口大底小，平底（图 2－52A）。口径 150～160、底径 130～140、深 94 厘米。坑内堆积仅一层，灰褐土，土质疏松，含大量草木灰及红烧土块，出土有陶片及螺壳。

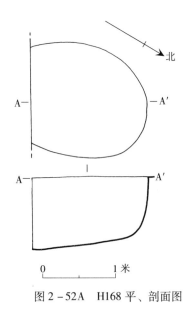

图 2－52A　H168 平、剖面图

出土陶器 11 件，器形可辨钵、盆、瓶和罐。

陶钵　3 件。

标本 H168：1，可修复。泥质红陶。敛口，圆唇，鼓肩，斜腹，平底。素面。口径 26、底径 12.8、高 13.6 厘米（图 2－52B）。

标本 H168：11，可修复。泥质红陶。口微敛，圆唇，弧腹，平底。素面。口径 16、底径 7.6、高 8 厘米（图 2－52B）。

标本 H168：6，仅存口及腹部。泥质红陶。口微敛，圆唇，鼓肩，斜腹。素面。口径 15.6、残高 6 厘米（图 2－52B）。

陶瓶　1 件。

标本 H168：10，仅存口部。泥质红陶。敞口近喇叭状，圆唇，口内有不明显折棱，直高领。颈部贴附有小泥饼。口径 10、残高 9.2 厘米（图 2－52B）。

陶盆　3 件。均为宽沿盆。

标本 H168：2，仅存口及腹部。泥质红陶。口微敛，宽沿上斜，圆唇，深弧腹。素面。口径 25.6、残高 8.4 厘米（图 2－52B）。

标本 H168：5，仅存口及上腹。泥质红陶。敛口，宽平沿，尖圆唇，弧腹。素面。口径 26.4、残高 6.4 厘米（图 2－52B）。

标本 H168：8，仅存口及腹部。泥质灰陶。直口，卷沿，沿面微鼓，圆唇，深弧腹。素面，器表有抹痕。残高 7.4 厘米（图 2－52B）。

陶罐　4 件。根据形态可分为鼓腹罐和小口圆腹罐。

鼓腹陶罐　3 件。

标本 H168：3，仅存口及上腹。夹砂红陶。敛口，短沿外斜，圆唇，腹微鼓。器表饰竖向绳纹，口下有一穿孔。口径 24、残高 5.6 厘米（图 2－52B）。

标本 H168：7，仅存口及上腹。夹砂红陶。敛口，短斜沿，圆唇，鼓腹。器表饰竖向绳纹，上腹有一周附加堆纹。残高 7.4 厘米（图 2－52B）。

标本 H168：9，仅存口及上腹。夹砂红陶。敛口，短沿外斜，沿面微凹，圆唇，鼓腹，沿下有一鸡冠状器鋬。器表饰竖向篮纹。残高 6.4 厘米（图 2－52B）。

小口圆腹陶罐　1 件。

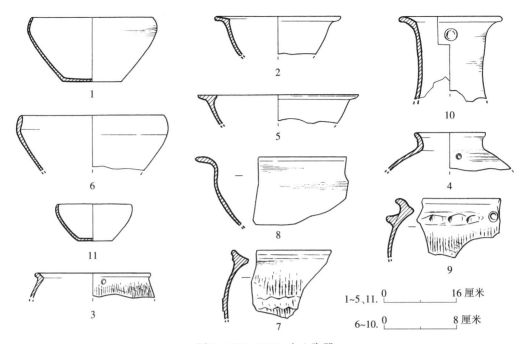

图 2 - 52B H168 出土陶器

1、6、11. 钵 2、5、8. 盆 3、4、7、9. 罐 10. 瓶

标本 H168：4，仅存口及上腹。夹砂褐陶。小口微侈，尖圆唇，颈微束，圆腹。颈下饰多周弦纹并贴附有小泥饼。口径 15.2、残高 8.4 厘米（图 2 - 52B）。

53. H169

位于 2010LX Ⅰ T0206 东北部，开口②层下，被 H165 打破，部分压于现代沟槽之下。坑口近椭圆形，剖面为筒状，口大底小，平底。口径 90～100、底径 68～74、深 32 厘米。坑内堆积仅一层，黄褐土，土质硬，出土少量陶片。

出土陶器 4 件，器形可辨钵、瓶和甑。

陶钵 2 件。

标本 H169：4，仅存口及上腹。泥质红陶。敛口，尖圆唇，口内有一凸棱，弧腹。素面。口径 24、残高 6.4 厘米（图 2 - 53）。

标本 H169：3，仅存口部。泥质红陶。敛口内折，曲腹内收。素面。口径 20、残高 8 厘米（图 2 - 53）。

陶瓶 1 件。

标本 H169：2，仅存口部。泥质红陶。平唇口，圆唇，直高领。颈以下饰细密线纹和抹弦纹，颈部贴附有圆形泥饼。口径 7.2、残高 19.2 厘米（图 2 - 53）。

陶甑 1 件。

标本 H169：1，仅存底部。泥质红陶。斜腹，平底，底部有圆形箅孔。残高 4.4 厘米（图 2 - 53）。

54. H173

位于 2010LX Ⅰ T0206 南部，开口①层下，被 H170、H172 和现代沟槽打破。坑口为圆形，剖

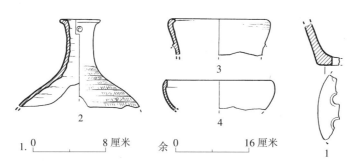

图 2 - 53　H169 出土陶器
1. 甑　2. 瓶　3、4. 钵

面为筒状，平底。口径 140、深 50 厘米。坑内堆积仅一层，黄褐土，底部有淤土，土质硬，出土有陶片等。

出土陶器 7 件，骨器 1 件。陶器器形可辨钵、瓶、盆、罐和瓮，骨器为锥。

陶钵　1 件。

标本 H173：2，仅存口及腹部。泥质褐陶。敛口，圆唇，鼓肩，弧腹。素面。口径 20.8、残高 7.2 厘米（图 2 - 54）。

陶瓶　1 件。

标本 H173：6，仅存口部。泥质红陶。口微侈，平唇，唇面微凹，直高领。颈部饰细密线纹。口径 6、残高 6.4 厘米（图 2 - 54）。

陶盆　1 件。

标本 H173：3，仅存口及上腹。泥质红陶。敛口，宽平沿，圆唇，浅弧腹。素面。口径 28、残高 4 厘米（图 2 - 54）。

陶罐　3 件。根据形态可分为直腹罐、小口圆腹罐和小罐。

直腹陶罐　1 件。

标本 H173：5，仅存口及上腹。夹砂红陶。口微敛，窄平沿，方唇，上腹较直，有一鸡冠状器鋬。器表饰斜向绳纹和附加堆纹。口径 21.2、残高 15.6 厘米（图 2 - 54）。

小口圆腹陶罐　1 件。

标本 H173：7，底部残缺。泥质灰陶。侈口，圆唇，颈微敛，上腹圆鼓，下腹斜收。素面。口径 17.2、残高 19 厘米（图 2 - 54）。

小陶罐　1 件。

标本 H173：1，可修复，夹砂红陶。侈口，尖圆唇，直腹，凹底，上腹有一对鸡冠状器鋬。器表饰线纹，口外有一周凹弦纹。口径 10、底径 6.2、残高 10.2 厘米（图 2 - 54）。

陶瓮　1 件。

标本 H173：4，仅存口及上腹。泥质灰陶。敛口，窄平沿，沿面微凹，腹微鼓。素面。口径 32、残高 5.2 厘米（图 2 - 54）。

骨锥　1 件。

标本 H173：8，器身宽扁，一端尖锐，一端扁平。长 10 厘米（图 2 - 54；图版一二四，3）。

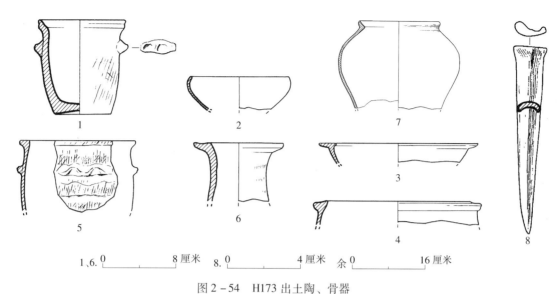

图 2 - 54 H173 出土陶、骨器

1、5、7. 陶罐 2. 陶钵 3. 陶盆 4. 陶瓮 6. 陶瓶 8. 骨锥

55. H175

位于 2010LXⅠT0207 西部，开口②层下，打破 H207、H210，西部延伸出探方。坑口近圆形，剖面为筒状，口大底小，平底（图 2 - 55A）。口径 298、底径 268、深 150 厘米。坑内堆积仅一层，深灰土，土质疏松，出土有陶片等。

出土陶器 11 件，玉器 1 件，石器 7 件。陶器器形可辨钵、瓶、盆、罐、瓮、杯和笄，玉器为笄，石器有刀、斧、笄和球。

陶钵 2 件。

标本 H175：4，仅存口及腹部。泥质红陶。直口微敛，圆唇，浅弧腹。素面。口径 25.6、残高 8 厘米（图 2 - 55B）。

标本 H175：8，仅存口及腹部。泥质灰陶。口微敛，圆唇，弧腹。素面，器表有抹痕。残高 5.6 厘米（图 2 - 55B）。

陶瓶 1 件。

标本 H175：9，仅存口部。泥质红陶。口近喇叭状，口内有一明显的折棱，直高领。素面。口径 8、残高 8.8 厘米（图 2 - 55B）。

陶盆 3 件。根据形态可分为宽沿盆和窄沿盆。

宽沿陶盆 1 件。

标本 H175：2，可修复。泥质灰陶。敛口，宽平沿，圆唇，弧腹，平底。素面。口径 23.2、底径 11.2、高 11.2 厘米（图 2 - 55B）。

窄沿陶盆 2 件。

标本 H175：1，可修复。夹砂红陶。敛口，窄斜沿，圆唇，斜腹，平底，上腹有两对鸡冠状器鋬。器表饰竖向绳纹，腹有

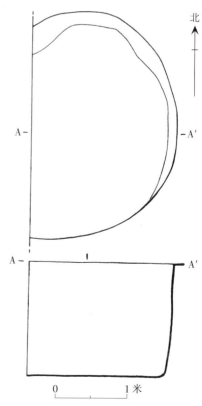

图 2 - 55A H175 平、剖面图

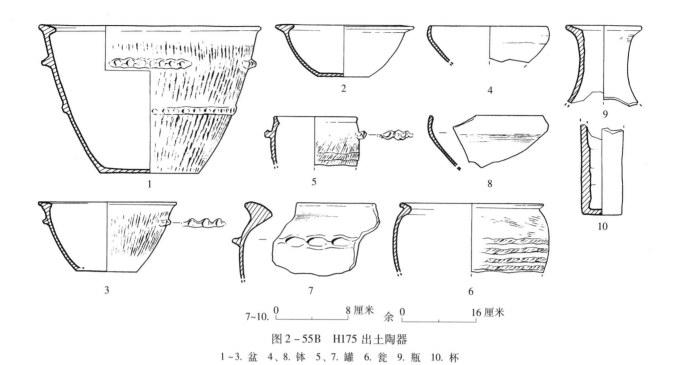

图2-55B　H175出土陶器

1~3. 盆　4、8. 钵　5、7. 罐　6. 瓮　9. 瓶　10. 杯

一周附加堆纹。口径46、底径22、高32厘米（图2-55B；图版四〇，3）。

标本H175：3，可修复。泥质红陶。敛口，窄沿微斜，尖圆唇，弧腹，平底，腹有一对鸡冠状器鋬。腹饰竖向绳纹。口径27.6、底径13.2、高15.2厘米（图2-55B）。

陶罐　2件。均为鼓腹罐。

标本H175：7，仅存口及上腹。夹砂红陶。敛口，斜沿，尖圆唇，上腹圆腹，有一鸡冠状器鋬。素面。残高8厘米（图2-55B）。

标本H175：5，仅存口及上腹。夹砂褐陶。敛口，沿外斜，圆唇，上腹较直，有一鸡冠状器鋬。器表饰斜向绳纹和附加堆纹。口径17.6、残高10.8厘米（图2-55B）。

陶瓮　1件。

标本H175：6，仅存口及上腹。夹砂灰陶。敛口，短沿外斜，圆唇，上腹圆鼓。器表饰斜向绳纹和多周附加堆纹。口径30.4、残高15.2厘米（图2-55B）。

陶杯　1件。

标本H175：10，仅存腹及底部。夹砂红陶。器身呈筒状，直腹，平底。素面。底径4.4、残高9.4厘米（图2-55B）。

玉笄　1件。

标本H175：14，墨玉。柱状，两端皆残。残长4.5厘米。

石球　3件。

标本H175：15，完整。球形，表面有磕豁。直径4.4厘米。

标本H175：16，残。椭球形，表面有坑疤。长径5、短径4.3厘米。

标本H175：17，较完整。球形，表面有坑疤。直径3.7厘米。

石刀 2件。

标本 H175：11，打制。长方形，单面刃，两侧有打制而成的缺口。长8.4、宽5.1、厚1.2厘米（图2－55C）。

标本 H175：12，打制。长方形，双面刃，两侧有打制而成的缺口。长8、宽5.4、厚1.1厘米（图2－55C）。

石斧 1件。

标本 H175：13，磨制。长条形，双面刃，底端和刃部均有残损。残长11.8、宽5.5、厚3.5厘米（图2－55C）。

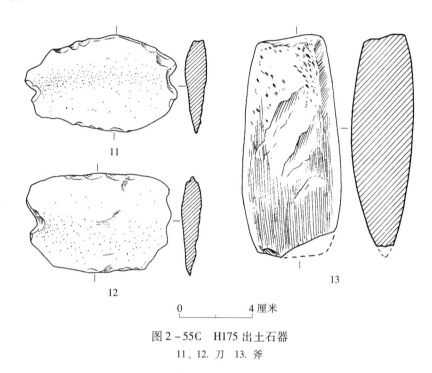

图2－55C H175 出土石器
11、12. 刀 13. 斧

56. H176

位于2010LXⅠT0307北部，开口①层下，打破H177，部分压于北隔梁下。坑口为圆形，剖面为筒状，口大底小，平底。口径180、底径150、深50厘米。坑内堆积仅一层，灰土，土质疏松，含少量黄土，出土有陶片及陶刀、玉笄各1件。

玉笄 1件。

标本 H176：1，灰墨玉。器身呈"T"字形，顶端宽平并有残缺，尾端残缺。残长5.4厘米。

57. H178

位于2010LXⅠT0306东部，开口①层下。坑口为椭圆形，剖面为筒状，口大底小，平底。口径110~200、底径98~160、深50厘米。坑内堆积仅一层，灰土，土质疏松，含少量红色土，出土有陶片及兽骨。

58. H179

位于2010LXⅠT0306东北部，开口①层下，被H182及现代沟槽打破，部分压于东隔梁下。坑口近椭圆形，剖面为筒状，平底。口径110~150、底径90~130、深60厘米。坑内堆积仅一层，灰土，土质硬，出土有陶片等。

59. H182

位于 2010LXⅠT0306 东部，开口①层下，被 H181 打破，打破 H179，东部压于隔梁之下。坑口为椭圆形，剖面为筒状，口大底小，平底。口径 130～152、底径 110～132、深 88 厘米。坑内堆积仅一层，灰土，土质硬，出土少量陶片。

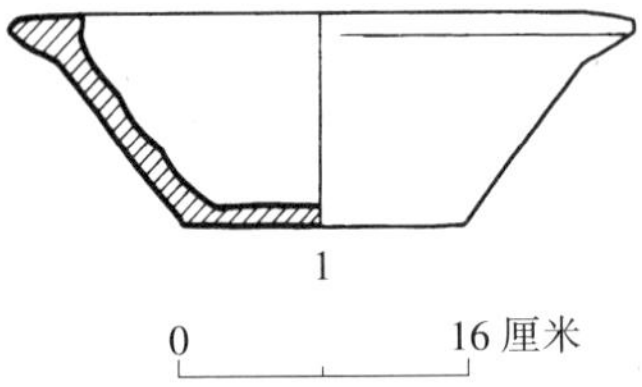

图 2-56　H183 出土陶盆

60. H183

位于 2010LXⅠT0306 东南部，开口①层下，被 H181 打破。坑口近椭圆形，剖面为筒状，平底。口径 142～246、底径 120～220、深 60 厘米。坑内堆积仅一层，深灰土，土质疏松，出土有陶片、兽骨、石块及玉环 1 件。

出土陶器仅盆 1 件。

标本 H183:1，可修复。泥质红陶。敛口，宽平沿，斜腹，平底。素面。口径 26.4、底径 16、高 11.6 厘米（图 2-56）。

61. H184

位于 2010LXⅠT0306 西南部，开口①层下，被 Y4 打破，大部压于隔梁之下。坑口近圆形，剖面为筒状，底部东高西低形成两级台阶。口径 240～300、底径 190、深 100 厘米。坑内堆积仅一层，黄灰土，土质硬，出土有陶片、兽骨及石块等。

出土陶器 21 件，玉器 3 件，石器 3 件，骨器 2 件。陶器器形可辨钵、瓶、盆、罐、瓮、器盖、笄、球和环，玉器为笄，石器为刮削器和笄，骨器为锥。

陶钵　4 件。

标本 H184:6，仅存口部。泥质红陶。敛口，圆唇，鼓腹。器表抹光。残长 7.4、残高 5 厘米（图 2-57A）。

标本 H184:14，可修复。泥质灰陶。敛口，圆唇，鼓肩，弧腹，平底微凹。素面。口径 15.2、底径 8、高 7.8 厘米（图 2-57A）。

标本 H184:17，可修复。泥质红陶。敛口，尖圆唇，沿内有一凸棱，鼓肩，斜腹，平底。素面，器表有三个圆形钻孔。口径 19.4、底径 8.4、高 9.6 厘米（图 2-57A；图版五〇，2）。

标本 H184:15，可修复。泥质红陶。敞口，尖圆唇，弧腹，平底。素面，器表有刮抹痕迹。口径 8.4、底径 5.8、高 4.8 厘米（图 2-57A）。

陶瓶　1 件。

标本 H184:7，仅存口部。泥质红陶。喇叭口，口沿下有三个小圆饼。口径 12、残高 5 厘米（图 2-57A）。

陶盆　4 件。根据形态可分为宽沿盆、窄沿盆和带流盆。

宽沿陶盆　2 件。

标本 H184:9，底部残。泥质红陶。敛口，宽平折沿，斜直腹。口径 30、残高 8 厘米（图 2-57A）。

标本 H184:12，仅存口及腹部。泥质灰陶。直口，宽平折沿，鼓腹。素面。口径 36、残高 6

厘米（图 2 – 57A）。

窄沿陶盆　1 件。

标本 H184：3，仅存口部。泥质红陶。敛口，窄沿。口沿红衣，器身素面。口沿残长 12、残高 4 厘米（图 2 – 57A）。

带流陶盆　1 件。

标本 H184：13，仅存口部。泥质灰陶。敛口，一侧有一槽状流，沿下有一鸡冠状器鋬。素面。口部残长 28、残高 8 厘米（图 2 – 57A）。

陶罐　3 件。根据形态可分为直腹罐、小口圆腹罐和小罐。

小陶罐　1 件。

标本 H184：16，可修复。夹砂灰陶。敛口，斜沿，圆唇，圆腹，平底，腹有一对鸡冠状器鋬。器表饰少量绳纹，上腹贴有圆形泥饼。口径 10、底径 6、高 11.6 厘米（图 2 – 57A）。

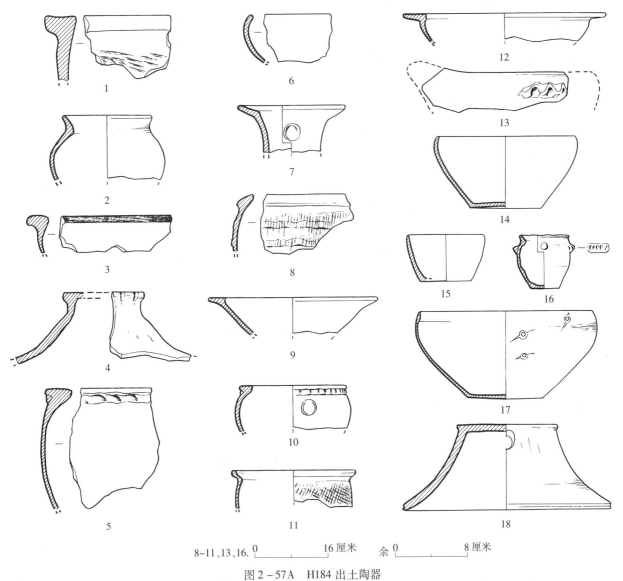

8～11、13、16. [0 —— 16 厘米]　余 [0 —— 8 厘米]

图 2 – 57A　H184 出土陶器

1、5、8、10. 瓮　2、11、16. 罐　3、9、12、13. 盆　4、18. 器盖　6、14、15、17. 钵　7. 瓶

小口圆腹陶罐　1件。

标本 H184：2，腹下残。夹砂红陶。小侈口，束颈，圆腹。素面。口径 10、残高 7 厘米（图 2－57A）。

直腹陶罐　1件。

标本 H184：11，仅存上部。夹砂红陶。侈口，圆唇，直腹。腹饰交错绳纹。口径 34、残高 11.2 厘米（图 2－57A）。

陶瓮　4件。根据形态可分为平沿瓮和叠唇瓮。

平沿陶瓮　3件。

标本 H184：1，仅存口部。夹砂红陶。敛口，平沿。沿下饰绳纹。残高 7 厘米（图 2－57A）。

标本 H184：5，仅存口腹部。夹砂红陶。侈口，窄平沿，鼓腹。沿下饰附加堆纹。残高 13 厘米（图 2－57A）。

标本 H184：10，下部残。夹砂红陶。敛口，平折沿，鼓腹。口沿下饰附加堆纹，上腹贴有圆形泥饼。口径 24、残高 6.3 厘米（图 2－57A）。

叠唇陶瓮　1件。

标本 H184：8，仅存口部。夹砂红陶。敛口，圆唇外叠，鼓腹。口沿下饰附加堆纹和绳纹。残高 12.8 厘米（图 2－57A）。

陶器盖　2件。

标本 H184：4，口残。夹砂灰陶。平顶，喇叭口，假圈足状捉手。素面，捉手上有一周按窝纹。顶径 4.5、残高 7.6 厘米（图 2－57A）。

标本 H184：18，可修复。夹砂红陶。盖口外敞，弧腹，平顶。素面，器表有一圆形穿孔。口径 23.4、顶径 9.2 厘米（图 2－57A；图版六一，4）。

陶笄　1件。

标本 H184：19，泥质灰陶。器身呈"T"字形，一端尖锐，一端扁平。长 7.8 厘米（图 2－57B；图版八二，2）。

陶球　1件。

标本 H184：20，残。泥质红陶。球形，器表布满凹窝。直径 5.2 厘米（图 2－57B；图版八一，1）。

玉笄　3件。

标本 H184：24，墨玉。柱状，一端磨光，一端尖锐。残长 4.6 厘米。

标本 H184：25，灰墨玉。柱状，一端尖锐，一端已残。残长 5.7 厘米。

标本 H184：26，绿墨玉。柱状，一端尖锐，一端已残。残长 7.4 厘米。

石刮削器　1件。

标本 H184：21，圆饼状，周缘有打击痕。直径 6、厚 0.8 厘米（图 2－57B；图版一〇八，2）。

骨锥　2件。

标本 H184：22，柱状，一端残断，一端尖锐。残长 10.1 厘米（图 2－57B）。

标本 H184：23，器身微弯，一端尖锐，一端扁平。长 8.7 厘米（图 2－57B）。

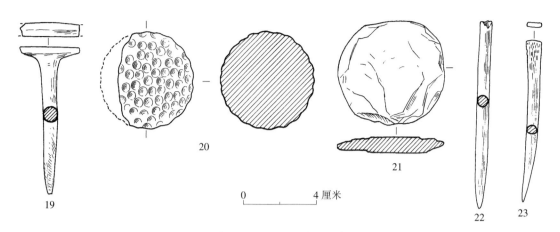

图 2 - 57B　H184 出土器物

19. 陶笄　20. 陶球　21. 石刮削器　22、23. 骨锥

62. H187

位于 2010LX ⅠT0307 西北部，开口①层下，被 H186 打破，打破 H188。坑口为椭圆形，口大底小，底部东高西低，东南处有一台阶（图 2 - 58）。口径 80 ~ 224、底径 70 ~ 214、深 80 厘米。坑内堆积仅一层，灰土，土质疏松，出土少量陶片及骨锥 1 件。

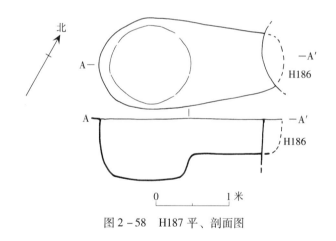

图 2 - 58　H187 平、剖面图

63. H189

位于 2010LX ⅠT0207 北部，开口②层下，北部压于隔梁之下。坑口近椭圆形，剖面为筒状，口大底小，平底（图 2 - 59 左）。口径 210 ~ 260、底径 180 ~ 220、深 90 厘米。坑内堆积仅一层，灰土，土质疏松，出土有少量陶片等。

出土器物仅陶盆和骨锥各 1 件。

陶盆　1 件。

标本 H189：1，底部已残，仅存口及上腹。夹砂红陶。口微敛，圆唇，宽平沿，弧腹，沿下有一鸡冠状器鋬。素面，上腹贴有一周泥条。残高 7.8 厘米（图 2 - 59）。

骨锥　1 件。

标本 H189：2，柱状，一端圆钝，一端尖锐。长 8 厘米（图 2 - 59；图版一二四，8）。

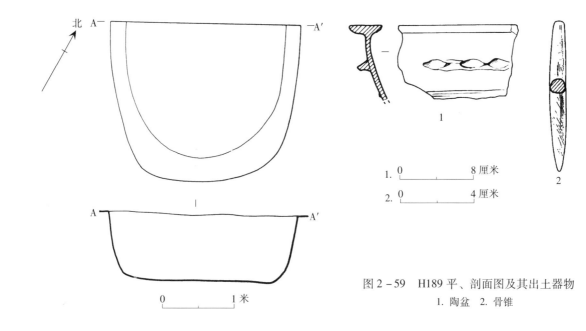

图 2 - 59　H189 平、剖面图及其出土器物
1. 陶盆　2. 骨锥

64. H193

位于 2010LX Ⅰ T0207 西南部，开口②层下，被 H215 打破，西部压于隔梁之下。坑口近椭圆形，剖面为筒状，东壁上部有一台阶，平底（图 2 - 60A）。口径 150 ~ 248、底径 104 ~ 168、深270 厘米。坑内堆积仅一层，深灰土，土质疏松，出土有陶片及兽骨。

出土陶器 14 件，玉器 2 件，石器 9 件，骨器 2 件。陶器器形可辨钵、瓶、盆、罐、瓮、甑、器盖、笄和环，玉器为笄，石器有斧、锛、刀、笄、饼和球，骨器为镞和锥。

陶钵　2 件。

标本 H193：1，可修复。泥质灰陶。敛口，圆唇，口内有一凸棱，鼓肩，浅斜腹，平底。素面。口径 35.2、底径 14.8、高 14 厘米（图 2 - 60B）。

标本 H193：5，仅存口及上腹。泥质红陶。敛口，尖唇，鼓肩，斜腹。素面。口径 25.2、残高 8 厘米（图 2 - 60B）。

陶瓶　2 件。

标本 H193：8，仅存口部。泥质灰陶。敞口近喇叭状，口内有不明显的折棱。素面，颈部贴附有小泥饼。口径 8、残高 5 厘米（图 2 - 60B）。

标本 H193：9，仅存口部。泥质红陶。侈口，圆唇，直领。口径 4.4、残高 3.6 厘米（图 2 - 60B）。

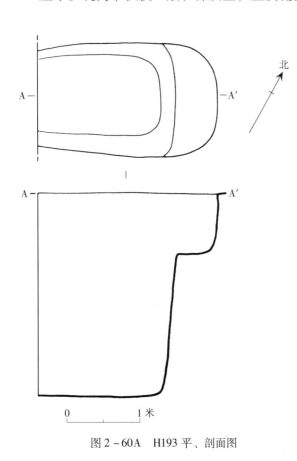

图 2 - 60A　H193 平、剖面图

陶盆 2 件。根据形态可分为宽沿盆和窄沿盆。

宽沿陶盆 1 件。

标本 H193:4，可修复。敛口，折沿，沿微下斜，尖圆唇，弧腹，平底。素面。口径 29.6、底径 15.6、高 12.4 厘米（图 2－60B）。

窄沿陶盆 1 件。

标本 H193:10，仅存口及上腹。夹砂红陶。敛口，窄平沿，尖圆唇，沿面微凹，弧腹，有一鸡冠状器鋬。素面。残高 9.2 厘米（图 2－60B）。

陶罐 2 件。根据形态可分为直腹罐和鼓腹罐。

直腹陶罐 1 件。

标本 H193:12，可修复。夹砂红陶。敛口，斜沿，圆唇，直腹，平底，腹上部有一对鸡冠状器鋬。器表饰细绳纹。口径 11.6、底径 10.4、高 16.4 厘米（图 2－60B；图版五四，4）。

鼓腹陶罐 1 件。

标本 H193:11，仅存口及上腹。夹砂红陶。敛口，折沿，方唇，上腹微鼓。器表饰斜向绳纹，

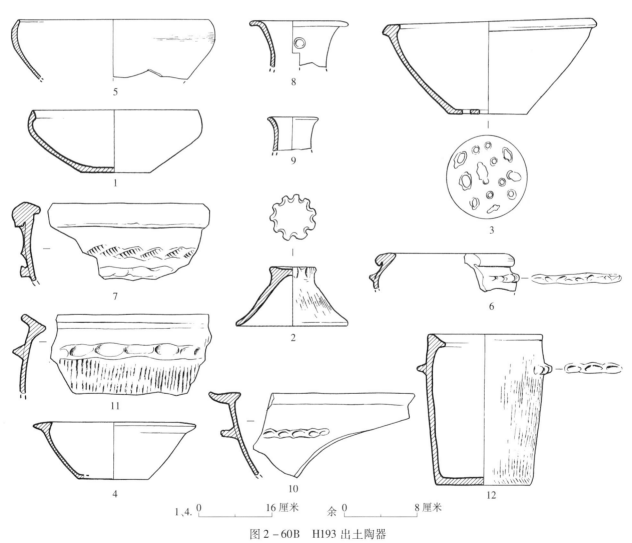

1、4. 0 —— 16 厘米   余 0 —— 8 厘米

图 2－60B H193 出土陶器

1、5. 钵 2. 器盖 3. 甑 4、10. 盆 6、7. 瓮 8、9. 瓶 11、12. 罐

口下有一周附加堆纹。残高 8.2 厘米（图 2－60B）。

陶瓮　2 件。

标本 H193∶6，仅存口及上腹。夹砂红陶。敛口，圆唇外叠，腹微鼓，有鸡冠状器鋬。素面。口径 11.4、残高 4.2 厘米（图 2－60B）。

标本 H193∶7，仅存口及上腹。夹砂红陶。敛口，厚圆唇外叠，腹斜收。器表饰附加堆纹，其上饰斜向绳纹。残高 8.4 厘米（图 2－60B）。

陶甑　1 件。

标本 H193∶3，可修复。泥质红陶。敛口，厚圆唇外叠，弧腹，平底，底部有箅孔。素面，器表有灰白色斑点。口径 20.8、底径 8.6、高 10 厘米（图 2－60B；图版四三，5、6）。

陶器盖　1 件。

标本 H193∶2，可修复。夹砂红陶。盖口外敞，弧腹，假圈足状捉手。器表饰细线纹，捉手有一周按捺窝。底径 11.8、高 6.4 厘米（图 2－60B；图版六三，1）。

玉笄　2 件。

标本 H193∶20，墨玉。扁柱状，两端皆残。残长 6.4 厘米。

标本 H193∶21，浅绿墨玉。扁柱状，一端尖锐，一端已残。中部残缺。残长 5.8 厘米。

石球　2 件。

标本 H193∶22，略残。球形，表面有磕豁。直径 4.1 厘米。

标本 H193∶23，完整。椭球形，表面磨光。长径 3.3、短径 2.5 厘米。

石刀　3 件。

标本 H193∶13，打制。长方形，单面刃，两侧有打制而成的缺口。长 5.9、宽 3.5、厚 1 厘米（图 2－60C）。

标本 H193∶14，打制。长方形，单面刃，两侧有打制而成的缺口。长 8、宽 4.6、厚 0.9 厘米（图 2－60C）。

标本 H193∶15，打制。长方形，单面刃，两侧有打制而成的缺口。长 7、宽 5.2、厚 1.2 厘米（图 2－60C）。

石饼　1 件。

标本 H193∶16，通体磨光。断面呈馒头状，正中有一钻窝。直径 6.3、厚 1.2 厘米（图 2－60C；图版一一，2）。

石斧　1 件。

标本 H193∶17，磨制。长条形，双面刃，一端已残，器身周缘略有残损。残长 5.9、宽 5.5、厚 1.5 厘米（图 2－60C）。

石锛　1 件。

标本 H193∶18，磨制。条状，一端略窄，单面刃，刃部及周缘有残损。长 6.7、宽 5、厚 1.3 厘米（图 2－60C）。

骨镞　1 件。

标本 H193∶19，锋部扁平，锐利，铤部较长。残长 5 厘米（图 2－60C）。

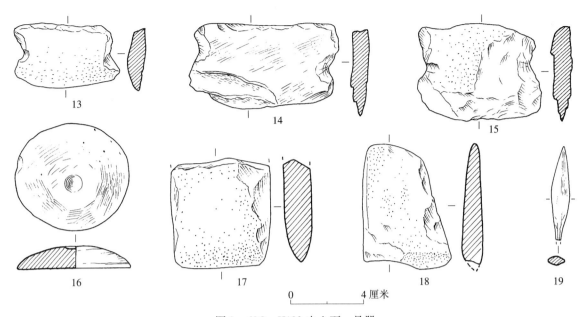

图 2-60C H193 出土石、骨器

13~15. 石刀 16. 石饼 17. 石斧 18. 石锛 19. 骨镞

65. H194

位于 2010LXⅠT0207 南部，开口②层下，打破 H205、H215。坑口近椭圆形，剖面为筒状，口大底小，平底（图 2-61）。口径 108~174、底径 86~150、深 50 厘米。坑内堆积仅一层，灰褐土，土质疏松，出土有陶片及陶笄 1 件。

66. H196

位于 2010LXⅠT0308 北偏西部，开口①层下，被 H190 打破，部分压于北壁之下。坑口近椭圆形，剖面为筒状，口大底小，平底（图 2-62）。口径 152~204、底径 140~184、深 92 厘米。坑内堆积仅一层，灰土，土质疏松，出土有陶片、螺壳及玉笄 1 件。

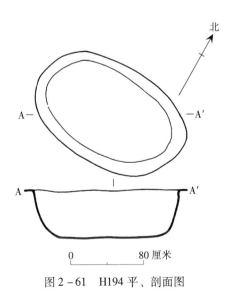

图 2-61 H194 平、剖面图

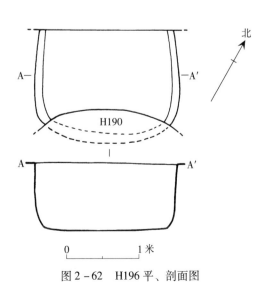

图 2-62 H196 平、剖面图

玉笄　1件。

标本 H196：1，绿墨玉。器身呈"T"字形，顶端宽平并有残缺，尾端尖锐。长 9.6 厘米（图版八八，5）。

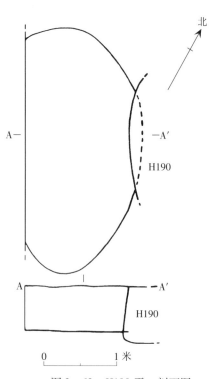

图 2 - 63　H198 平、剖面图

67. H198

位于 2010LXⅠT0308 西北部，开口①层下，被 H190 打破，打破 G14，西部压于隔梁之下。坑口近椭圆形，剖面为筒状，口大底小，平底（图 2 - 63）。口径 160 ~ 324、底径 150 ~ 300、深 60 厘米。坑内堆积仅一层，灰褐土，土质疏松，出土有陶片及陶刀、骨锥各 1 件。

68. H199

位于 2010LXⅠT0308 中部偏西，开口①层下，被 H190 打破，打破 H200。坑口为圆形，剖面为筒状，口大底小，平底（图 2 - 64 左）。口径 120、底径 100、深 70 厘米。坑内堆积仅一层，灰土，土质疏松，出土有陶片及骨锥 1 件。

69. H200

位于 2010LXⅠT0308 西北部，开口①层下，被 H199 打破。坑口为圆形，剖面为筒状，口大底小，平底（图 2 - 64 右）。口径 130、底径 100、深 70 厘米。坑内堆积仅一层，黄灰土，土质疏松，含大量草木灰及少量红烧土块和炭屑，出土有陶片及石刀 1 件（图版一〇一，6）。

70. H201

位于 2010LXⅠT0308 东部，开口①层下，打破 H202，大部压于东隔梁下。坑口近圆形，剖面为筒状，口大底小，平底。口径 200、底径 166、深 90 厘米。坑内堆积仅一层，灰土，土质硬，出土少量陶片。

出土器物有陶罐、石铲各 1 件及陶环 2 件。

陶罐　1件。

标本 H201：1，底部已残，仅存口及腹部。夹砂红陶。敛口，斜沿外折，圆唇，上腹微鼓，有一对鸡冠状器鋬，下腹斜收。器表饰细密绳纹，上腹有一周附加堆纹。口径 16.8、残高 15.2 厘米（图 2 - 65）。

石铲　1件。

标本 H201：2，磨制精细。两端均残，残存部分呈条状，双面刃，中部有一对钻圆形穿孔。残长 9、残宽 4.6、厚 1 厘米（图 2 - 65）。

71. H202

位于 2010LXⅠT0308 东北部，开口①层下，被 H201 打破。坑口近椭圆形，剖面为筒状，口大底小，平底（图 2 - 66）。口径 234 ~ 260、底径 130 ~ 180、深 70 厘米。坑内堆积仅一层，灰褐土，土质疏松，含少量草木灰，出土少量陶片。

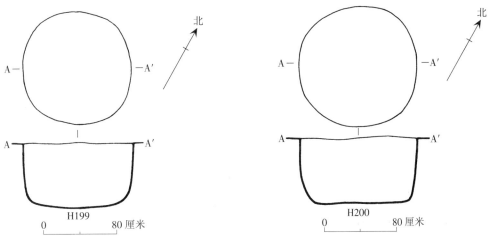

图 2 - 64　H199、H200 平、剖面图

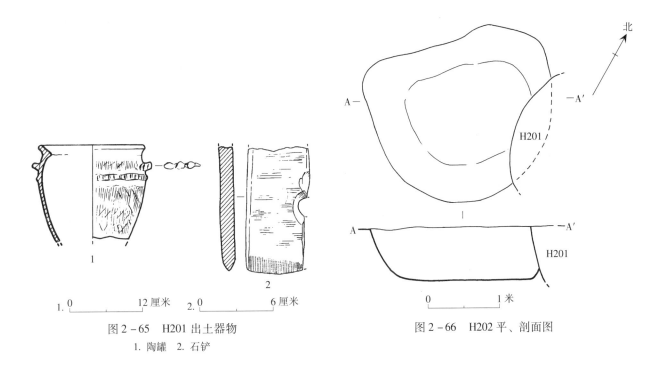

图 2 - 65　H201 出土器物
1. 陶罐　2. 石铲

图 2 - 66　H202 平、剖面图

出土陶笄 1 件，陶环 2 件，玉笄 1 件，骨锥 2 件。

玉笄　1 件。

标本 H202∶1，绿墨玉。柱状，一端平整，一端已残。残长 6 厘米。

72. H203

位于 2010LXⅠT0207 中部，开口②层下，打破 H207。坑口为椭圆形，坑西壁较直，东壁微外扩，平底（图 2 - 67A）。口径 220 ~ 280、底径 200 ~ 270、深 260 厘米。坑内堆积仅一层，灰褐土，土质疏松，出土大量陶片。

出土陶器 25 件，器形可辨钵、瓶、盆、罐、壶、杯、缸、器盖和环。玉器 1 件，为笄。石器 2 件，均为球。

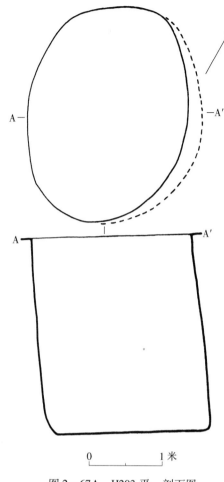

图 2 -67A　H203 平、剖面图

陶钵　3 件。

标本 H203：4，可修复。泥质灰陶。敛口，尖圆唇，沿内有凸棱，鼓肩，弧腹，平底。素面，口部抹光。口径21. 2、底径11、高8. 8厘米（图2 -67B）。

标本 H203：7，可修复。泥质红陶。口微敛，圆唇，弧腹，平底。素面。口径20. 4、底径8. 4、高9. 2厘米（图2 -67C）。

标本 H203：22，底部已残，仅存口及腹部。泥质红陶。敛口，圆唇，鼓肩，斜腹。素面。口径24、残高8厘米（图2 -67C）。

陶瓶　2 件。

标本 H203：15，仅存口部。泥质红陶。口微侈，近管状，圆唇，颈微束。素面。口径4、残高7. 6厘米（图2 -67C）。

标本 H203：17，仅存口部。泥质红陶。敞口近喇叭状，尖圆唇，口内有一不明显折棱，直高领。器表饰细密线纹，颈部贴有三个小泥饼。口径10、残高12. 6厘米（图2 -67C）。

陶盆　8 件。根据形态可分为宽沿盆、窄沿盆和带流盆。

宽沿陶盆　2 件。

标本 H203：8，可修复。泥质灰陶。敛口，宽平沿，圆唇，弧腹，平底。素面。口径24、底径12、高10. 4厘米（图2 -67C）。

标本 H203：19，仅存口及上腹。泥质褐陶。敛口，宽沿上斜，圆唇，浅鼓腹。素面。口径36、残高8. 4厘米（图2 -67B）。

窄沿陶盆　4 件。

标本 H203：6，仅存口及上腹。泥质红陶。敛口，平折沿，圆唇，弧腹，上有一对鸡冠状器錾。器表饰斜向绳纹。残高9. 2厘米（图2 -67B）。

标本 H203：9，可修复。泥质红陶。敛口，窄平沿，圆唇，斜腹，平底，沿下有一对鸡冠状器錾。器表饰竖向绳纹。口径34、底径17. 2、高21. 2厘米（图2 -67B；图版四一，1）。

标本 H203：12，仅存口及腹部。夹砂红陶。敛口，窄沿，沿面圆鼓，厚方唇，弧腹。器表饰竖向绳纹和附加堆纹。残高9厘米（图2 -67C）。

标本 H203：20，仅存口及腹部。泥质红陶。敛口，窄沿上斜，圆唇，弧腹。素面，器表有抹痕。口径28. 8、残高10. 8厘米（图2 -67C）。

带流陶盆　2 件。

标本 H203：10，可修复。泥质红陶。敛口，圆唇，鼓肩，弧腹，平底，一侧有一槽状流。素面。口径32、底径12、高13. 6厘米（图2 -67C；图版三六，5）。

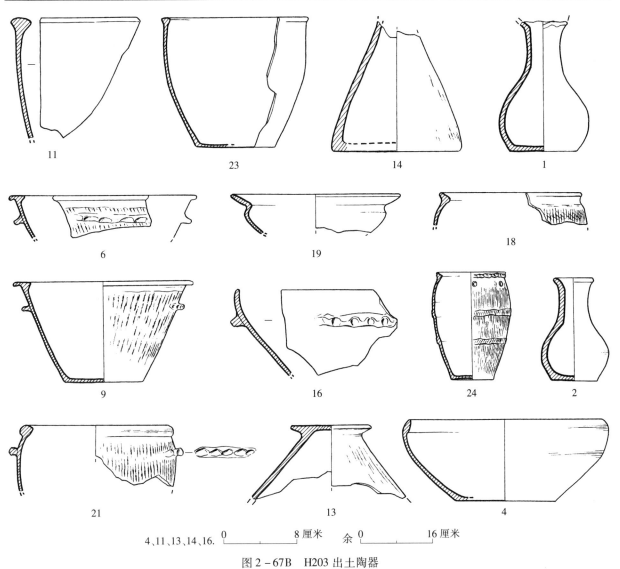

图 2 - 67B H203 出土陶器

1、2、14. 壶 4. 钵 6、9、16、19. 盆 11、23. 缸 13. 器盖 18、21、24. 罐

标本 H203：16，仅存口部。泥质红陶。直口，圆唇，弧腹，上腹有一鸡冠状器鋬。素面。残高 7.4 厘米（图 2 - 67B）。

陶罐 3 件。均为鼓腹罐。

标本 H203：24，可修复。夹砂红陶。敛口，斜沿，圆唇，上腹微鼓，下腹斜收，平底微凹。器表饰竖向绳纹，沿下及上腹有三周附加堆纹，上腹贴附有泥饼。口径 14.4、底径 9.6、高 22.8 厘米（图 2 - 67B）。

标本 H203：18，仅存口部。夹砂红陶。敛口，短斜沿，尖圆唇，上腹微鼓。器表饰交错绳纹。口径 30.8、残高 6.8 厘米（图 2 - 67B）。

标本 H203：21，仅存口及上腹。夹砂红陶。敛口，厚圆唇，上腹微鼓，有一对鸡冠状器鋬。器表饰竖向绳纹。口径 28.8、残高 13.2 厘米（图 2 - 67B）。

陶壶 3 件。

标本 H203：1，口部残。泥质灰陶。直高领，垂腹，平底。素面。底径 12.4、残高 28 厘米

（图2－67B；图版四六，1）。

标本H203：2，可修复。泥质灰陶。小口微侈，圆唇，直高领，圆腹，平底。素面。口径8、底径10、高22.2厘米（图2－67B；图版四六，2）。

标本H203：14，口部已残，仅存腹及底部。夹砂红陶。腹壁斜张，垂腹，平底。素面，器表有刮抹痕迹。底径14.2、残高14厘米（图2－67B）。

陶杯　1件。

标本H203：3，可修复。泥质灰陶。敞口，圆唇，斜腹，底微凹，口下有一对器鋬。素面。口径16.8、底径8.8、高16.8厘米（图2－67C）。

陶缸　2件。

标本H203：23，可修复。泥质红陶。直口，窄平沿，圆唇，上腹较直，下腹斜收，平底。素面。口径30、底径17.3、高28厘米（图2－67B）。

标本H203：11，仅存口及上腹。泥质红陶。口微敛，窄沿，沿面圆鼓，上腹较直。素面。残高13厘米（图2－67B）。

陶器盖　2件。

标本H203：5，可修复。夹砂褐陶。盖口外敞，弧腹，假圈足状捉手。素面，捉手有一周按捺窝。口径18、高9.2厘米（图2－67C）。

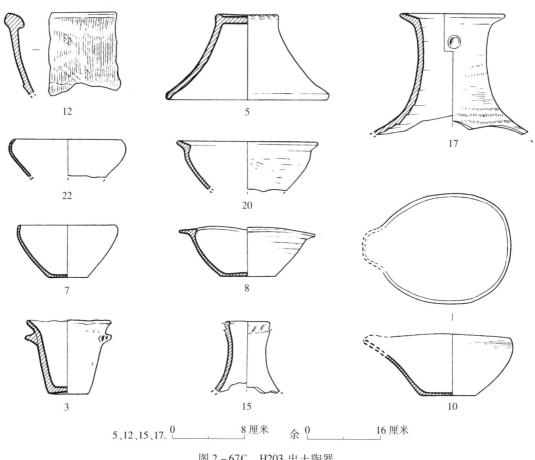

图2－67C　H203 出土陶器

3. 杯　5. 器盖　7、22. 钵　8、10、12、20. 盆　15、17. 瓶

标本 H203：13，仅存顶部。夹砂灰陶。盖口外敞，斜腹，假圈足状捉手，平顶。残高 8 厘米（图 2 – 67B）。

玉笄 1 件。

标本 H203：26，绿墨玉。柱状，两端皆残。一端末侧面有深褐色凸起。残长 4.5 厘米。

石球 2 件。

标本 H203：27，完整。球形，表面有坑疤。直径 3.7 厘米。

标本 H203：28，较完整。球形，表面有坑疤。直径 3.1 厘米。

73. H205

位于 2010LXⅠT0207 南部，开口②层下，被 H194、H204 打破。坑口近椭圆形，剖面为筒状，底近平（图 2 – 68A）。口径 180 ~ 280、深 140 ~ 224 厘米。坑内堆积仅一层，灰褐土，土质疏松，出土少量陶片，器形可辨器盖。

出土铁器仅有器盖 1 件。

标本 H205：1，可修复。夹砂红陶。盖口外敞，斜腹，平顶。口下部饰绳纹，捉手有一周按捺窝。口径 28.8、残高 13.2 厘米（图 2 – 68B）。

74. H209

位于 2010LXⅠT0207 中部偏西，开口②层下，打破 H210。坑口为椭圆形，剖面为筒状，口大底小，平底（图 2 – 69A）。口径 144 ~ 200、底径 104 ~ 152、深 110 厘米。坑内堆积仅一层，灰褐土，土质疏松，出土有陶片等。

出土陶器 9 件，器形可辨钵、盆、罐、瓮和纺轮。

陶钵 1 件。

标本 H209：1，仅存口部。泥质红陶。敛口，尖圆唇，唇内有一凸棱，弧腹。素面。残高 5.4 厘米（图 2 – 69B）。

陶盆 1 件。

标本 H209：5，仅存口及上腹。泥质灰陶。敛口，宽沿上斜，圆唇，浅鼓腹。素面。残高 6.4 厘米（图 2 – 69B）。

陶罐 5 件。根据形态可分为鼓腹罐和折腹小底罐。

鼓腹陶罐 4 件。

标本 H209：2，仅存口及上腹。夹砂红陶。敛口，斜沿外折，圆唇，上腹微鼓，有一对鸡冠状器鋬。素面，沿面有多周凹弦纹。口径 12.8、残高 5.4 厘米（图 2 – 69B）。

标本 H209：3，仅存口及上腹。夹砂红陶。敛口，短沿外斜，圆唇，腹微鼓。器表饰竖向绳

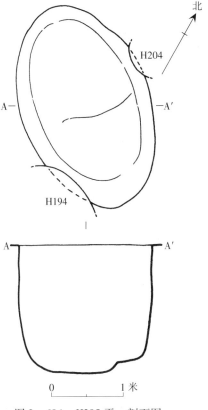

图 2 – 68A H205 平、剖面图

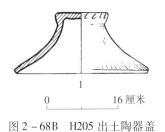

图 2 – 68B H205 出土陶器盖

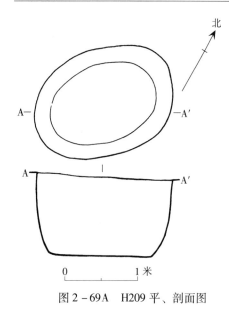

北

图 2 - 69A　H209 平、剖面图

纹。残高 6.4 厘米（图 2 - 69B）。

标本 H209：4，仅存口及上腹。夹砂红陶。敛口，斜沿外折，方唇，腹微鼓。上腹有两周附加堆纹。残高 11 厘米（图 2 - 69B）。

标本 H209：7，仅存口及上腹。夹砂灰陶。敛口，短沿外斜，圆方唇，上腹微鼓，有一对鸡冠状器鋬。器表饰竖向绳纹，上腹有一周附加堆纹。口径 26、残高 10 厘米（图 2 - 69B）。

折腹小底陶罐　1 件。

标本 H209：8，仅存口及腹部。夹砂褐陶。侈口，宽斜沿，尖唇，折腹，下腹斜收。器表饰少量绳纹。口径 24、残高 17.2 厘米（图 2 - 69B）。

陶瓮　1 件。

标本 H209：6，仅存口及上腹。夹砂灰陶。敛口，厚圆唇，上腹微鼓。器表饰交错绳纹，上腹贴有圆形泥饼。残高 10 厘米（图 2 - 69B）。

陶纺轮　1 件。

标本 H209：9，夹砂红陶。断面呈馒头形，中有一圆形穿孔。直径 6.5、厚 2.6 厘米（图 2 - 69B；图版七七，3）。

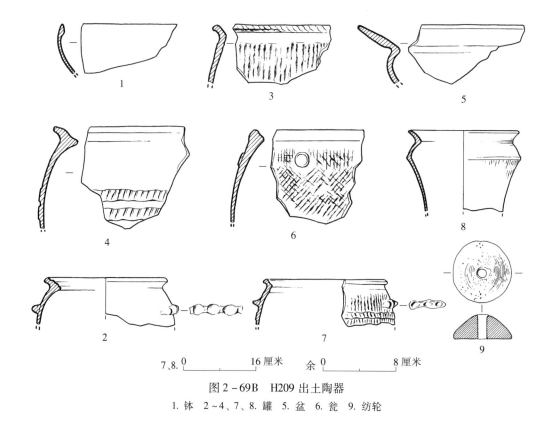

7、8　0 ⊢———————⊣ 16 厘米　　余 0 ⊢———————⊣ 8 厘米

图 2 - 69B　H209 出土陶器

1. 钵　2～4、7、8. 罐　5. 盆　6. 瓮　9. 纺轮

75. H210

位于 2010LXⅠT0207 西部，开口②层下，被 H175、H209 打破，西部压于隔梁之下。坑口为圆形，剖面为筒状，口大底小，平底。口径 298、底径 268、深 150 厘米。坑内堆积仅一层，深灰色土，土质疏松，含草木灰及红烧土块，出土大量陶片。

出土陶器 4 件，器形可辨盆、罐和鼎足。

陶罐　2 件。均为小口圆腹罐。

标本 H210:1，仅存口部。泥质红陶。侈口，尖圆唇，颈微束，圆腹鼓。素面。口径 9.2、残高 6 厘米（图 2 - 70）。

标本 H210:2，仅存口部。泥质灰陶。口微侈，尖圆唇，高领微束，圆鼓腹。素面，器表有抹痕。口径 8.8、残高 7 厘米（图 2 - 70）。

陶盆　1 件。

标本 H210:4，底部已残，仅存口及腹部。泥质红陶，口沿及内壁有红色陶衣。敛口，宽沿外折，沿面圆鼓，尖唇，弧腹。素面。口径 44.8、残高 12 厘米（图 2 - 70）。

陶鼎足　1 件。

标本 H210:3，夹砂灰陶。足呈上宽下窄的倒梯形，足面中部有一扉棱。素面，扉棱上有按捺窝。残高 8 厘米（图 2 - 70）。

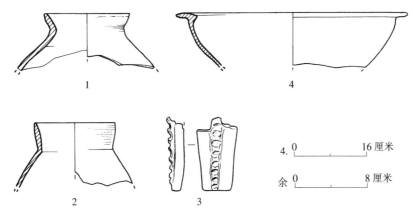

图 2 - 70　H210 出土陶器
1、2. 罐　3. 鼎足　4. 盆

76. H215

位于 2010LXⅠT0207 西南部，开口②层下，被 H194 打破，打破 H193。坑口为圆形，剖面为筒状，平底（图 2 - 71 左）。口径 180、底径 166、深 60 厘米。坑内堆积仅一层，灰褐土，土质硬，出土少量陶片。

出土陶器仅甑 1 件。

标本 H215:1，可修复。泥质红陶。敛口，宽平沿，方唇，斜腹，平底，底部有对钻圆形箅孔。素面。口径 18.4、底径 8.6、高 9 厘米（图 2 - 71 右）。

77. H217

位于 2010LXⅠT0208 东南部，开口①层下，大部压于隔梁之下。坑口为圆形，剖面为筒状，

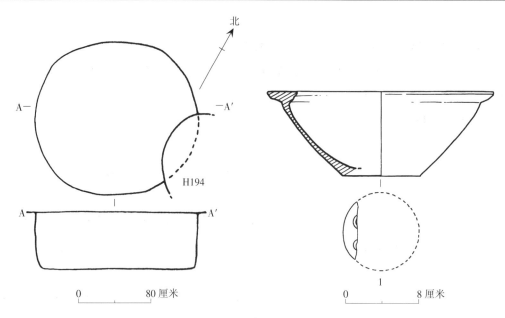

图 2－71　H215 平、剖面图及其出土陶甑

口大底小，平底。口径 60～110、底径 50～100、深 40 厘米。坑内堆积仅一层，浅灰土，土质疏松，出土少量陶片及兽骨。

78. H218

位于 2010LXⅠT0308 东南部，开口①层下，被 H191 打破，部分压于隔梁之下。坑口近圆形，部面为筒状，壁较直，底部不平，有两处凹坑。口径 300～500、底径 260～490、深 140 厘米。坑内堆积仅一层，深灰土，土质疏松，含大量草木灰、炭屑及红烧土块，出土有陶片等。

出土器物有陶器 1 件，石器 3 件。陶器为灶，石器为环和刀。

陶灶　1 件。

标本 H218∶1，口部已残，仅存腹及足部。夹砂红陶。器身为盆形，弧腹，平底，下横装有方形器足。器身素面，有红色陶衣，足饰细绳纹。残高 14 厘米（图 2－72）。

石刀　2 件。

标本 H218∶2，打制。梯形，单面刃，一侧有打制而成的缺口。长 9.8、宽 5.3、厚 1 厘米（图 2－72）。

标本 H218∶3，长方形，双面刃，一侧有打制而成的缺口。长 7.3、宽 4.5、厚 1 厘米（图 2－72）。

石环　1 件。

标本 H218∶4，近环状，中有一对钻穿孔，周缘有打制痕迹。直径 8.5、孔径 2.7 厘米（图 2－72）。

79. H222

位于 2010LXⅠT0211 西北部，开口①层下，打破 G16、H301，大部压于隔梁之下。坑口近圆形，剖面为筒状，口大底小，平底。口径 200～224、底径 180～204、深 40 厘米。坑内堆积仅一层，灰土，土质疏松，含少量红烧土颗粒及白灰面残片，出土有陶片和石凿 1 件（图版九八，3）。

80. H225

位于 2010LXⅡT0118 东北部，开口①层下，被 H224 打破，打破 H230，大部压于隔梁之下。

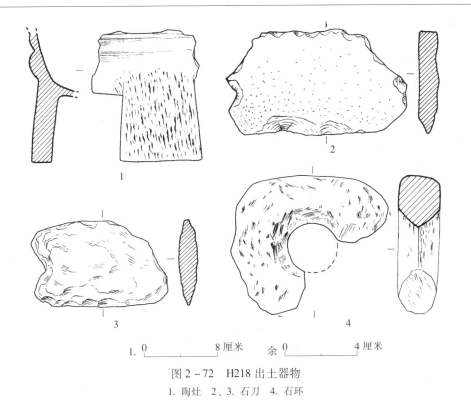

图 2 - 72 H218 出土器物
1. 陶灶 2、3. 石刀 4. 石环

坑口近椭圆形，剖面为筒状，底部不平，中部高两边低。口径 130 ～ 430、底径 100 ～ 350、深 170 厘米。坑内堆积仅一层，黑灰土，土质疏松，有水淤痕迹，出土有陶片、螺壳及少量兽骨、石块。

出土陶器 9 件，器形可辨钵、瓶、盆、罐、瓮、灶和刀。

陶钵 1 件。

标本 H225∶6，仅存口部。泥质红陶。直口微敛，圆唇，弧腹。素面。口径 24、残高 6 厘米（图 2 - 73）。

陶瓶 1 件。

标本 H225∶5，仅存口部。泥质红陶。敞口近喇叭状，口内有一不明显折棱，高领微束。器表饰细密线纹。口径 10、残高 10 厘米（图 2 - 73）。

陶盆 2 件。根据形态可分为宽沿盆和深腹盆。

宽沿陶盆 1 件。

标本 H225∶7，可修复。泥质红陶。敛口，宽平折沿，尖圆唇，弧腹，平底微凹。素面，抹光。口径 26.8、底径 14、高 13.2 厘米（图 2 - 73）。

深腹陶盆 1 件。

标本 H225∶3，仅存口及上腹。夹砂红陶。敞口，厚圆唇，弧腹，腹有一鸡冠状器鋬。器表饰竖向绳纹。残高 10 厘米（图 2 - 73）。

陶罐 2 件。均为鼓腹罐。

标本 H225∶1，仅存口及上腹。夹砂红陶。敛口，斜折沿，圆唇，腹微鼓。素面。口径 12、残高 4.4 厘米（图 2 - 73）。

标本 H225∶8，可修复。夹砂灰陶。敛口，斜沿，圆唇，上腹微鼓，平底，沿下有一对鸡冠状

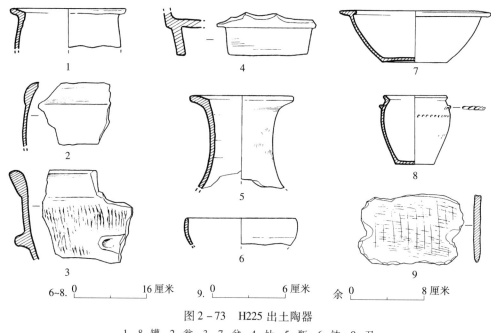

图 2 - 73　H225 出土陶器

1、8. 罐　2. 瓮　3、7. 盆　4. 灶　5. 瓶　6. 钵　9. 刀

器鋬。素面，上腹有一周戳印。口径 12.8、底径 8.4、高 12.8 厘米（图 2 - 73）。

陶瓮　1 件。

标本 H225：2，仅存口及上腹。夹砂红陶。敛口，圆唇外叠，上腹较直。素面。残高 7 厘米（图 2 - 73）。

陶灶　1 件。

标本 H225：4，仅存底部。夹砂红陶。直腹，平底，下接一横方形足。素面。残高 4.6 厘米（图 2 - 73）。

陶刀　1 件。

标本 H225：9，由尖底瓶残片打制而成。泥质灰陶。近长方形，两侧各有一缺口。长 8.8、宽 5.4、厚 0.6 厘米（图 2 - 73）。

81. H226

位于 2010LXⅡT0118 东南部，开口①层下，大部压于隔梁之下。坑口近圆形，剖面为筒状，口底等大，平底。口径 150、深 40 厘米。坑内堆积仅一层，黑褐土，土质疏松，出土少量陶片及石刀、石球各 1 件。

石球　1 件。

标本 H226：1，残。球形，表面有磕豁。直径 5.2 厘米（图版一一四，2）。

82. H230

位于 2010LXⅡT0118 东北部，开口①层下，被 H225 打破。坑口为圆形，剖面为筒状，口大底小，平底。口径 200、底径 180、深 204 厘米。坑内堆积仅一层，灰土，土质疏松，出土有陶片和石刀等。

出土器物有陶钵、石刀各 1 件及玉笄 3 件。

陶钵　1 件。

标本 H230：1，可修复。泥质灰陶。敛口，方唇，鼓肩，斜腹，平底。素面，口下外壁有两个圆形穿孔。口径 21.2、底径 10、高 10 厘米（图 2 - 74）。

玉笄　3 件。

标本 H230：3，绿墨玉。器身呈"T"字形，顶端宽平并残缺，尾端已残，有磨制痕迹。残长 5.1 厘米。

标本 H230：4，绿墨玉。柱状，两端皆残。残长 6.5 厘米。

标本 H230：5，绿墨玉。扁柱状，两端皆残。残长 8.1 厘米。

石刀　1 件。

标本 H230：2，打制。长方形，双面刃，两侧有打制而成的缺口。长 6.7、宽 4.5、厚 1.2 厘米（图 2 - 74）。

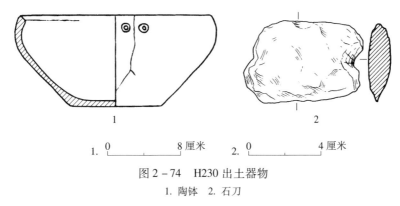

1. 0　　　8 厘米　　　2. 0　　　4 厘米

图 2 - 74　H230 出土器物
1. 陶钵　2. 石刀

83. H233

位于 2010LXⅡT0315 西北部，开口①层下。坑口为椭圆形，剖面为筒状，口大底小，平底。口径 150～200、底径 136～188、深 30 厘米。坑内堆积仅一层，灰土，土质疏松，含炭屑及红烧土块，出土有陶片、少量兽骨及骨铲 1 件（图版一二七，3）。

84. H240

位于 2010LXⅡT0217 东北部，开口①层下，部分压于东隔梁下。坑口近圆形，北壁斜收，南壁较直，平底。口径 240、底径 180、深 50 厘米。坑内堆积仅一层，灰土，土质硬，含红烧土块，出土有陶片等。

85. H241

位于 2010LXⅡT0317 东部，开口①层下，部分压于东隔梁之下。坑口近椭圆形，剖面为筒状，平底。口径 172～346、底径 162～320、深 50 厘米。坑内堆积仅一层，深灰土，土质疏松，出土有陶片及玉笄、石刀各 1 件。

玉笄　1 件。

标本 H241：1，绿墨玉。器身呈"T"字形，顶端宽平并有残缺，尾端残缺。长 8.4 厘米。

86. H245

位于 2010LXⅡT0216 东南部，开口①层下，被 H243 打破，部分压于东隔梁之下。坑口近圆形，剖面为筒状，口底等大，平底。口径 220、深 54 厘米。坑内堆积仅一层，灰土，土质疏松，出土有陶片等。

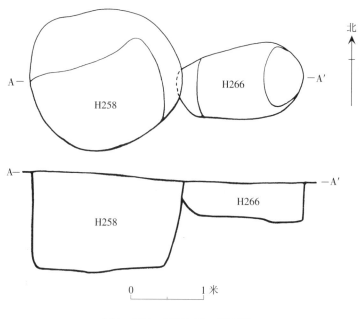

图 2 - 75A　H258 平、剖面图

87. H258

位于 2010LXⅠT0211 中部，开口①层下，打破 H266。坑口为圆形，剖面为筒状，底不平（图 2 - 75A）。口径 210、底径 180、深 136 厘米。坑内堆积仅一层，灰土，土质疏松，含红烧土块，出土有陶片及兽骨。

出土陶器 10 件，骨器 1 件。陶器器形可辨钵、瓶、盆、罐和纺轮，骨器为锥。

陶钵　1 件。

标本 H258：2，可修复。泥质红陶。直口，圆唇，斜腹，平底。素面。口径 19.2、底径 12、高 9.6 厘米（图 2 - 75B）。

陶瓶　1 件。

标本 H258：9，仅存口部。泥质红陶。侈口呈喇叭状，高领。素面，颈部贴有圆形泥饼。口径 10.4、残高 12 厘米（图 2 - 75B）。

陶盆　1 件。

标本 H258：3，仅存口及腹部。夹砂红陶。敛口，宽平沿，圆唇，弧腹。素面。口径 24、残高 11.2 厘米（图 2 - 75B）。

陶罐　6 件。根据形态可分为鼓腹罐和直腹罐。

鼓腹陶罐　5 件。

标本 H258：6，仅存口及上腹。夹砂红陶。敛口，斜沿，圆唇，腹微鼓。器表饰斜向绳纹。残高 8 厘米（图 2 - 75B）。

标本 H258：7，仅存口及上腹。夹砂红陶。敛口，窄斜沿，圆唇，直腹，上腹有鸡冠状器鋬。素面。残高 7 厘米（图 2 - 75B）。

标本 H258：5，仅存口部。泥质红陶。敛口，斜折沿，方唇，腹微鼓。器表饰竖向绳纹。残高5 厘米（图 2 - 75B）。

标本 H258：8，仅存口及腹部。夹砂红陶。敛口，窄斜沿，圆唇，直腹微鼓，下腹斜收。器表饰少量竖向绳纹。口径 12、残高 9.6 厘米（图 2 - 75B）。

标本 H258：4，仅存口及上腹。夹砂红陶。敛口，斜沿，尖圆唇，腹微鼓，沿下有一鸡冠状器鋬。器表饰斜向绳纹。残高 6 厘米（图 2 - 75B）。

直腹陶罐　1 件。

标本 H258：1，仅存口及上腹。泥质灰陶。直口，圆唇，直腹。素面，抹光。口径 18.4、残高6 厘米（图 2 - 75B）。

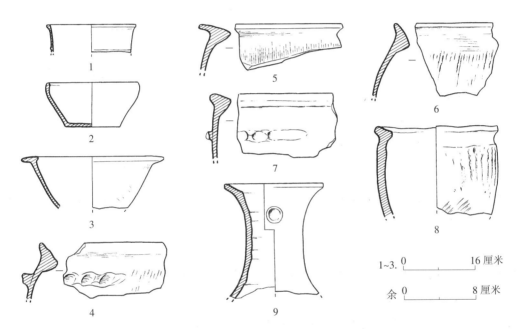

图 2 - 75B　H258 出土陶器
1、4~8. 罐　2. 钵　3. 盆　9. 瓶

88. H259

位于 2010LX Ⅰ T0211 东南部，开口①层下，部分压于隔梁之下。坑口近圆形，剖面为筒状，坑壁不规整，底部较平。口径 200、底径 140、深 194 厘米。坑内堆积仅一层，灰土，土质疏松，含大量草木灰、炭屑及少量红烧土块，出土有陶片及兽骨。

出土陶器 11 件，泥器 1 件，玉器 1 件，石器 4 件。陶器器形可辨钵、瓶、盆、罐、缸、纺轮、笄和环，泥器为盉，玉器为笄，石器为刀、斧、笄和球。

陶钵　2 件。

标本 H259：1，仅存部分口及腹部。泥质红陶。敛口，圆唇，弧腹，腹部有一穿孔。素面。残高 9 厘米（图 2 - 76A）。

标本 H259：4，保存完好。泥质红陶。敛口，尖唇，弧腹。素面。口径 10.4、底径 8、高 6.2厘米（图 2 - 76A）。

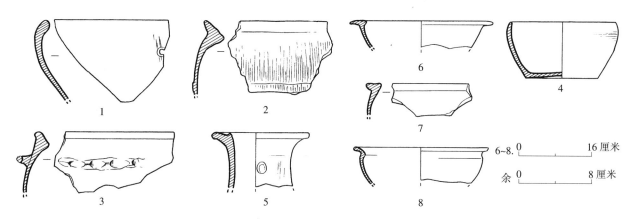

图2－76A　H259出土陶器
1、4. 钵　2、3. 罐　5. 瓶　6、8. 盆　7. 缸

陶瓶　1件。

标本H259：5，仅存口部。泥质红陶。平唇口，沿面微凹，束颈。素面，颈部贴有圆形小泥饼。口径7.4、残高6厘米（图2－76A）。

陶盆　2件。均为宽沿盆。

标本H259：6，底部残。泥质红陶。敛口，宽平沿，尖唇，弧腹。素面。口径25.2、残高6厘米（图2－76A）。

标本H259：8，底部残。泥质褐陶。敛口，斜折沿，圆唇，弧腹。素面，抹光。口径28、残高8厘米（图2－76A）。

陶罐　2件。均为鼓腹罐。

标本H259：2，仅存部分口及腹部。夹砂红陶。敛口，斜折沿。器表饰竖向线纹，腹部有一周附加堆纹。残高8厘米（图2－76A）。

标本H259：3，仅存部分口及腹部。夹砂红陶。敛口，斜折沿。上腹部有一周附加堆纹。残高6.6厘米（图2－76A）。

陶缸　1件。

标本H259：7，仅存部分口及腹部。泥质红陶。敛口，窄平沿，圆唇，弧腹。素面。残高7.2厘米（图2－76A）。

陶纺轮　1件。

标本H259：9，泥质灰陶。圆饼状，断面为圆角长方形，中有一圆形穿孔。直径4.6、厚1厘米（图2－76B；图版七七，2）。

陶笄　1件。

标本H259：10，泥质灰陶。器身粗短，整体呈"T"字形，中部为柱状，一端尖锐，一端宽平。长6.7厘米（图2－76B；图版八二，3）。

泥盏　1件。

标本H259：11，捏制，未经烧制。敞口，圆唇，浅腹，厚平底。口径3.5、底径2.4、高1.9厘米（图2－76B）。

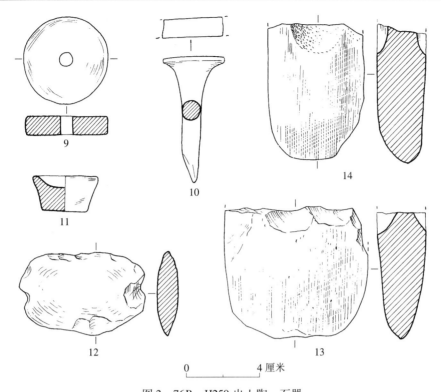

图 2 - 76B　H259 出土陶、石器
9. 陶纺轮　10. 陶笄　11. 泥盏　12. 石刀　13、14. 石斧

玉笄　1 件。

标本 H259：15，墨玉。柱状，两端皆残。残长 5.9 厘米。

石球　1 件。

标本 H259：16，完整。球形，表面有磕豁。直径 7.4 厘米。

石刀　1 件。

标本 H259：12，打制。长方形，双面刃，两侧有打制而成的缺口。长 6.9、宽 4.4、厚 1.2 厘米（图 2 - 76B）。

石斧　2 件。

标本 H259：13，磨制。长条形，双面刃，一端已残，中部有对钻未穿的凹窝。残长 7、宽 8、厚 2.7 厘米（图 2 - 76B）。

标本 H259：14，磨制。长条形，器身较窄，双面刃，一端已残，中部有对钻未穿的凹窝。残长 7.2、宽 5.4、厚 2.8 厘米（图 2 - 76B）。

89. H261

位于 2010LXⅡT0115 东南部，开口①层下，被 H262 打破，打破 G18，东部压于隔梁之下。坑口为圆形，剖面为筒状，平底（图 2 - 77）。口径 90、深 84 厘米。坑内堆积仅一层，灰土，土质硬，含红烧土块及炭屑，出土少量陶片。

90. H262

位于 2010LXⅡT0115 东南部，开口①层下，被 H260 打破，打破 H261，东部压于隔梁之下。坑口为圆形，剖面为筒状，口大底小，平底（图 2 - 77）。口径 190、底径 170、深 86 厘米。坑内

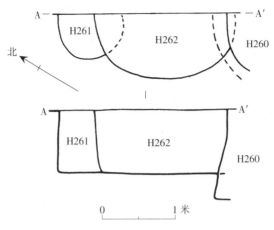

图 2 - 77　H261、H262 平、剖面图

堆积仅一层，灰土，土质疏松，含红烧土块，出土少量陶片及螺壳。

出土陶器 5 件，石器 5 件。陶器器形可辨钵、器座、器盖和环，石器为刀和球。

陶钵　2 件。

标本 H262∶2，可修复。泥质褐陶。敞口，圆唇，斜腹，平底。素面，器表上部抹光。口径 13.8、底径 6.4、高 5.4 厘米（图 2 - 78A；图版四九，5）。

标本 H262∶4，可修复。泥质灰陶。侈口，窄卷沿，圆唇，弧腹，平底。素面。口径 13.4、底径 7.6、高 6.2 厘米（图 2 - 78A）。

陶器座　1 件。

标本 H262∶3，可修复。泥质红陶。直口，窄平沿，斜直腹，平底。素面。口径 19.6、底径 15.6、高 8.4 厘米（图 2 - 78A）。

陶器盖　1 件。

标本 H262∶1，可修复。夹砂红陶。盖口外敞，斜腹，假圈足捉手。素面，器表粗糙。口径 11、高 4.6 厘米（图 2 - 78A）。

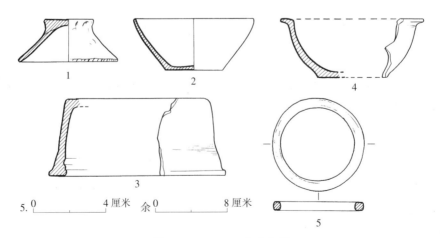

图 2 - 78A　H262 出土陶器
1. 器盖　2、4. 钵　3. 器座　5. 环

陶环　1件。

标本 H262:5，泥质灰陶。圆环状，断面为圆形。外径5.1、内径4.1厘米（图2-78A）。

石刀　4件。

均为打制。长方形，两侧均有打制而成的缺口（图2-78B；图版一〇四，1）。

石球　1件。

标本 H262:10，较完整。球形，表面有坑疤。直径4.2厘米。

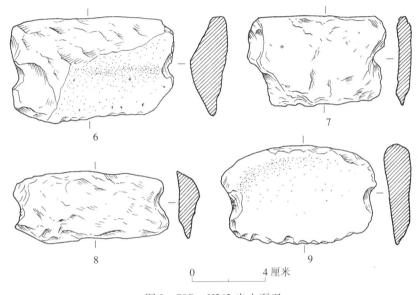

图2-78B　H262 出土石刀

91. H264

位于 2010LX Ⅱ T0315 东南部，开口①层下，大部压于隔梁之下。坑口近椭圆形，剖面为筒状，坑西壁有一台阶，平底。口径 100~260、底径 65~216、深 340 厘米。坑内堆积仅一层，灰土，土质疏松，含大量草木灰、炭屑及少量红烧土块，出土有陶片及骨锥1件。

92. H265

位于 2010LX Ⅰ T0212 西北部，开口①层下，被 H257 打破，大部压于隔梁之下。坑口为圆形，剖面为筒状，口大底小，平底。口径 158~240、底径 130~190、深 80 厘米。坑内堆积仅一层，灰土，土质疏松，出土有陶片、兽骨、螺壳、贝壳、石块及陶刀1件。

93. H266

位于 2010LX Ⅰ T0211 东南部，开口①层下，被 H258 打破。坑口为椭圆形，剖面为筒状，口大底小，底部不平（见图2-75A）。口径 100~172、底径 80~140、深 52 厘米。坑内堆积仅一层，灰土，土质疏松，含大量草木灰、炭屑及红烧土块，出土有陶片等。

出土陶器3件，器形可辨钵、盆和甑。

陶钵　1件。

标本 H266:1，底部残。泥质红陶。口微敛，圆唇，斜腹。素面。口径20、残高6.5厘米（图2-79）。

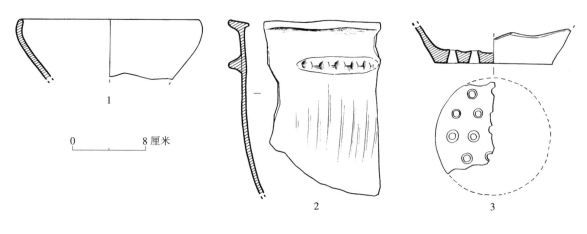

图 2 - 79　H266 出土陶器

1. 钵　2. 盆　3. 甑

陶盆　1 件。

标本 H266：2，底部已残，仅存口及腹部。泥质红陶。口微敛，窄沿微上斜，深腹弧收，上腹有一鸡冠状器鋬。素面，器表有抹痕。残高 19 厘米（图 2 - 79）。

陶甑　1 件。

标本 H266：3，仅存底部。泥质红陶。斜腹，平底，底部有圆形箅孔。素面。底径 13、残高 4 厘米（图 2 - 79）。

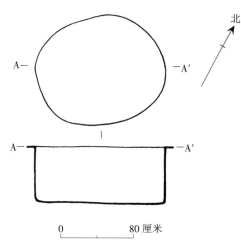

图 2 - 80　H267 平、剖面图

94. H267

位于 2010LX Ⅰ T0212 东北部，开口①层下。坑口为椭圆形，剖面为筒状，口底等大，平底（图 2 - 80；图版一四，2）。口径 116 ~ 142、深 60 厘米。坑内堆积仅一层，黑灰土，土质疏松，出土有陶片及石刀、石球各 1 件（图版一〇一，1）。

石球　1 件。

标本 H267：1，完整。球形，表面磨光。直径 4.5 厘米。

95. H269

位于 2010LX Ⅰ T0208 南部，开口①层下，打破 G15，南部压于隔梁之下。坑口为圆形，坑壁不规整，北壁外扩、西壁内斜，平底。口径 296、底径 320、深 40 厘米。坑内堆积仅一层，黄灰土，土质硬，含大量草木灰及红烧土块，出土有陶片、兽骨以及陶球（图版八一，3）、玉笄、石钻头（图版一一二，2）、石笄和石球各 1 件。

玉笄　1 件。

标本 H269：1，浅绿墨玉。柱状，一端已残，一端尖锐。残长 3.6 厘米。

石球　1 件。

标本 H269：2，完整。球形，表面有磕豁。直径 5.7 厘米。

96. H277

位于 2010LXⅠT0208 西北部，开口①层下，被 G15 打破。坑口近椭圆形，剖面为筒状，坑壁有清晰的斜竖向挖掘痕迹，口大底小，底部南高北低呈台阶状（图 2 - 81A）。口径 354～548、底径 240～292、深 272 厘米。坑内堆积仅一层，灰土，土质硬，出土大量陶片、少量兽骨及石块。

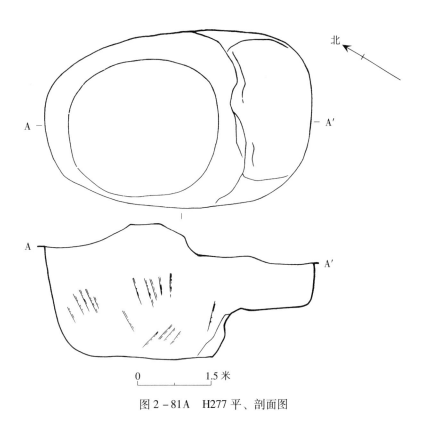

图 2 - 81A　H277 平、剖面图

出土陶器 66 件，玉器 5 件，石器 12 件，骨（牙）器 7 件。陶器器形可辨罐、盆、钵、瓶、瓮、缸、甑、器盖、杯、刀、纺轮和环，玉器为笄，石器为刀、锛、斧、凿、纺轮和笄，骨（牙）器为锥和牙饰。

陶罐　15 件。根据形态可分为鼓腹罐、折腹小底罐和小高领罐。

鼓腹陶罐　10 件。

标本 H277:20，仅存口部。泥质红陶。敛口，短沿外斜，圆唇，鼓腹。素面。口径 28.8、残高 6 厘米（图 2 - 81B）。

标本 H277:31，可修复。夹砂灰陶。敛口，斜沿，圆唇，上腹微鼓，有一对鸡冠状器鋬，平底。素面，双鋬处有一周戳印。口径 12.4、底径 8.4、高 13.6 厘米（图 2 - 81B）。

标本 H277:42，仅存口及上腹。夹砂红陶。敛口，沿上斜，圆唇，鼓腹。器表饰斜向绳纹。残高 7 厘米（图 2 - 81B）。

标本 H277:44，仅存口及上腹。夹砂红陶。敛口，短斜沿，圆唇，上腹微鼓。腹饰交错绳纹。口径 18.4、残高 6 厘米（图 2 - 81B）。

标本 H277:43，仅存口及上腹。夹砂红陶。敛口，短斜沿，方唇，上腹圆鼓。器表饰竖向绳纹。口径 19.2、残高 6 厘米（图 2 - 81B）。

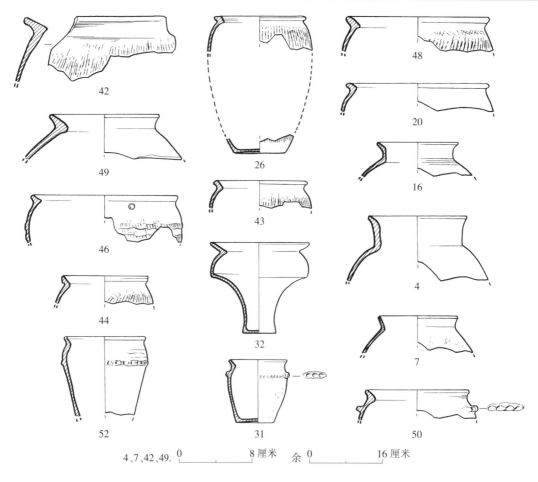

42

49

26

48

20

16

46

43

4

44

32

7

52

31

50

4、7、42、49. 0   8厘米   余 0   16厘米

图2-81B　H277出土陶罐

标本H277：46，仅存口及上腹。夹砂红陶。敛口，短沿上斜，圆唇，上腹圆鼓。口下贴有圆形泥饼，上腹饰斜向绳纹和附加堆纹。口径32、残高10厘米（图2-81B）。

标本H277：48，仅存口及上腹。夹砂红陶。敛口，沿上斜，圆唇，上腹外鼓。器表饰斜向绳纹。口径28.4、残高7.6厘米（图2-81B）。

标本H277：50，仅存口及上腹。夹砂红陶。敛口，斜沿，圆唇，上腹外鼓，有一鸡冠状器鋬。素面。口径21.6、残高6厘米（图2-81B）。

标本H277：26，腹部已残，仅存口及底部。白陶。侈口，窄平沿，圆唇，上腹微鼓，平底微凹。器表饰竖向绳纹。口径16.8、底径11.2、高29.6厘米（图2-81B）。

标本H277：52，仅存口及腹部。夹砂褐陶。口微侈，圆唇，敛颈，鼓肩，斜腹。肩部饰一周附加堆纹。口径16.8、残高17.2厘米（图2-81B）。

折腹小底陶罐　1件。

标本H277：32，可修复。白陶。侈口，宽斜沿，尖唇，圆肩，折腹，小平底。素面。口径21.1、底径7.6、高19.6厘米（图2-81B；图版五三，3）。

小高领陶罐　4件。

标本H277：4，仅存口及腹部。泥质灰陶。小口微侈，尖唇，直领微束，圆腹。素面。口径10、残高7厘米（图2-81B）。

标本 H277：7，仅存口及腹部。泥质红陶。口微侈，尖唇，颈微束，圆腹。器表有细密线纹。口径 8、残高 4 厘米（图 2－81B）。

标本 H277：16，仅存口及腹部。泥质灰陶。侈口，尖圆唇，小领微束，圆腹。颈下有多周弦纹。口径 17.5、残高 7.5 厘米（图 2－81B）。

标本 H277：49，仅存口及上腹。夹砂红陶。侈口，尖圆唇，小领微束，圆腹。素面。口径 11.2、残高 5 厘米（图 2－81B）。

陶瓶　5 件。

标本 H277：8，仅存口部。泥质红陶。侈口近喇叭状，口内有明显的折棱，直高领。颈部贴有圆形泥饼。口径 10、残高 8 厘米（图 2－81C）。

标本 H277：9，仅存口部。泥质灰陶。侈口近喇叭状，口内有不明显的折棱，直高领。颈上部贴有圆形泥饼，下端有一周附加泥条。口径 8.8、残高 11 厘米（图 2－81C）。

标本 H277：10，仅存口部。泥质红陶。侈口近喇叭状，口内有一不明显的折棱，高领微束。颈中部有一附加泥条，颈下饰线纹和抹弦纹。口径 8.8、残高 13.6 厘米（图 2－81C）。

标本 H277：11，仅存口部。泥质红陶。平唇口，高领微束。颈部贴附有小泥饼，下部饰弦纹。口径 7.6、残高 12.8 厘米（图 2－81C）。

标本 H277：34，仅存口及上腹。泥质红陶。侈口呈喇叭状，圆唇，高领，鼓肩。颈部贴有三个圆形小泥饼，器表饰线纹和抹弦纹，肩部纹饰呈涡状。口径 10.4、残高 24 厘米（图 2－81C）。

陶杯　1 件。

标本 H277：35，可修复。夹砂褐陶。侈口，圆唇，直腹，平底。素面。口径 6.6、底径 4.8、高 6 厘米（图 2－81C）。

陶钵　6 件。

标本 H277：1，仅存口及腹部。泥质红陶。口微侈，圆唇，口下微束，弧腹。素面。口径 12.8、残高 7 厘米（图 2－81C）。

标本 H277：14，仅存口及腹部。泥质红陶。口微敛，圆唇，上腹微鼓，下腹弧收。素面。口径 26.4、残高 10 厘米（图 2－81C）。

标本 H277：18，仅存口及腹部。泥质灰陶。敛口，圆唇，鼓肩，曲腹较深。素面，器表有抹痕。口径 31.2、残高 12.8 厘米（图 2－81C）。

标本 H277：27，可修复。泥质红陶。敛口，圆唇，沿内有凸棱，鼓肩，斜腹，平底。素面。口径 20、底径 9.6、高 9.6 厘米（图 2－81C）。

标本 H277：24，仅存口及腹部。泥质红陶。口微敛，圆唇，弧腹。素面，口下有刮抹痕迹。口径 25.6、残高 11.2 厘米（图 2－81C）。

标本 H277：23，仅存口及腹部。泥质红陶。敛口，圆唇，鼓肩，斜腹。素面，器表有抹痕。口径 25.6、残高 10.8 厘米（图 2－81C）。

陶盆　10 件。根据形态可分为宽沿盆和窄沿盆。

宽沿陶盆　6 件。

标本 H277：3，仅存口及腹部。泥质红陶。敛口，宽沿，沿面微鼓，深弧腹。素面。残高 5.4

厘米（图2-81D）。

　　标本H277：13，仅存口及腹部。泥质红陶。口微敛，宽平沿，尖圆唇，深弧腹。素面。口径20、残高9.6厘米（图2-81D）。

　　标本H277：17，仅存口及腹部。泥质红陶。口微敛，宽平沿，圆唇，弧腹。口径26.4、残高8.8厘米（图2-81D）。

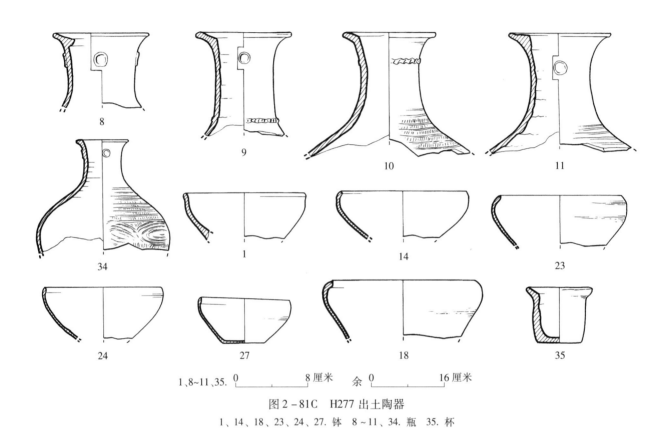

1、8~11、35. |0————8厘米|　余 |0————16厘米|

图2-81C　H277出土陶器
1、14、18、23、24、27. 钵　8~11、34. 瓶　35. 杯

图2-81D　H277出土陶盆

标本 H277：21，仅存口及上腹。泥质灰陶。敛口，沿微下斜，圆唇，弧腹较浅。素面。口径 24、残高 4.8 厘米（图 2－81D）。

标本 H277：30，可修复。泥质褐陶。敛口，宽平沿，圆唇，弧腹，平底。上腹有两个圆形穿孔。素面。口径 22、底径 13.2、高 9.2 厘米（图 2－81D）。

标本 H277：33，可修复。泥质红陶。敛口，宽平沿，圆唇，弧腹，平底。素面。口径 22、底径 14、高 12 厘米（图 2－81D）。

窄沿陶盆　4 件。

标本 H277：28，可修复。泥质红陶。敞口，窄沿外斜，尖唇，斜腹，平底微凹，上腹有一对鸡冠状器鋬。素面。口径 29.6、底径 16、高 17.2 厘米（图 2－81D；图版四一，2）。

标本 H277：6，仅存口及腹部。泥质红陶。敞口，窄平沿，圆唇，弧腹。素面。残高 6 厘米（图 2－81D）。

标本 H277：19，仅存口及腹部。泥质红陶。敛口，窄平沿，口下微束，上腹微鼓，下腹斜收。素面。口径 16、残高 10 厘米（图 2－81D）。

标本 H277：15，仅存口及腹部。泥质灰陶。直口，短沿微斜，圆唇，深弧腹。素面。口径 24、残高 8 厘米（图 2－81D）。

陶瓮　8 件。根据形态可分为平沿瓮和叠唇瓮。

叠唇陶瓮　2 件。

标本 H277：2，仅存口部。泥质红陶。敛口，圆唇外叠，腹较直。素面。残高 5 厘米（图 2－81E）。

标本 H277：39，仅存口及上腹。夹砂红陶。敛口，圆唇外叠，上腹微鼓，有一鸡冠状器鋬。素面。残高 6 厘米（图 2－81E）。

平沿陶瓮　6 件。

标本 H277：5，仅存口部。泥质灰陶。敛口，平沿微凹，圆唇，腹外鼓。素面。残高 4 厘米（图 2－81E）。

标本 H277：29，可修复。夹砂红陶。敛口，平折沿，上腹微鼓，下腹斜收，平底。素面，沿下贴有四个圆形泥饼。口径 36.5、底径 21、高 49 厘米（图 2－81E）。

标本 H277：25，仅存口及腹部。夹砂红陶。敛口，窄沿，沿面圆鼓，上腹微鼓，下腹斜收。器表饰斜向绳纹。口径 35、残高 27.6 厘米（图 2－81E）。

标本 H277：40，仅存口及上腹。夹砂红陶。敛口，窄平沿，圆唇，上腹外鼓。腹饰斜向绳纹和多周附加堆纹。残高 8 厘米（图 2－81E）。

标本 H277：45，仅存口及上腹。夹砂红陶。敛口，窄平沿，圆唇，腹较直。沿下有一周附加堆纹，腹饰竖向绳纹。口径 24、残高 6.8 厘米（图 2－81E）。

标本 H277：47，仅存口及腹部。夹砂红陶。敛口，窄平沿，圆唇，上腹微鼓。腹饰竖向绳纹。口径 36、残高 9.2 厘米（图 2－81E）。

陶缸　3 件。

标本 H277：36，仅存口部。夹砂红陶。口微敛，方唇，直腹。器表饰斜向绳纹。残高 7 厘米（图 2－81E）。

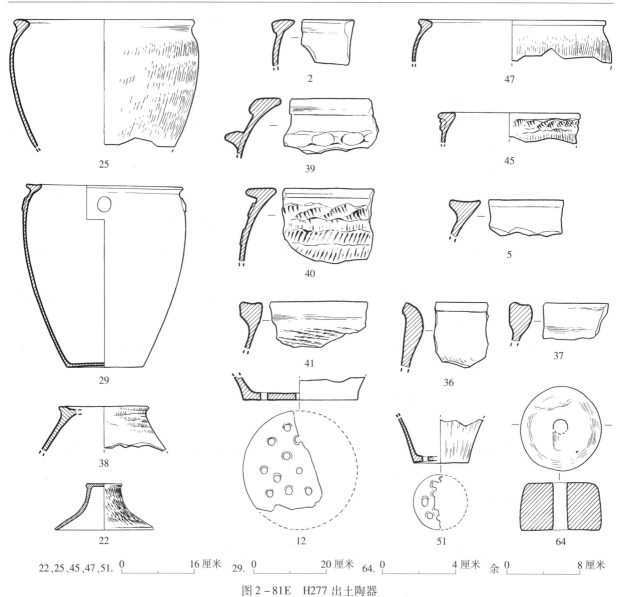

图 2 - 81E　H277 出土陶器

2、5、25、29、39、40、45、47. 瓮　12、51. 甑　22、38. 器盖　36、37、41. 缸　64. 纺轮

标本 H277：37，仅存口部。夹砂红陶。直口，厚唇，唇面微凹。素面。残高 4 厘米（图 2 - 81E）。

标本 H277：41，仅存口部。夹砂红陶。口微敛，厚方唇，唇面微凹，腹微鼓。腹饰斜向绳纹。残高 5 厘米（图 2 - 81E）。

陶器盖　2 件。

标本 H277：22，可修复。夹砂红陶。盖口外敞，弧腹，平顶。器表饰交错绳纹。口径 21.2、高 10 厘米（图 2 - 81E；图版六一，1）。

标本 H277：38，仅存顶部。夹砂红陶。盖口外敞，假圈足捉手。器表饰细绳纹。残高 4.8 厘米（图 2 - 81E）。

陶甑　2 件。

标本 H277：12，仅存底部。泥质红陶。斜腹，平底，底部有圆形箅孔。底径 12.8、残高 2.4 厘米（图 2 - 81E）。

标本 H277：51，仅存底部。夹砂红陶。斜腹，平底微凹，底部有圆形算孔。素面，器表有抹痕。底径 12、残高 9.6 厘米（图 2 - 81E）。

陶刀 12 件。

均为盆、钵、瓶类残片打制而成。多呈长条形，两侧多有打制而成的缺口（图 2 - 81F；图版七四，1）。

陶纺轮 1 件。

标本 H277：64，泥质灰陶。圆饼状，断面为长方形，中有一圆形穿孔。直径 4.2、厚 1.8 厘米（图 2 - 81E）。

玉笄 5 件。

标本 H277：84，灰墨玉。器身呈"T"字形，顶端宽平并残缺，尾端已残。残长 3.6 厘米。

标本 H277：85，墨玉。柱状，一端磨光并有残缺，一端尖锐。残长 5.3 厘米。

标本 H277：86，绿墨玉。器身呈"T"字形，顶端宽平并有残缺，尾端已残。残长 4.1 厘米。

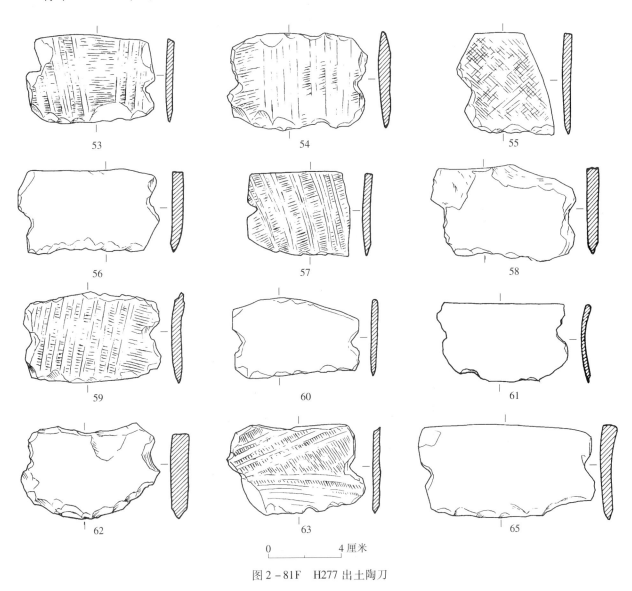

0　　　　4厘米

图 2 - 81F　H277 出土陶刀

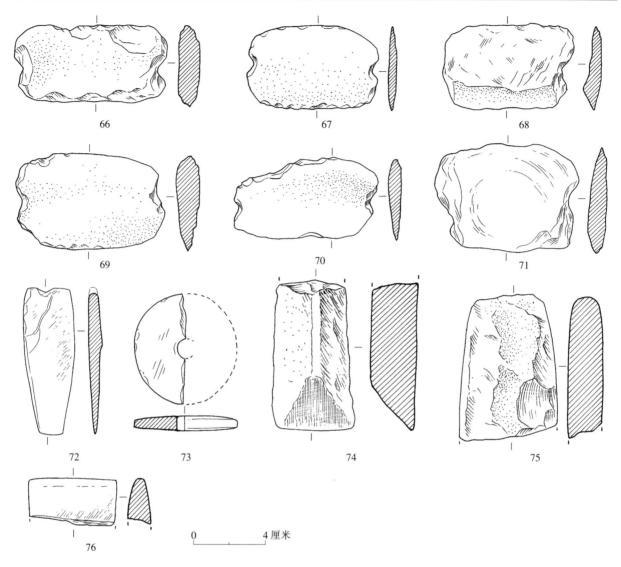

图 2－81G　H277 出土石器

66～71. 刀　72. 凿　73. 纺轮　74. 锛　75. 斧　76. 残器

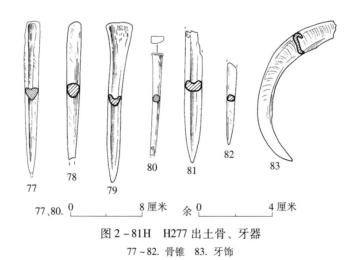

图 2－81H　H277 出土骨、牙器

77～82. 骨锥　83. 牙饰

标本 H277：87，浅绿墨玉。扁柱状，两端已残。残长 7.4 厘米。

标本 H277：88，浅绿墨玉。柱状，一端已残，一端尖锐。残长 5.6 厘米。

石刀　6 件。

均打制。为长条形，两侧多有打制而成的缺口（图 2－81G；图版一〇四，2）。

石凿　1 件。

标本 H277：72，磨制。器身较薄，窄长条形，上宽下窄，双面刃。长 7.8、宽 2.7、厚 0.8 厘米（图 2－81G；图版九八，2）。

石纺轮　1 件。

标本 H277：73，磨制。残半。圆饼状，断面为长条形，中部较厚，边缘较薄，中部有一圆形穿孔。直径 5.8、厚 0.8 厘米（图 2－81G）。

石锛　1 件。

标本 H277：74，磨制。器身为三棱状，单面刃，一端已残。残长 8、宽 4.5、厚 2.5 厘米（图 2－81G；图版九六，1）。

石斧　1 件。

标本 H277：75，磨制。器身扁平，长条形，刃端已残，周缘略有残损。残长 7.8、宽 5.4、厚 1.9 厘米（图 2－81G）。

残石器　1 件。

标本 H277：76，磨制。器形不明，仅存一端，残存部分为长方形。残长 2.5、宽 4.9、厚 1.3 厘米（图 2－81G）。

骨锥　6 件。

标本 H277：77，器身较宽，断面为三棱状，一端宽平，一端尖锐。长 16 厘米（图 2－81H）。

标本 H277：78，器身为圆柱状，一端圆钝，尖端已残。残长 7.3 厘米（图 2－81H）。

标本 H277：79，器身扁平，一端保留有骨节，一端尖锐。长 8.5 厘米（图 2－81H）。

标本 H277：80，器身为圆柱状，一端宽平，一端已残。残长 10.9 厘米（图 2－81H）。

标本 H277：81，器身宽平，一端已残，一端尖锐。残长 7 厘米（图 2－81H）。

标本 H277：82，器身为圆柱状，一端已残，一端尖锐。残长 4.4 厘米（图 2－81H）。

牙饰　1 件。

标本 H277：83，系用兽牙加工而成。器身弯曲，断面扁平，顶端尖锐。长 7.5 厘米（图 2－81H）。

97. H278

位于 2010LXⅡT0315 东北部，开口①层下，被 H273 打破，部分压于北隔梁之下。坑口为圆形，坑壁不规整，东壁外扩、西壁内斜，底部不平、西高东低。口径 222、底径 210、深 80 厘米。坑内堆积仅一层，灰土，土质疏松，含红烧土颗粒及炭屑，出土有陶片等。

98. H280

位于 2010LXⅡT0315 中部，开口①层下，被 H249、G20 打破，打破 H310、H355。坑口为圆形，剖面为筒状，口大底小，平底。口径 316、底径 230、深 124 厘米。坑内堆积仅一层，灰土，土质疏松，含大量草木灰，出土有陶片及骨笄2件、玉笄1件、石刀1件。

玉笄 1件。

标本 H280：1，绿墨玉。器身呈"T"字形，顶端宽平并有残缺，尾端尖锐。长7.9厘米（图版八八，6）。

99. H284

位于2010LXⅠT0211南部，开口①层下，被G16打破。坑口近椭圆形，剖面为筒状，口大底小，平底（图2-82）。口径154~232、底径110~160、深80厘米。坑内堆积仅一层，灰土，土质疏松，含少量草木灰及炭屑，出土有陶片及陶刀、石刀各1件。

100. H288

位于2010LXⅠT0211东北部，开口①层下，被H221、G17打破，打破H302，部分压于北隔梁下。坑口近圆形，剖面为筒状，口大底小，底部东高西低呈斜坡状。口径238、底径204、深136厘米。坑内堆积仅一层，灰土，土质杂乱、疏松，含草木灰、红烧土块及炭屑，出土有陶片等。

出土陶器有罐、环、刀和笄各1件。

陶罐 1件。

标本 H288：1，仅存口及腹部。夹砂红陶。敛口，斜沿，圆唇，上腹微鼓，有一对鸡冠状器錾，下腹斜收。錾下有一周戳刺纹。口径13.6、残高10厘米（图2-83）。

101. H291

位于2010LXⅡT0313中部，开口①层下，被H282打破，打破G22。坑口近圆形，剖面为筒状，口底等大，平底（图2-84A）。口径206~230、深260厘米。坑内堆积仅一层，灰土，土质疏松，含红烧土块及炭屑，出土有陶片、兽骨及石块。

出土陶器19件，石器3件，骨角器3件，蚌器和玉器各1件。陶器器形可辨钵、瓶、盆、罐、瓮、盘、灶和器盖，玉器为笄，石器为刀、环和球，骨角器为骨锥、骨针和角钩（图版一三一，4），蚌器为环。

陶钵 3件。

标本 H291：1，仅存口部。泥质红陶。口较直，圆唇，腹斜收。素面。残高6.6厘米（图2-84B）。

标本 H291：11，可修复。泥质红陶。敛口，圆唇，弧腹，底微凹。素面，器表有抹痕。口径26.4、底径12.8、高12厘米（图2-84B）。

标本 H291：16，可修复。泥质灰陶。直口，圆唇，浅弧腹，平底。素面。口径18、底径7.2、高7.2厘米（图2-84B）。

陶瓶 2件。

标本 H291：5，仅存口部。泥质灰陶。侈口呈喇叭状，圆唇，口内有折棱，束颈。器表饰线纹和抹弦纹，颈部贴有小泥饼。口径10、残高13厘米（图2-84C）。

标本 H291：6，仅存口部。泥质红陶。敞口，尖圆唇，颈部圆鼓呈葫芦状。素面，颈部有一周指甲状戳印。口径5.6、残高8厘米（图2-84C）。

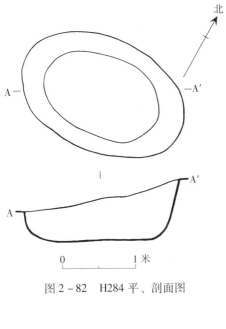

图 2 - 82　H284 平、剖面图

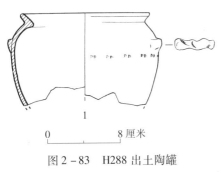

图 2 - 83　H288 出土陶罐

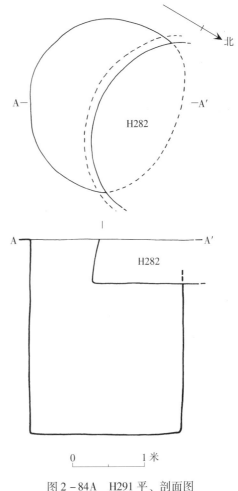

图 2 - 84A　H291 平、剖面图

陶盆　3 件。根据形态可分为宽沿盆和窄沿盆。

宽沿陶盆　2 件。

标本 H291：18，可修复。泥质红陶。敛口，平沿外折，圆唇，斜腹，平底。素面，器表有抹痕。口径 28.8、底径 13.6、高 12.8 厘米（图 2 - 84B）。

标本 H291：3，底部已残，仅存口及上腹。泥质红陶。敛口，宽平沿，圆唇，弧腹。素面。残高 6.8 厘米（图 2 - 84B）。

窄沿陶盆　1 件。

标本 H291：7，底部已残，仅存口及上腹。泥质灰陶。敛口，窄沿，沿面圆鼓，弧腹。素面，抹光。口径 28.8、残高 10 厘米（图 2 - 84B）。

陶罐　3 件。根据形态可分为鼓腹罐和折腹小底罐。

鼓腹陶罐　2 件。

标本 H291：17，可修复。夹砂灰陶。敛口，斜沿，圆唇，鼓腹，上腹有一对鸡冠状器鋬，平底。器表饰斜向绳纹。口径 14.4、底径 9.6、高 20.8 厘米（图 2 - 84C；图版五六，1）。

标本 H291：4，仅存口部。夹砂红陶。敛口，斜沿外折，圆唇，腹圆鼓，口下有一对鸡冠状器鋬。器表饰附加堆纹。残高 6.6 厘米（图 2 - 84C）。

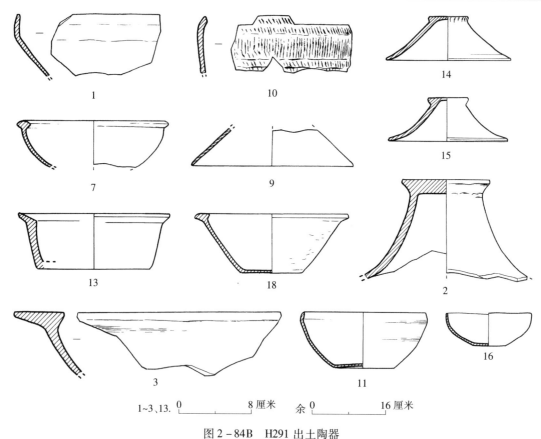

图 2 - 84B　H291 出土陶器

1、11、16. 钵　2、9、14、15. 器盖　3、7、18. 盆　10. 灶　13. 盘

折腹小底陶罐　1件。

标本 H291:12,上部已残,仅存底部。泥质红陶。下腹较直,近筒状,底微凹。素面,抹光。底径 8.8、残高 18.8 厘米(图 2 - 84C)。

陶瓮　2件。

标本 H291:8,仅存口及上腹。夹砂红陶。敛口,圆唇外叠,腹斜收。腹饰多周附加堆纹。口径 36、残高 8.4 厘米(图 2 - 84C)。

标本 H291:19,底部已残,仅存口部及上腹。夹砂灰陶。敛口,斜沿外折,圆唇,上腹外鼓,下腹斜收,沿下两侧各有一鸡冠状器鋬。通体饰竖向绳纹,上腹有一道附加堆纹。口径 26.8、残高 16.4 厘米(图 2 - 84C)。

陶盘　1件。

标本 H291:13,可修复。泥质灰陶。斜沿外侈,斜直腹,平底。素面。口径 16、底径 12.4、高 6 厘米(图 2 - 84B;图版四七,2)。

陶灶　1件。

标本 H291:10,仅存口部。夹砂灰陶。口微敛,方唇,直腹。器表饰竖向绳纹和多周附加堆纹。残高 12.4 厘米(图 2 - 84B)。

陶器盖　4件。

标本 H291:14,可修复。夹砂红陶。盖口外敞,弧腹,平顶。素面。口径 27.2、高 9.2 厘米

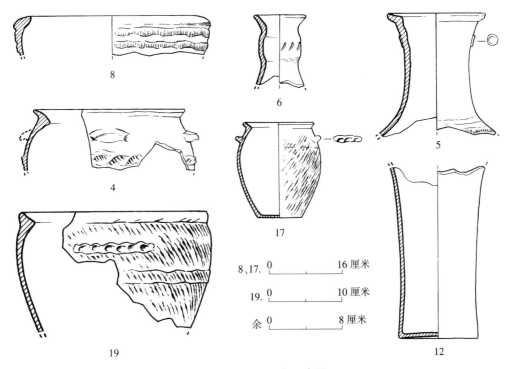

图 2 – 84C　H291 出土陶器

4、12、17. 罐　5、6. 瓶　8、19. 瓮

（图 2 – 84B）。

标本 H291：15，可修复。夹砂灰陶。盖口外敞，弧腹，假圈足捉手。素面。口径 26、高 9.2 厘米（图 2 – 84B）。

标本 H291：2，底部已残。夹砂红陶。盖口外敞，平顶。素面。残高 11 厘米（图 2 – 84B）。

标本 H291：9，仅存底部。泥质褐陶。盖口外敞，呈覆钵状。素面，器表有轮修痕迹。口径 36、残高 8 厘米（图 2 – 84B）。

陶砖坯　1 件。

标本 H291：25，系未曾烧过的泥坯。边缘整齐，不见切割痕迹，应系模具成型的。厚 4 厘米（图版六六，4）。

玉笄　1 件。

标本 H291：26，墨玉。器身呈“T”字形，顶端宽平并残缺，尾端已残。残长 5 厘米（图版八八，7）。

石球　1 件。

标本 H291：27，完整。球形，表面磨光。直径 3 厘米。

石刀　1 件。

标本 H291：20，打制。长方形，双面刃，两侧有打制而成的缺口。长 7.6、宽 4.3、厚 0.8 厘米（图 2 – 84D；图版一〇一，3）。

石璜　1 件。

标本 H291：21，磨制。半圆形，一端微残，断面为圆角方形，两端各有一个对钻的小孔。残

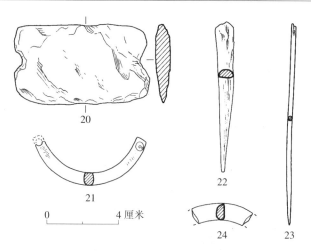

图2-84D　H291出土器物
20. 石刀　21. 石环　22. 骨锥　23. 骨针　24. 蚌环

长6.2厘米（图2-84D；图版一一八，1）。

骨锥　1件。

标本H291：22，器身较扁，一端较宽，表面不平，一端尖锐。长8厘米（图2-84D）。

骨针　1件。

标本H291：23，器身细长，一端尖锐，一端有一细小的针孔。长10.7厘米（图版一二五，4）。

蚌环　1件。

标本H291：24，半环状，两端均残，断面为扁圆状。残长3.5厘米（图2-84D）。

102. H301

位于2010LXⅠT0211西北部，开口①层下，被H221、H222打破，打破G16、G17、H302，部分压于隔梁之下。坑口为圆形，剖面为筒状，壁不规整，口大底小，底部不平。口径176～480、底径156～440、深120厘米。坑内堆积仅一层，灰土，土质疏松，含有大量草木灰、炭屑及红烧土块，出土有陶片等。

出土陶器12件，器形可辨钵、瓶、盆、罐、缸、瓮、器盖和环。石器2件，为楔。

陶钵　2件。

标本H301：2，仅存口及腹部。泥质灰陶。直口微敛，圆唇，上腹较直，下腹弧收。素面。残高6.8厘米（图2-85）。

标本H301：5，仅存口及腹部。泥质红陶。直口，圆唇，弧腹。素面。口径14、残高4.8厘米（图2-85）。

陶瓶　2件。

标本H301：4，仅存底部。泥质红陶。底呈钝尖状，下收为一圆纽。器表饰细密线纹。残高10厘米（图2-85）。

标本H301：8，仅存瓶底尖部。泥质红陶。瓶底呈纽状。器表饰绳线。残高4.6厘米（图2-85）。

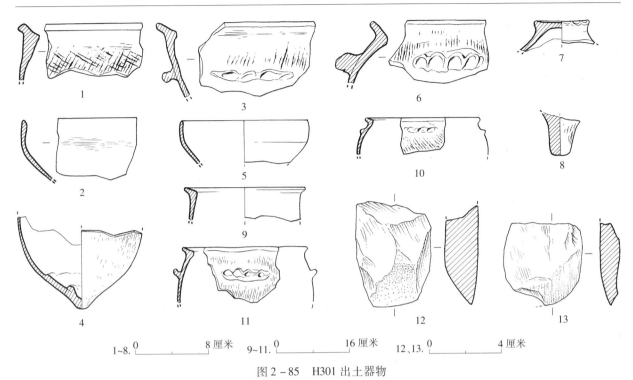

图 2 - 85　H301 出土器物

1. 陶瓮　2、5. 陶钵　3. 陶盆　4、8. 陶瓶　6、10、11. 陶罐　7. 陶器盖　9. 陶缸　12、13. 石楔

陶盆　1 件。

标本 H301：3，仅存口及腹部。夹砂红陶。敛口，窄沿上斜，圆唇，深弧腹，有一对鸡冠状器錾。器表饰斜向绳纹。残高 8 厘米（图 2 - 85）。

陶罐　3 件。均为鼓腹罐。

标本 H301：6，仅存口及上腹。夹砂红陶。敛口，斜沿，圆唇，上腹圆鼓，有一鸡冠状器錾。器表饰竖向绳纹。残高 6.8 厘米（图 2 - 85）。

标本 H301：10，仅存口及上腹。夹砂红陶。敛口，窄沿微上斜，圆唇，鼓腹，口下有一鸡冠状器錾。器表饰斜向绳纹。口径 24、残高 8 厘米（图 2 - 85）。

标本 H301：11，仅存口及上腹。夹砂红陶。敛口，短沿微上斜，圆唇，上腹微鼓，有一鸡冠状器錾。器表饰斜向绳纹。口径 26、残高 12 厘米（图 2 - 85）。

陶缸　1 件。

标本 H301：9，仅存口及上腹。泥质红陶。口微敛，窄沿，沿面上斜，圆唇，上腹较直。素面。口径 24、残高 7.3 厘米（图 2 - 85）。

陶瓮　1 件。

标本 H301：1，仅存口部。夹砂灰陶。敛口，短沿微上斜，方唇，腹微鼓。器表饰交错绳纹。残高 6 厘米（图 2 - 85）。

陶器盖　1 件。

标本 H301：7，仅存顶部。夹砂红陶。盖口外敞，假圈足捉手。捉手上有一周按捺窝。残高 3.2 厘米（图 2 - 85）。

石楔　2 件。

标本 H301：12，打制。刃部磨光。窄长条形，单面刃，一端残断。残长 5.7、宽 4.2、厚 1.9 厘米（图 2-85）。

标本 H301：13，磨制。窄条形，单面弧刃，一端残断，刃部略有残损。残长 4.5、宽 4.4、厚 1.2 厘米（图 2-85）。

103. H303

位于 2010LXⅡT0214 北部，开口①层下，打破 G26，部分压于北隔梁之下。坑口为圆形，剖面为筒状，口大底小，平底。口径 170、底径 152、深 50 厘米。坑内堆积仅一层，灰土，土质疏松，含大量炭屑及少量红烧土块，出土有陶片等。

104. H305

位于 2010LXⅡT0314 东北部，开口①层下，被 H292 打破，打破 H306，部分压于北隔梁之下。坑口近圆形，剖面为筒状，东壁内斜、西壁外扩，口大底小，平底（图 2-86）。口径 300、底径 200、深 244 厘米。坑内堆积仅一层，灰土，土质疏松，含大量草木灰、炭屑及少量红烧土块，出土有陶片等。

出土陶器 10 件，骨器 1 件。陶器器形可辨钵、瓶、盆、罐、轮盘和器盖，骨器为锥。

陶钵　2 件。

标本 H305：6，仅存部分口及腹部。泥质红陶。口微敛，圆唇，斜腹。素面。残高 6 厘米（图 2-87）。

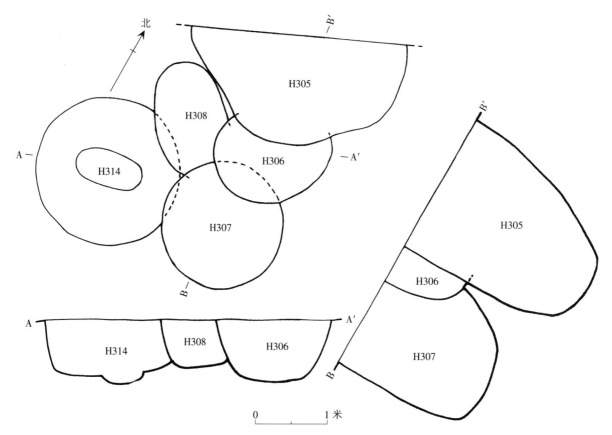

图 2-86　H305、H306、H307、H308、H314 平、剖面图

标本 H305：5，仅存部分口及腹部。泥质褐陶。口微敛，圆唇，鼓腹。素面。残高 5 厘米（图 2 - 87）。

陶瓶　2 件。

标本 H305：10，仅存口部。泥质红陶。侈口，尖唇，细束颈中部圆鼓。颈部有一周"X"形刻划纹。口径 5、残高 9.4 厘米（图 2 - 87）。

标本 H305：8，仅存底部。泥质灰陶。直角尖。器表饰竖向线纹。残高 6 厘米（图 2 - 87）。

陶盆　1 件。

标本 H305：3，仅存部分口及腹部。泥质红陶。敛口，宽平沿，尖唇，斜腹。素面。残高 7.2 厘米（图 2 - 87）。

陶罐　3 件。根据形态可分为鼓腹罐、小口圆腹罐和小罐。

鼓腹陶罐　1 件。

标本 H305：7，仅存部分口及腹部。夹砂灰陶。敛口，斜折沿，圆唇，弧腹。器身饰有两周附加堆纹。残高 8.4 厘米（图 2 - 87）。

小口圆腹陶罐　1 件。

标本 H305：4，仅存部分口及腹部。夹砂红陶。敛口，圆唇，圆鼓腹。素面。残高 7 厘米（图 2 - 87）。

小陶罐　1 件。

标本 H305：9，可修复。夹砂灰陶。直口，圆唇，斜直腹，凹底，上腹部两侧各有一鸡冠状器錾。素面，有抹痕。口径 9.4、底径 6.6、高 7.6 厘米（图 2 - 87）。

陶轮盘　1 件。

标本 H305：1，仅存一小部分。夹砂红陶。器形厚重，形态规整。素面。口径 30.8、底径

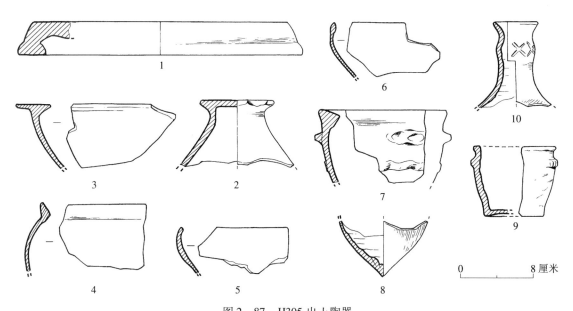

图 2 - 87　H305 出土陶器

1. 轮盘　2. 器盖　3. 盆　4、7、9. 罐　5、6. 钵　8、10. 瓶

27.6、高3.6厘米（图2-87）。

陶器盖　1件。

标本H305：2，口部已残。夹砂红陶。捉手假圈足状，顶平，盖口外敞，腹斜直。素面。残高7.2厘米（图2-87）。

105. H306

位于2010LX Ⅱ T0314北部，开口①层下，被H305打破，打破H307、H308。坑口近椭圆形，剖面为筒状，口大底小，平底（见图2-86）。口径130～160、底径90～110、深82厘米。坑内堆积仅一层，灰土，土质疏松，含大量草木灰，出土有陶片等。

出土陶器10件，器形可辨钵、瓶、盆、罐、瓮、灶和杯。

陶钵　1件。

标本H306：2，仅存口及腹部。泥质红陶。口微敛，圆唇，浅腹。素面。口径27.2、残高6厘米（图2-88）。

陶瓶　2件。

标本H306：1，可修复。泥质灰陶。小口微侈，圆唇，直高领，溜肩，中腹微凹，腹部有一对桥形耳，下收为小平底。器表饰线纹。口径5.6、底径9.6、高19厘米（图2-88；图版三五，2）。

标本H306：4，仅存口部。泥质红陶。直口，平唇，口内有明显折棱，直高领。颈下饰抹弦纹，上部贴有小泥饼。口径8、残高16.8厘米（图2-88）。

陶盆　1件。

标本H306：8，仅存口及上腹。泥质红陶。敛口，宽平沿，尖圆唇，弧腹。素面。口径23.2、残高6.8厘米（图2-88）。

陶罐　3件。均为鼓腹罐。

标本H306：6，仅存口及上腹。夹砂红陶。敛口，斜沿，尖圆唇，上腹微鼓，有一鸡冠状器

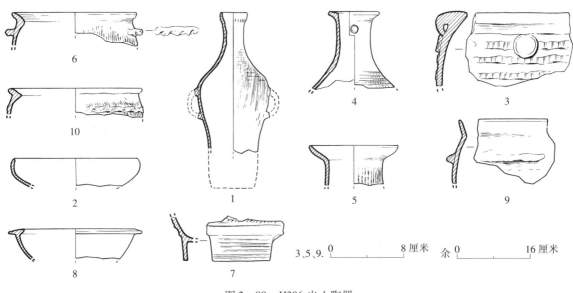

3、5、9. 0　　　　8厘米　　　余 0　　　　16厘米

图2-88　H306出土陶器

1、4. 瓶　2. 钵　3. 瓮　5. 杯　6、9、10. 罐　7. 灶　8. 盆

錾。器表饰竖向绳纹。口径 26.4、残高 7.2 厘米（图 2 – 88）。

标本 H306：9，仅存口及上腹。夹砂红陶。敛口，斜折沿，尖唇，鼓腹，有一鸡冠状器錾。素面。残高 7 厘米（图 2 – 88）。

标本 H306：10，仅存口及上腹。夹砂红陶。敛口，短沿外斜，圆唇，腹微鼓。器表饰斜向绳纹和附加堆纹。口径 28、残高 6.4 厘米（图 2 – 88）。

陶瓮　1 件。

标本 H306：3，仅存口及上腹。夹砂红陶。敛口，圆唇外卷贴于口下，上腹微鼓。器表饰附加堆纹，沿下贴附有小泥饼。残高 8 厘米（图 2 – 88）。

陶灶　1 件。

标本 H306：7，仅存底部。夹砂红陶。弧腹，平底，接矮横方形足。足面饰弦纹。残高 9.6 厘米（图 2 – 88）。

陶杯　1 件。

标本 H306：5，仅存口部。夹砂红陶。敞口呈喇叭状，圆唇，直领。颈部饰竖向绳纹。口径 9.6、残高 4.4 厘米（图 2 – 88）。

106. H307

位于 2010LXⅡT0314 北部，开口①层下，被 H306 打破，打破 H308、H314。坑口为圆形，剖面为筒状，口大底小，平底（见图 2 – 86；图版一五，1）。口径 170、底径 120、深 194 厘米。坑内堆积仅一层，灰土，土质疏松，含大量草木灰及炭屑，出土有陶片等。

出土陶器仅罐和器座各 1 件。

陶罐　1 件。

标本 H307：2，仅存口部。泥质灰陶。口微侈，尖圆唇，小高领，领部曲折。素面，领下贴有一泥饼。残高 5.2 厘米（图 2 – 89）。

陶器座　1 件。

标本 H307：1，仅存上部。泥质红陶。口微敛，方唇，腹外斜。素面，一侧有一圆形穿孔。残高 5.4 厘米（图 2 – 89）。

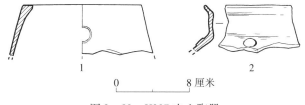

图 2 – 89　H307 出土陶器
1. 器座　2. 罐

107. H308

位于 2010LXⅡT0314 北部，开口①层下，被 H306、H307 打破，打破 H314。坑口近椭圆形，剖面为筒状，平底（见图 2 – 86）。口径 100～140、底径 70～110、深 62 厘米。坑内堆积仅一层，黑灰土，土质疏松，含大量炭屑，出土有陶片及石锛 1 件（图版九六，2）。

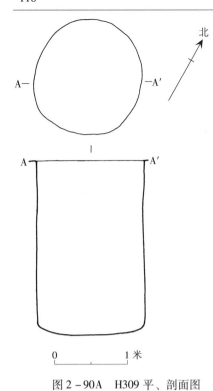

图 2 - 90A　H309 平、剖面图

108. H309

位于 2010LXⅡT0314 东北部，开口①层下，打破 F3、G21。坑口为圆形，剖面为筒状，口底等大，平底（图 2 - 90A）。口径 146、深 230 厘米。坑内堆积仅一层，灰褐土，土质疏松，含少量草木灰及炭屑，出土有陶片等。

出土陶器 4 件，玉器 1 件，石器 3 件，骨器 1 件。陶器为杯、刀和笄，玉器为笄，石器为刀和斧，骨器为锥。

陶杯　1 件。

标本 H309：1，可修复。夹砂灰陶。敞口，斜沿，圆唇，弧腹，平底。素面。口径 7.6、底径 4.2、高 7.6 厘米（图 2 - 90B；图版六四，3）。

陶刀　1 件。

标本 H309：2，系用瓶类器物残片打制而成。泥质红陶。长方形，单面刃，两侧有打制而成的缺口。长 8.6、宽 4.5、厚 0.7 厘米（图 2 - 90B）。

玉笄　1 件。

标本 H309：7，绿墨玉。器身呈"T"字形，顶端宽平并有残缺，尾端已残。残长 4 厘米（图版八八，8）。

石刀　2 件。

均打制。长方形，单面刃，两侧有打制而成的缺口。

标本 H309：3，长 7.9、宽 4.4、厚 0.6 厘米（图 2 - 90B）。

标本 H309：4，长 7.5、宽 5、厚 1.5 厘米（图 2 - 90B）。

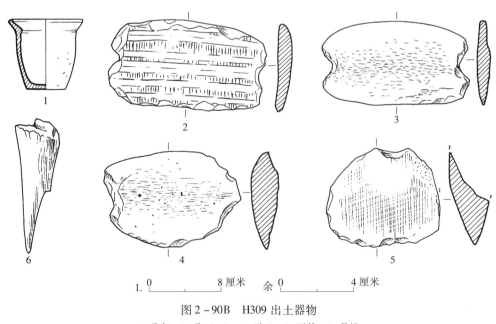

图 2 - 90B　H309 出土器物

1. 陶杯　2. 陶刀　3、4. 石刀　5. 石斧　6. 骨锥

石斧　1件。

标本 H309∶5，磨制。已残。器身近方形，一端有双面刃，另一端有一残缺穿孔。残长 5.1、宽 6.2、厚 2.1 厘米（图 2 - 90B）。

骨锥　1件。

标本 H309∶6，一端保留有骨节，较粗大，一端较细，尖锐。长 7.1 厘米（图 2 - 90B）。

109. H310

位于 2010LXⅡT0315 中部偏南，开口①层下，打破 H355，被 H280 打破。坑口近圆形，上部被破坏，剖面为筒状，口大底小，平底（图版一五，2）。口径 148、底径 80、深 80 厘米。坑内堆积仅一层，灰土，土质疏松，含大量草木灰及炭屑，出土有陶片等。

出土陶器 8 件，器形可辨钵、瓶、盆、罐和瓮。

陶钵　1件。

标本 H310∶8，仅存口部。泥质红陶。敛口，尖圆唇，唇内有一凸棱，鼓肩。素面。口径 24、残高 5.2 厘米（图 2 - 91）。

陶瓶　1件。

标本 H310∶4，仅存口部。泥质红陶。直口，平唇，高领。颈部贴附有小泥饼。口径 6.4、残高 4.6 厘米（图 2 - 91）。

陶盆　1件。

标本 H310∶2，仅存口部。泥质褐陶。敛口，斜折沿较宽，圆唇。素面。残高 2.8 厘米（图 2 - 91）。

陶罐　3件。根据形态可分为鼓腹罐和折腹小底罐。

鼓腹陶罐　2件。

标本 H310∶6，仅存口部。夹砂红陶。敛口，斜沿，圆唇，鼓腹，上腹有一鸡冠状器鋬。素

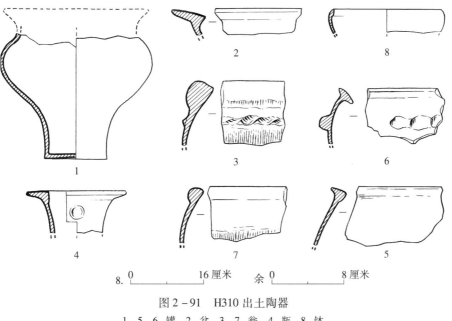

图 2 - 91　H310 出土陶器

1、5、6. 罐　2. 盆　3、7. 瓮　4. 瓶　8. 钵

面。残高 6 厘米（图 2 - 91）。

标本 H310：5，仅存口部。泥质红陶。敛口，窄斜沿，尖唇，鼓腹。素面。残高 6.4 厘米（图 2 - 91）。

折腹小底陶罐　1 件。

标本 H310：1，口部已残。泥质红陶。鼓腹，小平底微凹。素面。底径 7、残高 13.4 厘米（图 2 - 91；图版五三，4）。

陶瓮　2 件。

标本 H310：7，仅存口部。夹砂褐陶。敛口，厚圆唇外叠，腹微鼓。腹饰竖向绳纹。残高 6 厘米（图 2 - 91）。

标本 H310：3，仅存口部。敛口，厚圆唇外叠，腹微鼓。沿下有一周附加堆纹，腹饰竖向绳纹。残高 7 厘米（图 2 - 91）。

110. H314

位于 2010LXⅡT0314 西北部，开口①层下，被 H307、H308 打破。坑口为圆形，剖面为筒状，口底等大，平底，底部有一椭圆形小浅坑（见图 2 - 86）。口径 198、深 74 厘米。坑内堆积仅一层，黄灰土，土质疏松，含少量草木灰及炭屑，出土有陶片等。

出土陶器 6 件，器形可辨钵、瓶、盆和罐。

陶钵　1 件。

标本 H314：1，仅存口部。泥质红陶。口微敛，圆唇，鼓肩。素面。残高 4.4 厘米（图 2 - 92）。

陶瓶　2 件。

标本 H314：2，仅存口部。泥质红陶。直口，平唇，直高领。素面，颈部贴有小泥饼。残高 4.5 厘米（图 2 - 92）。

标本 H314：4，仅存口部。泥质红陶。口微侈，尖圆唇，颈部圆鼓呈葫芦状。素面，颈部有一周指甲状戳印。口径 4.8、残高 7.6 厘米（图 2 - 92）。

陶盆　1 件。

标本 H314：6，残存口部。泥质红陶。敛口，平折沿，圆唇，弧腹。素面。口径 23.2、残高

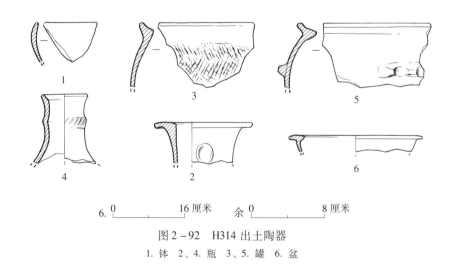

图 2 - 92　H314 出土陶器
1. 钵　2、4. 瓶　3、5. 罐　6. 盆

3.6 厘米（图 2 - 92）。

陶罐　2 件。均为鼓腹罐。

标本 H314:3，残存口及上腹。夹砂红陶。敛口，斜沿，圆唇，上腹微鼓。腹饰交错绳纹。残高 7 厘米（图 2 - 92）。

标本 H314:5，残存口及上腹。夹砂红陶。敛口，斜折沿，圆唇，上腹微鼓，上有一鸡冠状器鋬。素面。残高 7 厘米（图 2 - 92）。

111. H318

位于 2010LXⅡT0314 东北部，开口①层下，打破 H319。坑口近椭圆形，剖面为筒状，平底（图 2 - 93A）。口径 64～180、深 80 厘米。坑内堆积仅一层，黄灰土，土质疏松，含少量草木灰，出土有陶片等。

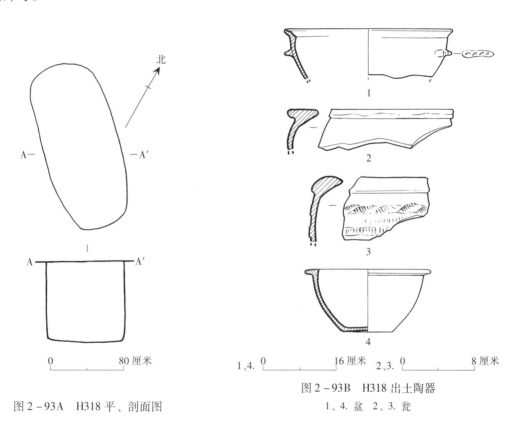

图 2 - 93A　H318 平、剖面图

图 2 - 93B　H318 出土陶器
1、4. 盆　2、3. 瓮

出土陶器 4 件，器形可辨盆和瓮。

陶盆　2 件。根据形态可分为宽沿盆和窄沿盆。

宽沿陶盆　1 件。

标本 H318:4，可修复。泥质灰陶。口微敛，平折沿，圆唇，弧腹，平底微凹。素面。口径 22.8、底径 11.2、高 13.6 厘米（图 2 - 93B）。

窄沿陶盆　1 件。

标本 H318:1，仅存口及腹部。泥质红陶。口微敛，窄沿上斜，尖圆唇，深弧腹，上腹有一对鸡冠状器鋬。素面。口径 36.8、残高 10.8 厘米（图 2 - 93B）。

陶瓮　2件。

标本H318:2，仅存口部。泥质红陶。敛口，平折沿，圆唇，腹微鼓。素面。残高4.4厘米（图2－93B）。

标本H318:3，仅存口部。夹砂红陶。敛口，圆唇外叠，上腹较直。腹饰竖向绳纹和附加堆纹。残高6.8厘米（图2－93B）。

112. H322

位于2010LXⅡT0313南部，开口G22下。坑口为圆形，剖面为筒状，口底等大，平底（图版一六，1）。口径140、深26厘米。坑内堆积仅一层，深灰土，土质疏松，出土少量陶片及兽骨。

113. H328

位于2010LXⅡT0214东南部，开口①层下，打破G25。坑口为圆形，剖面为筒状，口大底小，平底，部分压于东隔梁之下。口径230、底径180、深90厘米。坑内堆积仅一层，黄灰土，土质疏松，含大量红烧土块及少量炭屑，出土有陶片等。

出土陶器1件，石器2件。陶器为器盖，石器为刀和楔。

陶器盖　1件。

标本H328:1，可修复。夹砂红陶。盖口外敞，弧腹，假圈足捉手。素面，捉手有一周按捺窝。口径19.7、高12厘米（图2－94）。

石刀　1件。

标本H328:2，打制。长方形，双面刃，两侧有打制而成的缺口。长9.1、宽5.9、厚1.5厘米（图2－94；图版一〇〇，6）。

石楔　1件。

标本H328:3，磨制。窄长条形，器身较薄，双面刃。长8.5、宽4.8、厚1.2厘米（图2－94）。

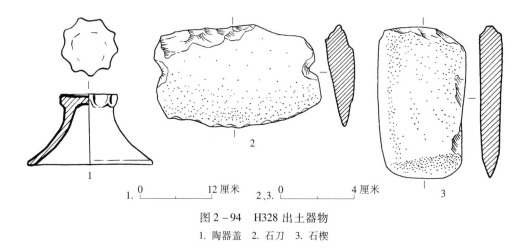

1. ___0_____12厘米　　2、3. ___0_____4厘米

图2－94　H328出土器物
1. 陶器盖　2. 石刀　3. 石楔

114. H329

位于2010LXⅡT0115南部，开口①层下，部分压于隔梁下。坑口为圆形，剖面为筒状，口大底小，平底。口径130、底径110、深160厘米。坑内堆积仅一层，灰土，土质疏松，颗粒度较大，出土少量陶片及螺壳。

115. H331

位于2010LXⅡT0213中东部，开口①层下，打破H345。坑口近椭圆形，剖面为筒状，口底等大，平底（图2-95A）。口径190～230、深210厘米。坑内堆积仅一层，深灰土，土质疏松，含少量草木灰，出土有陶片和极少量兽骨、螺壳。

出土陶器17件，玉器1件，石器5件，骨、蚌器各1件。陶器器形可辨钵、盆、罐、瓮和刀，玉器为笄，石器为刀、凿和楔，骨器为镯，蚌器为环。

陶钵　1件。

标本H331：10，仅存口及腹部。泥质灰陶。口微敛，尖圆唇，弧腹。素面。口径30.4、残高6.8厘米（图2-95B）。

陶盆　7件。根据形态可分为宽沿盆、窄沿盆和深腹盆。

窄沿陶盆　2件。

标本H331：2，可修复。泥质灰陶。敛口，窄沿微卷，圆唇，斜腹，平底。素面，器表有抹痕。口径31.6、底径14.8、高14.4厘米（图2-95B）。

标本H331：11，仅存口及腹部。泥质褐陶。敛口，窄沿微上卷，圆唇，弧腹。素面。口径32、残高6.8厘米（图2-95B）。

宽沿陶盆　4件。

标本H331：3，仅存口及腹部。泥质红陶。侈口，宽沿上斜，尖圆唇，弧腹。素面。口径21.2、残高5.6厘米（图2-95B）。

标本H331：4，仅存口及腹部。泥质灰陶。敛口，宽沿上斜，圆唇，深弧腹。素面。残高6.8厘米（图2-95B）。

标本H331：7，仅存口及腹部。泥质红陶。敛口，宽平沿，圆唇，弧腹，腹有一对鸡冠状器鋬。素面。残高5.6厘米（图2-95B）。

标本H331：12，仅存口及腹部。泥质灰陶。口微敛，宽平沿，尖圆唇，浅弧腹。素面。口径28、残高4.8厘米（图2-95B）。

深腹陶盆　1件。

标本H331：9，仅存口及腹部。泥质灰陶。敞口，沿上斜，圆唇，深斜腹。口沿抹光，腹有两周附加堆纹。口径14.4、残高5.6厘米（图2-95B）。

陶罐　2件。根据形态可分为鼓腹罐和小口圆腹罐。

鼓腹陶罐　1件。

标本H331：6，仅存口及上腹。夹砂红陶。敛口，斜折沿，圆唇，上腹圆鼓。器表饰竖向绳纹。残高8.8厘米（图2-95B）。

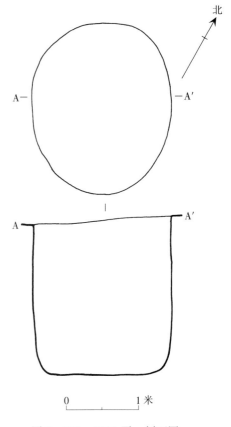

北

图2-95A　H331平、剖面图

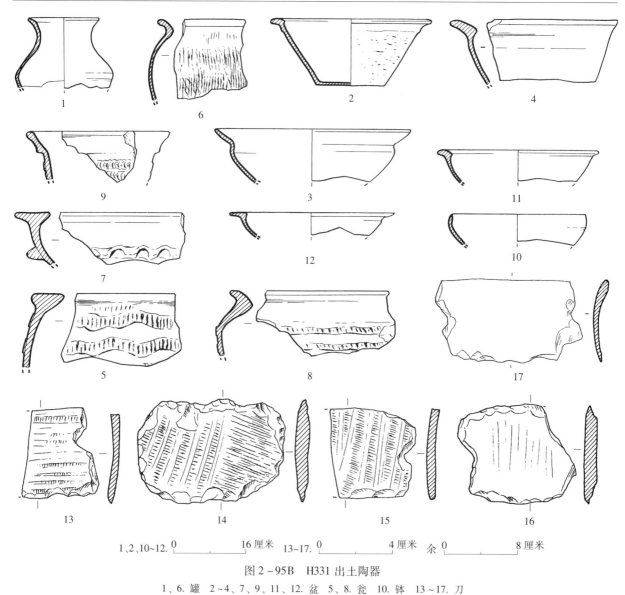

图 2 –95B　H331 出土陶器

1、6. 罐　2~4、7、9、11、12. 盆　5、8. 瓮　10. 钵　13~17. 刀

小口圆腹陶罐　1 件。

标本 H331：1，仅存口及上腹。泥质灰陶。敞口，尖圆唇，束颈，圆腹。素面，口沿抹光，腹部有一凸棱。口径 16、残高 15.2 厘米（图 2 –95B）。

陶瓮　2 件。

标本 H331：5，仅存口及上腹。夹砂红陶。敛口，窄平沿，圆唇，上腹微鼓。腹饰两周附加堆纹。残高 8 厘米（图 2 –95B）。

标本 H331：8，仅存口部。夹砂红陶。敛口，短沿上斜，圆唇，折肩。肩部饰多周附加堆纹。残高 7 厘米（图 2 –95B）。

陶刀　5 件。

系用钵、盆和瓶类器物残片打制而成。多为长方形，两侧多有打制而成的缺口（图 2 –95B）。

玉笄　1 件。

标本 H331：25，绿墨玉。柱状，一端尖锐，一端残损，并有部分磨损。残长 8 厘米。

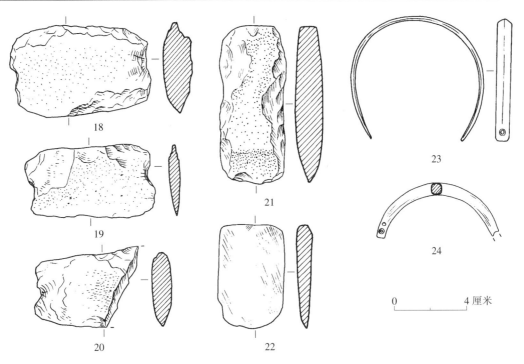

图 2 - 95C　H331 出土器物

18~20. 石刀　21. 石凿　22. 石楔　23. 骨镯　24. 蚌环

石刀　3 件。

标本 H331：18，打制。长方形，双面刃，两侧有打制而成的缺口。长 7.8、宽 4.9、厚 1.6 厘米（图 2 - 95C）。

标本 H331：19，打制。长方形，双面刃，两侧有打制而成的缺口。长 7.1、宽 3.9、厚 0.6 厘米（图 2 - 95C）。

标本 H331：20，打制。一端已残，梯形，单面刃，一侧有一打制而成的缺口。残长 5.6、宽 3.9、厚 1 厘米（图 2 - 95C）。

石凿　1 件。

标本 H331：21，磨制。窄条形，双面刃，周缘有残损。长 8.4、宽 3.5、厚 1.5 厘米（图 2 - 95C）。

石楔　1 件。

标本 H331：22，磨制。长条形，一端较平，一端为单面弧刃。长 5.6、宽 3.6、厚 0.8 厘米（图 2 - 95C）。

骨镯　1 件。

标本 H331：23，器身近圆环状，断面扁平，两端各有一圆形穿孔。长 6.5 厘米（图 2 - 95C；图版一三〇，1）。

蚌环　1 件。

标本 H331：24，半圆环状，断面为圆角方形，两端均有圆形对钻穿孔，一端已残。残长 6.8 厘米（图 2 - 95C；图版一三〇，2）。

116. H333

位于 2010LX Ⅱ T0215 东北部，开口①层下，少部分压于北隔梁之下。坑口近圆形，剖面为筒

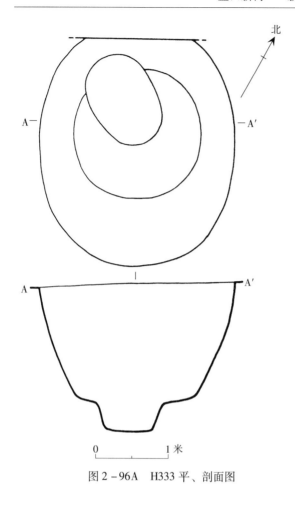

北

图2－96A　H333平、剖面图

0　　　　1米

状，口大底小，坑壁不规整，底不平，偏西处有一椭圆形小坑（图2－96A）。口径270～300、底径164、深200厘米。坑内堆积仅一层，深灰土，土质疏松，含大量红烧土块及炭屑，出土有陶片、兽骨、螺壳及石块。

出土陶器26件，石器8件，骨器2件。陶器器形可辨钵、瓶、盆、罐、瓮、壶、轮盘、鼎、杯、器盖、器座、鼎足和纺轮，石器为刀、锛、斧、凿和环，骨器为锥。

陶钵　3件。

标本H333：24，可修复。泥质红陶。口微敛，圆唇，弧腹，平底。素面。口径23.6、底径12、高12.4厘米（图2－96C）。

标本H333：23，可修复。泥质红陶。口微敛，圆唇，斜腹，平底。素面。口径24.4、底径12.6、高13.2厘米（图2－96C）。

标本H333：5，仅存口及腹部。泥质红陶。口微敛，圆唇，弧腹。素面。口径15.2、残高6.4厘米（图2－96C）。

陶瓶　2件。

标本H333：2，仅存口部。泥质灰陶。敞口近喇叭状，口内有一不明显的折棱，高领微束。颈下部饰多周弦纹，颈以下饰线纹和抹弦纹。口径8、残高16厘米（图2－96B）。

标本H333：10，仅存底部。泥质灰陶。底呈钝尖状。器表饰细密线纹。残高8厘米（图2－96B）。

陶盆　3件。根据形态可分为宽沿盆和深腹盆。

深腹陶盆　1件。

标本H333：19，可修复。泥质红陶。敞口，斜沿，圆唇，斜腹较深，平底。素面，抹光。口径20、底径10.6、高11.6厘米（图2－96C）。

宽沿陶盆　2件。

标本H333：18，可修复。泥质灰陶。口微敛，圆唇，宽平沿，斜腹，平底。素面。口径17.6、底径9.1、高7厘米（图2－96C）。

标本H333：9，仅存口及腹部。泥质灰陶。敛口，宽平沿，沿面不规则，圆唇，弧腹。素面。口径12.8、残高6厘米（图2－96C）。

陶罐　4件。根据形态可分为鼓腹罐和小口圆腹罐。

鼓腹陶罐　3件。

标本H333：1，仅存口及腹部。夹砂灰陶。敛口，斜沿，圆唇，腹微鼓，有一鸡冠状器錾。腹

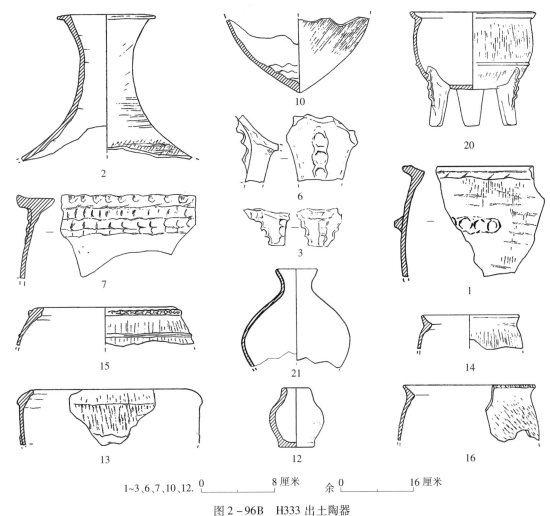

图 2 - 96B H333 出土陶器

1、14、16、21. 罐 2、10. 瓶 3、6. 鼎足 7、13、15. 瓮 12. 壶 20. 鼎

饰细绳纹。残高 12 厘米（图 2 - 96B）。

标本 H333：14，仅存口及上腹。夹砂灰陶。敛口，沿上斜，圆唇，上腹微鼓。腹饰竖向绳纹。口径 15.2、残高 7.6 厘米（图 2 - 96B）。

标本 H333：16，仅存口及上腹。夹砂灰陶。敛口，斜沿，尖圆唇，唇面不规则，上腹微鼓。器表饰斜向绳纹。口径 28.8、残高 12 厘米（图 2 - 96B）。

小口圆腹陶罐 1 件。

标本 H333：21，腹下部残。泥质灰陶。侈口，束颈，鼓腹。素面。口径 9.6、残高 21.2 厘米（图 2 - 96B）。

陶轮盘 1 件。

标本 H333：25，已残。泥质灰陶。口微敛，斜沿外折，圆唇，直腹较浅，平底。素面抹光，腹壁有一圆形穿孔。高 5.2、孔径 0.8 厘米（图 2 - 96C）。

陶杯 1 件。

标本 H333：8，可修复。夹砂褐陶。口微侈，圆唇，斜直壁，平底。素面。口径 5.4、底径 3.6、高 4.4 厘米（图 2 - 96C）。

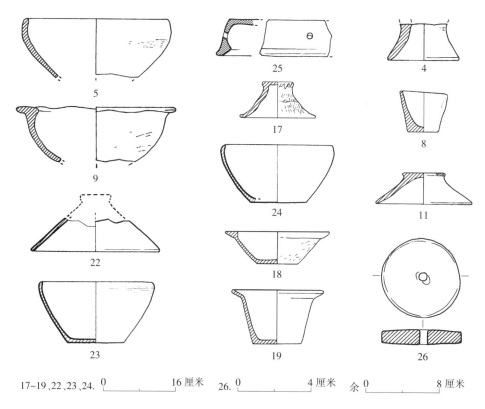

17～19、22、23、24. 0 ————— 16厘米　26. 0 ——— 4厘米　余 0 ——— 8厘米

图2-96C　H333出土陶器

4. 器座　8. 杯　11、17、22. 器盖　9、18、19. 盆　5、23、24. 钵　25. 轮盘　26. 纺轮

陶壶　1件。

标本H333:12，可修复。夹砂灰陶。口微敛，圆唇，腹圆鼓，近葫芦状，平底。素面。口径2、底径4、高6.4厘米（图2-96B）。

陶器盖　3件。

标本H333:11，可修复。泥质灰陶。盖口外敞，腹斜直，捉手假圈足状，顶平。素面，近口部有少量细绳纹。口径10.8、高3.4厘米（图2-96C）。

标本H333:17，可修复。夹砂褐陶。盖口外敞，弧腹，捉手假圈足状，顶平。器表饰绳纹。口径16.8、高7.8厘米（图2-96C）。

标本H333:22，顶部已残。泥质红陶。盖口外敞，斜腹。素面。口径28.8、残高7.2厘米（图2-96C）。

陶瓮　3件。

标本H333:7，仅存口及上腹。泥质灰陶。敛口，窄平沿外折，上腹微鼓。唇面有一周按捺窝，沿下饰两周附加堆纹。残高9厘米（图2-96B）。

标本H333:13，仅存口及上腹。夹砂灰陶。敛口，圆唇外叠，上腹较直。器表饰竖向绳纹，上腹有附加堆纹。口径34、残高12厘米（图2-96B）。

标本H333:15，仅存口及上腹。泥质红陶。敛口，厚圆唇，上腹微鼓。唇面有一周附加堆纹，腹饰竖向绳纹并有附加泥条。口径28、残高8.4厘米（图2-96B）。

陶鼎 1件。

标本 H333：20，可修复。夹砂灰陶。器身为盆形，斜沿外折，圆唇，腹微鼓，平底，下腹部横接三个倒梯形足，足根与盆腹相连处有凸起的脊棱。口沿以下饰绳纹，下腹贴有一周泥条，脊棱处有锯齿状按窝。口径26.4、高24.5厘米（图2－96B；图版三五，3）。

陶鼎足 2件。

标本 H333：3，仅存足尖。夹砂灰陶。足较矮，呈倒梯形。足面正中有一扉棱，扉棱和足两侧有按捺窝。残高4厘米（图2－96B）。

标本 H333：6，仅存腹底和足根。夹砂灰陶。弧腹，下横装倒梯形足。足面正中有扉棱，上有一周按捺窝。残高7.2厘米（图2－96B）。

陶器座 1件。

标本 H333：4，仅存圈足。夹砂红陶。矮圈足外敞。素面。底径7.8、残高4厘米（图2－96C）。

陶纺轮 1件。

标本 H333：26，泥质红陶。圆饼状，断面为长条形，中有一圆形穿孔。直径4.3、厚0.8厘米（图2－96C；图版七七，1）。

石刀 4件。

标本 H333：27，打制。长方形，双面刃，两侧有打制而成的缺口。长7.4、宽5.3、厚1.4厘米（图2－96D）。

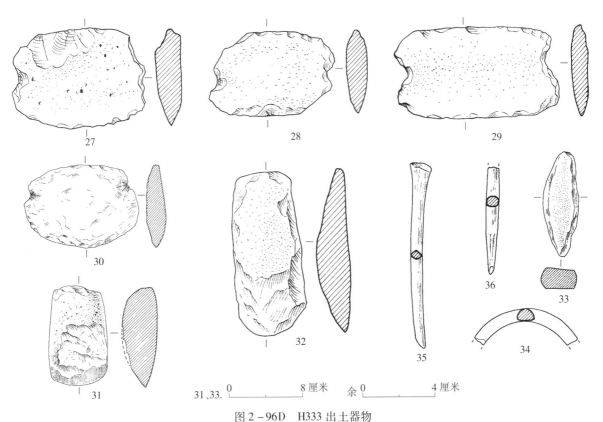

图2－96D H333出土器物

27~30. 石刀 31. 石斧 32. 石锛 33. 石凿 34. 石环 35、36. 骨锥

标本 H333：28，打制。长方形，双面刃，两侧有打制而成的缺口。长 6.8、宽 4.5、厚 1.2 厘米（图 2 - 96D）。

标本 H333：29，打制。长方形，双面刃，两侧有打制而成的缺口。长 9.2、宽 4.9、厚 0.9 厘米（图 2 - 96D）。

标本 H333：30，打制。圆角长方形，双面刃，两侧有打制而成的缺口。长 6.2、宽 4.5、厚 1.2 厘米（图 2 - 96D；图版一〇〇，5）。

石斧　1 件。

标本 H333：31，磨制。器身厚重，长方形，双面刃，器身略有残损。长 10.6、宽 6.5、厚 3.9 厘米（图 2 - 96D）。

石锛　1 件。

标本 H333：32，磨制。窄长条形，单面刃，器身略有残损。长 8.7、宽 3.9、厚 1.9 厘米（图 2 - 96D）。

石凿　1 件。

标本 H333：33，粗磨。两端较尖，器身呈梭状。长 11.2、宽 4、厚 2.2 厘米（图 2 - 96D）。

石环　1 件。

标本 H333：34，磨制。碧绿色。圆环状，仅存残段，断面为半圆形。残长 5.6 厘米（图 2 - 96D；图版一一八，2）。

骨锥　2 件。

标本 H333：35，器身扁圆，一端宽平，一端尖锐。长 9.8 厘米（图 2 - 96D）。

标本 H333：36，柱状，一端已残，一端尖锐。残长 5.7 厘米（图 2 - 96D）。

117. H344

位于 2010LX Ⅱ T0215 西南部，开口①层下，被 H336、H343 打破，部分压于隔梁之下。坑口近椭圆形，剖面为筒状，口底等大，平底。口径 168 ~ 190、深 156 厘米。坑内堆积仅一层，深灰土，土质疏松，含大量草木灰及红烧土块，出土有陶片及兽骨。

出土陶器 18 件，玉器 3 件，石器 6 件，蚌器 1 件。陶器器形可辨钵、瓶、盆、罐、瓮、甑、釜、笄和环，玉器为笄，石器为刀、笄和球，蚌器为环。

陶钵　2 件。

标本 H344：1，可修复。泥质灰陶，因覆烧器表上黑下红。敛口，圆唇，鼓肩，弧腹，凹底。素面，抹光。口径 27.2、底径 8.4、高 12.4 厘米（图 2 - 97）。

标本 H344：14，仅存口及腹部。泥质灰陶。敛口，圆唇，鼓肩，斜腹。素面。口径 16.8、残高 7.4 厘米（图 2 - 97）。

陶瓶　3 件。

标本 H344：6，仅存口部。泥质红陶。侈口，尖圆唇，口下微束，颈中部圆鼓。颈部有一周戳印。口径 4.8、残高 5.6 厘米（图 2 - 97）。

标本 H344：11，仅存口部。泥质褐陶。直口，窄平唇，直领。颈部贴有小泥饼。口径 6.4、残高 3.6 厘米（图 2 - 97）。

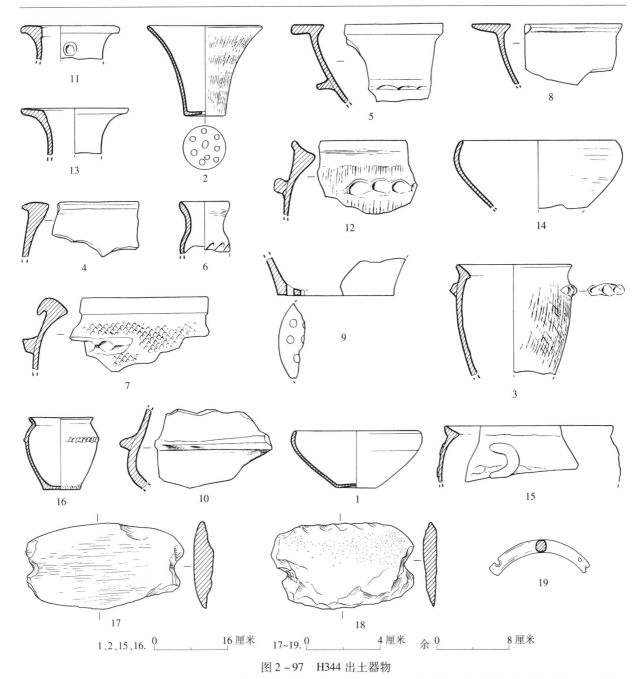

图 2 - 97　H344 出土器物

1、14. 陶钵　2、9. 陶甑　3、7、12、16. 陶罐　4、15. 陶瓮　5、8. 陶盆　6、11、13. 陶瓶　10. 陶釜　17、18. 石刀　19. 蚌环

标本 H344∶13，仅存口部。泥质红陶。口微侈，平唇，直高领。素面。口径 6.8、残高 5 厘米（图 2 - 97）。

陶盆　2 件。根据形态可分为宽沿盆和窄沿盆。

宽沿陶盆　1 件。

标本 H344∶8，仅存口及上腹。泥质红陶。敛口，宽平沿，尖圆唇，弧腹。素面。残高 6.6 厘米（图 2 - 97）。

窄沿陶盆　1 件。

标本 H344∶5，仅存口及上腹。夹砂灰陶。敛口，窄平沿，方唇，深弧腹，有一鸡冠状器鋬。

素面。残高8.4厘米（图2－97）。

陶罐　4件。根据形态可分为鼓腹罐和小罐。

鼓腹陶罐　3件。

标本H344：3，底部已残，仅存口及腹部。夹砂红陶。敛口，沿上斜，圆唇，上腹微鼓，有一对鸡冠状器鋬，下腹斜收。器表饰交错绳纹。口径12、残高12厘米（图2－97）。

标本H344：12，仅存口部。夹砂红陶。敛口，短沿上斜，尖圆唇，腹微鼓，有一鸡冠状器鋬。器表饰竖向绳纹。残高8厘米（图2－97）。

标本H344：7，仅存口部。夹砂红陶。敛口，卷唇，鼓腹，有一鸡冠状器鋬。器表饰方格纹。残高8厘米（图2－97）。

小陶罐　1件。

标本H344：16，可修复。夹砂褐陶。侈口，斜沿，圆唇，鼓腹，平底。素面，腹有一周附加堆纹。口径13.2、底径8、高15.6厘米（图2－97；图版五六，3）。

陶瓮　2件。

标本H344：4，仅存口部。泥质灰陶。敛口，窄沿，沿面圆鼓，上腹微鼓。素面。残高6厘米（图2－97）。

标本H344：15，仅存口及上腹。泥质红陶。敛口，短斜沿，尖圆唇，腹微鼓。器表饰附加堆纹并贴附有半月形泥条。口径36、残高12厘米（图2－97）。

陶甑　2件。

标本H344：2，可修复。泥质红陶。大敞口呈喇叭状，圆唇，弧腹，平底微凹，底部有圆形箅孔。器表饰竖向绳纹。口径24.8、底径8.8、高19.6厘米（图2－97；图版四四，5、6）。

标本H344：9，仅存底部。夹砂红陶。斜腹，平底，底部有圆形箅孔。残高4厘米（图2－97）。

陶釜　1件。

标本H344：10，仅存腹部。夹砂红陶。折腹，腹有一周凸棱。素面，器表有抹痕。残高8.6厘米（图2－97）。

玉笋　3件。

标本H344：20，墨玉。器身呈“T”字形，顶端宽平，尾端有磨制痕迹。残长4.5厘米。

标本H344：21，墨玉。柱状，两端皆残。残长4.5厘米。

标本H344：22，绿墨玉。柱状，一端尖锐，一端已残。残长7.8厘米。

石刀　2件。

标本H344：17，打制。长方形，双面刃，两侧有打制而成的缺口。长8.5、宽4.6、厚1.1厘米（图2－97）。

标本H344：18，打制。长方形，双面刃，两侧有打制而成的缺口。长7.8、宽4.5、厚0.7厘米（图2－97）。

石球　2件。

标本H344：23，较完整。不规则球形，表面有少许磕豁。长径6.3、短径5.1厘米。

标本H344：24，较完整。球形，表面有坑疤。直径3.7厘米。

蚌环　1件。

标本 H344：19，半环状，断面为圆形，两端各有一圆形穿孔。长 5.6 厘米（图 2 - 97；图版一三〇，4）。

118. H347

位于 2010LX Ⅱ T0114 东北部，开口①层下，被 G29、H405 打破。坑口近圆形，剖面为筒状，口大底小，平底。口径 160 ~ 320、底径 110 ~ 308、深 200 厘米。坑内堆积仅一层，灰土，土质疏松，含大量草木灰及少量红烧土颗粒、炭屑，出土有陶片等。

出土陶器 1 件，玉器 1 件，石器 3 件，骨器 1 件。陶器为盆，玉器为笄，石器为刀和石料，骨器为锥。

陶盆　1件。

标本 H347：1，可修复。泥质灰陶。敛口，窄平沿，圆唇，斜腹，平底，沿下有一对鸡冠状器錾，底部有一锥状凸起。素面，上腹有一周附加堆纹。口径 31.2、底径 14、高 17.2 厘米（图 2 - 98；图版三八，1、2）。

玉笄　1件。

标本 H347：6，灰墨玉。器身呈 "T" 字形，顶端宽平并有残缺，尾端残缺。长 5.7 厘米。

石料　1件。

标本 H347：4，器身近棱柱状，器表有切割痕。长 9 厘米（图 2 - 98；图版一二一，1）。

石刀　2件。

均打制。长方形，双面刃，有打制而成的缺口。

标本 H347：2，长 8、宽 5.8、厚 2 厘米（图 2 - 98）。

标本 H347：3，长 8.1、宽 4.1、厚 1.2 厘米（图 2 - 98）。

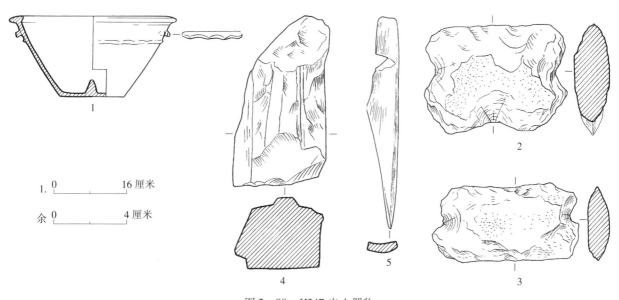

图 2 - 98　H347 出土器物

1. 陶盆　2、3. 石刀　4. 石料　5. 骨锥

骨锥　1件。

标本 H347：5，器身扁平，一端较粗较宽平，一端较尖锐。长 11.2 厘米（图 2 - 98）。

119. H348

位于 2010LXⅡT0215 西南部，开口①层下，被 H336 打破，打破 H349。坑口为圆形，剖面为筒状，口底等大，平底（图 2 - 99A）。口径 206、深 70 厘米。坑内堆积仅一层，灰土，土质疏松，出土少量陶片。

出土陶器、石器各 1 件。陶器为器盖，石器为铲。

陶器盖　1件。

标本 H348：1，可修复。夹砂红陶。盖口外敞，弧腹，假圈足状捉手，顶微凹。素面。口径 7.4、高 4.2 厘米（图 2 - 99B；图版六二，6）。

石铲　1件。

标本 H384：2，磨制较精细。长条形，器身扁平，一端已残，中部有一凹窝。长 15.4、残宽 7.2、厚 1.9 厘米（图 2 - 99B）。

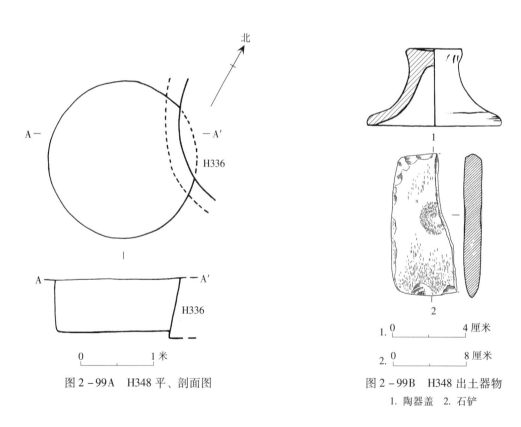

图 2 - 99A　H348 平、剖面图　　　　图 2 - 99B　H348 出土器物
1. 陶器盖　2. 石铲

120. H352

位于 2010LXⅡT0213 南部，开口①层下，打破 G22。坑口为圆形，剖面为筒状，口底等大，平底（图 2 - 100；图版一六，2）。口径 192、深 204 厘米。坑内堆积仅一层，灰土，土质硬，出土有陶片、少量兽骨、石块及玉笄、石环（图版一一八，3）、骨锥（图版一二四，6）各 1 件。

玉笄　1件。

标本 H352：1，绿墨玉。柱状，一端平整，一端尖锐。残长 6.385 厘米。

121. H362

位于2010LXⅡT0114东南部，开口①层下，大部压于隔梁之下。坑口近椭圆形，剖面为筒状，口大底小，平底（图2-101A）。口径90~450、底径76~376、深114厘米。坑内堆积仅一层，深灰土，土质疏松，含红烧土块及炭屑，出土大量陶片。

出土陶器11件，石器2件。陶器器形可辨钵、瓶、盆、罐和瓮，石器为纺轮。

陶钵　2件。

标本H362：3，可修复。泥质灰陶。敛口，厚圆唇，鼓肩，斜腹，平底。素面，抹光。口径23.2、底径12、高13.2厘米（图2-101B；图版五一，4）。

标本H362：7，仅存口部。泥质红陶。直口，尖圆唇，弧腹。素面。残高13厘米（图2-101B）。

陶瓶　2件。

标本H362：5，仅存口部。泥质灰陶。侈口呈喇叭状，

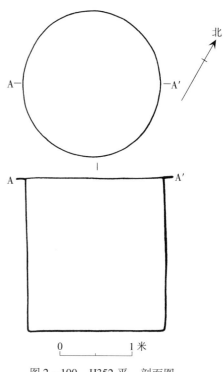

图2-100　H352平、剖面图

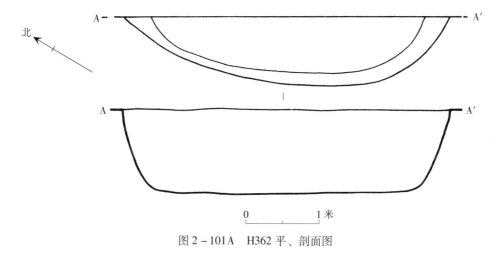

图2-101A　H362平、剖面图

直高领。器表饰细密绳纹，颈部贴有一圆形泥饼。残高7.8厘米（图2-101B）。

标本H362：6，仅存颈部。泥质灰陶。直高领，下部外张。颈部有一周戳印，颈以下饰细绳纹和抹弦纹。残高12厘米（图2-101B）。

陶盆　4件。根据形态可分为宽沿盆、深腹盆和厚唇盆。

厚唇陶盆　1件。

标本H362：9，仅存口部。泥质灰陶。敛口，厚圆唇，鼓腹。残高5.6厘米（图2-101B）。

宽沿陶盆　2件。

标本H362：1，可修复。泥质红陶。敛口，宽平沿，圆唇，斜腹，平底。素面，上腹有一圆形小穿孔。口径46.4、底径17.2、高18厘米（图2-101B）。

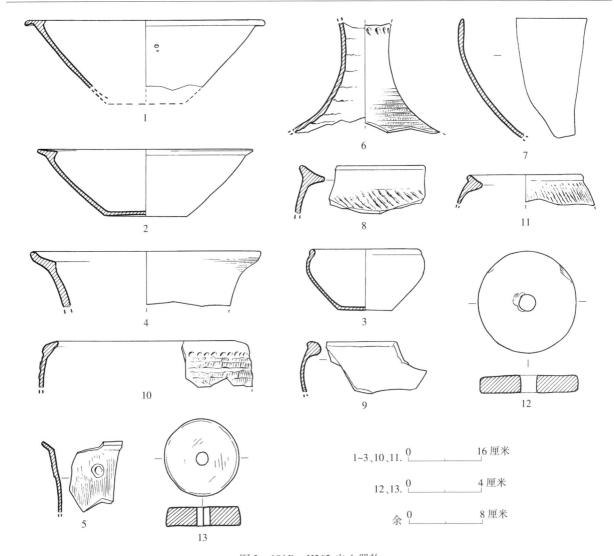

图 2－101B　H362 出土器物

1、2、4、9. 陶盆　3、7. 陶钵　5、6. 陶瓶　8、11. 陶罐　10. 陶瓮　12、13. 石纺轮

标本 H362：2，可修复。泥质红陶。敛口，沿微上斜，圆唇，斜腹，平底微凹。素面。口径48、底径 18.4、高 14.6 厘米（图 2－101B）。

深腹陶盆　1 件。

标本 H362：4，仅存口部。泥质红陶。直口，斜沿上挑，圆唇，斜直腹。素面。口径 24.8、残高6 厘米（图 2－101B）。

陶罐　2 件。均为鼓腹罐。

标本 H362：8，仅存口部。夹砂红陶。敛口，沿外斜，圆唇，上腹微鼓。器表饰斜向绳纹。残高 5.4 厘米（图 2－101B）。

标本 H362：11，仅存口部。夹砂灰陶。敛口，斜沿，圆唇，上腹外鼓。器表饰斜向绳纹。口径 24.8、残高 6.8 厘米（图 2－101B）。

陶瓮　1 件。

标本 H362：10，仅存口及上腹。夹砂红陶。敛口，圆唇外叠，上腹较直。唇下有一周戳印，上腹饰绳纹和附加堆纹。口径40、残高10厘米（图2－101B）。

石纺轮　2件。

标本H362∶12，通体磨制。圆饼状，断面为圆角长方形，中部有一圆形穿孔。直径5.5、厚1厘米（图2－101B）。

标本H362∶13，通体磨制。圆饼状，断面为顶部略窄的长方形，中部有一圆形穿孔。直径4.2、厚1厘米（图2－101B；图版一〇九，1）。

122. H363

位于2010LXⅠT0114南部，开口①层下。坑口为圆形，剖面为筒状，口底等大，平底（图2－102；图版一七，1）。口径160、深100厘米。坑内堆积仅一层，灰土，土质疏松，含少量红烧土颗粒及炭屑，出土少量陶片及陶笭、骨镞各1件。

123. H366

位于2010LXⅠT0115西南部，开口①层下，大部压于隔梁之下。坑口为椭圆形，剖面为筒状，口大底小，平底。口径110～200、底径80～186、深100厘米。坑内堆积仅一层，灰土，土质疏松，含大量草木灰及少量红烧土颗粒，出土少量陶片。

出土陶器6件，骨器1件。陶器器形可辨钵、瓶、盆和瓮，骨器为锥。

陶钵　1件。

标本H366∶5，仅存口及上腹。泥质灰陶。直口，圆唇，斜腹。素面。残高7.8厘米（图2－103）。

陶瓶　2件。

标本H366∶4，仅存口部。泥质灰陶。侈口近喇叭状，口内折棱不明显，直高领。颈部贴有小

图2－102　H363平、剖面图

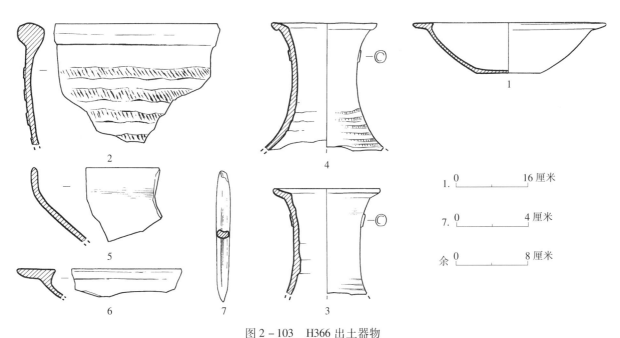

图2－103　H366出土器物

1、6. 陶盆　2. 陶瓮　3、4. 陶瓶　5. 陶钵　7. 骨锥

泥饼，颈以下饰抹弦纹，其上有细密的线纹。口径 10.4、残高 13.4 厘米（图 2 – 103）。

标本 H366：3，仅存口部。泥质灰陶。口微侈，窄斜沿，圆唇，口内有一道凸棱，直高领。素面，颈部贴有小泥饼。口径 10.8、残高 11 厘米（图 2 – 103）。

陶盆　2 件。

标本 H366：1，可修复。泥质红陶。敛口，宽平沿，尖圆唇，浅弧腹，平底。素面。口径 32.8、底径 14、高 10.6 厘米（图 2 – 103）。

标本 H366：6，仅存口部。泥质灰陶。敛口，宽平沿，圆唇，弧腹。素面。残高 3 厘米（图 2 – 103）。

陶瓮　1 件。

标本 H366：2，仅存口及上腹。夹砂红陶。敛口，厚圆唇外叠，上腹较直。腹饰几周附加堆纹。残高 12.6 厘米（图 2 – 103）。

骨锥　1 件。

标本 H366：7，器身扁平，两端均较尖锐。长 6.7 厘米（图 2 – 103）。

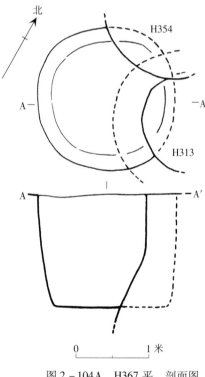

图 2 – 104A　H367 平、剖面图

124. H367

位于 2010LXⅡT0213 北部，开口①层下，打破 H368，被 H313、H354 打破。坑口为圆形，剖面为筒状，口大底小，平底（图 2 – 104A）。口径 190、底径 156、深 150 厘米。坑内堆积仅一层，灰土，土质硬，含少量草木灰及红褐色土块，出土有陶片及兽骨。

出土陶器 4 件，玉器 4 件，石器 3 件。陶器有钵、瓶和笄，玉器为笄，石器为刀、斧和石料。另外，还出土一大块玉料。

陶瓶　2 件。

标本 H367：1，仅存口部。泥质红陶。口微侈，平唇，高领较直。素面，颈部贴有小泥饼。口径 8、残高 9.8 厘米（图 2 – 104B）。

标本 H367：2，仅存底部。泥质灰陶。底呈锐尖状。器表饰细密线纹。残高 15.6 厘米（图 2 – 104B）。

陶钵　1 件。

标本 H367：3，底部已残，仅存口及腹部。泥质红陶。直口，圆唇，弧腹。素面。口径 23.2、残高 9 厘米（图 2 – 104B）。

玉笄　4 件（图版八五，2）。

标本 H367：7，绿墨玉。柱状，一端尖锐，一端已残。残长 6.4 厘米。

标本 H367：8，绿墨玉。柱状，一端尖锐，一端已残。残长 7 厘米。

标本 H367：9，绿墨玉。扁柱状，两端均残。残长 6 厘米。

标本 H367：10，绿墨玉。器身呈"T"字形，顶端宽平并有残缺，尾端尖锐。长 6.1 厘米。

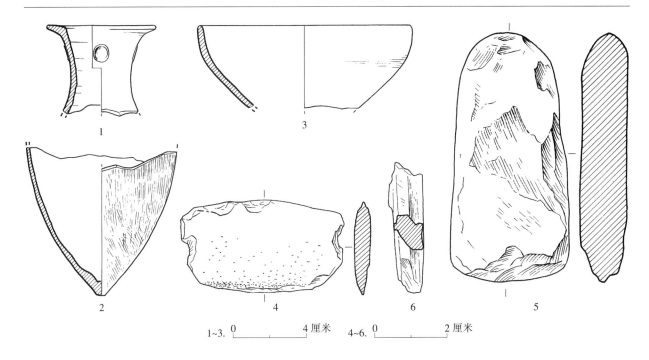

图 2 - 104B　H367 出土器物

1、2. 陶瓶　3. 陶钵　4. 石刀　5. 石斧　6. 石料

玉料　1件。

标本 H367∶11，玉色与大多数玉笄相似，近灰绿色。体块较大，略呈三棱状。表面留有多处片切形成的切槽、切面以及对切间的掰折棱。从切割和掰折痕迹观察，应为生产锥形玉块进而制作玉笄的玉料。长 24.3、宽 22.7、高 15.5 厘米（图版九〇）。

石刀　1件。

标本 H367∶4，打制。长方形，双面刃，两侧有打制而成的缺口。长 9、宽 4.9、厚 0.9 厘米（图 2 - 104B）。

石斧　1件。

标本 H367∶5，磨制。长条形，器身宽平，双面刃，刃部及周缘有残损。残长 13.4、宽 6.5、厚 2.5 厘米（图 2 - 104B）。

石料　1件。

标本 H367∶6，器身为多面棱柱状，边缘有切割痕迹。长 7 厘米（图 2 - 104B；图版一二一，2）。

125. H369

位于 2010LXⅠT0114 中部偏东，开口①层下。坑口为圆形，剖面为筒状，口底等大，平底（图 2 - 105A）。口径 160、深 80 厘米。坑内堆积仅一层，为深灰土，土质疏松，出土大量陶片。

出土陶器 5 件，器形可辨盆、瓮和器盖。

陶盆　2 件。根据形态可分为宽沿盆和带流盆。

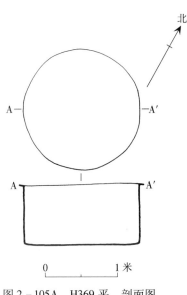

图 2 - 105A　H369 平、剖面图

宽沿陶盆　1件。

标本 H369：5，底部已残，仅存口及腹部。泥质灰陶。敛口，斜沿近平，尖圆唇，浅弧腹。素面。口径38.4、残高8.2厘米（图2－105B）。

带流陶盆　1件。

标本 H369：1，可修复。泥质红陶。敛口，弧腹，平底，一侧有一槽状流。素面。口长径38、底径18、高23.2厘米（图2－105B）。

陶瓮　2件。

标本 H369：3，仅存口部。泥质灰陶。敛口，平沿，尖圆唇，上腹较直。素面，外沿有一周附加堆纹。残高10.4厘米（图2－105B）。

标本 H369：4，仅存口部。夹砂红陶。敛口，圆唇外叠，上腹较直，上腹有一鸡冠状器鋬。器表饰细绳纹，沿下和上腹各有一周附加堆纹。口径38.4、残高12厘米（图2－105B）。

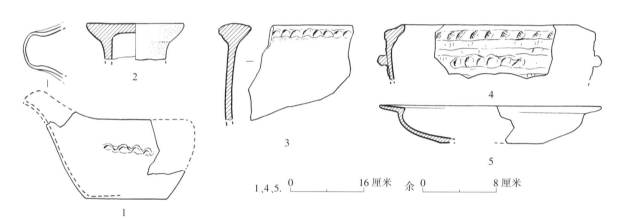

图2－105B　H369 出土陶器

1、5. 盆　2. 器盖　3、4. 瓮

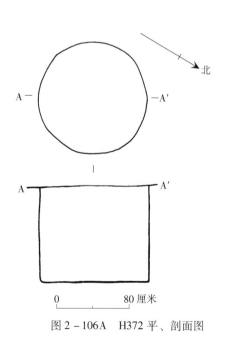

图2－106A　H372 平、剖面图

陶器盖　1件。

标本 H369：2，底部已残，仅存捉手。泥质红陶。捉手假圈足状，平顶。素面。残高4厘米（图2－105B）。

126. H372

位于 2010LXⅡT0113 东北部，开口①层下，打破 H373。坑口为圆形，剖面为筒状，口底等大，平底（图2－106A）。口径120、深100厘米。坑内堆积仅一层，灰土，土质硬，出土有陶片等。

出土陶器3件，器形可辨盆、罐和瓮。

陶盆　1件。

标本 H372：1，可修复。夹砂红陶。敛口，斜沿上翘，圆唇，浅弧腹，平底。素面。口径32.6、底径24、高6厘米（图2－106B）。

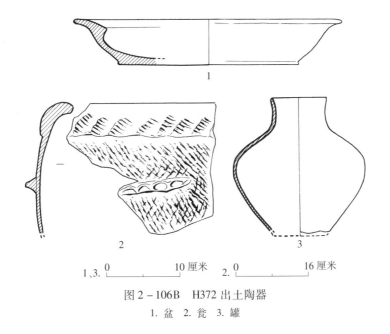

图 2－106B　H372 出土陶器
1. 盆　2. 瓮　3. 罐

陶罐　1 件。

标本 H372:3，可修复。泥质红陶。口微侈，圆唇，高领，圆鼓腹，平底。素面。口径 12、底径 12.4、高 30 厘米（图 2－106B）。

陶瓮　1 件。

标本 H372:2，仅存口及上腹。夹砂灰陶。敛口，圆唇外叠，上腹较直，上有一鸡冠状器鋬。腹饰交错绳纹。残高 17 厘米（图 2－106B）。

127. H374

位于 2010LXⅡT0113 东南部，开口①层下，打破 H378。坑口为圆形，剖面为筒状，口底等大，平底（图 2－107）。口径 145、深 142 厘米。坑内堆积仅一层，浅灰土，土质硬，出土有陶片等。

128. H375

位于 2010LXⅡT0113 南部，开口①层下。坑口为圆形，剖面为筒状，底部略收，平底，坑底北侧有一半圆形浅坑（图 2－108A；图版一八，1、2）。口径 180、底径 160、深 240 厘米。坑内堆积仅一层，灰土，土质疏松，夹杂少量坍塌黄土及深灰色硬土块，坑内堆积与坑壁之间有淤层，北部浅坑堆积为颗粒较大的灰土，土质硬，出土大量陶片、少量兽骨及石块。

出土陶器 23 件，泥器 1 件，石器 10 件，骨器 4 件，蚌器 1 件。陶器器形可辨盆、钵、罐、瓶、甑、器盖、刀和圆陶片，泥器为盅，石器为刀、斧、锛、刮削器和纺轮，骨器为锥、笄和镞，蚌器为蚌饰。

陶钵　7 件。

标本 H375:5，可修复。泥质灰陶。敛口，圆唇，浅斜腹，平底。素面，抹光。口径 26、底径 11.6、高 12.3 厘米（图 2－108B）。

标本 H375:16，可修复。泥质灰陶。直口，圆唇，浅弧腹，平底。素面，抹光。口径 32、底径 17.6、高 16 厘米（图 2－108B）。

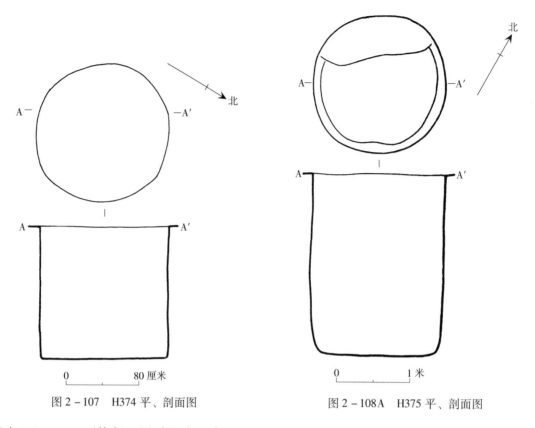

图 2 - 107　H374 平、剖面图　　　　　图 2 - 108A　H375 平、剖面图

标本 H375∶6，可修复。泥质红陶。直口，圆唇，弧腹，平底。素面，抹光。口径 16.8、底径 6.8、高 6.4 厘米（图 2 - 108B）。

标本 H375∶8，可修复。泥质灰陶。敛口，卷唇，弧腹，平底。素面，抹光。口径 14.6、底径 5 厘米（图 2 - 108C；图版四八，5）。

标本 H375∶12，可修复。泥质褐陶。敛口，厚圆唇，浅弧腹，平底。素面，抹光。口径 14.4、底径 24.8、高 9.6 厘米（图 2 - 108C；图版四八，6）。

标本 H375∶13，可修复。夹砂红陶。敛口，厚圆唇，鼓肩，弧腹，平底。素面。口径 29.6、底径 17.6、高 14 厘米（图 2 - 108C；图版五一，5）。

标本 H375∶20，可修复。泥质褐陶。敛口，窄沿上卷，圆唇，鼓肩，弧腹，平底。素面，抹光。口径 24、底径 9.6、高 13.2 厘米（图 2 - 108C；图版五一，6）。

陶瓶　1 件。

标本 H375∶14，可修复。泥质灰陶。侈口呈小喇叭状，高领，鼓肩，腰中部微内凹，底收为钝尖，肩腹有一对桥形耳。器表饰绳纹和抹弦纹。口径 5.2、高 41.2 厘米（图 2 - 108B；图三三，4）。

陶盆　6 件。根据形态可分为宽沿盆、窄沿盆和带流盆。

带流陶盆　1 件。

标本 H375∶18，可修复。泥质灰陶。敛口，鼓肩，弧腹，平底，一侧有一槽状流，上腹有一对鸡冠状器錾。素面，抹光。口径 40.4、底径 15.6、高 20 厘米（图 2 - 108C；图版三六，6）。

宽沿陶盆　3 件。

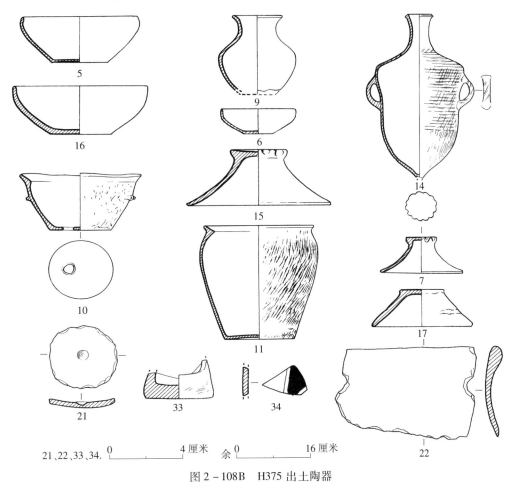

图 2 - 108B　H375 出土陶器

5、6、16. 钵　7、15、17. 器盖　9、11. 罐　10. 甑　14. 瓶　21. 圆陶片　22. 刀　33. 泥盅　34. 残陶片

标本 H375：1，可修复。泥质红陶。口微侈，宽沿上斜，圆唇，直腹，平底。素面，抹光。口径44.8、底径13.8 厘米（图 2 - 108C；图版三八，4）。

标本 H375：2，可修复。泥质红陶。敛口，宽沿斜折，圆唇，浅弧腹，平底。素面，器表有抹痕。口径49、底径25、高11.2 厘米（图 2 - 108C；图版三九，2）。

标本 H375：19，可修复。泥质灰陶。敛口，斜折沿，尖唇，浅弧腹，平底。器腹饰戳印纹，沿面和器底有四个圆形穿孔。口径52、底径26.8、高9.6 厘米（图 2 - 108C；图版三八，3）。

窄沿陶盆　2 件。

标本 H375：4，可修复。夹砂红陶。敛口，窄沿微上斜，圆唇，斜腹，平底。器表饰少量绳纹。口径16.8、底径4.2 厘米（图 2 - 108C；图版三九，4）。

标本 H375：3，可修复。泥质褐陶。口微敛，窄斜沿，圆唇，斜腹，平底。素面。口径32.8、底径18.4、高12 厘米（图 2 - 108C）。

陶罐　2 件。根据形态可分为鼓腹罐和小口圆腹罐。

鼓腹陶罐　1 件。

标本 H375：11，可修复。夹砂灰陶。敛口，斜沿，圆唇，上腹微鼓，底微凹。器表饰斜向绳纹。口径25.2、底径8.2、高15 厘米（图 2 - 108B）。

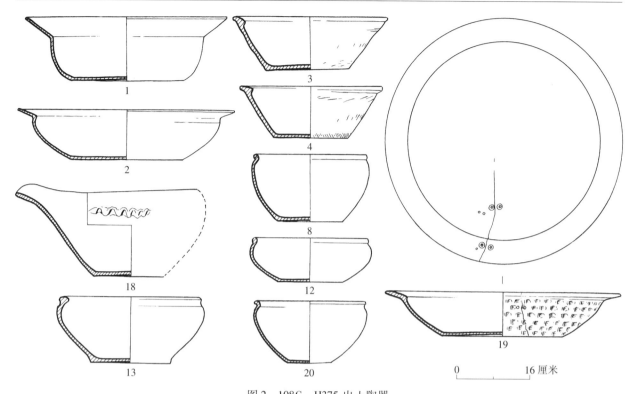

图 2 - 108C　H375 出土陶器
1 ~ 4、18、19. 盆　8、12、13、20. 钵

小口圆腹陶罐　1 件。

标本 H375：9，可修复。夹砂灰陶。侈口，圆唇，束颈，圆腹，平底。素面，抹光。口径
10.4、残高 20 厘米（图 2 - 108B；图版五八，5）。

陶甑　1 件。

标本 H375：10，可修复。泥质褐陶。敞口，斜侈沿，圆唇，弧腹，平底，上腹有一对鸡冠状
器鋬，底部有一圆形箅孔。素面，器表粗糙。口径 28、底径 14、高 14 厘米（图 2 - 108B；图版四
三，3、4）。

陶器盖　3 件。

标本 H375：15，可修复。夹砂褐陶。盖口外敞，弧腹，假圈足状捉手。素面，捉手有一周按
捺窝。口径 32.4、高 14 厘米（图 2 - 108B）。

标本 H375：17，可修复。夹砂褐陶。覆钵状，盖口外敞，斜腹，平顶。素面。口径 22.5、高
9.2 厘米（图 2 - 108B；图版六三，4）。

标本 H375：7，可修复。夹砂褐陶。盖口外敞，假圈足状捉手，弧腹，平顶。素面，捉手有一
周按捺窝。口径 19.6、高 9 厘米（图 2 - 108B）。

圆陶片　1 件。

标本 H375：21，系用盆、钵类残片打制而成。泥质红陶。圆饼状，边缘有打制痕迹，中有一
未穿钻窝。直径 3.8、厚 0.3 厘米（图 2 - 108B；图版七九，5）。

陶刀　1 件。

标本 H375：22，系用钵口沿打制而成。泥质灰陶。长条形，单面刃，两侧有打制缺口。长 8、

宽5.8、厚0.8厘米（图2－108B）。

残陶片　1件。

标本H375：34，泥质红陶。器表饰描白边黑彩三角图案。残长3.5厘米（图2－108B）。

泥盅　1件。

标本H375：33，捏制，未经烧制。口部已残，仅存底部，垂腹，平底。底径3.6、残高2.4厘米（图2－108B）。

石刀　4件。

标本H375：23，打制。长方形，双面刃，两侧有打制而成的缺口。长7.3、宽3.9、厚0.6厘米（图2－108D）。

标本H375：24，打制。长方形，双面刃，两侧有打制而成的缺口。长7.2、宽4.5、厚0.9厘米（图2－108D）。

标本H375：25，打制。长方形，双面刃，两侧有打制而成的缺口。长9、宽4.5、厚1.6厘米（图2－108D）。

标本H375：28，磨制。方形，器身扁平，双面弧刃。长5.4、宽4.1、厚0.8厘米（图2－108D）。

石刮削器　1件。

标本H375：26，打制，一面磨光，一面保留有打击痕。圆饼状，中间较厚，边缘较薄。直径4.3、厚1.3厘米（图2－108D）。

石纺轮　2件。

标本H375：27，通体磨制。圆饼状，断面为长方形，中部有一圆形穿孔。直径4.8、厚0.9厘米（图2－108D；图版一一〇，4）。

标本H375：32，通体磨制。由管钻石芯制成，圆饼状，断面上窄下宽，中部有一圆形穿孔。直径4.5、厚1.1厘米（图2－108D；图版一〇九，2）。

石锛　1件。

标本H375：29，磨制。窄长条形，单面刃，尾端已残，周缘及刃部有残损。残长7.2、宽5、厚1.6厘米（图2－108D）。

石斧　1件。

标本H375：30，磨制。长条形，双面弧刃，周缘有残损。长9.2、宽4.4、厚2厘米（图2－108D）。

残石器　1件。

标本H375：31，磨制。已残，器形不明。仅存顶端，方形，器身扁平。残长5.2、残宽6.4、厚1.4厘米（图2－108D）。

骨锥　2件。

标本H375：35，器身为三棱状，一端留有骨节，一端尖锐。长17.6厘米（图2－108E）。

标本H375：36，器身宽扁，一端圆钝，一端尖锐。长9.2厘米（图2－108E）。

骨笄　1件。

标本H375：37，器身近"T"字形，一端宽平，一端尖锐。长10.8厘米（图2－108E）。

骨镞　1件。

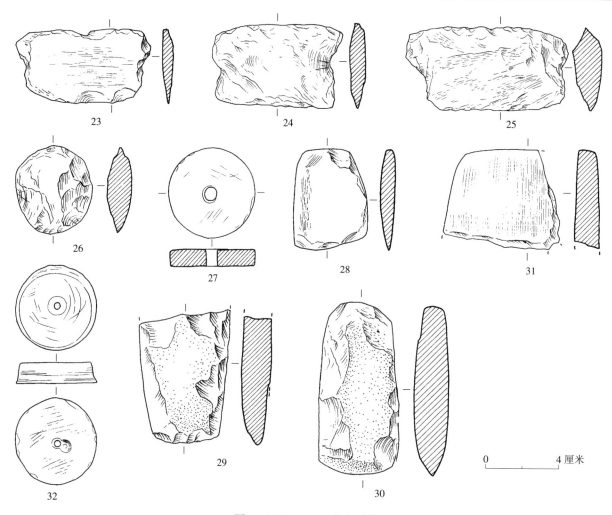

图 2 - 108D　H375 出土石器

23~25、28. 刀　26. 刮削器　27、32. 纺轮　29. 锛　30. 斧　31. 残石器

标本 H375：38，锋部为梭状，断面为半圆形，顶端尖锐。长 5.6 厘米（图 2 - 108E）。

蚌饰　1 件。

标本 H375：39，器身为扁平方形，一端有一圆形穿孔。长 3.7 厘米（图 2 - 108E）。

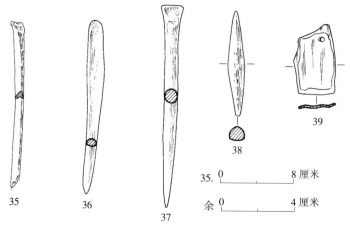

图 2 - 108E　H375 出土骨、蚌器

35、36. 骨锥　37. 骨笄　38. 骨镞　39. 蚌饰

129. H382

位于 2010LXⅠT0115 南部，开口①层下，被 H359 打破，打破 G31，南部压于隔梁之下。坑口为圆形，剖面为筒状，口底等大，平底（图 2 – 109）。口径 155、深 40 厘米。坑内堆积仅一层，灰土，土质疏松，含大量草木灰及炭屑，出土有陶片等。

130. H383

位于 2010LXⅡT0113 西北部，开口①层下。坑口为椭圆形，剖面为筒状，口大底小，平底（图 2 – 110）。口径 140 ~ 180、底径 110 ~ 150、深 150 厘米。坑内堆积仅一层，灰土，土质硬，出土少量陶片及陶环、陶瓶、圆陶片（图版七九，4）、骨笄各 1 件。

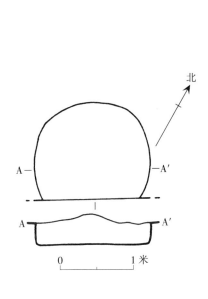

图 2 – 109 H382 平、剖面图

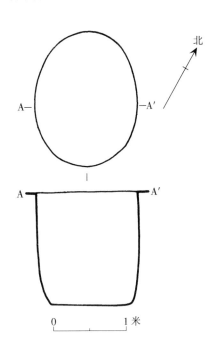

图 2 – 110 H383 平、剖面图

131. H390

位于 2010LXⅠT0116 南壁东部，开口②层下，南部压于隔梁之下。坑口为圆形，剖面为筒状，口大底小，底不平，西侧有一台阶（图 2 – 111A）。口径 206、底径 186、深 60 厘米。坑内堆积仅一层，灰土，土质疏松，出土有陶片等。

出土陶器 5 件，器形可辨瓶、盆和瓮。石器 3 件，有锤、凿和石饼。骨器 1 件，为锥。

陶瓶 2 件。

标本 H390：2，仅存口部。泥质红陶。直口，平唇。口径 7、残高 3.4 厘米（图 2 – 111B）。

标本 H390：3，仅存口部。泥质灰陶。侈口，方唇，束颈。器表饰数周弦纹，颈部贴附有一对圆泥饼。口径 9.6、

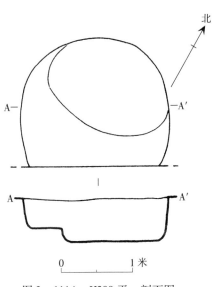

图 2 – 111A H390 平、剖面图

残高 18.4 厘米（图 2 - 111B）。

陶盆　2 件。均为宽沿盆。

标本 H390：4，仅存口及上腹。泥质红陶。敛口，宽折沿，圆唇，弧腹。素面。口径 46、残高 6.4 厘米（图 2 - 111B）。

标本 H390：1，仅存部分口及上腹。泥质灰陶。敛口，宽折沿，尖唇，弧腹。素面，有抹痕。残高 6 厘米（图 2 - 111B）。

陶瓮　1 件。

标本 H390：5，可修复。夹砂灰陶。敛口，圆唇外叠，斜腹，平底。口沿上有一周附加堆纹，器表饰绳纹，缠绕 16 周附加堆纹。口径 42.4、底径 23.2、高 52 厘米（图 2 - 111B；图版五九，4）。

石饼　1 件。

标本 H390：6，磨制。椭圆形，中间较厚，一侧为双面弧刃。直径 9.3 ~ 11、厚 2.5 厘米（图 2 - 111B）。

石锤　1 件。

标本 H390：7，粗磨。器身厚重，方柱状，周缘有残损。残长 9.6、宽 4.4、厚 3.5 厘米（图 2 - 111B）。

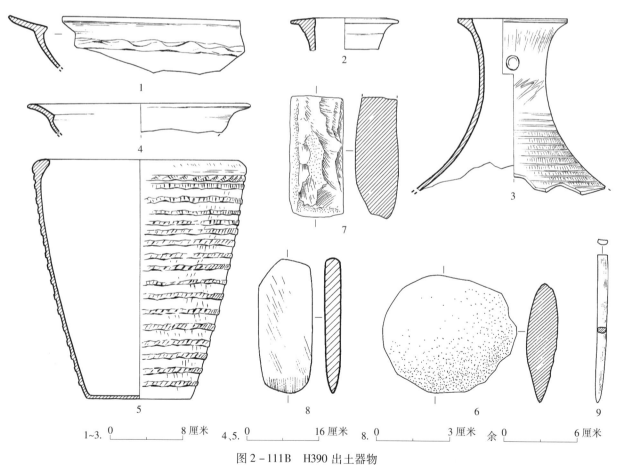

图 2 - 111B　H390 出土器物

1、4. 陶盆　2、3. 陶瓶　5. 陶瓮　6. 石饼　7. 石锤　8. 石凿　9. 骨锥

石凿 1件。

标本 H390：8，磨制。窄条形，器身扁平，一端有双面刃。长 5.3、宽 2.3、厚 0.6 厘米（图 2－111B）。

骨锥 1件。

标本 H390：9，器身扁平，一端尖锐，另一端宽平。长 11.8 厘米（图 2－111B）。

132. H397

位于 2010LX Ⅰ T0213 东北部，开口 G33 下。坑口为椭圆形，剖面为筒状，口大底小，平底（图 2－112 左）。口径 134～220、底径 110～198、深 200 厘米。坑内堆积仅一层，灰土，土质疏松，出土少量陶片。

133. H398

位于 2010LX Ⅰ T0213 西北部，开口 G33 下。坑口为圆形，剖面为筒状，口大底小，平底（图 2－112 右）。口径 160、底径 140、深 100 厘米。坑内堆积仅一层，灰土，土质疏松，含草木灰及炭屑，出土少量陶片。

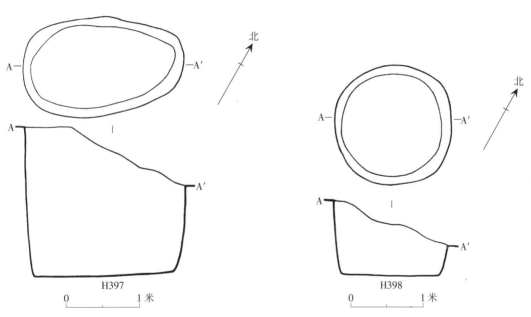

图 2－112 H397、H398 平、剖面图

134. H399

位于 2010LX Ⅰ T0213 东南部，开口 G33 下，部分压于东隔梁之下。坑口为椭圆形，剖面为筒状，口大底小，南壁有三级台阶，平底（图 2－113A）。口径 320～390、底径 200～290、深 300 厘米。坑内堆积仅一层，深灰土，土质硬，出土有陶片等。

出土陶器 11件，石器 4件。陶器器形可辨钵、瓶、盆、罐、瓮和器盖，石器为刀、斧和铲。

陶钵 3件。

标本 H399：1，可修复。泥质红陶。敛口，尖唇，鼓肩，斜腹，平底。素面。口径 28、底径 12、高 14.4 厘米（图 2－113B；图版五○，4）。

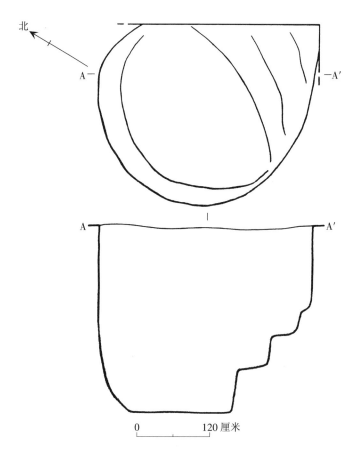

图2-113A　H399平、剖面图

标本 H399:2，可修复。泥质红陶。口微敛，圆唇，口内有一凸棱，弧腹，凹底。素面。口径14、底径6.9、高7.4厘米（图2-113B）。

标本 H399:7，仅存口部。泥质红陶。口微敛，尖圆唇，腹微鼓。素面。残高5厘米（图2-113B）。

陶瓶　1件。

标本 H399:6，仅存口部。泥质红陶。平唇口，沿微斜，口内有折棱，直领。口下贴附有小泥饼。口径9、残高4厘米（图2-113B）。

陶盆　3件。根据形态可分为宽沿盆和窄沿盆。

宽沿陶盆　2件。

标本 H399:9，仅存口及腹部。泥质红陶。敛口，宽平沿，尖唇，斜腹。素面。残高6厘米（图2-113B）。

标本 H399:4，仅存口及腹部。泥质红陶。口微敛，平折沿，尖圆唇，弧腹。素面，抹光。残高5.4厘米（图2-113B）。

窄沿陶盆　1件。

标本 H399:10，仅存口及腹部。泥质红陶。敛口，平沿外折，方唇，深弧腹，上腹有一鸡冠状器鋬。素面。残高7厘米（图2-113B）。

陶罐　2件。均为鼓腹罐。

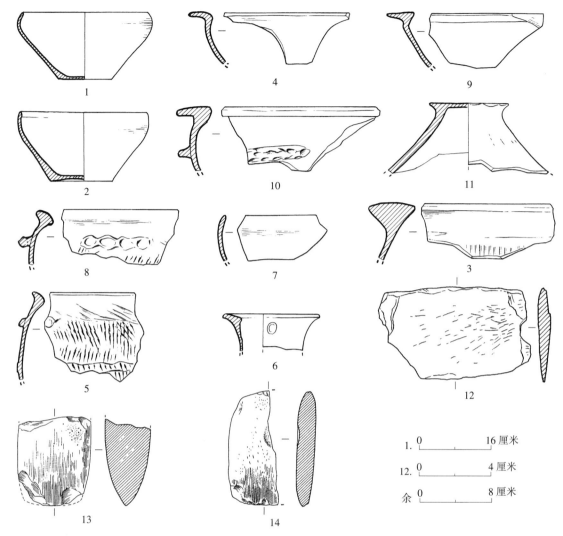

图 2 - 113B　H399 出土器物

1、2、7. 陶钵　3. 陶瓮　4、9、10. 陶盆　5、8. 陶罐　6. 陶瓶　11. 陶器盖　12. 石刀　13. 石斧　14. 石铲

标本 H399:5，仅存口及上腹。夹砂红陶。敛口，短沿微上斜，尖唇，上腹微鼓。器表饰斜向绳纹和附加堆纹。残高 9.8 厘米（图 2 - 113B）。

标本 H399:8，仅存口部。夹砂灰陶。敛口，短沿微上斜，圆唇，上腹外鼓，有一鸡冠状器鋬。器表饰斜向绳纹。残高 6 厘米（图 2 - 113B）。

陶瓮　1 件。

标本 H399:3，仅存口部。夹砂红陶。敛口，沿外折，沿面圆鼓，圆唇。口下饰竖向绳纹。残高 6 厘米（图 2 - 113B）。

陶器盖　1 件。

标本 H399:11，仅存顶部。夹砂红陶。盖口外敞，捉手微外撇，平顶。素面，器表有抹痕。残高 7.6 厘米（图 2 - 113B）。

石刀　1 件。

标本 H399:12，打制。长方形，单面刃，两侧有打制而成的缺口。长 8.5、宽 5、厚 0.7 厘米（图 2 - 113B）。

石斧　1 件。

标本 H399：13，磨制。器身厚重，长方形，双面刃，一端已残，刃缘略有残损。残长 9.5、宽 8.3、厚 5 厘米（图 2 – 113B）。

石铲　2 件。

标本 H399：14，磨制。器身扁平，长条形，双面刃，一侧已残，中部有钻而未穿形成的凹窝。长 12.2、残宽 5.7、厚 2 厘米（图 2 – 113B）。

标本 H399：15，通体磨光。器体较宽扁，近长方形，但刃端残缺一角，近柄端有一对钻小孔。长 12.2、宽 5.7、厚 2 厘米（图版九四，1）。

135. H400

位于 2010LXⅠT0213 中部偏东，开口 G33 下。坑口为椭圆形，剖面为筒状，口大底小，平底（图 2 – 114）。口径 224～308、底径 190～260、深 50 厘米。坑内堆积仅一层，灰土，土质硬，出土少量陶片。

136. H402

位于 2010LXⅠT0214 中部偏北，开口①层下，打破 H403。坑口为圆形，剖面为筒状，口大底小，平底（图 2 – 115A）。口径 240、底径 180、深 172 厘米。坑内堆积仅一层，灰土，土质疏松，出土大量陶片、少量兽骨及石块。

出土陶器 12 件，泥器 1 件，石器 8 件，骨器 9 件。陶器器形可辨钵、瓶、盆、罐、瓮、器盖、鼎足、珠和纺轮，泥器为盅，石器为刀、砺石和球，骨器为锥和镞。

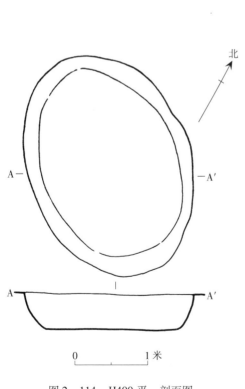

图 2 – 114　H400 平、剖面图

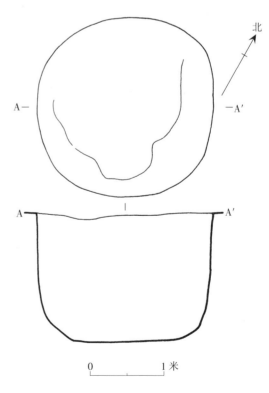

图 2 – 115A　H402 平、剖面图

陶钵　1 件。

标本 H402：6，仅存口及腹部。泥质灰陶。直口，尖圆唇，弧腹。素面。残高 9 厘米（图 2 – 115B）。

陶瓶　3 件。

标本 H402：1，口部已残，仅存腹及底部。泥质红陶。斜直腹，两侧各有一桥形耳，平底。素面，抹光，下腹有一周浅凹槽。底径 10、残高 19 厘米（图 2 – 115B）。

标本 H402：3，仅存口部。泥质灰陶。敞口呈喇叭状，直高领。颈部饰细密线纹。口径 8.8、残高 11.4 厘米（图 2 – 115B）。

标本 H402：4，仅存口部。泥质褐陶。直口，直颈呈管状。颈中部有一周戳印。口径 4、残高 7.4 厘米（图 2 – 115B）。

陶盆　1 件。

标本 H402：2，可修复。夹砂红陶。敛口，厚圆唇，弧腹，腹两侧各有一鸡冠状器鋬，平底。素面，器表较粗糙，唇下有一周附加堆纹。口径 23.2、底径 11.6、高 13.6 厘米（图 2 – 115B；图版四一，5）。

陶罐　2 件。均为鼓腹罐。

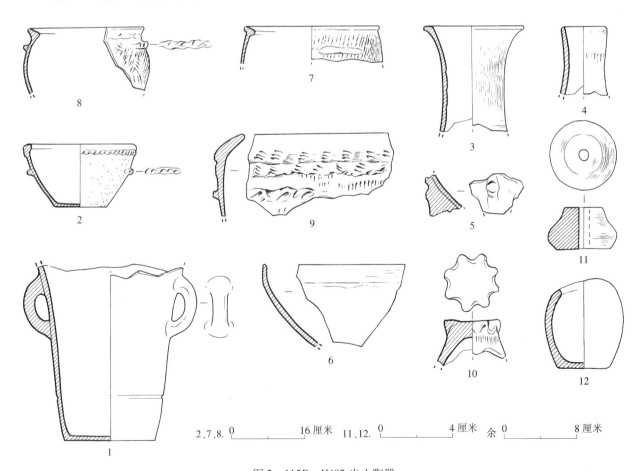

图 2 – 115B　H402 出土陶器

1、3、4. 瓶　2. 盆　5. 鼎足　6. 钵　7、8. 罐　9. 瓮　10. 器盖　11. 珠　12. 泥盅

标本 H402：7，仅存口及上腹。夹砂灰陶。敛口，短沿微斜，圆唇，上腹微鼓，有一附加器鋬，已脱落。器表饰斜向绳纹。口径 28、残高 8 厘米（图 2 - 115B）。

标本 H402：8，仅存口及上腹。夹砂灰陶。敛口，窄斜沿，尖圆唇，鼓腹，口下有一鸡冠状器鋬。腹饰交错绳纹。口径 24、残高 14 厘米（图 2 - 115B）。

陶瓮　1 件。

标本 H402：9，仅存口及上腹。夹砂灰陶。敛口，圆唇外叠，上腹较直，有一鸡冠状器鋬。唇面抹光，唇下有一周附加堆纹，器表饰竖向绳纹。残高 9 厘米（图 2 - 115B）。

陶器盖　1 件。

标本 H402：10，仅存顶部。夹砂红陶。假圈足状捉手，有一周按捺窝。残高 5 厘米（图 2 - 115B）。

陶鼎足　1 件。

标本 H402：5，仅存足根部。夹砂灰陶。弧腹，下横装柱状鼎足。足根部有扉棱，其上有按捺窝。残高 4.4 厘米（图 2 - 115B）。

陶珠　1 件。

标本 H402：11，泥质红陶。断面上窄下宽，底部圆鼓，中部有一圆形穿孔。直径 3.7、高 2.2 厘米（图 2 - 115B）。

泥盅　1 件。

标本 H402：12，捏制，未经烧制。敛口，口部不周正，圆鼓腹，平底。底径 2.4、高 4.8 厘米（图 2 - 115B）。

石刀　2 件。

标本 H402：13，打制。长方形，双面刃，两侧有打制而成的缺口。长 8.4、宽 6.1、厚 1.5 厘米（图 2 - 115C）。

标本 H402：14，打制。长方形，双面刃，两侧有打制而成的缺口。长 8.7、宽 5.1、厚 2 厘米（图 2 - 115C）。

砺石　1 件。

标本 H402：15，细砂岩。近椭圆形，一端略窄，表面有三道因磨制而形成的凹槽。长 7.2、宽 5.5、厚 3.6 厘米（图 2 - 115C）。

石球　5 件（图版一一五，2）。

标本 H402：25，完整。椭球形，表面有磕豁。长径 6.1、短径 5.3 厘米。

标本 H402：26，完整。椭球形，表面有磕豁。长径 5.1、短径 3.9 厘米。

标本 H402：27，完整。球形，表面略有磕豁。直径 5.2 厘米。

标本 H402：28，较完整。球形，表面有坑疤。直径 3.8 厘米。

标本 H402：29，较完整。不规则球形，表面有坑疤。长径 4.2、短径 3.4 厘米。

骨锥　7 件。

标本 H402：16，器身为柱状，一端圆钝，一端尖锐。长 14.2 厘米（图 2 - 115C）。

标本 H402：17，器身较扁，一端宽平，一端尖锐。长 10.7 厘米（图 2 - 115C）。

标本 H402∶18，器身为柱状，一端较平，一端微弯，尖锐。长 7.9 厘米（图 2 – 115C）。

标本 H402∶19，器身三棱状，两端均较尖锐。长 12.8 厘米（图 2 – 115C）。

标本 H402∶20，器身扁平，一端宽扁，一端尖锐。长 9.3 厘米（图 2 – 115C）。

标本 H402∶21，器身宽扁，一端留有骨节，一端尖锐。长 8 厘米（图 2 – 115C）。

标本 H402∶22，器身宽扁，一端已残，一端尖锐。残长 6.1 厘米（图 2 – 115C）。

骨镞　2 件。

标本 H402∶23，锋部为圆柱状，顶部尖锐，铤部细短。长 7.7 厘米（图 2 – 115C）。

标本 H402∶24，锋部为三棱状，顶部已残，铤部细长。残长 6 厘米（图 2 – 115C）。

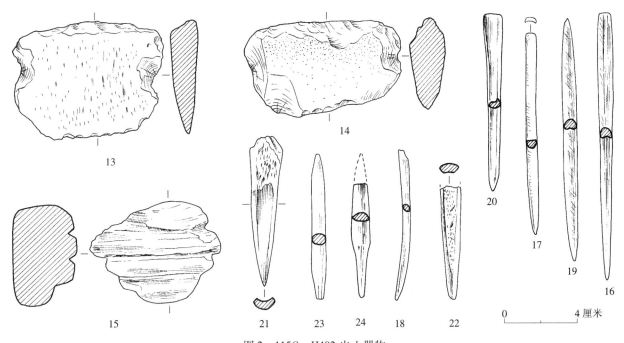

图 2 – 115C　H402 出土器物

13、14. 石刀　15. 砺石　16 ~ 22. 骨锥　23、24. 骨镞

137. H403

位于 2010LXⅠT0214 北部偏西，开口①层下，被 H402 打破。坑口为圆形，剖面为筒状，口大底小，平底（图 2 – 116A）。口径 200、底径 158、深 150 厘米。坑内堆积仅一层，黄灰土，土质硬，出土少量陶片及兽骨。

出土陶器 6 件，泥器 1 件，石器 3 件。陶器器形可辨钵、盆、罐、刀和锉，泥器为蛊，石器为刀和球。

陶钵　1 件。

标本 H403∶3，仅存口及上腹。泥质红陶。敛口，方唇，鼓肩，斜腹。素面。口径 25.2、残高 5.4 厘米（图 2 – 116B）。

陶盆　1 件。

标本 H403∶4，仅存口及上腹。泥质红陶。敛口，宽平沿，圆唇，斜腹。素面，沿面有刻划符号。残高 6 厘米（图 2 – 116B）。

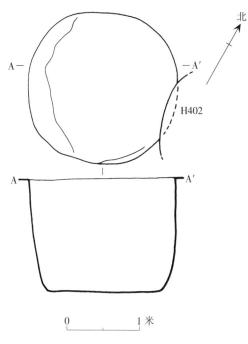

图 2 – 116A　H403 平、剖面图

陶罐　2 件。均为鼓腹罐。

标本 H403：1，仅存口部。夹砂红陶。敛口，短斜沿，圆唇，上腹微鼓，有一鸡冠状器鋬。器表饰斜向篮纹。残高 7.6 厘米（图 2 – 116B）。

标本 H403：2，仅存口及上腹。夹砂红陶。敛口，斜沿，圆唇，鼓腹。上腹有一周附加堆纹。口径 17、残高 10.4 厘米（图 2 – 116B）。

陶刀　1 件。

标本 H403：5，系用尖底瓶残片打制而成。泥质红陶。长方形，双面刃，两侧有打制而成的缺口。长 8.8、宽 0.8、厚 0.5 厘米（图 2 – 116B）。

陶锉　1 件。

标本 H403：6，泥质红陶。长条形，一端微残，表面布满细密粗糙的麻点。残长 13、宽 3.7、厚 1.5 厘米（图 2 – 116B；图版八〇，1）。

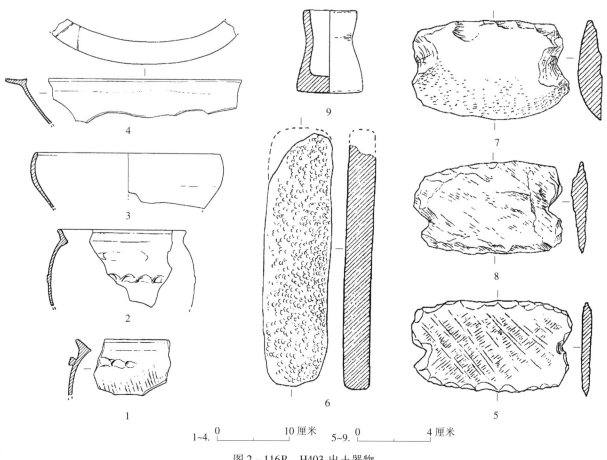

图 2 – 116B　H403 出土器物

1、2. 陶罐　3. 陶钵　4. 陶盆　5. 陶刀　6. 陶锉　7、8. 石刀　9. 泥盅

泥盅 1件。

标本 H403:9，捏制，未经烧制。直口微侈，上腹较直，下腹外斜，平底。口径2.3、底径3.6、高4.4厘米（图2-116B）。

石刀 2件。

标本 H403:7，打制。长方形，双面刃，两侧有打制而成的缺口。长8.6、宽5.2、厚1.4厘米（图2-116B）。

标本 H403:8，打制。长方形，双面刃，两侧有打制而成的缺口。长8.1、宽4.9、厚0.9厘米（图2-116B）。

石球 1件。

标本 H403:10，较完整。不规则球形，表面有磕豁。长径3.8、短径3.6厘米。

138. H406

位于2010LX Ⅱ T0115西部，开口①层下，被H254打破，打破G24，部分压于隔梁之下。坑口为圆形，东壁外扩呈袋状，平底（图2-117）。口径270、底径240、深180厘米。坑内堆积仅一层，黄灰土，土质硬，含少量红烧土块，出土少量陶片。

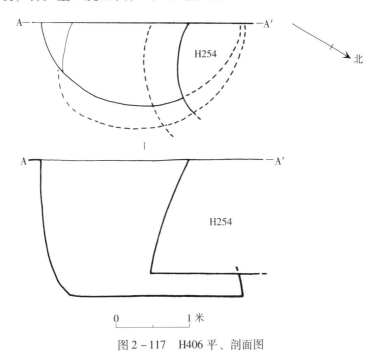

图2-117 H406平、剖面图

三 圆形（椭圆形）袋状

共清理167个。坑口为圆形或椭圆形，剖面为口小底大的袋状。现依次介绍如下。

1. H5

位于2009LX Ⅰ T0303西北部，开口①层下，打破H6。坑口为圆形，剖面为袋状，平底。坑口周边有5个小浅坑，其中3个较大，坑底亦发现3处小浅坑（图2-118A；图版一七，2）。口径160、底径172、深40厘米。坑内堆积仅一层，灰土，土质疏松，出土有陶片及少量螺壳、兽骨。

出土陶器1件，骨器2件。陶器为钵，骨器为锥。

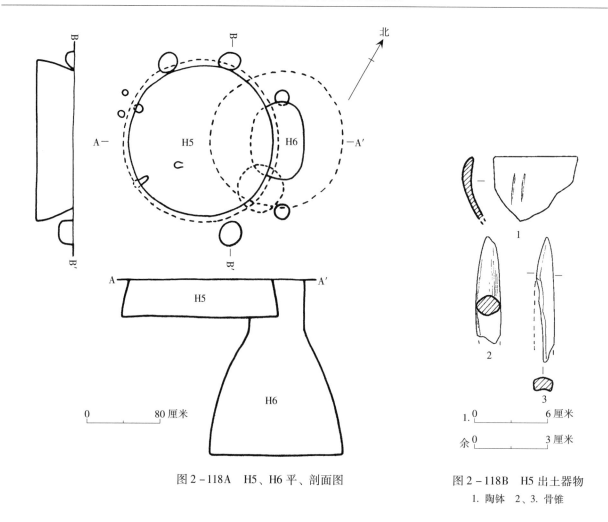

图 2 - 118A　H5、H6 平、剖面图　　　　　　图 2 - 118B　H5 出土器物
　　　　　　　　　　　　　　　　　　　　　　　　1. 陶钵　2、3. 骨锥

陶钵　1 件。

标本 H5：1，仅存口部。泥质红陶。敛口，圆唇，鼓肩。素面，器表有两道竖向划痕。残高 5.2 厘米（图 2 - 118B；图版七二，1）。

骨锥　2 件。

标本 H5：2，磨制。一端已残，仅存尖部。残长 4.3 厘米（图 2 - 118B）。

标本 H5：3，磨制。仅存尖部。残长 5 厘米（图 2 - 118B）。

2. H6

位于 2009LXⅠT0303 西北部，开口①层下，被 H5 打破。坑口近椭圆形，南、北两侧各有一个对称分布的小浅坑，剖面上部较直，下部为袋状，平底（见图 2 - 118A）。口径 56 ~ 82、底径 146、深 184 厘米。坑内堆积仅一层，灰土，土质疏松，坑壁上部经火烧呈红色，出土有陶片及少量螺壳、兽骨。

出土陶器 5 件，泥器 1 件。陶器器形可辨罐、盆、钵、缸和刀，泥器为盅。

陶钵　1 件。

标本 H6：1，底部残。泥质红陶。敛口，尖唇，弧腹。素面。口径 20.8、残高 7.6 厘米（图 2 - 118C）。

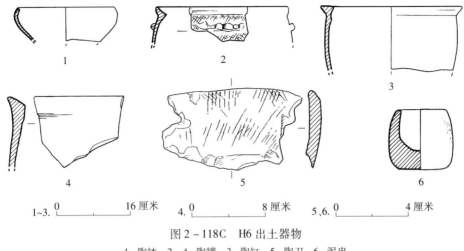

图 2 – 118C　H6 出土器物

1. 陶钵　2、4. 陶罐　3. 陶缸　5. 陶刀　6. 泥盅

陶罐　2 件。

标本 H6：2，仅存部分口及腹部。夹砂红陶。敛口，斜折沿，尖唇，腹微鼓，上腹有双鋬。器表饰交错绳纹。口径 28、残高 7.2 厘米（图 2 – 118C）。

标本 H6：4，仅存部分口部。夹砂红陶。敛口，尖唇，腹微鼓。素面。残高 7.4 厘米（图 2 – 118C）。

陶缸　1 件。

标本 H6：3，底部残。夹砂灰陶。敛口，窄平沿，腹较直。素面。口径 27.2、残高 14 厘米（图 2 – 118C）。

陶刀　1 件。

标本 H6：5，系用尖底瓶残片打制而成。泥质红陶。长方形，单面刃，两侧有打制而成的缺口。器表有细密线纹。长 7.7、宽 4.5、厚 0.7 厘米（图 2 – 118C）。

泥盅　1 件。

标本 H6：6，捏制而成，未经烧制。口微敛，直腹，厚平底。口径 2.2、底径 2.3、高 3.1 厘米（图 2 – 118C）。

3. H12

位于 2009LXⅠT0303 西北部，开口①层下。坑口为圆形，剖面为袋状，平底（图 2 – 119A；图版一九，1）。口径 180、底径 238、深 230 厘米。坑内堆积仅一层，灰土；坑壁偏西近底部有一小龛，出土三具孩童尸骨，已零散不全，似经肢解，其中一块椎骨上留有贯穿椎骨的骨锥（图版一九，2、3）；出土大量陶片及少量兽骨、螺壳和石块。

出土陶器 14 件，玉器、石器各 1 件，骨器 5 件。陶器器形可辨钵、瓶、罐、盆、瓮、器流、杯和刀，玉器为笄，石器为锤，骨器为锥和镞。

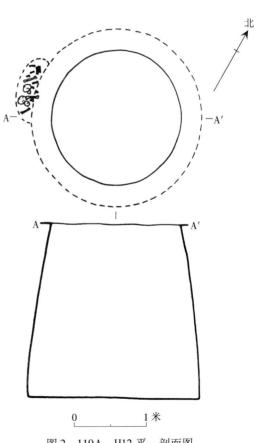

图 2 – 119A　H12 平、剖面图

陶钵　3件。

标本H12:1，可修复。夹砂褐陶。直口，圆唇，弧腹，平底。素面。口径22.8、底径9.6、高11.2厘米（图2-119B）。

标本H12:3，可修复。泥质红陶。敞口，尖圆唇，弧腹，平底。素面。口径12、底径5、高6.4厘米（图2-119B；图版四九，1）。

标本H12:4，仅存口及腹部。夹砂灰陶。直口，圆唇，弧腹。素面。口径26.4、残高8厘米（图2-119B）。

陶瓶　1件。

标本H12:8，口、底均残，仅存腹部。泥质灰陶。腹上部较直，下部弧收。器表上部饰横向篮纹，下部饰斜向篮纹。残高17.2厘米（图2-119B）。

陶盆　1件。

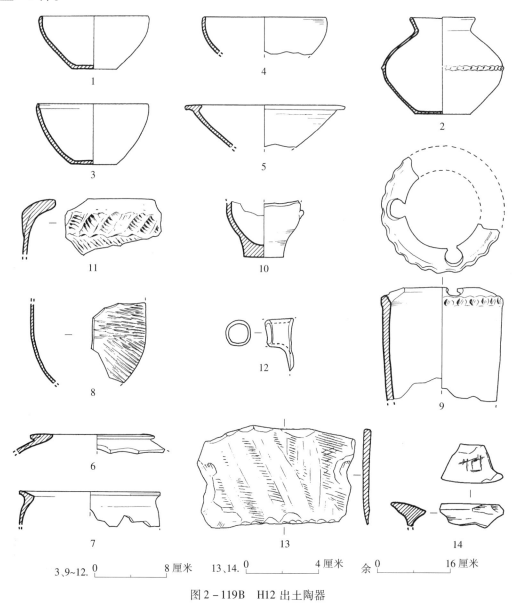

图2-119B　H12出土陶器

1、3、4. 钵　2、7、9. 罐　5. 盆　6、11. 瓮　8. 瓶　10. 杯　12. 残器流　13. 刀　14. 残陶片

标本 H12:5，仅存口及腹部。泥质灰陶。敛口，宽平沿，圆唇，斜腹。素面。口径 28、残高 9.6 厘米（图 2－119B）。

陶罐　共 3 件。根据形态可以分为小口圆腹罐、直腹罐和鼓腹罐。

小口圆腹陶罐　1 件。

标本 H12:2，可修复。夹砂灰陶。小口微侈，圆唇，束颈，圆腹，平底。素面，腹部有一周附加堆纹。口径 12.8、底径 12、高 20.8 厘米（图 2－119B；图版五七，2）。

直腹陶罐　1 件。

标本 H12:9，仅存口及腹部。泥质灰陶。敛口，沿内折，直腹。素面，口腹相接处有一周按捺窝，沿面近口部残存两个圆孔。口径 8.4、残高 12.2 厘米（图 2－119B）。

鼓腹陶罐　1 件。

标本 H12:7，仅存口及上腹。泥质灰陶。敛口，斜折沿，方唇，上腹较直。素面。口径 29.6、残高 7.6 厘米（图 2－119B）。

陶瓮　共 2 件。根据形态可以分为叠唇瓮和平沿瓮。

叠唇陶瓮　1 件。

标本 H12:11，仅存口部。夹砂灰陶。敛口，圆唇外叠，腹较直。口下有一周附加堆纹，器表饰斜向绳纹。残高 6 厘米（图 2－119B）。

平沿陶瓮　1 件。

标本 H12:6，仅存口部。夹砂红陶，器表有红色陶衣。敛口，窄平沿外折，腹外鼓。素面。口径 20、残高 4.4 厘米（图 2－119B）。

陶杯　1 件。

标本 H12:10，仅存底部。泥质红陶。弧腹，下收为小平底。素面。底径 4.4、残高 6 厘米（图 2－119B）。

陶器流　1 件。

标本 H12:12，为盆、罐类器物流部。泥质灰陶，器表有红色陶衣。管状流。素面。孔径 2、残长 5.7 厘米（图 2－119B）。

陶刀　1 件。

标本 H12:13，系用瓶类残片打制而成。泥质红陶。长方形，双面刃，两侧有缺口。器表有抹弦纹和细密线纹。长 8.8、宽 5.5、厚 0.5 厘米（图 2－119B）。

残陶片　1 件。

标本 H12:14，为盆类口沿。泥质灰陶。沿面有刻划痕。残高 2.4 厘米（图 2－119B）。

石锤　1 件。

标本 H12:15，磨制。长条状，一端已残，另一端有部分残损。器表有磨痕。残长 11.7、宽 7.1、厚 4.3 厘米（图 2－119C）。

骨锥　3 件（图版一二八，1）。

标本 H12:16，两端均尖锐。长 10.1 厘米（图 2－119C）。

标本 H12:17，一端已残，一端尖锐。残长 9.8 厘米（图 2－119C）。

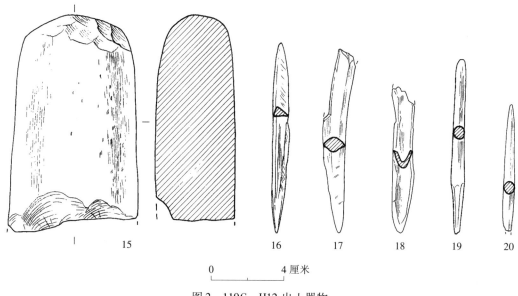

图 2-119C　H12 出土器物

15. 石锤　16~18. 骨锥　19、20. 骨镞

标本 H12:18，一端已残，一端尖锐。残长 7.8 厘米（图 2-119C）。

骨镞　2 件。

标本 H12:19，锋部断面为柱状。长 9.3 厘米（图 2-119C）。

标本 H12:20，锋部锐利，断面为柱状，铤部已残。残长 6.8 厘米（图 2-119C）。

4. H13

位于 2009LXⅠT0304 南部，开口①层下，打破 G8。坑口为圆形，剖面为袋状，平底（图 2-120）。口径 180、底径 200、深 70 厘米。坑内堆积仅一层，浅灰土，土质疏松，出土少量陶片和石刀、石球各 1 件。

出土陶器仅有瓶，石器有刀和球。

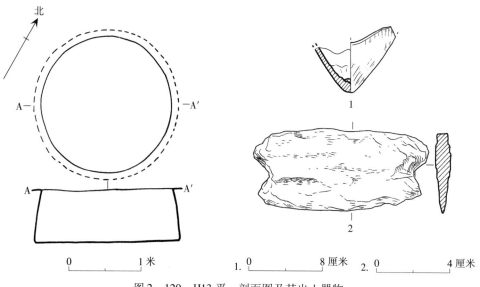

图 2-120　H13 平、剖面图及其出土器物

1. 陶瓶　2. 石刀

陶瓶　1 件。

标本 H13∶1，仅存底部。泥质灰陶。底呈锐尖状。器表饰斜向篮纹，内有泥条盘筑痕迹。残高 7.2 厘米（图 2－120）。

石刀　1 件。

标本 H13∶2，打制。长方形，单面刃，两侧有打制而成的缺口。长 9.5、宽 4.5、厚 0.8 厘米（图 2－120；图版一〇一，5）。

石球　1 件。

标本 H13∶3，完整。球形，表面有坑疤。直径 3.5 厘米。

5. H16

位于 2009LXⅠT0304 东北角，开口①层下。坑口为圆形，剖面为袋状，平底。口径 180、底径 190、深 40 厘米。坑内堆积仅一层，浅灰土，土质疏松，出土少量陶片（图版七二，5）。

6. H17

位于 2009LXⅠT0502 中部偏北，开口①层下。坑口为圆形，为上、下两坑子母相套结构；上坑为袋状，平底，口径 120、底径 234、深 196 厘米；下坑亦为袋状，平底，口径 70、底径 228、深 210 厘米（图 2－121A；图版二〇，1）。上坑堆积仅一层，灰土，土质较硬；下坑堆积仅一层，深灰土，土质疏松；出土大量陶片及少量兽骨、螺壳和石块。

出土陶器 14 件，玉器 1 件，石器 2 件，蚌器 1 件。陶器器形可辨瓶、钵、罐、瓮、缸、甑、器盖、漏斗和环，玉器为笄，石器为刀，蚌器为蚌饰。

陶钵　1 件。

标本 H17∶8，仅存口及腹部。泥质红陶。口微敛，尖圆唇，上腹较直，下腹斜收。素面，器表有抹痕。残高 6.4 厘米（图 2－121B）。

陶瓶　4 件。

标本 H17∶4，仅存口部。泥质红陶。口微敛，唇面微凸，由重唇口退化而来，直领。素面。口径 5.6、残高 5 厘米（图 2－121B）。

标本 H17∶11，仅存口部。泥质红陶。平唇口，口内有折棱，直领。素面，颈部贴附有小泥饼。口径 9、残高 5.6 厘米（图 2－121B）。

图 2－121A　H17 平、剖面图

标本 H17：5，仅存底部。泥质红陶。底呈锐尖状。器表有细密的线纹。残高9厘米（图2 – 121B）。

标本 H17：9，仅存底部。泥质褐陶。钝尖底，下收为一小圆纽。器表饰横向篮纹。残高20厘米（图2 – 121B）。

陶罐　1件。

标本 H17：3，仅存口部。夹砂红陶。敛口，窄沿上斜，尖圆唇，腹外鼓。器表饰交错绳纹。残高7厘米（图2 – 121B）。

陶瓮　1件。

标本 H17：12，仅存口及上腹。夹砂红陶。敛口，圆唇外叠，上腹斜收，口下有一对鸡冠状器鋬。器表饰多周附加堆纹。口径36、残高14厘米（图2 – 121B）。

陶缸　2件。均为平沿缸。

标本 H17：1，可修复。夹砂灰陶。敛口，平沿微上斜，圆唇，上腹微鼓，下腹斜收，平底微

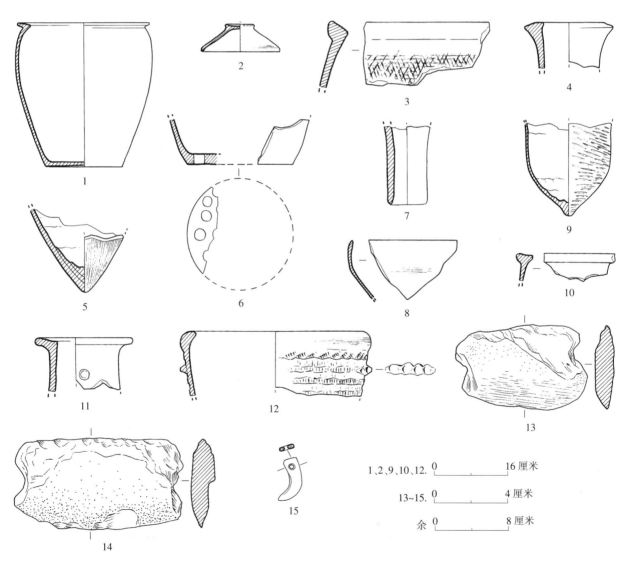

图2 – 121B　H17 出土器物

1、10. 陶缸　2. 陶器盖　3. 陶罐　4、5、9、11. 陶瓶　6. 陶甑　7. 陶漏斗　8. 陶钵　12. 陶瓮　13、14. 石刀　15. 蚌饰

凹。素面。口径 28.4、底径 16.8、高 31.2 厘米（图 2 - 121B）。

标本 H17：10，仅存口部。泥质灰陶。敛口，窄平沿，沿面微凹，圆唇。素面。残高 6 厘米（图 2 - 121B）。

陶甑　1 件。

标本 H17：6，仅存底部。泥质红陶。斜腹，平底，底部有圆形箅孔。素面。底径 12、残高 4.8 厘米（图 2 - 121B）。

陶器盖　1 件。

标本 H17：2，可修复。泥质红陶。盖口外敞，斜腹，假圈足状捉手。素面。口径 17.2、高 6 厘米（图 2 - 121B）。

陶漏斗　1 件。

标本 H17：7，上部已残，仅存流部。泥质褐陶。流为管状。素面。口径 4、残高 8.6 厘米（图 2 - 121B）。

玉笄　1 件。

标本 H17：16，绿墨玉。柱状，两端皆残。残长 7.1 厘米。

石刀　2 件。

标本 H17：13，打制。长方形，双面刃，两侧有打制而成的缺口。长 7.3、宽 4.5、厚 1.1 厘米（图 2 - 121B）。

标本 H17：14，打制。长方形，双面刃，两侧有打制而成的缺口。长 9.3、宽 4.9、厚 1.4 厘米（图 2 - 121B）。

蚌饰　1 件。

标本 H17：15，弯钩状，一端有一圆形穿孔。长 2.3 厘米（图 2 - 121B；图版一三〇，7）。

7. H19

位于 2009LXⅠT0502 东南部，开口①层下，打破 H20。坑口为圆形，剖面为袋状，平底（图 2 - 122A）。口径 158、底径 168、深 32 厘米。坑内堆积仅一层，浅灰土，土质疏松，出土少量陶片。

8. H20

位于 2009LXⅠT0502 东南部，开口①层下，被 H19 打破。坑口为圆形，剖面为袋状，平底（图 2 - 122A；图版一二〇，2）。口径 210、底径 220、深 78 厘米。坑内堆积分为两层：①层为深灰土，土质疏松；②层为黄灰土，土质硬。出土陶片、少量兽骨及石刀 1 件。

陶塑　1 件。

标本 H20：1，泥质红陶。圆雕兽头，长吻，圆目，似熊或狗。长 4.8 厘米（图 2 - 122B；图版六七，1）。

9. H21

位于 2009LXⅠT0502 西南部，开口①层下，打破 Y1。坑口为圆形，剖面为袋状，平底（图 2 - 123）。口径 152、底径 172、深 142 厘米。坑内堆积分为两层：①层为浅灰土，土质疏松；②层为灰褐土，土质硬，包含有红烧土块。出土陶片、少量螺壳、石块及石纺轮 1 件（图版一一〇，3）。

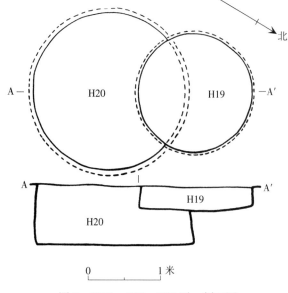

图 2-122A　H19、H20 平、剖面图

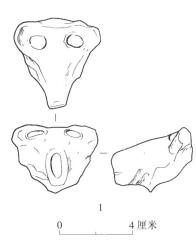

图 2-122B　H20 出土陶塑

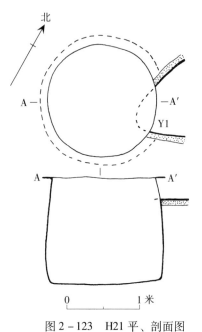

图 2-123　H21 平、剖面图

10. H22

位于 2009LX Ⅰ T0502 西北部，开口①层下。坑口为圆形，剖面为袋状，平底（图 2-124A）。口径 200、底径 240、深 90 厘米。坑内堆积仅一层，黄灰土，土质疏松，颗粒度大，出土大量陶片及少量兽骨、石块。

出土陶器 13 件，石器 3 件。陶器器形可辨钵、瓶、盆、罐、瓮、鼎足和砖形器，石器有锛、刀和纺轮。

陶钵　2 件。

标本 H22:2，可修复。泥质灰陶。敞口，圆唇，弧腹，平底。素面。口径 15.6、底径 8.8、高 7.2 厘米（图 2-124B）。

标本 H22:10，可修复。泥质褐陶。敞口，尖圆唇，弧腹，小平底。素面。口径 7.2、底径 2.2、高 3 厘米（图 2-124B）。

陶瓶　2 件。

标本 H22:11，仅存口部。泥质灰陶。口微侈，近喇叭状，圆唇，口内有不明显的折棱，直高领。素面。口径 8、残高 8 厘米（图 2-124B）。

标本 H22:3，仅存底部。泥质灰陶。底呈钝角状。器表饰细密线纹。残高 8 厘米（图 2-124B）。

陶盆　1 件。

标本 H22:8，仅存口部。泥质红陶。敛口，宽平沿，圆唇，弧腹。素面。残高 5.6 厘米（图 2-124B）。

陶罐　4 件。均为鼓腹罐。

标本 H22:1，仅存口部。夹砂褐陶。敛口，斜沿，尖圆唇，腹微鼓。沿下有一周附加堆纹，器表饰绳纹。口径 24、残高 4 厘米（图 2-124B）。

标本 H22∶4，仅存口部。夹砂褐陶。敛口，斜折沿，尖圆唇。素面，沿下有一周附加堆纹。残高 5.2 厘米（图 2 – 124B）。

标本 H22∶5，仅存口部。夹砂灰陶。敛口，斜折沿，方唇，腹微鼓。器表饰竖向绳纹。残高 7.2 厘米（图 2 – 124B）。

标本 H22∶7，仅存口及上腹。夹砂红陶。敛口，斜沿，圆唇，鼓腹，沿下有一对鸡冠状器鋬。素面。口径 27、残高 7 厘米（图 2 – 124B）。

陶瓮　1 件。

标本 H22∶9，仅存口及上腹。夹砂灰陶。敛口，圆唇外叠，直腹。唇边有一周按捺花边，器表饰竖向绳纹。口径 30、残高 5.7 厘米（图 2 – 124B）。

陶鼎足　1 件。

标本 H22∶6，夹砂褐陶。足呈上宽下窄的倒梯形，中有一道扉棱。足两边有按捺窝，扉棱上有戳印。残高 7 厘米（图 2 – 124B）。

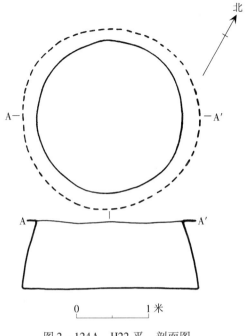

图 2 – 124A　H22 平、剖面图

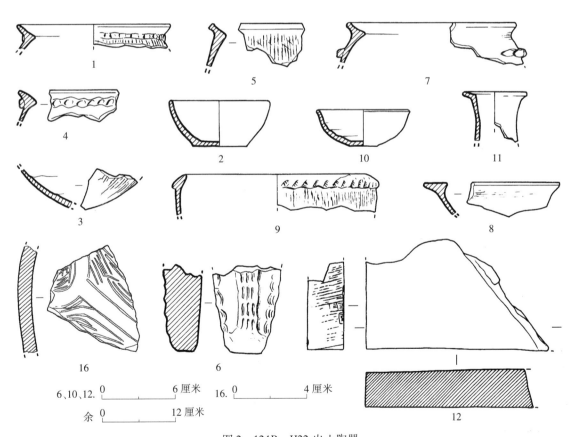

图 2 – 124B　H22 出土陶器

1、4、5、7. 罐　2、10. 钵　3、11. 瓶　6. 鼎足　8. 盆　9. 瓮　12. 砖形器　16. 残陶片

陶砖形器 1件。

标本 H22:12，细泥红陶。保留一直角边，一面平整光滑，一面粗糙，留有曾经粘贴过的泥（沙）浆。残长15.7、残宽10、厚3厘米（图2-124B；图版六五，1）。

残陶片 1件。

标本 H22:16，泥质红陶。器表有用刻划表现出的圆点、斜线图案，为烧制前刻划。残高5.8厘米（图2-124B；图版七三，1）。

石锛 1件。

标本 H22:14，打制。刃部磨光，长条形，器表遍布打制疤痕。长7.6、宽4、厚1.4厘米（图2-124C）。

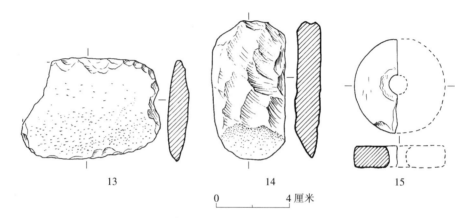

图2-124C H22出土石器
13. 刀 14. 锛 15. 纺轮

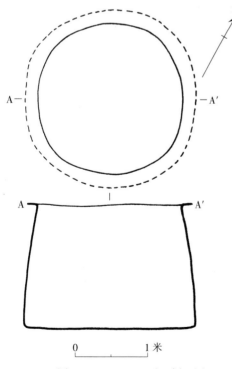

图2-125A H26平、剖面图

石刀 1件。

标本 H22:13，打制。长方形，双面刃，两侧有打制而成的缺口。长7.9、宽5.5、厚1.2厘米（图2-124C）。

石纺轮 1件。

标本 H22:15，通体磨光。圆饼状，中有一圆形穿孔。直径5.1、孔径0.9厘米（图2-124C）。

11. H26

位于2009LX Ⅰ T0501东南部，开口①层下。坑口为圆形，剖面为袋状，平底。口径200、底径236、深164厘米（图2-125A）。坑内堆积仅一层，灰土，土质疏松，出土大量陶片及少量兽骨和石块。

出土陶器18件，器形可辨钵、瓶、盆、罐、缸、瓮、器盖、鼎足、轮盘和笄。

陶钵 2件。

标本 H26:2，仅存部分口及腹部。泥质红陶。敛口，尖唇，弧腹。素面。残高5.6厘米（图2-125B）。

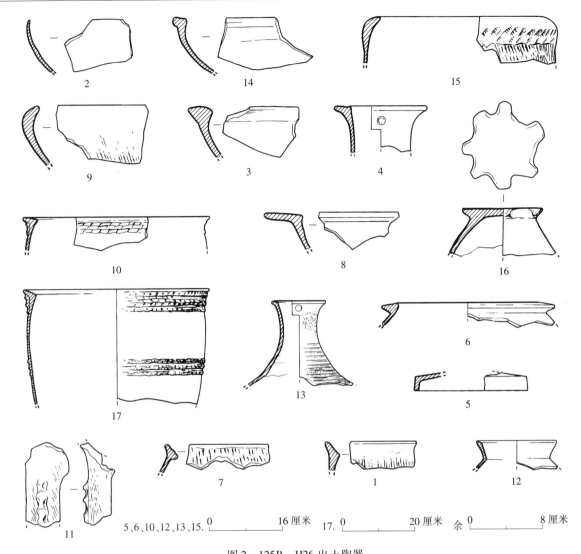

图 2 - 125B　H26 出土陶器

1、7、12. 罐　2、9. 钵　3、8、14. 盆　4、13. 瓶　5. 轮盘　6、15. 瓮　10、17. 缸　11. 鼎足　16. 器盖

标本 H26：9，仅存部分口及腹部。夹砂褐陶。敛口，圆唇，弧腹。器表饰绳纹。残高 6.4 厘米（图 2 - 125B）。

陶瓶　2 件。

标本 H26：13，仅存口部。夹砂褐陶。侈口呈喇叭状，口沿下有两圆形小泥饼。颈部饰有竖向细绳纹，肩部饰有数周弦纹。口径 8.8、残高 18 厘米（图 2 - 125B）。

标本 H26：4，仅存口部。泥质红陶。平唇口，口沿下有两圆形小泥饼。口径 7.6、残高 5 厘米（图 2 - 125B）。

陶盆　共 3 件。根据形态可以分为宽沿盆和窄沿盆。

宽沿陶盆　1 件。

标本 H26：8，仅存部分口及腹部。泥质红陶。敛口，宽沿微上斜，尖圆唇，弧腹。素面。残高 4 厘米（图 2 - 125B）。

窄沿陶盆　2 件。

标本 H26∶3，仅存部分口及腹部。泥质红陶。敛口，窄沿，沿面圆鼓，尖唇，弧腹。素面。残高5.4厘米（图2–125B）。

标本 H26∶14，仅存部分口及腹部。泥质灰陶。敛口，厚圆唇，窄沿，浅弧腹。素面，有抹痕。残高5.4厘米（图2–125B）。

陶罐　共3件。根据形态可以分为鼓腹罐和小口圆腹罐。

鼓腹陶罐　2件。

标本 H26∶1，仅存部分口部。夹砂红陶。敛口，斜折沿，尖唇，鼓腹。器表饰竖向粗绳纹。残高3厘米（图2–125B）。

标本 H26∶7，仅存部分口部。夹砂灰陶。敛口，斜折沿，尖唇，鼓腹。器表饰竖向绳纹。残高2.8厘米（图2–125B）。

小口圆腹陶罐　1件。

标本 H26∶12，仅存口部。泥质灰陶。敛口，尖唇，高领，束颈，圆腹。素面，抹光。口径16.4、残高6.4厘米（图2–125B）。

陶瓮　共2件。根据形态可分为敛口瓮和叠唇瓮。

敛口陶瓮　1件。

标本 H26∶6，仅存口部。泥质红陶。敛口，斜沿，尖圆唇，束颈，鼓腹。素面。残高5.6厘米（图2–125B）。

叠唇陶瓮　1件。

标本 H26∶15，仅存部分口部。夹砂红陶。敛口，圆唇。器表饰竖向绳纹。口径36.4、残高10厘米（图2–125B）。

陶缸　共2件。

标本 H26∶10，仅存部分口部。泥质褐陶。敛口，斜折沿。素面，沿下有三层叠压附加堆纹。口径37.2、残高7.2厘米（图2–125B）。

标本 H26∶17，底部已残，仅存口及上腹残片。泥质灰陶。敛口，斜沿外折，圆唇，上腹较直。素面，沿下及上腹各有三道附加堆纹。口径49.6、残高29.2厘米（图2–125B）。

陶器盖　1件。

标本 H26∶16，仅存顶部。夹砂灰陶。平顶，假圈足状捉手，盖口外敞。素面，顶部有一周按捺窝。残高5厘米（图2–125B）。

陶鼎足　1件。

标本 H26∶11，夹砂红陶。足呈柱状。器表饰附加堆纹和细绳纹。残高9厘米（图2–125B）。

陶轮盘　1件。

标本 H26∶5，顶部残。泥质灰陶。直口，方唇，浅腹。素面。口径24.4、残高4厘米（图2–125B）。

12. H30

位于2009LXⅠT0405西壁南部，开口①层下，被 H29 打破。坑口为圆形，剖面为袋状，平底。口径246、底径266、深60厘米。坑内堆积仅一层，浅灰土，土质疏松，含有红烧土块和炭屑，出土有陶片、兽骨及少量螺壳。

出土陶器3件，器形可辨钵、碗和罐。

陶钵　1件。

标本H30∶1，可修复。泥质红陶。敛口，尖唇，鼓肩，斜腹，平底。素面。口径17.6、底径8、高8.4厘米（图2−126）。

陶碗　1件。

标本H30∶2，可修复。泥质灰陶。直口，圆唇，弧腹，平底。素面。口径12、底径4.8、高7.6厘米（图2−126）。

陶罐　1件。

标本H30∶3，可修复。夹砂红陶。敛口，宽沿外折，方唇，沿面曲折，鼓肩，两侧各有一鸡冠状器鋬，下腹斜收，平底。通体饰竖向绳纹，上腹有三道附加堆纹。口径22、底径11.6、高22厘米（图2−126）。

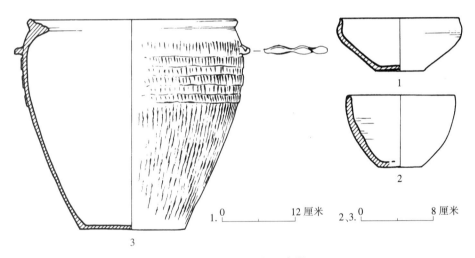

图2−126　H30出土陶器
1. 钵　2. 碗　3. 罐

13. H32

位于2009LXⅠT0305东北部，开口①层下，大部压于东、北隔梁之下。坑口为圆形，剖面为袋状，平底。口径150、底径170、深76厘米。坑内堆积仅一层，灰土，土质疏松，含有大量红烧土块和炭屑，出土有陶片、兽骨及石块。

出土陶器9件，骨器4件。陶器器形可辨瓶、盆、罐、瓮和器盖，骨器为锥和镞（图版一二八，2）。

陶瓶　1件。

标本H32∶5，仅存口部。泥质红陶。平唇口，圆唇。口径8、残高3厘米（图2−127）。

陶罐　3件。均为鼓腹罐。

标本H32∶4，仅存口部。夹砂灰陶。敛口，短斜沿，圆唇，腹微鼓。器表饰竖向绳纹。口径16.8、残高5.2厘米（图2−127）。

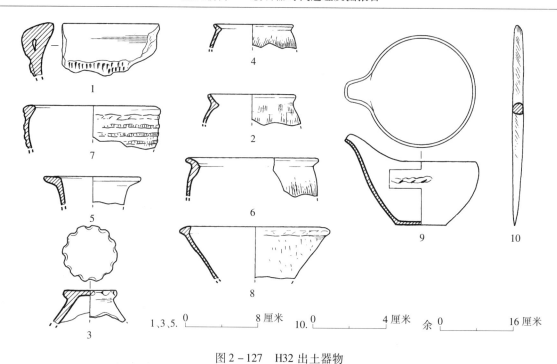

图 2 - 127　H32 出土器物
1、7. 陶瓮　2、4、6. 陶罐　3. 陶器盖　5. 陶瓶　8、9. 陶盆　10. 骨锥

标本 H32：2，仅存口部。夹砂灰陶。敛口，斜沿，圆唇，鼓腹。器表饰竖向绳纹。口径 18.4、残高 8.4 厘米（图 2 - 127）。

标本 H32：6，仅存口部。夹砂红陶。敛口，弧折沿，尖唇，弧腹。器表饰竖向绳纹。口径 28、残高 8.4 厘米（图 2 - 127）。

陶盆　2 件。根据形态可分为带流盆和窄沿盆。

带流陶盆　1 件。

标本 H32：9，可修复。泥质灰陶。敛口，圆唇，弧腹，一侧有一上翘的槽状流，上腹有一对鸡冠状器鋬。素面。口长径 28、底径 11.2、高 19.2 厘米（图 2 - 127；图版三六，1）。

窄沿陶盆　1 件。

标本 H32：8，底残。夹砂红陶。敛口，窄沿下斜，尖唇，斜直腹。素面，制作粗糙，器表有抹痕。口径 29.6、残高 10.8 厘米（图 2 - 127）。

陶瓮　2 件。均为叠唇瓮。

标本 H32：1，仅存部分口部。夹砂红陶。敛口，圆唇，口沿外有一耳。器表饰粗绳纹。残高 6 厘米（图 2 - 127）。

标本 H32：7，底残。夹砂灰陶。敛口，叠唇。腹部饰有四周附加堆纹。口径 26.8、残高 9.2 厘米（图 2 - 127）。

陶器盖　1 件。

标本 H32：3，仅存顶部。夹砂灰陶。盖口外敞，平顶。顶部有一周按捺窝。残高 3.6 厘米（图 2 - 127）。

骨锥　1 件。

标本 H32：10，柱状，一端尖锐，一端圆钝。长 10.3 厘米（图 2 - 127）。

14. H33

位于 2009LXⅠT0402 东北部，开口①层下。坑口为圆形，剖面为袋状，平底。口径 160、底径 268、深 136 厘米（图 2－128A；图版二一，1）。坑内堆积仅一层，灰土，土质硬，含有红烧土块，出土有陶片、兽骨和少量螺壳及石块。

出土陶器 19 件，石器 7 件，骨器 2 件。陶器器形可辨钵、碗、盆、罐、瓮、缸、鼎足和残陶器，石器有凿、刀、球和刮削器，骨器为镞。

陶钵　2 件。

标本 H33：8，底部残。泥质灰陶。敛口，方唇，弧腹。素面。口径 12、残高 4.4 厘米（图 2－128B）。

标本 H33：18，可修复。泥质灰陶。敛口，尖圆唇，鼓肩，弧腹，平底微凹，肩部有一鸡冠状器鋬。素面。口径 28.8、底径 16.8、高 19.2 厘米（图 2－128B）。

陶碗　1 件。

标本 H33：19，可修复。泥质灰陶。侈口，圆唇，弧腹，凹底。内壁粗糙不平。素面，抹光。口径 16、底径 8.8、高 8 厘米（图 2－128B）。

陶盆　3 件。根据形态可分为宽沿盆和带流盆。

宽沿陶盆　2 件。

标本 H33：6，仅存口部。泥质灰陶。敛口，宽折沿，尖圆唇，弧腹。素面。残高 4 厘米（图 2－128B）。

标本 H33：14，仅存口部。泥质灰陶。敛口，斜折沿，方圆唇，弧腹。素面，有抹痕。口径 46、残高 6 厘米（图 2－128B）。

带流陶盆　1 件。

标本 H33：13，仅存口部。泥质灰陶。敛口，尖唇，器身有鋬。素面。残高 10 厘米（图 2－128B）。

陶罐　6 件。均为鼓腹罐。

标本 H33：1，仅存口部。夹砂灰陶。敛口，短沿外斜，圆唇，腹微鼓。器表饰粗绳纹。口径 22.4、残高 10 厘米（图 2－128B）。

标本 H33：3，仅存口部。夹砂灰陶。敛口，短沿，尖圆唇，腹微鼓。器表饰粗绳纹。残高 4.4 厘米（图 2－128B）。

标本 H33：4，仅存口部。夹砂灰陶。敛口，短沿，尖唇，腹微鼓。器表饰绳纹，上腹有附加堆纹。残高 5 厘米（图 2－128B）。

标本 H33：5，仅存口部。夹砂灰陶。敛口，短沿，尖唇，腹微鼓，上腹有一鸡冠状鋬。器表饰绳纹。口径 20.8、残高 6.4 厘米（图 2－128B）。

标本 H33：7，仅存口部。夹砂灰陶。敛口，斜折沿，圆唇，鼓腹。器表饰方格纹。残高 6 厘

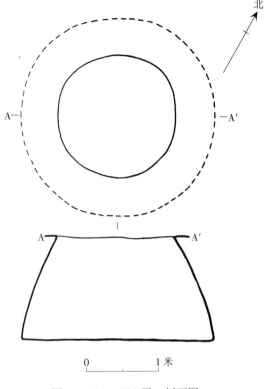

北

0　　　　1 米

图 2－128A　H33 平、剖面图

米（图2-128B）。

标本H33：12，仅存口部。夹砂灰陶。敛口，斜沿，方圆唇，腹微鼓，上腹有一鸡冠状器鋬。器表饰粗绳纹。残高5厘米（图2-128B）。

陶鼎足　1件。

标本H33：15，夹砂褐陶。足呈梯形凿状。素面，一侧有按捺窝。残高11.4厘米（图2-128B）。

陶瓮　3件。均为叠唇瓮。

标本H33：2，仅存口部。夹砂灰陶。敛口，叠唇。素面，口沿外有附加堆纹。残高5.4厘米（图2-128B）。

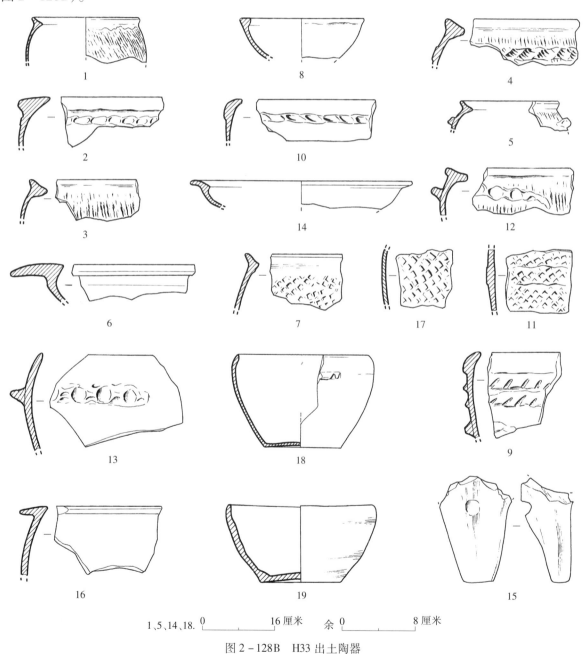

1、5、14、18.　0 —— 16厘米　余 0 —— 8厘米

图2-128B　H33出土陶器

1、3～5、7、12. 罐　2、9、10. 瓮　6、13、14. 盆　8、18. 钵　11、17. 残陶片　15. 鼎足　16. 缸　19. 碗

标本 H33：9，仅存口部。夹砂红陶。敛口，叠唇，腹弧收。器表饰附加堆纹和戳刺纹。残高 9 厘米（图 2 - 128B）。

标本 H33：10，仅存口部。夹砂灰陶。敛口，叠唇。素面，有抹痕，口沿外有附加堆纹。残高 4.8 厘米（图 2 - 128B）。

陶缸　1 件。

标本 H33：16，仅存口及腹部。泥质灰陶。敛口，宽平沿，尖唇，圆腹。素面。残高 7.2 厘米（图 2 - 128B）。

残陶片　2 件。

标本 H33：11，夹砂灰陶。表面饰方格纹和附加堆纹。残长 7、残宽 6.6 厘米（图 2 - 128B）。

标本 H33：17，夹砂灰陶。表面饰方格纹。残长 6.2、残宽 6 厘米（图 2 - 128B）。

石凿　1 件。

标本 H33：21，长条形，一面扁平，刃部磨光，一端有打击痕迹。长 10.4、宽 4.6、厚 2.1 厘米（图 2 - 128C；图版九七，1）。

石刀　1 件。

标本 H33：20，打制。长方形，双面刃，两侧有打制而成的缺口。长 8.6、宽 5.1、厚 1.4 厘米（图 2 - 128C；图版一〇〇，2）。

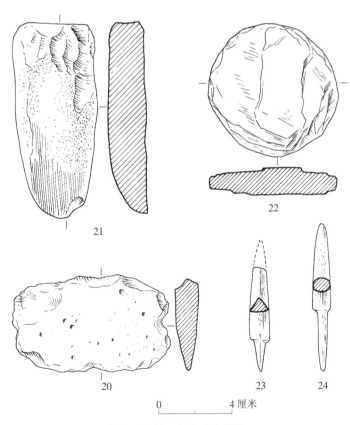

图 2 - 128C　H33 出土器物

20. 石刀　21. 石凿　22. 石刮削器　23、24. 骨镞

石刮削器　1件。

标本 H33：22，圆饼状，边缘有打击痕迹。直径7.3、厚1.4厘米（图2－128C；图版一〇八，1）。

石球　4件。

标本 H33：25，完整。球形，表面有坑疤。直径3.1厘米。

标本 H33：26，完整。球形，表面有凹陷。直径2.7厘米。

标本 H33：27，较完整。球形，表面有大面积磕豁。直径2.8厘米。

标本 H33：28，残。半球形龟背状，表面有磕豁。直径4厘米。

骨镞　2件。

标本 H33：23，锋尖部已残，断面呈三棱状，铤部较短。残长5.5厘米（图2－128C；图版一二六，1）。

标本 H33：24，锋部尖锐，断面呈柱状，铤部较长。长7.8厘米（图2－128C；图版一二六，1）。

15. H34

位于2009LX Ⅰ T0402南部，开口①层下，部分压于南隔梁下。坑口为圆形，剖面为袋状，平底。口径136、底径156、深120厘米（图2－129）。坑内堆积分为两层：①层为浅黄灰土，颗粒度大，含有炭粒；②层为灰土，土质硬，含有大量红烧土块及熘渣。出土有陶片、兽骨和石块。

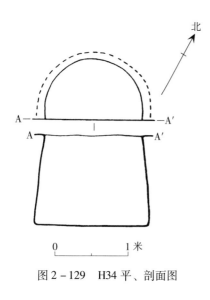

图2－129　H34平、剖面图

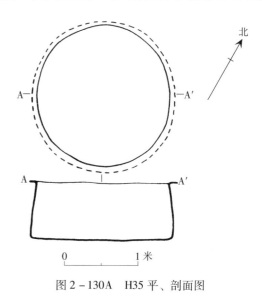

图2－130A　H35平、剖面图

16. H35

位于2009LX Ⅰ T0402南部，开口①层下，打破G10。坑口为圆形，剖面为袋状，平底（图2－130A）。口径180、底径196、深76厘米。坑内堆积仅一层，深灰土，土质硬，出土有陶片、兽骨和石块。

出土陶器2件，骨器3件。陶器有壶和笄，骨器有笄和锥。

陶壶　1件。

标本 H35：1，可修复。夹砂红陶。侈口，圆唇，束颈，圆腹，平底。素面。口径6.4、底径5.6、高11.4厘米（图2－130B；图版四五，2）。

骨锥　2件。

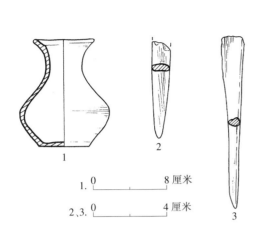

1. $\underset{0}{\vdash\!\dashv}^{8\,厘米}$

2、3. $\underset{0}{\vdash\!\dashv}^{4\,厘米}$

图 2 - 130B H35 出土器物
1. 陶壶 2、3. 骨锥

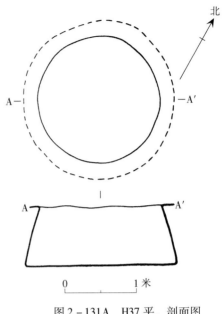

图 2 - 131A H37 平、剖面图

标本 H35:2，一端已残，仅存尖部。残长 5.1 厘米（图 2 - 130B）。

标本 H35:3，一端圆钝，一端尖锐。长 9.2 厘米（图 2 - 130B）。

17. H37

位于 2009LXⅠT0505 中部偏东，开口①层下。坑口为圆形，剖面为袋状，平底（图 2 - 131A；图版二一，2）。口径 172、底径 212、深 80 厘米。坑内堆积仅一层，灰褐土，土质硬，含有大量红烧土块和炭屑，出土有陶片、兽骨和石块。

出土陶器 14 件，器形可辨钵、瓶、盆、罐、甑、瓮、缸和环。石器 1 件，为球。

陶钵 2 件。

标本 H37:6，仅存口及腹部。泥质灰陶。直口，圆唇，浅弧腹。素面，抹光。口径 16.8、残高 5.6 厘米（图 2 - 131B）。

标本 H37:9，仅存口及腹部。泥质红陶。口微敛，方唇，腹微鼓。素面，抹光。口径 22.4、残高 6 厘米（图 2 - 131B）。

陶瓶 2 件。

标本 H37:5，仅存口部。泥质红陶。平唇口，口内有折棱，高领微束。颈部贴附有圆形小泥饼和竖向泥条。口径 6、残高 11 厘米（图 2 - 131B）。

标本 H37:12，仅存肩部。泥质红陶。鼓肩。器表饰细密线纹，其上再饰交错抹弦纹。残高 14 厘米（图 2 - 131B）。

陶盆 2 件。均为宽沿盆。

标本 H37:3，仅存口及腹部。泥质红陶。敛口，宽平沿，圆唇，浅弧腹。素面，器表有抹痕。残高 4.8 厘米（图 2 - 131B）。

标本 H37:4，仅存口及上腹。泥质红陶。敛口，宽沿上斜，圆唇，弧腹。素面。残高 5 厘米（图 2 - 131B）。

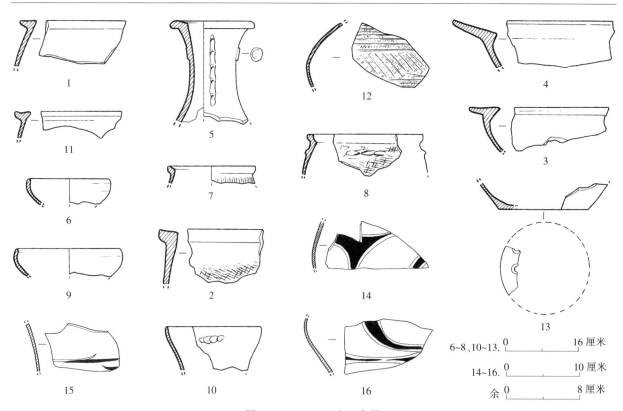

图 2 - 131B　H37 出土陶器

1、11. 瓮　2. 缸　3、4. 盆　5、12. 瓶　6、9. 钵　7、8. 罐　10、13. 甑　14 ~ 16. 残陶片

陶罐　2 件。均为鼓腹罐。

标本 H37：7，仅存口部。夹砂灰陶。敛口，短沿外斜，圆唇，上腹微鼓。器表饰竖向绳纹。口径 28.4、残高 4 厘米（图 2 - 131B）。

标本 H37：8，仅存口及上腹。夹砂褐陶。敛口，短沿外斜，圆唇，鼓腹，有一鸡冠状器錾。口径 22.8、残高 9.2 厘米（图 2 - 131B）。

陶甑　2 件。

标本 H37：10，仅存口部。泥质红陶。敞口，圆唇，曲腹，上腹有一鸡冠状器錾。素面，器表有抹痕。口径 21.2、残高 9.6 厘米（图 2 - 131B）。

标本 H37：13，仅存底部。泥质红陶。斜腹，平底，底部有圆形箅孔。素面。底径 20、残高 5.6 厘米（图 2 - 131B）。

陶瓮　2 件。均为平沿瓮。

标本 H37：1，仅存口部。夹砂红陶。敛口，窄平沿，尖圆唇，腹微鼓。素面。残高 4.8 厘米（图 2 - 131B）。

标本 H37：11，仅存口部。泥质灰陶。敛口，窄沿，沿面微凹，腹微鼓。素面。残高 6 厘米（图 2 - 131B）。

陶缸　1 件。

标本 H37：2，仅存口及上腹。夹砂红陶。直口，窄平沿，直腹。器表饰交错绳纹。残高 6 厘米（图 2 - 131B）。

残陶片 3件。均为盆、钵残片。

标本 H37：14，泥质红陶。素面，器表饰白彩勾边黑彩弧边三角图案。残长15厘米（图2－131B；图版七一，1）。

标本 H37：15，泥质红陶。素面，器表饰白彩勾边黑彩直线图案。残长11厘米（图2－131B）。

标本 H37：16，泥质红陶。素面，器表饰白彩勾边黑彩弧线图案。残长13厘米（图2－131B；图版七一，2）。

石球 1件。

标本 H37：17，完整。不规则球形，表面有磕豁。直径5.5厘米。

18. H41

位于2009LXⅠT0504西南部，开口①层下，打破G4、H68、H70。坑口为圆形，剖面为袋状，平底（图2－132A）。口径210、底径230、深110厘米。坑内堆积仅一层，灰黄色土，土质硬，出土有陶片、兽骨和石块。

出土陶器15件，石器4件，骨器1件。陶器器形可辨钵、瓶、盆、罐、甑、瓮、刀和砖形器，石器为刀和球，骨器为锥。

陶钵 1件。

标本 H41：1，仅存部分口及腹部。泥质灰陶。敛口，圆唇，弧腹。素面。残高3.4厘米（图2－132B）。

陶罐 2件。均为鼓腹罐。

标本 H41：2，仅存口部。夹砂灰陶。敛口，斜折沿，圆唇，弧腹。器表饰竖向绳纹。口径20.8、残高6.4厘米（图2－132B）。

标本 H41：3，仅存部分口及腹部。夹砂红陶。敛口，斜折沿，圆唇，弧腹。器表饰粗绳纹。残高5.8厘米（图2－132B）。

陶瓶 3件。

标本 H41：9，仅存口部。泥质灰陶。侈口近喇叭状，圆唇，束颈。器表饰数周弦纹，颈部贴附四个圆形泥饼。口径9.6、残高14.8厘米（图2－132B）。

标本 H41：5，仅存口部。泥质红陶。平唇口，直高领。素面。口径7.6、残高5厘米（图2－132B）。

标本 H41：8，仅存口部。泥质灰陶。喇叭形口，方唇，高领。肩部饰有抹弦纹。口径10、残高13厘米（图2－132B）。

陶瓮 1件。

标本 H41：6，仅存部分口及腹部。夹砂灰陶。敛口，叠唇。器表饰绳纹，上腹有一周附加堆

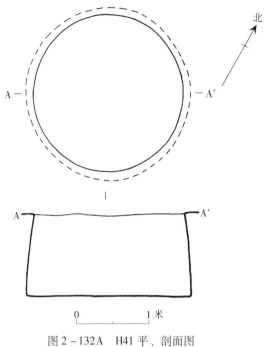

图2－132A H41 平、剖面图

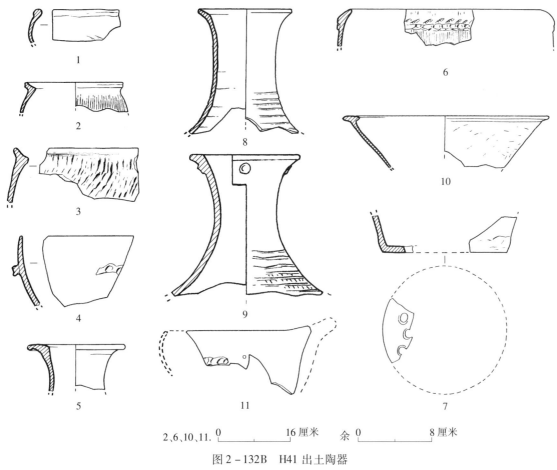

2、6、10、11.　0 —————— 16 厘米　　余 0 —————— 8 厘米

图 2 - 132B　H41 出土陶器

1. 钵　2、3. 罐　4、10、11. 盆　5、8、9. 瓶　6. 瓮　7. 甑

纹。口径 42、残高 7.8 厘米（图 2 - 132B）。

　　陶甑　1 件。

　　标本 H41：7，仅存底部。泥质褐陶。斜腹，平底，底部有圆形箅孔。素面。底径 13.6、残高 4 厘米（图 2 - 132B）。

　　陶盆　3 件，可分为宽沿盆和带流盆。

　　宽沿陶盆　1 件。

　　标本 H41：10，底部残。泥质灰陶。敛口，宽沿，尖圆唇，斜腹。素面。口径 39、残高 11.2 厘米（图 2 - 132B）。

　　带流陶盆　2 件。

　　标本 H41：11，器身残片。泥质灰陶。敛口，圆唇，鼓肩，腹部有一鸡冠状器鋬。素面。残高 14.8 厘米（图 2 - 132B）。

　　标本 H41：4，仅存部分口及腹部。泥质褐陶。直口，圆唇，弧腹，腹部有一鸡冠状器鋬。素面。残高 7.6 厘米（图 2 - 132B）。

　　陶刀　1 件。

　　标本 H41：12，系用钵或盆类残片打制而成。泥质红陶。长方形，单面刃，一侧有一缺口。素面。长 8.4、宽 5.3、厚 0.8 厘米（图 2 - 132C）。

陶砖形器　1件。

标本 H41:16，泥质红陶。长方形，一侧保留一直边。残长 10.4、残宽 7.4、厚 2.6 厘米（图 2 - 132C；图版六五，2）。

石刀　3件。

标本 H41:13，打制。长方形，双面刃，两侧有打制而成的缺口。长 7、宽 5、厚 1.4 厘米（图 2 - 132C）。

标本 H41:14，打制。长方形，双面刃，两侧有打制而成的缺口。长 8.4、宽 4.7、厚 1.2 厘米（图 2 - 132C）。

标本 H41:15，打制。长方形，单面刃，两侧有打制而成的缺口。长 8.9、宽 4.2、厚 2 厘米（图 2 - 132C）。

石球　1件。

标本 H41:18，略残。椭球形，表面有坑疤。长径 4.5、短径 4 厘米。

骨锥　1件。

标本 H41:17，一端已残，一端圆钝。残长 7 厘米（图 2 - 132C）。

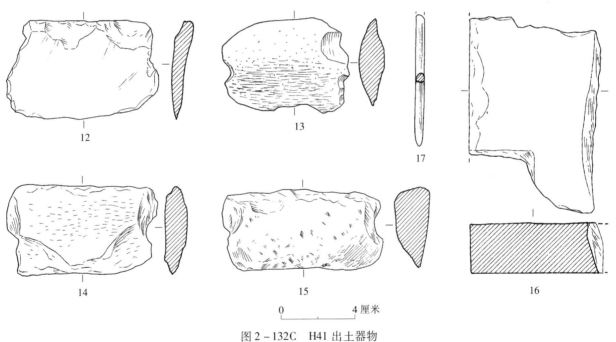

图 2 - 132C　H41 出土器物

12. 陶刀　13~15. 石刀　16. 陶砖形器　17. 骨锥

19. H42

位于 2009LXⅠT0403 东北部，开口①层下。坑口为圆形，剖面为袋状，平底（图2 - 133A）。口径 200、底径 270、深 196 厘米。坑内堆积仅一层，灰土，土质硬，夹杂有灰白色细土，出土有陶片、兽骨和石块。

出土陶器 10 件，石器 2 件，骨器 3 件。陶器器形可辨钵、盆、罐、瓮和器盖，石器为斧，骨器为镞（图版一二六，6）、笄和刻刀（图版一二五，6）。

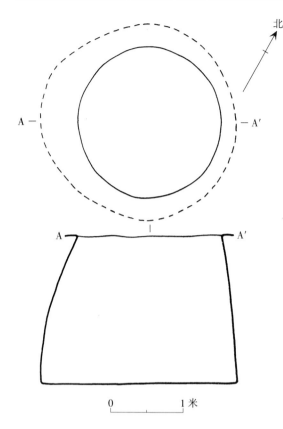

图 2－133A　H42 平、剖面图

陶钵　3 件。

标本 H42：1，可修复。泥质灰陶。直口，圆唇，斜腹，平底。素面，器表有抹痕。口径 13.8、底径 9、高 5.9 厘米（图 2－133B）。

标本 H42：2，仅存口及腹部。泥质褐陶。敛口，厚圆唇，弧腹。素面。残高 7 厘米（图 2－133B）。

标本 H42：6，底部已残，仅存口及上腹。泥质灰陶。敞口，尖唇，弧腹。素面，抹光。口径 20.8、残高 8.4 厘米（图 2－133B）。

陶盆　2 件。根据形态可分为宽沿盆和厚唇盆。

宽沿陶盆　1 件。

标本 H42：7，仅存口及上腹。夹砂红陶。口微敛，宽平沿，圆唇，浅弧腹。素面。口径 33.6、残高 4 厘米（图 2－133B）。

厚唇陶盆　1 件。

标本 H42：5，仅存口及上腹。泥质灰陶。敛口，厚圆唇，鼓腹。素面。口径 25.6、残高 8 厘米（图 2－133B）。

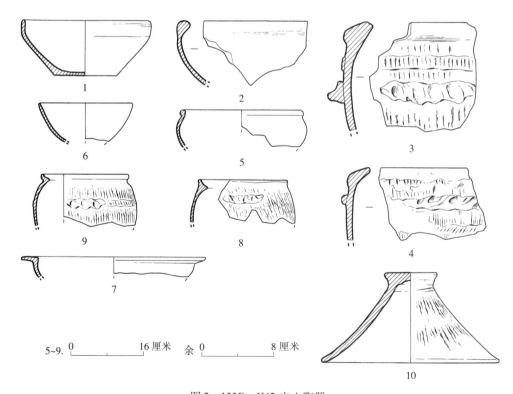

图 2－133B　H42 出土陶器

1、2、6. 钵　3、4. 瓮　5、7. 盆　8、9. 罐　10. 器盖

陶罐 2件。均为鼓腹罐。

标本 H42:8,仅存口及腹部。夹砂灰陶。敛口,斜沿,尖圆唇,鼓腹,上有一鸡冠状器鋬。器表饰斜向绳纹。残高9.6厘米(图2-133B)。

标本 H42:9,仅存口及上腹。夹砂红陶。敛口,曲沿,方唇,圆腹,上有一鸡冠状器鋬。器表饰绳纹和附加堆纹。口径19.2、残高11.2厘米(图2-133B)。

陶瓮 2件。均为叠唇瓮。

标本 H42:4,仅存口及上腹。夹砂褐陶。敛口,圆唇外叠,直腹,上腹有一鸡冠状器鋬。器表饰竖向绳纹。残高8厘米(图2-133B)。

标本 H42:3,仅存口及上腹。夹砂红陶。敛口,圆唇外叠,直腹,沿下有一鸡冠状器鋬。器表饰竖向绳纹和附加堆纹。残高11.8厘米(图2-133B)。

陶器盖 1件。

标本 H42:10,可修复。夹砂红陶。盖口外敞,斜腹,假圈足状捉手,平顶。器表饰竖向绳纹。口径19.4、高9.6厘米(图2-133B;图版六一,2)。

20. H44

位于2009LXⅠT0303西南部,开口H43下,打破F1。坑口为圆形,剖面为袋状,平底(图2-134A)。口径164、底径174、深24厘米。坑内堆积仅一层,灰土,土质疏松,出土有陶片、兽骨及石块。

出土陶器仅器盖、刀各1件。

陶器盖 1件。

标本 H44:1,可修复。夹砂灰陶。盖口外敞,斜腹,假圈足状捉手。素面,捉手有一周按捺窝,器表有刮抹痕迹。口径18.2、高7厘米(图2-134B)。

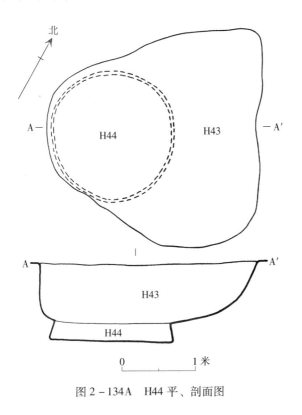

图2-134A H44平、剖面图

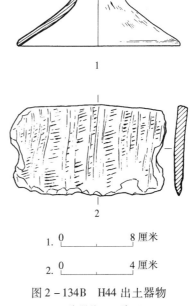

图2-134B H44出土器物

1. 陶器盖 2. 陶刀

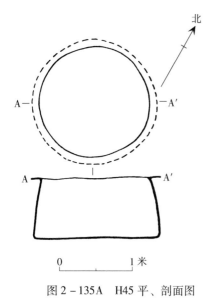

图 2 - 135A　H45 平、剖面图

陶刀　1 件。

标本 H44:2，系用尖底瓶残片打制而成。泥质红陶。长方形，单面刃，两侧有缺口。长 8.7、宽 4.8、厚 0.5 厘米（图 2 - 134B）。

21. H45

位于 2009LXⅠT0202 东北部，开口①层下，打破 F1。坑口为圆形，剖面为袋状，平底（图 2 - 135A）。口径 150、底径 170、深 80 厘米。坑内堆积仅一层，深灰土，土质硬，含有红烧土块，出土有陶片、兽骨和石块。

出土陶器 9 件，蚌器 1 件。陶器器形可辨瓶、盆、罐和瓮，蚌器为蚌饰。

陶瓶　1 件。

标本 H45:8，仅存口部。泥质红陶。侈口近喇叭状，口内有一不明显折棱，直颈。颈部贴有圆形小泥饼。口径 8、残高 4 厘米（图 2 - 135B）。

陶盆　4 件。根据形态可分为窄沿盆和厚唇盆。

窄沿陶盆　3 件。

标本 H45:3，仅存口及腹部。泥质红陶。敛口，沿面窄平，弧腹，上腹有一鸡冠状器鋬。素面。口径 20、残高 7.6 厘米（图 2 - 135B）。

标本 H45:5，仅存口及上腹。夹砂红陶。敛口，窄平沿，方唇，斜腹。素面。口径 28.8、残高 7.2 厘米（图 2 - 135B）。

标本 H45:9，仅存口及上腹。泥质红陶。敛口，窄平沿，方唇，斜腹。残高 5.8 厘米（图 2 - 135B）。

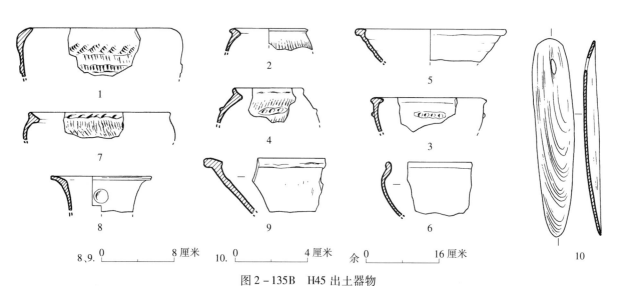

图 2 - 135B　H45 出土物
1、7. 陶瓮　2、4. 陶罐　3、5、6、9. 陶盆　8. 陶瓶　10. 蚌饰

厚唇陶盆　1件。

标本H45：6，仅存口及腹部。泥质灰陶。敛口，厚圆唇，鼓肩，弧腹。素面，抹光。残高12厘米（图2－135B）。

陶罐　2件。均为鼓腹罐。

标本H45：2，仅存口部。夹砂红陶。敛口，短沿外斜，圆唇，腹微鼓。器表饰竖向绳纹。口径16、残高5.6厘米（图2－135B）。

标本H45：4，仅存口部及上腹。夹砂灰陶。敛口，短沿外斜，圆唇，腹圆鼓，口下有一鸡冠状器鋬。器表饰斜向绳纹。口径15.2、残高7.6厘米（图2－135B）。

陶瓮　2件。根据形态可分为叠唇瓮和敛口斜沿瓮。

叠唇陶瓮　1件。

标本H45：1，仅存口及上腹。夹砂红陶。敛口，圆唇，外叠，上腹较直。唇面抹光，腹饰粗绳纹和附加堆纹。口径30、残高10.5厘米（图2－135B）。

敛口斜沿陶瓮　1件。

标本H45：7，仅存口及上腹。夹砂灰陶。敛口，沿外斜，花边口，鼓腹。器表饰粗绳纹。口径30.8、残高6厘米（图2－135B）。

蚌饰　1件。

标本H45：10，利用蚌壳制作而成，上部有一椭圆形穿孔。长10.8、宽2.1厘米（图2－135B；图版一三〇，5）。

22. H46

位于2009LXⅠT0203东南部，开口①层下，打破H98、F1。坑口为圆形，剖面为袋状，平底（图2－136A）。口径200、底径220、深70厘米。坑内堆积仅一层，深灰土，土质硬，含有红烧土块及熘渣，出土有陶片、兽骨和石块。

出土陶器仅盆1件。

标本H46：1，可修复。泥质红褐陶。口微敛，尖圆唇，平沿微上斜，斜腹，平底。素面，器表有修补痕，腹壁有7个对钻而成的圆形穿孔，其中一个未穿透。口径42、底径16.4、高18.2厘米（图2－136B）。

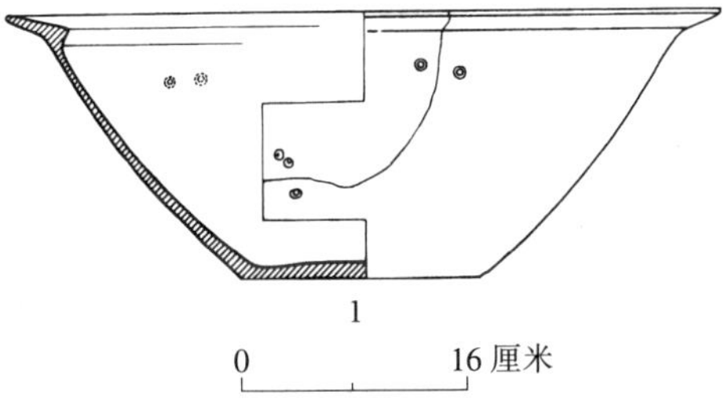

23. H47

位于2009LXⅠT0405中部，开口①层下，被G4打破。坑口为圆形，剖面为袋状，平底（图2－137A；图版二二，1）。口径160、底径216、深150厘米。坑内堆积分为两层：①层为灰黄土，土质硬，含有红烧土颗粒和炭屑；②层为黑灰土，土质疏松，含有红烧土块、草木灰及炭屑。出土有陶片及螺壳等。

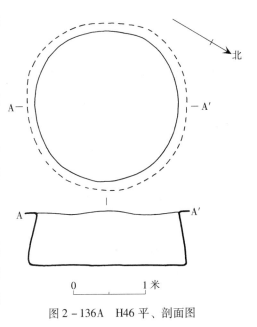

图2－136A　H46平、剖面图

图2－136B　H46出土陶盆

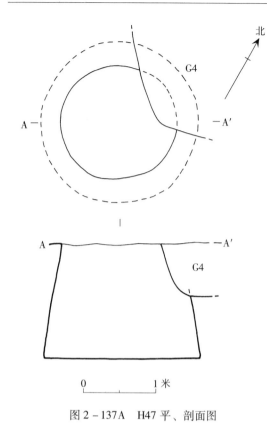

图2－137A　H47平、剖面图

出土陶器24件，石器1件，骨器1件。陶器器形可辨钵、瓶、盆、罐、瓮、器盖和环，石器、骨器均为镞。

陶钵　2件。

标本H47∶1，可修复。泥质灰陶。直口，尖圆唇，弧腹，平底。素面。口径23.2、底径8、高9.6厘米（图2－137C）。

标本H47∶21，仅存口部。泥质褐陶。敛口，尖圆唇，上腹微鼓。素面。口径20.8、残高4厘米（图2－137C）。

陶瓶　5件。

标本H47∶9，仅存口及上腹。泥质红陶。直口，平唇，口沿边微凸，留有退化的重唇痕迹，高领，溜肩。器表饰横向篮纹。口径6.4、残高23.4厘米（图2－137B）。

标本H47∶14，仅存口部。泥质灰陶。平唇口，沿面微凸，留有退化的重唇痕迹，高领。素面。口径5.2、残高4.6厘米（图2－137B）。

标本H47∶15，仅存底部。泥质红陶。底呈锐尖状。素面。残高5.8厘米（图2－137B）。

标本H47∶16，仅存底部。泥质褐陶。底呈锐尖状，尖部磨圆。器表饰线纹。残高10厘米（图2－137B）。

标本H47∶22，仅存腹及底部。泥质红陶。上腹微鼓，下腹较直，收为锐尖底。器表上部饰抹弦纹，下部饰细密线纹。残高15.2厘米（图2－137B）。

陶盆　2件。均为窄沿盆。

标本H47∶10，可修复。泥质红陶。敛口，窄沿，尖唇，弧腹，平底。素面。口径16、底径8.8、高10.4厘米（图2－137C；图版四〇，5）。

标本H47∶11，仅存口部。泥质红陶。敛口，宽沿，沿面微凹，斜腹。素面。残高3.3厘米（图2－137C）。

陶罐　12件。根据形态可分为鼓腹罐、深腹罐和小罐。

鼓腹陶罐　8件。

标本H47∶2，仅存口部及上腹。夹砂褐陶。敛口，沿上斜，圆唇，鼓腹。器表饰斜向绳纹。残高7.2厘米（图2－137B）。

标本H47∶3，仅存口及上腹。夹砂灰陶。敛口，沿微卷，圆唇，腹微鼓。器表饰横向篮纹，沿下贴有一纵向泥条。残高8.4厘米（图2－137B）。

标本H47∶6，仅存口部。夹砂灰陶。敛口，斜沿，圆唇。器表饰交错绳纹。口径24.8、残高5.2厘米（图2－137B）。

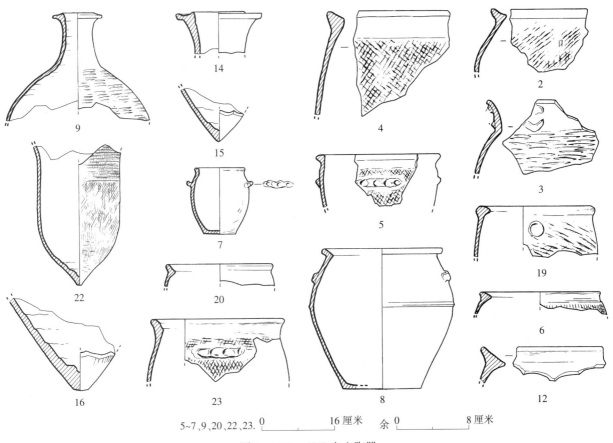

图 2 - 137B　H47 出土陶器

2 ~ 8、12、19、20、23. 罐　9、14 ~ 16、22. 瓶

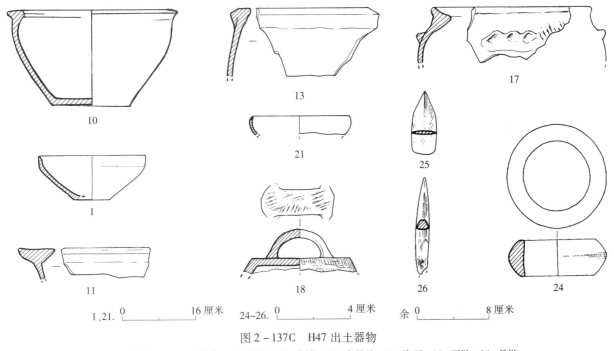

图 2 - 137C　H47 出土器物

1、21. 陶钵　10、11. 陶盆　13. 陶瓮　17. 陶罐　18. 陶器盖　24. 陶环　25. 石镞　26. 骨镞

标本 H47：4，仅存口及上腹。夹砂红陶。敛口，斜沿，圆唇，上腹微鼓。器表饰交错绳纹。残高 11.4 厘米（图 2－137B）。

标本 H47：8，可修复。夹砂红陶。敛口，斜折上沿，圆唇，鼓腹，平底，上腹有一对鸡冠状器鋬。素面，腹有一周附加堆纹。口径 12.8、底径 8.6、高 15.2 厘米（图 2－137B）。

标本 H47：12，仅存口部。夹砂灰陶。敛口，沿外斜，圆唇。素面。残高 3.8 厘米（图 2－137B）。

标本 H47：17，仅存口及上腹。夹砂灰陶。敛口，窄沿外斜，沿面微凹，上腹圆鼓，有一鸡冠状器鋬。器表饰斜向绳纹。口径 17、残高 6 厘米（图 2－137C）。

标本 H47：20，仅存口部。夹砂褐陶。敛口，沿斜，圆唇，腹微鼓。素面。口径 22.4、残高 4.8 厘米（图 2－137B）。

深腹陶罐　3 件。

标本 H47：5，仅存口及上腹。夹砂红陶。直口，窄平沿，圆唇，深腹微鼓，沿下有一对鸡冠状器鋬。器表饰交错绳纹。残高 11.2 厘米（图 2－137B）。

标本 H47：19，仅存口及上腹。夹砂灰陶。敛口，沿面圆鼓，上腹微鼓。器表饰斜向绳纹，口下贴有小泥饼。口径 11.5、残高 5.8 厘米（图 2－137B）。

标本 H47：23，仅存口及上腹。夹砂红陶。口微敛，沿微外斜，圆唇，上腹微鼓，有一鸡冠状器鋬。器表饰交错绳纹。口径 28、残高 14 厘米（图 2－137B）。

小陶罐　1 件。

标本 H47：7，可修复。夹砂灰陶。直口，方唇，鼓腹，平底，上腹有一对鸡冠状器鋬。器表有少量绳纹。口径 10.4、底径 7.2、高 14.4 厘米（图 2－137B）。

陶瓮　1 件。

标本 H47：13，仅存口及上腹。泥质褐陶。敛口，方唇外叠，上腹微鼓。素面。残高 7.4 厘米（图 2－137C）。

陶器盖　1 件。

标本 H47：18，仅存顶部。夹砂红陶。平顶，上有一桥形捉手。器表饰交错绳纹。残高 4.8 厘米（图 2－137C）。

陶环　1 件。

标本 H47：24，泥质灰陶。圆环状，断面呈三角形。外径 5.4、内径 3.7 厘米（图 2－137C；图版八三，2）。

石镞　1 件。

标本 H47：25，锋部较扁，顶端尖锐，无铤。长 3.4 厘米（图 2－137C；图版九九，4）。

骨镞　1 件。

标本 H47：26，锋部断面为三棱状，顶端尖锐，铤部已残。残长 5.4 厘米（图 2－137C）。

24. H48

位于 2009LXⅡT0203 西北部，开口①层下，被 G3 打破。坑口为圆形，剖面为袋状，平底。口径 90、底径 130、深 110 厘米。坑内堆积仅一层，深灰土，土质疏松，出土大量陶片及螺壳。

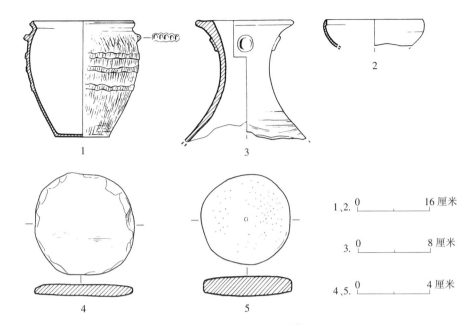

图 2 – 138　H48 出土器物
1. 陶罐　2. 陶钵　3. 陶瓶　4. 圆陶片　5. 石饼

出土陶器 4 件，玉器 1 件，石器 2 件。陶器器形可辨钵、瓶、罐和圆陶片，玉器为笄，石器为饼和笄。

陶钵　1 件。

标本 H48：2，仅存口及腹部。泥质红陶。口微敛，尖圆唇，口内有一凸棱，浅弧腹。素面。口径 21.2、残高 7.6 厘米（图 2 – 138）。

陶瓶　1 件。

标本 H48：3，仅存口部。泥质红陶。敞口近喇叭状，圆唇，口内有折棱，高领微束。颈下饰弦纹，颈部贴附有小泥饼。口径 7.2、残高 13 厘米（图 2 – 138）。

陶罐　1 件。

标本 H48：1，可修复。夹砂红陶。敛口，斜沿，方唇，腹微鼓，平底，沿下有一对鸡冠状器鋬。器表饰交错绳纹，腹饰三周附加堆纹。口径 22、底径 11.6、高 25 厘米（图 2 – 138）。

圆陶片　1 件。

标本 H48：4，泥质红陶。圆饼状。直径 5.5、厚 0.6 厘米（图 2 – 138；图版七九，3）。

玉笄　1 件。

标本 H48：6，浅绿墨玉。柱状，一端磨光平整，一端已残。残长 5.7 厘米。

石饼　1 件。

标本 H48：5，圆饼状，表面有磨痕。直径 4.9、厚 1 厘米（图 2 – 138；图版一一一，1）。

25. H50

位于 2009LXⅠT0202 东南部，开口 G1 下，部分压于东隔梁下。坑口近圆形，剖面为袋状，平底。口径 170、底径 106、深 138 厘米。坑内堆积仅一层，灰土，土质疏松，含有草木灰及红烧土块，出土少量陶片及陶盆 1 件。

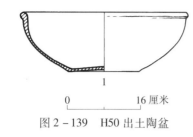

图2-139　H50出土陶盆

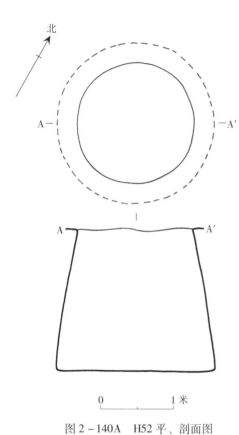

图2-140A　H52平、剖面图

陶盆　1件。

标本 H50：1，泥质红陶。大口，浅腹，腹壁略弧曲，小平底。口径36、高12.5厘米（图2-139）。

26. H52

位于 2009LXⅠT0202 东北部，开口①层下，被 H51 打破，打破 G1、F1。坑口为圆形，剖面为袋状，平底（图2-140A）。口径160、底径216、深188厘米。坑内堆积仅一层，灰土，土质疏松，出土有陶片等。

出土陶器6件，石器2件。陶器器形可辨钵、盆、罐和瓮，石器均为刀。

陶钵　1件。

标本 H52：6，可修复。泥质红陶。口微敛，圆唇，鼓肩，斜腹。素面。口径19.2、底径8.4、高10厘米（图2-140B）。

陶盆　2件。根据形态可分为宽沿盆和子母口盆。

宽沿陶盆　1件。

标本 H52：5，仅存口部。泥质灰陶。敛口，宽沿上斜，沿面微曲，方唇。素面，沿面有两个穿孔。残高5.6厘米（图2-140B）。

子母口陶盆　1件。

标本 H52：4，仅存口及上腹。泥质灰陶。口内折，呈子母状，圆唇，弧腹。上腹有多周弧形凹弦纹。残高10厘米（图2-140B）。

陶罐　2件。均为鼓腹罐。

标本 H52：2，仅存口及上腹。夹砂灰陶。敛口，窄沿外斜，圆唇，上腹圆鼓，有一对鸡冠状器鋬。器表饰竖向绳纹。口径14、残高9厘米（图2-140B）。

标本 H52：3，仅存口及上腹。夹砂灰陶。敛口，窄斜沿，圆唇，鼓腹，有一对鸡冠状器鋬。器表饰竖向绳纹。口径10、残高5.8厘米（图2-140B）。

陶瓮　1件。

标本 H52：1，仅存口及上腹。夹砂红陶。敛口，圆唇，腹较直。器表饰竖向绳纹，口下有一周附加堆纹。残高8厘米（图2-140B）。

石刀　2件。

均打制。长方形，双面刃，两侧有打制而成的缺口。

标本 H52：7，长9.3、宽6.2、厚1.5厘米（图2-140B）。

标本 H52：8，长8.6、宽4.7、厚1.4厘米（图2-140B）。

27. H54

位于 2009LXⅠT0203 西北部，开口①层下，被 G3 打破，西部压于隔梁之下。坑口近圆形，

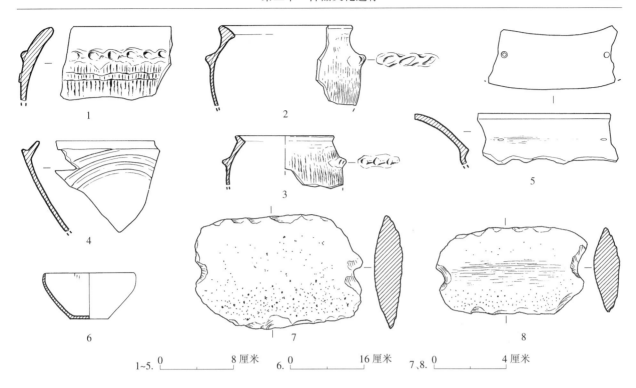

图 2 - 140B　H52 出土器物
1. 陶瓮　2、3. 陶罐　4、5. 陶盆　6. 陶钵　7、8. 石刀

剖面为袋状，平底（图 2 - 141A）。口径 130、底径 220、深 120 厘米。坑内堆积仅一层，灰土，土质疏松，出土有陶片和兽骨等。

出土陶器 5 件，石器 2 件，骨器 2 件。陶器器形可辨钵、刀和纺轮，石器为铲和球（图版一一四，6），骨器为锥和镞。

陶钵　1 件。

标本 H54：1，可修复。泥质红陶。敛口，圆唇，斜腹，底微凹。素面，口沿下抹光。口径 17.8、底径 8.8、高 8.6 厘米（图 2 - 141B）。

陶刀　3 件。均长方形，单面刃，两侧有打制而成的缺口。

标本 H54：2，系用钵类陶片打制而成。泥质红陶。长 8、宽 5、厚 0.7 厘米（图 2 - 141B）。

标本 H54：3，系用瓶类陶片打制而成。泥质灰陶。长 7.9、宽 5.7、厚 0.6 厘米（图 2 - 141B）。

标本 H54：4，系用瓶类陶片打制而成。泥质红陶。长 7、宽 5.3、厚 0.8 厘米（图 2 - 141B）。

陶纺轮　1 件。

标本 H54：5，泥质红陶。圆锥状，中有一穿孔。直径 4.7、厚 2.1 厘米（图 2 - 141B；图版七八，6）。

石铲　1 件。

标本 H54：6，磨制。仅存刃部，双面刃。残长 6.9、

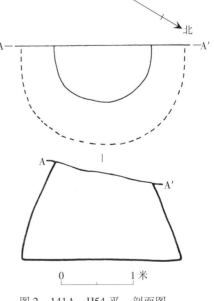

图 2 - 141A　H54 平、剖面图

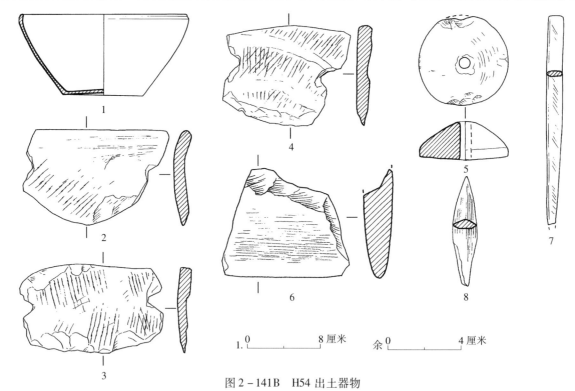

图 2 - 141B　H54 出土器物
1. 陶钵　2~4. 陶刀　5. 陶纺轮　6. 石铲　7. 骨锥　8. 骨镞

宽 5.8、厚 1.5 厘米（图 2 - 141B）。

石球　1 件。

标本 H54：9，完整。球形，表面有坑疤。直径 5.5 厘米。

骨锥　1 件。

标本 H54：7，器身扁平，尖端已残，一端圆钝。残长 11 厘米（图 2 - 141B）。

骨镞　1 件。

标本 H54：8，锋部呈三棱状，铤部较长。长 5.8 厘米（图 2 - 141B；图版一二六，8）。

28. H56

位于 2009LXⅠT0504 中部，开口 G4 下，被 H55 打破。坑口为圆形，剖面为袋状，平底（图 2 - 142A）。口径 270、底径 280、深 180 厘米。坑内堆积仅一层，灰土，土质疏松，出土有陶片、极少量兽骨和石块。

出土陶器 17 件，玉器 2 件，石器 1 件，骨器 2 件。陶器器形可辨钵、瓶、盆、罐和笄，玉器为笄，石器为刀，骨器为锥。

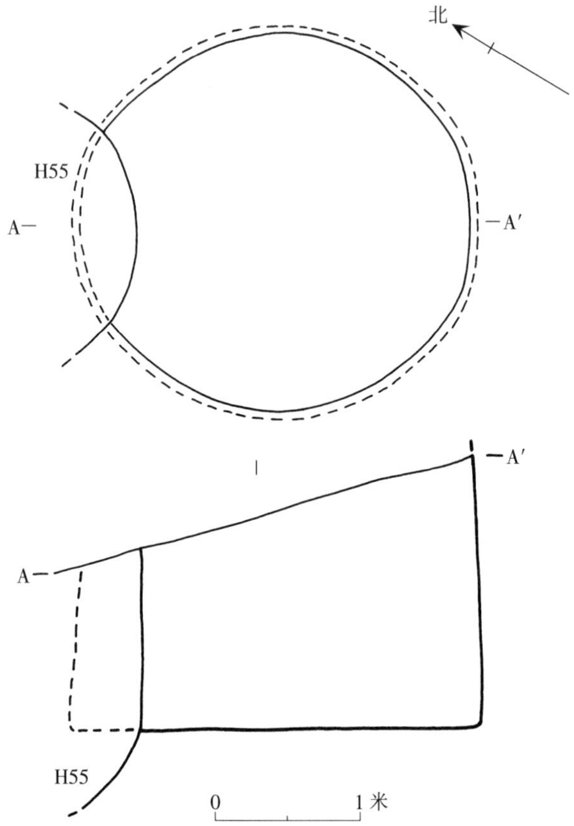

图 2 - 142A　H56 平、剖面图

陶钵　3 件。

标本 H56：1，可修复。泥质红陶。敛口，圆唇，鼓肩，斜腹，底微凹。素面。口径 16、底径 9.6、高 7.2 厘米（图 2 - 142B）。

标本 H56：2，可修复。夹砂红陶。敛口，圆唇，鼓肩，弧腹，平底。素面，抹光。口径 20、底径 8.2、高 10.5 厘米（图 2 - 142B）。

标本 H56：3，可修复。泥质红陶。口微敛，圆唇，弧腹，平底。素面，抹光。口径 20、底径 9.2、高 9.6 厘米（图 2 - 142B）。

陶瓶　4 件。

标本 H56：11，仅存口部。泥质红陶。平唇口，高领。口径 6.8、残高 3 厘米（图 2 - 142B）。

标本 H56：12，仅存底部。泥质红陶。尖底呈直角状。器表饰细密线纹。残高 4.8 厘米（图 2 - 142B）。

标本 H56：14，仅存口部。夹砂红陶。口微侈，圆唇，口颈相连呈管状。素面。口径 4.4、残高 10 厘米（图 2 - 142B）。

标本 H56：15，仅存口及上腹。泥质红陶。直口，圆唇，口颈相连呈管状。素面，口下有一周附加堆纹，器身有抹痕。口径 5.6、残高 15.6 厘米（图 2 - 142B）。

陶盆　3 件。均为宽沿盆。

标本 H56：13，仅存口及腹部。夹砂红陶。敛口，斜折沿，圆唇，弧腹，上腹有一鸡冠状器鋬。素面。残高 6.6 厘米（图 2 - 142B）。

标本 H56：6，仅存口及上腹。泥质红陶。敛口，平折沿，圆唇，弧腹。素面。口径 40、残高 12.4 厘米（图 2 - 142B）。

标本 H56：4，仅存口及上腹。夹砂灰陶。敛口，沿微上斜，圆唇，斜腹。素面。口径 20.8、残高 5 厘米（图 2 - 142B）。

陶罐　6 件。均为鼓腹罐。

标本 H56：10，仅存口及上腹。夹砂红陶。敛口，斜沿，圆唇，腹微鼓，上有一鸡冠状器鋬。器表饰斜向绳纹。残高 5.5 厘米（图 2 - 142B）。

标本 H56：5，仅存口及上腹。夹砂红陶。敛口，斜沿，方唇，腹微鼓。器表饰斜线纹。口径 32.8、底径 8.8 厘米（图 2 - 142B）。

标本 H56：7，仅存口及上腹。夹砂红陶。敛口，斜沿，圆唇，腹微鼓。器表饰交错绳纹。口径 24.8、残高 7.6 厘米（图 2 - 142B）。

标本 H56：8，仅存口及上腹。夹砂红陶。敛口，短斜沿，圆唇，腹微鼓，上有一鸡冠状器鋬。器表饰交错绳纹。残高 8 厘米（图 2 - 142B）。

标本 H56：9，仅存口及上腹。夹砂红陶。敛口，短斜沿，圆唇，腹微鼓。器表饰竖向绳纹和附加堆纹。残高 8 厘米（图 2 - 142B）。

标本 H56：16，可修复。夹砂红陶。口微敛，斜沿，圆唇，上腹微鼓，下腹斜收，平底微凹，上腹有一对鸡冠状器鋬。器表饰竖向绳纹，中腹有一周附加堆纹。口径 15.6、底径 10.4、高 17 厘米（图 2 - 142B）。

陶笄　1件。

标本 H56：17，泥质灰陶。器体呈"T"字形，顶端已残。表面磨光。残长7.2厘米（图2－142B）。

玉笄　2件。

标本 H56：20，绿墨玉。柱状，一端尖锐，一端已残。残长7.4厘米。

标本 H56：21，绿墨玉。柱状，一端尖锐，一端已残。残长7.4厘米。

骨锥　2件。

标本 H56：18，器身扁平，一端圆钝，一端尖锐。长6.4厘米（图2－142B）。

标本 H56：19，器身扁平，一端已残，一端尖锐。残长9.2厘米（图2－142B）。

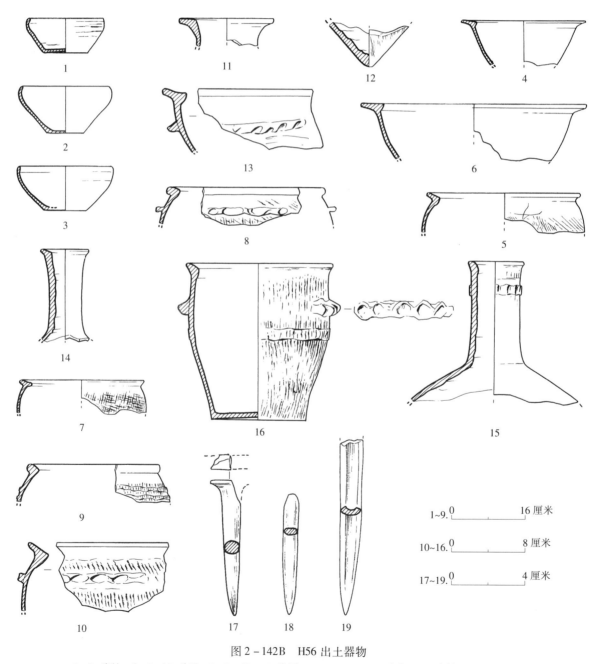

图2－142B　H56 出土器物

1～3. 陶钵　4、6、13. 陶盆　5、7～10、16. 陶罐　11、12、14、15. 陶瓶　17. 陶笄　18、19. 骨锥

29. H58

位于 2009LXⅠT0102 中部，开口①层下，被 H57 打破。坑口为圆形，剖面为袋状，平底。口径 108、底径 164、深 42 厘米。坑内堆积仅一层，灰土，土质疏松，出土少量陶片。

30. H59

位于 2009LXⅠT0102 东北部，开口①层下，打破 H60，大部压于东、北隔梁之下。坑口近圆形，剖面为袋状，平底。口径 180、底径 200、深 160 厘米。坑内堆积仅一层，浅灰土，土色发白，土质疏松，出土少量陶片。

31. H60

位于 2009LXⅠT0102 东北部，开口①层下，被 H59 打破，打破 G7。坑口近圆形，剖面为袋状，平底（图 2-143A）。口径 110、底径 130、深 100 厘米。坑内堆积仅一层，灰土，土质疏松，含有少量炭屑，出土少量陶片。

出土陶器 8 件，器形可辨盆、罐、釜和灶足。

陶盆　2 件。均为宽沿盆。

标本 H60:8，可修复。泥质红陶。敛口，宽平沿，曲腹，平底微凹。素面，盆沿有五个等距分布的黑彩弧边三角。口径 26.8、底径 12.8、高 12 厘米（图 2-143B；图版三七，1）。

标本 H60:2，仅存口部残片。泥质红陶。敛口，斜折沿。素面。口沿残长 12.4、残高 5 厘米（图 2-143B）。

陶罐　4 件。根据形态可分为鼓腹罐和折腹小罐。

鼓腹陶罐　3 件。

标本 H60:1，仅存口部。夹砂红陶。侈口，凹唇。沿下饰竖向绳纹。残高 8 厘米（图 2-143B）。

标本 H60:5，仅存口部。夹砂红陶。敛口，斜沿，鼓腹，附加鸡冠状錾。沿下饰竖向绳纹。残高 4.8 厘米（图 2-143B）。

标本 H60:7，仅存口部。夹砂红陶。敛口，短沿，沿面内凹，腹微鼓。器表饰附加堆纹和斜向绳纹。残高 7.2 厘米（图 2-143B）。

折腹小陶罐　1 件。

标本 H60:3，仅存底部。白陶。残部亚腰形，平底。素面。底径 7、残高 5 厘米（图 2-143B）。

陶釜　1 件。

标本 H60:6，仅存口部。夹砂红陶。敛口，附加鸡冠状錾，其下一周凸沿。素面。口沿残长 13、残高 5.2 厘米（图 2-143B）。

陶灶足　1 件。

标本 H60:4，夹砂红陶。足呈倒梯形。上饰绳纹。宽 6、残高 4 厘米（图 2-143B）。

32. H62

位于 2009LXⅠT0103 中部，开口①层下。坑口为圆形，剖面为袋状，平底（图 2-144）。口径 150、底径 256、深 200 厘米。南壁下套有一筒状小坑。坑内堆积仅一层，灰土，土质疏松，出

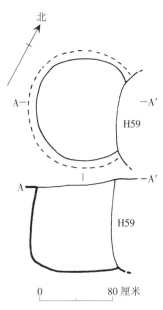

图 2-143A　H60 平、剖面图

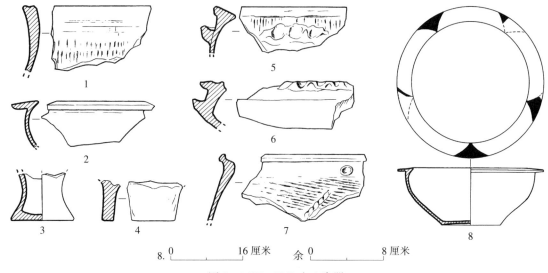

8.　0 ———————— 16 厘米　　余 0 ———————— 8 厘米

图 2-143B　H60 出土陶器

1、3、5、7. 罐　2、8. 盆　4. 灶足　6. 釜

北

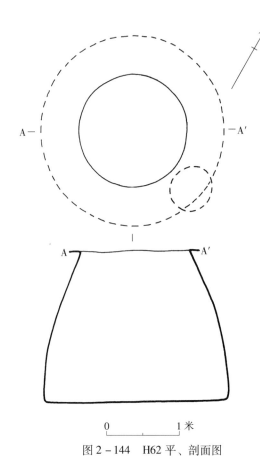

0 ———————— 1 米

图 2-144　H62 平、剖面图

土有陶片等。

33. H64

位于 2009LX Ⅰ T0103 东北部，开口②层下，被 H63 打破，东部压于东隔梁下。坑口为圆形，剖面为袋状，平底。口径 100、底径 138、深 72 厘米。坑内堆积仅一层，浅灰土，土质疏松，含有少量红烧土颗粒，出土有陶片等。

34. H65

位于 2009LX Ⅰ T0103 东南部，开口②层下，打破 H128、H140、H143，东部压于隔梁之下。坑口近圆形，剖面为袋状，平底。口径 170、底径 190、深 80 厘米。坑内堆积仅一层，灰土，土质疏松，含有少量红烧土块及炭屑，出土有陶片和兽骨。

35. H69

位于 2009LX Ⅰ T0504 西南部，开口 G4 下，打破 H70，南部压于隔梁下。坑口近圆形，剖面为袋状，平底。口径 176、底径 226、深 126 厘米。坑内堆积仅一层，灰土，土质硬，含有少量炭屑，出土有陶片等。

出土陶器仅甑 1 件。

标本 H69:1，可修复。泥质红陶。敛口，圆唇，鼓肩，斜腹，平底，底部有一条形箅孔。素面。口径 24.4、底径 11.2、高 12 厘米（图 2-145；图版四二，1、2）。

36. H70

位于 2009LX Ⅰ T0504 南部，开口 G4 下，被 H69 打破，南部压于隔梁下。坑口近圆形，剖面为袋状，平底。口径 176、底径 186、深 190 厘米。坑内堆积仅一层，灰土，土质硬，含有少量炭屑，出土有陶片等。

37. H74

位于 2009LX I T0504 西北部，开口 G4 下，北部压于北隔梁下。坑口近圆形，剖面为袋状，平底。口径 160、底径 170、深 56 厘米。坑内堆积仅一层，灰土，土质疏松，含有黄色硬土块，出土有陶片、兽骨和石块。

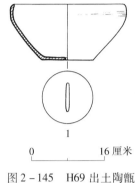

图 2 – 145　H69 出土陶甑

38. H80

位于 2009LX I T0104 西南部，开口②层下，被 G6、H79 打破。坑口近圆形，上部为筒状，壁较直，下部为袋状，平底，底部近坑壁处有一椭圆形筒状小坑（图 2 – 146A）。口径 60 ~ 76、底径 186、深 232 厘米。坑内堆积仅一层，灰土，土质硬，含有少量黄土块、红烧土块及炭屑，出土有陶片和兽骨等。

出土陶器 5 件，骨器 2 件，角器 1 件。陶器器形可辨钵、瓶、轮盘和瓮，骨器为镞，角器为锥。

陶钵　1 件。

标本 H80：3，仅存口及上腹。泥质红陶。敛口，圆唇，鼓肩，斜腹，腹有鸡冠状器鋬。素面，抹光。口径 34、残高 8 厘米（图 2 – 146B）。

陶瓶　1 件。

标本 H80：1，仅存底部。泥质红陶。尖底呈直角状。器表饰细绳纹。残高 5.2 厘米（图 2 – 146B）。

陶瓮　2 件。均为平沿瓮。

标本 H80：2，仅存口及上腹。夹砂褐陶。敛口，平沿，圆唇，直腹。素面，上腹有一圆形附加泥饼。残高 10 厘米（图 2 – 146B）。

标本 H80：5，仅存口及上腹。泥质灰陶。敛口，平沿，圆唇，腹较直。素面，沿下有三周附加堆纹。残高 12.4 厘米（图 2 – 146B）。

陶轮盘　1 件。

标本 H80：4，可修复。夹砂灰陶。直口，平沿，浅腹，平底。素面。口径 43.6、底径 40.8、高 4 厘米（图 2 – 146B）。

骨镞　2 件。

标本 H80：6，柱状，一端尖锐，一端已残。残长 6.2 厘米（图 2 – 146B）。

标本 H80：7，柱状，两端均较尖锐。长 9.1 厘米（图 2 – 146B）。

图 2 – 146A　H80 平、剖面图

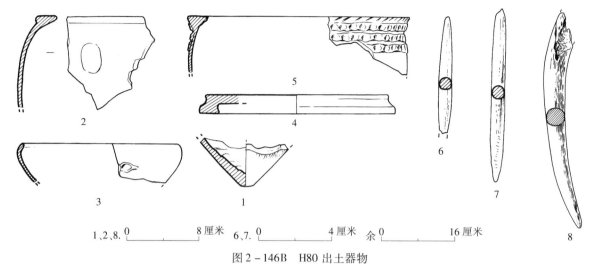

图 2-146B　H80 出土器物

1. 陶瓶　2、5. 陶瓮　3. 陶钵　4. 陶轮盘　6、7. 骨镞　8. 角锥

角锥　1件。

标本 H80：8，采用兽角加工而成，一端已残，一端尖锐。残长 22.7 厘米（图 2-146B）。

39. H81

位于 2009LX I T0204 西南部，开口②层下，被 G9 打破，打破 H112。坑口近圆形，剖面为袋状，平底（图 2-147A）。口径 120、底径 144、深 150 厘米。坑内堆积仅一层，黄灰土，土质疏松，含有草木灰、红烧土块及炭屑，出土少量陶片。

出土陶器 2件，骨器 1件。陶器器形可辨罐、盆，骨器为镞。

陶盆　1件。

标本 H81：1，仅存口部。泥质灰陶。敛口，宽平沿，沿面微鼓，尖圆唇，弧腹，沿面有一穿孔。素面。残高 6 厘米（图 2-147B）。

陶罐　1件。

标本 H81：2，仅存口及上腹。夹砂灰陶。敛口，斜沿，圆唇，上腹较直。器表饰斜向绳纹。口径 32、残高 9.2 厘米（图 2-147B）。

骨镞　1件。

标本 H81：3，锋部为三棱状，铤部较短。长 6.5 厘米（图 2-147B；图版一二六，4）。

40. H82

位于 2009LX I T0204 西北部，开口 G9 下，被 H76 打破。坑口为圆形，剖面为袋状，平底。口径 156、底径 180、深 154 厘米。坑内堆积仅一层，灰土，土质疏松，含有红烧土块及炭屑，出土少量陶片。

41. H86

位于 2009LX I T0104 西北部，开口②层下，被 G11 打破。坑口为圆形，剖面为袋状，平底（图 2-148A）。口径 242、底径 264、深 200 厘米。坑内堆积仅一层，黑灰土，土质疏松，出土有陶片、少量兽骨。

出土陶器 2件，石器 2件。陶器为盘和刀，石器为刀和斧。

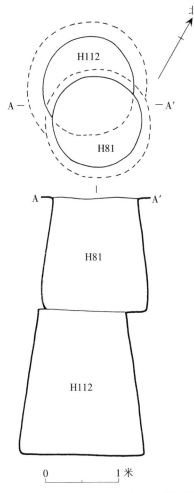

图 2 - 147A　H81、H112 平、剖面图

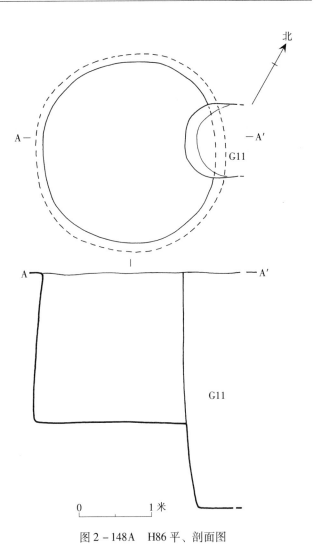

图 2 - 148A　H86 平、剖面图

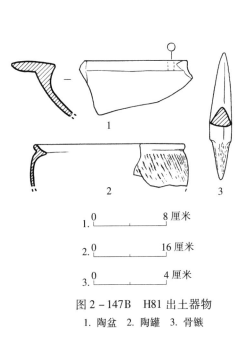

图 2 - 147B　H81 出土器物
1. 陶盆　2. 陶罐　3. 骨镞

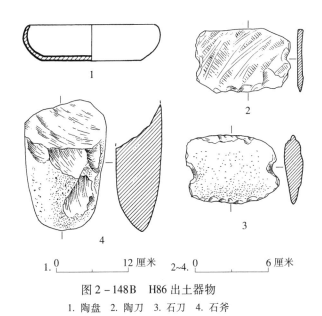

图 2 - 148B　H86 出土器物
1. 陶盘　2. 陶刀　3. 石刀　4. 石斧

陶盘　1件。

标本 H86：1，可修复。泥质灰陶。口微敛，尖圆唇，浅鼓腹，平底。素面。口径 20.4、底径 16.4、高 6 厘米（图 2 - 148B；图版四七，1）。

陶刀　1件。

标本 H86：2，系用瓶类残片打制而成。泥质红陶。长条形，两侧有打制而成的缺口。长 7.8、宽 5、厚 0.4 厘米（图 2 - 148B）。

石刀　1件。

标本 H86：3，打制。长方形，双面刃，两侧有打制而成的缺口。长 7.7、宽 5.4、厚 1.5 厘米（图 2 - 148B；图版一〇〇，4）。

石斧　1件。

标本 H86：4，磨制。长条形，仅存刃部，双面刃。残长 10.3、宽 6.7、厚 3.8 厘米（图 2 - 148B）。

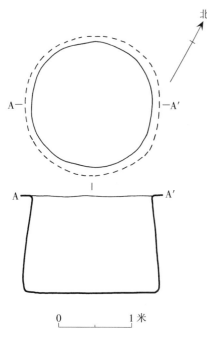

图 2 - 149　H87 平、剖面图

42. H87

位于 2009LXⅠT0305 东南部，开口①层下。坑口为圆形，剖面为袋状，平底（图 2 - 149）。口径 164、底径 184、深 128 厘米。坑内堆积仅一层，黄灰土，土质疏松，含有炭屑及红烧土块，出土有陶片和兽骨。

43. H90

位于 2009LXⅠT0304 中部，开口①层下，打破 H91、G8。坑口为圆形，剖面为袋状，平底。口径 250、底径 270、深 40 厘米。坑内堆积仅一层，灰土，土质疏松，含有少量红烧土及炭屑，出土有陶片等。

44. H91

位于 2009LXⅠT0304 中部偏南，开口①层下，被 H90 打破。坑口为圆形，剖面为袋状，底部不平，中部凸起（图 2 - 150A）。口径 294、底径 360、深 300 厘米。坑内堆积仅一层，灰土，土质硬，出土有陶片、兽骨及石块。

出土陶器 22 件，玉器 1 件，石器 3 件，骨器 1 件。陶器器形可辨钵、瓶、盆、罐、瓮、器盖、鼎足和笄，玉器为笄，石器为斧（图版九三，2）、环、刀，骨器为镞。

陶瓶　3件。

标本 H91：11，仅存口部。泥质灰陶。敞口呈喇叭状，直高领。器表饰细密线纹。口径 10、残高 8.6 厘米（图 2 - 150B）。

标本 H91：15，仅存口部。泥质红陶。平唇口，口内有折棱，直高领。颈部有一周附加堆纹。口径 6.4、残高 7.2 厘米（图 2 - 150B）。

标本 H91：12，仅存底部。泥质灰陶。底呈钝尖状。器表饰交错线纹。残高 6.4 厘米（图 2 - 150B）。

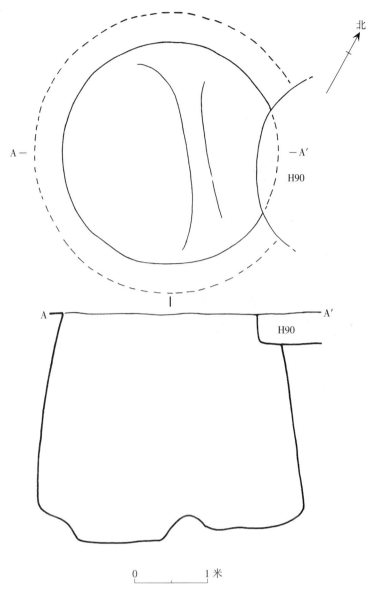

图 2 – 150A　H91 平、剖面图

陶钵　3 件。

标本 H91：6，底部已残，仅存口及上腹。泥质灰陶。敛口，厚圆唇，上腹圆鼓。素面，抹光。口径 24、残高 7.6 厘米（图 2 – 150C）。

标本 H91：9，可修复。夹砂褐陶。直口，尖唇，浅弧腹，平底。素面，抹光。口径 12.4、残高 3.4 厘米（图 2 – 150C）。

标本 H91：21，可修复。泥质灰陶。敞口，尖唇，弧腹，平底。素面。口径 21.6、底径 10.8、高 10.8 厘米（图 2 – 150C；图版四九，3）。

陶盆　8 件。根据形态可分为宽沿盆、窄沿盆和厚唇盆。

窄沿陶盆　1 件。

标本 H91：2，可修复。夹砂灰陶。敛口，窄沿微卷，圆唇，弧腹，平底。器表饰竖向绳纹。口径 24、底径 12.4、高 16.8 厘米（图 2 – 150B；图版四一，4）。

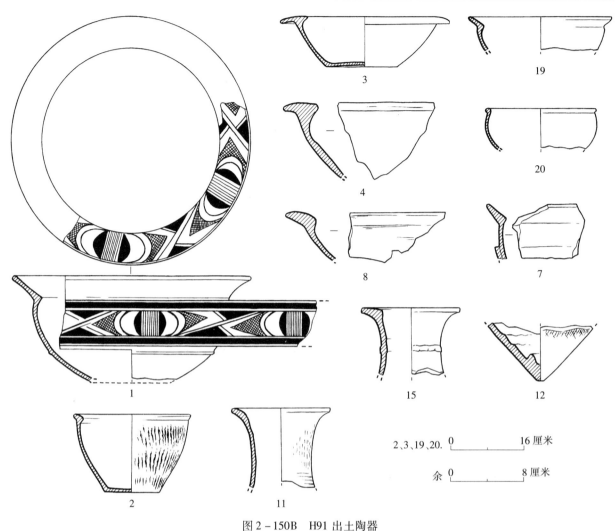

图 2 – 150B　H91 出土陶器

1~4、7、8、19、20. 盆　11、12、15. 瓶

厚唇陶盆　1 件。

标本 H91:20，底部已残，仅存口及上腹。泥质灰陶。敛口，厚圆唇，鼓腹。素面。口径 22.4、残高 8.8 厘米（图 2 – 150B）。

宽沿陶盆　6 件。

标本 H91:1，可修复。泥质红陶。敛口，斜沿外折，圆唇，浅弧腹，平底。素面，腹外壁及盆沿有黑彩三角、斜线和网格组成的几何纹。口径 26.8、底径 8.8、高 10.8 厘米（图 2 – 150B；图版三一，1、2）。

标本 H91:3，可修复。泥质灰陶。敛口，宽平沿，圆唇，弧腹，平底微凹。素面。口径 27.6、底径 15.6、高 11.2 厘米（图 2 – 150B；图版三九，1）。

标本 H91:4，仅存口及上腹。夹砂红陶。敛口，宽沿外折，沿面圆鼓，弧腹。素面。残高 8.4 厘米（图 2 – 150B）。

标本 H91:7，仅存口及上腹。泥质灰陶。口微敛，宽沿上斜，圆唇，腹微鼓。素面，器表有抹痕。残高 6 厘米（图 2 – 150B）。

标本 H91:8，仅存口及上腹。泥质灰陶。敛口，斜沿上翘，沿面圆鼓，圆唇，斜腹。素面。

残高 5.4 厘米（图 2 - 150B）。

标本 H91：19，仅存口及腹部。泥质灰陶。敛口，宽沿上斜，圆唇，弧腹。素面。口径 32、残高 7.2 厘米（图 2 - 150B）。

陶罐　2 件。均为鼓腹罐。

标本 H91：5，仅存口部。夹砂灰陶。敛口，短沿外斜，圆唇，腹微鼓。器表饰竖向绳纹。口径 24、残高 5.2 厘米（图 2 - 150C）。

标本 H91：10，仅存口部。夹砂红陶。敛口，斜沿，圆唇，上腹微鼓，有一鸡冠状器鋬。器表饰粗绳纹。口径 24、残高 6.4 厘米（图 2 - 150C）。

陶瓮　1 件。

标本 H91：13，仅存口部。夹砂红陶。口微敛，圆唇，腹斜收。器表饰粗绳纹和附加堆纹。口径 32、残高 8 厘米（图 2 - 150C）。

陶器盖　2 件。

标本 H91：17，仅存顶部。夹砂褐陶。盖口外敞，平顶。器表饰粗绳纹，顶部有一周按捺窝。残高 8 厘米（图 2 - 150C）。

标本 H91：14，仅存底部。夹砂红陶。盖口外敞，斜腹。器表饰交错绳纹，唇面有多周弦纹。残高 7 厘米（图 2 - 150C）。

陶鼎足　1 件。

标本 H91：16，夹砂红陶。足呈长条状。器表有戳印。残高 7.6 厘米（图 2 - 150C）。

残陶器　1 件。

标本 H91：18，仅存底部。夹砂红陶。器形不明。斜腹，平底。器表饰附加堆纹和弦纹。残高

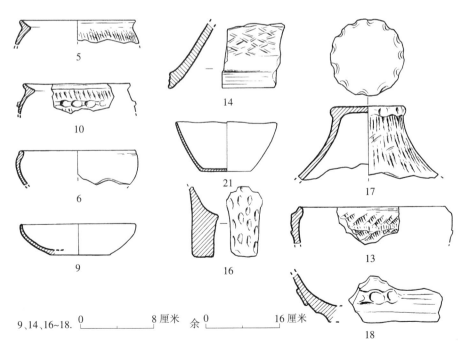

9、14、16~18.　　0　　　　　　8 厘米　　余　0　　　　　　16 厘米

图 2 - 150C　H91 出土陶器

5、10. 罐　6、9、21. 钵　13. 瓮　14、17. 器盖　16. 鼎足　18. 残陶器

5. 2 厘米（图 2 - 150C）。

玉笄　1 件。

标本 H91：23，墨玉。器身呈"T"字形，顶端宽平，尾端尖锐。长 10.9 厘米（图版八八，2）。

45. H93

位于 2009LX Ⅰ T0203 东北部，开口①层下，被 H92 打破。坑口为圆形，上部为筒状，直壁，下部为袋状，平底（图 2 - 151A）。口径 70、底径 190、深 250 厘米。坑内堆积仅一层，灰土，土质疏松，含有大量红烧土块及炭屑，出土有陶片等。

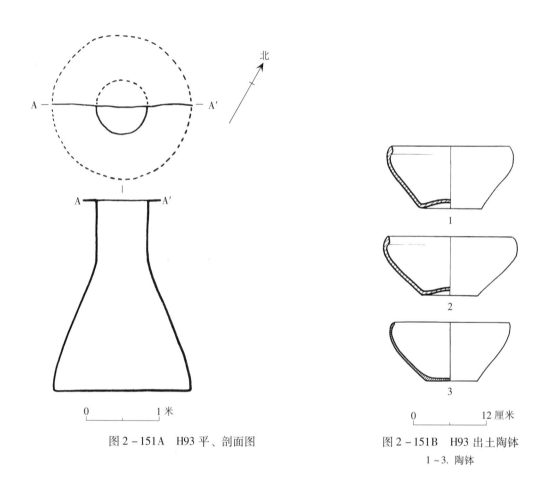

图 2 - 151A　H93 平、剖面图　　　　　图 2 - 151B　H93 出土陶钵
　　　　　　　　　　　　　　　　　　　　　　　　　1 ~ 3. 陶钵

出土陶钵 3 件。

标本 H93：1，可修复。泥质红陶。敛口，圆唇，沿内有凸棱，鼓肩，弧腹，凹底。素面。口径 19. 2、底径 10、高 10 厘米（图 2 - 151B）。

标本 H93：2，可修复。泥质红陶。敛口，尖圆唇，沿内有凸棱，鼓肩，斜腹，凹底。素面。口径 20. 4、底径 9. 2、高 10 厘米（图 2 - 151B）。

标本 H93：3，可修复。泥质红陶。敛口，圆唇，鼓肩，弧腹，平底。素面，抹光。口径 19、底径 8. 4、高 9. 6 厘米（图 2 - 151B；图版五〇，1）。

46. H95

位于 2009LX Ⅰ T0304 北部，开口①层下，被 H96 打破，部分压于北隔梁下。坑口为圆形，剖面为袋状，平底（图2－152A）。口径212、底径252、深236厘米。坑内堆积仅一层，灰土，土质疏松。出土有陶片、兽骨及石块。

出土陶钵、石刀、骨锥各1件。

陶钵 1件。

标本H95∶1，可修复。泥质褐陶。直口，圆唇，弧腹，平底。素面。口径15.4、底径6.7、高6厘米（图2－152B）。

残陶片 1件。

标本H95∶2，为盆类器物残片。泥质红陶。器表饰两周附加堆纹和由刻划组成的圆点、弧边三角组成的图案。残长18.8厘米（图2－152B；图版七三，2）。

石刀 1件。

标本H95∶3，打制。长方形，双面刃，两侧有打制而成的缺口。长8.5、宽5.4、厚1.4厘米（图2－152B；图版一〇〇，3）。

骨锥 1件。

标本H95∶4，器身扁平，一端已残，一端尖锐。残长5厘米（图2－152B）。

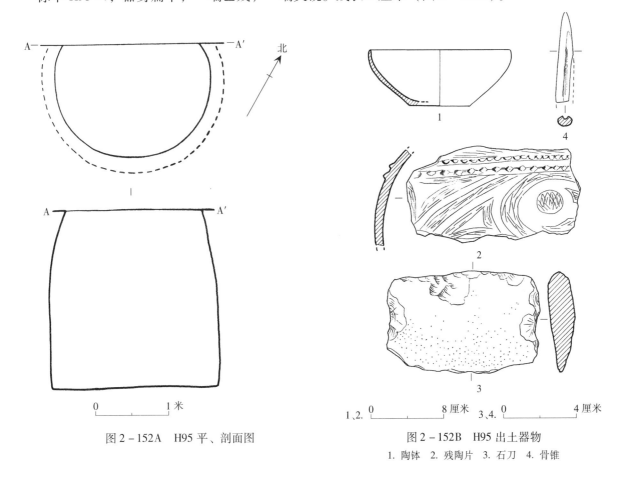

图2－152A H95平、剖面图

图2－152B H95出土器物
1. 陶钵 2. 残陶片 3. 石刀 4. 骨锥

47. H100

位于2009LXⅠT0102中部，开口②层下，被H84、G7打破。坑口为圆形，剖面为袋状，平底（图2－153）。口径132、底径152、深200厘米。坑内堆积仅一层，灰土，土质硬，出土少量陶片。

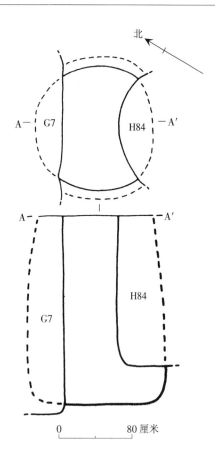

图 2-153　H100 平、剖面图

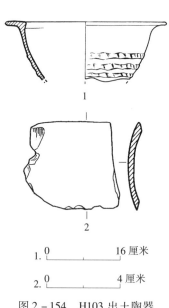

图 2-154　H103 出土陶器
1. 陶盆　2. 陶刀

48. H103

位于 2009LXⅠT0203 西北部,开口①层下,被 H92、H99 打破,北部压于北隔梁下。坑口为圆形,剖面为袋状,坑壁有工具加工痕迹,平底。口径 272、底径 290、深 304 厘米。坑内堆积仅一层,灰土,土质疏松,含红烧土块、草木灰及炭屑,出土有陶片等。

出土陶器有盆、刀各 1 件。

陶盆　1 件。

标本 H103:1,底部已残,仅存口及腹部。夹砂红陶。直口,宽平沿,圆唇,弧腹。下腹饰多周附加堆纹。口径 25.6、残高 12.8 厘米(图 2-154)。

陶刀　1 件。

标本 H103:2,系用钵口沿残片打制而成。泥质红陶。方形,一侧有一缺口。长 5.2、宽 4.6、厚 0.4 厘米(图 2-154)。

49. H104

位于 2009LXⅠT0403 东部,开口①层下,打破 H134、H136。坑口为圆形,剖面为袋状,平底(图 2-155;图版二二,2)。口径 160、底径 180、深 40 厘米。坑内堆积仅一层,浅灰土,土质疏松,含有少量黄土块和草木灰,出土有陶片、兽骨、石块及石刀 2 件。

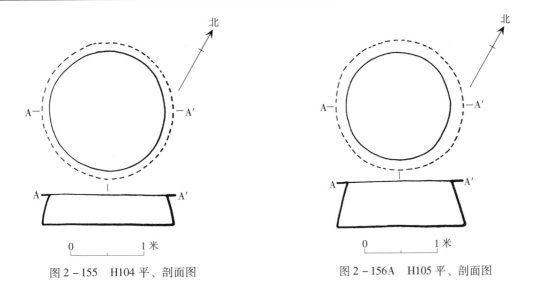

图 2 - 155　H104 平、剖面图　　　　　　　图 2 - 156A　H105 平、剖面图

50. H105

位于 2009LXⅠT0403 西南部，开口①层下，打破 H106。坑口为圆形，剖面为袋状，平底（图 2 - 156A）。口径 144、底径 176、深 60 厘米。坑内堆积仅一层，黑灰土，土质疏松，出土有陶片等。

出土陶器有钵、罐和球各 1 件。

陶钵　1 件。

标本 H105：1，可修复。泥质灰陶。直口，圆唇，弧腹，底外撇成假圈足，平底微凹。素面。口径 15.6、底径 7.4、高 7.2 厘米（图 2 - 156B）。

陶罐　1 件。

标本 H105：2，可修复。夹砂灰陶。敛口，斜折沿，圆唇，鼓腹，平底，上腹有一对鸡冠状器錾。器表饰交错绳纹。口径 18.2、底径 11.6、高 25 厘米（图 2 - 156B）。

陶球　1 件。

标本 H105：3，泥质红陶。球体，器表抹光。直径 3.5 厘米（图 2 - 156B；图版八一，2）。

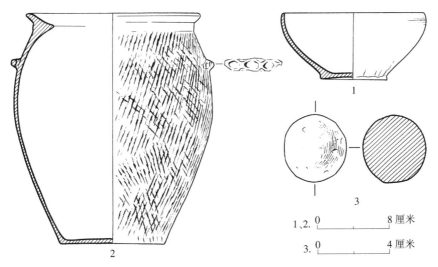

图 2 - 156B　H105 出土陶器

1. 钵　2. 罐　3. 球

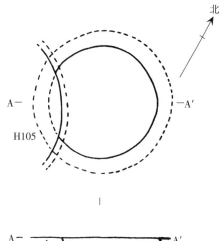

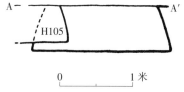

图 2 - 157A　H106 平、剖面图

51. H106

位于 2009LX Ⅰ T0403 中部，开口①层下，被 H105 打破，打破 H125、H136。坑口为圆形，剖面为袋状，平底（图 2 - 157A）。口径 150、底径 190、深 60 厘米。坑内堆积仅一层，灰土，土质疏松，含少量红烧土颗粒，出土有大量陶片等。

出土陶器 11 件，器形可辨钵、瓶、盆、罐和瓮。石器 1 件，为锛。

陶钵　1 件。

标本 H106:6，仅存口及腹部。泥质灰陶。直口，圆唇，浅弧腹。素面。口径 27.2、残高 9.2 厘米（图 2 - 157B）。

陶盆　1 件。

标本 H106:8，仅存口及上腹。泥质灰陶。口微敛，圆唇，上腹微鼓，有一鸡冠状器鋬。素面，器表有抹痕。残高 5.8 厘米（图 2 - 157B）。

陶瓶　2 件。

标本 H106:9，仅存口部。泥质红陶。口微侈，平唇，唇面微凹，直高领。颈部贴有小泥饼。口径 6.4、残高 5.2 厘米（图 2 - 157B）。

标本 H106:11，仅存底部。泥质灰陶。底呈钝尖状。器表饰线纹。残高 7 厘米（图 2 - 157B）。

陶罐　5 件。根据形态可分为鼓腹罐和圆腹罐。

鼓腹陶罐　4 件。

标本 H106:2，仅存口及上腹。夹砂灰陶。敛口，短沿，尖圆唇，上腹较直，有一鸡冠状器鋬。器表饰竖向绳纹和附加堆纹。口径 20、残高 10.4 厘米（图 2 - 157B）。

标本 H106:3，仅存口及上腹。夹砂褐陶。敛口，窄沿外斜，圆唇，上腹微鼓，有一鸡冠状器鋬。器表饰竖向绳纹。口径 22.4、残高 11.6 厘米（图 2 - 157B）。

标本 H106:7，仅存口及上腹。夹砂红陶。敛口，斜折沿，尖圆唇，腹微鼓。器表饰竖向绳纹。口径 20.8、残高 8.8 厘米（图 2 - 157B）。

标本 H106:10，仅存口及上腹。夹砂褐陶。敛口，斜沿，圆唇，上腹较直，有一鸡冠状器鋬。器表饰竖向绳纹。残高 9 厘米（图 2 - 157B）。

圆腹陶罐　1 件。

标本 H106:1，可修复。夹砂红陶。侈口，圆唇，束颈，圆腹，平底微凹。器表饰竖向绳纹。口径 16.8、底径 16.4、高 33.6 厘米（图 2 - 157B；图版五七，5）。

陶瓮　2 件。均为叠唇瓮。

标本 H106:4，仅存口及上腹。夹砂褐陶。敛口，圆唇外叠，腹微鼓。素面。口径 31.2、残高 7.6 厘米（图 2 - 157B）。

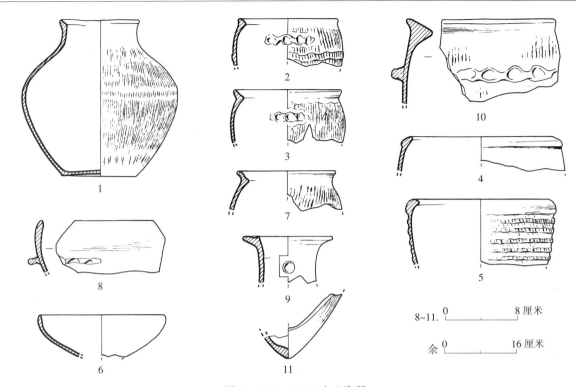

图 2 - 157B　H106 出土陶器

1~3、7、10. 罐　4、5. 瓮　6. 钵　8. 盆　9、11. 瓶

标本 H106：5，仅存口及上腹。夹砂褐陶。敛口，圆唇外叠，腹斜收。上腹有多周附加堆纹。口径 28.8、残高 14 厘米（图 2 - 157B）。

52. H107

位于 2009LXⅠT0303 东北部，开口①层下，被 H36 打破。坑口为圆形，剖面为袋状，平底（图 2 - 158A）。口径 230、底径 294、深 100 厘米。坑内堆积仅一层，灰土，土质疏松，含有少量红烧土块，出土有大量陶片及少量兽骨、石块。

出土陶器 13 件，玉器 2 件，石器 4 件，骨器 8 件。陶器器形可辨钵、瓶、盆、罐、缸、瓮、器盖和灶，玉器为笄，石器为锤、笄和石料，骨器为锥、镞和笄。

陶钵　3 件。

标本 H107：7，仅存口部。泥质红陶。敛口，尖圆唇，浅弧腹。素面。口径 29.6、残高 6 厘米（图 2 - 158B）。

标本 H107：1，仅存口及上腹。泥质红陶。敛口，宽平沿，圆唇，鼓腹。素面。口径 18.4、

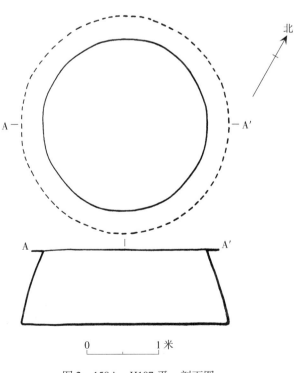

图 2 - 158A　H107 平、剖面图

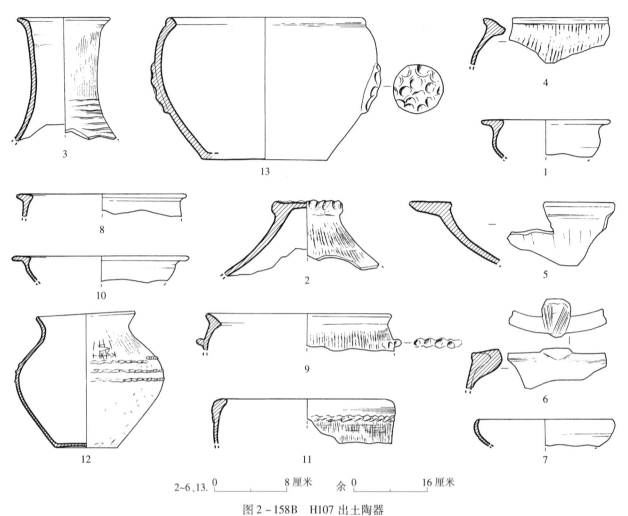

图 2 - 158B　H107 出土陶器

1、7、13. 钵　2. 器盖　3. 瓶　4、9、12. 罐　5、10. 盆　6. 灶　8. 缸　11. 瓮

残高 8 厘米（图 2 - 158B）。

标本 H107：13，可修复。泥质红陶。敛口，厚圆唇，鼓腹，腹部有一对圆形器錾，平底。素面，錾上有按捺窝。口径 21.2、底径 14、高 15.4 厘米（图 2 - 158B；图版四八，1）。

陶瓶　1 件。

标本 H107：3，仅存口部。泥质灰陶。口微侈，圆唇，口内有一不明显折棱，直高领。颈以下饰抹弦纹。口径 9.2、残高 13.2 厘米（图 2 - 158B）。

陶盆　2 件。均为宽沿盆。

标本 H107：10，仅存口部。泥质红陶。敛口，宽平沿，弧腹。素面。口径 32、残高 5.6 厘米（图 2 - 158B）。

标本 H107：5，仅存口部。夹砂红陶。敛口，宽平沿，尖圆唇，弧腹。素面，有抹痕。残高 7 厘米（图 2 - 158B）。

陶罐　3 件。根据形态可分为鼓腹罐和小口圆腹罐。

鼓腹陶罐　2 件。

标本 H107：4，仅存口及上腹。夹砂红陶。敛口，短沿外斜，圆唇，鼓腹。器表饰斜向绳纹。残高5厘米（图2－158B）。

标本 H107：9，仅存口及上腹。夹砂红陶。敛口，斜沿，圆唇，上腹微鼓，有一对鸡冠状器鋬。腹饰竖向绳纹。口径40.8、残高8厘米（图2－158B）。

小口圆腹陶罐　1件。

标本 H107：12，可修复。夹砂红陶。侈口，圆唇，束颈，圆腹，平底微凹。器表饰竖向绳纹，腹有三周附加堆纹，肩部有刻划符号。口径21.2、底径13.6、高29.2厘米（图2－158B；图版五七，1）。

陶瓮　1件。为叠唇瓮。

标本 H107：11，仅存口及上腹。夹砂红陶。敛口，圆唇外叠，直腹。口下有一周附加堆纹，器表饰交错绳纹。口径36、残高9.6厘米（图2－158B）。

陶缸　1件。

标本 H107：8，仅存口部。泥质红陶。口微敛，窄平沿，直腹。素面。口径30.4、残高5.6厘米（图2－158B）。

陶器盖　1件。

标本 H107：2，仅存顶部。夹砂红陶。盖口外敞，平顶。器表饰竖向绳纹，捉手有一周按捺窝。残高8厘米（图2－158B）。

陶灶　1件。

标本 H107：6，仅存口部。夹砂红陶。敛口，圆唇，口上有一泥凸。残高4.4厘米（图2－158B）。

玉笄　2件。

标本 H107：23，墨玉。柱状，一端已残，一端尖锐。残长5厘米。

标本 H107：24，墨玉。柱状，一端已残，一端尖锐。残长4.4厘米。

石料　1件。

标本 H107：14，条状，一端较粗，一端较细，两面平整，两侧有对切痕。残长7、宽3.7、厚1.2厘米（图2－158C）。

石锤　1件。

标本 H107：15，器表磨光。长条状，粗端较平，细端已残。残长13、宽7.7、厚5.5厘米（图2－158C）。

骨锥　6件。

标本 H107：16，一端尖锐，一端保留有关节头。长10.8厘米（图2－158C）。

标本 H107：17，柱状，一端已残，一端尖锐。残长6.1厘米（图2－158C）。

标本 H107：18，柱状，一端已残，一端尖锐。残长6.9厘米（图2－158C）。

标本 H107：19，一端宽扁，另一端分为两支，一支已残。长11.3厘米（图2－158C）。

标本 H107：20，棱柱状，一端已残，一端尖锐。残长8.6厘米（图2－158C）。

标本 H107：21，棱柱状，一端已残，一端尖锐。残长7.4厘米（图2－158C）。

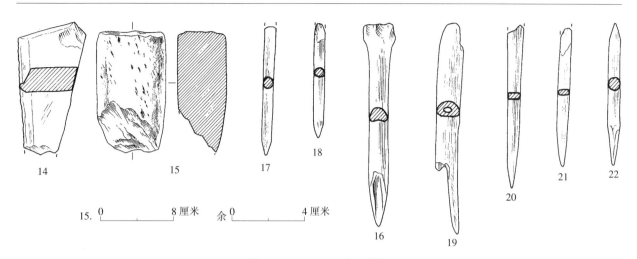

图 2 - 158C　H107 出土器物

14. 石料　15. 石锤　16~21. 骨锥　22. 骨镞

骨镞　1 件。

标本 H107:22，锋部为柱状，尖锐，铤部较长。长 7.5 厘米（图 2 - 158C；图版一二六，5）。

骨笄　1 件。

标本 H107:25，柱状，顶有笄帽，一端尖锐（图版一二三，1）。

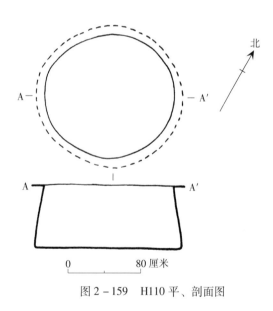

图 2 - 159　H110 平、剖面图

陶钵　3 件。

标本 H111:1，仅存口及腹部。泥质红陶。大敞口，圆唇，浅弧腹。素面。口径 15.2、残高 5 厘米（图 2 - 160B）。

标本 H111:2，仅存口及腹部。泥质灰陶。直口，尖圆唇，弧腹。素面。口径 13.6、残高 4.9 厘米（图 2 - 160B）。

标本 H111:7，仅存口及腹部。泥质灰陶。直口，厚圆唇，浅弧腹。素面。口径 29.6、残高 9.2 厘米（图 2 - 160B）。

53. H110

位于 2009LX I T0403 西北部，开口①层下。坑口为圆形，剖面为袋状，平底（图 2 - 159）。口径 140、底径 160、深 70 厘米。坑内堆积仅一层，灰土，土质疏松，含草木灰及炭屑，出土有陶片及少量兽骨。

54. H111

位于 2009LX I T0403 东北部，开口①层下。坑口为圆形，剖面为袋状，平底（图 2 - 160A）。口径 210、底径 230、深 174 厘米。坑内堆积仅一层，灰土，土质硬，含红烧土块，出土有陶片及少量兽骨、石块。

出土陶器 13 件，器形可辨钵、盆、罐和瓮。石器及骨器各 1 件，均为刀。

陶盆 3件。根据形态可分为宽沿盆和窄沿盆。

宽沿陶盆 1件。

标本H111：10，仅存口及上腹。泥质灰陶。敛口，宽沿外斜，沿面微鼓，浅弧腹。素面，器表有抹痕。口径44、残高8.7厘米（图2－160B）。

窄沿陶盆 2件。

标本H111：8，仅存口及上腹。泥质红陶。口微敛，窄沿微卷，圆唇，弧腹。素面。口径27.2、残高6厘米（图2－160B）。

标本H111：9，仅存口及上腹。泥质灰陶。敛口，沿微卷，圆唇，鼓腹。素面。口径24.8、残高6厘米（图2－160B）。

陶罐 6件。根据形态可分为鼓腹罐和小口圆腹罐。

鼓腹陶罐 5件。

标本H111：3，仅存口及上腹。夹砂红陶。敛口，短沿外斜，尖圆唇，上腹微鼓，有一鸡冠状器鋬。器表饰斜向绳纹。残高5.8厘米（图2－160B）。

标本H111：4，仅存口及上腹。夹砂红陶。敛口，短沿外斜，圆唇，鼓腹。器表饰竖向绳纹和抹弦纹。残高6厘米（图2－160B）。

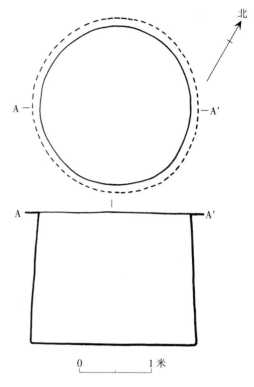

图2－160A H111平、剖面图

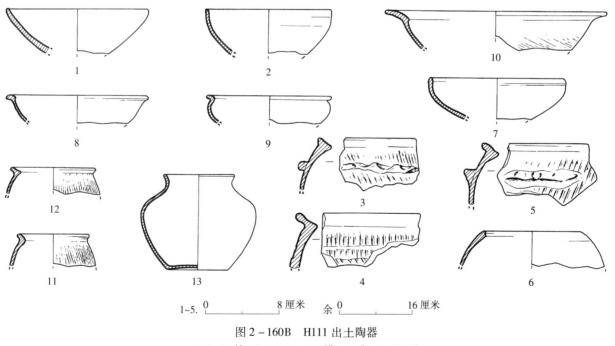

图2－160B H111出土陶器

1、2、7. 钵 3～5、11～13. 罐 6. 瓮 8～10. 盆

标本 H111：5，仅存口及上腹。夹砂灰陶。敛口，斜折沿，圆唇，上腹微鼓，有一鸡冠状器鋬。器表饰斜向绳纹。残高 6.8 厘米（图 2－160B）。

标本 H111：11，仅存口及上腹。夹砂灰陶。敛口，沿微外卷，圆唇，腹微鼓。器表饰斜向绳纹。口径 14.4、残高 7.2 厘米（图 2－160B）。

标本 H111：12，仅存口及上腹。泥质灰陶。敛口，斜折沿，圆唇，腹微鼓。腹饰竖向绳纹。口径 17.6、残高 5.8 厘米（图 2－160B）。

小口圆腹陶罐　1 件。

标本 H111：13，可修复。泥质灰陶。侈口，圆唇，敛颈，圆腹，平底微凹。素面。口径 14.8、底径 13.2、高 20.8 厘米（图 2－160B；图版五八，4）。

陶瓮　1 件。

标本 H111：6，仅存口部。夹砂红陶。敛口，方唇，鼓腹。素面。口径 20.8、残高 8 厘米（图 2－160B）。

55. H112

位于 2009LXⅠT0204 西南部，开口 H81 下，被 H92、H101、G9 打破。坑口为圆形，剖面为袋状，平底（见图 2－147A）。口径 124、底径 170、深 190 厘米。坑内堆积仅一层，灰土，土质疏松，含草木灰、红烧土块，出土有大量陶片等。

出土陶器 14 件，玉器 1 件，石器 8 件。陶器器形可辨钵、瓶、盆、罐、缸、釜、灶、笄和环，玉器为笄，石器为刀、斧、楔和球。

陶钵　2 件。

标本 H112：1，可修复。泥质红陶。敛口，圆唇，鼓肩，斜腹，平底微凹。素面。口径 20.2、底径 8.8、高 10 厘米（图 2－161A）。

标本 H112：8，仅存口及腹部。泥质红陶。口微敛，尖圆唇，唇内有一凸棱，弧腹。素面。口径 21.6、残高 8 厘米（图 2－161A）。

陶瓶　3 件。

标本 H112：3，可修复。泥质红陶。平唇口，直高领微束，鼓肩，中腹微凹，钝尖底。颈部贴有小泥饼，器表饰线纹和抹弦纹，肩部有涡纹。口径 11.6、高 65.6 厘米（图 2－161A；图版三三，1）。

标本 H112：4，可修复。泥质红陶。侈口近喇叭状，圆唇，束颈，肩部圆鼓，中腹微凹，底钝尖呈纽状。颈部贴有圆形泥饼，器表饰线纹和抹弦纹，肩部有涡纹。口径 8.4、高 60 厘米（图 2－161A；图版三三，1）。

标本 H112：12，仅存口及腹部。泥质红陶。侈口近喇叭状，口内有一明显的折棱，直高领，肩部圆鼓。口下贴附有小泥饼，颈部有一周附加泥条，以下饰细密线纹和抹弦纹，颈部有涡纹。口径 8、残高 28 厘米（图 2－161A；图版三四，2）。

陶盆　1 件。

标本 H112：6，仅存口及腹部。夹砂红陶。敛口，宽平沿，圆唇，弧腹。素面。口径 21.6、残高 5.6 厘米（图 2－161A）。

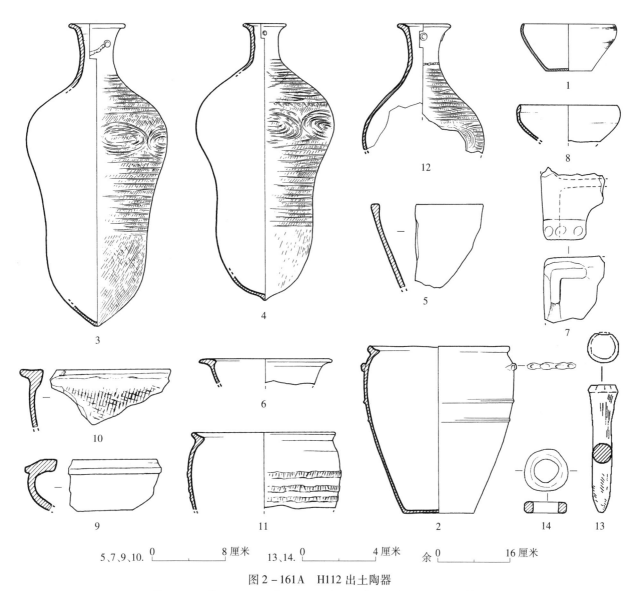

图 2-161A H112 出土陶器

1、8. 钵 2、11. 罐 3、4、12. 瓶 5、10. 缸 6. 盆 7. 灶 9. 釜 13. 笄 14. 环

陶罐 2 件。均为鼓腹罐。

标本 H112:2,可修复。夹砂红陶。敛口,斜沿,圆唇,上腹微鼓,下腹斜收,平底,沿下有一对鸡冠状器鋬。素面,腹有两道附加堆纹。口径30.8、底径15.6、高30厘米(图2-161A;图版五九,1)。

标本 H112:11,仅存口及上腹。夹砂红陶。敛口,斜沿,圆唇,上腹外鼓。腹饰多周附加堆纹。口径29.6、残高16.4厘米(图2-161A)。

陶缸 2 件。

标本 H112:10,仅存口及上腹。夹砂红陶。敛口,窄平沿,圆唇,上腹较直。器表饰交错绳纹。残高6厘米(图2-161A)。

标本 H112:5,仅存口及上腹。夹砂红陶。口较直,方唇,斜腹。素面。残高9厘米(图2-161A)。

陶釜　1件。

标本H112:9，仅存口部。夹砂红陶，器表有红色陶衣。敛口，唇外叠，浅鼓腹。素面。残高5.6厘米（图2-161A）。

陶灶　1件。

标本H112:7，仅存足部。夹砂红陶。直腹，平底，下接曲尺形矮足。足下部有按捺窝，器表抹光。残高8厘米（图2-161A）。

陶笄　1件。

标本H112:13，泥质红陶。柱状，一端尖锐，一端圆钝。长6.8厘米（图2-161A；图版八二，6）。

陶环　1件。

标本H112:14，泥质红陶。圆环状，边缘有磨痕。外径2.4、内径1.4厘米（图2-161A；图版八三，6）。

石刀　3件。

标本H112:15，打制。长方形，单面刃，两侧有打制而成的缺口。长7.5、宽4.7、厚0.9厘米（图2-161B）。

标本H112:16，打制。长方形，双面刃，两侧有打制而成的缺口。长6.2、宽4.3、厚1厘米（图2-161B）。

标本H112:17，打制。长方形，双面刃，两侧有打制而成的缺口。长9.5、宽4.9、厚1.1厘米（图2-161B）。

石斧　2件。

标本H112:18，局部磨光。呈梯形，双面刃，器身有打制疤痕。长12.1、宽7.6、厚3.2厘米

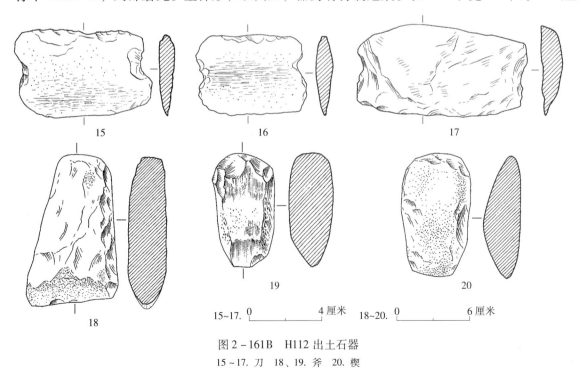

图2-161B　H112出土石器

15~17. 刀　18、19. 斧　20. 楔

（图2－161B；图版九三，3）。

标本H112∶19，磨制。条形，双面刃，另一端圆钝，有残损。长9、宽5.2、厚3.6厘米（图2－161B）。

石楔　1件。

标本H112∶20，磨制。梭形，单面刃，一端圆钝。长9.8、宽5.8、厚3.1厘米（图2－161B）。

石球　2件。

标本H112∶21，略残。不规则球形，表面有坑疤。长径4.4、短径4.1厘米。

标本H112∶22，完整。球形，表面磨光。直径2.1厘米。

56. H113

位于2009LXⅠT0204东北部，开口②层下。坑口为圆形，剖面为袋状，平底（图2－162；图版二三，1）。口径190、底径252、深160厘米。坑内堆积仅一层，灰褐土，土质硬。出土有少量陶片等。

57. H115

位于2009LXⅠT0402西北部，开口①层下，打破H146。坑口为圆形，剖面为袋状，平底（图2－163A）。口径140、底径150、深40厘米。坑内堆积仅一层，灰土，土质疏松，出土有少量陶片等。

出土陶器有盆、钵各1件。

陶盆　1件。

标本H115∶1，仅存口部。泥质灰陶。敞口，方唇，弧腹，口下有一鸡冠状器鋬。素面。残高5厘米（图2－163B）。

陶钵　1件。

标本H115∶2，仅存口及腹部。泥质灰陶。敛口，卷唇，口外形成一周浅凹槽，浅弧腹。素面。口径20.2、残高6.6厘米（图2－163B）。

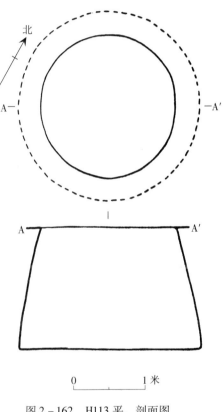

图2－162　H113平、剖面图

58. H118

位于2009LXⅠT0403西部，开口①层下，被H117打破，打破H119。坑口为圆形，剖面为袋状，平底（图2－164A）。口径160、底径180、深100厘米。坑内堆积仅一层，灰土，土质疏松，出土有陶片等。

59. H119

位于2009LXⅠT0403西北部，开口①层下，被H118打破。坑口为椭圆形，剖面为袋状，平底（图2－164A）。口径144～200、底径164～220、深50厘米。坑内堆积仅一层，灰土，土质疏松，出土有陶片。

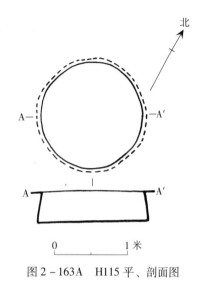

图 2 – 163A　H115 平、剖面图

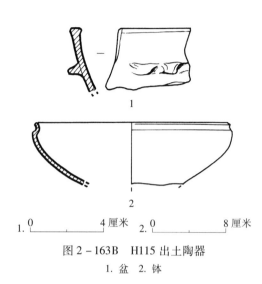

图 2 – 163B　H115 出土陶器
1. 盆　2. 钵

出土陶钵、玉环、石球各 1 件，骨锥 2 件。

陶钵　1 件。

标本 H119：1，可修复。泥质红陶。直口，圆唇，弧腹，平底。素面，器壁有四个圆形穿孔。口径 24、底径 11.6、高 15.2 厘米（图 2 – 164B；图版四九，4）。

玉环　1 件。

标本 H119：2，白玉。残断，断面为圆柱状。长 5.1 厘米（图 2 – 164B）。

石球　1 件。

标本 H119：5，完整。球形，表面磨光，有少许磕豁。直径 3 厘米。

骨锥　2 件。

标本 H119：3，圆柱状，一端残断，一端尖锐。长 10.8 厘米（图 2 – 164B）。

60. H120

位于 2009LXⅠT0404 中部，开口①层下，打破 G4。坑口为圆形，剖面为袋状，平底（图 2 – 165A）。口径 280、底径 340、深 110 厘米。坑内堆积仅一层，灰土，土质硬，出土有陶片、兽骨、石块等。

出土陶盆、石刮削器、骨镞、骨锥各 1 件。

陶盆　1 件。

标本 H120：1，底部已残。泥质红陶。敞口，窄沿微上斜，圆唇，浅弧腹。素面，器表有抹痕。口径 24、残高 8 厘米（图 2 – 165B）。

石刮削器　1 件。

标本 H120：2，圆饼状，中间较厚，周缘有打制痕迹。直径 7.3、厚 2.3 厘米（图 2 – 165B）。

骨锥　1 件。

标本 H120：3，柱状，一端圆钝，一端尖锐。长 10.5 厘米（图 2 – 165B）。

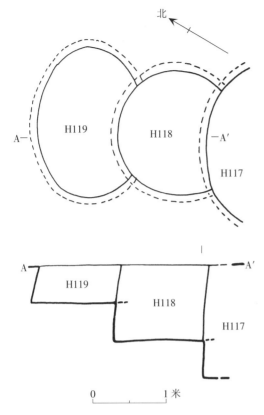

图 2 - 164A　H118、H119 平、剖面图

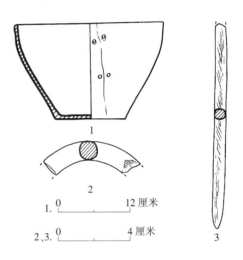

图 2 - 164B　H119 出土器物

1. 陶钵　2. 玉环　3. 骨锥

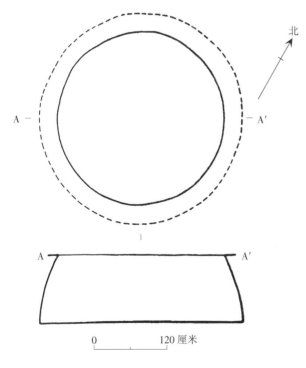

图 2 - 165A　H120 平、剖面图

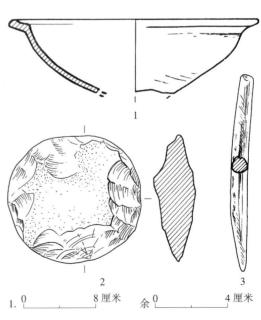

图 2 - 165B　H120 出土器物

1. 陶盆　2. 刮削器　3. 骨锥

61. H121

位于2009LXⅠT0403东部，开口①层下，打破H123、H134，小部分压于东隔梁下。坑口为圆形，剖面为袋状，平底（图2－166）。口径120、底径140、深70厘米。坑内堆积仅一层，灰土，土质疏松，出土有陶片及少量螺壳。

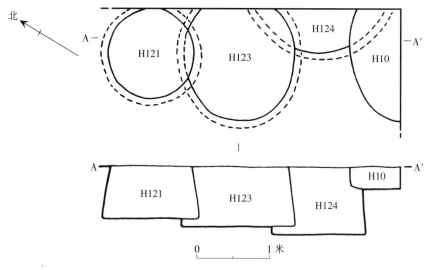

图2－166　H121、H123、H124平、剖面图

62. H122

位于2009LXⅠT0402西南部，开口①层下，打破G10。坑口为圆形，剖面为袋状，平底（图2－167）。口径230、底径270、深150厘米。坑内堆积仅一层，黄褐土，土质硬，颗粒度大，含黄土块、红烧土块及炭屑，出土有陶片等。

63. H123

位于2009LXⅠT0403东南部，开口①层下，被H121打破，打破H124，部分压于东隔梁下。坑口为圆形，剖面为袋状，平底（见图2－166）。口径150、底径170、深80厘米。坑内堆积仅一层，灰土，土质疏松，出土有陶片等（图版七〇，6）。

出土石球1件。

标本H123：1，完整。球形，表面有磕豁。直径4.1厘米（图版一一四，5）。

64. H124

位于2009LXⅠT0403东南部，开口①层下，被H10、H123打破，大部分压于东隔梁下。坑口为圆形，剖面为袋状，平底（见图2－166）。口径180、底径200、深90厘米。坑内堆积仅一层，红褐土，土质硬，含红烧土块，仅出有一块陶片。

65. H125

位于2009LXⅠT0403东南部，开口②层下，被H106打破。坑口为椭圆形，剖面为袋状，平底（图2－168）。口径134～290、底径140～298、深80厘米。坑内堆积仅一层，深灰土，土质疏松，出土有陶片等。

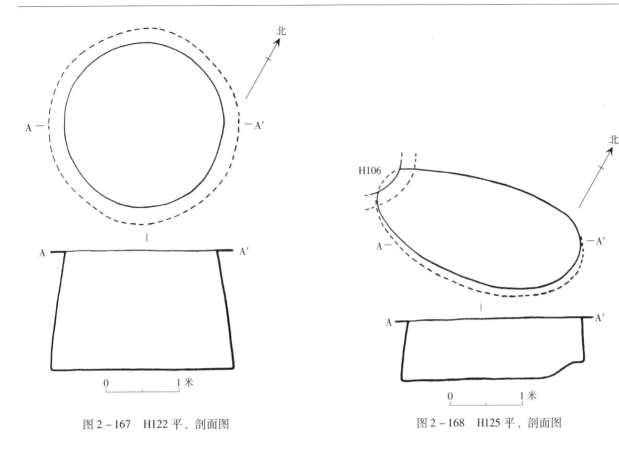

图 2 - 167　H122 平、剖面图　　　　　　　图 2 - 168　H125 平、剖面图

66. H126

位于 2009LX Ⅰ T0104 东南部，开口②层下，被 G6 打破。坑口为圆形，剖面为袋状，平底（图 2 - 169A）。口径 280、底径 320、深 220 厘米。坑内堆积仅一层，黄灰土，土色发红，土质疏松，出土有少量陶片等。

出土陶器 8 件，器形可辨钵、盆、罐、瓮和刀。玉、石器各 1 件，均为笄。骨器 1 件，为锥。

陶钵　3 件。

标本 H126：1，仅存口及腹部。泥质红陶。直口，尖圆唇，弧腹。素面。残高 7 厘米（图 2 - 169B）。

标本 H126：2，仅存口部。泥质红陶。敛口，圆唇，鼓肩，斜腹。素面。残高 6 厘米（图 2 - 169B）。

标本 H126：5，仅存口部。泥质灰陶。口微敛，方圆唇，弧腹。素面。残高 9 厘米（图 2 - 169B）。

陶盆　2 件。根据形态可分为宽沿盆和窄沿盆。

宽沿陶盆　1 件。

标本 H126：3，仅存口及上腹。泥质灰陶。敛口，宽沿上斜，圆唇，弧腹。素面。残高 6 厘米（图 2 - 169B）。

窄沿陶盆　1 件。

标本 H126：6，底部已残。夹砂红陶。敛口，窄平沿，尖圆唇，弧腹。素面。口径 21.6、残高 9.2 厘米（图 2 - 169B）。

陶罐　1 件。

标本 H126：4，仅存口及上腹。夹砂红陶。直口，短沿上斜，尖圆唇，上腹微鼓，有一鸡冠状器鋬。器表饰交错绳纹。残高 8 厘米（图 2 - 169B）。

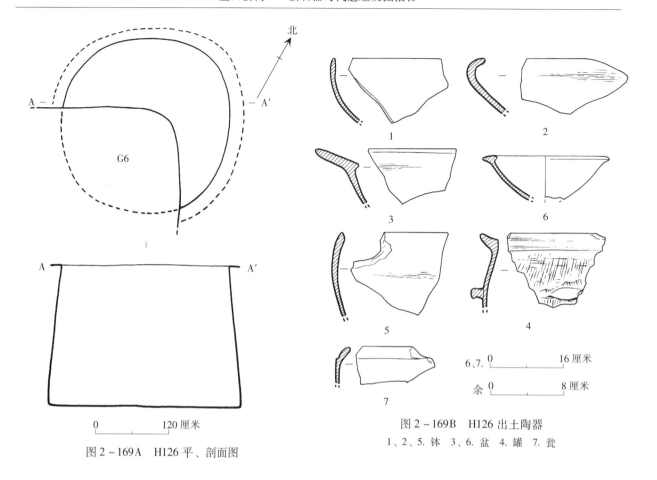

图 2-169A　H126 平、剖面图

图 2-169B　H126 出土陶器
1、2、5. 钵　3、6. 盆　4. 罐　7. 瓮

陶瓮　1件。

标本 H126:7，仅存口部。泥质灰陶。敛口，圆唇，上腹较直。素面，抹光。残高 8 厘米（图 2-169B）。

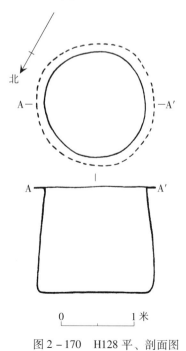

图 2-170　H128 平、剖面图

玉笄　1件。

标本 H126:9，灰墨玉。柱状，一端已残。一端尖锐。残长 5.6 厘米。

67. H128

位于 2009LXⅠT0103 东南部，开口②层下，被 H65 打破，打破 H129。坑口为圆形，剖面为袋状，平底（图 2-170）。口径 140、底径 160、深 140 厘米。坑内堆积仅一层，灰褐土，土质疏松，出土有陶片等。

68. H129

位于 2009LXⅠT0103 东南部，开口②层下，被 H128 打破。坑口近椭圆形，剖面为袋状，底部不平（图 2-171A）。口径 220~240、底径 240~260、深 110 厘米。坑内堆积仅一层，灰褐土，土质疏松，出土有陶片等。

出土陶甑、陶缸、骨笄各 1件。

陶甑　1件。

标本 H129：1，可修复。泥质褐陶。敞口，尖圆唇，弧腹，平底，底部有圆形箅孔，上腹有一对鸡冠状器鋬。素面，外壁较粗糙，内壁有白色附着物。口径 24.4、底径 11.6、高 16.8 厘米（图 2 - 171B；图版四四，1、2）。

陶缸　1件。

标本 H129：2，可修复。泥质红陶。直口，厚圆唇，上腹较直，下腹斜收，平底。素面。口径 31.2、底径 16、高 28.8 厘米（图 2 - 171B；图版六〇，2）。

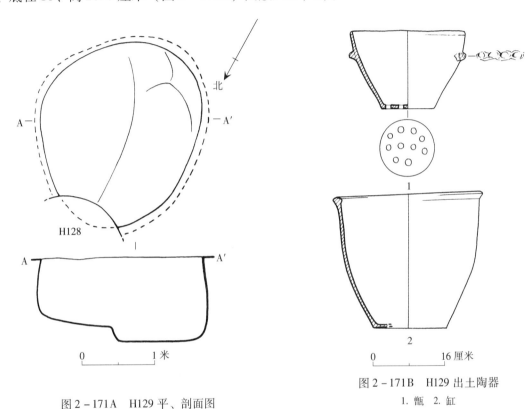

图 2 - 171A　H129 平、剖面图

图 2 - 171B　H129 出土陶器
1. 甑　2. 缸

69. H130

位于 2009LXⅠT0103 西南角，开口②层下，打破 H131，大部压于隔梁之下。坑口近圆形，剖面为袋状，平底。口径 150 ~ 170、底径 170 ~ 180、深 94 厘米。坑内堆积仅一层，灰褐土，土质疏松，出土有陶片及石刀 1 件、骨锥 4 件。

70. H132

位于 2009LXⅠT0103 西南部，开口②层下，被 H131 打破，大部压于隔梁之下。坑口近圆形，剖面为袋状，平底。口径 80 ~ 90、底径 100 ~ 110、深 20 厘米。坑内堆积仅一层，灰褐土，土质硬，出土有陶片及骨锥 1 件。

71. H137

位于 2009LXⅠT0103 西南部，开口②层下，被 H131 打破，打破 H138、G12。坑口为圆形，剖面为袋状，平底。口径 176、底径 196、深 80 厘米。坑内堆积仅一层，灰褐土，土质硬，出土有陶片及兽骨。

72. H138

位于2009LXⅠT0103西南部，开口②层下，被H66、H137打破。坑口为圆形，剖面为袋状，底近平，东壁下有一椭圆形小坑（图2-172A）。口径170、底径190、深70厘米。坑内堆积仅一层，黄褐土，土质硬，出土有陶片等。

出土陶器3件，器形可辨钵、瓶和盆。石器1件，为球。

陶钵　1件。

标本H138:3，仅存口及上腹。泥质灰陶。直口，尖圆唇，弧腹。素面。口径32、残高7.2厘米（图2-172B）。

陶瓶　1件。

标本H138:1，仅存口部。泥质灰陶。侈口，尖唇，直高领。素面。口径7.2、残高7.2厘米（图2-172B）。

陶盆　1件。

标本H138:2，仅存口及上腹。泥质灰陶。直口，窄卷沿，圆唇，深弧腹。素面，器表有抹痕。口径27.2、残高8厘米（图2-172B）。

石球　1件。

标本H138:4，完整。球形，表面有少许磕豁。直径5.9厘米。

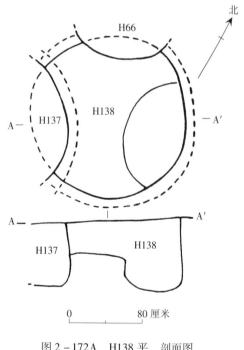

图2-172A　H138平、剖面图

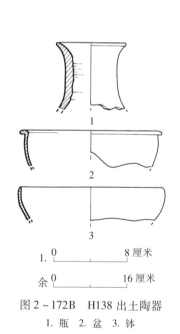

图2-172B　H138出土陶器

1. 瓶　2. 盆　3. 钵

73. H140

位于2009LXⅠT0103东南部，开口②层下，被H65打破。坑口为圆形，为两子母坑相套结构；上坑上部呈筒状，下为袋状；下坑形制和上坑相同（图2-173A；图版二三，2）。上坑口径70、底径220、深320厘米，下坑口径60、底径192、深240厘米。上坑堆积仅一层，灰土，土质疏松，含大量炭屑；下坑堆积仅一层，灰土，土质疏松，含有少量炭屑及植物遗存；出土有陶片、石杵及兽骨。

值得一提的是，在下坑底部发现一具人头骨，出土时仍留有刺入左眼眶内的骨锥 1 枚。

出土陶器 5 件，石器 2 件，骨器 2 件。陶器为灶和刀，石器为杵和球，骨器为笄和锥。

陶灶　1 件。

标本 H140：1，灶门及足部。夹砂红陶。兽足状。残高 9、残径 4.4 厘米（图 2 - 173B）。

陶刀　4 件。

标本 H140：2，系用盆或钵类残片打制而成。泥质红陶。长方形，两侧有打制而成的缺口。长 10.1、宽 4.8、厚 1 厘米（图 2 - 173B；图版七五，2）。

石杵　1 件。

标本 H140：3，柱状，一端圆钝，一端残损。器表有磨痕。残长 18.7、直径 4.4 厘米（图 2 - 173B；图版九九，3）。

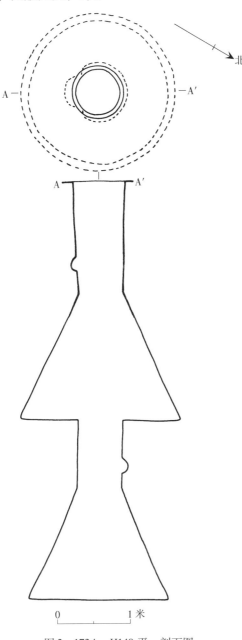

图 2 - 173A　H140 平、剖面图

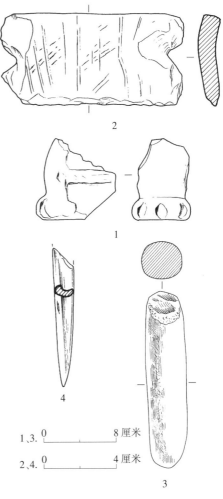

图 2 - 173B　H140 出土器物

1. 陶灶　2. 陶刀　3. 石杵　4. 骨锥

石球　1件。

标本 H140：6，完整。不规则球形，表面有磕豁。长径3.4、短径3.2厘米（图版一一四，1）

骨锥　1件。

标本 H140：4，器身扁平，一端已残，一端尖锐。残长7.3厘米（图2-173B）。

骨笄　1件。

标本 H140：5，顶部有双层笄帽。长8.9厘米（图版一二三，2）。

74. H141

位于2009LXⅠT0505东南部，开口①层下，部分压于隔梁之下。坑口近圆形，剖面为袋状，底部东高西低呈台阶状。口径158、底径248、深140厘米。坑内堆积仅一层，深灰土，土质疏松，含少量红烧土块，出土有陶片等。

出土陶器6件，器形可辨瓶、缸、刀和纺轮。

陶瓶　3件。

标本 H141：1，下部残。泥质灰陶。喇叭口，束颈，折肩。颈部饰弦纹，其下饰细绳纹加抹弦纹，肩部有一周波浪形抹弦纹，下部饰致密细绳纹。口径10.4、残高39.2厘米（图2-174）。

标本 H141：2，肩部以下残。泥质灰陶。喇叭口，平唇，束颈。口下有一圆孔，颈部饰弦纹，其下饰细绳纹加抹弦纹，肩部残存一段波浪形抹弦纹。口径11.6、残高21.2厘米（图2-174）。

标本 H141：3，肩部以下残，仅存口颈部。泥质灰陶。喇叭口，平唇，束颈。肩部拍印线纹。口径11.2、残高20.8厘米（图2-174）。

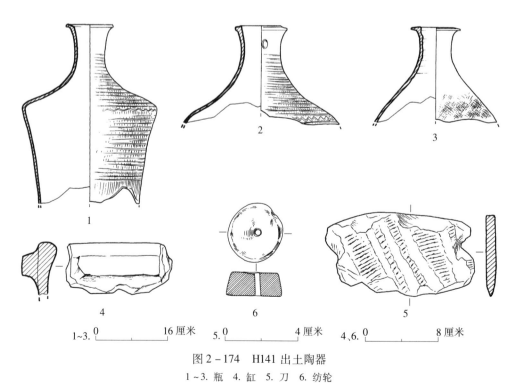

图2-174　H141出土陶器

1~3. 瓶　4. 缸　5. 刀　6. 纺轮

陶缸 1件。

标本 H141:4，仅存口部。夹砂红陶。直口，厚圆唇，沿下有一条状錾。素面。残高 5.6 厘米（图 2 - 174）。

陶刀 1件。

标本 H141:5，系用尖底瓶残片打制而成。泥质红陶。长方形，双面刃，两侧有打制而成的缺口。长 8.2、宽 4.3、厚 0.5 厘米（图 2 - 174）。

陶纺轮 1件。

标本 H141:6，泥质红陶。圆饼状，断面呈梯形，中有一孔。直径 6.3、厚 2.5 厘米（图 2 - 174；图版七八，4）。

75. H142

位于 2009LX Ⅰ T0405 西南部，开口①层下。坑口为圆形，上部为筒状，下部为袋状，平底（图 2 - 175）。口径 140、底径 212、深 110 厘米。坑内堆积仅一层，灰土，土质疏松，含有少量红烧土颗粒，出土有少量陶片等。

76. H146

位于 2009LX Ⅰ T0402 西北部，开口①层下，被 G1、H115 打破。坑口为圆形，剖面为袋状，底部西高东低。口径 120、底径 140、深 120 厘米。坑内堆积仅一层，灰土，土质硬，含大量草木灰、红烧土块及红褐色土块，出土有少量陶片等。

77. H149

位于 2009LX Ⅰ T0301 西南部，开口②层下，打破 G13。坑口为圆形，剖面北部坑壁底稍外折，南部坑壁略呈台阶状内收，平底（图 2 - 176A）。口径 170、底径 202、深 90 厘米。坑内堆积仅一层，灰土，土质硬，含红烧土块和草木灰，出土有陶片等。

出土陶瓶、鼎各 1件。

陶瓶 1件。

标本 H149:1，仅存口及腹部。泥质灰陶。敞口呈喇叭状，高领微束，折肩，下腹斜直。口下贴附有小泥饼，颈中部以下饰线纹和抹弦纹，肩部有一周波浪形抹弦纹。口径 11.2、残高 49.6 厘米（图 2 - 176B；图版三四，3）。

陶鼎 1件。

标本 H149:2，器身可修复。夹砂红陶。整体为兽状，头部残失。器身盆形，敛口，厚圆唇，

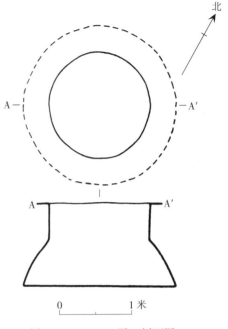

图 2 - 175 H142 平、剖面图

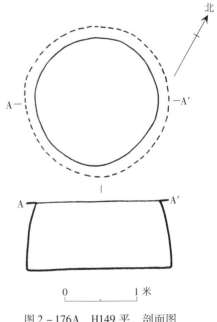

图 2 - 176A H149 平、剖面图

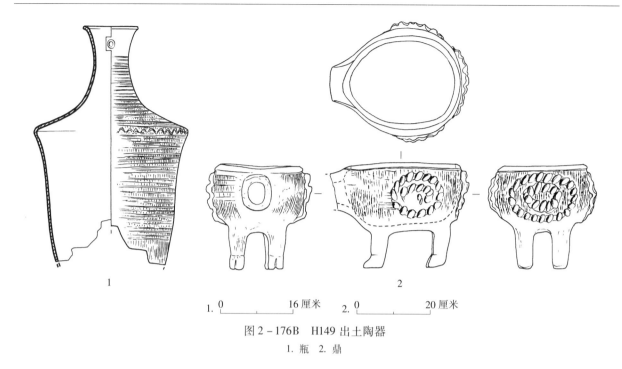

1. $\underset{0}{\overline{}}\,\underset{16\ 厘米}{}$ 　2. $\underset{0}{\overline{}}\,\underset{20\ 厘米}{}$

图 2 - 176B　H149 出土陶器

1. 瓶　2. 鼎

圆腹，下接四个蹄状器足。器表饰绳纹，两侧有同心圆形泥条堆塑。口长径 31.5、高 27.3 厘米（图 2 - 176B；图版三〇，1、2）。

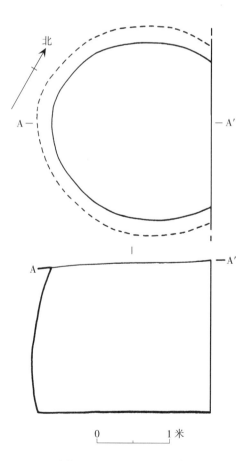

图 2 - 177A　H150 平、剖面图

78. H150

位于 2009LX Ⅰ T0301 东南部，开口②层下，打破 G13。坑口为圆形，剖面为袋状，平底（图 2 - 177A）。口径 234、底径 274、深 200 厘米。坑内堆积仅一层，灰土，土质疏松，含少量红烧土颗粒，出土有陶片等。

出土陶器 11 件，玉器 1 件，石器 5 件，骨器 3 件。陶器器形可辨瓶、盆、罐、瓮、杯、器墨、笄、刀和砖形器，玉器为笄，石器为刀、楔和饼，骨器为锥、笄和镞。

陶瓶　1 件。

标本 H150：4，仅存口部。泥质红陶。敞口近喇叭状，口内有明显的折棱，颈微束。素面。口径 7.8、残高 3.4 厘米（图 2 - 177B）。

陶盆　2 件。根据形态可分为宽沿盆和带流盆。

宽沿陶盆　1 件。

标本 H150：3，仅存部分口及腹部。泥质灰陶。敛口，宽折沿，尖唇，弧腹。素面。残高 6 厘米（图 2 - 177B）。

带流陶盆　1件。

标本 H150∶2，仅存部分口部。泥质灰陶。敛口，尖圆唇，器身有鸡冠状錾。素面。残高 4 厘米（图 2 - 177B）。

陶罐　2件。

标本 H150∶7，底部残。夹砂灰陶。敛口，叠唇，弧腹。器表饰压印纹和绳纹。口径 14、残高 6.4 厘米（图 2 - 177B）。

标本 H150∶8，仅存部分口部。夹砂红陶。敛口，斜折沿，圆唇，弧腹，器身有錾。器表饰绳纹。口径 40、残高 6.8 厘米（图 2 - 177B）。

陶瓮　1件。为叠唇瓮。

标本 H150∶6，底部残。泥质红陶。敛口，叠唇，弧腹。素面。口径 20、残高 6 厘米（图 2 - 177B）。

陶杯　1件。

标本 H150∶5，可修复。泥质红陶。直口，尖唇，弧腹，平底。素面。口径 8.2、底径 6.8、高 4 厘米（图 2 - 177B）。

陶器錾　1件。

标本 H150∶1，泥质褐陶。为钵、盆类器物的錾。圆饼状，上有按捺窝。径 7.2 厘米（图 2 - 177B）。

陶笄　1件。

标本 H150∶9，泥质灰陶。器体呈"T"字形，一端尖锐。长 7.4 厘米（图 2 - 177B；图版八二，5）。

陶刀　1件。

标本 H150∶10，系用瓶类陶片打制而成。泥质灰陶。长方形，四面刃。长 6.5、宽 4.6、厚 0.7 厘米（图 2 - 177B）。

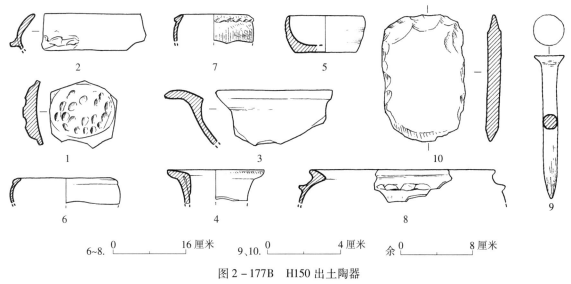

6~8. 0 ——— 16 厘米　　9、10. 0 ——— 4 厘米　　余 0 ——— 8 厘米

图 2 - 177B　H150 出土陶器

1. 陶器錾　2、3. 盆　4. 瓶　5. 杯　6. 瓮　7、8. 罐　9. 笄　10. 刀

陶砖形器　1件。

标本 H150：11，泥质红陶。一侧保留直边。残长 10.8、残宽 9.7、厚 1.5 厘米（图 2 - 177C；图版六五，3、4）。

石刀　3件。

均打制。长方形，两侧有打制而成的缺口（图版一〇三，2）。

标本 H150：12，双面刃。长 8.3、宽 5.4、厚 2 厘米（图 2 - 177C）。

标本 H150：13，双面刃。长 8.1、宽 4.9、厚 1.1 厘米（图 2 - 177C）。

标本 H150：14，单面刃。长 8.8、宽 4.4、厚 0.7 厘米（图 2 - 177C）。

石饼　1件。

标本 H150：15，通体磨光。圆饼状，周缘有残损。直径 4.8、厚 1 厘米（图 2 - 177C）。

石楔　1件。

标本 H150：16，磨制。长条形，一端扁平，一端有残损。长 4.4、宽 1.5、厚 0.6 厘米（图 2 - 177C）。

骨锥　1件。

标本 H150：17，器身扁平，两端尖锐。长 8.5 厘米（图 2 - 177C）。

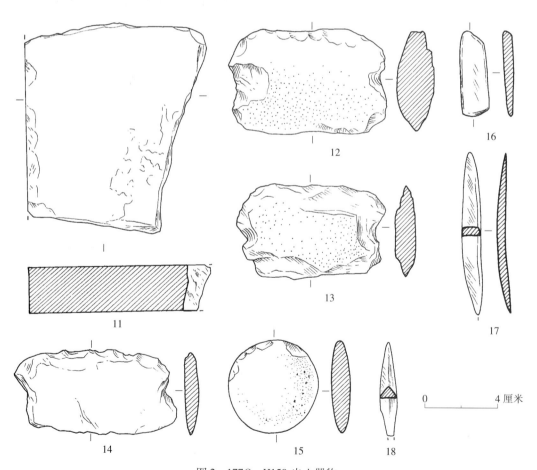

图 2 - 177C　H150 出土器物

11. 陶砖形器　12～14. 石刀　15. 石饼　16. 石楔　17. 骨锥　18. 骨镞

骨镞　1件。

标本 H150：18，锋部尖锐，断面呈三棱状，铤部残断。残长 4.9 厘米（图 2-177C）。

79. H154

位于 2009LXⅠT0301 南部，开口②层下。坑口近圆形，上部为筒状，坑壁两侧有对称的半圆形凹窝，下部为袋状，平底（图 2-178 左）。口径 80、底径 200、深 220 厘米。坑内堆积仅一层，灰土，土质疏松，含少量红烧土颗粒，出土有陶片等。

出土陶器 3 件，器形可辨盆、碗和壶。

陶盆　1件。

标本 H154：2，可修复。泥质灰陶。口微敛，宽平沿，圆唇，弧腹，平底，沿下有一对鸡冠状器錾。素面，腹有一周附加堆纹。口径 32、底径 15.2、高 20.8 厘米（图 2-178；图版四一，3）。

陶碗　1件。

标本 H154：3，可修复。夹砂灰陶。侈口，窄斜沿，圆唇，弧腹，平底。素面。口径 14.6、底径 6.2、高 7.8 厘米（图 2-178）。

陶壶　1件。

标本 H154：1，可修复。夹砂灰陶。体呈鸟形，平底，顶部一侧有一管状流。器表饰细绳纹。口径 5.2、底径 15.2、高 17.2 厘米（图 2-178；图版三二，1）。

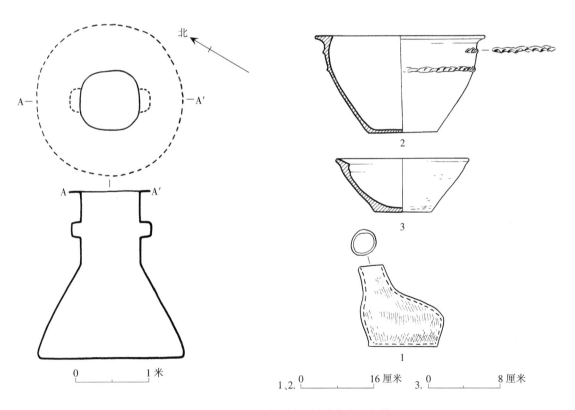

图 2-178　H154 平、剖面图及其出土陶器

1. 壶　2. 盆　3. 碗

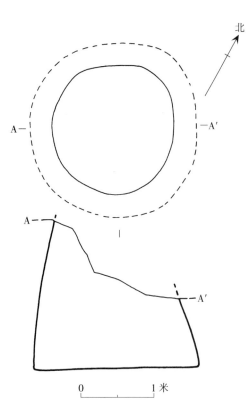

图 2 - 179　H155 平、剖面图

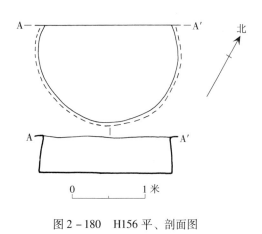

图 2 - 180　H156 平、剖面图

80. H155

位于 2009LX Ⅰ T0201 北部，开口②层下，被 G13、H152 打破。坑口上部已残，为圆形，剖面为袋状，平底（图 2 - 179）。口径 168、底径 228、深 198 厘米。坑内堆积仅一层，灰土，土色发红，土质疏松，含少量炭屑，出土有陶片等。

81. H156

位于 2009LX Ⅰ T0301 北部，开口②层下，打破 G13，部分压于北隔梁下。坑口为圆形，剖面为袋状，平底（图 2 - 180）。口径 210、底径 220、深 50 厘米。坑内堆积仅一层，黄灰土，土质疏松，颗粒度大，含大量红烧土块及炭屑，出土有陶片等。

82. H166

位于 2010LX Ⅰ T0206 东南部，开口②层下，打破 H167，小部压于隔梁之下。坑口近圆形，剖面为袋状，平底。口径 176、底径 216、深 90 厘米。坑内堆积仅一层，黄褐土，土质疏松，出土有陶片等。

出土陶器 13 件，石器 2 件。陶器器形可辨钵、瓶、盆、罐、缸、瓮和刀，石器为刀和球。

陶钵　1 件。

标本 H166：1，仅存口部。夹砂红陶。敛口，方唇，腹较直。素面，器表粗糙。残高 5.6 厘米（图 2 - 181）。

陶瓶　4 件。

标本 H166：4，仅存口部。泥质红陶。侈口呈喇叭状，圆唇，口内有一不明显折棱，束颈。器表饰线纹，颈部贴有圆形泥饼。口径 9.2、残高 9 厘米（图 2 - 181）。

标本 H166：6，仅存肩部。夹砂灰陶。折肩，下腹斜收。器表饰细绳纹和抹弦纹。残高 14.4 厘米（图 2 - 181）。

标本 H166：9，仅存口及上腹。泥质灰陶。敞口呈喇叭状，高领微束，折肩，腹斜直。颈上部饰竖向线纹，下部饰多周弦纹，肩腹饰抹弦纹和线纹。口径 12、残高 44 厘米（图 2 - 181；图版三四，4）。

标本 H166：10，仅存口及上腹。泥质灰陶。敞口近喇叭状，高领微束，折肩，斜直腹。口以

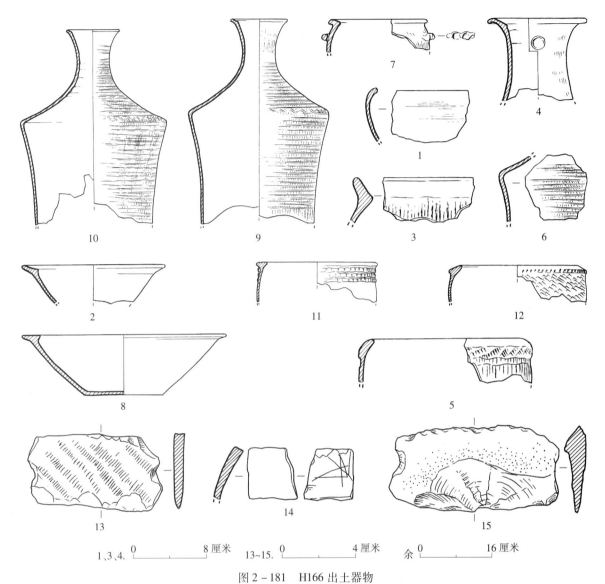

图2-181　H166出土器物

1. 陶钵　2、8. 陶盆　3、7. 陶罐　4、6、9、10. 陶瓶　5、12. 陶瓮　11. 陶缸　13. 陶刀　14. 残陶片　15. 石刀

下饰线纹和抹弦纹。口径10.4、残高41.6厘米（图2-181）。

陶盆　2件。均为宽沿盆。

标本H166:8，可修复。泥质红陶。敛口，宽平沿，圆唇，斜腹，平底。素面。口径38、底径17.6、高13.2厘米（图2-181）。

标本H166:2，底部已残。泥质褐陶。敛口，宽沿上斜，圆唇，弧腹。素面。口径28.8、残高8.4厘米（图2-181）。

陶罐　2件。均为鼓腹罐。

标本H166:3，仅存口部。夹砂灰陶。敛口，沿外斜，圆唇，腹较直。器表饰竖向绳纹。残高5.2厘米（图2-181）。

标本H166:7，底部已残。夹砂红陶。敛口，窄斜沿，圆唇，上腹微鼓，上腹有一对鸡冠状器錾。器表饰竖向绳纹。残高6.8厘米（图2-181）。

陶缸　1件。

标本 H166：11，底部已残。夹砂红陶。口微敛，宽平沿外折，圆唇，腹较直。颈饰三周附加堆纹。口径 33.6、残高 11.2 厘米（图 2－181）。

陶瓮　2件。均为叠唇瓮。

标本 H166：12，底部已残，仅存口及上腹。泥质灰陶。敛口，圆唇外叠，上腹较直。器表有涂抹，外唇有一周戳印痕迹。口径 33.2、残高 10.4 厘米（图 2－181）。

标本 H166：5，仅存口部。夹砂灰陶。敛口，圆唇外叠，直腹。口部抹光，器表饰竖向绳纹和抹弦纹。残高 9.2 厘米（图 2－181）。

陶刀　1件。

标本 H166：13，系用尖底瓶残片打制而成。泥质红陶。长条形，单面刃，两侧有打制而成的缺口。长 7.3、宽 4.1、厚 0.6 厘米（图 2－181）。

残陶片　1件。

标本 H166：14，为盆类器物口沿。泥质红陶，器表有红色陶衣。陶衣上有星状刻划图案（图 2－181）。

石刀　1件。

标本 H166：15，打制。长方形，双面刃，两侧有打制而成的缺口。长 9.5、宽 4.6、厚 1.2 厘米（图 2－181）。

石球　1件。

标本 H166：16，完整。椭球形，表面略有磕豁。长径 3.7、短径 2.8 厘米。

83. H170

位于 2010LXⅠT0206 东部，开口①层下，被现代沟槽破坏。坑口为圆形，剖面为袋状，平底（图 2－182A）。口径 100、底径 254、深 140 厘米。坑内堆积仅一层，黄褐土，土质疏松，颗粒度大，出土少量陶片等。

出土陶器 3件，石器 3件，骨器 1件。陶器器形可辨钵、盆和瓮，石器为铲和球，骨器为锥（图版一二四，7）。

陶钵　1件。

标本 H170：2，底部残。泥质红陶。直口，尖圆唇，斜腹。素面。口径 34、残高 14 厘米（图 2－182B）。

陶盆　1件。

标本 H170：3，可修复。夹砂红陶。口微敛，窄平沿，圆唇，斜腹，平底微凹，上腹有一对鸡冠状器鋬。素面。口径 34.4、底径 17.4、高 16.4 厘米（图 2－182B；图版四〇，2）。

陶瓮　1件。

标本 H170：1，口部残片。夹砂红陶。敛口，厚圆唇。素面。口沿残长 11、残高 6 厘米（图 2－182B）。

石球　2件。

标本 H170：4，完整。球形，表面磨光，有少许磕豁。直径 3.6 厘米。

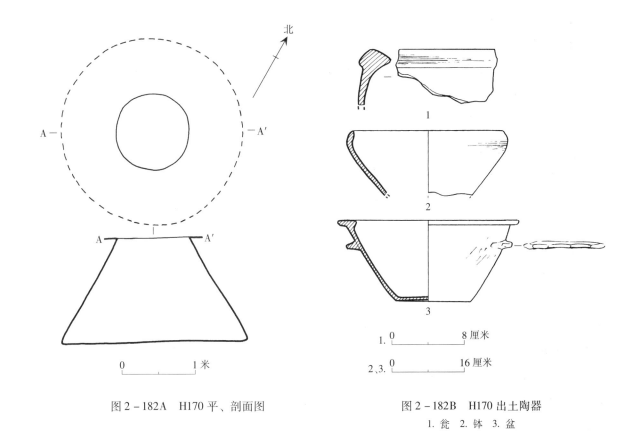

图 2－182A　H170 平、剖面图

图 2－182B　H170 出土陶器
1. 瓮　2. 钵　3. 盆

标本 H170：5，完整。球形，表面有一处坑疤。直径 2.4 厘米。

84. H171

位于 2010LXⅠT0206 东北部，开口①层下，被现代沟槽破坏严重，大部压于隔梁之下。坑口近圆形，剖面为袋状，平底。口径 200、底径 250、深 150 厘米。坑内堆积仅一层，灰褐土，土质硬，出土少量陶片及石球 1 件。

石球　1 件。

标本 H171：1，完整。球形，表面略有磕豁。直径 3.3 厘米。

85. H172

位于 2010LXⅠT0206 西南部，开口①层下，被现代沟槽破坏，打破 H170、H173。坑口为圆形，剖面为袋状，平底（图版二四，1）。口径 310、底径 350、深 140 厘米。坑内堆积仅一层，深灰土，土质疏松，出土少量陶片。

出土陶器 9 件，玉器 1 件，石器 3 件。陶器器形可辨钵、碗、瓶、盆、罐和瓮，玉器为笄，石器为刀和锛。

陶钵　1 件。

标本 H172：2，可修复。泥质灰陶。直口，尖圆唇，浅弧腹，平底。素面。口径 28.8、底径 14.4、高 12.8 厘米（图 2－183A）。

陶碗　1 件。

标本 H172：3，可修复。夹砂红陶。敞口，方唇，弧腹，平底。素面，器表有刮抹痕迹。口径

14.8、底径9.6、高10.4厘米（图2－183A）。

陶瓶　1件。

标本H172：9，仅存腹部。泥质红陶。腹壁较直，有一桥形耳。器表饰竖向绳纹。残高10.6厘米（图2－183A）。

陶盆　2件。均为宽沿盆。

标本H172：4，仅存口及上腹。夹砂红陶。敛口，宽沿上斜，圆唇，浅弧腹。沿下有少量绳纹。口径36、残高5.6厘米（图2－183A）。

标本H172：5，仅存口及上腹。泥质红陶。敛口，宽平沿，圆唇，浅弧腹。素面。口径27.2、残高4.8厘米（图2－183A）。

陶罐　2件。根据形态可分为直腹罐和鼓腹罐。

直腹陶罐　1件。

标本H172：1，可修复。夹砂褐陶。口微敛，窄平沿，腹较直，底微凹。器表饰竖向绳纹。口径16、底径12.8、高18.4厘米（图2－183A）。

鼓腹陶罐　1件。

标本H172：6，仅存口及上腹。夹砂红陶。敛口，斜折沿，圆唇，鼓腹，有一鸡冠状器鋬。器表饰斜向绳纹。口径18、残高7.6厘米（图2－183A）。

陶瓮　2件。根据形态可分为叠唇瓮和平沿瓮。

叠唇陶瓮　1件。

标本H172：7，仅存口部。夹砂红陶。敛口，圆唇外叠，腹微鼓，口下有一鸡冠状器鋬。素

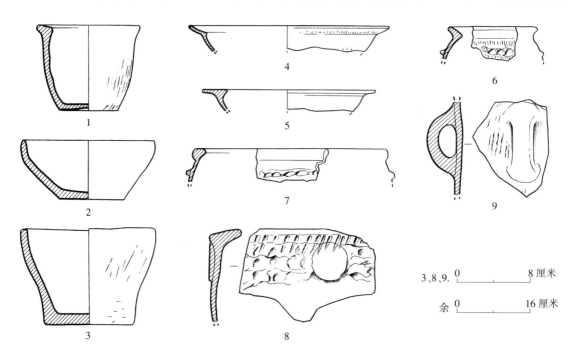

图2－183A　H172出土陶器

1、6. 罐　2. 钵　3. 碗　4、5. 盆　7、8. 瓮　9. 瓶

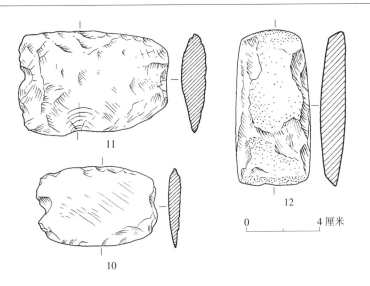

图 2 – 183B　H172 出土石器

10、11. 刀　12. 锛

面。口径 38、残高 7.2 厘米（图 2 – 183A）。

平沿陶瓮　1 件。

标本 H172∶8，仅存口及上腹。泥质红陶。敛口，平沿内折，圆唇，上腹较直。口下饰多周附加堆纹，其上有戳印，并贴有泥饼。残高 10 厘米（图 2 – 183A）。

玉笄　1 件。

标本 H172∶13，浅绿墨玉。扁柱状，两端已残。残长 4 厘米。

石刀　2 件。

标本 H172∶10，打制。长方形，双面刃，两侧有打制而成的缺口。长 6.6、宽 4.3、厚 0.7 厘米（图 2 – 183B）。

标本 H172∶11，打制。长方形，双面刃，两侧有打制而成的缺口。长 8.4、宽 5.6、厚 1.4 厘米（图 2 – 183B）。

石锛　1 件。

标本 H172∶12，磨制。长条形，单面刃，周缘残损。长 8.2、宽 4.1、厚 1.5 厘米（图 2 – 183B；图版九五，3）。

86. H174

位于 2010LXⅠT0206 西南部，开口①层下，西部压于隔梁之下。坑口为圆形，剖面为袋状，平底。口径 170、底径 250、深 124 厘米。坑内堆积仅一层，灰褐土，土质硬，含少量炭屑，出土少量陶片及骨笄 2 件（图版一二三，3）。

87. H177

位于 2010LXⅠT0307 北部，开口①层下，被 H176 打破，北部压于隔梁之下。坑口为圆形，剖面为袋状，西北部留有台阶（图 2 – 184A）。口径 250、底径 270、深 240 厘米。坑内堆积仅一层，灰土，土质疏松，出土大量陶片。

出土陶器 23 件，器形可辨钵、瓶、盆、罐、瓮、甑、灶和器盖。石器 1 件，为球。

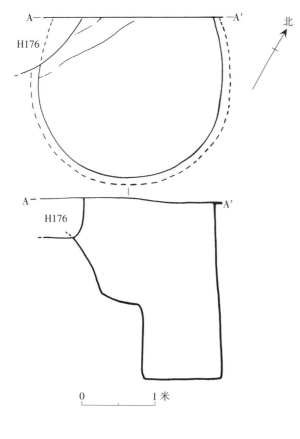

图 2 - 184A　H177 平、剖面图

陶钵　5 件。

标本 H177：1，可修复。泥质红陶。敛口，尖圆唇，口内有凸棱，鼓肩，斜腹，平底。素面。口径 19.4、底径 8.4、高 8.8 厘米（图 2 - 184B）。

标本 H177：2，可修复。泥质红陶。直口，尖圆唇，斜腹，凹底。素面。口径 18.6、底径 7.8、高 7.4 厘米（图 2 - 184B）。

标本 H177：11，仅存口部。泥质红陶。敛口，圆唇，口内有凸棱，弧腹。素面。残高 6 厘米（图 2 - 184C）。

标本 H177：16，仅存口及腹部。泥质红陶。敛口，尖圆唇，鼓肩，浅斜腹。素面。口径 22.4、残高 8 厘米（图 2 - 184C）。

标本 H177：20，仅存口及腹部。泥质红陶。口微敛，圆唇，深弧腹，上腹有一鸡冠状器鋬。素面。口径 20.4、残高 10 厘米（图 2 - 184C）。

陶瓶　2 件。

标本 H177：23，仅存口部。泥质红陶。平唇口，直高领。素面，颈部贴有泥饼。口径 14.4、残高 22.4 厘米（图 2 - 184B）。

标本 H177：14，仅存口部。泥质红陶。平唇口，直高领。素面。口径 6、残高 5.6 厘米（图 2 - 184C）。

陶盆　3 件。均为宽沿盆。

标本 H177：18，仅存口及腹部。泥质红陶。敛口，宽沿微下斜，方唇，弧腹。素面。口径 25.6、残高 7.6 厘米（图 2 - 184C）。

标本 H177：7，仅存口及上腹。泥质红陶。口微敛，宽平沿，尖圆唇，弧腹。素面。口径 22.4、残高 4.8 厘米（图 2 - 184C）。

标本 H177：4，仅存口及腹部。泥质红陶。敛口，宽沿上斜，圆唇，弧腹较深。素面。口径 18、残高 7.2 厘米（图 2 - 184B）。

陶罐　5 件。根据形态可分为小口圆腹罐和鼓腹罐。

小口圆腹陶罐　1 件。

标本 H177：17，仅存口部。泥质灰陶。口微侈，圆唇，小领微束，鼓腹。素面。口径 18.4、残高 7.6 厘米（图 2 - 184C）。

鼓腹陶罐　4 件。

标本 H177：19，仅存口及腹部。夹砂褐陶。敛口，沿微卷，圆唇，鼓腹，口下有一鸡冠状器

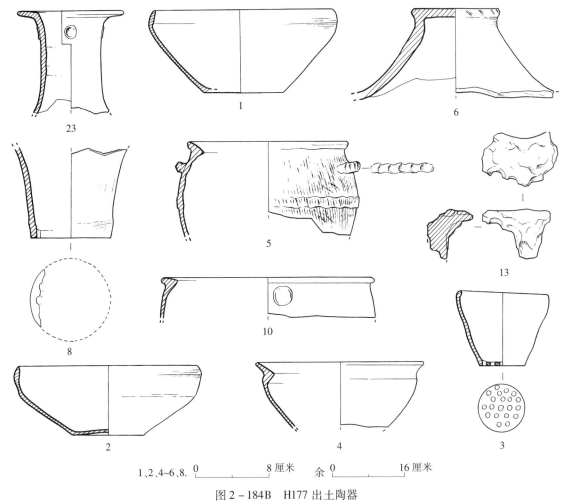

图 2 - 184B　H177 出土陶器

1、2. 钵　3、8. 甑　4. 盆　5. 罐　6. 器盖　10. 瓮　13. 灶　23. 瓶

錾。器表饰斜向绳纹和附加堆纹。口径 15.2、残高 8.8 厘米（图 2 - 184C）。

标本 H177：22，仅存口及腹部。夹砂红陶。敛口，短沿微外斜，圆唇，鼓腹。器表饰斜向绳纹，上腹有一周附加堆纹。口径 21.6、残高 10.8 厘米（图 2 - 184C）。

标本 H177：5，仅存口及上腹。夹砂红陶。敛口，短沿外斜，方圆唇，上腹外鼓，口下有一鸡冠状器錾。器表饰竖向绳纹，腹有一周附加堆纹。口径 17.2、残高 10.2 厘米（图 2 - 184B）。

标本 H177：9，仅存口部。夹砂红陶。敛口，窄沿上斜，圆唇，上腹微鼓。素面。残高 8.8 厘米（图 2 - 184C）。

陶瓮　4 件。根据形态可分为斜沿瓮和叠唇瓮。

斜沿陶瓮　3 件。

标本 H177：21，仅存口及腹部。夹砂红陶。敛口，斜折沿，圆唇，上腹微鼓。器表有多周附加堆纹。口径 24.8、残高 12 厘米（图 2 - 184C）。

标本 H177：10，仅存口及上腹。泥质红陶。敛口，窄沿近平，圆唇，上腹微鼓。素面，口下贴附有圆形泥饼。口径 40、残高 8.8 厘米（图 2 - 184B）。

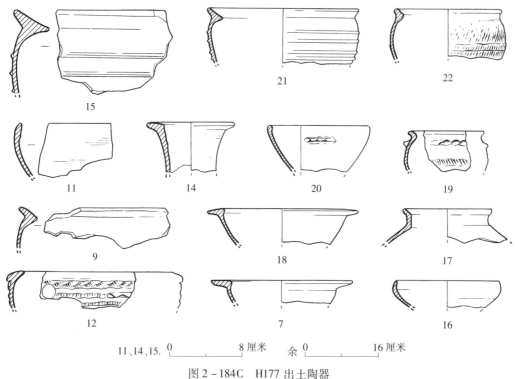

图 2 - 184C　H177 出土陶器

7、18. 盆　9、17、19、22. 罐　12、15、21. 瓮　11、16、20. 钵　14. 瓶

标本 H177：15，仅存口及上腹。夹砂红陶。敛口，斜沿，圆唇，上腹微鼓。上腹饰几周附加泥条。残高 9.2 厘米（图 2 - 184C）。

叠唇陶瓮　1 件。

标本 H177：12，仅存口及上腹。夹砂红陶。敛口，圆唇外叠，上腹微鼓。腹饰多周附加堆纹并贴附有圆形泥饼。口径 32.8、残高 8 厘米（图 2 - 184C）。

陶甑　2 件。

标本 H177：3，可修复。泥质红陶。口微敛，圆唇，深斜腹，平底，底部有圆形箅孔。素面。口径 18.4、底径 10、高 15.6 厘米（图 2 - 184B）。

标本 H177：8，仅存底部。泥质灰陶。斜直腹，小平底，底部有圆形箅孔。素面，器表有抹痕。底径 8.8、残高 10 厘米（图 2 - 184B）。

陶器盖　1 件。

标本 H177：6，仅存顶部。夹砂灰陶。盖口外敞，平顶。素面。残高 9.7 厘米（图 2 - 184B）。

陶灶　1 件。

标本 H177：13，仅存口部。夹砂红陶。敛口，直腹。素面，器表粗糙。残高 10.8 厘米（图 2 - 184B）。

石球　1 件。

标本 H177：24，略残。球形，表面有坑疤。直径 4.1 厘米。

88. H180

位于 2010LXⅠT0306 东北部，开口①层下，被现代沟槽破坏。坑口为圆形，剖面为袋状，平底（图2－185）。口径208、底径232、深100厘米。坑内堆积仅一层，灰土，土质硬，颗粒度大，出土有陶片及石块等。

89. H181

位于2010LXⅠT0306东南部，开口①层下，打破H182、H183，小部分压于东隔梁下。坑口为圆形，剖面为袋状，平底（图2－186A）。口径190、底径210、深88厘米。坑内堆积仅一层，灰土，土质疏松，出土有大量陶片及少量兽骨。

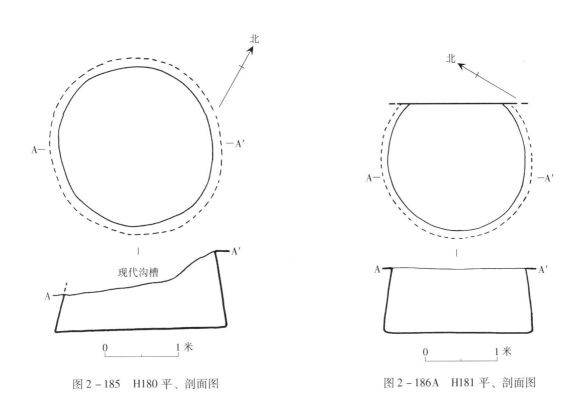

图2－185　H180平、剖面图　　　　　　图2－186A　H181平、剖面图

出土陶器7件，器形可辨钵、盆、缸、瓮、鼎和鼎足。玉器1件，为环。

陶钵　2件。

标本H181:1，可修复。泥质灰陶。口微敛，尖圆唇，沿内有一凸棱，鼓肩，斜腹，平底。素面，抹光。口径24.6、底径10.4、高11厘米（图2－186B）。

标本H181:4，可修复。泥质褐陶。敛口，厚圆唇外叠，鼓腹，平底，腹有一对圆饼形器鋬。素面，鋬上有按捺窝。口径20.8、底径12.4、高15.6厘米（图2－186B；图版四八，2、3）。

陶盆　1件。

标本H181:2，可修复。泥质灰陶。敛口，宽沿微上斜，圆唇，弧腹，平底。素面，抹光。口径50、底径21.6、高18.4厘米（图2－186B）。

陶瓮　1件。

标本H181:3，可修复。泥质灰陶。敛口，圆唇外叠，圆腹，平底。素面，抹光。口径18、底径16.4、高41.2厘米（图2－186B；图版五九，3）。

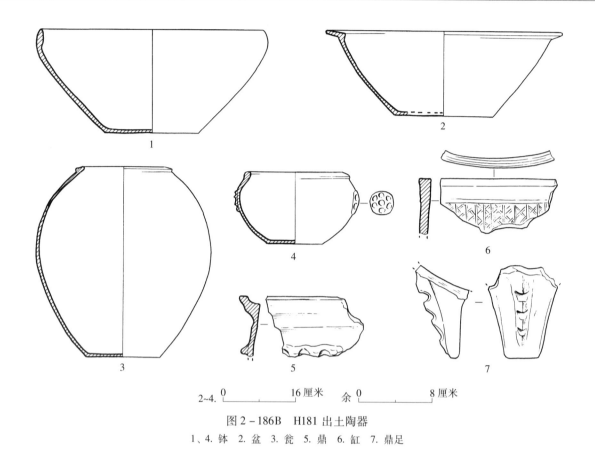

图 2 - 186B　H181 出土陶器

1、4. 钵　2. 盆　3. 瓮　5. 鼎　6. 缸　7. 鼎足

陶缸　1件。

标本 H181：6，仅存口部。夹砂红陶。直口，方唇，直腹。唇面有多周弦纹，上腹饰网格纹。残高6厘米（图2-186B）。

陶鼎　1件。

标本 H181：5，仅存口部。夹砂灰陶。直口，斜沿，方唇，腹较直，有一鸡冠状器鋬。残高6.4厘米（图2-186B）。

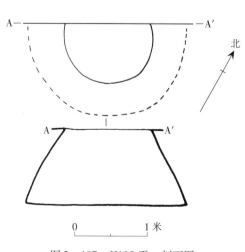

图 2 - 187　H185 平、剖面图

陶鼎足　1件。

标本 H181：7，夹砂灰陶。足呈上宽下窄的倒梯形，足面正中有一扉棱。素面，扉棱上有按捺窝。残高10厘米（图2-186B）。

90. H185

位于 2010LXⅠT0207 东北部，开口②层下，北部压于隔梁之下。坑口为圆形，剖面为袋状，平底（图2-187）。口径118、底径224、深100厘米。坑内堆积仅一层，灰褐土，土质硬，出土有陶片等。

91. H186

位于 2010LXⅠT0307 中部，开口①层下，打

破 H187。坑口近圆形，剖面为袋状，平底（图
2－188A）。口径 180、底径 210、深 180 厘米。坑
内堆积仅一层，灰土，土质疏松，出土有陶片及
石块。

　　出土陶器 6 件，器形可辨钵、瓶、盆和罐。

　　陶钵　2 件。

　　标本 H186：1，仅存口及腹部。泥质灰陶。口
微敛，圆唇，弧腹。素面。口径 15.2、残高 5 厘
米（图 2－188B）。

　　标本 H186：2，仅存口及腹部。泥质灰陶。口
微敛，圆唇，上腹微鼓，下腹斜收。素面，有抹
痕。残高 8 厘米（图 2－188B）。

　　陶瓶　1 件。

　　标本 H186：4，仅存口部。泥质红陶。敞口近
喇叭状，口内有一不明显的折棱，高领微束。素
面，颈部贴有圆形泥饼。口径 9.2、残高 10.2 厘米（图 2－188B）。

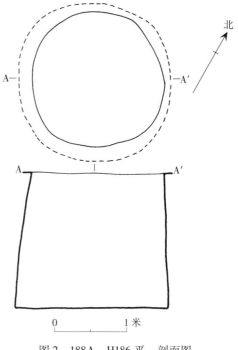

图 2－188A　H186 平、剖面图

　　陶盆　1 件。

　　标本 H186：5，仅存口及腹部。泥质红陶。口微敛，宽平沿，圆唇，深弧腹。素面。口径
20.8、残高 7.2 厘米（图 2－188B）。

　　陶罐　2 件。均为鼓腹罐。

　　标本 H186：3，仅存口部。夹砂红陶。敛口，沿外斜，沿面圆鼓，圆唇，腹微鼓，口下有一鸡
冠状器鋬。器表饰斜向绳纹。残高 6.4 厘米（图 2－188B）。

　　标本 H186：6，仅存口及上腹。夹砂红陶。敛口，短沿外斜，方唇，上腹微鼓。素面，上腹有
一周凸棱。口径 28、残高 7.8 厘米（图 2－188B）。

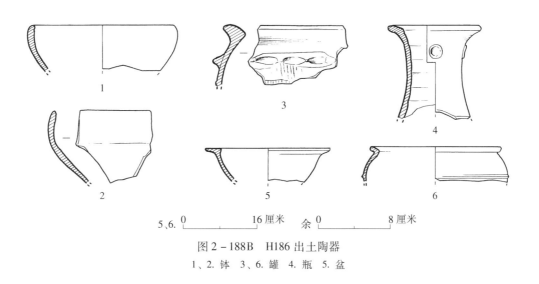

图 2－188B　H186 出土陶器
1、2. 钵　3、6. 罐　4. 瓶　5. 盆

92. H188

位于2010LXIT0307西北部，开口①层下，被H187打破。坑口为圆形，剖面为袋状，平底（图2-189）。口径110、底径190、深160厘米。坑内堆积仅一层，灰土，土质疏松，出土少量陶片及石球1件。

石球　1件。

标本H188∶1，完整。球形，表面较平。直径5.4厘米。

93. H190

位于2010LXⅠT0308西北部，开口①层下，被H195打破，打破H196、H197、H198和H199。坑口为圆形，剖面为袋状，平底（图2-190）。口径338、底径358、深74厘米。坑内堆积仅一层，灰土，土质疏松，含少量炭屑及红烧土块，出土少量陶片。

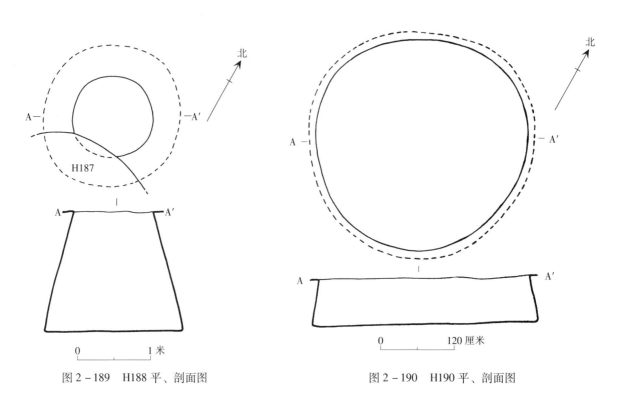

图2-189　H188平、剖面图　　　　　　　　图2-190　H190平、剖面图

出土陶器7件，器形可辨钵、盆和罐。

陶钵　3件。

标本H190∶1，仅存口部。泥质灰陶。敛口，厚圆唇，弧腹。素面，抹光。残高5厘米（图2-191）。

标本H190∶2，仅存口部。泥质红陶。敛口，圆唇，腹微鼓。素面，器表有抹痕。残高6厘米（图2-191）。

标本H190∶5，仅存口及上腹。夹砂红陶。敛口，尖圆唇，鼓肩，弧腹。口下有一周附加堆纹。口径27.2、残高7.6厘米（图2-191）。

陶罐　2件。均为鼓腹罐。

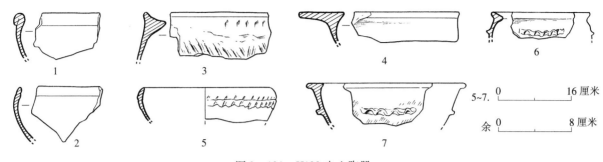

图 2 - 191 H190 出土陶器
1、2、5. 钵 3、6. 罐 4、7. 盆

标本 H190：3，仅存口部。夹砂灰陶。敛口，短斜沿，沿面微凹，腹微鼓。器表饰斜向绳纹。残高 5 厘米（图 2 - 191）。

标本 H190：6，仅存口及上腹。夹砂红陶。敛口，斜沿，圆唇，上腹微鼓，有一鸡冠状器鋬。素面。口径 20、残高 6 厘米（图 2 - 191）。

陶盆 2 件。根据形态可分为宽沿盆和窄沿盆。

宽沿陶盆 1 件。

标本 H190：4，仅存口部。泥质红陶。敛口，宽平沿，圆唇。素面。残高 3.2 厘米（图 2 - 191）。

窄沿陶盆 1 件。

标本 H190：7，仅存口及腹部。夹砂红陶。敛口，平沿，圆唇，深弧腹，上有一鸡冠状器鋬。器表饰斜向绳纹。口径 28、残高 16.8 厘米（图 2 - 191）。

94. H207

位于 2010LX Ⅰ T0207 西北部，开口②层下，被 H175、H203 打破。坑口为圆形，剖面为袋状，平底（图 2 - 192）。口径 200、底径 282、深 120 厘米。坑内堆积仅一层，灰褐土，土质硬，出土少量陶片。

95. H208

位于 2010LX Ⅰ T0308 西南部，开口①层下，被 G14 打破，大部压于隔梁之下。坑口为圆形，剖面为袋状，平底。口径 80 ~ 140、底径 100 ~ 160、深 40 厘米。坑内堆积仅一层，灰土，土质疏松，含草木灰及红烧土块，出土有陶片及陶笄（图版八二，1）、陶罐（图版五四，1）各 1 件。

96. H214

位于 2010LX Ⅰ T0310 东南部，开口①层下，被现代沟槽破坏，小部分压于隔梁之下。坑口近圆形，剖面为袋状，平底（图 2 - 193）。口径 152、底径 206、深 132 厘米。坑内堆积仅一层，灰土，底部有淤层，土质硬，含大量炭屑，出土有陶片及兽骨。

97. H216

位于 2010LX Ⅰ T0207 西北部，开口②层下，北部压于隔梁之下。坑口为圆形，剖面为袋状，平底（图 2 - 194 左）。口径 120、底径 160、深 150 厘米。坑内堆积仅一层，黄褐土，土质疏松，出土有陶片等。

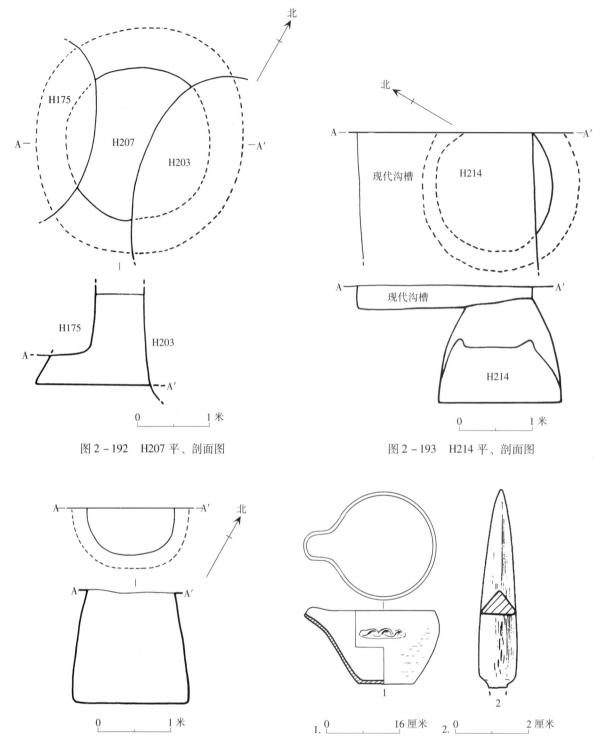

图 2 - 192　H207 平、剖面图

图 2 - 193　H214 平、剖面图

图 2 - 194　H216 平、剖面图及其出土器物
1. 陶盆　2. 骨镞

出土器物有陶盆、骨镞各 1 件。

带流陶盆　1 件。

标本 H216：1，可修复。夹砂灰陶。敛口，圆唇，鼓肩，弧腹，平底，一侧有一槽状流，上腹有一对鸡冠状器鋬。素面，器表有抹痕。口长径 28、底径 12、高 16.8 厘米（图 2 -

194；图版三六，2）。

骨镞 1 件。

标本 H216：2，锋部呈三棱状，尖锐，铤部已残。残长 5.3 厘米（图 2 - 194）。

98. H220

位于 2010LX Ⅰ T0209 西南部，开口①层下，被 H219 打破，打破 H256、G15。坑口为圆形，剖面为袋状，平底。口径 114、底径 154、深 110 厘米。坑内堆积仅一层，灰土，土质硬，出土有陶片、兽骨、螺壳、石块及石铲 1 件。

99. H221

位于 2010LX Ⅰ T0211 西北部，开口①层下，打破 G17、H288、H301，部分压于北隔梁之下。坑口为圆形，剖面为袋状，平底。口径 226、底径 266、深 160 厘米。坑内堆积仅一层，黄灰土，土质疏松，含大量红烧土块及少量白灰面，出土有陶片、兽骨及少量螺壳。

出土陶器 3 件，骨器 2 件。陶器为缸和环，骨器为笄和锥。

陶缸 2 件。

标本 H221：1，仅存腹部残片。夹砂红陶。胎壁厚重，弧腹。素面。残高 12.4 厘米（图 2 - 195）。

标本 H221：2，仅存腹部残片。夹砂红陶。厚胎，弧腹。素面。残高 13.8 厘米（图 2 - 195）。

陶环 1 件。

标本 H221：3，泥质红陶。圆环状，宽扁，断面近三角形。外径 7、内径 5 厘米（图 2 - 195；图版八三，1）。

骨锥 1 件。

标本 H221：4，一端粗大，保留有骨关节，一端尖锐。长 6.6 厘米（图 2 - 195）。

骨笄 1 件。

标本 H221：5，柱状，一端圆钝，一端尖锐。长 17 厘米（图 2 - 195；图版一二五，3）。

100. H232

位于 2010LX Ⅱ T0316 东南部，开口①层下，被 H299 打破，大部压于隔梁之下。坑口为圆形，剖面为袋状，平底。口径 58～100、底径 68～110、深 60 厘米。坑内堆积仅一层，黄灰土，土质硬，含炭屑及红烧土块，出土有少量陶片及兽骨。

101. H235

位于 2010LX Ⅱ T0214 东南部，开口①层下。坑口为圆形，剖面为袋状，平底。口径 130、底径 150、深 86 厘米。坑内堆积仅一层，灰土，土质硬，出土有陶片、兽骨及石块。

出土陶器 4 件，石器 1 件，骨器 1 件。陶器为钵和瓶，石器为环，骨器为笄。

陶钵 3 件。

标本 H235：1，可修复。泥质灰陶。口微敛，尖圆唇，浅弧腹，大平底。素面。口径 26.4、底径 12、高 10.4 厘米（图 2 - 196）。

标本 H235：2，可修复。泥质褐陶。直口微敛，圆唇，弧腹，平底。素面。口径 24、底径 8.8、高 12 厘米（图 2 - 196）。

标本 H235：3，可修复。泥质灰陶。敛口，圆唇，鼓肩，斜腹，凹底。素面。口径 27、底径

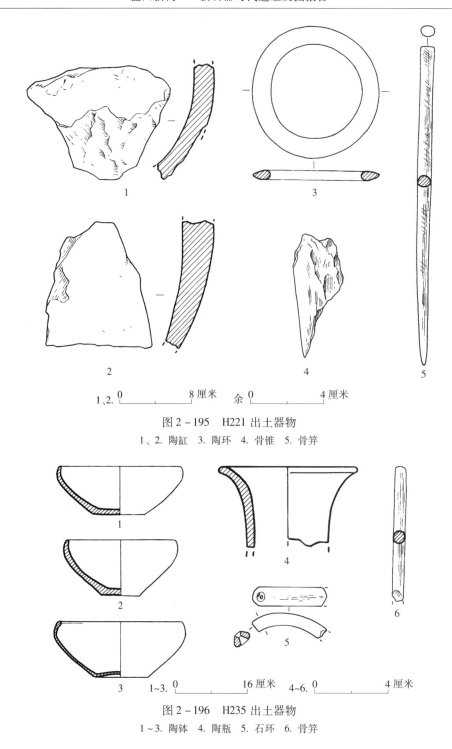

图 2 - 195　H221 出土器物

1、2. 陶缸　3. 陶环　4. 骨锥　5. 骨笄

图 2 - 196　H235 出土器物

1~3. 陶钵　4. 陶瓶　5. 石环　6. 骨笄

12.5、高 12 厘米（图 2 - 196；图版五〇，3）。

　　陶瓶　1 件。

　　标本 H235：4，仅存口部。泥质褐陶。敞口呈喇叭状，直高领。素面，抹光。口径 6.8、残高 4.2 厘米（图 2 - 196）。

　　石环　1 件。

　　标本 H235：5，磨制。半环状，残断，断面为扁圆形，一端有一对钻穿孔。残长 4.1 厘米（图 2 - 196）。

骨笄　1 件。

标本 H235:6，柱状，一端已残，一端圆钝。残长 7 厘米（图 2 - 196）。

102. H237

位于 2010LXⅡT0118 西北部，开口①层下。坑口为圆形，剖面为袋状，平底（图 2 - 197A；图版二四，2）。口径 170、底径 240、深 216 厘米。坑内堆积仅一层，灰褐色黏土，土质硬，出土较多陶片、兽骨和少量石块。

出土陶器 1 件，泥器 1 件，玉器 3 件，石器 3 件，骨器 7 件。陶器为壶，泥器为杯，玉器为笄，石器为刀、锛和球，骨器为镞和锥。

陶壶　1 件。

标本 H237:1，可修复。泥质红陶。侈口，圆唇，直高领，小垂腹，平底。素面。口径 3.6、底径 3.2、高 9.2 厘米（图 2 - 197B；图版四五，4）。

泥杯　1 件。

标本 H237:2，细泥捏制，未经烧制。直口，圆唇，深弧腹，厚平底。口径 3.4、底径 2.8、高 3.3 厘米（图 2 - 197B）。

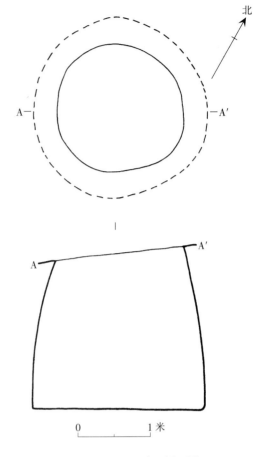

图 2 - 197A　H237 平、剖面图

玉笄　3 件。

标本 H237:12，浅绿墨玉。扁柱状，一端尖锐，一端已残。残长 5.2 厘米。

标本 H237:13，浅绿墨玉。柱状，一端尖锐并稍残，一端已残。残长 5.1 厘米。

石刀　1 件。

标本 H237:3，打制。长方形，双面刃，两侧有打制而成的缺口。长 7.8、宽 4.9、厚 0.9 厘米（图 2 - 197B；图版一〇一，4）。

石锛　1 件。

标本 H237:4，磨制。长条形，单面刃，一端已残，刃部及周缘有残损。残长 8.2、宽 5、厚 2.4 厘米（图2 - 197B）。

石球　1 件。

标本 H237:14，较完整。球形，表面有较大坑疤。直径 8.1 厘米。

骨锥　1 件。

标本 H237:5，一端宽扁，一端尖锐。长 11.6 厘米（图 2 - 197B）。

骨镞　6 件。

标本 H237:6，锋部为三棱状，尖锐，铤部已残。残长 13 厘米（图 2 - 197B）。

标本 H237:7，锋部为三棱状，较长，铤部较细，已残断。残长 15.2 厘米（图 2 - 197B）。

标本 H237:8，锋部为三棱状，铤部已残。残长 7.5 厘米（图 2 - 197B）。

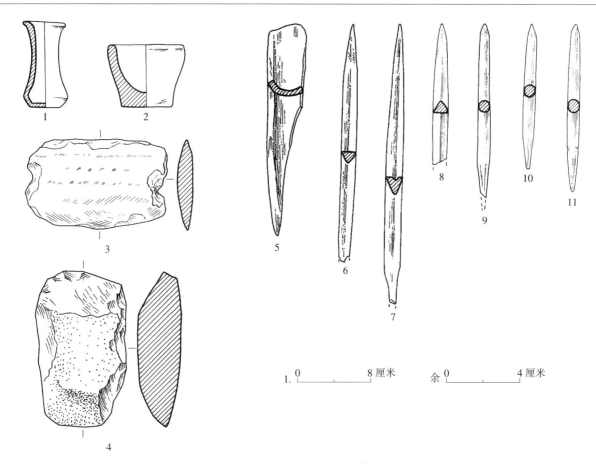

图 2 - 197B　H237 出土器物

1. 陶壶　2. 泥杯　3. 石刀　4. 石锛　5. 骨锥　6~11. 骨镞

标本 H237：9，锋部为柱状，尖锐，铤部较细，已残断。残长 9.2 厘米（图 2 - 197B）。

标本 H237：10，锋部为柱状，尖锐，铤部较细长。长 7.8 厘米（图 2 - 197B）。

标本 H237：11，柱状，两端均尖锐，底端有一周凹痕。长 9 厘米（图 2 - 197B）。

103. H244

位于 2010LXⅡT0216 东南部，开口①层下，被 H243 打破，大部压于隔梁之下。坑口为圆形，剖面为袋状，平底。口径 60~146、底径 70~144、深 48 厘米。坑内堆积仅一层，灰土，土质疏松，出土有陶片等。

104. H248

位于 2010LXⅡT0417 南部，开口①层下，打破 H251。坑口为圆形，剖面为袋状，平底（图 2 - 198）。口径 200、底径 220、深 40 厘米。坑内堆积仅一层，灰土，土质疏松，出土少量陶片及玉笄 1 件。

玉笄　1 件。

标本 H248：1，绿墨玉。扁柱状，一端尖锐，一端已残。残长 6.3 厘米。

图 2 - 198　H248 平、剖面图

北

105. H249

位于 2010LXⅡT0315 西南部，开口①层下，被 G20 打

破，打破 H279、H280、H310。坑口为圆形，剖面为袋状，平底（图 2 – 199A）。口径 380、底径 480、深 140 厘米。坑内堆积仅一层，灰土，土质杂乱、疏松，含草木灰、炭屑及红烧土块，出土有陶片、兽骨及石块。

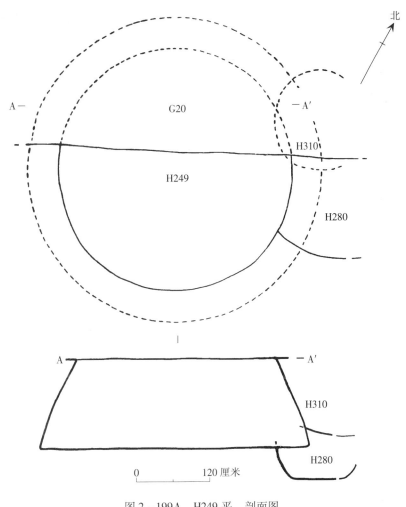

图 2 – 199A H249 平、剖面图

出土陶器 8 件，石器 5 件，玉、骨器各 1 件。陶器器形可辨瓶、罐、缸、釜、灶、器鋬和环，玉器为笄，石器有刀、笄、斧和球，骨器为笄。

陶瓶 2 件。

标本 H249∶3，仅存口部。泥质红陶。直口，平唇，直高领。素面，颈部贴附有小泥饼。口径 7.6、残高 10 厘米（图 2 – 199B）。

标本 H249∶4，仅存口部。泥质红陶。直口，平唇，短颈微束。素面，颈部贴附有小泥饼。口径 7.2、残高 8 厘米（图 2 – 199B）。

陶罐 1 件。

标本 H249∶2，仅存口及上腹。泥质灰陶。敛口，斜沿，圆唇，腹圆鼓。器表饰多周附加堆

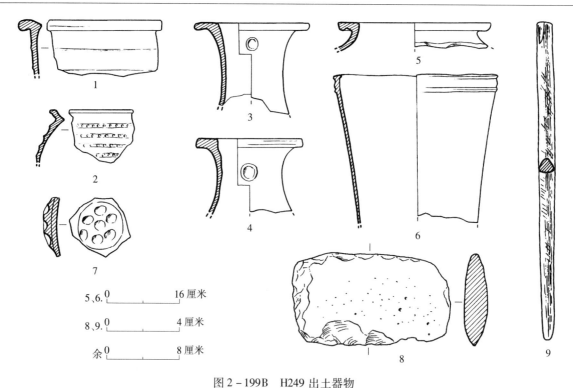

图 2 – 199B　H249 出土器物

1. 陶灶　2. 陶罐　3、4. 陶瓶　5. 陶釜　6. 陶缸　7. 陶器錾　8. 石刀　9. 骨笄

纹。残高 6 厘米（图 2 – 199B）。

陶缸　1 件。

标本 H249：6，仅存口及上腹。泥质灰陶。口略残，斜直腹。素面，口及上腹均有一周凸棱。口径 33.6、残高 32 厘米（图 2 – 199B；图版六〇，3）。

陶釜　1 件。

标本 H249：5，仅存口部。夹砂红陶。直口，窄沿外折，束颈。素面。口径 24、残高 5.6 厘米（图 2 – 199B）。

陶灶　1 件。

标本 H249：1，仅存口及上腹。夹砂红陶。口微敛，窄平沿，圆唇，上腹较直。素面，抹光。残高 6.2 厘米（图 2 – 199B）。

陶器錾　1 件。

标本 H249：7，为钵或盆类器物的錾。泥质褐陶。圆饼状，上有按捺窝。径 8 厘米（图 2 – 199B）。

玉笄　1 件。

标本 H249：10，灰墨玉。柱状，两端皆残。残长 5.3 厘米。

石球　2 件。

标本 H249：11，较完整。球形，表面有磕豁。直径 11.5 厘米（图版一一四，4）。

标本 H249：12，完整。球形，表面有磕豁。直径 5.2 厘米。

石刀　1 件。

标本 H249：8，打制。长方形，双面刃。长 8.6、宽 4.8、厚 1.3 厘米（图 2 – 199B）。

骨笄 1件。

标本 H249：9，柱状，一端较平，一端略细。长16.9厘米（图2-199B）。

106. H250

位于2010LXⅡT0417西南部，开口①层下，打破H251。坑口为圆形，剖面为袋状，平底。口径224、底径264、深90厘米。坑内堆积仅一层，黑灰土，土质疏松，出土有陶片、兽骨、石块以及骨笄、骨锥各1件。

107. H251

位于2010LXⅡT0417西南部，开口①层下，被H248、H250打破。坑口为圆形，剖面为袋状，平底。口径200、底径220、深30厘米。坑内堆积仅一层，灰土，土质疏松，出土有陶片等。

108. H255

位于2010LXⅠT0209西部，开口①层下，打破H256，西部压于隔梁之下。坑口近圆形，剖面为袋状，平底。口径180、底径200、深80厘米。坑内堆积仅一层，灰土，土质硬，出土少量陶片、兽骨以及陶刀、石球、骨镞各1件。

石球 1件。

标本 H255：1，完整。球形，表面有磕豁。直径5.2厘米。

109. H263

位于2010LXⅡT0115东南部，开口①层下，被H260打破，北部压于隔梁之下。坑口为圆形，剖面为袋状，平底。口径200、底径220、深170厘米。坑内堆积仅一层，灰土，土质疏松，含大量红烧土块及炭屑，出土少量陶片。

出土陶器2件，石器2件。陶器为盆和罐，石器为刀。

陶盆 1件。

标本 H263：2，底部已残。泥质灰陶。敛口，圆唇，斜沿上翘，弧壁下收，沿下有一鸡冠状器鋬。口径34、残高10.8厘米（图2-200）。

陶罐 1件。

标本 H263：1，底部已残，仅存口及腹部。泥质红陶。敛口，窄沿上斜，圆唇，深弧腹。器表饰斜向篮纹。口径14、残高7.6厘米（图2-200）。

石刀 2件。

均打制。长方形，双面刃，两侧有打制而成的缺口。

标本 H263：3，长9.3、宽5.2、厚1.1厘米（图2-200）。

标本 H263：4，长9.1、宽4.5、厚1.5厘米（图2-200）。

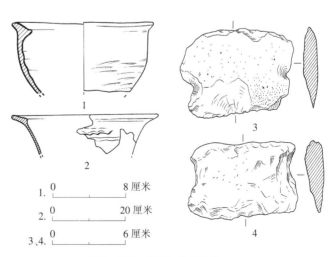

图2-200 H263出土器物
1. 陶罐 2. 陶盆 3、4. 石刀

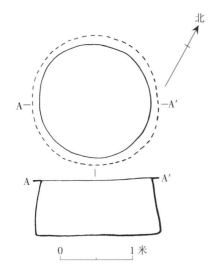

图2－201　H270平、剖面图

110. H270

位于2010LXⅡT0208西部，开口①层下，打破G15。坑口为圆形，剖面为袋状，平底（图2－201）。口径152、底径172、深76厘米。坑内堆积仅一层，黄灰土，土色发白，土质疏松，出土有陶片、石块以及石刀、砺石各1件（图版一二二，2）。

111. H271

位于2010LXⅠT0212西南部，开口①层下，南部压于隔梁之下。坑口为圆形，剖面为袋状，平底。口径150、底径162、深56厘米。坑内堆积仅一层，灰黑土，土质疏松，出土有陶片、兽骨、石块及骨镞1件（图版一二六，2）。

112. H272

位于2010LXⅠT0212西南部，开口①层下，西部压于隔梁之下。坑口为圆形，剖面为袋状，平底。口径200、底径210、深54厘米。坑内堆积仅一层，灰黑土，土质疏松，含少量红烧土块，出土有陶片、石块以及石刀2件、石球1件。

石球　1件。

标本H272：1，残。球形，表面有坑疤。直径4.2厘米。

113. H274

位于2010LXⅠT0212北部，开口①层下，打破H287。坑口近椭圆形，剖面为袋状，平底（见图2－205A；图版二五，1）。口径128~180、底径142~200、深104厘米。坑内堆积仅一层，灰土，土质疏松，出土有陶片以及陶刀1件、石刀3件。

114. H276

位于2010LXⅠT0211西南部，开口①层下，打破H294，大部压于隔梁之下。坑口为圆形，剖面为袋状，平底。口径72~100、底径82~110、深122厘米。坑内堆积仅一层，灰土，土质较杂乱，土质疏松，含草木灰、红烧土颗粒及炭屑，出土有陶片等。

115. H279

位于2010LXⅡT0315西部，开口①层下，被H249、G20打破。坑口为圆形，剖面为袋状，平底。口径220、底径244、深90厘米。坑内堆积仅一层，灰土，土质杂乱、疏松，含少量草木灰及炭屑，出土少量陶片及骨笄1件。

116. H282

位于2010LXⅡT0313中部偏北，开口①层下，被H281打破，打破H291。坑口为圆形，剖面为袋状，平底（图2－202）。口径290、底径310、深60厘米。坑内堆积仅一层，灰土，土质疏松，出土有陶片及玉笄1件、石镞1件、骨笄2件。

玉笄　1件。

标本H282：1，绿墨玉。器身呈"T"字形，顶端宽平，尾端已残。残长2.6厘米。

117. H283

位于2010LXⅡT0315北部，开口①层下，被H275打破。坑口近椭圆形，上部为筒状，下部为袋状，平底（图2-203）。口径80~100、底径200、上部深100、下部深180厘米。坑内堆积仅一层，灰土，土质疏松，含大量草木灰、炭屑及少量红烧土块，出土有陶片、兽骨以及陶刀、圆陶饼、石刀、圆石饼、骨凿各1件。

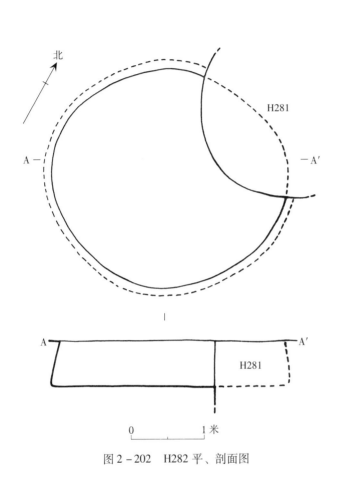

图2-202 H282平、剖面图

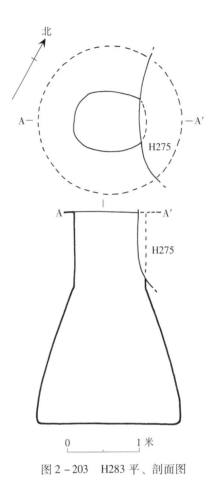

图2-203 H283平、剖面图

圆陶饼 1件。

标本H283:1，泥质红陶。直径6.5、厚0.6厘米（图版七九，1）。

陶刀 1件。

标本H283:5，利用陶器残片打制而成。长条形，两侧有打制而成的缺口。

石刀 1件。

标本H283:4，打制。长方形，双面刃，两侧有打制而成的缺口。

圆石饼 1件。

标本H283:3，外表有摩擦痕。一角中央钻一凹窝。直径5.2、厚11厘米（图版一一一，3）。

骨凿 1件。

标本H283:2，利用鹿角加工磨制而成。尖部一支残断，另一支磨制光滑（图版一三一，1）。

118. H285

位于2010LXⅠT0211西部，开口①层下，被G16打破，部分压于隔梁之下。坑口近圆形，剖面为袋状，平底。口径196、底径224、深100厘米。坑内堆积仅一层，灰土，土质疏松，含大量草木灰、炭屑及少量红烧土块，出土有陶片等。

出土器物有陶盆、石刀各 1 件。

陶盆 1 件。

标本 H285：1，仅存口及上腹。泥质红陶。敛口，宽平沿，圆唇，弧腹。腹中部有一周附加堆纹。口径 38.4、残高 10 厘米（图 2 - 204）。

石刀 1 件。

标本 H285：2，打制。长方形，双面刃，两侧有打制而成的缺口。长 7.1、宽 4.1、厚 1.2 厘米（图 2 - 204）。

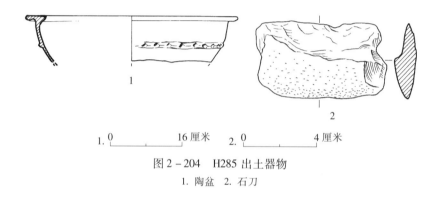

1. 0 ____ 16 厘米　2. 0 ____ 4 厘米

图 2 - 204　H285 出土器物
1. 陶盆　2. 石刀

119. H286

位于 2010LXⅠT0212 东北部，开口①层下，打破 H287。坑口为椭圆形，剖面为袋状，平底（图 2 - 205A）。口径 128、底径 188、深 90 厘米。坑内堆积仅一层，黑灰土，土质疏松，含大量黄土块及少量红烧土块，出土大量陶片。

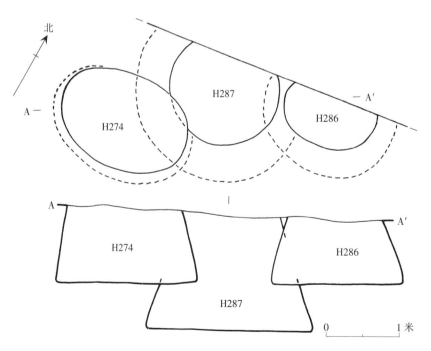

图 2 - 205A　H274、H286、H287 平、剖面图

出土陶器 1 件，石器 1 件，骨器 2 件。陶器为盆，石器为斧，骨器为镞。

陶盆 1 件。

标本 H286：1，可修复。夹砂灰陶。敛口，鼓腹，平底，一侧有一上翘的槽状流，口下有一鸡冠状器鋬。素面。口长径 13.2、底径 6.2、高 10.8 厘米（图 2-205B）。

石斧 1 件。

标本 H286：2，磨制。长条形，一端已残，双面刃，器身周缘有残损。残长 8.4、宽 5.2、厚 3.4 厘米（图 2-205B）。

骨镞 2 件。

标本 H286：3，锋部为圆柱状，较尖锐，铤部细长。长 7.7 厘米（图 2-205B）。

标本 H286：4，锋部为圆柱状，较长较尖锐，铤部细长。长 8.7 厘米（图 2-205B）。

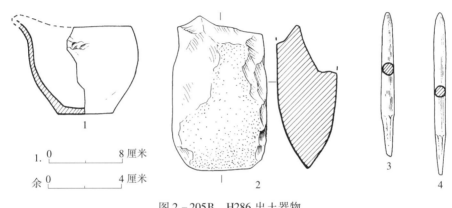

1. 0 8 厘米

余 0 4 厘米

图 2-205B H286 出土器物
1. 陶盆 2. 石斧 3、4. 骨镞

120. H287

位于 2010LX Ⅰ T0212 东北部，开口①层下，被 H274、H286 打破，部分压于北隔梁之下。坑口为圆形，剖面为袋状，平底（见图 2-205A）。口径 150、底径 246、深 156 厘米。坑内堆积仅一层，灰土，土质疏松，含大量红烧土块及少量炭屑，出土有陶片及陶纺轮（图版七七，6）、陶笄各 1 件。

121. H290

位于 2010LX Ⅱ T0313 西南部，开口①层下，打破 G22。坑口为圆形，剖面为袋状，平底（图 2-206A）。口径 200、底径 220、深 50 厘米。坑内堆积仅一层，黄灰土，土质疏松，出土有陶片及兽骨。

出土陶器 5 件，石器 1 件，角器 1 件。陶器器形可辨盆、罐、瓮，石器为杵，角器为锥。

陶盆 1 件。

标本 H290：1，仅存口及上腹。泥质灰陶。敛口，宽平沿内折，深弧腹。素面。残高 7 厘米（图 2-206B）。

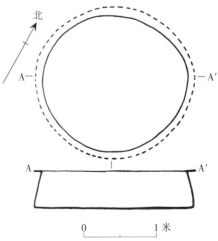

图 2-206A H290 平、剖面图

陶罐　2件。均为鼓腹罐。

标本 H290：3，仅存口及上腹。夹砂红陶。敛口，斜沿，尖圆唇，腹微鼓。器表饰斜向绳纹。残高 8 厘米（图 2－206B）。

标本 H290：2，仅存口及上腹。夹砂灰陶。敛口，窄沿微斜，尖圆唇，鼓腹。器表饰细密绳纹。残高 10 厘米（图 2－206B）。

陶瓮　2件。

标本 H290：5，为叠唇瓮，仅存口及腹部。夹砂红陶。敛口，圆唇外叠，腹斜收。器表饰多周附加堆纹，外被泥糊抹。口径 34、残高 18.8 厘米（图 2－206B）。

标本 H290：4，腹部残片。泥质红陶。弧腹，外有鸟喙状泥突。素面。残高 8 厘米（图 2－206B）。

骨锥　1件。

标本 H290：7，利用鹿角磨制而成。一端尖锐（图版一三一，2）。

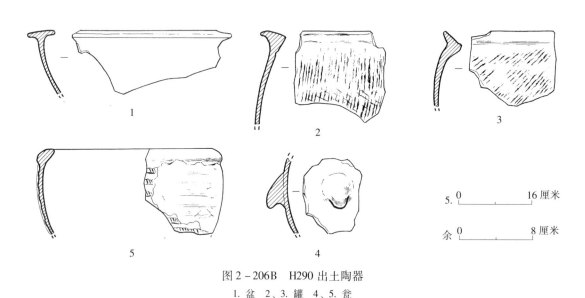

图 2－206B　H290 出土陶器
1. 盆　2、3. 罐　4、5. 瓮

122. H293

位于 2010LXⅡT0314 西北部，开口①层下。坑口为圆形，上部为筒状，下部为袋状，平底（图 2－207A）。口径 140、底径 280、深 230 厘米。坑内堆积仅一层，灰土，土质疏松，含草木灰及炭屑，出土有陶片及兽骨。

出土陶器 10 件，石器 2 件。陶器器形可辨钵、瓶、盆、瓮、缸和刀，石器为刀。

陶钵　1件。

标本 H293：5，仅存口及腹部。泥质红陶。敛口，圆唇，鼓肩，斜腹。素面。口径 22、残高 6 厘米（图 2－207B）。

陶瓶　1件。

标本 H293：6，仅存口部。泥质红陶。口微侈，平唇，唇面微凹，直高领。颈中部饰一周附加堆纹，上部贴附有小泥饼。口径 6、残高 6.8 厘米（图 2－207B）。

陶盆　　2件。根据形态可分为带流盆和宽沿盆。

宽沿陶盆　　1件。

标本H293:4，仅存口及上腹。泥质红陶。敛口，宽平沿，圆唇，弧腹。素面。口径29.6、残高3.6厘米（图2-207B）。

带流陶盆　　1件。

标本H293:1，仅存口部。泥质灰陶。敛口，圆唇，鼓肩，口下有一对鸡冠状器鋬。素面。口径35.2、残高7.2厘米（图2-207B）。

陶瓮　　1件。

标本H293:3，仅存口及上腹。夹砂红陶。敛口，唇面窄平，上腹微鼓。器表饰交错绳纹。口径25.6、残高8.8厘米（图2-207B）。

陶缸　　1件。

标本H293:2，仅存口及腹部。夹砂红陶。口微侈，圆唇，上腹较直，斜腹斜收。器表饰斜向篮纹。残高28厘米（图2-207B）。

陶刀　　4件（图版七四，2）。

标本H293:7，系用瓶类陶片打制而成。泥质灰陶。长方形，单面刃，两侧有打制而成的缺口。长6.9、宽4.7、厚0.4厘米（图2-207C）。

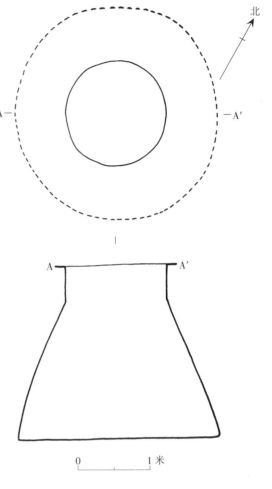

图2-207A　H293平、剖面图

标本H293:8，系用瓶类陶片打制而成。泥质红陶。长方形，双面刃，两侧有打制而成的缺口。长6.4、宽4.2、厚0.6厘米（图2-207C）。

标本H293:9，系用瓶类陶片打制而成。泥质红陶。长方形，单面刃，两侧有打制而成的缺口。长6.9、宽4.3、厚0.4厘米（图2-207C）。

标本H293:10，系用钵类陶片打制而成。泥质红陶。长方形，单面刃，一侧有打制而成的缺口。长5.6、宽4.1、厚0.6厘米（图2-207C）。

石刀　　2件。

标本H293:11，打制。长方形，单面刃，两侧有打制而成的缺口。长10.2、宽4.6、厚0.8厘米（图2-207C）。

标本H293:12，打制。长方形，双面刃，两侧有打制而成的缺口。长7.8、宽4.8、厚0.9厘米（图2-207C）。

123. H294

位于2010LXⅠT0211西南部，开口①层下，被G16、H276打破，南部压于隔梁之下。坑口近椭圆形，剖面为袋状，平底。口径100～270、底径110～280、深80厘米。坑内堆积仅一层，为灰

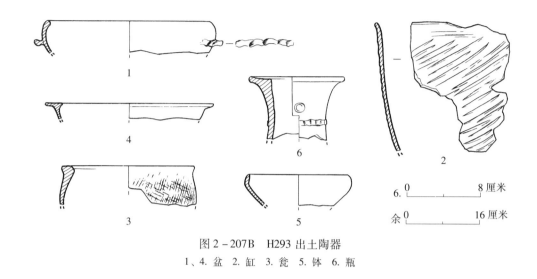

图 2-207B　H293 出土陶器
1、4. 盆　2. 缸　3. 瓮　5. 钵　6. 瓶

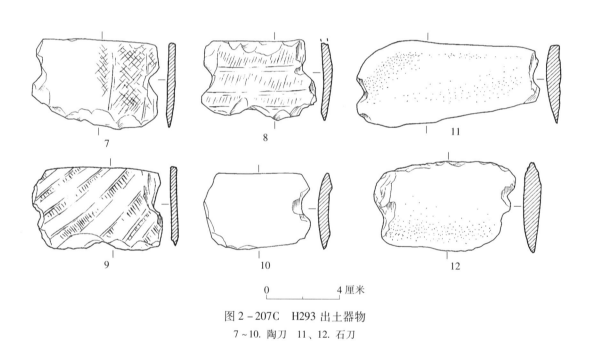

图 2-207C　H293 出土器物
7~10. 陶刀　11、12. 石刀

土，土质疏松，含草木灰、白灰及炭屑，出土有陶片及陶刀 1 件。

124. H295

位于 2010LXⅡT0214 东北部，开口①层下，打破 G25，部分压于北隔梁之下。坑口为圆形，剖面为袋状，平底（图 2-208）。口径 192、底径 210、深 46 厘米。坑内堆积仅一层，黄灰土，土质疏松，含大量红烧土块，出土有陶片等。

125. H297

位于 2010LXⅡT0214 中部偏东，开口①层下，打破 G25。坑口为圆形，剖面为袋状，平底（图 2-209）。口径 150、底径 190、深 90 厘米。坑内堆积仅一层，黄灰土，土质疏松。出土有陶片、兽骨及陶刀 1 件。

126. H298

位于 2010LXⅡT0216 西南部，开口①层下，被 H299 打破。坑口为圆形，剖面为袋状，平底。口径 178、底径 198、深 80 厘米。坑内堆积仅一层，灰土，土质疏松，含红烧土块、草木灰及炭屑，出土有陶片等。

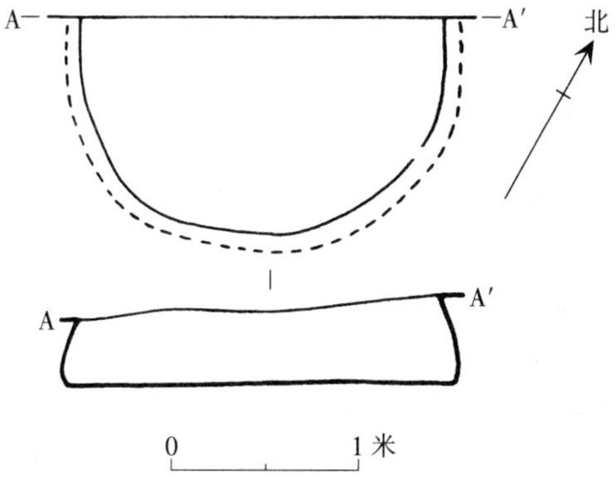

出土陶器 7 件，石器 2 件。陶器器形可辨碗、瓶、罐、灶、器盖、球和刀，石器为钻头和球。

陶碗　1 件。

标本 H298:3，可修复。泥质红陶。敞口，尖圆唇，弧腹，平底。素面。口径 9.6、底径 6.2、高 5.2 厘米（图 2 - 210）。

陶瓶　1 件。

标本 H298:1，仅存口部。泥质灰陶。敞口呈喇叭状，尖唇，颈微束。素面，抹光。口径 18、残高 6 厘米（图 2 - 210）。

陶罐　1 件。

标本 H298:5，仅存口及上腹。夹砂灰陶。敛口，斜沿外折，圆唇，沿面曲折，上腹微鼓。腹饰斜向绳纹。口径 12.2、残高 5.1 厘米（图 2 - 210）。

陶灶　1 件。

标本 H298:2，仅存足部。夹砂红陶。斜直腹，下接一兽足。器表饰粗绳纹，内部有抹痕。残高 11.4 厘米（图 2 - 210）。

陶器盖　1 件。

标本 H298:4，可修复。夹砂褐陶。盖口外敞，弧腹，假圈足状捉手，平顶。素面，捉手有一周花边。口径 11.8、高 5 厘米（图 2 - 210）。

陶刀　1 件。

标本 H298:6，系用钵类口沿打制而成。泥质灰陶。长条形，两侧有打制而成的缺口。长 6.2、宽 4、厚 0.5 厘米（图 2 - 210）。

石钻头　1 件。

标本 H298:7，磨制。器体呈圆锥状，一端平整，一端尖锐。直径 3.4、高 6.4 厘米（图 2 - 210；图版一一二，1）。

石球　1 件。

标本 H298:8，完整。球形，表面有磕豁。直径 5.3 厘米。

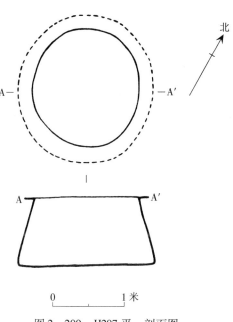

图 2 - 208　H295 平、剖面图

图 2 - 209　H297 平、剖面图

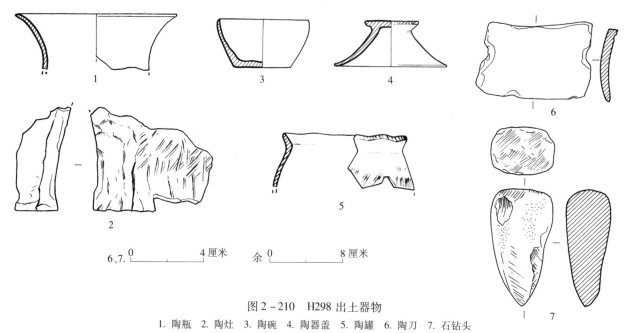

图 2 – 210　H298 出土器物

1. 陶瓶　2. 陶灶　3. 陶碗　4. 陶器盖　5. 陶罐　6. 陶刀　7. 石钻头

127. H302

位于 2010LXⅠT0211 北部，开口 G17 下，被 H288、H301 打破，部分压于北隔梁之下。坑口为圆形，剖面为袋状，平底（图 2 – 211A）。口径 190、底径 320、深 138 厘米。坑内堆积仅一层，灰土，土质疏松，含大量草木灰及炭屑，出土有陶片等。

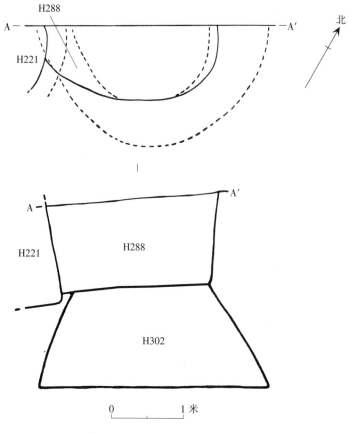

图 2 – 211A　H302 平、剖面图

出土陶器 17 件，玉器 1 件，石器 6 件，骨器 2 件。陶器器形可辨钵、瓶、盆、罐、壶、瓮、杯、刀和环，玉器为笄，石器为刀、斧、凿、笄和球，骨器为锥和镞。

陶钵 2 件。

标本 H302∶4，仅存口及腹部。泥质红陶。敛口，圆唇，鼓肩，斜腹。素面。口径 18、残高 5.6 厘米（图 2 - 211B）。

标本 H302∶10，仅存口及腹部。泥质红陶。直口微敛，尖圆唇，斜腹。素面。残高 7 厘米（图 2 - 211B）。

陶瓶 3 件。

标本 H302∶8，仅存口部。泥质红陶。侈口近喇叭状，口内有一明显的折棱，高领微束。口下贴附有小泥饼，颈中部有一周附加泥条。口径 10.8、残高 10 厘米（图 2 - 211B）。

标本 H302∶9，仅存口部。泥质灰陶。侈口近喇叭状，口内有一明显的折棱，高领微束。口下贴附有小泥饼，颈以下饰线纹和抹弦纹。口径 10、残高 13.5 厘米（图 2 - 211B）。

标本 H302∶13，口及底部均残，仅存肩腹部。泥质红陶。肩部微鼓，腹斜直。器表以细密线纹为底，肩部有圆圈状涡纹，腹饰抹弦纹。残高 18 厘米（图 2 - 211B）。

陶盆 3 件。均为宽沿盆。

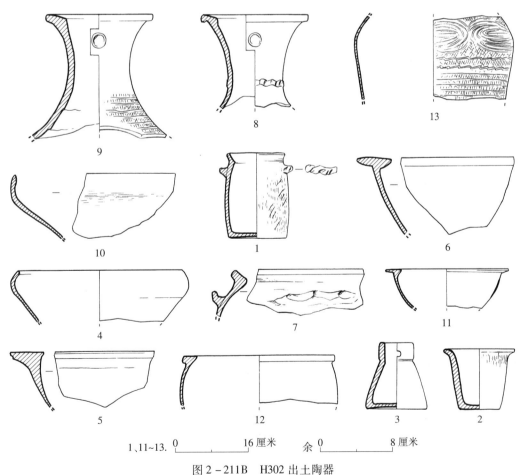

图 2 - 211B H302 出土陶器

1、7. 罐 2. 杯 3. 壶 4、10. 钵 5、6、11. 盆 8、9、13. 瓶 12. 瓮

标本 H302：5，仅存口及上腹。泥质灰陶。口微敛，平沿外折，方唇，弧腹。素面。残高 6 厘米（图 2 - 211B）。

标本 H302：6，仅存口及腹部。泥质红陶。敛口，宽平沿，尖圆唇，深弧腹。素面。残高 8.4 厘米（图 2 - 211B）。

标本 H302：11，仅存口及腹部。泥质红陶。敛口，宽平沿，尖圆唇，弧腹。素面。口径 20.8、残高 8.4 厘米（图 2 - 211B）。

陶罐　2 件。根据形态可分为鼓腹罐和小罐。

鼓腹陶罐　1 件。

标本 H302：7，仅存口部。夹砂灰陶。敛口，短沿上斜，圆唇，上腹微鼓，有一鸡冠状器錾。素面。残高 5 厘米（图 2 - 211B）。

小陶罐　1 件。

标本 H302：1，可修复。夹砂灰陶。口微敛，斜沿，圆唇，直腹，底微凹，沿下有一对鸡冠状器錾。器表饰细绳纹。口径 12、底径 12.8、高 18.4 厘米（图 2 - 211B；图版五四，3）。

陶壶　1 件。

标本 H302：3，可修复。夹砂红陶。上口为直筒状，下腹外斜，凹底。素面，上口两侧各有一圆形穿孔。口径 3.6、底径 6.8、高 7.2 厘米（图 2 - 211B）。

陶瓮　1 件。

标本 H302：12，仅存口及上腹。泥质红陶。敛口，窄平沿，圆唇，上腹微鼓。素面。口径 27.2、残高 10.4 厘米（图 2 - 211B）。

陶杯　1 件。

标本 H302：2，可修复。夹砂红陶。侈口，尖圆唇，斜直腹，平底。口下有细密线纹。口径 7.6、底径 4.5、高 6.6 厘米（图 2 - 211B；图版六四，4）。

陶刀　3 件。

标本 H302：14，系用瓶类陶片打制而成。泥质红陶。长方形，单面刃，一侧有打制而成的缺口。残长 5.2、宽 4.5、厚 0.4 厘米（图 2 - 211C）。

标本 H302：15，系用瓶类陶片打制而成。泥质灰陶。长方形，单面刃，两侧有打制而成的缺口。长 7.7、宽 3.6、厚 0.4 厘米（图 2 - 211C）。

标本 H302：16，系用瓶类陶片打制而成。泥质红陶。长方形，双面刃，两侧有打制而成的缺口。长 11.5、宽 6.8、厚 0.8 厘米（图 2 - 211C；图版七五，3）。

陶环　1 件。

标本 H302：17，泥质红陶。环状，断面呈圆角方形。表面有抹痕。外径 5.8、内径 4.6 厘米（图 2 - 211C）。

玉笄　1 件。

标本 H302：23，墨玉。柱状，一端已残，一端磨光平整。残长 4.7 厘米。

石球　2 件。

标本 H302：24，完整。球形，表面有坑疤。直径 6.1 厘米。

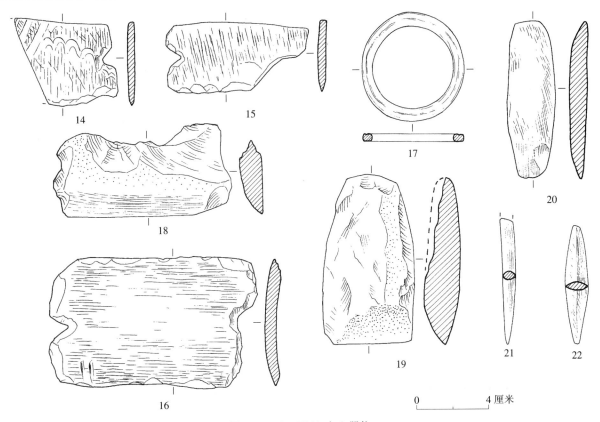

图 2 – 211C　H302 出土器物

14 ~ 16. 陶刀　17. 陶环　18. 石刀　19. 石斧　20. 石凿　21. 骨锥　22. 骨镞

标本 H302：25，较完整。球形，表面有坑疤。直径 4.3 厘米。

石刀　1 件。

标本 H302：18，打制。长方形，双面刃，两侧有打制而成的缺口。长 9.9、宽 4.8、厚 1.3 厘米（图 2 – 211C）。

石斧　1 件。

标本 H302：19，磨制。长条形，单面刃，周缘略有残损。长 9、宽 5、厚 2 厘米（图 2 – 211C）。

石凿　1 件。

标本 H302：20，磨制。窄条形，两端均有单面刃。长 8.2、宽 2.2、厚 1 厘米（图 2 – 211C；图版九八，1）。

骨锥　1 件。

标本 H302：21，器身为柱状，一端已残，一端尖锐。残长 6.7 厘米（图 2 – 211C）。

骨镞　1 件。

标本 H302：22，锋部为梭状，断面扁平，顶端较锐。长 6.2 厘米（图 2 – 211C）。

128. H312

位于 2010LXⅡT0315 东南部，开口①层下，被 G20 打破。坑口为椭圆形，上部为筒状，下部为袋状，平底（图 2 – 212）。口径 54 ~ 80、底径 200、深 210 厘米。坑内堆积仅一层，灰土，土质疏松，含大量草木灰及炭屑，出土有陶片及玉笄 4 件、石刀 2 件。

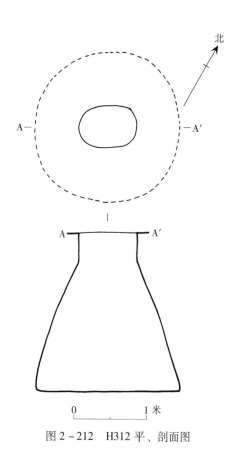

图 2 - 212　H312 平、剖面图

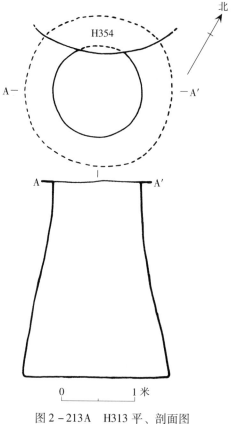

图 2 - 213A　H313 平、剖面图

玉笄　4件。

标本 H312∶1，灰绿墨玉。柱状，一端已残，一端尖锐。残长 8.1 厘米。

标本 H312∶2，绿墨玉。柱状，两端皆残。残长 7 厘米。

标本 H312∶3，绿墨玉。扁柱状，一端已残，一端尖锐。残长 5.4 厘米。

标本 H312∶4，绿墨玉。扁柱状，两端皆残。残长 4.7 厘米。

129. H313

位于 2010LXⅡT0213 东北部，开口①层下，被 H354 打破，打破 H367。坑口为圆形，上部为筒状，下部为袋状，平底（图 2 - 213A）。口径 120、底径 200、深 260 厘米。坑内堆积仅一层，灰土，土质疏松，含大量草木灰、炭屑及少量红烧土颗粒，出土有陶片等。

出土陶器 8 件，石器 2 件，骨器 1 件。陶器器形可辨钵、碗、瓶、盆和罐，石器为纺轮和饼，骨器为镞。

陶钵　1件。

标本 H313∶5，仅存口及上腹。泥质红陶。直口，圆唇，弧腹。素面。口径 23.2、残高 8 厘米（图 2 - 213B）。

陶碗　1件。

标本 H313∶8，可修复。夹砂红陶。口微敛，窄斜沿，圆唇，沿面微凹，弧腹，平底。素面，器表较粗糙。口径 16.8、底径 10.8、高 8.4 厘米（图 2 - 213B）。

陶瓶　1件。

标本 H313：2，仅存口部。泥质红陶。口较直，平唇微上斜，口内有一道折棱，高领。口下有一周戳印，颈部贴附有泥饼。口径 10.4、残高 4 厘米（图 2 - 213B）。

陶盆　2件。根据形态可分为宽沿盆和窄沿盆。

宽沿陶盆　1件。

标本 H313：7，可修复。泥质灰陶。敛口，宽平沿，圆唇，弧腹较浅，底微凹。素面。口径 40、底径 24.4、高 12 厘米（图 2 - 213B）。

窄沿陶盆　1件。

标本 H313：6，仅存口及腹部。泥质灰陶。敛口，窄平沿，圆唇，弧腹，腹两侧各有一鸡冠状器鋬。口径 32.8、残高 5.8 厘米（图 2 - 213B）。

陶罐　3件。均为鼓腹罐。

标本 H313：1，仅存口及上腹。夹砂红陶。敛口，斜沿外折，圆唇，上腹微鼓。上腹有一周戳印。残高 5.5 厘米（图 2 - 213B）。

标本 H313：4，仅存口及上腹。夹砂红陶。敛口，沿外卷，圆唇，腹微鼓。素面。口径 22.4、残高 6.8 厘米（图 2 - 213B）。

标本 H313：3，仅存口部。夹砂灰陶。敛口，斜沿外折，圆唇，上腹外鼓。素面。残高 4 厘米（图 2 - 213B）。

石纺轮　1件。

标本 H313：9，通体磨制。圆饼状，边缘略薄，中部有一穿孔。直径 4.5、高 0.8 厘米（图 2 - 213B）。

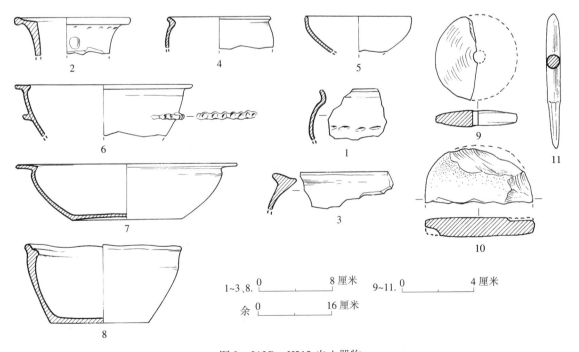

图 2 - 213B　H313 出土器物

1、3、4. 陶罐　2. 陶瓶　5. 陶钵　6、7. 陶盆　8. 陶碗　9. 石纺轮　10. 石饼　11. 骨镞

石饼　1件。

标本 H313:10，通体磨制。已残，半圆状，断面为长方形，边缘残损。直径6、厚1厘米（图2－213B）。

骨镞　1件。

标本 H313:11，锋部为柱状，顶端较圆，铤部较细长。长7.2厘米（图2－213B）。

130. H317

位于 2010LXⅡT0313 东南部，开口①层下，被 H316 打破。坑口近椭圆形，剖面为袋状，平底（图2－214A）。口径 110～166、底径 170～250、深 300 厘米。坑内堆积仅一层，灰土，土质硬，含少量草木灰及红烧土颗粒，出土有陶片、兽骨及石块。

出土陶器14件，玉器2件，石器5件。陶器器形可辨钵、瓶、罐、壶、瓮、器盖、刀和环，玉器为笄，石器为铲和球。

陶钵　1件。

标本 H317:7，仅存口及腹部。泥质红陶。口微敛，圆唇，斜腹。素面，口下有一穿孔。口径 23.2、残高8.8厘米（图2－214B）。

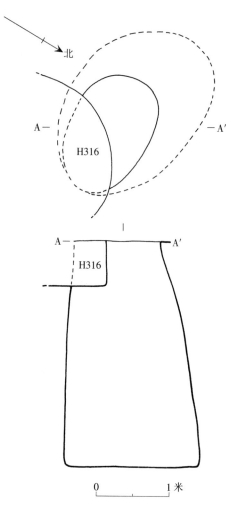

图2－214A　H317 平、剖面图

陶瓶　1件。

标本 H317:2，仅存颈部。泥质红陶。口部已残，高颈，颈中部圆鼓，其下曲张。素面，颈部有一周戳刺。残高 14.8 厘米（图2－214B）。

陶瓮　1件。

标本 H317:4，仅存口及上腹。夹砂褐陶。敛口，窄沿，沿面微鼓，上腹较直。素面。残高8厘米（图2－214B）。

陶罐　3件。均为鼓腹罐。

标本 H317:3，仅存口及上腹。夹砂红陶。敛口，短沿外斜，圆唇，鼓腹，口下有一对鸡冠状器鋬。上腹有一周戳印纹。口径 16.8、残高7.2厘米（图2－214B）。

标本 H317:8，仅存口及上腹。夹砂灰陶。敛口，斜折沿，尖圆唇，腹微鼓，上有一对鸡冠状器鋬。素面。口径 15.6、残高8.2厘米（图2－214B）。

标本 H317:6，仅存口及上腹。夹砂红陶。敛颈，厚圆唇，腹微鼓，有一鸡冠状器鋬。素面。残高6厘米（图2－214B）。

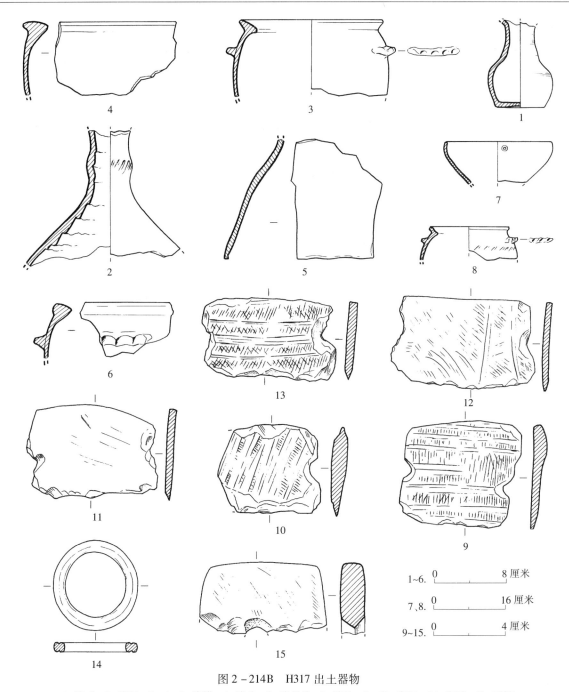

图 2 - 214B H317 出土器物

1. 陶壶 2. 陶瓶 3、6、8. 陶罐 4. 陶瓮 5. 陶器盖 7. 陶钵 9 ~ 13. 陶刀 14. 陶环 15. 石铲

陶壶 1件。

标本 H317：1，口部已残，仅存腹及底部。泥质红陶。直高领，垂腹，平底微凹。素面。底径
5.2、残高9.4厘米（图2 - 214B）。

陶器盖 1件。

标本 H317：5，仅存口部。泥质红陶。盖口外敞，斜腹。素面。残高13厘米（图2 - 214B）。

陶刀 5件。

均为利用瓶、钵、盆类器物残片打制而成。长方形，两侧多有打制而成的缺口（图2 - 214B）。

陶环　1件。

标本 H317：14，泥质灰陶。圆环状，断面为圆角方形。环面有磨痕。外径 4.7、内径 3.4 厘米（图 2－214B；图版八三，3）。

玉笄　2件。

标本 H317：16，墨玉。器身呈"T"字形，顶端宽平并有残缺，尾端尖锐。长 9.5 厘米（图版八八，9）。

标本 H317：17，绿墨玉。柱状，两端皆残。残长 5.8 厘米。

石球　4件。

标本 H317：18，较完整。球形，表面有坑疤。直径 6.9 厘米。

标本 H317：19，完整。不规则球形，表面有磕豁。长径 4.8、短径 4.3 厘米。

标本 H317：20，残。球形，表面有坑疤。直径 3.8 厘米。

标本 H317：21，较残。不规则球形，表面有坑疤。长径 3.7、短径 2.4 厘米。

石铲　1件。

标本 H317：15，磨制较精细。刃部已残，残余部分为长方形，有一残断圆形对钻穿孔。残长 3.8、宽 6.9、厚 1.5 厘米（图 2－214B）。

131. H319

位于 2010LXⅡT0314 东北部，开口①层下，被 H318 打破，打破 F3。坑口为椭圆形，上部为筒状，下部为袋状，平底（图 2－215A）。口径 70～100、底径 198、深 220 厘米。坑内堆积仅一层，灰褐土，土质硬，含少量草木灰及红烧土颗粒，出土有陶片等。

出土陶器 12 件，泥器 1 件，骨器 1 件。陶器器形可辨钵、瓶、盆、罐、瓮、器盖和笄，泥器为盅，骨器为锥。

陶钵　1件。

标本 H319：8，仅存口部。泥质灰陶。口微敛，尖唇，口内有凸棱，鼓肩。素面，器表有抹痕。残高 4.4 厘米（图 2－215B）。

陶瓶　3件。

标本 H319：4，仅存口部。泥质红陶。口微侈，平唇微上斜，口内有一道折棱，高领。素面，颈部贴附有泥饼。口径 10.2、残高 9.2 厘米（图 2－215B）。

标本 H319：5，仅存颈部。泥质红陶。颈部圆鼓，呈葫芦状。颈部有一周指甲状戳印。残高 5.4 厘米（图 2－215B）。

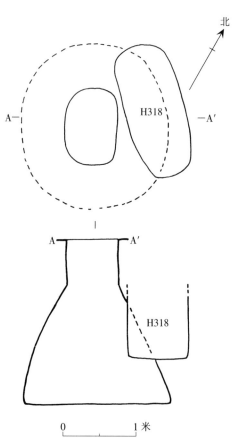

图 2－215A　H319 平、剖面图

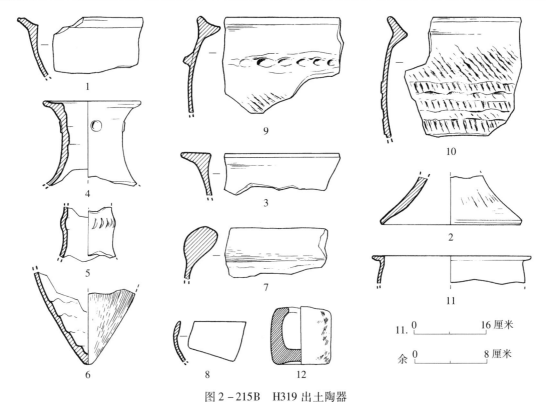

图 2 – 215B　H319 出土陶器

1、3. 盆　2. 器盖　4 ~ 6. 瓶　7、11. 瓮　8. 钵　9、10. 罐　12. 泥盅

标本 H319：6，仅存底部。泥质红陶。底呈锐尖状。器表有细密线纹，内壁有泥条盘筑痕迹。残高 10 厘米（图 2 – 215B）。

陶盆　2 件。根据形态可分为宽沿盆和窄沿盆。

宽沿陶盆　1 件。

标本 H319：1，仅存口部。泥质红陶。直口，尖圆唇，斜沿上挑，弧腹。素面。残高 6 厘米（图 2 – 215B）。

窄沿陶盆　1 件。

标本 H319：3，仅存口部。泥质红陶。口微敛，圆唇，窄平沿，斜腹。残高 4.6 厘米（图 2 – 215B）。

陶罐　2 件。均为鼓腹罐。

标本 H319：9，仅存口及上腹。夹砂红陶。敛口，斜折沿，圆唇，上腹微鼓，有一鸡冠状器錾。腹饰斜向绳纹。残高 10.4 厘米（图 2 – 215B）。

标本 H319：10，仅存口及上腹。夹砂红陶。敛口，斜沿外折，圆唇，上腹较直。腹饰斜向绳纹，上有几周附加堆纹。残高 13 厘米（图 2 – 215B）。

陶瓮　2 件。

标本 H319：7，仅存口部。夹砂红陶。敛口，圆唇外叠。素面。残高 5.6 厘米（图 2 – 215B）。

标本 H319：11，仅存口部。泥质灰陶。直口，平折沿，圆唇，腹微鼓。素面，抹光。口径 30.4、残高 6 厘米（图 2 – 215B）。

陶器盖　1件。

标本 H319：2，仅存底部。夹砂灰陶。盖口外敞，弧腹。器表饰细绳纹。口径 15.2、残高 5.2 厘米（图 2 –215B）。

泥盅　1件。

标本 H319：12，捏制，未经烧制。敛口，直腹，平底微凹。口径 2.6、底径 5.4、高 6 厘米（图 2 –215B）。

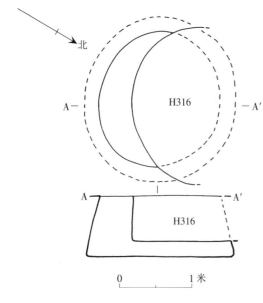

图 2 –216A　H321 平、剖面图

132. H321

位于 2010LXⅡT0313 东南部，开口①层下，被 H316 打破，打破 G22。坑口为圆形，剖面为袋状，平底。口径 170、底径 210、深 80 厘米（图 2 –216A）。坑内堆积仅一层，灰土，土质疏松，含少量草木灰，出土有陶片及少量兽骨。

出土陶器 5 件，石器 1 件。陶器器形可辨瓶、罐和刀，石器为刀。

陶瓶　1件。

标本 H321：2，仅存口及腹部。泥质灰陶。敞口呈喇叭状，口内有一不明显的折棱，高领微束，折肩，腹斜收。颈以下饰细密线纹，其上饰弦纹。口径 10.4、残高 39.5 厘米（图 2 –216B）。

陶罐　2件。根据形态可分为鼓腹罐和小罐。

鼓腹陶罐　1件。

标本 H321：3，底部已残，仅存口及腹部。夹砂红陶。敛口，斜沿外折，圆唇，上腹外鼓，两侧各有一鸡冠状器錾。通体饰斜向绳纹。口径 25.6、残高 13.2 厘米（图 2 –216B）。

小陶罐　1件。

标本 H321：1，可修复。夹砂褐陶。侈口，方唇，沿内有一道凹槽，鼓腹，平底微凹，腹有一对鸡冠状器錾。器表饰竖向绳纹。口径 13.2、底径 3.6、高 16.4 厘米（图 2 –216B）。

陶刀　2件。

标本 H321：4，系用瓶类陶片打制而成。泥质灰陶。长方形，单面刃，一侧有打制而成的缺口。残长 5.2、宽 5.2、厚 0.3 厘米（图 2 –216B）。

标本 H321：5，系用瓶类陶片打制而成。泥质灰陶。长方形，单面刃，两侧有打制而成的缺口。长 6.8、宽 4.4、厚 0.3 厘米（图 2 –216B）。

石刀　1件。

标本 H321：6，打制。长条形，单面刃，两侧有打制而成的缺口。长 10.5、宽 4.4、厚 1.5 厘米（图 2 –216B）。

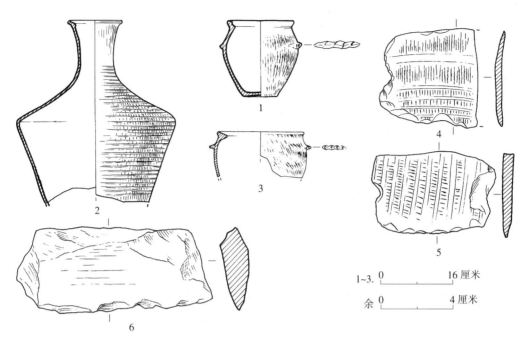

图 2 - 216B　H321 出土器物
1、3. 陶罐　2. 陶瓶　4、5. 陶刀　6. 石刀

133. H323

位于 2010LXⅡT0114 东北部，开口①层下，打破 H347、H405，大部压于东、北隔梁之下。坑口为圆形，剖面为袋状，平底。口径 52 ~ 72、底径 72 ~ 90、深 110 厘米。坑内堆积仅一层，深灰土，土质疏松，含大量草木灰，出土有陶片等。

出土陶器 2 件，石器 7 件。陶器为盆和瓮，石器为刀、斧和球。

陶盆　1 件。

标本 H323：1，仅存口及上腹。泥质褐陶。口微侈，宽沿上斜，圆唇，斜直腹。素面。口径 20、残高 3.6 厘米（图 2 - 217）。

陶瓮　1 件。

标本 H323：2，仅存口部。夹砂红陶。敛口，厚圆唇外叠。唇下有一周附加堆纹。残高 4.4 厘米（图 2 - 217）。

石刀　5 件。

均为打制。长方形，两侧多有打制而成的缺口（图 2 - 217；图版一〇二，2）。

石斧　1 件。

标本 H323：8，磨制。长条形，双面刃，刃部及周缘有残损。残长 13.5、宽 6.5、厚 2.9 厘米（图 2 - 217）。

石球　1 件。

标本 H323：9，完整。不规则球形，表面有少许磕豁。长径 3.8、短径 3 厘米。

134. H325

位于 2010LXⅡT0114 中部偏北，开口①层下，被 H320 打破。坑口为圆形，剖面为袋状，平

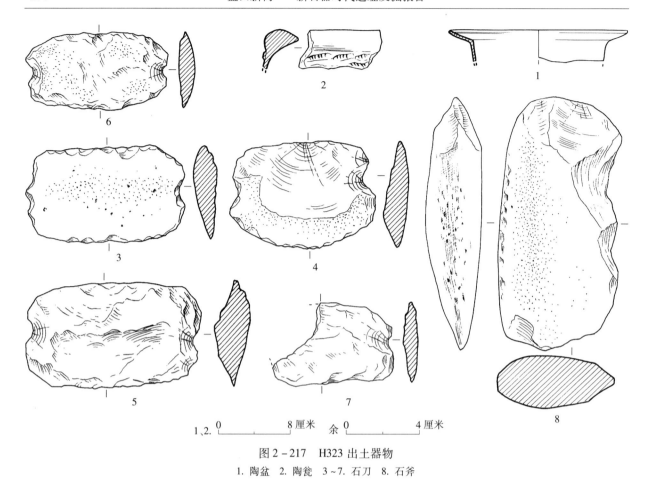

图 2 - 217 H323 出土器物
1. 陶盆 2. 陶瓮 3~7. 石刀 8. 石斧

底。口径 110、底径 130、深 60 厘米。坑内堆积仅一层，灰土，土质疏松，含少量红烧土颗粒及炭屑，出土有陶片等。

135. H326

位于 2010LXⅡT0114 东北部，开口①层下，被 H320 打破。坑口为圆形，剖面为袋状，平底。坑底四壁有四个圆形斜向小坑，其中三个等距分布（图版二五，2）。口径 210、底径 230、深 90 厘米。坑内堆积仅一层，灰土，土质疏松，含少量草木灰及大量红褐色土块，出土陶片及骨笄、骨锥各 1 件。

136. H327

位于 2010LXⅡT0115 东北部，开口①层下，打破 G18，部分压于北隔梁之下。坑口为圆形，剖面为袋状，平底（图 2 - 218A）。口径 430、底径 460、深 270 厘米。坑内堆积仅一层，灰土，土质疏松，出土有陶片等。

出土陶器 11 件，骨器 1 件。陶器器形可辨钵、碗、盆、罐、瓮、甄和鼎足，骨器为笄。

陶碗 1 件。

标本 H327：1，可修复。泥质灰陶。直口，圆唇，斜腹，平底。素面，内壁有抹痕。口径 14、底径 5.8、高 5.6 厘米（图 2 - 218B）。

陶钵 1 件。

标本 H327：6，仅存口及上腹。泥质红陶。敛口，圆唇，腹微鼓。素面。口径 16.8、残高 6 厘

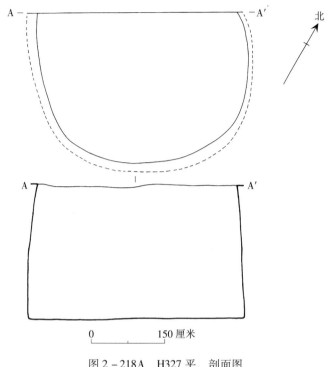

图 2 - 218A　H327 平、剖面图

米（图 2 - 218B）。

陶盆　4 件。根据形态可分为宽沿盆和窄沿盆。

宽沿陶盆　2 件。

标本 H327：3，底部已残，仅存口及上腹。泥质红陶。敛口，宽平折沿，圆唇，弧腹。素面。残高 7.2 厘米（图 2 - 218B）。

标本 H327：10，底部已残，仅存口及上腹。泥质褐陶。敛口，宽平折沿，圆唇，弧腹。素面，上腹有钻孔。口径 18.4、残高 4.8 厘米（图 2 - 218B）。

窄沿陶盆　2 件。

标本 H327：2，底部已残，仅存口及上腹。泥质灰陶。敛口，窄沿上卷，尖圆唇，弧腹。素面。口径 29.6、残高 6.4 厘米（图 2 - 218B）。

标本 H327：4，底部已残，仅存口及上腹。泥质红陶。口微敛，平折沿，圆唇，弧腹，上腹有一鸡冠状器鋬。素面。残高 6.8 厘米（图 2 - 218B）。

陶罐　2 件。均为鼓腹罐。

标本 H327：7，底部已残，仅存口及上腹。夹砂红陶。敛口，斜沿外侈，圆唇，上腹微鼓。腹饰竖向绳纹。口径 12、残高 9.6 厘米（图 2 - 218B）。

标本 H327：9，底部已残，仅存口及上腹。夹砂灰陶。敛口，沿微斜，圆唇，鼓腹。腹饰斜向绳纹。口径 11.2、残高 7.2 厘米（图 2 - 218B）。

陶瓮　1 件。

标本 H327：8，底部已残，仅存口及上腹。泥质灰陶。敛口，平折沿，圆唇，鼓腹。腹饰多道弦纹。残高 7.4 厘米（图 2 - 218B）。

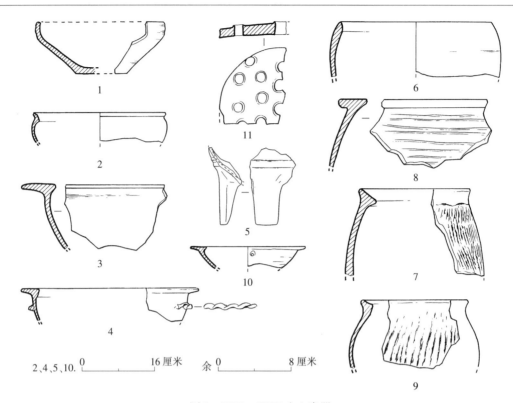

图2－218B　H327出土陶器

1. 碗　2~4、10. 盆　5. 鼎足　6. 钵　7、9. 罐　8. 瓮　11. 甑

陶甑　1件。

标本 H327：11，仅存底部残片。泥质红陶。平底，上有圆形箅孔。素面，器表有抹痕。厚1.2厘米（图2－218B）。

陶鼎足　1件。

标本 H327：5，夹砂红陶。足呈上宽下窄的倒梯形。素面。残高16.6厘米（图2－218B）。

137. H330

位于 2010LXⅡT0115 西南部，开口①层下，打破 G24。坑口为椭圆形，剖面为袋状，平底。口径130~160、底径140~170、深140厘米。坑内堆积仅一层，灰土，土质疏松，出土有陶片、兽骨。

出土陶钵、陶刀、石球和骨铲（图版一二七，1）各1件。

陶钵　1件。

标本 H330：1，可修复。泥质红陶。口微敛，圆唇，弧腹，平底。素面，器表较粗糙，底部有划痕。口径20.4、底径10、高8厘米（图2－219）。

陶刀　1件。

标本 H330：2，系用钵类器物残片打制而成。泥质红陶。长方形，单面刃，两侧有打制而成的缺口。长8.1、宽5.3、厚0.4厘米（图2－219）。

石球　1件。

标本 H330：4，完整。球形，表面较平，有一处坑疤。直径4.8厘米（图版一一四，3）。

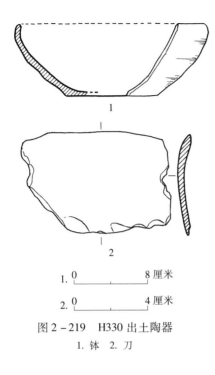

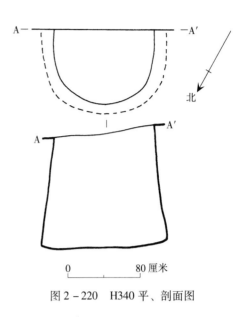

图 2 - 219　H330 出土陶器
1. 钵　2. 刀

图 2 - 220　H340 平、剖面图

138. H340

位于 2010LXⅡT0114 东南部，开口①层下，打破 G30。坑口为圆形，剖面为袋状，平底（图 2 - 220）。口径 110、底径 140、深 130 厘米。坑内堆积仅一层，灰土，土质硬，含少量草木灰及炭屑，出土有陶片等。

139. H341

位于 2010LXⅡT0114 东部，开口①层下，被 G29 打破。坑口为圆形，剖面为袋状，平底。口径 80、底径 104、深 66 厘米。坑内堆积仅一层，深灰土，土质疏松，含草木灰，出土少量陶片。

出土陶器仅钵 1 件。

标本 H341:1，可修复。泥质红陶。直口，圆唇，弧腹，平底。素面，内壁有抹痕。口径 26、底径 12.8、高 11.6 厘米（图 2 - 221）。

140. H343

位于 2010LXⅡT0215 西南部，开口①层下，被 H336 打破，打破 H344，大部压于隔梁之下。坑口为圆形，剖面为袋状，平底。口径 176、底径 208、深 68 厘米。坑内堆积仅一层，深灰土，土质疏松，含少量红烧土块、草木灰及炭屑，出土有陶片及兽骨。

出土陶器 3 件，为盆、器盖和笄。

陶盆　1 件。

标本 H343:1，可修复。泥质红陶。敛口，斜折沿，圆唇，弧腹，平底微凹。素面，底有交错绳纹。口径 40.4、底径 15.6、高 14.8 厘米（图 2 - 222；图版三九，2）。

陶器盖　1 件。

标本 H343:2，可修复。夹砂灰陶。盖口外敞，斜沿，假圈足状捉手。素面，捉手有一周按捺窝。口径 13、高 4 厘米（图 2 - 222；图版六一，6）。

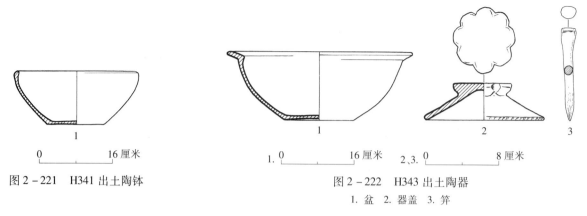

图 2 - 221　H341 出土陶钵

图 2 - 222　H343 出土陶器
1. 盆　2. 器盖　3. 笄

陶笄　1 件。

标本 H343：3，泥质灰陶。一端尖锐，一端粗钝。长 10 厘米（图 2 - 222）。

141. H345

位于 2010LXⅡT0213 中部，开口 G22 下，被 H331 打破。坑口为圆形，剖面为袋状，平底
（图 2 - 223A）。口径 160、底径 230、深 120 厘米。坑内堆积仅一层，深灰土，土质疏松，含少量
草木灰及红烧土块，出土有陶片、兽骨及石块。

出土陶器 4 件，玉器 2 件，石器 1 件。陶器为盆、器盖、笄和环，玉器为笄，石器为刀。

陶盆　1 件。

标本 H345：2，可修复。泥质灰陶。敛口，沿下斜，圆唇，斜腹，平底。素面。口径 21.6、底
径 10.4、高 11.6 厘米（图 2 - 223B）。

陶器盖　1 件。

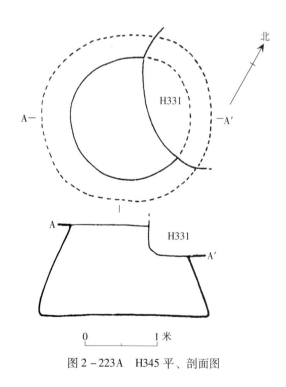

图 2 - 223A　H345 平、剖面图

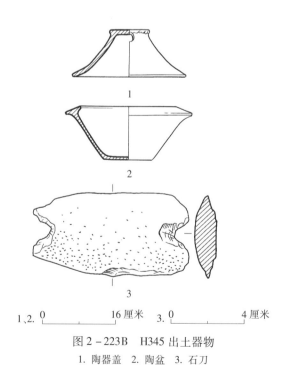

图 2 - 223B　H345 出土器物
1. 陶器盖　2. 陶盆　3. 石刀

标本 H345：1，可修复。夹砂红陶。盖口外敞，弧腹，平顶。素面，器表有抹痕，器顶外壁有一圆形穿孔。口径 25.2、高 10.4 厘米（图 2 - 223B；图版六二，4）。

玉笄 2 件。

标本 H345：4，绿墨玉。扁柱状，一端尖锐，一端已残。残长 5.4 厘米。

标本 H345：5，绿墨玉。柱状，一端尖锐，一端磨光。残长 6.5 厘米。

石刀 1 件。

标本 H345：3，打制。长方形，双面刃，两侧有打制而成的缺口。长 8.6、宽 4.5、厚 1.2 厘米（图 2 - 223B）。

142. H346

位于 2010LXⅡT0215 中部偏东南，开口①层下，被 H342 打破。坑口为圆形，剖面为袋状，平底（图 2 - 224）。口径 260、底径 300、深 40 厘米。坑内堆积仅一层，深灰土，土质疏松，含少量红烧土颗粒及炭屑，出土少量陶片。

出土陶器 2 件，石器 1 件，骨器 2 件。陶器为灶和笄，石器为刀，骨器为镞和笄。

陶灶 1 件。

标本 H346：1，仅存口部。夹砂红陶，器表有红色陶衣。直口，卷沿贴于上腹，腹较直。素面，腹有多周平行凸棱。残高 6.1 厘米（图 2 - 225）。

石刀 1 件。

标本 H346：2，打制。长方形，三面有刃。长 9.9、宽 6.2、厚 1.3 厘米（图 2 - 225）。

骨镞 1 件。

标本 H346：3，锋部呈三棱状，较尖锐，铤部已残。残长 4.7 厘米（图 2 - 225）。

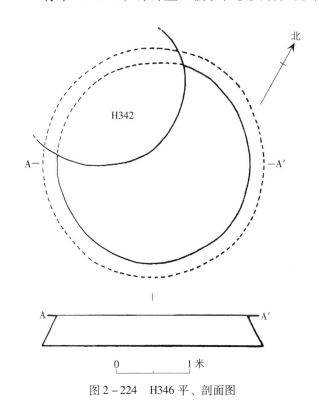

图 2 - 224 H346 平、剖面图

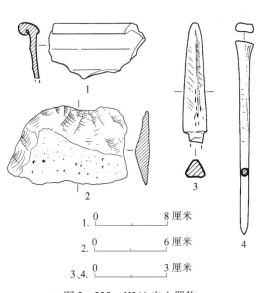

图 2 - 225 H346 出土器物

1. 陶灶 2. 石刀 3. 骨镞 4. 骨笄

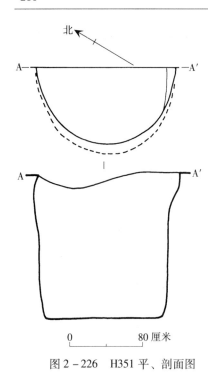

图 2－226　H351 平、剖面图

石球　3 件。

标本 H355：1，完整。球形，表面磨光，有少许磕豁。直径 2.6 厘米。

标本 H355：2，较完整。球形，表面有坑疤。直径 7.5 厘米。

标本 H355：3，完整。球形，表面有坑疤。直径 5 厘米。

145. H357

位于 2010LXⅡT0116 东北部，开口②层下，被 H356 打破。坑口为圆形，剖面为袋状，平底（图 2－228）。口径 210、底径 230、深 92 厘米。坑内堆积仅一层，黄灰土，土质硬，含少量炭屑，出土有陶片等。

146. H358

位于 2010LXⅠT0115 西南部，开口①层下。坑口为圆形，剖面为袋状，平底（图 2－229A；图版二六，2）。口径 120、底径 140、深 80 厘米。坑内堆积仅一层，灰土，土质疏松，含少量红烧土块，出土有陶片等。

出土陶器 12 件，石器 2 件。陶器器形可辨瓶、钵、盆、罐、瓮、鼎、器盖和刀，石器为斧和杵。

陶瓶　1 件。

标本 H358：4，仅存底部。泥质灰陶。弧腹下收。器表饰横向篮纹。残高 13 厘米（图 2－229B）。

陶钵　1 件。

标本 H358：1，可修复。夹砂红陶。口微敛，厚圆唇，鼓肩，弧腹，平底微凹。素面。口径 25.6、底径 13.2、高 16 厘米（图2－229B；图版四八，4）。

陶盆　2 件。根据形态可分为宽沿盆和带流盆。

骨笄　1 件。

标本 H346：4，器身为柱状，一端尖锐，一端较宽平。长 7.6 厘米（图 2－225）。

143. H351

位于 2010LXⅡT0215 东北部，开口①层下，打破 G25，部分压于东隔梁之下。坑口为圆形，剖面为袋状，平底（图 2－226）。口径 150、底径 160、深 150 厘米。坑内堆积仅一层，黑灰土，土质疏松，含少量红烧土颗粒及炭屑，出土少量陶片、大量螺壳及陶环、石刀各 2 件。

144. H355

位于 2010LXⅡT0315 中部偏南，开口 H280 下，被 H310 打破。坑口为圆形，上部为筒状，下部为袋状，平底（图 2－227；图版二六，1）。口径 100、底径 260、深 310 厘米。坑内堆积仅一层，灰土，土质疏松，含大量草木灰及炭屑，出土有陶片及陶刀 4 件、石球 3 件。

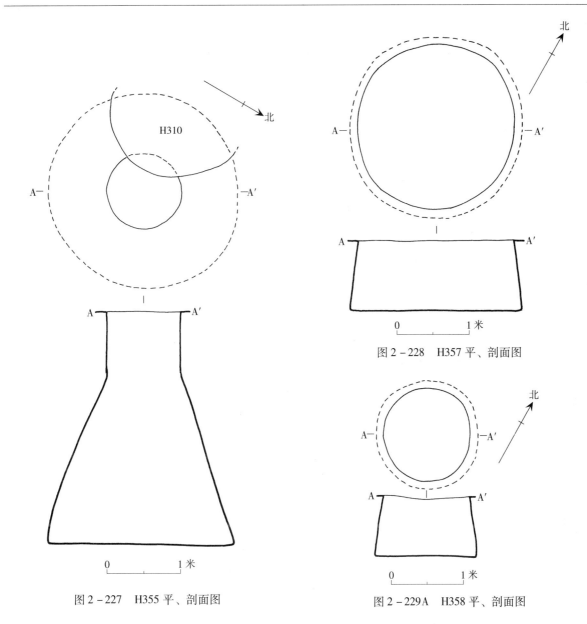

图 2 - 228 H357 平、剖面图

图 2 - 227 H355 平、剖面图

图 2 - 229A H358 平、剖面图

宽沿陶盆 1 件。

标本 H358:6，仅存口部。泥质红陶。直口，宽折沿，沿面微鼓，尖圆唇。素面。残高 3.2 厘米（图 2 - 229B）。

带流陶盆 1 件。

标本 H358:10，仅存口部。泥质灰陶。敛口，弧腹，一侧有一槽状流。素面。残高 6.8 厘米（图 2 - 229B）。

陶罐 3 件。根据形态可分为鼓腹罐和小口圆腹罐。

鼓腹陶罐 1 件。

标本 H358:7，仅存口及上腹。夹砂灰陶。敛口，窄沿外斜，尖圆唇，上腹微鼓，有一鸡冠状器鋬。器表饰斜向绳纹。残高 7 厘米（图 2 - 229B）。

小口圆腹陶罐 2 件。

标本 H358:5，仅存口及上腹。泥质褐陶。侈口，尖唇，小领微束，圆腹。素面。口径 10、残高 7.6 厘米（图 2 - 229B）。

标本 H358:9，仅存口部。夹砂灰陶。口微侈，尖圆唇，小直领。素面。口径 18.4、残高 6.9 厘米（图 2 - 229B）。

陶瓮　2 件。

标本 H358:8，仅存口部。夹砂红陶。敛口，圆唇外叠，直腹。素面。口径 41.6、残高 8 厘米（图 2 - 229B）。

标本 H358:11，仅存口及上腹。夹砂红陶。敛口，平沿，圆唇，腹微鼓。沿下有两周附加堆纹。口径 33.6、残高 10 厘米（图 2 - 229B）。

陶鼎　1 件。

标本 H358:3，足部已残。夹砂褐陶。鼎身为盆状，口微敛，斜沿，弧腹，平底，下接三足。沿下有几周弦纹。口径 16、残高 14 厘米（图 2 - 229B；图版三五，4）。

陶器盖　1 件。

标本 H358:2，可修复。夹砂灰陶。盖口外敞，斜腹，假圈足状捉手，平顶。器表饰细绳纹。口径 22、高 8.8 厘米（图 2 - 229B）。

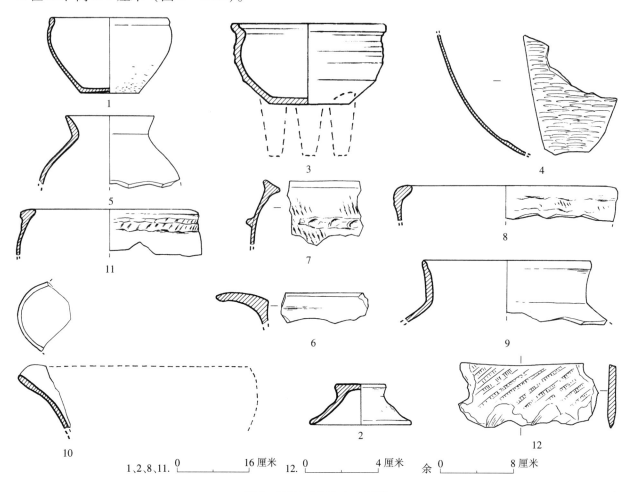

图 2 - 229B　H358 出土陶器

1. 钵　2. 器盖　3. 鼎　4. 瓶　5、7、9. 罐　6、10. 盆　8、11. 瓮　12. 刀

陶刀　1件。

标本 H358：12，系用尖底瓶残片打制而成。泥质灰陶。长方形，单面刃，两侧各有一打制而成的缺口。长 7.7、宽 3.4、厚 0.4 厘米（图 2－229B）。

147. H359

位于 2010LXⅠT0115 西南部，开口①层下。坑口为圆形，剖面为袋状，平底（图 2－230A）。口径 150、底径 166、深 120 厘米。坑内堆积仅一层，黄灰土，土质疏松，含少量红烧土块及炭屑，出土有陶片等。

出土陶器 11 件，骨器 3 件。陶器器形可辨瓶、盆、罐、器盖、纺轮、圆陶片和拍，骨器为笄和锥。

陶瓶　2件。

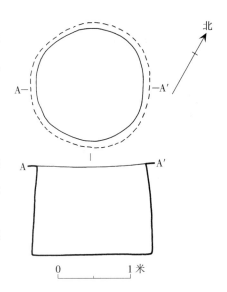

图 2－230A　H359 平、剖面图

标本 H359：1，仅存口及腹部。泥质灰陶。敞口呈喇叭状，高领微束，折肩，斜直腹。颈下饰细密线纹和抹弦纹。口径 8、残高 31.6 厘米（图 2－230B）。

标本 H359：7，腹和底部已残，仅存口部。泥质灰陶。侈口呈喇叭状，直高领。颈中部有一道凸棱，颈下部饰弦纹和抹弦纹。口径 11.6、残高 25.6 厘米（图 2－230B）。

陶盆　2件。根据形态可分为带流盆和宽沿盆。

带流陶盆　1件。

标本 H359：6，仅存口部。泥质灰陶。敛口，圆唇，弧腹，一端有一残器流，器表有一鸡冠状器鋬。残高 7 厘米（图 2－230B）。

宽沿陶盆　1件。

标本 H359：8，泥质红陶。敛口，宽平沿，圆唇，弧腹。素面，沿面饰一道黑彩斜线。残高 2.8 厘米（图 2－230B）。

陶罐　1件。

标本 H359：4，仅存口及腹部。泥质褐陶。敛口，窄斜沿，圆唇，上腹外鼓。素面，抹光。口径 16.8、残高 5.6 厘米（图 2－230B）。

陶器盖　3件。

标本 H359：3，可修复。泥质灰陶。盖口外敞，弧腹，假圈足状捉手，平顶。素面，抹光。口径 20.8、高 8 厘米（图 2－230B）。

标本 H359：2，可修复。夹砂红陶。盖口外敞，弧腹，假圈足状捉手，平顶。素面。口径 25.2、高 8.8 厘米（图 2－230B）。

标本 H359：5，仅存顶部。夹砂红陶。盖口外敞，假圈足状捉手，平顶。器表饰竖向绳纹。残高 6 厘米（图 2－230B）。

陶纺轮　1件。

标本 H359：9，夹砂红陶。圆饼状，断面为下宽上窄的梯形，中部有一圆形穿孔。直径 5.7、厚 2.6 厘米（图 2－230C；图版七八，1）。

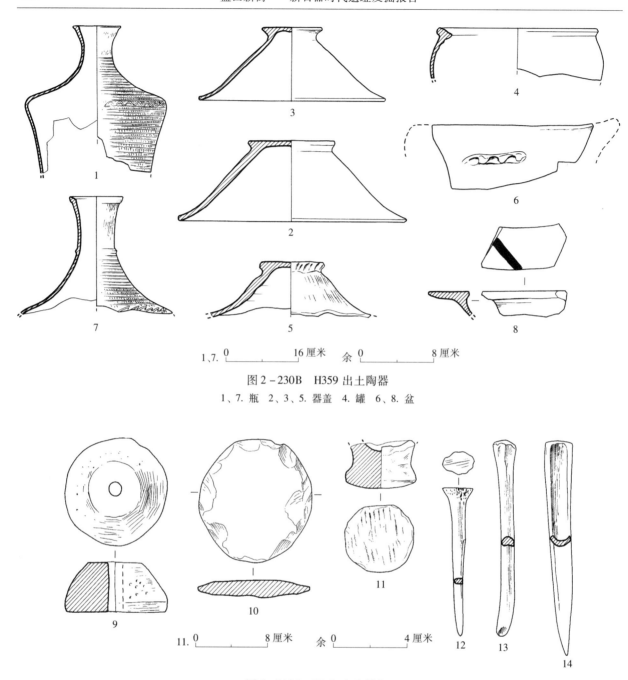

1、7. 0 ————— 16厘米　　余 0 ————— 8厘米

图2-230B　H359出土陶器
1、7. 瓶　2、3、5. 器盖　4. 罐　6、8. 盆

11. 0 ————— 8厘米　　余 0 ————— 4厘米

图2-230C　H359出土器物
9. 陶纺轮　10. 圆陶片　11. 陶拍　12、13. 骨笄　14. 骨锥

圆陶片　1件。

标本H359：10，系用钵或盆类器物残片打制而成。泥质灰陶。圆饼状，器身较薄，边缘有打制痕迹。直径6.4、厚1厘米（图2-230C；图版七九，2）。

陶拍　1件。

标本H359：11，泥质褐陶。柄部已残，残余部分近圆柱状，顶端圆钝，饰有细密绳纹。直径7.8、高5.2厘米（图2-230C；图版八〇，5）。

骨笄　2件。

标本H359：12，器身呈"T"字形，一端宽平，一端尖锐。长7.9厘米（图2-230C）。

标本 H359:13，器身扁平，一端宽平，一端微弯。长 10.4 厘米（图 2-230C）。

骨锥　1 件。

标本 H359:14，器身宽扁，一端扁平，一端尖锐。长 11.4 厘米（图 2-230C；图版一二四，4）。

148. H360

位于 2010LX I T0115 东部，开口①层下，打破 G31。坑口为圆形，剖面为袋状，平底（图 2-231）。口径 220、底径 240、深 70 厘米。坑内堆积仅一层，黄灰土，土质硬，含大量红烧土块及炭屑，出土少量陶片。

149. H361

位于 2010LX I T0114 东南部，开口①层下，大部压于隔梁之下。坑口为圆形，剖面为袋状，平底。口径 54~84、底径 84~114、深 90 厘米。坑内堆积仅一层，灰土，土质疏松，含红烧土颗粒及炭屑，出土少量陶片。

150. H364

位于 2010LX I T0113 中部，开口①层下。坑口为圆形，剖面为袋状，平底（图 2-232）。口径 140、底径 180、深 80 厘米。坑内堆积仅一层，浅黄土，土质硬，出土少量陶片及骨镞 1 件。

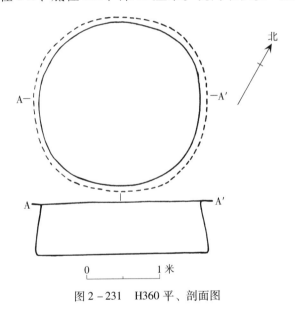

图 2-231　H360 平、剖面图

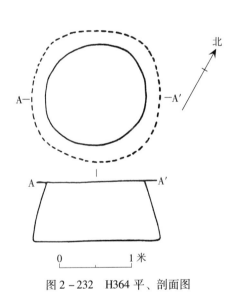

图 2-232　H364 平、剖面图

151. H365

位于 2010LX I T0115 东南部，开口①层下，打破 G31，部分压于东隔梁之下。坑口为圆形，剖面为袋状，平底。口径 130、底径 140、深 56 厘米。坑内堆积仅一层，黄灰土，土质疏松，含大量红烧土块及炭屑，底部有大量熘渣，出土少量陶片。

出土陶器 3 件，为罐和刀。

陶罐　1 件。

标本 H365:1，可修复。泥质灰陶。侈口，斜折沿，尖圆唇，腹圆鼓，平底。器表抹光，腹饰三组六道附加堆纹。口径 15.2、底径 8.8、残高 15.2 厘米（图 2-233；图版五八，2）。

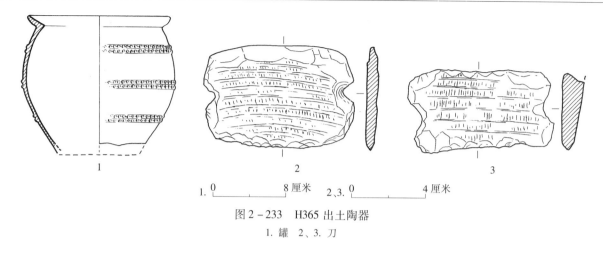

1. 0 ___8厘米___　2、3. 0 ___4厘米___

图2－233　H365 出土陶器
1. 罐　2、3. 刀

陶刀　2 件。

系用瓶类陶片打制而成。泥质灰陶。长方形，双面刃，两侧有打制而成的缺口。

标本 H365:2，长 8.3、宽 5.5、厚 0.7 厘米（图2－233；图版七五，4）。

标本 H365:3，长 8、宽 4.5、厚 1.1 厘米（图2－233；图版七五，5）。

152. H370

位于 2010LXⅠT0116 东南部，开口②层下，东部压于隔梁之下。坑口近圆形，剖面为袋状，平底。口径 130、底径 190、深 120 厘米。坑内堆积仅一层，灰土，土质疏松，含少量炭屑，出土有陶片等。

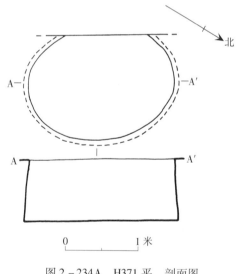

图2－234A　H371 平、剖面图

153. H371

位于 2010LXⅡT0113 西北部，开口①层下，西部压于隔梁之下。坑口为椭圆形，剖面为袋状，平底（图2－234A）。口径 136～196、底径 152～212、深 80 厘米。坑内堆积仅一层，灰土，土质疏松，含少量红烧土块，出土有陶片、极少量兽骨及石块。

出土陶器 14 件，石器 2 件。陶器器形可辨钵、瓶、盆、罐、瓮和器盖，石器为刀。

陶钵　1 件。

标本 H371:10，仅存口及腹部。泥质红陶。直口，尖唇，弧腹。素面。口径 15.6、残高 5.4 厘米（图2－234B）。

陶瓶　2 件。

标本 H371:5，仅存肩部。泥质灰陶。折肩，腹斜收。器表饰细密绳纹和抹弦纹，肩部贴有"十"字形泥条。残高 18 厘米（图2－234B；图版六九，4）。

标本 H371:9，仅存口部。泥质灰陶。侈口近喇叭状，口内有一不明显的折棱，斜直高领。素面。口径 12、残高 5 厘米（图2－234B）。

陶盆　2 件。根据形态可分为窄沿盆和厚唇盆。

窄沿陶盆　1 件。

标本 H371:11，仅存口及腹部。夹砂红陶。敛口，窄平沿，尖圆唇，斜腹。素面。残高 7 厘米（图 2 – 234B）。

厚唇陶盆　1 件。

标本 H371:13，仅存口及腹部。夹砂红陶。敛口，圆唇外卷，浅腹微鼓。素面。残高 4 厘米（图 2 – 234B）。

陶罐　4 件。根据形态可分为鼓腹罐和小口圆腹罐。

鼓腹陶罐　3 件。

标本 H371:4，可修复。夹砂灰陶。敛口，斜沿，圆唇，上腹微鼓，下腹斜收，底微凹，上腹两侧各有一鸡冠状器鋬。器表饰交错绳纹。口径 24、底径 14、高 28 厘米（图 2 – 234B）。

标本 H371:6，仅存口部。夹砂红陶。敛口，沿上斜，尖圆唇，腹微鼓。器表饰交错绳纹。残高 5 厘米（图 2 – 234B）。

标本 H371:8，仅存口部。夹砂红陶。敛口，短沿微上斜，尖圆唇，口下有一鸡冠状器鋬。器表贴附有小泥饼，饰斜向绳纹。残高 4.6 厘米（图 2 – 234B）。

小口圆腹陶罐　1 件。

标本 H371:3，可修复。泥质灰陶。口微侈，小高领，圆腹，平底微凹。素面。口径 6、底径 6、高 9.4 厘米（图 2 – 234B）。

陶瓮　2 件。

标本 H371:7，仅存口部。夹砂红陶。敛口，厚圆唇外叠，上腹较直。唇面有抹痕，口下有一周附加堆纹。残高 5.8 厘米（图 2 – 234B）。

标本 H371:12，仅存口部。夹砂红陶。敛口，圆唇外叠，腹微鼓。器表饰竖向绳纹。残高 5 厘米（图 2 – 234B）。

陶器盖　3 件。

标本 H371:1，可修复。夹砂红陶。盖口外敞，斜腹，假圈足状捉手。素面，捉手有一周按捺窝。口径 10.8、高 4 厘米（图 2 – 234B；图版六三，2）。

标本 H371:2，可修复。夹砂红陶。盖口外敞，弧腹，假圈足状捉手，平顶。器表饰细绳纹。口径 10.4、高 5.2 厘米（图 2 – 234B；图版六三，3）。

标本 H371:14，捉手已残，仅存口部。夹砂红陶。盖口外敞，浅斜腹。素面。口径 10、残高 3 厘米（图 2 – 234B）。

石刀　2 件。

标本 H371:15，打制。长方形，双面刃，两侧有打制而成的缺口。长 8、宽 4.9、厚 1.1 厘米（图 2 – 234B）。

标本 H371:16，打制。长方形，双面刃，两侧有打制而成的缺口。长 8.4、宽 4.7、厚 0.5 厘米（图 2 – 234B）。

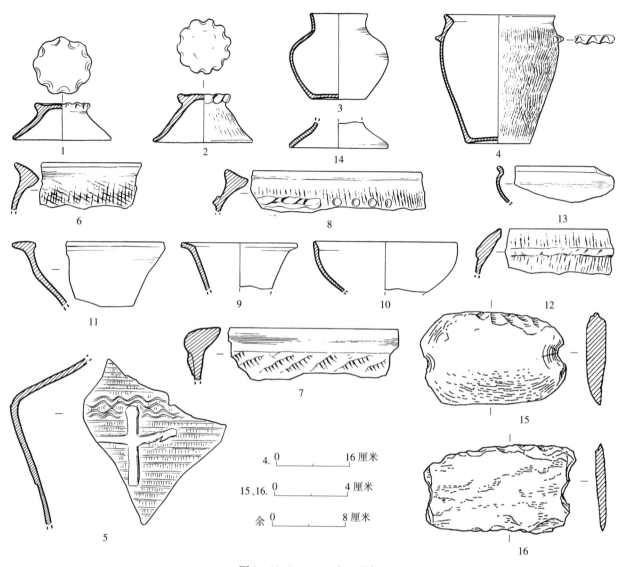

图 2 - 234B　H371 出土器物

1、2、14. 陶器盖　3、4、6、8. 陶罐　5、9. 陶瓶　7、12. 陶瓮　10. 陶钵　11、13. 陶盆　15、16. 石刀

154. H373

位于 2010LX Ⅱ T0113 中部偏东，开口①层下，被 H372 打破。坑口为圆形，剖面为袋状，平底（图 2 - 235A）。口径 120、底径 160、深 130 厘米。坑内堆积仅一层，灰土，土质疏松，出土有陶片等。

出土陶器 2 件，石器 1 件。陶器为罐和盆，石器为钻头。

陶罐　1 件。

标本 H373:1，仅存口部。夹砂红陶。敛口，沿外斜，圆唇，腹微鼓。沿下有一周附加堆纹，腹贴有圆形泥条。残高 5.6 厘米（图 2 - 235B；图版六九，1）。

陶盆　1 件。

标本 H373:2，仅存口部。泥质灰陶。敛口，厚圆唇，腹微鼓。唇面有几道竖向刻划纹饰。残高 3.2 厘米（图 2 - 235B）。

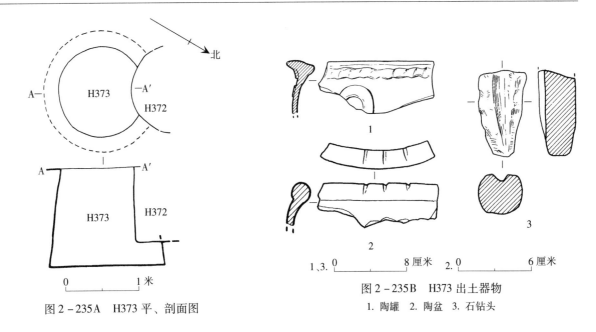

图 2 - 235A　H373 平、剖面图

图 2 - 235B　H373 出土器物
1. 陶罐　2. 陶盆　3. 石钻头

石钻头　1件。

标本 H373：3，细砂岩。器身近圆锥状，底端较平，顶端圆钝，器身有一道竖向凹痕。直径5、长9厘米（图 2 - 235B；图版一一二，5）。

155. H376

位于 2010LXⅠT0114 西北部，开口①层下。坑口为椭圆形，剖面为袋状，平底（图 2 - 236）。口径 156～204、底径 176～224、深44厘米。坑内堆积仅一层，灰土，土质疏松，出土少量陶片及骨锥（图版一二四，2）1件。

156. H377

位于 2010LXⅠT0113 南部，开口①层下。坑口为椭圆形，剖面为袋状，平底（图 2 - 237A；图版二七，2）。口径 130～200、底径 170～240、深70厘米。坑内堆积仅一层，深灰土，土质疏松，含大量草木灰及炭屑，出土有陶片等。

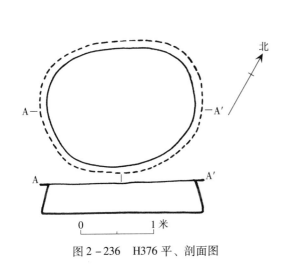

图 2 - 236　H376 平、剖面图

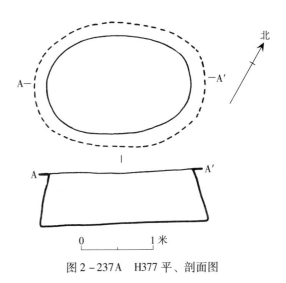

图 2 - 237A　H377 平、剖面图

出土陶器 3 件，玉器 1 件，骨器 1 件。陶器为瓶和盆，玉器为笄，骨器为镞。

陶瓶　1 件。

标本 H377：1，仅存及肩部。泥质灰陶。敞口呈喇叭状，方唇，高领，鼓肩。器表饰弦纹和抹弦纹，颈部贴有两个泥饼。口径 12、残高 26 厘米（图 2 - 237B）。

陶盆　2 件。根据形态可分为厚唇盆和带流盆。

带流陶盆　1 件。

标本 H377：2，可修复。泥质褐陶。敛口，圆唇，鼓肩，弧腹，平底，一侧有一槽状流，腹有一对鸡冠状器鋬。素面，抹光。口径 32、底径 12.8、高 14.8 厘米（图 2 - 237B；图版三六，3）。

厚唇陶盆　1 件。

标本 H377：3，可修复。夹砂红陶。敛口，卷沿，圆唇，鼓腹，平底，沿下有一对鸡冠状器鋬。素面，鋬以下有一周附加泥条。口径 28.4、底径 11.6、高 21.2 厘米（图 2 - 237B；图版四一，6）。

玉笄　1 件。

标本 H377：5，绿墨玉。扁柱状，两端扁平且磨光。残长 6.9 厘米。

骨镞　1 件。

标本 H377：4，锋部较长，呈三棱状，顶端尖锐，铤部已残。残长 7.1 厘米（图 2 - 237B）。

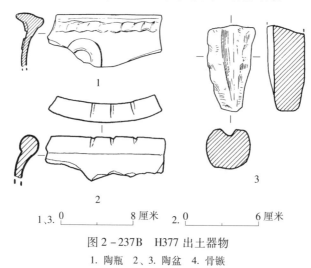

图 2 - 237B　H377 出土器物
1. 陶瓶　2、3. 陶盆　4. 骨镞

157. H378

位于 2010LXⅡT0113 东南部，开口①层下，被 H374 打破。坑口为圆形，剖面为袋状，平底（图 2 - 238）。口径 168、底径 180、深 112 厘米。坑内堆积仅一层，灰土，土质硬，出土少量陶片和石杵（图版九九，1）1 件。

158. H380

位于 2010LXⅠT0215 西南部，开口①层下。坑口为圆形，剖面为袋状，平底（图 2 - 239）。口径 160、底径 200、深 140 厘米。坑内堆积仅一层，灰土，土质疏松，含少量红烧土块及炭屑，出土有陶片等。

出土陶器 16 件，器形可辨钵、瓶、盆、罐、瓮、杯、鼎、鼎足和纺轮。

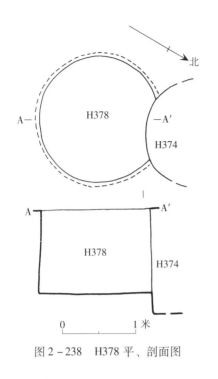

图 2－238　H378 平、剖面图

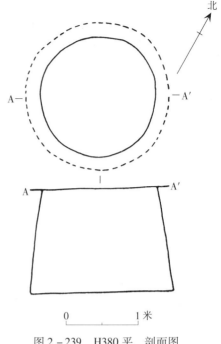

图 2－239　H380 平、剖面图

陶钵　1 件。

标本 H380：7，可修复。泥质灰陶。直口，尖圆唇，弧腹，平底。素面，器表有刮抹痕迹。口径 14、底径 5.4、高 6.8 厘米（图 2－240）。

陶瓶　1 件。

标本 H380：4，仅存口部。夹砂灰陶。侈口近喇叭状，口内折棱不明显，高领。素面。口径 8、残高 4.4 厘米（图 2－240）。

陶盆　2 件。根据形态可分为宽沿盆和带流盆。

宽沿陶盆　1 件。

标本 H380：3，仅存口部。泥质红陶。敛口，宽平沿，尖唇，斜腹。素面。残高 4.6 厘米（图 2－240）。

带流陶盆　1 件。

标本 H380：18，可修复。夹砂灰陶。敛口，圆唇，鼓肩，斜腹，平底，一侧有一槽状流，腹有一对鸡冠状器鋬。素面，器表有抹痕。口径 28、底径 12.4、高 17.6 厘米（图 2－240；图版三六，4）。

陶罐　4 件。均为鼓腹罐。

标本 H380：2，仅存口部。夹砂红陶。敛口，斜折沿，圆唇，腹微鼓。器表饰斜向绳纹，沿下有一周附加堆纹。残高 8.8 厘米（图 2－240）。

标本 H380：10，仅存口部。夹砂灰陶。敛口，斜折沿，方唇。器表饰斜向绳纹。残高 5 厘米（图 2－240）。

标本 H380：12，仅存口部。夹砂红陶。敛口，斜沿，方唇，腹微鼓。素面。残高 6 厘米（图 2－240）。

标本 H380：9，仅存口部。夹砂红陶。敛口，斜沿，尖唇，鼓腹。器表饰斜向绳纹和附加堆

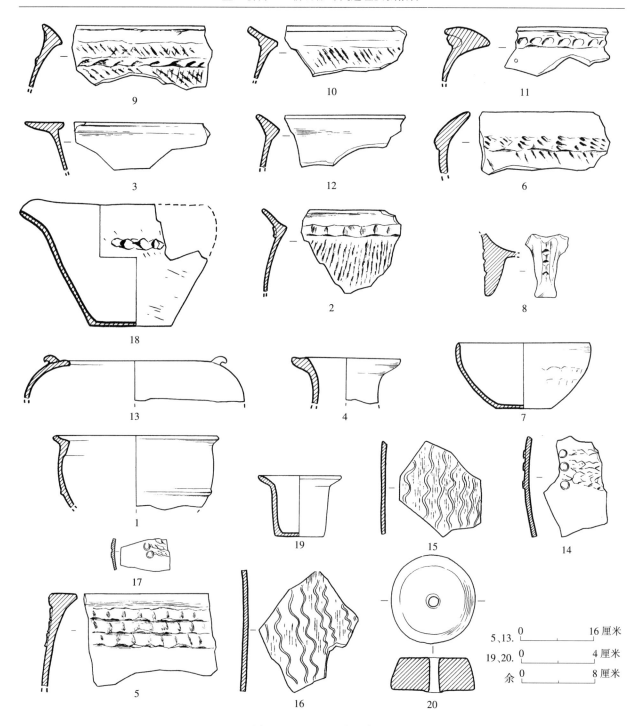

图 2 - 240　H380 出土陶器

1. 鼎　2、9、10、12. 罐　3、18. 盆　4. 瓶　5、6、11、13. 瓮　7. 钵　8. 鼎足　14～17. 残陶片　19. 杯　20. 纺轮

纹。残高 6 厘米（图 2 - 240）。

陶瓮　4 件。

标本 H380：6，仅存口部。夹砂红陶。敛口，圆唇外叠，直腹。器表饰斜向绳纹。残高 6 厘米（图 2 - 240）。

标本 H380：13，仅存口部。泥质灰陶。敛口，圆唇，腹较直，口上有两个鸟喙状泥突。素面。口径 25.6、残高 8 厘米（图 2 - 240）。

标本 H380：11，仅存口部。泥质灰陶。敛口，尖唇，沿面上斜，腹微鼓。素面，沿下贴有一周附加堆纹。残高 4.8 厘米（图 2 - 240）。

标本 H380：5，仅存口部。夹砂灰陶。敛口，圆唇，沿面窄平，上腹较直。口下有多周附加泥条。残高 19.5 厘米（图 2 - 240）。

陶杯　1 件。

标本 H380：19，可修复。夹砂褐陶。侈口，尖圆唇，直腹，平底。素面。口径 9.2、底径 5.4、高 6.6 厘米（图 2 - 240）。

陶鼎　1 件。

标本 H380：1，仅存口及上腹。夹砂红陶。敛口，窄沿上斜，方唇，圆腹。素面，下腹有一道凸棱。口径 16.8、残高 7.8 厘米（图 2 - 240）。

陶鼎足　1 件。

标本 H380：8，夹砂红陶。足呈长条形，正中有一扉棱。素面，扉棱上有三个按捺窝。残高 6.2 厘米（图 2 - 240）。

陶纺轮　1 件。

标本 H380：20，泥质灰陶。圆饼状，断面为上窄下宽的梯形，中部有一圆形穿孔。直径 4.4、厚 1.8 厘米（图 2 - 240；图版七八，5）。

残陶片　4 件。均饰有较特殊的纹饰。

标本 H380：14，器表饰鱼鳞状附加堆纹。残长 10.8 厘米（图 2 - 240）。

标本 H380：15，器表饰波浪状抹弦纹和细绳纹。残长 10.2 厘米（图 2 - 240）。

标本 H380：16，器表饰波浪状抹弦纹和细绳纹。残长 13 厘米（图 2 - 240）。

标本 H380：17，器表饰鱼鳞状附加堆纹。残长 5.1 厘米（图 2 - 240）。

159. H387

位于 2010LXⅠT0215 西南部，开口①层下，西部压于隔梁之下。坑口为圆形，剖面为袋状，平底。口径 180、底径 200、深 110 厘米。坑内堆积仅一层，灰土，土质疏松，含大量红烧土块及炭屑，出土少量陶片。

160. H388

位于 2010LXⅠT0215 中部偏南，开口①层下。坑口近椭圆形，剖面为袋状，平底（图 2 - 241A）。口径 140 ~ 160、底径 180 ~ 200、深 130 厘米。坑内堆积仅一层，灰土，土质疏松，含大量草木灰及炭屑，出土有陶片等。

出土陶瓶、石刀各 1 件。

陶瓶　1 件。

标本 H388：1，仅存口部。泥质灰陶。敞口，平唇，口内有折棱，束颈。颈上部贴附有圆形泥饼，颈下部饰细密线纹和抹弦纹。口径 8、残高 22.4 厘米（图 2 - 241B）。

石刀　1 件。

标本 H388：2，打制。长方形，双面刃，两侧有打制而成的缺口。长 8.3、宽 4.8、厚 0.6 厘米（图 2 - 241B）。

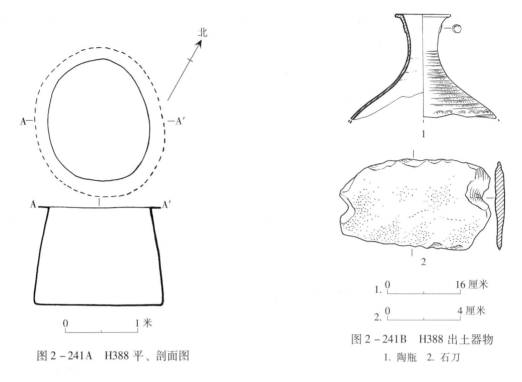

图 2 - 241A　H388 平、剖面图

图 2 - 241B　H388 出土器物
1. 陶瓶　2. 石刀

161. H389

位于 2010LXⅠT0214 南部偏西，开口①层下，南部压于隔梁之下。坑口为圆形，剖面为袋状，平底（图 2 - 242）。口径 198、底径 224、深 110 厘米。坑内堆积仅一层，灰土，土质硬，出土有陶片等。

出土陶器仅罐 1 件。

标本 H389∶1，可修复。夹砂红陶。敛口，斜沿外折，圆唇，鼓腹，平底。通体饰斜向绳纹，上腹有一道附加堆纹。口径 19.2、底径 12.8、残高 27.2 厘米（图 2 - 242）。

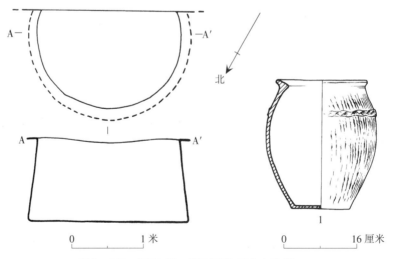

图 2 - 242　H389 平、剖面图及其出土陶罐

162. H392

位于 2010LXⅠT0213 西北部，开口①层下。坑口为圆形，剖面为袋状，平底（图 2 - 243）。口径 150、底径 170、深 80 厘米。坑内堆积仅一层，灰土，土质硬，出土有陶片等。

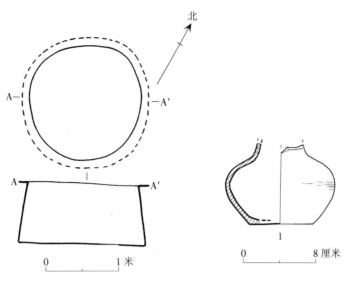

图 2 - 243　H392 平、剖面图及其出土陶壶

出土陶器仅壶 1 件。

标本 H392：1，口部残。泥质灰陶。束颈，垂腹，平底。素面，抹光。底径 7.2、残高 8.4 厘米（图 2 - 243）。

163. H393

位于 2010LX I T0216 中部，开口②层下，被 H391 打破。坑口为圆形，剖面为袋状，平底（图 2 - 244）。口径 200、底径 220、深 50 厘米。坑内堆积仅一层，黄灰土，土质硬，含少量红烧土颗粒及炭屑，出土有陶片等。

出土陶器 3 件，器形可辨瓮和壶。

陶瓮　2 件。

标本 H393：1，仅存口及上腹。夹砂红陶。敛口，圆唇外叠，腹斜收，上腹有一鸡冠状器鋬。口下饰多周附加堆纹。残高 14 厘米（图 2 - 244）。

标本 H393：2，仅存口部。泥质灰陶。敛口，呈子母状，上腹外鼓，口外有鸟喙状泥突。素面。残高 5 厘米（图 2 - 244）。

陶壶　1 件。

标本 H393：3，口部已残。泥质灰陶。束颈，垂腹，平底。素面，抹光。底径 6、残高 8.6 厘米（图 2 - 244）。

164. H396

位于 2010LX I T0213 东北部，开口 G33 下，北部压于隔梁之下。坑口为圆形，剖面为袋状，平底（图 2 - 245A）。口径 126、底径 190、深 120 厘米。坑内堆积仅一层，灰土，土质疏松，含少量炭屑，出土少量陶片。

出土陶器 4 件，器形可辨盆和笄。

陶盆　3 件。根据形态可分为带流盆、窄沿盆和宽沿盆。

带流陶盆　1 件。

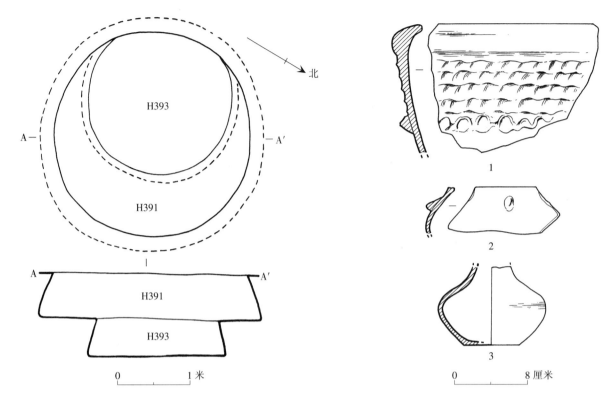

图 2 - 244　H393 平、剖面图及其出土陶器
1、2. 瓮　3. 壶

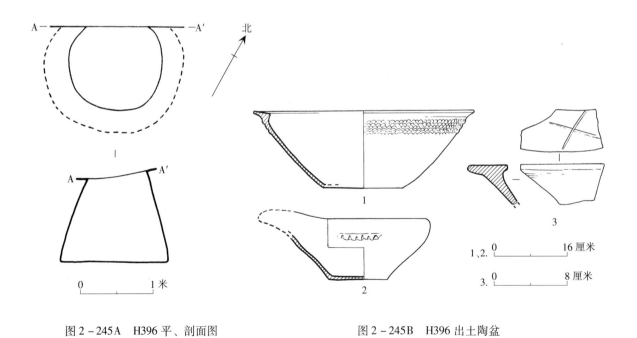

图 2 - 245A　H396 平、剖面图　　　　　图 2 - 245B　H396 出土陶盆

标本 H396：2，可修复。泥质红陶。敛口，鼓肩，弧腹，平底，一侧有一翘起的槽状流。素面，腹两侧各有一鸡冠状器鋬。口长径 38.8、底径 13.2、高 13.2 厘米（图 2 - 245B）。

窄沿陶盆 1 件。

标本 H396：1，可修复。泥质红陶。敛口，窄沿上斜，尖唇，斜腹，平底。素面，沿下有三周较细的附加堆纹。口径 41.6、底径 17.6、高 16.8 厘米（图 2－245B；图版三八，5）。

宽沿陶盆 1 件。

标本 H396：3，仅存口部。泥质灰陶。敛口，宽平沿，方唇，斜腹。沿面有交叉的"十"字形刻划纹饰。残高 4.4 厘米（图 2－245B）。

165. H401

位于 2010LXⅠT0213 西北部，开口①层下，被 G33、H398 打破。坑口为圆形，剖面为袋状，平底（图 2－246）。口径 60、底径 180、深 152 厘米。坑内堆积仅一层，深灰土，土质疏松，出土少量陶片。

166. H404

位于 2010LXⅡT0314 中部，开口①层下。坑口为圆形，上部为筒状，下部为袋状，平底（图 2－247）。口径 76、底径 182、深 210 厘米。坑内堆积仅一层，灰土，土质疏松，含少量炭屑，出土有陶片等。

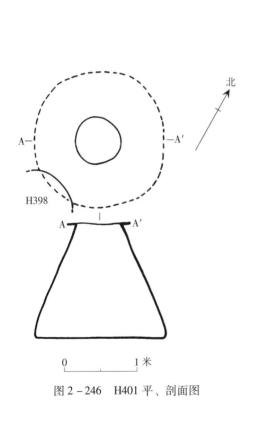

图 2－246 H401 平、剖面图

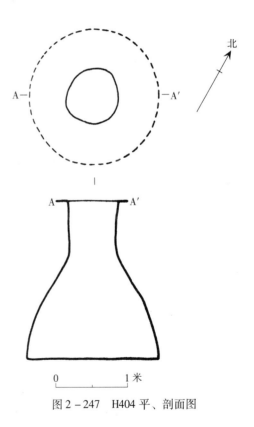

图 2－247 H404 平、剖面图

167. H405

位于 2010LXⅡT0114 东北部，开口①层下，被 H323、H347 打破。坑口为圆形，剖面为袋状，底部北侧有一台阶（图 2－248）。口径 190、底径 218、深 220 厘米。坑内堆积仅一层，黑灰土，土质疏松，含大量草木灰及炭屑，出土有陶片等。

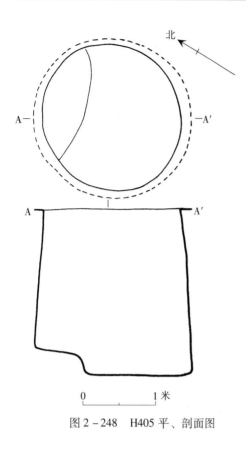

图 2－248　H405 平、剖面图

出土陶器 10 件，器形可辨钵、瓶、盆、罐和瓮。

陶钵　2 件。

标本 H405：10，可修复。泥质灰陶。敞口，尖圆唇，弧腹，平底微凹。素面，抹光。口径 21.8、底径 7.6、高 8 厘米（图 2－249）。

标本 H405：4，仅存口部。泥质红陶。直口，圆唇，弧腹。素面。残高 4 厘米（图 2－249）。

陶瓶　1 件。

标本 H405：3，仅存口部。泥质灰陶。敞口呈喇叭状，尖圆唇，束颈。口下贴有附加泥条。口径 10、残高 6 厘米（图 2－249）。

陶盆　3 件。根据形态可分为宽沿盆和窄沿盆。

宽沿陶盆　2 件。

标本 H405：9，可修复。泥质灰陶。敛口，宽平沿微上斜，圆唇，浅斜腹，平底。素面，口沿下有轮修痕迹。口径 30.2、底径 15.2、高 10.8 厘米（图 2－249；图版三九，5）。

标本 H405：5，仅存口及腹部。泥质灰陶。口微敛，宽平沿，尖圆唇，弧腹。素面。残高 8 厘米（图 2－249）。

窄沿陶盆　1 件。

标本 H405：2，仅存口部。夹砂红陶。敛口，窄平沿，厚方唇，弧腹。素面。残高 4 厘米（图 2－249）。

陶罐　1 件。

标本 H405：6，仅存口及上腹。夹砂红陶。敛口，宽沿近平，鼓肩，口下有一鸡冠状器錾。腹有多周附加泥条。残高 10 厘米（图 2－249）。

陶瓮　3 件。

标本 H405：8，可修复。夹砂红陶。敛口，厚圆唇，上腹微鼓，下腹斜收，底微凹，沿下有一对鸡冠状器錾。器表饰竖向绳纹，上腹有几周附加堆纹。口径 26、底径 13.2、高 29 厘米（图 2－249）。

标本 H405：1，仅存口及上腹。夹砂红陶。敛口，厚圆唇外叠，上腹较直，口下有一鸡冠状器錾。腹饰竖向绳纹和多周附加堆纹。残高 13 厘米（图 2－249）。

标本 H405：7，仅存口及上腹。夹砂红陶。敛口，窄平沿，圆唇，上腹较直。器表饰斜向绳纹，上腹有一周附加堆纹。口径 28.8、残高 9.2 厘米（图 2－249）。

四　不规则状

共清理 21 个。坑口形状多不规则状，有"8"字形、"亚"字形、圆角（长）方形、长

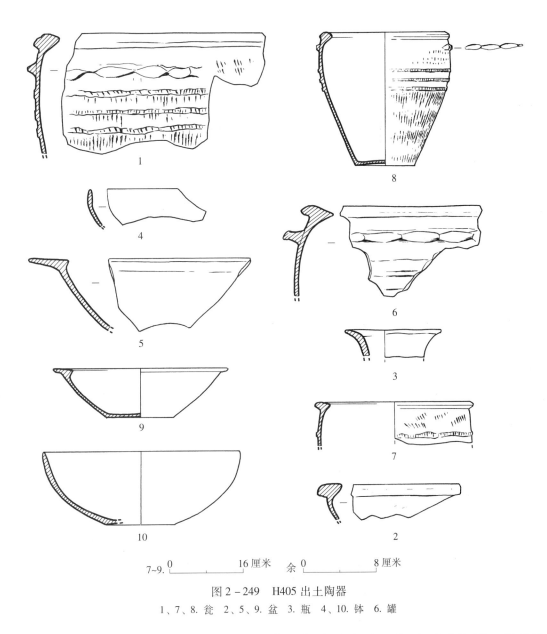

图 2-249 H405 出土陶器
1、7、8. 瓮 2、5、9. 盆 3. 瓶 4、10. 钵 6. 罐

条形和近椭圆形，坑壁及坑底也有不规整现象，如多见台阶、坑壁不对称等。现依次介绍如下。

1. H8

位于 2009LXⅠT0403 西南部，开口①层下。坑口近"8"字形，西窄东宽，直壁，平底（图 2-250）。口径 64~200、深 28 厘米。坑内堆积仅一层，灰土，土质疏松，出土少量陶片及兽骨。

2. H9

位于 2009LXⅠT0403 东南部，开口①层下，南部压于隔梁之下。坑口近椭圆形，壁斜收，平底（图 2-251A）。口径 110~282、底径 100~170、深 110 厘米。坑内堆积仅一层，灰土，土质疏松，出土少量陶片。

出土陶器 3 件，器形可辨盆、罐和缸。

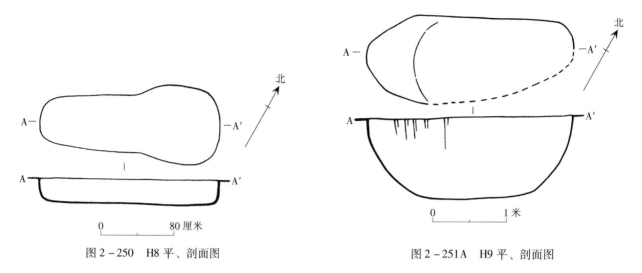

图 2 - 250　H8 平、剖面图　　　　　　　　图 2 - 251A　H9 平、剖面图

陶盆　1 件。

标本 H9：1，仅存部分口及腹部。泥质红陶。敛口，宽平沿，尖唇，弧腹。素面。残高 5 厘米（图 2 - 251B）。

陶罐　1 件。

标本 H9：2，仅存口及腹部。夹砂褐陶。敛口，厚方圆唇，束颈，鼓腹。器表饰斜绳纹。残高 9.2 厘米（图 2 - 251B）。

陶缸　1 件。

标本 H9：3，底部残。夹砂褐陶。敛口，窄平沿，唇微卷，上腹微鼓。上腹饰数周弦纹。口径 43.2、残高 12.8 厘米（图 2 - 251B）。

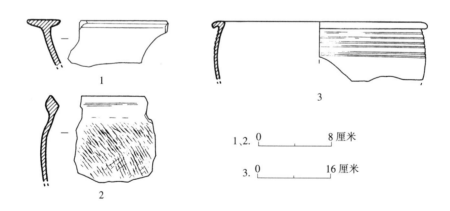

图 2 - 251B　H9 出土陶器
1. 盆　2. 罐　3. 缸

3. H11

位于 2009LXⅠT0403 西南部，开口①层下。平面近 "8" 字形，中间内收，壁斜收，底近平（图2 - 252A；图版二七，2）。口径 78～248、底径60～206、深72 厘米。坑内堆积仅一层，灰土，土质疏松，出土少量陶片和兽骨。

出土陶器 6 件，器形可辨钵、甑、罐、缸和笄。

陶钵 1 件。

标本 H11：4，仅存口及腹部。泥质红陶。口微敛，圆唇，深腹斜收。素面，器表有抹痕。口径 17.6、残高 8 厘米（图 2 - 252B）。

陶甑 1 件。

标本 H11：3，仅存底部。泥质红陶。斜腹，平底，底部有圆形箅孔。素面。底径 12、残高 3 厘米（图 2 - 252B）。

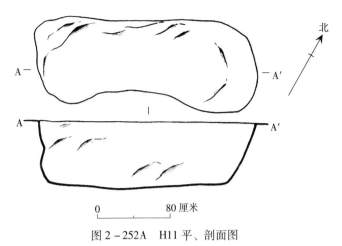

图 2 - 252A H11 平、剖面图

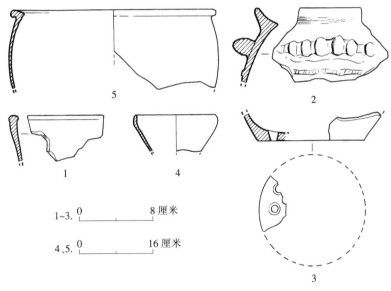

图 2 - 252B H11 出土陶器
1、5. 缸 2. 罐 3. 甑 4. 钵

陶罐 1 件。

标本 H11：2，仅存口及上腹。夹砂红陶。敛口，斜沿外折，圆唇，上腹圆鼓，有一鸡冠状器錾。器表饰附加堆纹。残高 8 厘米（图 2 - 252B）。

陶缸 2 件。根据形态可以分为平沿缸和大口缸。

平沿陶缸 1 件。

标本 H11：5，仅存口及上腹。泥质红陶。口微敛，窄平沿，厚圆唇，鼓腹。素面。口径 41.6、残高 17.2 厘米（图 2 - 252B）。

大口陶缸 1 件。

标本 H11：1，仅存口部。泥质红陶。口微敛，厚圆唇，腹较直。素面。残高 5 厘米（图 2 - 252B）。

4. H61

位于 2009LX Ⅰ T0103 西北部，开口①层下，部分压于隔梁下。坑口近圆角长方形，东壁由上而下逐级内收，形成三级台阶，底近平。口径 80～230、底径 40～80、深 240 厘米。坑内堆积仅一层，灰土，土质疏松，含有少量红烧土块，出土有陶片、兽骨和石块。

出土陶器 11 件，玉器 1 件，石器 3 件。陶器器形可辨瓶、盆、罐、器盖和灶，玉器为笄，石器为锤、笄和球。

陶瓶 3 件。

标本 H61∶3，仅存口部。泥质红陶。侈口，尖圆唇，颈部微鼓，近葫芦状。颈部有一周指甲状戳印。口径 4.4、残高 7.6 厘米（图 2 - 253）。

标本 H61∶5，仅存口部。泥质红陶。平唇口，口内有一折棱，束颈。素面，颈部贴附有圆形泥饼。口径 7.2、残高 7.4 厘米（图 2 - 253）。

标本 H61∶4，仅存口部。泥质红陶。口近管状，微侈，尖唇，高颈微束。颈部有一周指甲状戳印。口径 5.2、残高 8.8 厘米（图 2 - 253）。

陶盆 3 件。均为宽沿盆。

标本 H61∶1，仅存口及腹部。夹砂红陶。口微敛，宽沿上斜，圆唇，斜腹。素面。残高 6 厘米（图 2 - 253）。

标本 H61∶2，仅存口部。泥质灰陶。敛口，宽沿上斜，沿面圆鼓，圆唇，浅鼓腹。素面，抹光。残高 4 厘米（图 2 - 253）。

标本 H61∶11，底部已残，仅存口及腹部。泥质红陶。敛口，宽平沿，圆唇，弧腹。素面，器表有抹痕。口径 25.6、残高 9.6 厘米（图 2 - 253）。

陶罐 3 件。根据口部形态可分为鼓腹罐和直腹罐。

直腹陶罐 1 件。

标本 H61∶6，仅存口及上腹。夹砂红陶。敛口，短沿外斜，圆唇，上腹较直。器表饰竖向绳纹和附加堆纹。残高 10.6 厘米（图 2 - 253）。

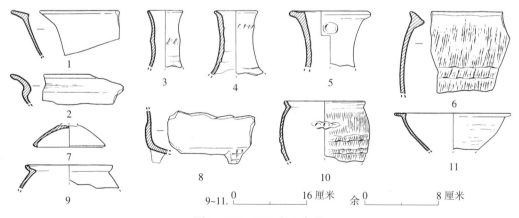

图 2 - 253 H61 出土陶器

1、2、11. 盆 3～5. 瓶 6、9、10. 罐 7. 器盖 8. 灶

鼓腹陶罐　2件。

标本 H61:10，仅存口及上腹。夹砂红陶。敛口，斜沿，圆唇，上腹圆鼓，有一对鸡冠状器鋬。器表饰竖向绳纹和多周附加堆纹。口径 20.8、残高 16 厘米（图 2 - 253）。

标本 H61:9，仅存口部。夹砂灰陶。敛口，沿外斜，方唇，沿面微凹，腹微鼓。素面。口径 22.4、残高 6 厘米（图 2 - 253）。

陶器盖　1件。

标本 H61:7，顶部已残，仅存口部。泥质红陶。盖口外敞，呈覆钵状。素面，抹光。口径 8.8、残高 2.8 厘米（图 2 - 253）。

陶灶　1件。

标本 H61:8，仅存底部。夹砂红陶。直腹，平底，下有方形短足。残高 6.8 厘米（图 2 - 253）。

玉笄　1件。

标本 H61:12，灰墨玉。柱状，两端皆残。残长 3.8 厘米。

石球　1件。

标本 H61:13，较完整。球形，表面有磕豁。直径 5.3 厘米。

5. H66

位于 2009LXⅠT0103 中部，开口②层下，打破 H138。坑口近椭圆形，西壁斜收，东壁外扩呈袋状，坑底不平，西高东低（图 2 - 254A）。口径 138～236、底径 146～228、深 90 厘米。坑内堆积仅一层，浅灰土，土质疏松，出土有陶片等。

出土陶豆、石刀、骨镞各 1 件。

陶豆　1件。

标本 H66:1，仅存柄部。泥质灰陶。柄为高圈足，上部微束，下部外敞。盘柄相接处有一周附加堆纹，柄上部有一穿孔。素面，器表有抹痕。残高 7.6 厘米（图 2 - 254B）。

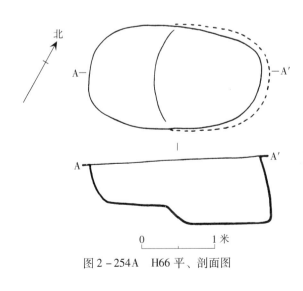

图 2 - 254A　H66 平、剖面图

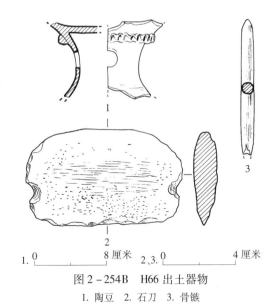

图 2 - 254B　H66 出土器物

1. 陶豆　2. 石刀　3. 骨镞

石刀　1件。

标本 H66：2，长方形，双面刃，两侧有打制而成的缺口。长 8.7、宽 5.1、厚 1.3 厘米（图 2 – 254B；图版一○○，1）。

骨镞　1件。

标本 H66：3，柱状，铤部已残，一端尖锐。残长 7.1 厘米（图 2 – 254B）。

6. H68

位于 2009LXⅠT0504 中部偏西南，开口 G4 下。坑口呈"8"字形，东壁斜收，西壁外扩为袋状，底部不平，呈东高西低的台阶状（图 2 – 255A）。口径 136 ~ 260、底径 140 ~ 292、深 156 厘米。坑内堆积仅一层，灰土，土质硬，出土有陶片等。

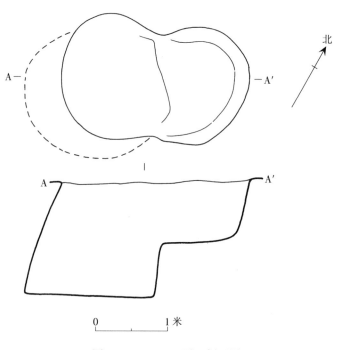

图 2 – 255A　H68 平、剖面图

出土陶器 9 件，器形可辨钵、瓶、罐、瓮、甑和刀。

陶钵　1件。

标本 H68：6，仅存口及腹部。泥质褐陶。敞口，尖圆唇，弧腹。素面，抹光。口径 20、残高 6.4 厘米（图 2 – 255B）。

陶瓶　1件。

标本 H68：2，仅存口部。泥质灰陶。平唇口，直高领。素面，颈部贴有小泥饼。口径 7.2、残高 5 厘米（图 2 – 255B）。

陶罐　4件。均为鼓腹罐。

标本 H68：1，仅存口及上腹。夹砂灰陶。敛口，唇面圆鼓，腹外鼓，有一鸡冠状器錾。器表饰竖向绳纹。残高 5.7 厘米（图 2 – 255B）。

标本 H68：4，仅存口及上腹。夹砂红陶。敛口，短沿外斜，圆唇，上腹微鼓，有一鸡冠状器錾。器表饰斜向绳纹。口径 22、残高 9.2 厘米（图 2 – 255B）。

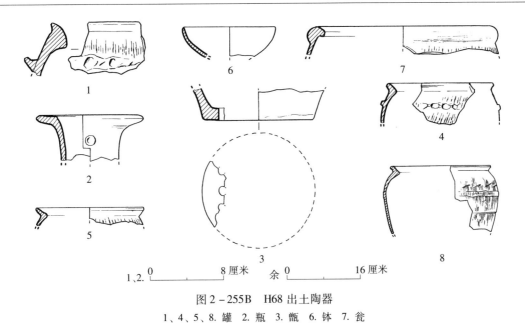

图 2 - 255B　H68 出土陶器

1、4、5、8. 罐　2. 瓶　3. 甑　6. 钵　7. 瓮

标本 H68∶5，仅存口部。夹砂红陶。敛口，沿外斜，尖圆唇。器表饰竖向绳纹。口径 24、残高 4 厘米（图 2 - 255B）。

标本 H68∶8，底部已残，仅存口及上腹。夹砂红陶。敛口，斜沿外折，圆唇，上腹微鼓。通体饰竖向线纹，沿下有一周戳印，上腹有一道附加堆纹。口径 28.8、残高 18.8 厘米（图 2 - 255B）。

陶瓮　1 件。

标本 H68∶7，仅存口部。夹砂红陶。敛口，厚圆唇，腹微鼓。器表饰竖向绳纹。口径 36.8、残高 6 厘米（图 2 - 255B）。

陶甑　1 件。

标本 H68∶3，仅存底部。泥质红陶。斜直腹，平底，底部有圆形箅孔。素面。底径 12.2、残高 3.4 厘米（图 2 - 255B）。

7. H72

位于 2009LXⅠT0504 中部偏东，开口①层下。坑口极不规则，似鹅头状，壁斜收，口大底小，底部东高西低呈台阶状（图 2 - 256）。口径 104 ~ 200、底径 70 ~ 140、深 122 厘米。坑内堆积仅一层，灰土，土质疏松，出土有陶片和石块等。

8. H98

位于 2009LXⅠT0203 东南部，开口①层下，被 G5、H46、H97 打破，打破 F1。坑口呈扭 "8" 字状，直壁，底部不平，北高南低，坑西壁由口至底有六级台阶（图 2 - 257A；图版二八，1、2）。口径 170 ~ 390、底径 116 ~ 386、深 234 厘米。坑壁有斜向和竖向的工具加工痕迹。坑内堆积

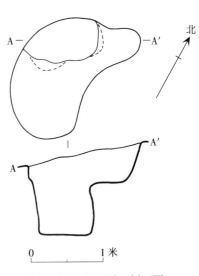

图 2 - 256　H72 平、剖面图

仅一层，为房屋毁弃后的墙体堆积，均为经火烧变成红色的草拌泥块，含有大量的木炭及少量植物遗存和熘渣，出土有陶片等。

出土陶器10件，器形可辨钵、瓶、盆、罐、甑、瓮、器座、纺轮和陶塑。

陶钵　1件。

标本H98:2，仅存口部。泥质红陶。敛口，圆唇，鼓腹。素面。残高7厘米（图2-257B）。

陶瓶　1件。

标本H98:3，仅存口部。泥质褐陶。侈口，平唇，口沿边微凸，留有退化的重唇痕迹。口径6.8、残高6.4厘米（图2-257B）。

陶盆　1件。

标本H98:4，可修复。泥质红陶。敛口，平折沿，尖唇，弧腹，平底。素面。口径24.4、底径9.6、高10.8厘米（图2-257B）。

陶罐　2件。均为圆腹罐。

标本H98:1，仅存口及腹部。夹砂红陶。敛口，窄斜沿，圆唇，圆鼓腹。腹有一周附加堆纹。口径8、残高6.8厘米（图2-257B）。

标本H98:5，仅存口及上腹。直口，圆唇，直高领，圆鼓腹，领下有一对鸡冠状器鋬。腹饰

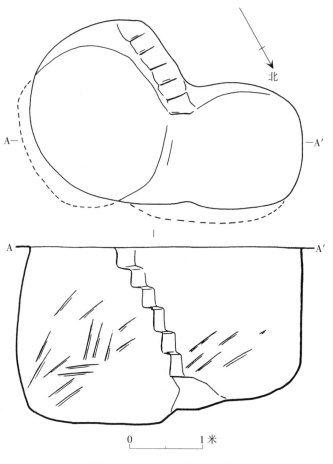

图2-257A　H98平、剖面图

斜向绳纹。残高 10.4 厘米（图 2 - 257B）。

陶瓮　1 件。

标本 H98：7，可修复。夹砂褐陶。敛口，圆唇外叠，上腹微鼓，下腹斜收，平底。素面，抹光。口径 36、底径 19.8、高 48 厘米（图 2 - 257B；图版五九，2）。

陶甑　1 件。

标本 H98：6，可修复。泥质灰陶。敞口，圆唇，弧腹，平底，底部有箅孔，上腹有一对鸡冠状器鋬。器表饰交错绳纹。口径 24.8、底径 12.8、高 13.6 厘米（图 2 - 257B）。

陶器座　1 件。

标本 H98：8，可修复。泥质褐陶。平顶，上腹较直，下腹外敞，腹有一圆形穿孔。素面。底径 29.6、高 18.8 厘米（图 2 - 257B；图版四七，5）。

陶纺轮　1 件。

标本 H98：9，泥质红陶。圆饼状，中部有一对钻穿孔，周缘有残损。直径 5.5、厚 0.9 厘米（图 2 - 257B；图版七七，4）。

陶塑　1 件。

标本 H98：10，泥质红陶。器身已残，残存部分为鸟首状。残高 7.5 厘米（图 2 - 257B；图版六七，3、4）。

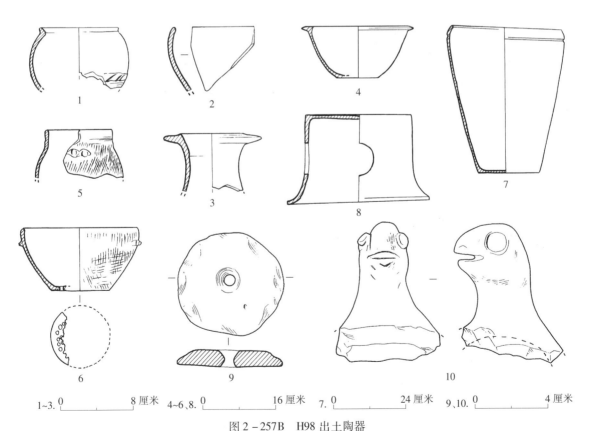

图 2 - 257B　H98 出土陶器

1、5. 罐　2. 钵　3. 瓶　4. 盆　6. 甑　7. 瓮　8. 器座　9. 纺轮　10. 陶塑

9. H108

位于 2009LX I T0104 东南部，开口②层下，部分压于东隔梁下。坑口圆形，北壁斜收，南壁外扩呈袋状，平底。口径 170、底径 90、深 120 厘米。坑内堆积仅一层，灰土，土质疏松，含大量草木灰及红烧土块，出土陶片及陶环、石球各 1 件。

石球　1 件。

标本 H108：1，完整。球形，表面多坑疤。直径 6 厘米。

10. H116

位于 2009LX I T0402 东南部，开口①层下。坑口略呈"亚"字形，弧壁斜收，底近平（图 2 - 258）。口径 160~250、底径 120~200、深 36 厘米。坑内堆积仅一层，灰土，土质疏松，含红烧土块及草木灰，出土有陶片及石刀、骨镞各 1 件（图版一二六，3）。

11. H134

位于 2009LX I T0403 东部，开口①层下，被 H104、H121 打破，部分压于东隔梁下。坑口近"8"字形，斜壁，底近平。口径 65~310、底径 50~126、深 60 厘米。坑内堆积仅一层，灰土，土质疏松，颗粒度大，含红烧土块，出土有少量陶片及熘渣。

12. H160

位于 2009LX I T0301 西部，开口 G13 下，西南部压于隔梁之下。坑口近椭圆形，南壁倾斜，北壁较直，底部不平，南高北低（图 2 - 259A）。口径 260~270、底径 110~200、深 100 厘米。坑内堆积仅一层，灰褐土，局部有淤土，土质硬，出土有陶片等。

出土陶器 9 件，石器 1 件。陶器器形可辨钵、瓶、甑、缸、瓮、器盖和灶，石器为锛。

陶钵　2 件。

标本 H160：1，仅存口及腹部。泥质红陶。敛口，方唇，鼓肩，斜腹。素面。口径 23.2、残高 8.4 厘米（图 2 - 259B）。

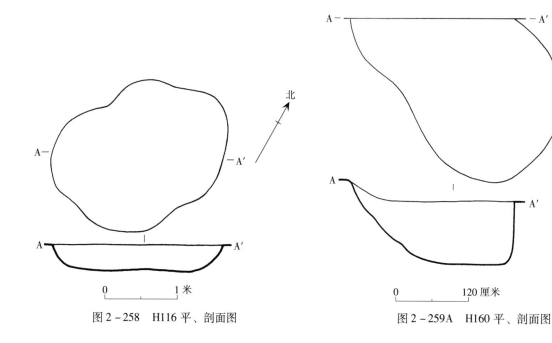

图 2 - 258　H116 平、剖面图　　　　　　图 2 - 259A　H160 平、剖面图

标本 H160∶6，可修复。泥质红陶。敛口，圆唇，鼓肩，斜腹，平底。素面。口径 12.8、底径 8、高 6.4 厘米（图 2 - 259B）。

陶瓶 2 件。

标本 H160∶8，仅存口部。泥质灰陶。敞口近喇叭状，口内有一折棱，束颈。素面。残高 6 厘米（图 2 - 259B）。

标本 H160∶5，仅存口部。泥质红陶。直口，平唇，束颈。素面，颈上部竖向贴有一对泥条与泥饼。口径 6.5、残高 5.8 厘米（图 2 - 259B）。

陶瓮 1 件。

标本 H160∶2，仅存口及上腹。泥质灰陶。口微敛，窄平沿，圆唇，直腹。素面。残高 14 厘米（图 2 - 259B）。

陶缸 1 件。

标本 H160∶3，仅存腹片。夹砂红陶。直腹。器表有交错绳纹。残高 16.8 厘米（图 2 - 259B）。

陶甑 1 件。

标本 H160∶9，仅存口部。泥质灰陶。斜腹，平底，底有圆形箅孔。素面。口径 12、残高 2 厘米（图 2 - 259B）。

陶器盖 1 件。

标本 H160∶4，捉手已残，仅存口部。泥质红陶。盖口外敞，斜腹，捉手近柱状，口部微鼓。器表饰有刻划。口径 7.2、残高 6 厘米（图 2 - 259B）。

陶灶 1 件。

标本 H160∶7，仅存足部。夹砂红陶，器表有红色陶衣。直腹，底有舌形足。素面。残高 6.6 厘米（图 2 - 259B）。

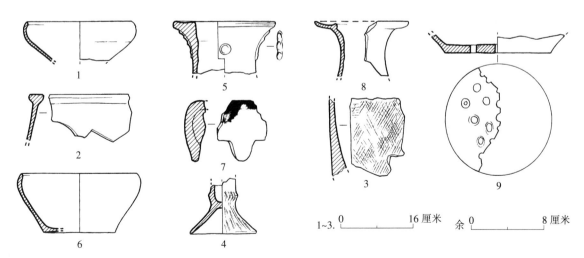

图 2 - 259B H160 出土陶器

1、6. 钵 2. 瓮 3. 缸 4. 器盖 5、8. 瓶 7. 灶 9. 甑

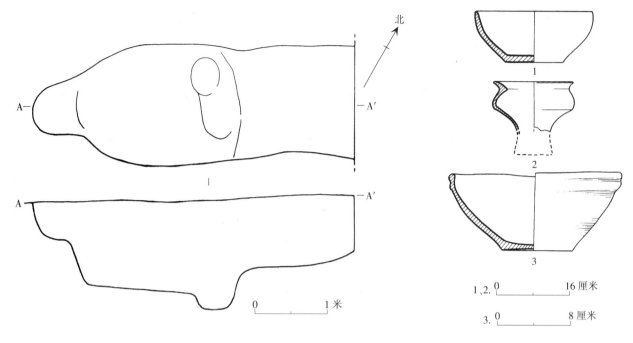

图 2-260　H204 平、剖面图及其出土陶器
1、3. 钵　2. 罐

13. H204

位于 2010LX Ⅰ T0207 东部，开口②层下，打破 H205，小部分压于东隔梁之下。坑口呈西端外凸的长条形，斜壁，口大底小，底部东高西低，中部有圆形浅坑（图 2-260）。口径 160~440、底径 150~370、深 150 厘米。坑内堆积仅一层，深灰土，土质疏松，出土少量陶片。

出土陶器 3 件，器形可辨钵、罐。

陶钵　2 件。

标本 H204：1，可修复。泥质红陶。直口，尖圆唇，浅弧腹，平底。素面。口径 25.6、底径 14、高 11.2 厘米（图 2-260）。

标本 H204：3，可修复。泥质红陶。直口，圆唇，弧腹，平底微凹。素面，器表粗糙不平。口径 18.2、底径 7.8、高 8.2 厘米（图 2-260）。

陶罐　1 件，为折腹小底罐。

标本 H204：2，可修复。白陶，器口部有红衣。侈口呈喇叭状，尖圆唇，折腹，下收为小平底。素面。口径 17.6、底径 8.4、高 8 厘米（图 2-260；图版五三，2）。

14. H212

位于 2010LX Ⅰ T0310 中部，开口①层下。坑口近梯形，坑壁一边内斜、一边外扩，底部不平（图 2-261A）。口径 140~200、底径 140~190、深 50 厘米。坑内堆积仅一层，灰褐土，土质疏松，含红烧土块、炭屑、草木灰及黄土块，出土有陶片等。

出土陶器 3 件，为罐、灶和甑。

陶罐　1 件。

标本 H212：1，仅存口及上腹。夹砂红陶。直口微敛，沿外斜，厚方唇，腹较直，上腹有一对鸡冠状器鋬。器表饰交错绳纹。残高9.2厘米（图2－261B）。

陶灶　1件。

标本 H212：2，仅存底部。夹砂红陶。灶腹较浅，沿平折，方唇微卷，下接横长方形器足。素面。残高5厘米（图2－261B）。

陶甑　1件。

标本 H212：3，可修复。泥质红陶。敛口，方唇，鼓肩，斜腹，上腹有一对鸡冠状器鋬，平底，底部有箅孔。素面，器表有抹痕。口径20.4、底径10.2、高14.2厘米（图2－261B）。

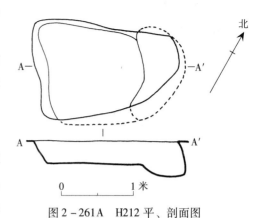

图2－261A　H212平、剖面图

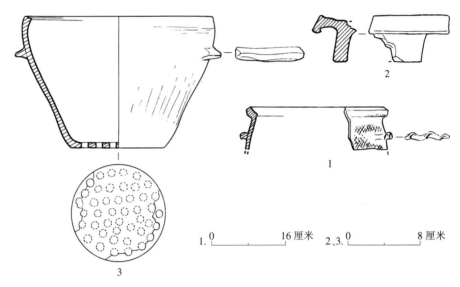

图2－261B　H212出土陶器
1. 罐　2. 灶　3. 甑

15. H223

位于2010LXⅠT0209中部，开口①层下。坑口近"8"字形，壁微斜，底部不平，西高东低（图2－262A）。口径224～280、底径200～260、深60厘米。坑内堆积仅一层，灰褐土，土质硬，出土有陶片等。

出土器物有陶甑、陶环、骨锥、骨铲各1件。

陶甑　1件。

标本 H223：1，可修复。泥质红陶。口微敛，方唇，上腹微鼓，下腹弧收，上腹有一对鸡冠状器鋬，平底，底部有圆形箅孔。素面。口径21.6、底径10.4、残高14.8厘米（图2－262B；图版四二，5、6）。

残陶片　1件。

标本 H223：2，为盆、钵类器物残片。泥质红陶。上饰黑彩圆点及弧线图案。残长2.3厘米（图2－262B）。

骨锥　1件。

标本 H223∶3，柱状，一端尖锐，一端宽扁。长 10.7 厘米（图 2 - 262B）。

骨铲　1件。

标本 H223∶4，条状，器身扁平，一端有一圆形穿孔。长 6.6 厘米（图 2 - 262B）。

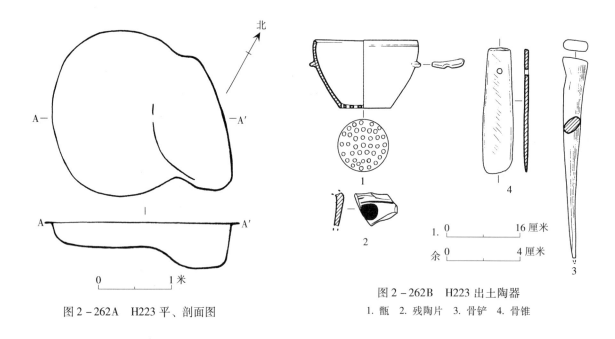

图 2 - 262A　H223 平、剖面图

图 2 - 262B　H223 出土陶器

1. 甑　2. 残陶片　3. 骨铲　4. 骨锥

16. H228

位于 2010LXⅡT0118 西南部，开口①层下，打破 H229，小部分压于隔梁之下。坑口近椭圆形，斜壁，底内收，不平整（图 2 - 263A）。口径 220～280、底径 180～190、深 166 厘米。坑内堆积仅一层，灰土，土质疏松，含灰量大，出土大量陶片、螺壳及少量兽骨、石块。

出土陶器 16 件，玉器 1 件，石器 2 件。陶器器形可辨钵、瓶、盆、罐、瓮、壶、器盖、漏斗和刀，玉器为笄，石器为刀和笄。

陶钵　1件。

标本 H228∶9，仅存口及腹部。泥质红陶。口微敛，尖圆唇，浅弧腹。素面。口径 24、残高 6厘米（图 2 - 263C）。

陶瓶　1件。

标本 H228∶8，仅存口部。泥质红陶。口微侈，平唇，口内有明显的折棱，高颈微束。素面，颈部贴有小泥饼。口径 8、残高 11 厘米（图 2 - 263C）。

陶盆　2件。均为宽沿盆。

标本 H228∶12，仅存口部。夹砂红陶。敛口，宽平沿，圆唇。器表饰斜向绳纹。口径 40、残高 4 厘米（图 2 - 263C）。

标本 H228∶13，仅存口及上腹。泥质红陶。敛口，宽平沿，圆唇，弧腹。素面。口径 32.8、残高 8 厘米（图 2 - 263C）。

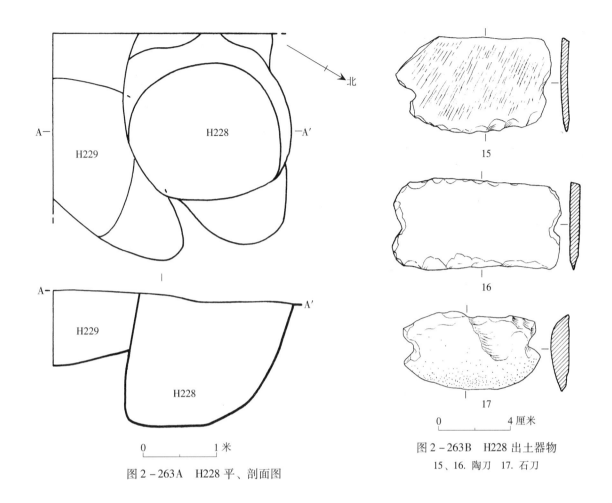

图 2 - 263A　H228 平、剖面图

图 2 - 263B　H228 出土器物

15、16. 陶刀　17. 石刀

陶罐　5 件。均为鼓腹罐。

标本 H228：14，可修复。夹砂红陶。敛口，斜沿，圆唇，沿下有一对鸡冠状器鋬，上腹微鼓，下腹斜收，平底。器表饰交错绳纹，腹部有三道附加堆纹。口径 32、底径 17、高 43 厘米（图 2 - 263C；图版五五，2）。

标本 H228：6，仅存口及上腹。夹砂红陶。敛口，窄沿上斜，圆唇，腹斜收。器表饰绳纹和附加堆纹。残高 9 厘米（图 2 - 263C）。

标本 H228：7，仅存口及上腹。夹砂红陶。敛口，斜沿，尖圆唇，鼓腹。器表饰交错绳纹。残高 7.6 厘米（图 2 - 263C）。

标本 H228：4，仅存口部。夹砂红陶。敛口，斜沿，圆唇，口下有一鸡冠状器鋬，腹微鼓。器表饰竖向绳纹。残高 16 厘米（图 2 - 263C）。

标本 H228：10，仅存口及上腹。夹砂红陶。口微敛，窄沿外斜，尖圆唇，上腹微鼓。素面，上腹有一周凸棱。口径 36、残高 12 厘米（图 2 - 263C）。

陶壶　2 件。

标本 H228：2，仅存口部。泥质红陶。小口微侈，平唇，高领微束。素面。口径 2、残高 5.2 厘米（图 2 - 263C）。

标本 H228：11，口、腹均残，仅存肩部。泥质红陶。小口，肩部圆鼓，斜腹。素面，肩部有

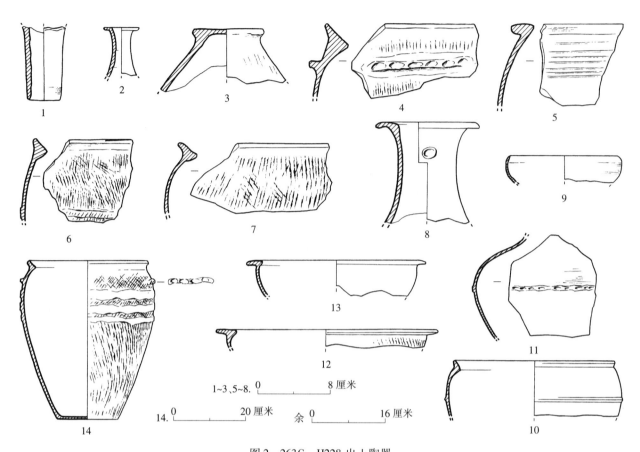

图2－263C　H228出土陶器

1. 漏斗　2、11. 壶　3. 器盖　4、6、7、10、14. 罐　5. 瓮　8. 瓶　9. 钵　12、13. 盆

一周附加堆纹。残高22厘米（图2－263C）。

陶瓮　1件。

标本H228：5，仅存口及上腹。泥质灰陶。敛口，平沿，圆唇，鼓腹。口下有多周弦纹。残高9厘米（图2－263C）。

陶器盖　1件。

标本H228：3，仅存顶部。夹砂灰陶。盖口外敞，斜腹，平顶。素面。残高6.8厘米（图2－263C）。

陶漏斗　1件。

标本H228：1，仅存流部。泥质红陶。管状流，素面。口径3.6、残高8厘米（图2－263C）。

陶刀　2件。

标本H228：15，系用瓶类陶片打制而成。泥质红陶。长方形，单面刃，两侧有打制而成的缺口。长8.6、宽5.1、厚0.4厘米（图2－263B）。

标本H228：16，系用瓶类陶片打制而成。泥质红陶。长方形，双面刃，两侧有打制而成的缺口。长9.4、宽5、厚0.5厘米（图2－263B）。

玉笄　1件。

标本H228：18，墨玉。器身呈"T"字形，顶端宽平并有残缺，尾端残缺。残长4.6厘米。

石刀　1件。

标本 H228：17，打制。长方形，双面弧刃，两侧有打制而成的缺口。长7.7、宽4.1、厚1厘米（图2－263B）。

17. H239

位于 2010LXⅡT0217 西南部，开口①层下，部分压于隔梁之下。坑口为长条形，弧壁，圜底。口径 104～370、底径 60、深 66 厘米。坑内堆积仅一层，深灰土，土质疏松，出土有陶片及兽骨。

18. H275

位于 2010LXⅡT0315 北部，开口①层下，被 H273 打破，打破 H283，小部分压于北隔梁下。坑口近扭 "8" 字形，口大底小，坑壁不规整，底部不平。口径 200～300、底径 170～260、深 150 厘米。坑内堆积仅一层，灰土，土质疏松，含大量红烧土颗粒、炭屑，出土有陶片及陶刀、石刀、石球各1件。

石球　1件。

标本 H275：1，较完整。球形，表面有坑疤。直径7厘米。

19. H300

位于 2010LXⅡT0216 东北部，开口①层下，大部分压于东、北隔梁之下。坑口不规则，近圆角方形，坑壁不规整，南壁内斜，形成宽 40～90 厘米的台阶，口大底小，底部较平（图2－264A）。口径 290～400、底径 180～420、深 228 厘米。坑内堆积仅一层，灰土，土质疏松，含大量草木灰，出土有陶片等。

出土陶器 28 件，器形可辨罐、盆、瓮、瓶、钵、缸、器鍪、刀和纺轮。玉器 5 件，均为笄。石器 7 件，为刀、斧、杵和钻头。骨器 2 件，均为锥。

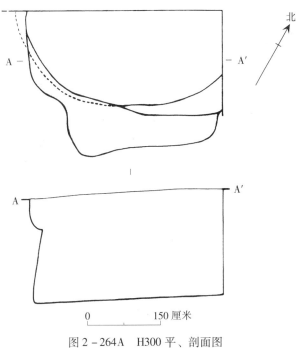

图2－264A　H300 平、剖面图

陶盆　4件。均为宽沿盆。

标本 H300∶23，仅存口及腹部。泥质灰陶。敛口，圆唇，斜沿上翘，弧腹。素面。残高 7 厘米（图 2 – 264B）。

标本 H300∶12，仅存口及腹部。泥质红陶。敛口，宽平沿，圆唇，深弧腹。素面。口径 27.2、残高 8 厘米（图 2 – 264B）。

标本 H300∶13，仅存口及腹部。泥质红陶。敛口，宽平沿，尖圆唇，深弧腹。素面。口径 28、残高 12.4 厘米（图 2 – 264B）。

标本 H300∶9，仅存口及腹部。泥质红陶。口微敛，宽平沿，圆唇，弧腹，有一鸡冠状器鋬。器表饰附加堆纹。残高 10 厘米（图 2 – 264B）。

陶罐　12件。根据形态可分为鼓腹罐和小罐。

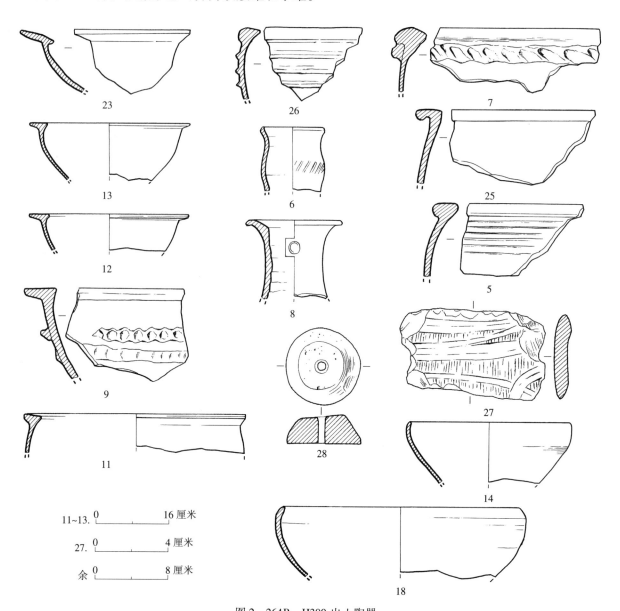

图 2 – 264B　H300 出土陶器

5、7、25、26. 瓮　6、8. 瓶　9、12、13、23. 盆　11. 缸　14、18. 钵　27. 刀　28. 纺轮

鼓腹陶罐　11件。

标本H300∶19，底部已残，仅存口及上腹。夹砂灰陶。敛口，斜沿，圆唇，上腹微鼓。器表饰竖向绳纹，上腹有一道附加堆纹。口径12、残高6.6厘米（图2–264C）。

标本H300∶20，底部已残，仅存口及上腹。夹砂灰陶。敛口，斜沿，尖圆唇，上腹较直。器表饰竖向绳纹，上腹有一道附加堆纹。口径14.4、残高7厘米（图2–264C）。

标本H300∶15，底部已残，仅存口及上腹。夹砂红陶。敛口，斜沿外折，尖圆唇，上腹微鼓，有一鸡冠状器鋬。素面。残高6.4厘米（图2–264C）。

标本H300∶16，底部已残，仅存口及上腹。夹砂灰陶。敛口，斜沿，圆唇，上腹较直。腹饰竖向绳纹。残高8.4厘米（图2–264C）。

标本H300∶21，底部已残，仅存口部。夹砂红陶。敛口，斜沿外折，圆唇，上腹微鼓，上有一鸡冠状器鋬。素面。残高6.6厘米（图2–264C）。

标本H300∶24，底部已残，仅存口部。夹砂红陶。敛口，斜沿，圆唇，肩部外鼓，有一鸡冠状器鋬，腹部斜收。肩部鋬下有两周戳印纹。残高6厘米（图2–264C）。

标本H300∶22，底部已残，仅存口及上腹。夹砂红陶。敛口，斜沿外折，圆唇，沿下有一鸡冠状器鋬，上腹微鼓。鋬下饰竖向绳纹。残高8.6厘米（图2–264C）。

标本H300∶17，底部已残，仅存口及上腹。夹砂红陶。敛口，斜沿外折，圆唇，上腹微鼓，上有一鸡冠状器鋬。鋬下饰斜向绳纹。残高8.8厘米（图2–264C）。

标本H300∶3，仅存口及上腹。夹砂红陶。敛口，斜折沿，圆唇，鼓腹。腹饰斜向绳纹。残高9厘米（图2–264C）。

标本H300∶4，仅存口及上腹。夹砂红陶。敛口，短沿外斜，圆唇，上腹微鼓，有一鸡冠状器鋬。腹饰斜向绳纹和附加堆纹。残高9.2厘米（图2–264C）。

标本H300∶10，仅存口及上腹。夹砂红陶。敛口，斜沿，圆唇，腹微鼓。器表饰交错绳纹。口径33.6、残高8厘米（图2–264C）。

小陶罐　1件。

标本H300∶1，可修复。夹砂灰陶。敛口，斜沿，尖圆唇，上腹微鼓，有一对鸡冠状器鋬，下腹斜收，平底。素面。口径20、底径13.2、残高22.4厘米（图2–264C）。

陶钵　2件。

标本H300∶14，底部已残，仅存口及上腹。泥质红陶。口微敛，方唇，鼓肩，弧腹。素面。口径17.6、残高6.5厘米（图2–264B）。

标本H300∶18，底部已残，仅存口及上腹。泥质红陶。敛口，圆唇，鼓肩，弧腹。素面。口径26、残高7.1厘米（图2–264B）。

陶瓮　4件。根据形态可分为平沿瓮和叠唇瓮。

平沿陶瓮　2件。

标本H300∶25，仅存口及上腹。夹砂红陶。敛口，平折沿，圆唇，上腹微外鼓。素面。残高8.2厘米（图2–264B）。

标本H300∶5，仅存口及上腹。泥质褐陶。敛口，窄平沿，厚圆唇，腹微鼓。上腹饰多周弦

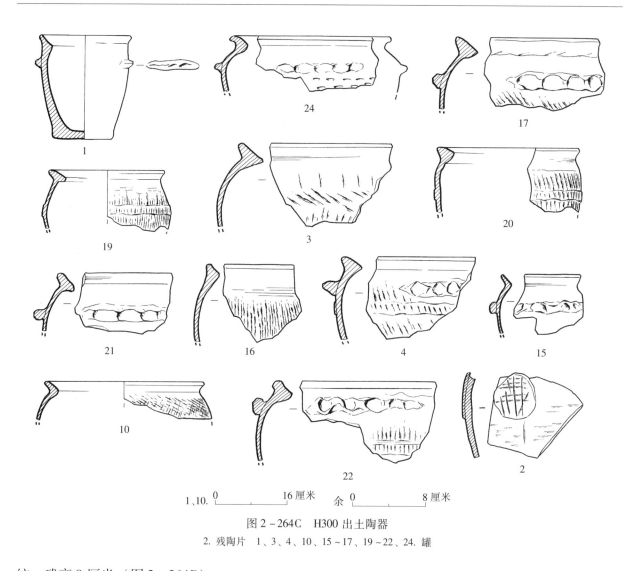

图 2 - 264C　H300 出土陶器
2. 残陶片　1、3、4、10、15 ~ 17、19 ~ 22、24. 罐

纹。残高 8 厘米（图 2 - 264B）。

叠唇陶瓮　2 件。

标本 H300:26，底部已残，仅存口及上腹。夹砂红陶。敛口，圆唇外叠，上腹微鼓。上腹饰几道附加堆纹。残高 7.9 厘米（图 2 - 264B）。

标本 H300:7，仅存口及上腹。夹砂红陶。敛口，圆唇外叠，腹较直。口下有一周附加堆纹。残高 7 厘米（图 2 - 264B）。

陶缸　1 件。

标本 H300:11，仅存口部。泥质灰陶。口微敛，窄沿微凹，圆唇，腹微鼓。素面。口径 48、残高 8.4 厘米（图 2 - 264B）。

陶瓶　2 件。

标本 H300:6，仅存口部。泥质红陶。侈口，方唇，颈部圆鼓，近葫芦形。颈部有一周戳印。口径 6.4、残高 7 厘米（图 2 - 264B）。

标本 H300:8，仅存口部。泥质红陶。敞口近喇叭状，口内有一不明显的折棱，高领微束。颈部贴有小泥饼。口径 8、残高 8.5 厘米（图 2 - 264B）。

残陶片　1件。

标本 H300：2，泥质褐陶。为钵、盆类器物腹片。腹部残留一圆饼状器錾，錾上有刻划纹。残高 8.8 厘米（图 2－264C）。

陶刀　1件。

标本 H300：27，系用瓶类器物残片打制而成。泥质红陶。长方形，双面刃，两侧有打制而成的缺口。长 8、宽 4.7、厚 0.9 厘米（图 2－264B）。

陶纺轮　1件。

标本 H300：28，夹砂红陶。断面上窄下宽呈棱台状，中有一圆形穿孔，边缘有磨损。直径 4.1、厚 1.6 厘米（图 2－264B；图版七八，3）。

玉笄　5件（图版八五，1）。

标本 H300：37，绿墨玉。柱状，一端平整并有部分磨损，一端已残。残长 8 厘米。

标本 H300：38，绿墨玉。柱状，一端尖锐，一端平整并有磨损。长 11.1 厘米。

标本 H300：39，绿墨玉。柱状，两端皆残。残长 5.8 厘米。

标本 H300：40，绿墨玉。柱状，一端尖锐，一端平整并有部分磨损。长 6.2 厘米。

标本 H300：41，墨玉。器身呈"T"字形，顶端宽平并有残缺，尾端尖锐。长 10.9 厘米。

石刀　3件（图版一〇二，1）。

标本 H300：29，打制。长方形，单面刃，两侧有打制而成的缺口。长 7.2、宽 4、厚 1.3 厘米（图 2－264D）。

标本 H300：30，打制。长方形，双面刃，两侧有打制而成的缺口。长 8.6、宽 4.5、厚 1.2 厘

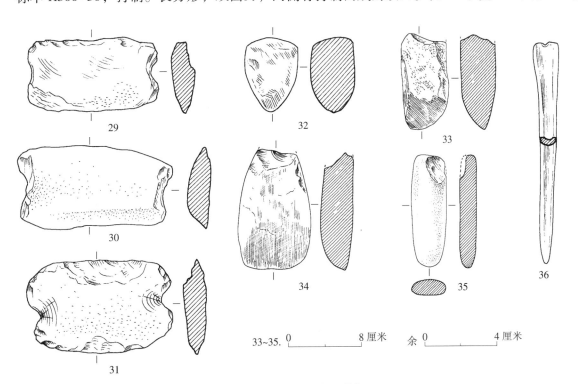

图 2－264D　H300 出土器物

29~31. 石刀　32. 石钻头　33、34. 石斧　35. 石杵　36. 骨锥

米（图2－264D）。

标本 H300：31，打制。长方形，双面刃，两侧有打制而成的缺口。长8.1、宽4.5、厚1.2厘米（图2－264D）。

石钻头　1件。

标本 H300：32，磨制。器体近圆锥状，底端较平，顶端微钝。长3.9、宽3、厚2.4厘米（图2－264D；图版一一二，3）。

石斧　2件。

标本 H300：33，磨制。窄长条形，双面弧刃，顶端残，周缘略有残损。残长10.2、宽5.2、厚3.8厘米（图2－264D；图版九二，2）。

标本 H300：34，磨制。体呈上窄下宽的梯形，单面刃，顶端已残。残长12.9、宽7.9、厚3.6厘米（图2－264D；图版九二，3）。

石杵　2件。

标本 H300：35，磨制。器身扁圆，一端圆钝，一端略有残损。长12、宽4、厚1.8厘米（图2－264D）。

骨锥　2件。

标本 H300：36，器身扁平，一端保留有骨关节，一端尖锐。长11.7厘米（图2－264D）。

20. H324

位于2010LXⅡT0214西北部，开口①层下，被 G21 打破。坑口近椭圆形，西大东小，西壁较直，东、北壁斜收，南壁有三级生土台阶，底不平、东高西低（图2－265A；图版二八，2）。口

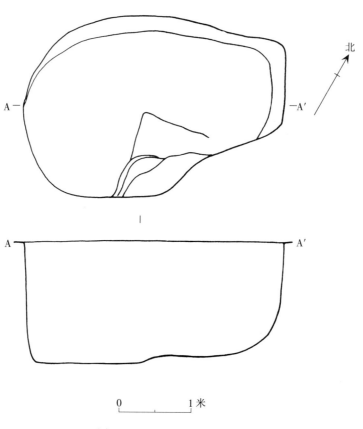

图2－265A　H324平、剖面图

径 240～360、底径 110～300、深 160 厘米。坑内堆积仅一层，灰土，土质疏松，含大量草木灰及炭屑，出土有陶片等。

出土陶器 13 件，泥器 1 件，石器 4 件。陶器器形可辨钵、瓶、盆、罐、缸、瓮、刀和纺轮，泥器为杯，石器为刀和斧。

陶钵　1 件。

标本 H324∶5，仅存口部。泥质红陶。敛口，尖圆唇，内有凸棱，弧腹。素面。残高 5.8 厘米（图 2－265B）。

陶瓶　1 件。

标本 H324∶6，仅存口部。泥质红陶。侈口近喇叭状，沿内折棱不明显，直高领。素面，颈部贴附有圆形泥饼。口径 11.6、残高 7 厘米（图 2－265B）。

陶盆　3 件。根据形态可分为宽沿盆和窄沿盆。

宽沿陶盆　2 件。

标本 H324∶2，可修复。泥质红陶。敛口，宽平沿，尖圆唇，上腹较鼓，下腹斜收，底微凹。素面。口径 20.8、底径 13.2、高 12.4 厘米（图 2－265B）。

标本 H324∶3，仅存口部。泥质红陶。敛口，宽平沿，圆唇。素面。残高 3 厘米（图 2－265B）。

窄沿陶盆　1 件。

标本 H324∶1，可修复。泥质红陶。口微敛，窄沿外斜，圆唇，上腹微鼓，下腹斜收，两侧各有一鸡冠状器鋬，平底。素面，上腹有一道附加堆纹。口径 32.8、底径 15.2、高 16.4 厘米（图 2－265B）。

陶罐　2 件。均为鼓腹罐。

标本 H324∶7，仅存口及上腹。夹砂灰陶。敛口，斜沿，圆唇，腹微鼓。器表饰斜向绳纹。口径 13.6、残高 2.4 厘米（图 2－265B）。

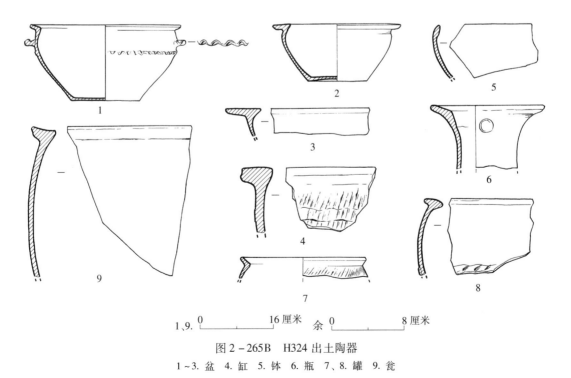

图 2－265B　H324 出土陶器

1～3. 盆　4. 缸　5. 钵　6. 瓶　7、8. 罐　9. 瓮

标本 H324：8，仅存口及上腹。夹砂红陶。敛口，平沿，圆唇，腹圆鼓。素面，上有鸡冠状泥条。残高 8.2 厘米（图 2 - 265B）。

陶瓮　1 件。

标本 H324：9，仅存口及上腹。夹砂褐陶。敛口，沿微上挑，尖圆唇，腹微鼓。素面。残高 16.4 厘米（图 2 - 265B）。

陶缸　1 件。

标本 H324：4，仅存口及上腹。夹砂灰陶。口微敛，平折沿，方唇，上腹较直。器表饰斜向绳纹，上腹有一周附加堆纹。残高 7 厘米（图 2 - 265B）。

陶刀　3 件。均系用瓶类陶片打制而成。

标本 H324：10，泥质红陶。长方形，单面刃，两侧有打制而成的缺口。长 9.4、宽 5.6、厚 0.4 厘米（图 2 - 265C；图版七五，6）。

标本 H324：11，泥质红陶。长方形，单面刃，一侧有打制而成的缺口。长 8.4、宽 3、厚 0.5 厘米（图 2 - 265C）。

标本 H324：12，泥质红陶。长方形，单面刃，一侧有打制而成的缺口。长 7.7、宽 4.1、厚 0.4 厘米（图 2 - 265C）。

陶纺轮　1 件。

标本 H324：13，泥质红陶。圆饼状，略残，断面为半圆形，中有一圆形穿孔。直径 5.2、厚.7 厘米（图 2 - 265C）。

泥杯　1 件。

标本 H324：14，泥质，未经烧制。直口，尖唇，直腹，平底微凹。口径 3.6、底径 3.6、高 5.2 厘米（图 2 - 265C）。

石刀　2 件。

标本 H324：15，打制。长方形，双面刃，两侧有打制而成的缺口。长 7.6、宽 5.3、厚 1.2 厘

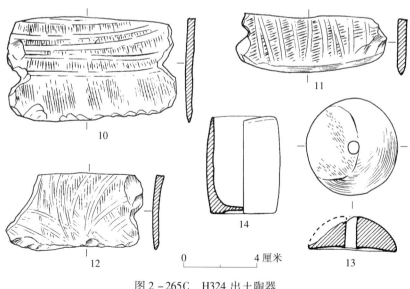

图 2 - 265C　H324 出土陶器

10 ~ 12. 刀　13. 纺轮　14. 泥杯

米（图2-265D）。

标本H324:16，打制。长方形，双面刃，两侧有打制而成的缺口。长9.4、宽5.7、厚1.1厘米（图2-265D）。

石斧 2件。

标本H324:17，磨制较为精细。长条形，双面刃，中部有一对钻而成的穿孔，周缘略有残损。长8、宽6、厚1.3厘米（图2-265D；图版九一，4）。

标本H324:18，磨制。仅存刃部。双面弧刃。残长2.1、宽7.5、厚1.2厘米（图2-265D）。

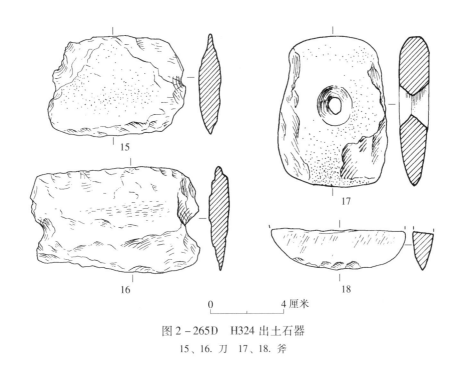

0   4厘米

图2-265D H324出土石器
15、16. 刀 17、18. 斧

21. H368

位于2010LX Ⅱ T0213北部，开口①层下，被H367打破。坑口近椭圆形，坑壁不甚规整，南壁有三层小台阶，北壁有一层台阶，底部不平，近北壁有一椭圆形坑（图2-266A）。口径200~398、底径160~240、深240厘米。坑内堆积仅一层，灰土，土质疏松，含大量草木灰和炭屑，出土有陶片及兽骨。

出土陶器7件，石器4件，骨器3件。陶器器形可辨钵、罐、器盖、刀和支垫，石器为刀和斧，骨器为锥。

陶钵 1件。

标本H368:1，可修复。泥质灰陶。口微敛，圆唇，弧腹，凹底。素面。口径30.4、底径10.8、高13.6厘米（图2-266B）。

陶罐 2件。均为鼓腹罐。

标本H368:2，可修复。夹砂褐陶。敛口，斜沿，圆唇，上腹微鼓，下腹斜收，平底微凹，沿下有一对鸡冠状器鋬。器表饰竖向绳纹，腹中部饰两周附加堆纹。口径21.2、底径12.4、高26.4厘米（图2-266B；图版五五，3）。

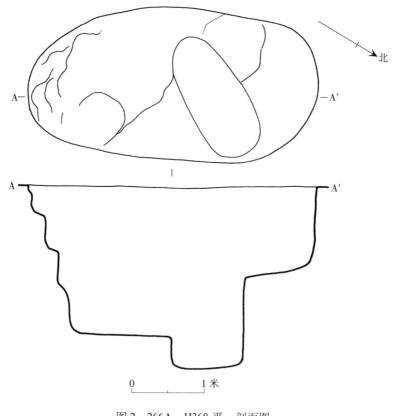

图 2-266A　H368 平、剖面图

标本 H368:3，可修复。夹砂灰陶。敛口，斜沿，圆唇，上腹微鼓，下腹斜收，平底微凹，沿下有一对鸡冠状器鋬。器表饰抹绳纹，腹有一周附加堆纹。口径 21.2、底径 11.6、高 28 厘米（图 2-266B；图版五五，4）。

陶器盖　1 件。

标本 H368:4，可修复。夹砂红陶。盖口外敞，斜腹，假圈足状捉手，平顶。器表饰竖向绳纹。口径 24、高 10.6 厘米（图 2-266B；图版六二，3）。

陶刀　2 件。

标本 H368:5，系用瓶类陶片打制而成。泥质红陶。长方形，双面刃，两侧有打制而成的缺口。长 8.5、宽 4.9、厚 0.4 厘米（图 2-266B）。

标本 H368:6，系用瓶类陶片打制而成。泥质红陶。残，长方形，双面刃，一侧有打制而成的缺口。残长 6.1、宽 5.4、厚 0.5 厘米（图 2-266B）。

陶支垫　1 件。

标本 H368:7，泥质红陶。器身呈圆锥状，顶端较平，底端圆钝。直径 4、高 5.5 厘米（图 2-266B）。

石刀　3 件。

标本 H368:8，打制。长方形，双面刃，两侧有打制而成的缺口。长 6、宽 4.5、厚 1.8 厘米（图 2-266C）。

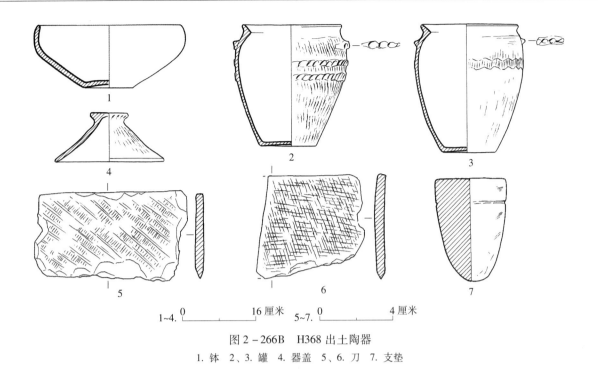

图 2 – 266B　H368 出土陶器
1. 钵　2、3. 罐　4. 器盖　5、6. 刀　7. 支垫

标本 H368：9，打制。长方形，双面刃，两侧有打制而成的缺口。长 7.4、宽 4.1、厚 1.2 厘米（图 2 – 266C）。

标本 H368：10，打制。长方形，双面刃，两侧有打制而成的缺口。长 9.5、宽 5.5、厚 2 厘米（图 2 – 266C）。

石斧　1 件。

标本 H368：11，打制，刃部磨光。长条形，双面刃。长 11.3、宽 5.4、厚 2.9 厘米（图 2 – 266C）。

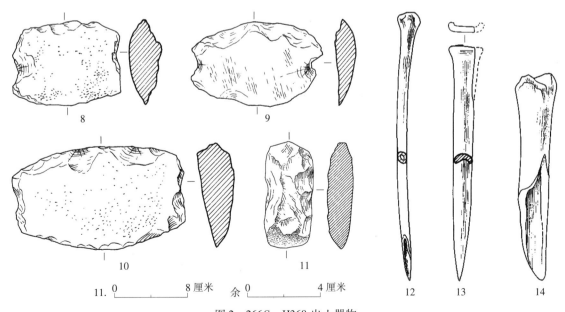

图 2 – 266C　H368 出土器物
8 ~ 10. 石刀　11. 石斧　12 ~ 14. 骨锥

骨锥 3件。

标本 H368：12，器身细长，柱状，中空，一端保留有骨节，一端尖锐。长 14.2 厘米（图 2 - 266C）。

标本 H368：13，器身宽扁，一端扁平，一端尖锐。长 12.4 厘米（图 2 - 266C）。

标本 H368：14，器身较粗，一端保留有骨节头，一端较尖锐。长 11 厘米（图 2 - 266C）。

第四节 灰沟

共 30 条。编号为 G1～G26，G30～G33。分布情况如图 1 - 3 至图 1 - 5 所示。

灰沟形状多呈长条形或椭圆形。其中，发掘完整或基本完整者仅有 8 条，形状规整者 8 条（附表二）。灰沟走向以近东西向者居多，大多数沟壁不规整，有明显掏挖迹象。现择要介绍如下：

1. G1

位于 2009LX Ⅰ T0202 南部、T0302 大部及 T0402 西部，开口①层下，被 Y2、H40、H49、H51、H52、H133 打破，打破 H38、H50、H145、H146、H147、F1 和 G10。沟口平面形状不规则，东西向分布，沟壁平缓，底不平。揭露长度 24 米，最宽处 8.2 米，深 1.2 米。沟内堆积仅一层，灰土，土质疏松，颗粒度较大，出土有陶片、兽骨和石块。

出土陶器 19 件，玉器 2 件，石器 10 件，骨器 9 件。陶器器形可辨瓶、罐、盆、钵、碗、壶、缸、纺轮、笄和环，玉器为笄，石器为刀、锛、斧、锤、笄和球，骨器为铲、锥、镞和笄（图版一二八，4）。

陶瓶 1件。

标本 G1：12，仅存口部。泥质灰陶。侈口近喇叭状，窄唇，高领。素面。口径 10、残高 6.8 厘米（图 2 - 267A）。

陶钵 2件。

标本 G1：5，仅存口及腹部。泥质红陶。口微敛，圆唇，弧腹。素面。口径 21.2、残高 6 厘米（图 2 - 267A）。

标本 G1：8，仅存口及腹部。泥质灰陶。直口，尖圆唇，弧腹。素面。残高 6.4 厘米（图 2 - 267A）。

陶碗 1件。

标本 G1：16，可修复。夹砂灰陶。口微敛，圆唇，浅弧腹，平底。素面，器表不平整。口径 13、底径 9.2、高 7.6 厘米（图 2 - 267A）。

陶壶 1件。

标本 G1：6，口部已残。泥质灰陶。上腹外鼓，下腹斜收，平底微凹，上腹有一管状流，已残。素面。底径 8、残高 9.4 厘米（图 2 - 267A）。

陶盆 3件。均为宽沿盆。

标本 G1：3，仅存口部。泥质红陶。敛口，宽平沿，厚圆唇，斜腹。素面。残高 5 厘米（图 2 - 267A）。

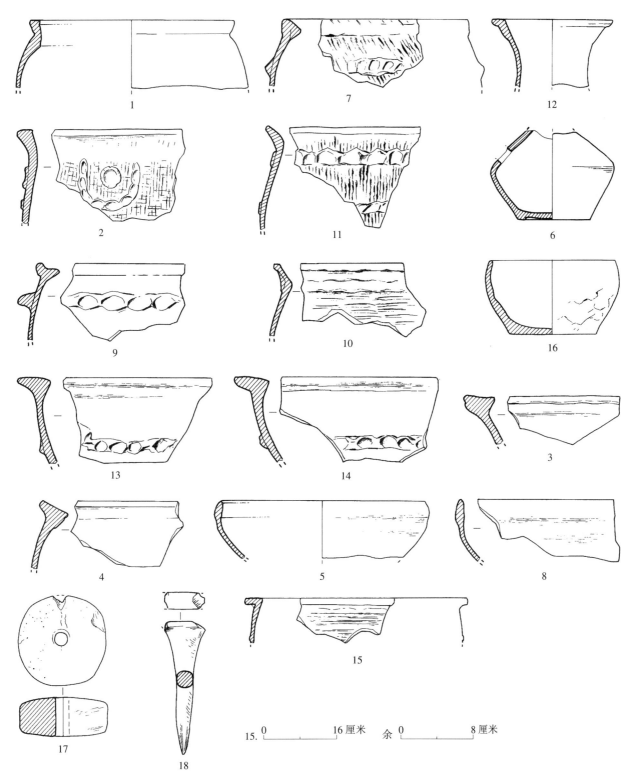

图 2 - 267A　G1 出土陶器

1、2、4、7、9～11. 罐　3、13、14. 盆　5、8. 钵　6. 壶　12. 瓶　15. 缸　16. 碗　17. 纺轮　18. 笄

　　标本 G1:13，仅存口及上腹。泥质灰陶。口微敛，平沿，圆唇，弧腹。素面，器表有一周附加堆纹。残高 8.8 厘米（图 2 - 267A）。

　　标本 G1:14，仅存口及上腹。泥质灰陶。口微敛，平沿，圆唇，弧腹。素面，器表有一周附加堆纹。残高 8.8 厘米（图 2 - 267A）。

陶罐 7 件。根据形态可分为鼓腹罐和小口高领罐。

鼓腹陶罐 6 件。

标本 G1∶2，仅存口部。夹砂红陶。直口，沿微斜，方唇，上腹微鼓。器表饰交错绳纹，上贴附一泥饼和一"U"形堆纹。残高 10 厘米（图 2 - 267A；图版六九，2）。

标本 G1∶4，仅存口部。夹砂红陶。敛口，斜沿近平，方唇，腹微鼓。素面。残高 6.8 厘米（图 2 - 267A）。

标本 G1∶7，仅存口及上腹。夹砂灰陶。敛口，窄斜沿，尖圆唇，腹微鼓，上腹有一对鸡冠状器錾。器表饰斜向绳纹。残高 7 厘米（图 2 - 267A）。

标本 G1∶10，仅存口部。夹砂灰陶。敛口，斜沿外折，方唇，腹微鼓。器表饰横向篮纹，沿下有一周附加堆纹。残高 7.6 厘米（图 2 - 267A）。

标本 G1∶11，仅存口部。夹砂灰陶。敛口，沿上斜，圆唇，腹微鼓。器表饰竖向绳纹，腹有两周附加堆纹。残高 10.4 厘米（图 2 - 267A）。

标本 G1∶9，仅存口部。夹砂红陶。敛口，斜沿，沿面微凹，上腹微鼓，上有一鸡冠状器錾。素面。残高 8 厘米（图 2 - 267A）。

小口高领陶罐 1 件。

标本 G1∶1，仅存口部。夹砂红陶。直口，方唇，小直领微束，腹微鼓。素面。口径 20、残高7.2 厘米（图 2 - 267A）。

陶缸 1 件。

标本 G1∶15，仅存口部。夹砂灰陶。口微敛，平折沿，方唇，上腹较直。腹饰几道凹弦纹。残高 4.6 厘米（图 2 - 267A）。

陶纺轮 1 件。

标本 G1∶17，夹砂灰陶。圆饼状，断面呈圆角长方形，中部略鼓，有一穿孔，周缘略有残损。直径 4.9、厚 2.1 厘米（图 2 - 267A）。

陶笄 1 件。

标本 G1∶18，泥质红陶。器身呈"T"字形，顶端略残，尾端尖锐。长 7.1 厘米（图 2 - 267A）。

玉笄 2 件。

标本 G1∶27，浅绿墨玉。器身呈残缺的"T"字形，顶端残余少部分，尾端已残。残长 4.1 厘米（图版八八，10）。

标本 G1∶28，绿墨玉。柱状，两端皆残。残长 7.2 厘米。

石球 2 件。

标本 G1∶29，完整。球形，表面有磕豁。直径 3.7 厘米。

标本 G1∶30，完整。球形，表面有坑疤。直径 5.4 厘米。

石刀 4 件。

标本 G1∶19，打制。长方形，单面刃，两侧有打制而成的缺口。长 8.9、宽 4.4、厚 0.9 厘米

（图 2 – 267B）。

标本 G1：20，打制。窄长方形，单面刃，两侧有打制而成的缺口。长 7.6、宽 3.8、厚 0.9 厘米（图 2 – 267B）。

标本 G1：21，磨制。竖长方形，器身扁平，单面弧刃。长 5.8、宽 4.1、厚 0.7 厘米（图 2 – 267B）。

标本 G1：22，通体磨制。一端已残，窄长方形，双面弧刃，刃缘残损，器身中部有一对钻穿孔。残长 6.1、宽 4、厚 0.7 厘米（图 2 – 267B）。

石斧　1 件。

标本 G1：23，磨制。一端已残，长条形，双面刃，器身有残损。残长 5.7、宽 4.9、厚 2.7 厘米（图 2 – 267B）。

石锛　1 件。

标本 G1：24，磨制。长条形，一端略有残损，一端为单面刃。残长 8.9、宽 5、厚 1.7 厘米（图 2 – 267B）。

石锤　1 件。

标本 G1：25，粗磨。器身近圆柱状，一端较平，一端圆钝，周缘略有残损。长 11.9、宽 8.3、厚 6.1 厘米（图 2 – 267B）。

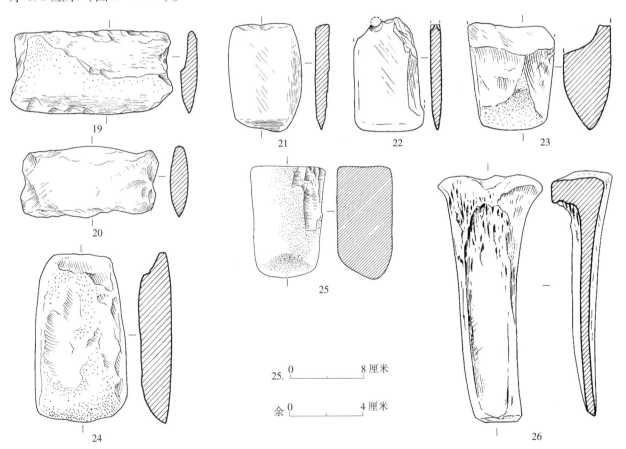

图 2 – 267B　G1 出土石、骨器

19～22. 石刀　23. 石斧　24. 石锛　25. 石锤　26. 骨铲

骨铲　1件。

标本 G1:26，由肢骨切削而成，一端保留有关节头，一端宽扁。长 13.2 厘米（图 2－267B；图版一二七，2）。

2. G2

位于 2009LXⅠT0303 东南部，开口①层下。沟口规则，呈两端为圆弧的长条形，东西向分布，斜壁，平底，四壁留有非常清晰的斜、竖向挖掘痕（图 2－268；图版二九，1）。长 4.2、宽 1.1、深约 0.7 米。沟内堆积仅一层，灰土，土质疏松，颗粒度较大，出土有陶片、兽骨和石块。出土陶片及陶器盖、环、笄及骨锥各 1 件。

出土陶器仅器盖 1 件。

标本 G2:1，可修复。夹砂红陶。假圈足状握手，平顶，盖口外敞，弧腹。素面。口径 11.8、高 5.6 厘米（图 2－268；图版六二，5）。

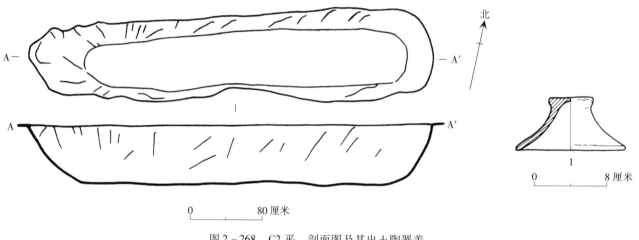

图 2－268　G2 平、剖面图及其出土陶器盖

3. G3

位于 2009LXⅠT0202 和 T0203 的西部，开口①层下，被 G5 打破，打破 H7、H48、H54 和 F1，部分压于隔梁之下。沟口不规则，应为南北向分布，四壁较缓，底不平。揭露长度约 15 米，最宽处 6 米，深约 1.2 米。沟内堆积仅一层，灰土，土质疏松，出土少量陶片。

出土陶器 6 件，玉器 2 件，石器 4 件，骨器 4 件。陶器器形可辨壶、釜、钵、纺轮和笄，玉器为笄，石器为刀、锛和饼，骨器为镞和锥。

陶壶　2件。

标本 G3:1，可修复。泥质灰陶。侈口，尖圆唇，颈微束，腹外斜，平底。素面。口径 4、底径 5、高 7.8 厘米（图 2－269；图版四六，3）。

标本 G3:2，口部已残。泥质灰陶。直高领，垂腹，平底。素面，抹光。残高 11 厘米（图 2－269；图版四六，4）。

陶釜　1件。

标本 G3:4，仅存腹部。夹砂红陶。折腹，折腹部有一道尖凸扉棱，上腹有一鸡冠状器鋬。素面。残高 7 厘米（图 2－269）。

陶钵　1件。

标本 G3：3，可修复。泥质红陶。敞口，尖圆唇，弧腹，平底。素面。口径 14.8、底径 7.6、高 6.8 厘米（图 2－269）。

陶纺轮　1件。

标本 G3：5，夹砂红陶。圆饼状，断面为梯形，中有一圆形穿孔，周缘略有残损。直径 5.6、厚 2.1 厘米（图 2－269）。

残陶片　1件。

标本 G3：10，泥质红陶。器形不明。器表有白色陶衣，上饰黑彩弧线、三角图案。残长 8 厘米（图 2－269；图版七〇，4）。

玉笄　2件。

标本 G3：11，浅绿墨玉。器身呈“T”字形，顶端宽平并残缺，尾端残缺。残长 6.3 厘米。

标本 G3：12，绿墨玉。器身呈“T”字形，顶端宽平并残缺，尾端残缺。残长 5.4 厘米。

石刀　2件。均打制。长方形，双面刃，两侧有打制而成的缺口。

标本 G3：6，长 8.3、宽 5、厚 1.5 厘米（图 2－269）。

标本 G3：7，长 8.8、宽 4.5、厚 0.8 厘米（图 2－269）。

石锛　1件。

标本 G3：8，磨制。器身长条状，单面刃，一端已残，周缘略有残损。残长 6.9、宽 5.5、厚

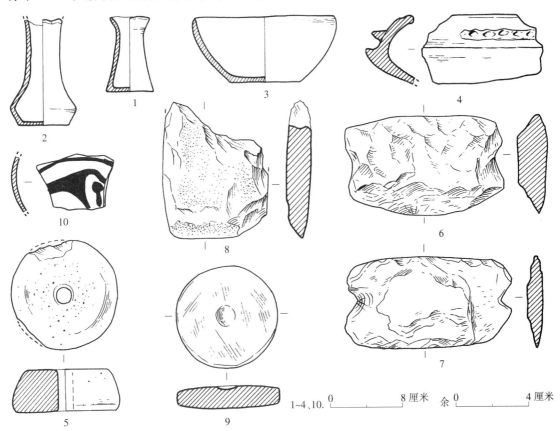

图 2－269　G3 出土器物

1、2. 陶壶　3. 陶钵　4. 陶釜　5. 陶纺轮　6、7. 石刀　8. 石锛　9. 石饼　10. 残陶片

1.3 厘米（图 2－269）。

石饼　1 件。

标本 G3：9，通体磨光。圆饼状，断面为长方形，一面有一圆凹钻窝。直径 5.4、厚 1.1 厘米（图 2－269；图版———，4）。

4. G4

位于 2009LXⅠT0504、T0404 东部、T0505、T0504 西部以及 T0503 北部，开口①层下，被 H23、H41、H120 打破，打破 H42、H47、H55、H56、H67、H68、H69、H70、H74 和 H75。沟口平面形状不规则，呈南北向分布，壁斜直，底较平。揭露长度 21、宽度 10.9 米，最深处达 4.1 米。沟内堆积仅一层，灰土，土质疏松，颗粒度较大，出土大量陶片、兽骨和石块。

出土陶器 70 件，泥器 1 件，玉器 16 件，石器 47 件，骨器 18 件，角器 1 件，蚌器 1 件，龟甲 1 件。陶器器形可辨盆、碗、瓶、罐、盘、钵、壶、缸、瓮、釜、甑、鼎、鼎足、灶足、漏斗、器盖、杯、刀、环、笄和陶塑、纺轮、支垫，泥器为球，玉器为笄和环，石器为刀、斧、锛、凿、铲、笄、钻垫、球和纺轮，骨器为锥、笄、锥，角器为锥，蚌器为环。

陶盆　14 件。根据形态可分为宽沿盆、窄沿盆、深腹盆和带流盆。

深腹陶盆　1 件。

标本 G4：6，可修复。泥质红陶。敞口，圆唇，弧腹较深，平底。素面，口下有一周凹槽。口径 30.4、底径 13.6、高 17.6 厘米（图 2－270A）。

宽沿陶盆　8 件。

标本 G4：1，可修复。泥质红陶。敛口，圆唇，宽平沿，弧腹，平底。素面，沿面和上腹均有对钻而成的穿孔。口径 21.6、底径 15.2、高 11.2 厘米（图 2－270A）。

标本 G4：14，可修复。泥质红陶。口微敛，圆唇，宽平沿，斜腹，底微凹。素面。口径 20.8、底径 12、高 12 厘米（图 2－270A）。

标本 G4：16，可修复。泥质灰陶。口微敛，圆唇微下卷，宽斜沿上翘，上腹较鼓，下腹斜收。素面。口径 19.6、底径 8.8、高 9.6 厘米（图 2－270A）。

标本 G4：3，可修复。夹砂红陶。口微敛，圆唇，斜沿上翘，斜腹，平底。素面，器表粗糙。口径 21.6、底径 11.6、高 13.2 厘米（图 2－270A）。

标本 G4：9，可修复。泥质红陶。敛口，尖圆唇，沿下斜，弧腹，平底。素面。口径 24.8、底径 13.6、高 11.2 厘米（图 2－270A）。

标本 G4：17，仅存口部。泥质红陶。敛口，宽平沿，圆唇，斜腹。素面，沿面有红彩斜线条纹。残高 3.8 厘米（图 2－270A）。

标本 G4：33，仅存口及上腹。泥质红陶。敛口，宽平沿，尖唇外卷贴于口下，浅弧腹。上腹有一周附加堆纹。残高 6 厘米（图 2－270A）。

标本 G4：44，仅存口部。夹砂红陶。敛口，宽平沿，圆唇，弧腹。口下有一周附加堆纹。残高 7.2 厘米（图 2－270A）。

标本 G4：106，可修复。泥质红陶。敛口，尖圆唇，宽平沿，斜腹。素面。口径 13.6、底径 12.8、高 10.4 厘米（图 2－270A）。

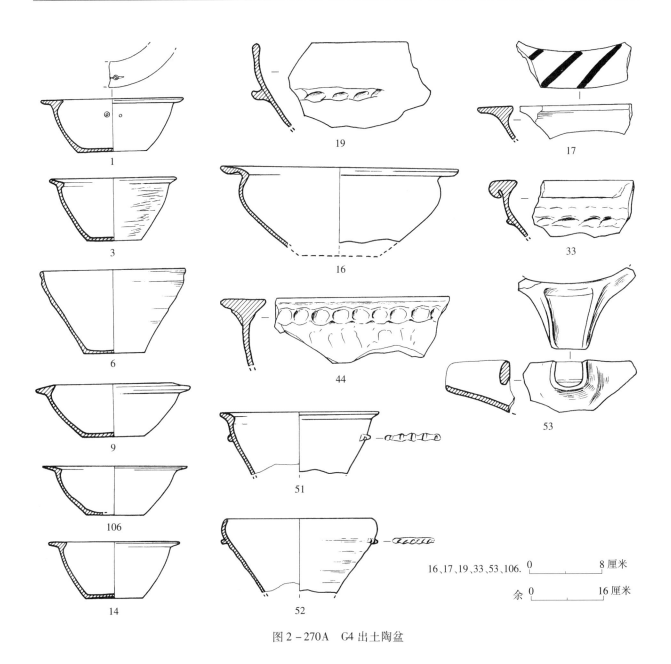

图 2-270A　G4 出土陶盆

窄沿陶盆　1 件。

标本 G4:51，仅存口及上腹。泥质红陶。口微敛，窄沿上斜，圆唇，弧腹，上腹有一对鸡冠状器錾。素面。口径 32.8、残高 12.4 厘米（图 2-270A）。

带流陶盆　3 件。

标本 G4:53，器身已残，仅存流部。泥质灰陶。敛口，器流呈槽状。素面。残长 7.4 厘米（图 2-270A）。

标本 G4:52，流部已残，仅存口及上腹。泥质红陶。敛口，圆唇，鼓肩，斜腹，上腹有一对鸡冠状器錾。素面。口径 31.2、残高 15.2 厘米（图 2-270A）。

标本 G4:19，流部已残，仅存口及上腹。夹砂灰陶。直口，圆唇，弧腹，上腹有一鸡冠状器錾。素面。残高9厘米（图2－270A）。

陶盘　1件。

标本G4：4，可修复。泥质红陶。口微敞，圆唇，斜腹较浅，平底。素面，器表有红色陶衣。口径18、底径16.4、高5.2厘米（图2－270B；图版四七，3）。

陶瓶　3件。

标本G4：27，仅存口部。泥质灰陶。侈口呈喇叭状，沿面窄平，直高领。素面。口径9.6、残高6厘米（图2－270E）。

标本G4：37，仅存口部。泥质红陶。口微侈，圆唇，高领，颈中部圆鼓。颈中部有一周戳印。口径4.8、残高9.2厘米（图2－270E）。

标本G4：42，仅存口部。泥质红陶。口微侈，平唇口，直高领。颈部贴附有小泥饼，颈以下有抹痕。口径11.2、残高13.4厘米（图2－270E）。

陶罐　9件。根据形态可分为鼓腹罐、小口圆腹罐和小罐。

鼓腹陶罐　5件。

标本G4：107，可修复。夹砂红褐陶。侈口，尖唇，窄斜沿，沿下有一对鸡冠状錾手，腹较直。素面。口径10.6、底径6.6、高10.4厘米（图2－270B）。

标本G4：20，仅存口部。夹砂红陶。口微敛，沿微斜，方唇，腹微鼓。器表饰斜向绳纹。残高8厘米（图2－270B）。

标本G4：23，仅存口部。夹砂红陶。口微敛，斜沿微卷，沿面近平，圆唇，上腹较直。器表饰竖向绳纹，上腹贴有泥饼和附加泥条。残高7厘米（图2－270B）。

标本G4：39，仅存口及上腹。夹砂红陶。敛口，短沿上斜，圆唇，上腹微鼓，有一鸡冠状器錾。器表饰交错绳纹和多周附加堆纹。残高12.8厘米（图2－270B）。

标本G4：40，仅存口及腹部。夹砂灰陶。直口微敛，窄沿上斜，圆唇，口下有一鸡冠状器錾，深弧腹。器表饰交错绳纹。残高11.6厘米（图2－270B）。

小口圆腹陶罐　3件。

标本G4：5，可修复。泥质红陶。侈口，圆唇，束颈，鼓腹，平底微凹。素面。口径11.2、底径14.4、高16.4厘米（图2－270B）。

标本G4：35，仅存口及上腹。夹砂灰陶。敛口，短沿微上斜，方唇，沿内有一周凹槽，上腹圆鼓，有一鸡冠状器錾。素面。口径21、残高7厘米（图2－270B）。

标本G4：36，仅存口及上腹。泥质红陶。侈口，尖唇，束颈，圆腹。素面。口径15.2、残高6.2厘米（图2－270B）。

小陶罐　1件。

标本G4：54，仅存底部。泥质红陶。斜腹，平底。底部有两道平行划纹。底径11、残高2.8厘米（图2－270B；图版七二，6）。

陶钵　4件。

标本G4：21，可修复。泥质红陶。敛口，尖圆唇，鼓肩，斜腹，平底。素面，器表有抹痕。口径14.4、底径6.4、高6.8厘米（图2－270B）。

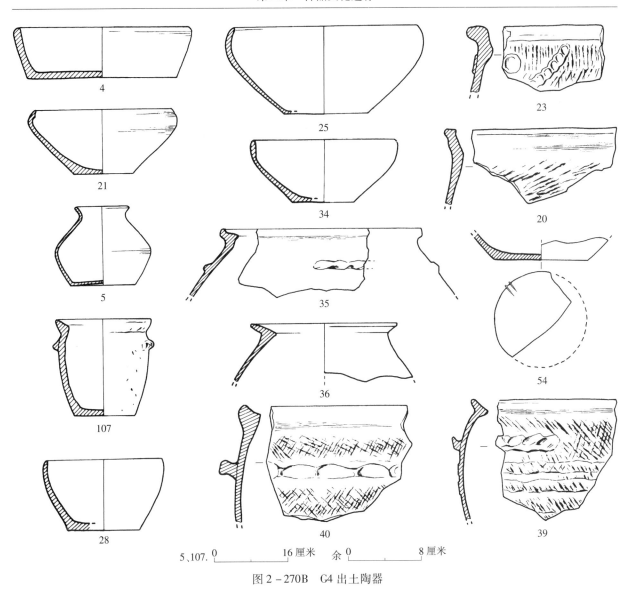

图 2 - 270B　G4 出土陶器

4. 盘　5、20、23、35、36、39、40、54、107. 罐　21、25、28、34. 钵

标本 G4:25，可修复。泥质红陶。敛口，圆唇，鼓肩，斜腹，平底。素面。口径 19.2、底径 8.8、高 9.2 厘米（图 2 - 270B）。

标本 G4:34，可修复。泥质灰陶。直口，圆唇，浅弧腹，平底。素面，抹光。口径 15.2、底径 6.8、高 6.6 厘米（图 2 - 270B）。

标本 G4:28，可修复。夹砂红陶。敛口，圆唇，弧腹，平底。素面。口径 12、底径 8、高 7.6 厘米（图 2 - 270B）。

陶碗　1 件。

标本 G4:22，可修复。泥质红陶。口微敛，圆唇，弧腹，平底。素面。口径 8.8、底径 5、高 5 厘米（图 2 - 270E）。

陶壶　4 件。

标本 G4:24，口部已残。泥质红陶。细颈，鼓腹，底微凹。素面。底径 5.2、残高 7.8 厘米（图 2 - 270E）。

　　标本 G4:26，可修复。泥质褐陶。直口，圆唇，短颈，垂腹，凹底。素面，抹光。口径 2、底径 5.2、高 5 厘米（图 2－270E）。

　　标本 G4:31，口部已残。泥质红陶。鼓腹，平底。素面，抹光。底径 8、残高 7.4 厘米（图 2－270E）。

　　标本 G4:43，可修复。泥质红陶。小直口，方唇，颈微束，圆腹，平底。素面。口径 4.8、底径 7.2、高 9 厘米（图 2－270E）。

　　陶缸　3 件。

　　标本 G4:38，仅存口及上腹。夹砂红陶。敛口，窄平沿外折，圆唇，上腹微鼓。素面。口径 32、残高 8.8 厘米（图 2－270C）。

　　标本 G4:45，仅存口及上腹。夹砂红陶。敛口，沿面窄平，尖圆唇，上腹较直。口下有多周弦纹，其下有一鸡冠状器鋬。残高 13.1 厘米（图 2－270C）。

　　标本 G4:46，仅存口及上腹。夹砂红陶。敛口，斜沿微卷，圆唇，口下有一较宽的鸡冠状鋬，上腹微鼓。鋬下饰竖向绳纹。残高 9.4 厘米（图 2－270C）。

　　陶瓮　2 件。

　　标本 G4:41，仅存口及上腹。夹砂红陶。敛口，圆唇外叠，上腹较直。唇面有抹痕，上腹饰多周附加堆纹。残高 8 厘米（图 2－270C）。

　　标本 G4:50，仅存口及上腹。泥质红陶。敛口，方唇，上腹较直。素面，唇下有一周凹旋纹。残高 12.3 厘米（图 2－270C）。

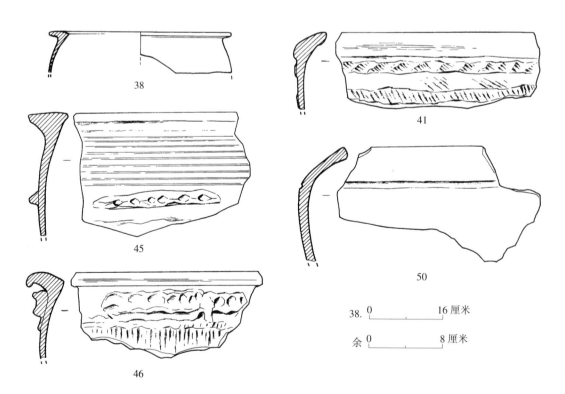

图 2－270C　G4 出土陶器

38、45、46. 缸　41、50. 瓮

陶釜　2件。

标本G4：15，可修复。夹砂红陶。侈口，斜折沿，束颈，浅折腹。素面，折腹部有一道尖凸扁棱，颈部均匀贴附6个附加泥饼。口径20、腹径24.4、高8.4厘米（图2-270D；图版五二，2）。

标本G4：49，仅存腹部残片。夹砂红陶。折腹，圜底。素面，折腹部有一道凸扁棱。残高5.2厘米（图2-270D）。

陶甑　3件。

标本G4：47，仅存腹底部。夹砂红陶。斜腹，平底微凹，底部有椭圆形箅孔。底径13、残高8.6厘米（图2-270D）。

标本G4：48，仅存底部。泥质红陶。斜腹，底微凹，底部有圆形箅孔。底径11.9、残高1.9厘米（图2-270D）。

标本G4：10，可修复。泥质红陶。敛口，圆唇，宽平沿，弧腹，平底，底部有一窄条形穿孔。素面。口径20、底径12.7、高14厘米（图2-270D；图版四三，1、2）。

陶鼎　1件。

标本G4：18，仅存口部。夹砂褐陶。敛口，折沿，方唇，弧腹，沿内微凹。器表饰弦纹。残高7厘米（图2-270D）。

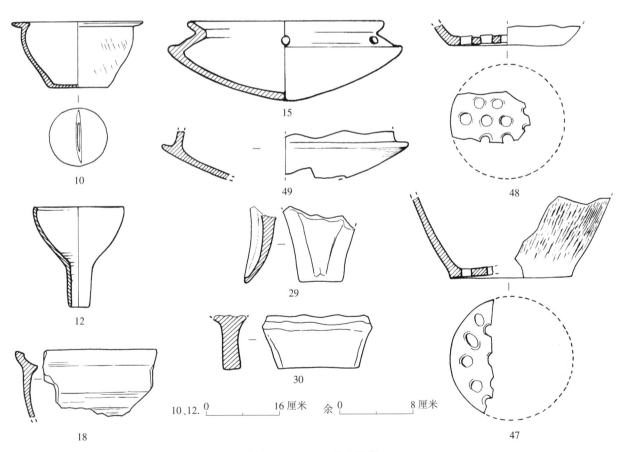

图2-270D　G4出土陶器

10、47、48. 甑　12. 漏斗　15、49. 釜　18. 鼎　29. 鼎足　30. 灶足

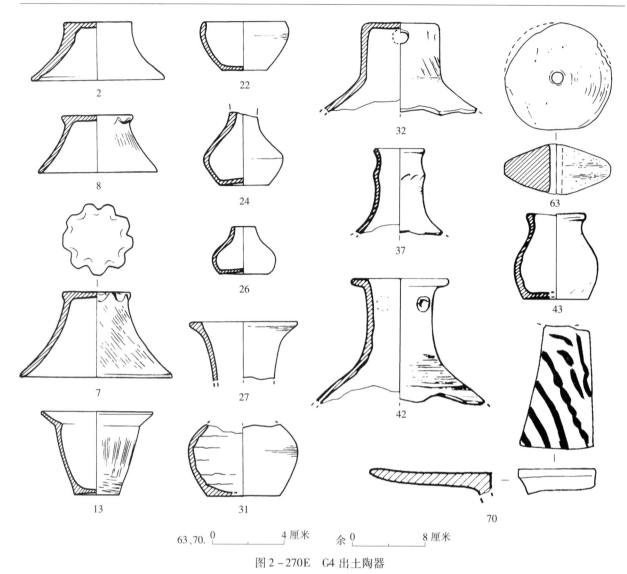

图 2 – 270E　G4 出土陶器

2、7、8、32. 器盖　13. 杯　22. 碗　24、26、31、43. 壶　27、37、42. 瓶　63. 纺轮　70. 彩陶片

陶鼎足　1 件。

标本 G4：29，夹砂红陶。足呈上宽下窄的倒梯形，正面有一倒三角凹槽。素面。残高 8 厘米（图 2 – 270D）。

陶灶足　1 件。

标本 G4：30，夹砂红陶。矮足，呈上宽下窄的倒梯形。素面。残高 5.6 厘米（图 2 – 270D）。

陶漏斗　1 件。

标本 G4：12，可修复。泥质红陶。器身为钵状，一端有一管状器流。口径 18、高 21.3 厘米（图 2 – 270D；图版四七，4）。

陶器盖　4 件。

标本 G4：2，可修复。泥质灰陶。平顶，盖口外敞，弧腹。素面。口径 13.8、高 6 厘米（图 2 – 270E；图版六二，1）。

标本 G4:7，可修复。夹砂红陶。捉手假圈足状，顶平，盖口外敞，弧腹。器表饰粗绳纹，捉手有一周按捺纹。口径 16.4、高 8.8 厘米（图 2 - 270E；图版六一，5）。

标本 G4:8，可修复。泥质红陶。捉手假圈足状，顶平，盖口外敞，弧腹。素面。器表有抹痕，捉手有一周按捺纹。口径 13.2、高 6 厘米（图 2 - 270E；图版六二，2）。

标本 G4:32，仅存顶部。夹砂红陶。盖口外敞，圆柱状捉手，平顶。素面，捉手一侧有一圆形穿孔。残高 9.2 厘米（图 2 - 270E）。

陶杯　1 件。

标本 G4:13，可修复。夹砂灰陶。侈口，斜沿，方唇，斜腹较深，底微凹。器表饰细绳纹。口径 12、底径 4.8、高 8.8 厘米（图 2 - 270E；图版六四，2）。

陶刀　8 件。

均系用瓶、钵类残片打制而成。多为长方形，两侧多有打制而成的缺口（图 2 - 270F；图版七六，1、2）。

陶纺轮　1 件。

标本 G4:63，夹砂红陶。圆形，中间厚，边缘薄，断面为梭形，中有一圆形穿孔。直径 5.9、厚 2.6 厘米（图 2 - 270E；图版七八，2）。

陶环　3 件。

标本 G4:64，泥质灰陶。断面为圆角方形，器表有磨痕。外径 5、内径 3.8 厘米（图 2 - 270E）。

标本 G4:65，泥质灰陶。断面为圆角方形。外径 5、内径 3.8 厘米（图 2 - 270F）。

标本 G4:66，泥质灰陶。残断，断面为三角形，内侧较厚，外侧较薄。器表刻划为丝绦状。残长 5.2 厘米（图 2 - 270F）。

陶塑　1 件。

标本 G4:67，泥质灰陶。底部略有残损，器身圆扁。为一人面形象，用戳印表现出眼、口等五官。残高 4.4 厘米（图 2 - 270F；图版六八，1）。

陶支垫　1 件。

标本 G4:68，泥质红陶。器身为圆锥状，顶端平，底端一侧较细，形成一小纽。顶端有一周弦纹。直径 3.2、高 4 厘米（图 2 - 270F）。

陶笄　1 件。

标本 G4:69，泥质灰陶。器身为"T"字形，一端尖锐，一端宽平。长 9 厘米（图 2 - 270F）。

彩陶片　1 件。

标本 G4:70，为盆类器物残片。泥质红陶。宽平沿，沿面有多周黑彩弧线。残高 1.4 厘米（图 2 - 270E）。

泥球　1 件。

标本 G4:71，未经烧制，器表粗糙。直径 2.7 厘米（图 2 - 270F）。

玉笄　14 件（图版八六，1）。

标本 G4:104，墨黑玉。器身短而宽扁，下似有刃，顶有扁长形帽。此器似经过改造，通体磨

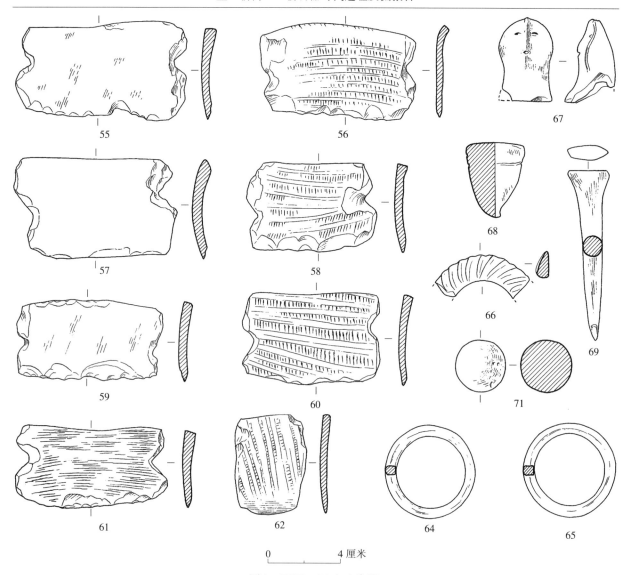

0　　　　4厘米

图2-270F　G4出土陶器

55~62. 刀　64~66. 环　67. 陶塑　68. 支垫　69. 笄　71. 泥球

光。长6.3厘米（图版八八，11）。

　　标本G4：105，墨玉。柱状，一端尖锐，一端已残。残长6.1厘米。

　　标本G4：106，墨玉。柱状，一端尖锐，一端已残。残长5厘米。

　　标本G4：107，墨玉。柱状，两端皆残。残长7.1厘米。

　　标本G4：113，柱状，两端皆残。残长6.9厘米。

　　标本G4：116，绿玉。器身呈"T"字形，顶端宽平并有残缺，尾端残缺。残长6.3厘米。

　　标本G4：117，墨玉。柱状，一端已残，一端尖锐。残长8.2厘米。

　　标本G4：118，绿墨玉。器身呈"T"字形，顶端宽平并有残缺，尾端尖锐。长6厘米（图版八四，2）。

　　标本G4：119，绿墨玉。柱状，一端尖锐，一端已残。残长9.4厘米。

　　标本G4：120，墨玉。柱状，一端平整，一端已残。残长5.6厘米。

　　标本G4：121，墨玉。柱状，两端已残。残长10.2厘米。

标本 G4：122，灰墨玉。柱状，两端已残。残长 4.9 厘米。

标本 G4：124，绿墨玉。柱状，一端已残，一端平整。残长 4.5 厘米。

标本 G4：127，墨玉。柱状，一端已残，一端尖锐。长 9.1 厘米。

玉环　2 件。

标本 G4：98，磨制。残断，断面为半圆形。残长 4.2 厘米（图 2 - 270I；图版八九，4）。

标本 G4：99，磨制。残断，断面为圆角方形。残长 4.2 厘米（图 2 - 270I；图版八九，4）。

石笄　10 件。

标本 G4：108，柱状，一端已残，一端尖锐。残长 6.7 厘米。

标本 G4：109，扁柱状，一端已残，一端尖锐。残长 6.6 厘米。

标本 G4：110，浅扁柱状，一端已残，一端尖锐。残长 7.4 厘米。

标本 G4：111，柱状，一端已残，一端尖锐且尖锐处有残缺。残长 5.8 厘米。

标本 G4：112，柱状，一端磨光平整，一端尖锐。残长 5.5 厘米。

标本 G4：114，器身呈"T"字形，顶端宽平，尾端残缺。残长 4.3 厘米。

标本 G4：115，器身呈"T"字形，顶端宽平并有残缺，尾端残缺。残长 6.9 厘米。

标本 G4：123，柱状，两端已残。残长 7 厘米。

标本 G4：125，柱状，一端已残，一端尖锐。长 10.5 厘米。

标本 G4：126，柱状，一端已残，一端磨光平整。长 7.1 厘米。

石刀　共 19 件。

均为打制。长条形，两侧多有打制而成的缺口（图 2 - 270G、H）。

残石器　1 件。

标本 G4：96，磨制。一端已残。残余器身为条形，双面刃。长 6.5、残宽 3.5、厚 1.5 厘米（图 2 - 270I）。

石斧　2 件。

标本 G4：91，磨制。已残，仅存刃部。残余器身为方形，双面刃，器表有磨痕。残长 6.3、宽 7、厚 3.2 厘米（图 2 - 270I）。

标本 G4：92，磨制。已残。残余器身为长方形，器身较薄，双面弧刃，一端有一磨制未穿的凹窝，周缘有残损。残长 7.8、宽 8、厚 1.2 厘米（图 2 - 270I）。

石铲　1 件。

标本 G4：93，磨制。已残，仅存刃部。长条形，单面刃，周缘略有残损。残长 6.4、宽 8、厚 2.1 厘米（图 2 - 270I；图版九四，6）。

石锛　1 件。

标本 G4：94，通体磨光。窄条形，器身较扁，单面刃。长 9.2、宽 3、厚 1.2 厘米（图 2 - 270I；图版九五，4）。

石凿　1 件。

标本 G4：95，粗磨，刃部磨光。条形，中间较宽，两端较细，双面刃。长 9.8、宽 3.4、厚 1.8 厘米（图 2 - 270I；图版九七，2）。

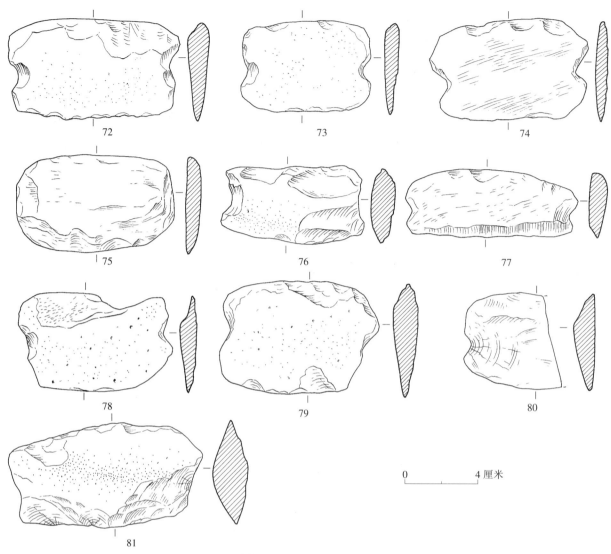

0　　　　　4厘米

图2-270G　G4出土石刀

石纺轮　1件。

标本G4：97，通体磨光。圆饼状，断面为圆角方形，中部有一单面圆形钻孔。直径5.8、厚1.1厘米（图2-270I；图版一〇九，3）。

石球　10件（图版一一六，1）。

标本G4：128，完整。球形，表面较光滑。直径3.5厘米。

标本G4：129，完整。球形，表面有少许磕豁。直径3.7厘米。

标本G4：130，完整。球形，表面磨光，有少许磕豁。直径5厘米。

标本G4：131，完整。球形，表面磨光。直径3.8厘米。

标本G4：132，完整。球形，表面有坑疤。直径3.9厘米。

标本G4：133，残。球形，表面有磕豁。直径6.3厘米。

标本G4：134，完整。球形，表面有磕豁。直径4.6厘米。

标本G4：135，完整。球形，表面有磕豁。直径4.2厘米。

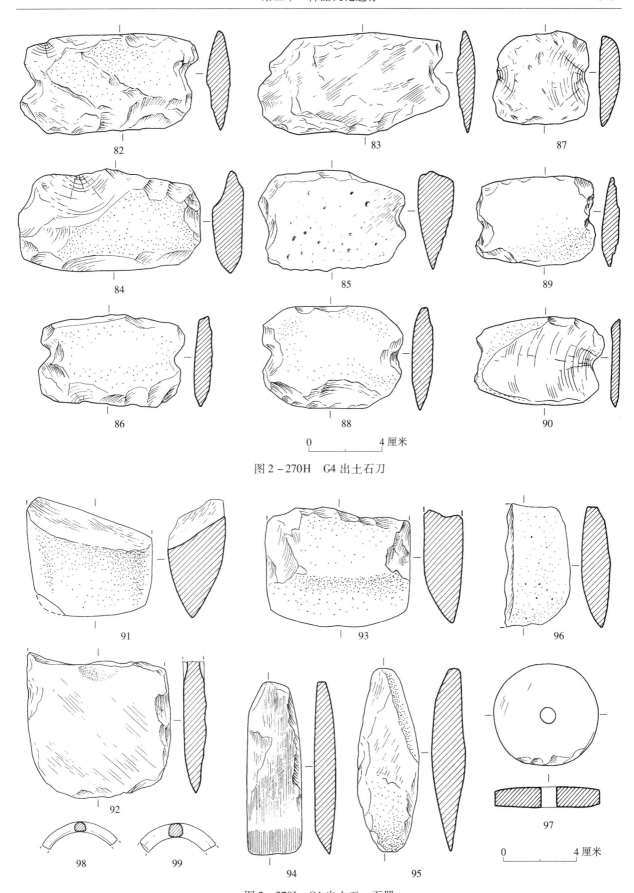

图 2－270H　G4 出土石刀

图 2－270I　G4 出土玉、石器

91、92. 石斧　93. 石铲　94. 石锛　95. 石凿　96. 残石器　97. 石纺轮　98、99. 玉环

标本 G4：136，残。球形，表面较光滑。直径 3.1 厘米。

标本 G4：137，完整。球形，表面有坑疤。直径 3.7 厘米。

骨锥　1 件。

标本 G4：100，器体较粗，一端保留有骨关节，一端切削为锥状，尖锐。长 13.5 厘米（图 2 - 270J；图版一二四，1）。

蚌环　1 件。

标本 G4：101，残断，断面近圆形。残长 5 厘米（图 2 - 270J）。

龟甲　1 件。

标本 G4：102，为龟腹甲。半圆形。长 7.1、宽 7.1 厘米（图 2 - 270J）。

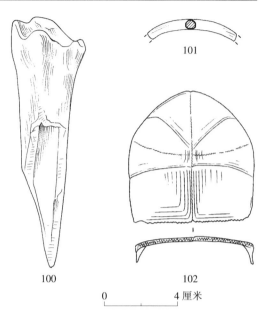

图 2 - 270J　G4 出土骨、蚌器
100. 骨锥　101. 蚌环　102. 龟甲

5. G5

位于 2009LXⅠT0203 中部和 T0303 西部，开口①层下，打破 H97、H98、G3 和 F1。沟口形状为两端为圆角的长条形，东西向分布，四壁较直，底部较平。长 11.5、宽 0.8～1.2、深 0.7 米（图版二九，2）。沟内填土为灰褐色，土质疏松，出土有陶片和石块。

出土陶器 14 件，玉器 3 件，石器 2 件。陶器器形可辨瓶、盆、罐、钵、瓮、釜、灶、杯、器盖和陶塑，玉器为笄，石器为刀和笄。

陶瓶　2 件。

标本 G5：8，仅存口部。泥质灰陶。敛口，平唇，直高领。颈部有一周附加堆纹。口径 5.6、残高 7 厘米（图 2 - 271）。

标本 G5：9，仅存口部。泥质灰陶。侈口近喇叭状，圆唇，口内折棱不明显，高领。素面，颈部贴附有一对泥饼。口径 10.4、残高 8.8 厘米（图 2 - 271）。

陶钵　2 件。

标本 G5：1，底部已残，仅存口及腹部。泥质红陶。直口微敛，圆唇，弧腹。素面。口径 19.6、残高 5.4 厘米（图 2 - 271）。

标本 G5：2，仅存部分口及腹。泥质灰陶。敛口，尖圆唇，鼓肩，斜腹。素面。残高 6.6 厘米（图 2 - 271）。

陶盆　1 件。

标本 G5：3，底部已残，仅存口及腹部。泥质红陶。敛口，宽平沿，尖圆唇，弧腹。素面。残高 8 厘米（图 2 - 271）。

陶杯　1 件。

标本 G5：4，底部已残。泥质红陶。侈口，尖圆唇，斜直腹。器表饰细密线纹。口径 7.2、残高 5.8 厘米（图 2 - 271）。

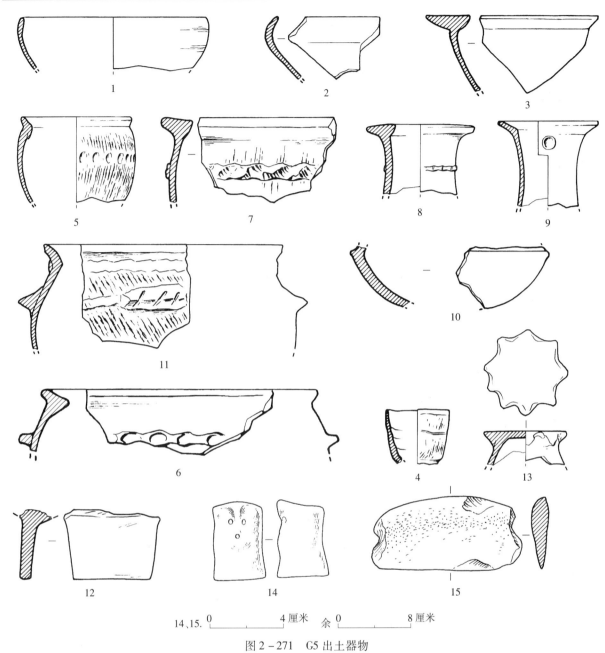

图 2 - 271 G5 出土器物

1、2. 陶钵 3. 陶盆 4. 陶杯 5、6、11. 陶罐 7. 陶瓮 8、9. 陶瓶 10. 陶釜 12. 陶灶 13. 陶器盖 14. 陶塑 15. 石刀

陶罐 3件。均为鼓腹罐。

标本 G5:5，底部已残，仅存口部及上腹。夹砂红陶。敛口，沿上斜，圆唇，上腹微鼓。器表饰细绳纹，上腹有一周按捺窝。口径 11.4、残高 9 厘米（图 2 - 271）。

标本 G5:6，仅存口部。泥质红陶。敛口，斜沿，圆唇，沿下有一对鸡冠状器鋬。素面。口径 28.8、残高 6.8 厘米（图 2 - 271）。

标本 G5:11，仅存口及上腹。夹砂红陶。敛口，斜沿，方唇，上腹外鼓，上有一对鸡冠状器鋬。器表饰斜向绳纹，沿下有一周附加堆纹。口径 25.4、残高 10.8 厘米（图 2 - 271）。

陶瓮 1件。

标本 G5:7，仅存口沿及上腹。夹砂褐陶。敛口，平折沿，圆唇，上腹较直。器表饰细绳纹，上腹有一周附加堆纹。残高9厘米（图2－271）。

陶釜　1件。

标本G5：10，仅存腹部。夹砂红陶。折腹，折腹部有一道尖凸扉棱。素面。残高6.4厘米（图2－271）。

陶灶　1件。

标本G5：12，仅存足部。夹砂红陶。足呈宽扁方形。素面。残高7厘米（图2－271）。

陶器盖　1件。

标本G5：13，仅存顶部。夹砂灰陶。捉手假圈足状，平顶，盖口外敞。素面。残高3.6厘米（图2－271）。

陶塑　1件。

标本G5：14，捏制，稍经烘烤。器身近柱状，上有戳印而成的五官。直径2.7、高4厘米（图2－271；图版六八，2）。

玉笄　3件。

标本G5：16，绿墨玉。扁柱状，两端皆残。残长4.1厘米。

标本G5：17，浅绿墨玉。柱状，一端已残，一端尖锐。残长3.3厘米。

标本G5：18，墨玉。柱状，一端已残，一端尖锐。残长7厘米。

石刀　1件。

标本G5：15，打制。长方形，单面刃，两侧有打制而成的缺口。长8.3、宽3.9、厚0.9厘米（图2－271）。

6. G6

位于2009LXⅠT0104西南部，开口①层下，打破H79、H80、H126，部分压于西壁下。沟口近圆角长条形，东西向分布，东宽西窄，斜壁，底部不平。揭露长度3.9、宽1.2～1.7、深2.3米。沟内填土灰色，土质疏松，出土有陶片和石块等。

出土陶器16件，玉器2件，石器14件，骨器5件。陶器器形可辨瓶、盆、罐、钵、缸、器盖、刀、纺轮和环，玉器为笄，石器有刀、纺轮、饼和球，骨器为镞和锥（图版一二九，1）。

陶钵　1件。

标本G6：1，仅存口及上腹。泥质褐陶。直口，尖圆唇，口内有凸棱，弧腹，素面。器表有抹痕。口径22、残高5.8厘米（图2－272A）。

陶盆　3件。根据形态可分为宽沿盆和窄沿盆。

窄沿陶盆　1件。

标本G6：4，仅存口部。泥质灰陶。敞口，折沿较窄，圆唇，弧腹，上有一鸡冠状器鋬。素面。残高7厘米（图2－272A）。

宽沿陶盆　2件。

标本G6：7，仅存口及上腹。泥质红陶。敛口，平折沿，圆唇，弧腹。素面，腹有一周附加堆纹。口径32、残高8.2厘米（图2－272A）。

标本G6：10，可修复。泥质红陶。口微敛，斜沿上翘，尖圆唇，斜腹，平底。素面。口径27、

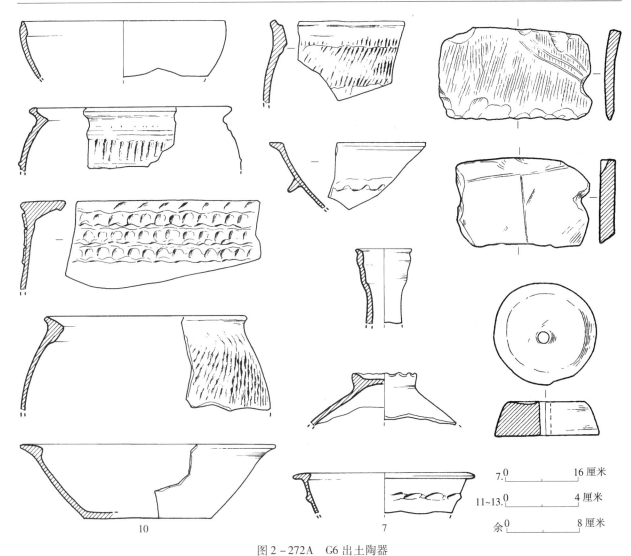

图 2 - 272A　G6 出土陶器
1. 钵　2、3、9. 罐　4、7、10. 盆　5. 瓶　6. 器盖　8. 缸　11、12. 刀　13. 纺轮

底径 13.8、残高 7.8 厘米（图 2 - 272A）。

陶罐　3 件。均为鼓腹罐。

标本 G6 : 3，仅存口及上腹。夹砂红陶。敛口，斜沿，方唇，沿面微凹，上腹外鼓。器表饰粗绳纹，被弦纹隔断，腹饰一周附加堆纹。口径 21.6、残高 6.5 厘米（图 2 - 272A）。

标本 G6 : 9，仅存口及上腹。夹砂灰陶。敛口，斜沿，圆唇，圆腹。器表饰斜向绳纹。口径 24、残高 9.6 厘米（图 2 - 272A）。

标本 G6 : 2，仅存口部。夹砂灰陶。侈口，方唇，腹微鼓。器表饰斜向绳纹。残高 8.2 厘米（图 2 - 272A）。

陶器盖　1 件。

标本 G6 : 6，仅存顶部。夹砂灰陶。捉手圈足状，顶不平，盖口外敞。素面。残高 5.6 厘米（图 2 - 272A）。

陶缸　1 件。

标本 G6 : 8，仅存口部。泥质灰陶。敛口，沿内折，方圆唇，直腹。口沿下有三道附加堆纹。

残高9.2厘米（图2-272A）。

陶瓶　1件。

标本G6:5，仅存口部。泥质红陶。口微鼓，近杯状，束颈。素面。口径5.6、残高7.6厘米（图2-272A）。

陶刀　2件。均泥质灰陶。长方形，单面刃，一侧有打制而成的缺口。

标本G6:11，系用瓶类器物残片打制而成。长8.5、宽4.9、厚0.5厘米（图2-272A）。

标本G6:12，系用钵类器物残片打制而成。器表刻划有"T"字形图案。长7.4、宽4.7、厚0.8厘米（2-272A）。

陶纺轮　1件。

标本G6:13，泥质红陶。圆饼状，断面为上宽下窄的梯形，中有一穿孔。直径5.8、厚1.8厘米（图2-272A）。

玉笄　2件。

标本G6:27，绿墨玉。器身呈"T"字形，顶端宽平并残缺，尾端已残。残长6厘米。

标本G6:28，墨玉。柱状，一端尖锐并有残缺，一端已残。残长4.7厘米。

石球　1件。

标本G6:29，完整。球形，表面有坑疤。直径4.5厘米。

石刀　11件。

其中10件为打制，1件为磨制。打制石刀均为长方形，两侧多带有缺口（图2-272B）。

标本G6:24，通体磨光。竖条形，双面直刃，周缘略有残损。长6、宽5.5、厚1厘米（图2-272B）。

石纺轮　1件。

标本G6:25，通体磨光。圆饼状，器体较薄，断面为圆角长方形，中部有一对钻的穿孔。直径4.6、厚0.7厘米（图2-272B；图版一〇九，4）。

石饼　1件。

标本G6:26，粗磨。已残断，断面为方形，中部两面对磨，已磨穿。残长6、厚1厘米（图2-272B）。

7. G7

位于2009LXⅠT0102西北角，开口①层下，被H60打破，打破H100，部分压于北隔梁及西壁下。揭露的沟口近长条形，东西向分布，东窄西宽，四壁较直，底近平。揭露长度6.6、宽度1.5~2.8、深2.3米。沟内填土棕灰色，土质疏松，出土有陶片和石块等。

出土陶器8件，石器2件。陶器器形可辨瓶、钵、罐、鼓、瓮、缸和灶，石器为斧和刮削器。

陶钵　1件。

标本G7:1，仅存口部。泥质红陶。敛口，方唇，鼓肩，弧腹。素面。残高6.4厘米（图2-273）。

陶罐　2件。根据形态可分为鼓腹罐和小口圆腹罐。

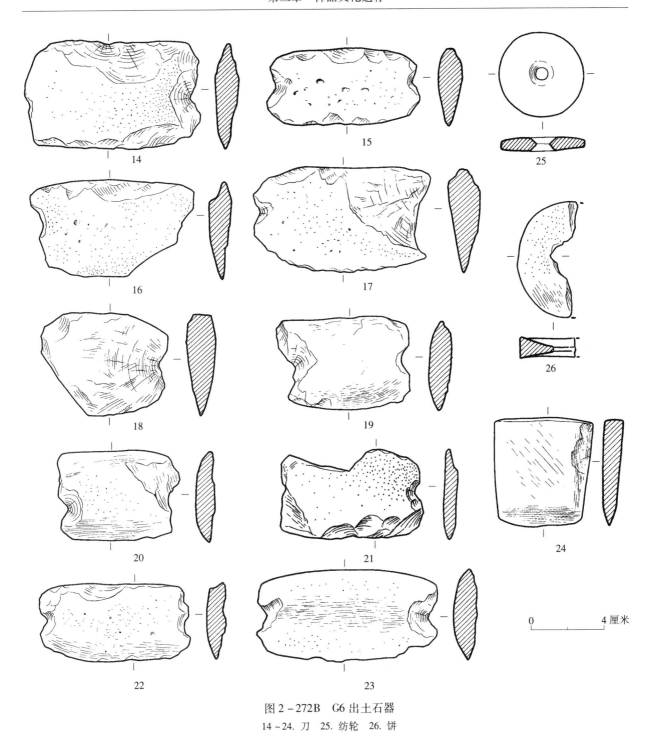

图 2 – 272B　G6 出土石器

14 ~ 24. 刀　25. 纺轮　26. 饼

鼓腹陶罐　1 件。

标本 G7：5，仅存口及上腹。夹砂灰陶。口微侈，尖唇，沿内有一折棱，高领，腹微鼓。腹饰斜向绳纹。口径 15.6、残高 9.4 厘米（图 2 – 273）。

小口圆腹陶罐　1 件。

标本 G7：3，仅存口及上腹。夹砂红陶。口微侈，方唇，圆腹。素面。残高 11.4 厘米（图 2 – 273）。

陶鼓　1 件。

标本 G7：6，底部已残。泥质红陶。敞口，方唇，斜腹。腹上等距离附有扉棱，器表饰竖向线

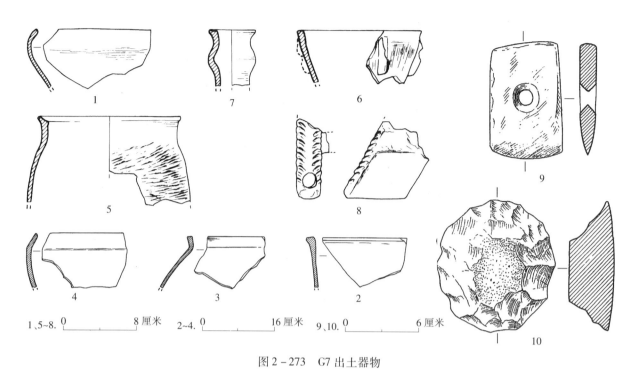

图 2 - 273　G7 出土器物
1. 陶钵　2. 陶缸　3、5. 陶罐　4. 陶瓮　6. 陶鼓　7. 陶瓶　8. 陶灶　9. 石斧　10. 石刮削器

纹。口径 12.6、残高 5.8 厘米（图 2 - 273）。

陶瓶　1 件。

标本 G7：7，仅存口部。泥质红陶。口微侈，方唇，颈部圆鼓，近葫芦状。素面。口径 1.6、残高 6 厘米（图 2 - 273）。

陶缸　1 件。

标本 G7：2，仅存口部。夹砂红陶。敞口，方圆唇，腹较直。素面。残高 10.6 厘米（图 2 - 273）。

陶瓮　1 件。

标本 G7：4，仅存口及上腹。夹砂红陶。口微敛，尖圆唇，上腹较直。残高 12 厘米（图 2 - 273）。

陶灶　1 件。

标本 G7：8，仅存足部。夹砂红陶。足呈斜方形，一侧有斜向戳印并贴附有泥饼。残高 8.4 厘米（图 2 - 273）。

石斧　1 件。

标本 G7：9，磨制精细。长条形，双面弧刃，中部有一对钻而成的穿孔。长 9.2、宽 5.8、厚 1.3 厘米（图 2 - 273；图版九一，2）。

石刮削器　1 件。

标本 G7：10，打制。圆饼状，中部较平，周缘有打制而成的刃口。直径 10.4、厚 3.7 厘米（图 2 - 273；图版一〇八，3）。

8. G9

位于 2009LXⅠT0204 西部，开口①层下，被 H76 打破，打破 H81、H82、H101 和 H102，部分压于北隔梁及西壁下。揭露沟口近长条形，南北向分布，北宽南窄，四壁较直，底不平。揭露长度 7.8、宽度 2.2~3、深 0.7 米。沟内填土灰色，土质疏松，出土有陶片和石块等。

出土陶器 23 件，玉器 4 件，石器 6 件，骨器 2 件。陶器器形可辨瓶、罐、盆、钵、缸、甑、杯、灶、环、刀、笄和球，玉器为笄，石器为刀、刮削器、铲、笄和球，骨器为锥。

陶钵　2 件。

标本 G9：8，底部已残。泥质红陶。敛口，尖圆唇，鼓肩，弧腹。素面。口径 25.8、残高 8.2 厘米（图 2 - 274A）。

标本 G9：11，仅存口及上腹。泥质红陶。敛口，尖圆唇，鼓肩，斜腹。素面。残高 8 厘米（图 2 - 274A）。

陶罐　5 件。根据形态可分为鼓腹罐和圆腹罐。

鼓腹陶罐　4 件。

标本 G9：2，可修复。夹砂褐陶。口微敛，斜折沿较窄，尖圆唇，上腹较直，上有一对鸡冠状器鋬，下腹斜收，底微凹。器表饰交错绳纹。口径 14.2、底径 9.2、高 14.6 厘米（图 2 - 274A）。

标本 G9：6，仅存口及上腹。夹砂红陶。敛口，斜沿外折，圆唇，上腹外鼓，上有一鸡冠状器鋬。器表饰竖向绳纹，沿下有一周附加堆纹。残高 7.2 厘米（图 2 - 274A）。

标本 G9：7，仅存口及上腹。夹砂红陶。敛口，斜折沿，圆唇，上腹微鼓。器表饰斜向绳纹，上腹有两周附加堆纹。口径 25.4、残高 18 厘米（图 2 - 274A）。

标本 G9：13，仅存口及上腹。夹砂红陶。敛口，斜折沿，圆唇，上腹较直，上有一对鸡冠状器鋬。器表饰竖向绳纹。口径 19.6、残高 8.2 厘米（图 2 - 274A）。

圆腹陶罐　1 件。

标本 G9：16，仅存口及上腹。泥质褐陶。敛口，卷沿，尖圆唇，上腹圆鼓。素面。残高 7 厘米（图 2 - 274A）。

陶缸　2 件。

标本 G9：9，仅存口部。夹砂红陶。敞口，方唇，斜直腹。唇上饰两周平行弦纹，器表饰斜向篮纹。残高 9.8 厘米（图 2 - 274B）。

标本 G9：15，仅存口及上腹。夹砂灰陶。敛口，沿微上斜，圆唇，上腹较直。素面，抹光。口径 39.6、残高 9.2 厘米（图 2 - 274B）。

陶甑　1 件。

标本 G9：5，仅存底部残片。泥质红陶。底微凹，上有圆形箅孔。素面，器表有抹痕。底径 11.8、残高 1.8 厘米（图 2 - 274B）。

陶盆　5 件。根据形态可分为宽沿盆和带流盆。

宽沿陶盆　4 件。

标本 G9：10，仅存口部。泥质褐陶。敛口，尖圆唇，宽平沿，上腹较直。素面。残高 6.8 厘米（图 2 - 274B）。

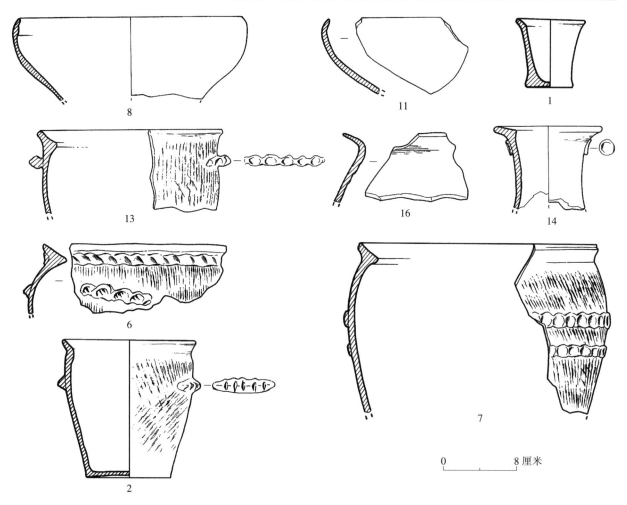

图2-274A　G9出土陶器

1. 杯　2、6、7、13、16. 罐　8、11. 钵　14. 瓶

标本G9:12，仅存口部。夹砂红陶。敛口，方唇，宽平沿，弧腹。腹饰竖向绳纹。残高4.6厘米（图2-274B）。

标本G9:17，底部已残。泥质红陶。敛口，圆唇，宽平沿，弧腹。素面，有抹痕。口径28、残高8.4厘米（图2-274B）。

标本G9:18，仅存口部。泥质灰陶，器表有红色陶衣。口微敛，平沿微上斜，圆唇。沿面刻划有连于一点的三道直线。残高2.6厘米（图2-274B；图版七二，3）。

带流陶盆　1件。

标本G9:4，流部已残，仅存部分残片。泥质灰陶。敛口，圆唇，口下有一鸡冠状器鋬，鼓肩，斜腹，平底。高14厘米（图2-274B）。

陶瓶　1件。

标本G9:14，仅存口部。泥质红陶。直口，平唇微上斜，口内有一道折棱，直高领。素面，沿下贴有两个小泥饼。口径11、残高8.6厘米（图2-274A）。

陶杯　1件。

标本G9:1，可修复。泥质红陶。侈口，方唇，斜直腹，底微凹。素面。口径7、底径5、高

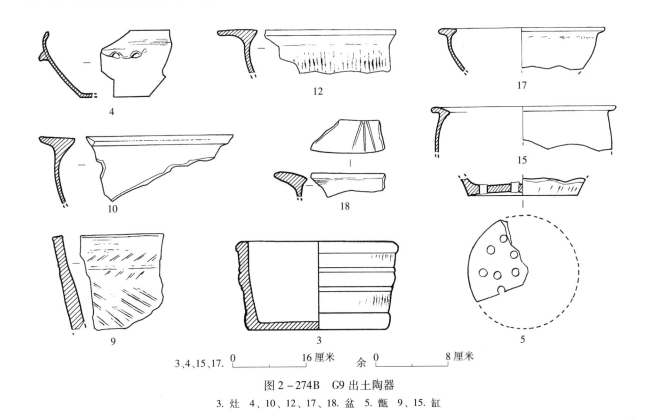

图 2 - 274B　G9 出土陶器

3. 灶　4、10、12、17、18. 盆　5. 甑　9、15. 缸

7.2 厘米（图 2 - 274A；图版六四，5）。

陶灶　1 件。

标本 G9：3，夹砂红陶，器表有红色陶衣。直口，厚圆唇，直腹，平底，足残缺。口、腹、底均有一周泥条凸棱。素面。口径 30.4、底径 31.2、高 18.4 厘米（图 2 - 274B）。

陶刀　2 件。

标本 G9：19，系用瓶类器物残片打制而成。泥质灰陶。长方形，单面刃，两侧有打制而成的缺口。长 8.7、宽 5、厚 0.5 厘米（图 2 - 274C）。

标本 G9：20，系用瓶类器物残片打制而成。泥质红陶。长方形，单面刃，两侧有打制而成的缺口。长 10、宽 5.4、厚 0.6 厘米（图 2 - 274C）。

陶环　1 件。

标本 G9：21，泥质灰陶。圆环状，断面为圆角方形。器表磨光。外径 4.7、内径 3.5 厘米（图 2 - 274C）。

陶球　1 件。

标本 G9：22，泥质灰陶。球体表面有磨痕。直径 4.1 厘米（图 2 - 274C）。

玉笄　4 件。

标本 G9：27，墨玉。柱状，两端皆残。残长 8.9 厘米。

标本 G9：28，绿墨玉。柱状，一端已残，一端磨光平整。残长 7.2 厘米。

标本 G9：29，绿墨玉。扁柱状，一端尖锐，一端磨光平整。残长 9.8 厘米。

标本 G9：30，绿墨玉。柱状，两端皆残。残长 4.2 厘米。

石球　1件。

标本 G9：31，完整。球形，表面磨光。直径 3.1 厘米。

石刀　2件。

标本 G9：23，打制。长方形，双面刃，两侧有打制而成的缺口。长 7.7、宽 3.9、厚 0.9 厘米（图 2 - 274D）。

标本 G9：24，打制。长方形，双面刃，两侧有打制而成的缺口。长 7.5、宽 5、厚 1.2 厘米（图 2 - 274D）。

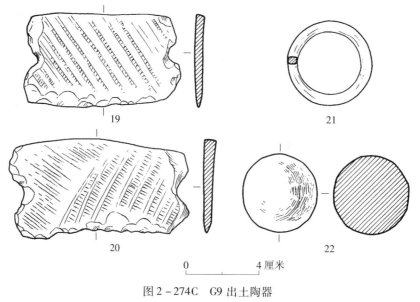

0　　　　　4厘米

图 2 - 274C　G9 出土陶器

19、20. 刀　21. 环　22. 球

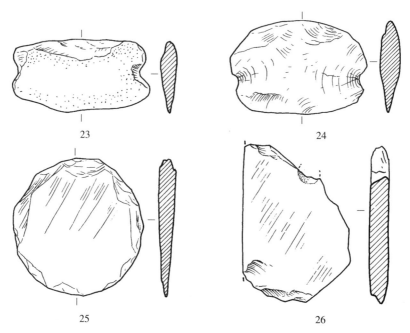

图 2 - 274D　G9 出土石器

23、24. 刀　25. 刮削器　26. 铲

石刮削器　1件。

标本G9∶25，打制。圆饼状，器身扁平，边缘有打击而成的刃缘。直径7.2、厚0.9厘米（图2－274D；图版一〇八，4）。

石铲　1件。

标本G9∶26，磨制。已残。条状，器身扁平，一端有一对钻未穿的圆孔。残长8.4、宽5.9、厚1厘米（图2－274D）。

9. G10

位于2009LXⅠT0302东南部和T0402西南部，开口③层下，被H35、H122、G1打破，部分压于南壁下。沟口近椭圆形，斜壁，底近平。揭露长度8.7、宽度3、深0.8米。沟内填土为灰土，土质较疏松，出土有大量陶片及石块。

出土陶器18件，泥器1件，玉器14件，石器14件，骨器6件。陶器器形可辨瓶、罐、钵、瓯、壶、缸、器盖、刀、纺轮、笄、环和球，泥器为盏，玉器为笄和残器，石器为刀、斧、笄和笄坯，骨器为锥。

陶瓶　2件。

标本G10∶6，仅存口部。泥质灰陶。侈口，尖圆唇，颈部圆鼓，近葫芦状。素面，颈部有一周指甲状戳印。口径5、残高5.8厘米（图2－275A）。

标本G10∶8，仅存口部。泥质红陶。侈口，斜沿近平，方唇，口内有一道折棱，高领。素面，颈部贴附三个圆形泥饼。口径10.2、残高8.4厘米（图2－275A）。

陶罐　3件。根据形态可分为鼓腹罐和小口圆腹罐。

鼓腹陶罐　2件。

标本G10∶1，可修复。夹砂褐陶。敛口，斜沿，方唇，上腹微鼓，平底。通体饰斜竖向绳纹。口径13.5、底径7.3、高14.3厘米（图2－275A）。

标本G10∶9，仅存口及上腹。夹砂红陶。敛口，斜沿，方唇，上腹微鼓。通体饰竖向绳纹，上腹有一道附加堆纹和一鸡冠状器鋬。残高6.8厘米（图2－275A）。

小口圆腹陶罐　1件。

标本G10∶7，仅存口部。泥质红陶。侈口，尖圆唇，束颈。素面。口径12.8、残高4.6厘米（图2－275A）。

陶缸　1件。

标本G10∶10，仅存口及上腹。泥质红陶。敛口，斜沿，尖圆唇，上腹微鼓。素面，器表有抹痕。口径29、残高8.8厘米（图2－275A）。

陶瓯　3件。

标本G10∶5，可修复。泥质红陶。敞口，圆唇，斜腹，腹部有一对鸡冠状器鋬，底微凹，底部有圆形箅孔。素面。口径20.8、底径9.6、高13厘米（图2－275A）。

标本G10∶2，可修复。泥质红陶。敛口，圆唇，鼓肩，斜腹，凹底，底部有椭圆形箅孔。素面。口径11.6、底径5.6、高6厘米（图2－275A）。

标本G10∶3，可修复。泥质红陶。敞口，斜腹，平底，底部有圆形箅孔。素面。口径10.4、

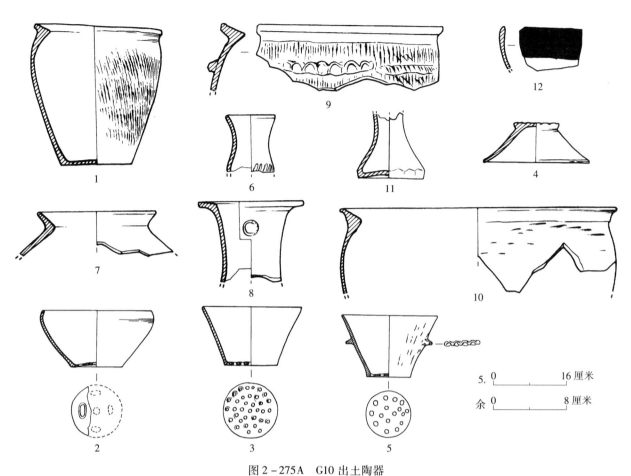

图 2 - 275A　G10 出土陶器

1、7、9. 罐　2、3、5. 甑　4. 器盖　6、8. 瓶　10. 缸　11. 壶　12. 钵

底径 5.8、高 6 厘米（图 2 - 275A）。

陶壶　1 件。

标本 G10：11，口部已残。泥质红陶。高颈，垂腹，底内凹。底径 6.8、残高 7 厘米（图 2 - 275A）。

陶器盖　1 件。

标本 G10：4，可修复。泥质红陶。捉手假圈足状，平顶，盖口外敞，斜腹。素面，捉手有一周按捺纹。口径 11.2、高 4.2 厘米（图 2 - 275A）。

陶钵　1 件。

标本 G10：12，仅存口部。泥质红陶。直口微敛，圆唇，弧腹。口下有一周黑色彩带。残高 4.4 厘米（图 2 - 275A；图版七一，6）。

陶刀　1 件。

标本 G10：13，系用盆或钵类器物残片打制而成。泥质红陶。长方形，单面弧刃，两侧有打制而成的缺口。长 7.3、宽 5.3、厚 0.8 厘米（图 2 - 275B）。

陶纺轮　1 件。

标本 G10：14，泥质红陶。圆饼状，断面为下宽上窄的梯形，中部有一圆形穿孔。直径 4.1、厚 2.5 厘米（图 2 - 275B）。

陶笄 1件。

标本 G10：15，泥质灰陶。器身呈"T"字形，顶端略残，底端尖锐。长7厘米（图2-275B；图版八二，4）。

陶环 1件。

标本 G10：16，泥质灰陶。残断，断面呈宽扁的长方形，内侧磨光。环体外侧有指甲状戳印纹。残长4.9厘米（图2-275B）。

陶球 2件。

标本 G10：17，泥质红陶。球状，已残。表面有磨痕。直径5厘米（图2-275B；图版八一，5）。

标本 G10：18，泥质红陶。球状，已残。器表较光滑。直径5厘米（图2-275B；图版八一，6）。

泥盏 1件。

标本 G10：19，捏制。直口，腹外壁较直，内壁较浅，弧形，平底。口径3.1、底径3.1、高2.1厘米（图2-275B）。

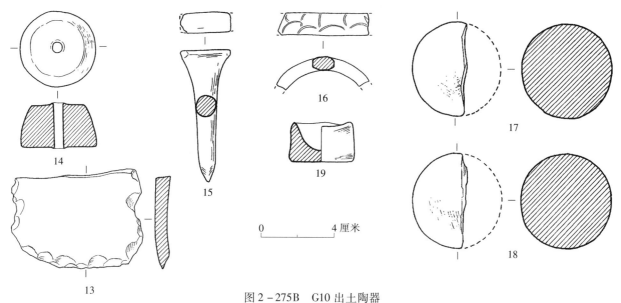

图2-275B G10出土陶器
13. 刀 14. 纺轮 15. 笄 16. 环 17、18. 球 19. 泥盏

玉笄 13件（图版八六，2）。

标本 G10：33，墨玉。柱状，一端已残，一端磨尖。残长5.4厘米。

标本 G10：34，墨玉。扁柱状，两端皆残。残长3.6厘米。

标本 G10：35，绿墨玉。柱状，一端已残，一端尖锐。残长8.3厘米。

标本 G10：36，绿墨玉。柱状，一端有磨制痕迹，一端尖锐，器身有大量磨痕。残长6.2厘米。

标本 G10：37，绿墨玉。柱状，一端残缺，一端尖锐。残长5.3厘米。

标本 G10：38，浅绿墨玉。扁柱状，一端尖锐，一端已残。残长6.3厘米。

标本 G10：39，绿墨玉。柱状，一端磨光平整，一端已残。残长5.9厘米。

标本 G10：40，绿墨玉。柱状，两端皆残。残长8.7厘米。

标本 G10：41，黄绿色玉。柱状，一端尖锐，一端磨光平整。长7.5厘米。

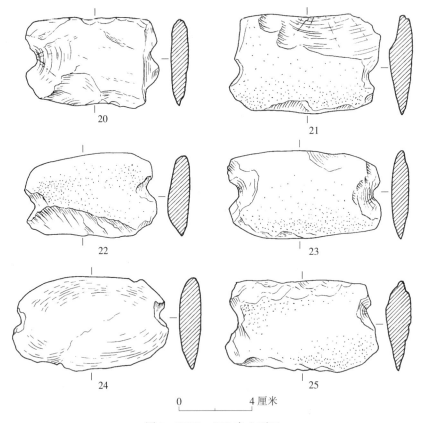

0　　　　　4 厘米

图 2 - 275C　G10 出土石刀

标本 G10：42，绿墨玉。器身呈"T"字形，顶端宽平并有残缺，尾端尖锐。长 5.2 厘米。

标本 G10：43，黄绿玉。柱状，一端已残，一端磨光平整。残长 16.2 厘米。

标本 G10：44，绿墨玉。扁柱状，一端已残，一端磨平为斜面。残长 6.3 厘米。

标本 G10：45，绿墨玉。柱状，一端已残，一端尖锐。残长 5.6 厘米。

残玉器　1 件。

标本 G10：32，器身扁平，一端已残，一端圆钝。残长 9.8 厘米（图 2 - 275D）。

石刀　6 件。

均打制。为长方形，两侧多有打制而成的缺口（图 2 - 275C；图版一〇五，1）。

石斧　3 件。

标本 G10：26，磨制。仅存刃部。残存器身为长条形，双面弧刃。器身较薄。残长 6、宽 8.7、厚 1 厘米（图 2 - 275D）。

标本 G10：27，磨制。一端残断。残存部分为条形，双面刃。器身厚重。残长 9.5、宽 7.5、厚 4.5 厘米（图 2 - 275D）。

标本 G10：28，磨制。已残。条状，双面弧刃，中部有一双面对钻的穿孔。残长 6.8、宽 7.2、厚 1.6 厘米（图 2 - 275D）。

残石器　2 件。

标本 G10：29，粗磨。器形不明，一端已残。长条形，器身厚重，周缘有残损。长 11.8、宽 6.8、厚 2.3 厘米（图 2 - 275D）。

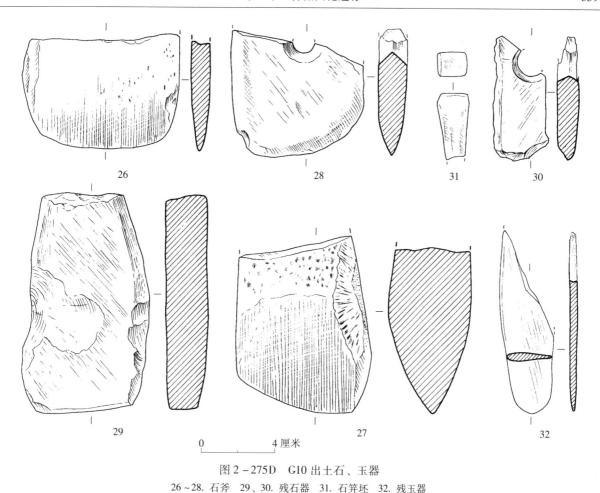

图 2 - 275D　G10 出土石、玉器

26 ~ 28. 石斧　29、30. 残石器　31. 石笄坯　32. 残玉器

标本 G10：30，磨制。器形不明。条形，一端有一对钻的穿孔。残长 6.6、宽 3.1、厚 1.2 厘米（图 2 - 275D）。

石笄坯　1 件。

标本 G10：31，磨制。应为石笄毛坯。条状，一端已残。残长 3.6 厘米（图 2 - 275D；图版一二〇，3）。

10. G11

位于 2009LX I T0104 西北部，开口①层下，被 H109 打破，打破 H86。沟口较规整，呈两端圆角的长条形，西壁较直，东壁较缓，平底（图 2 - 276A；图版二九，3）。长 6.4、宽 1.3、深约 1.5 米。沟内填土为灰褐色土，土质疏松，出土有少量陶片和石块。

出土陶器 12 件，石器 3 件，骨器 1 件。陶器器形可辨瓶、盆、罐、瓮、缸、杯、漏斗、刀和环，石器为刀和刮削器，骨器为锥。

陶缸　1 件。

标本 G11：1，仅存口部。泥质红陶。敛口，平折沿，尖唇，上腹微鼓。素面。残高 6.6 厘米（图 2 - 276B）。

陶瓮　1 件。

标本 G11：8，仅存口部。泥质红陶。敛口，圆唇外叠，口沿下有一鸡冠状器鋬，上腹微鼓。

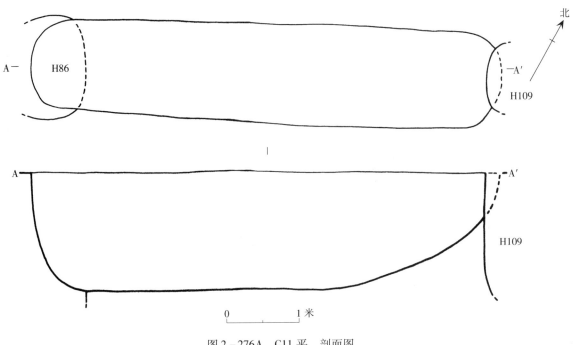

图2-276A　G11平、剖面图

素面。残高4厘米（图2-276B）。

陶盆　3件。

标本G11:3，仅存口部。泥质红陶。敛口，宽平沿，尖圆唇。素面，抹光。残高4厘米（图2-276B）。

标本G11:4，仅存口及上腹。泥质红陶。敛口，宽平沿，圆唇，弧腹。素面。残高7.4厘米（图2-276B）。

标本G11:5，仅存口及上腹。泥质红陶。敛口，宽平沿，尖圆唇，弧腹。素面。残高5.8厘米（图2-276B）。

陶罐　1件。

标本G11:2，仅存口及上腹。夹砂红陶。敛口，斜折沿，方唇，上腹圆鼓，上有一鸡冠状器鋬。器表饰斜向绳纹。残高7.8厘米（图2-276B）。

陶杯　2件。

标本G11:7，可修复。夹砂灰陶。敞口，尖唇，浅腹，平底。素面。口径7.6、底径5.8、高3.6厘米（图2-276B）。

标本G11:9，可修复。夹砂褐陶。口微侈，尖唇，圆腹，平底。器表饰斜向细绳纹。口径7、底径4.4、高7.9厘米（图2-276B）。

陶瓶　1件。

标本G11:6，仅存口部。泥质灰陶。口微侈，平唇，直高领。素面，沿下贴有两个小泥饼，颈部有一周附加堆纹。口径8.4、残高10.4厘米（图2-276B）。

陶漏斗　1件。

标本G11:10，仅存流部。泥质红陶。为圆柱形管状。素面。径3.6、残高9.4厘米（图2-276B）。

陶刀　1件。

标本 G11：11，系用瓶类器物残片打制而成。泥质红陶。长方形，单面刃，两侧有打制而成的缺口。长 7.9、宽 4.5、厚 0.5 厘米（图 2 - 276B）。

陶环　1件。

标本 G11：12，泥质灰陶。残断。环状，断面为三角形，内侧厚，外侧薄，底面磨光，表面呈扭曲的丝绦状。残长 13.8 厘米（图 2 - 276B；图版八三，4）。

石刀　2件。

标本 G11：13，磨制。长方形，单面刃，两侧有打制而成的缺口。长 7.9、宽 4.1、厚 0.9 厘米（图 2 - 276B）。

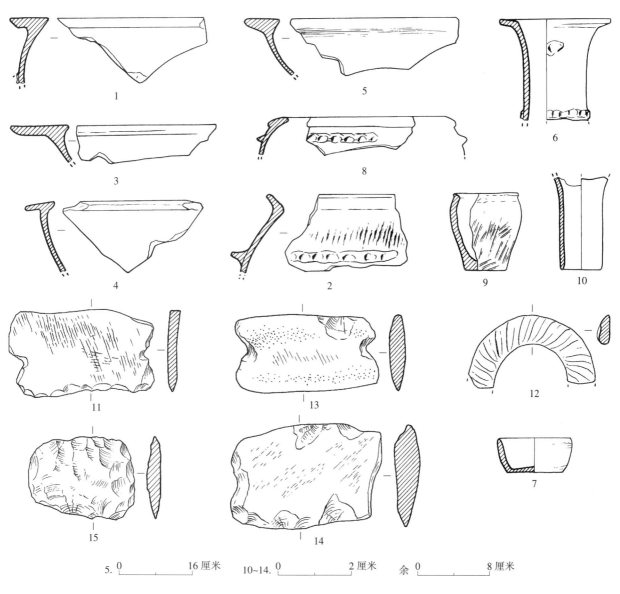

5. ├─── 16 厘米　　10~14. ├─── 2 厘米　　余 ├─── 8 厘米

图 2 - 276B　G11 出土器物

1. 陶缸　2. 陶罐　3~5. 陶盆　6. 陶瓶　7、9. 陶杯　8. 陶瓮　10. 陶漏斗　11. 陶刀　12. 陶环　13、14. 石刀　15. 石刮削器

标本 G11∶14，打制。长方形，双面刃，一侧有打制而成的缺口。长 8.3、宽 5.5、厚 1.4 厘米（图 2 – 276B）。

石刮削器　1 件。

标本 G11∶15，打制。黑色燧石质。形体较小，近梯形，双面刃。长 5.8、宽 4.3、厚 0.8 厘米（图 2 – 276B；图版一〇八，5）。

11. G13

位于 2009LXⅠT0201 中东部和 T0301 大部，开口①层下，被 H149、H150、H151、H153 和 H156 打破，打破 H155、H157、H158、H159、H160、H161、H162 和 H163。沟口近"V"形，揭露长度约 20、深约 1 米。沟壁较缓，平底。沟内填土为灰土，土质疏松，出土大量陶片。

出土陶器 60 件，玉器 19 件，石器 47 件，骨器 21 件，牙器、蚌器各 1 件。陶器器形可辨碗、瓶、盆、罐、钵、瓮、甑、壶、杯、灶、缸、鼎足、器盖、环、刀、纺轮、笄和球，玉器为笄和环，石器有刀、纺轮、斧、凿、环、笄、笄坯、球和石料、残器，骨器有笄、锥、镞、铲，牙器为锥，蚌器为璜。

陶瓶　3 件。

标本 G13∶21，仅存口部。泥质红陶。平唇口，唇面有一周凹槽。素面。口径 8.4、残高 2 厘米（图 2 – 277A）。

标本 G13∶25，仅存口部。夹砂红陶。平唇口，高领微束。颈部贴附有小泥饼。口径 5.2、残高 5.4 厘米（图 2 – 277A）。

标本 G13∶26，仅存口部。泥质红陶。口微侈，尖圆唇，高领，颈中部圆鼓，近葫芦状。颈中部有一周戳印。口径 4.8、残高 7.4 厘米（图 2 – 277A）。

陶盆　9 件。根据形态可分为宽沿盆、窄沿盆和厚唇盆。

窄沿陶盆　6 件。

标本 G13∶4，仅存口及腹部。泥质红陶。敛口，斜折沿，圆唇，弧腹，上腹有一对鸡冠状器錾。素面。口径 20、残高 15.2 厘米（图 2 – 277A）。

标本 G13∶8，仅存口及上腹。泥质灰陶。口微敛，斜沿上翘，尖圆唇，弧腹。素面，沿面抹光。残高 9.6 厘米（图 2 – 277A）。

标本 G13∶13，仅存口及上腹。泥质灰陶。敛口，窄沿上斜，圆唇，斜腹。器表饰细绳纹，有抹痕。口径 25.2、残高 5.6 厘米（图 2 – 277A）。

标本 G13∶17，仅存口及上腹。泥质红陶。口微敛，窄平沿，圆唇，上腹有一对鸡冠状器錾。素面。残高 11.2 厘米（图 2 – 277A）。

标本 G13∶11，仅存口部。泥质红陶。口微敛，窄沿上斜，沿下有一对鸡冠状器錾。素面。残高 5.2 厘米（图 2 – 277A）。

标本 G13∶38，仅存口及腹部。泥质红陶。敛口，窄平沿，尖唇，弧腹。沿面有红彩条纹。残高 7.8 厘米（图 2 – 277A；图版七〇，3）。

宽沿陶盆　2 件。

标本 G13∶9，仅存口及上腹。泥质灰陶。敛口，宽沿微上斜，圆唇，斜腹。素面。口径 24.8、

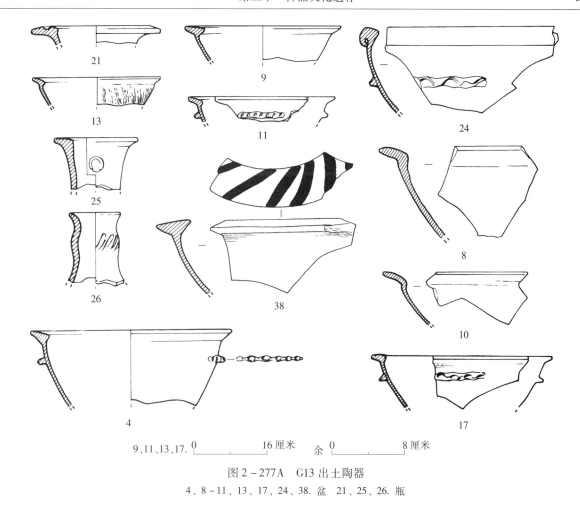

图 2 – 277A　G13 出土陶器

4、8~11、13、17、24、38. 盆　21、25、26. 瓶

残高 6.8 厘米（图 2 – 277A）。

标本 G13：10，仅存口及上腹。泥质灰陶。敛口，宽沿微上斜，圆唇，斜腹。素面。残高 5.6 厘米（图 2 – 277A）。

厚唇陶盆　1 件。

标本 G13：24，仅存口及腹部。泥质灰陶。敛口，卷沿贴附于口下，深弧腹，上腹有一鸡冠状器鋬。素面。残高 9 厘米（图 2 – 277A）。

陶罐　共 4 件。根据形态可分为鼓腹罐、圆腹罐和小罐。

鼓腹陶罐　1 件。

标本 G13：33，仅存口及上腹。夹砂红陶。敛口，圆唇，斜沿，沿下有一鸡冠状器鋬，上腹微鼓。器表饰绳纹，沿下有几周附加堆纹。残高 12 厘米（图 2 – 277B）。

圆腹陶罐　1 件。

标本 G13：12，仅存口部。夹砂灰陶。口微侈，尖圆唇，直领。素面，器表有轮制痕迹。口径 18.8、残高 5.6 厘米（图 2 – 277B）。

小陶罐　2 件。

标本 G13：2，可修复。夹砂红陶。侈口，圆唇，腹微鼓，上腹有一对鸡冠状器鋬，平底。器表饰绳纹，上腹有一周捺窝。口径 7.2、底径 5.6、高 8.4 厘米（图 2 – 277B）。

标本 G13：37，口部已残。泥质灰陶。腹微鼓，上有一对鸡冠状器鋬，平底。素面。底径 3.8、残高 6 厘米（图 2 - 277B）。

陶甑　1 件。

标本 G13：15，仅存底部。夹砂红陶。斜腹，平底，底部有圆形箅孔。器表饰斜向绳纹，内壁有白色附着物。底径 11.6、残高 8 厘米（图 2 - 277B）。

陶瓮　4 件。

标本 G13：16，仅存口部。夹砂红陶。直口，厚圆唇，沿面略下凹，口下有一鸡冠状器鋬，上腹较直。器表饰竖向绳纹。残高 4 厘米（图 2 - 277C）。

标本 G13：23，仅存口部。泥质灰陶。口内敛，圆唇。素面。残高 3.4 厘米（图 2 - 277C）。

标本 G13：28，仅存口及上腹。夹砂灰陶。口微敛，圆唇外叠，上腹较直。素面。残高 10.4 厘米（图 2 - 277C）。

标本 G13：34，仅存口及上腹。夹砂红陶。敛口，厚圆唇，弧腹。腹饰几周附加堆纹，口沿涂有红衣。残高 8.6 厘米（图 2 - 277C）。

陶缸　6 件。

标本 G13：5，仅存口及上腹。夹砂灰陶。口微敛，平沿，圆唇，上腹较直。上腹饰几道附加堆纹。口径 51.2、残高 7.2 厘米（图 2 - 277B）。

标本 G13：20，仅存口及上腹。夹砂红陶。敛口，窄平沿，方唇，上腹微鼓。素面。口径 44、残高 9.2 厘米（图 2 - 277B）。

标本 G13：32，仅存口部。夹砂红陶。直口微侈，方唇，斜直腹。口下有三个泥突。残高 8 厘米（图 2 - 277B）。

标本 G13：27，仅存口部。夹砂灰陶。口微侈，尖唇，斜直腹。口下贴附有小泥饼和一周附加堆纹，器表饰竖向绳纹。残高 8 厘米（图 2 - 277B）。

标本 G13：31，仅存口及上腹。夹砂灰陶。口微敛，方唇，腹微外斜。器表饰竖向绳纹，口下饰有长条状泥突。残高 10 厘米（图 2 - 277B）。

标本 G13：30，仅存口及上腹。夹砂红陶。敛口，宽沿微上斜，圆唇，弧腹。素面，腹部贴附有 "C" 形泥条。残高 12 厘米（图 2 - 277B）。

陶钵　3 件。

标本 G13：6，可修复。泥质红陶。敛口，圆唇，鼓肩，斜腹，平底。素面。口径 21.8、底径 10、高 10 厘米（图 2 - 277C）。

标本 G13：7，底部已残。泥质灰陶。直口，尖圆唇，斜腹。素面。沿下有叠烧痕迹。口径 20、残高 6.6 厘米（图 2 - 277C）。

标本 G13：1，可修复。泥质红陶。直口，圆唇，口部不平，弧腹，平底。素面。口径 15、底径 6.8、高 8.4 厘米（图 2 - 277C）。

陶碗　1 件。

标本 G13：14，可修复。泥质灰陶。侈口，圆唇，斜腹，平底。素面。口径 16.4、底径 11.6、高 8.8 厘米（图 2 - 277C）。

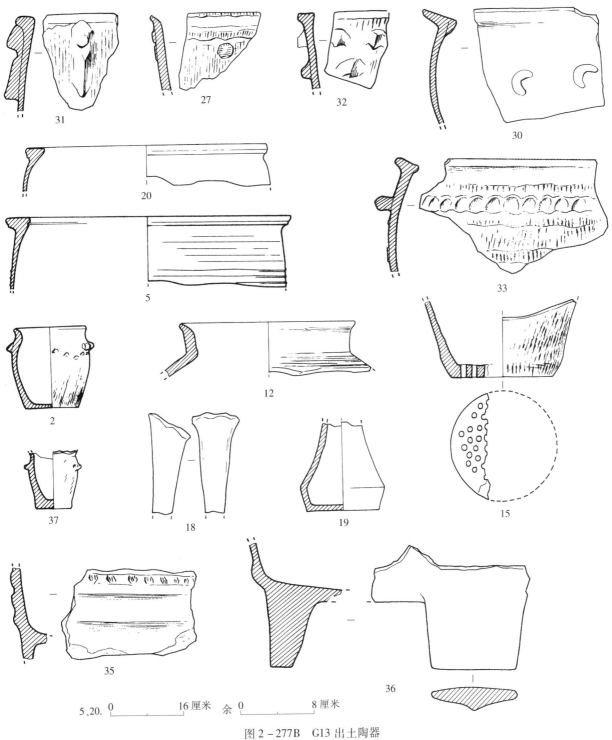

图 2 - 277B　G13 出土陶器

2、12、33、37. 罐　5、20、27、30~32. 缸　15. 甑　18. 鼎足　19. 壶　35、36. 灶

陶壶　1件。

标本 G13：19，口部已残。泥质红陶。高领，垂腹微折，平底。素面。底径8、残高7.4厘米（图 2 - 277B）。

陶杯　1件。

标本 G13：3，可修复。夹砂灰陶。敞口，圆唇，斜直腹，平底微凹。器表饰细绳纹，沿下有一周附加堆纹。口径11.2、底径6、高10.2厘米（图2-277C；图版六四，1）。

陶灶　2件。

标本G13：35，仅存底部。夹砂红陶，器表有红色陶衣，内有烟炱。直腹，平底，长方形足。腹饰附加堆纹。残高9厘米（图2-277B）。

标本G13：36，仅存底部。夹砂红陶，器表有红色陶衣。直腹，平底，瓦状足。素面。残高13厘米（图2-277B）。

陶鼎足　1件。

标本G13：18，夹砂灰陶。足呈柱状，上端较粗，下端较细。残高10.4厘米（图2-277B）。

陶器盖　2件。

标本G13：29，仅存顶部。泥质红陶。盖口外敞，平顶，一侧有一泥突。器表饰竖向绳纹。残高9厘米（图2-277C）。

标本G13：22，仅存纽部。泥质灰陶。纽呈高圈足状。素面，纽与盖相接处有一周泥条。残高4.4厘米（图2-277C）。

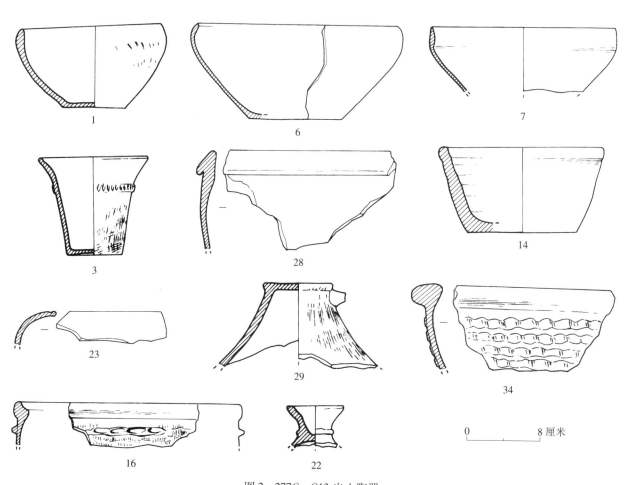

图2-277C　G13出土陶器

1、6、7. 钵　3. 杯　14. 碗　16、23、28、34. 瓮　22、29. 器盖

陶刀　5件。

均系用瓶或钵类器物残片打制而成。长方形，部分两侧有打制而成的缺口（图 2 - 277D）。

陶笄　2件。

标本 G13：43，泥质红陶。器身呈"T"字形，顶端宽平，底端尖锐。长 5.2 厘米（图 2 - 277D）。

标本 G13：44，泥质灰陶。器身为柱状，两端均残，顶端有一圆孔。残长 11 厘米（图 2 - 277D）。

陶纺轮　1件。

标本 G13：45，夹砂灰陶。已残。断面为下宽上窄的梯形，中有一圆形穿孔。器表有磨痕。直径 5.6、厚 2.2 厘米（图 2 - 277D）。

陶球　1件。

标本 G13：46，泥质红陶。已残。器表磨光。直径 4 厘米（图 2 - 277D；图版八一，4）。

玉笄　16件（图版八七，1）。

标本 G13：81，仅存尖部。尖锐，器身宽扁。残长 3.9 厘米（图 2 - 277F）。

标本 G13：84，墨玉。扁柱状，一端已残，一端尖锐。残长 5.9 厘米。

标本 G13：85，墨玉。柱状，一端已残，一端尖锐。残长 5.3 厘米。

标本 G13：86，墨玉。柱状，两端皆残。残长 5.6 厘米。

标本 G13：87，墨玉。扁柱状，一端已残，一端磨平为双斜面。残长 7.1 厘米。

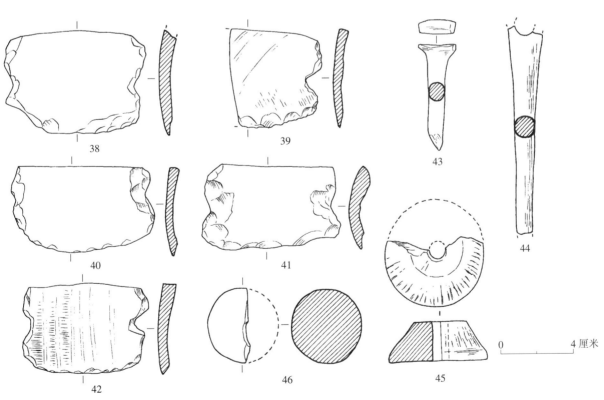

图 2 - 277D　G13 出土陶器

38～42. 刀　43、44. 笄　45. 纺轮　46. 球

标本 G13：88，黄绿玉。器身呈"T"字形，顶端宽平并残缺，尾端残缺。残长 6.3 厘米。

标本 G13：89，墨玉。器身呈"T"字形，顶端宽平，尾端残缺。残长 4.7 厘米。

标本 G13：90，墨玉。器身呈"T"字形，顶端宽平，尾端尖锐。长 5.2 厘米。

标本 G13：91，黄绿玉。器身呈"T"字形，顶端宽平，尾端尖锐。长 5.9 厘米。

标本 G13：92，灰墨玉。器身呈"T"字形，顶端宽平并有残缺，尾端尖锐。长 8.2 厘米。

标本 G13：93，墨玉。扁柱状，一端尖锐，一端磨光为斜面。残长 6.1 厘米。

标本 G13：94，绿墨玉。扁柱状，一端已残，一端磨光平整。残长 8.9 厘米。

标本 G13：95，浅绿墨玉。柱状，一端已残，一端尖锐。残长 7.7 厘米。

标本 G13：96，绿墨玉。柱状，一端已残，一端尖锐，器身有残缺。残长 5.3 厘米。

标本 G13：97，浅绿墨玉。柱状，一端已残，一端较尖。残长 4.8 厘米。

标本 G13：98，墨玉。器身呈"T"字形，顶端宽平并残缺，尾端已残。残长 2.9 厘米。

玉环　3 件（图版八九，5）。

标本 G13：49，白色。残断。断面为半圆形。残长 6 厘米（图 2-277F）。

标本 G13：50，白色。残断。断面为椭圆形。残长 6.1 厘米（图 2-277F）。

标本 G13：51，白色。残断。断面为半圆形。残长 3.6 厘米（图 2-277F）。

石刀　14 件。

均为打制。长方形，两侧多有打制而成的缺口。其中 G13：65 器体较大（图 2-277E；图版一○五，2）。

石纺轮　2 件。

标本 G13：47，通体磨制。圆饼状，断面为圆角长方形，中有一单面钻穿孔，周缘略有残损。直径 5.4、厚 1 厘米（图 2-277F；图版一一○，5）。

标本 G13：48，通体磨制。圆饼状，断面为长方形，中有一单面钻穿孔。直径 4.6、厚 1 厘米（图 2-277F；图版一一○，6）。

石斧　5 件。

标本 G13：66，打制。器身厚重。长条形，双面刃，周缘有打击痕迹。长 17.5、宽 7.2、厚 3.7 厘米（图 2-277G）。

标本 G13：67，磨制。长条形，双面刃，周缘略有残损。长 14.3、宽 7.5、厚 3.4 厘米（图 2-277G；图版九二，1）。

标本 G13：68，磨制。窄条形，双面弧刃，顶端有残损。长 15.2、宽 6、厚 2.8 厘米（图 2-277G）。

标本 G13：69，磨制。仅存刃部。条状，双面弧刃。残长 7.6、宽 6.3、厚 3 厘米（图 2-277G）。

标本 G13：70，粗磨。长条形，器身宽扁，双面刃，周缘有打击痕迹。长 14.7、宽 7.9、厚 3.6 厘米（图 2-277G）。

石凿　4 件。

标本 G13：71，通体磨制。残断。器形规整，窄条形，断面为方形，双面刃。残长 4.6、宽 2.8、厚 2.6 厘米（图 2-277G；图版九八，4）。

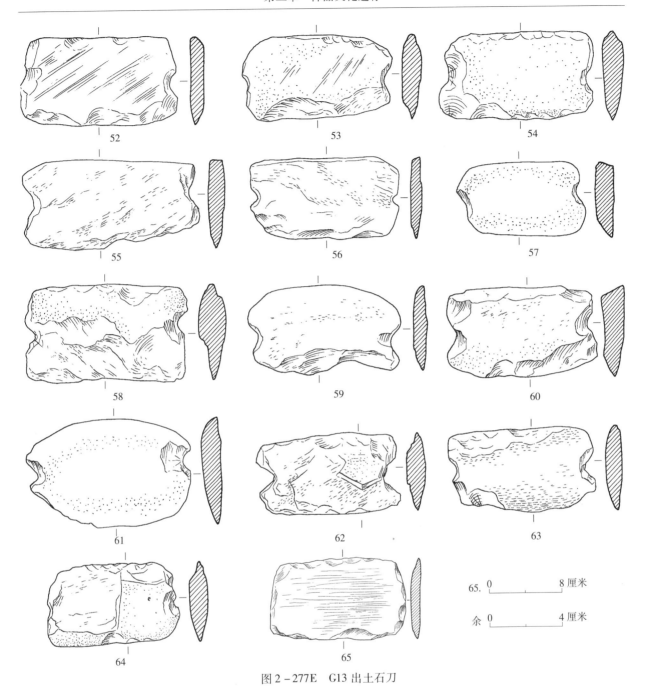

图 2 - 277E G13 出土石刀

标本 G13:72，粗磨。条形，中部较厚，双面刃。长 9.1、宽 3.4、厚 2.7 厘米（图 2 - 277G；图版九七，3）。

标本 G13:73，磨制。窄条形，单面刃，器身周缘有残损。长 8.4、宽 2.8、厚 1.2 厘米（图 2 - 277G）。

标本 G13:74，磨制。窄条形，双面弧刃，周缘有残损。长 8.5、宽 3、厚 1.5 厘米（图 2 - 277G；图版九七，4）。

残石器 3 件。

标本 G13:75，磨制。器形不明。残余部分为方形，器身宽扁，一侧有一圆形穿孔。残长 6.2、宽 7、厚 1.2 厘米（图 2 - 277G）。

标本 G13：76，磨制。器形不明。残余部分近梯形，双面弧刃。残长 8.4、宽 6.8、厚 1 厘米（图 2 - 277G）。

标本 G13：77，近三角形，器身扁平，器表有磨痕。残长 9 厘米（图 2 - 277F）。

石球　7 件（图版一一六，2）。

标本 G13：99，完整。球形，表面有坑疤。直径 3.5 厘米。

标本 G13：100，完整。球形，表面有坑疤。直径 4.2 厘米。

标本 G13：101，完整。球形，表面有坑疤。直径 3.7 厘米。

标本 G13：102，完整。近球形，表面有坑疤。直径 4.4 厘米。

标本 G13：103，完整。球形，表面有磕豁。直径 3.5 厘米。

标本 G13：104，残。椭球形，表面磨光，有少许磕豁。长径 5.2、短径 4.7 厘米。

标本 G13：105，较完整。不规则球形，表面有坑疤。直径 4 厘米。

石料　2 件。

标本 G13：80，长条形，断面为五边形，每侧切割均较平整。残长 7 厘米（图 2 - 277F；图版一二一，2）。

标本 G13：79，长方形，断面近方形，两侧有对切痕迹。残长 6.2 厘米（图 2 - 277F）。

石笄坯　1 件。

标本 G13：78，近方锥体，断面为规整的方形，一侧有切割痕。残长 12.8 厘米（图 2 - 277F；图版一二〇，4）。

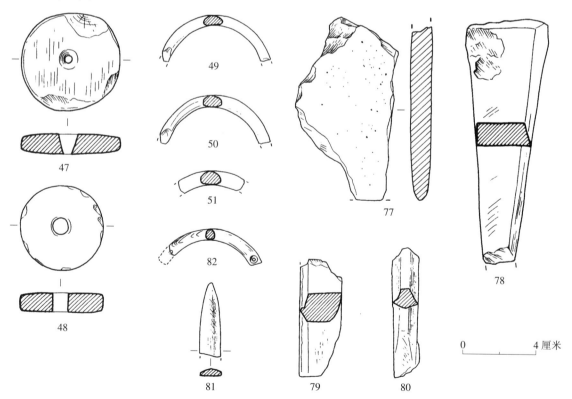

图 2 - 277F　G13 出土器物

47、48. 石纺轮　49～51. 玉环　77. 残石器　78. 石笄坯　79、80. 石料　81. 玉笄　82. 蚌璜

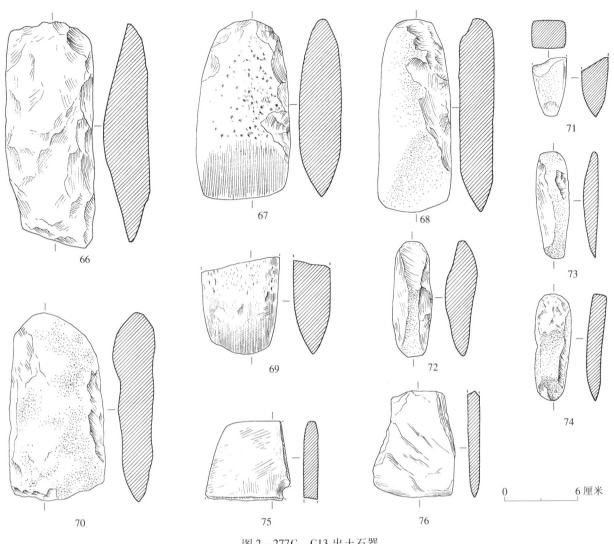

图 2 - 277G　G13 出土石器
66～70. 斧　71～74. 凿　75、76. 残石器

蚌璜　1 件。

标本 G13：82，半环状，一端略残，断面为圆形，两端各有一穿孔。残长 5.2 厘米（图 2 -
277F）。

骨笄　1 件。

标本 G13：83，器身较细长，顶部雕刻有兽面状笄帽。长 12.1 厘米（图版一二三，5）。

12. G14

位于 2010LX Ⅰ T0209 东南部和 Ⅰ T0208 东部，延伸至 T0308 西部，开口①层下，被 H198 打
破，打破 H208、G15。沟口近长条形，南北向分布，北宽南窄，四壁较缓，底较平。长 13.8、宽
1.9～6.2、深 0.5 米。沟内填土为灰褐色土，土质疏松，出土有少量陶片、石块。

出土陶器 34 件，玉器 1 件，石器 7 件，骨器 3 件。陶器器形可辨瓶、盆、罐、钵、瓮、缸、
釜、器盖、器耳、刀、环和圆陶片，玉器为笄，石器有刀、凿、锛和饼，骨器为锥。

陶瓶　2 件。

标本 G14：20，仅存口部。泥质红陶。口微侈，平唇微上斜，口内有一道折棱，直高领。素

面，沿下贴有两个小泥饼。口径7.4、残高10.6厘米（图2-278A）。

标本G14：9，仅存口部。泥质红陶。侈口，尖圆唇，颈部较直，近柱状。颈下部有一周附加堆纹。口径7、残高7.4厘米（图2-278A）。

陶盆　5件。根据形态可分为宽沿盆、窄沿盆和带流盆。

宽沿陶盆　2件。

标本G14：3，仅存口及上腹。泥质红陶。口微敛，宽平沿，尖圆唇，弧腹。素面。残高5厘米（图2-278A）。

标本G14：7，仅存口及上腹。泥质红陶。口微敛，斜折沿，尖圆唇，弧腹。素面。口径17.6、残高5.6厘米（图2-278A）。

窄沿陶盆　2件。

标本G14：2，仅存口及上腹。泥质红陶。口微敛，窄沿下斜，圆唇，斜腹。素面，沿下有两个钻孔，上各有一横、竖刻槽。残高4.6厘米（图2-278A）。

标本G14：13，仅存口及上腹。泥质灰陶。口微敛，窄平沿，方唇，腹微鼓。素面。残高10厘米（图2-278A）。

带流陶盆　1件。

标本G14：16，仅存口及上腹。泥质红陶。直口，圆唇，斜腹，上有一鸡冠状器鋬，流部已残。素面。残高10厘米（图2-278A）。

陶钵　3件。

标本G14：1，仅存口部。泥质红陶。直口，尖圆唇，斜腹。素面。残高5.2厘米（图2-

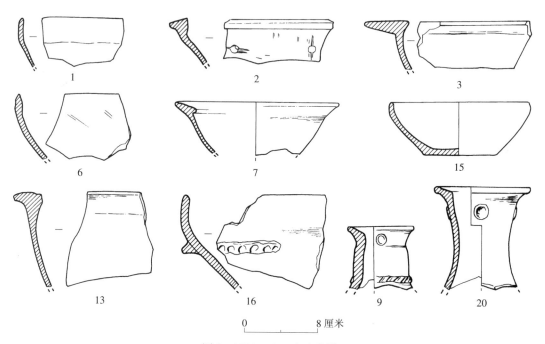

图2-278A　G14出土陶器

1、6、15. 钵　2、3、7、13、16. 盆　9、20. 瓶

278A)。

标本 G14:6，仅存口部。泥质红陶。直口，尖圆唇，弧腹。素面。残高 7 厘米（图 2 - 278A）。

标本 G14:15，可修复。泥质灰陶。直口微敛，圆唇，斜腹，平底。口径 14.8、底径 7.8、高 5.6 厘米（图 2 - 278A）。

陶瓮 4 件。

标本 G14:4，仅存口及上腹。泥质灰陶。敛口，尖圆唇外叠，直腹。素面。残高 15.8 厘米（图 2 - 278B）。

标本 G14:17，仅存口部。泥质红陶。敛口，圆唇外叠，斜腹。素面。残高 7.8 厘米（图 2 - 278B）。

标本 G14:8，仅存口部。夹砂红陶。敛口，厚圆唇外叠，斜腹。素面，上腹饰几道附加堆纹。残高 6.8 厘米（图 2 - 278B）。

标本 G14:12，仅存口部。夹砂红陶。敛口，厚圆唇，唇内外凹，腹微鼓。器表饰交错绳纹，上腹贴有小泥饼。残高 8 厘米（图 2 - 278B）。

陶缸 1 件。

标本 G14:41，仅存口部。夹砂红陶。直口，方唇，唇面有凹弦纹，直壁。素面，器表有抹痕。残高 10 厘米（图 2 - 278B）。

陶罐 4 件。根据形态可分为鼓腹罐和小罐。

鼓腹陶罐 3 件。

标本 G14:10，仅存口及上腹。夹砂红陶。敛口，斜沿，圆唇，鼓腹，腹有一鸡冠状器鋬。素面。口径 17.4、残高 8 厘米（图 2 - 278B）。

标本 G14:11，仅存口及上腹。夹砂灰陶。直口，短沿外斜，圆唇，腹较直。器表饰斜向绳纹，沿下贴附有一周附加堆纹和一个圆形小泥饼。残高 9.4 厘米（图 2 - 278B）。

标本 G14:21，仅存口部。夹砂红陶。直口，斜沿，圆唇，口内微凹，上腹微鼓。器表饰交错绳纹。残高 8.8 厘米（图 2 - 278B）。

小陶罐 1 件。

标本 G14:5，底部已残，仅存口及上腹。夹砂灰陶。口微侈，卷沿，方唇，鼓肩，斜腹。素面，肩部有一周按捺窝。口径 8.5、残高 7.8 厘米（图 2 - 278B）。

陶器盖 2 件。

标本 G14:18，仅存顶部。夹砂灰陶。平顶，盖口外敞，弧腹。器表饰斜向绳纹，顶部有一周按捺窝。残高 4.8 厘米（图 2 - 278B）。

标本 G14:19，仅存顶部。夹砂红陶。平顶，盖口外敞，弧腹。素面，器壁近顶部有一圆形穿孔，顶有一周按捺窝。残高 8.6 厘米（图 2 - 278B）。

陶釜 1 件。

标本 G14:14，仅存腹部。夹砂红陶。折腹，折腹部有一道尖凸扉棱。素面。残高 6 厘米（图 2 - 278B）。

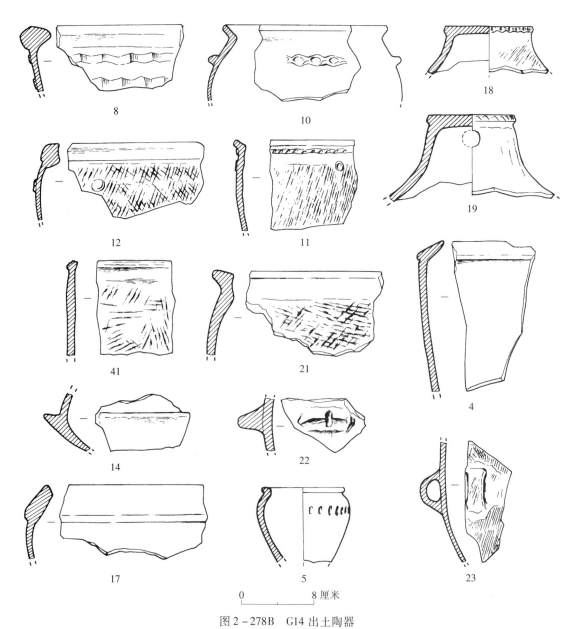

图 2 – 278B　G14 出土陶器

4、8、12、17. 瓮　5、10、11、21. 罐　14. 釜　18、19. 器盖　22、23. 器耳　41. 缸

陶器耳　2 件。

标本 G14：23，为瓶类腹部残片。泥质红陶。弧腹，上附一桥形耳。器表饰细密线纹。耳长 4.6、宽 1.8 厘米（图 2 – 278B）。

标本 G14：22，为罐类腹部残片。夹砂红陶。弧腹，上有一角把状器耳，中有一按捺窝。素面（图 2 – 278B）。

陶刀　5 件。

均系用瓶、钵类器物残片打制而成。长方形，两侧多有打制而成的缺口（图 2 – 278C）。

陶环　3 件。

标本 G14：31，泥质灰陶。残断。断面宽扁，为圆角方形。素面磨光。残长 5.8 厘米（图 2 – 278C）。

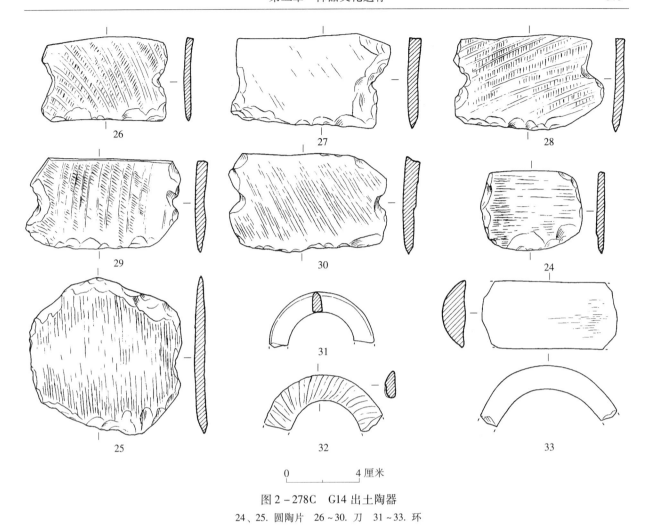

图 2 – 278C　G14 出土陶器

24、25. 圆陶片　26~30. 刀　31~33. 环

标本 G14∶32，泥质灰陶。残断。断面近三角形，内宽外窄。器表呈丝绦状，底面磨光。残长 6.3 厘米（图 2 – 278C）。

标本 G14∶33，泥质灰陶。残断。器身较宽，断面近半圆形。素面。残长 7.4 厘米（图 2 – 278C）。

圆陶片　2 件。

标本 G14∶24，系用瓶类残片打制而成。泥质红陶。圆角方形，一边圆钝，一边有打制而成的弧刃。长 5.6、宽 4.2、厚 0.4 厘米（图 2 – 278C）。

标本 G14∶25，系用瓶类残片打制而成。泥质红陶。圆饼状，周缘打制成弧刃。直径 8.5、厚 0.5 厘米（图 2 – 278C）。

玉笄　1 件。

标本 G14∶41，绿墨玉。柱状，一端已残，一端磨光平整。残长 5.7 厘米。

石刀　3 件。

标本 G14∶34，打制。长方形，双面刃，一侧有一打制而成的缺口。长 8.4、宽 5.6、厚 1.1 厘米（图 2 – 278D）。

标本 G14∶35，打制。窄长方形，单面刃，两侧有打制而成的缺口。长 7.2、宽 3.5、厚 0.7 厘

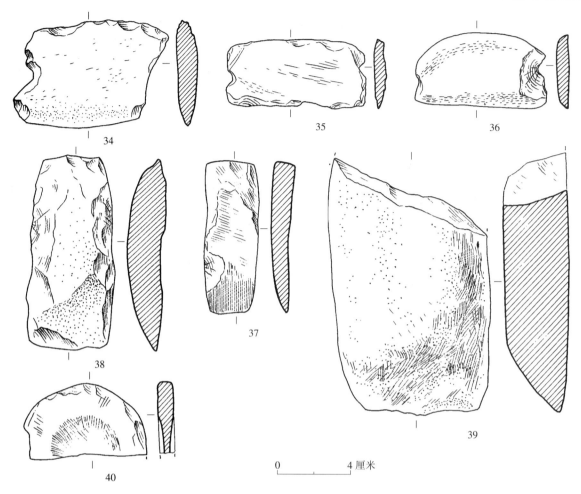

图 2 - 278D　G14 出土石器
34 ~ 36. 刀　37. 凿　38、39. 锛　40. 饼

米（图 2 - 278D）。

标本 G14：36，打制。长方形，单面刃，两侧有打制而成的缺口。长 7.2、宽 3.9、厚 0.7 厘米（图 2 - 278D）。

石凿　1 件。

标本 G14：37，磨制。窄长条形，单面刃，一端较平，周缘略有残损。长 8、宽 3、厚 0.7 厘米（图 2 - 278D）。

石锛　2 件。

标本 G14：38，琢制。窄条形，单面刃，周缘有疤痕。长 10.4、宽 4.7、厚 2 厘米（图 2 - 278D）。

标本 G14：39，磨制。器身厚重。一端已残。条状，单面刃，刃部略有残损。器表有磨痕。残长 13.6、宽 8.5、厚 3.5 厘米（图 2 - 278D）。

石饼　1 件。

标本 G14：40，已残。残存部分近半圆形，中部有凹窝。残长 6.7、宽 3.9、厚 0.9 厘米（图 2 - 278D）。

13. G15

位于 2010LXⅠT0209 西南部和ⅠT0208 西部，开口①层下，被 H220、H269、H270、G14 打

破，打破 H277，西部压于隔梁之下。揭露沟口形状呈不规则折角状，四壁较缓，底不平。长12.8、深 0.6 米。沟内填土为灰褐色土，土质疏松，出土有少量陶片、石块。

出土陶器 23 件，玉器 2 件，石器 12 件，骨器 2 件。陶器器形可辨瓶、盆、罐、钵、碗、器盖、笄、环和刀，玉器为笄，石器有刀、锛、锤、钻垫、刮削器、饼和球，骨器为锥。

陶瓶 3 件。

标本 G15∶10，仅存口部。泥质红陶。口微侈，平唇，高领较直。素面，颈部贴有圆形泥饼。口径 7.6、残高 10 厘米（图 2–279A）。

标本 G15∶7，仅存口部。泥质红陶。侈口，尖圆唇，颈部圆鼓，近葫芦状。素面，颈部有一周指甲状戳印。口径 4、残高 6.6 厘米（图 2–279A）。

标本 G15∶13，仅存口及上腹。泥质红陶。口部微鼓，束颈，鼓肩，斜腹。口外有一周指甲状戳印，颈以下饰弦纹，肩腹部饰竖向绳纹和涡纹。口径 2.8、残高 13 厘米（图 2–279A）。

陶钵 2 件。

标本 G15∶2，可修复。泥质红陶。敞口，圆唇，斜腹，平底。素面。口径 16、底径 6.4、高8.4 厘米（图 2–279A；图版四九，6）。

标本 G15∶8，可修复。泥质灰陶。直口微敛，圆唇，斜腹，平底。素面。口径 15.4、底径 8、高 5.8 厘米（图 2–279A）。

陶罐 2 件。

标本 G15∶1，可修复。夹砂红陶。敛口，斜沿，圆唇，上腹微鼓，上有一对鸡冠状器鋬，下腹斜收，平底。通体饰斜向绳纹，下腹有一道附加堆纹。口径 14.4、底径 8.4、高 18.4 厘米（图2–279A；图版五六，2）。

标本 G15∶11，可修复。夹砂灰陶。口微敛，厚圆唇，上腹微鼓，上有一对鸡冠状器鋬，下腹斜收，平底。器表饰斜向绳纹。口径 12、底径 8、高 17.6 厘米（图 2–279A）。

陶器盖 1 件。

标本 G15∶9，仅存顶部。夹砂红陶。捉手假圈足状，平顶，盖口外敞。素面。残高 8.2 厘米（图 2–279A）。

陶盆 4 件。根据形态可分为宽沿盆和窄沿盆。

宽沿陶盆 2 件。

标本 G15∶4，仅存口及上腹。泥质红陶。敛口，宽平沿，圆唇，斜腹。素面，沿面刻两道凹痕，器表有轮修痕迹。残高 5.8 厘米（图 2–279A）。

标本 G15∶6，仅存口及上腹。泥质红陶。敛口，宽平折沿，沿面微凹，圆唇，弧腹。素面。残高 6.4 厘米（图 2–279A）。

窄沿陶盆 2 件。

标本 G15∶3，可修复。泥质红陶。口微侈，窄平沿，方唇，深斜腹，底微凹。素面。口径21.2、底径 13.6、高 11.2 厘米（图 2–279A）。

标本 G15∶5，仅存口及上腹。泥质红陶。口微敛，窄沿下折，圆唇，弧腹。素面，抹光。残高 7.6 厘米（图 2–279A）。

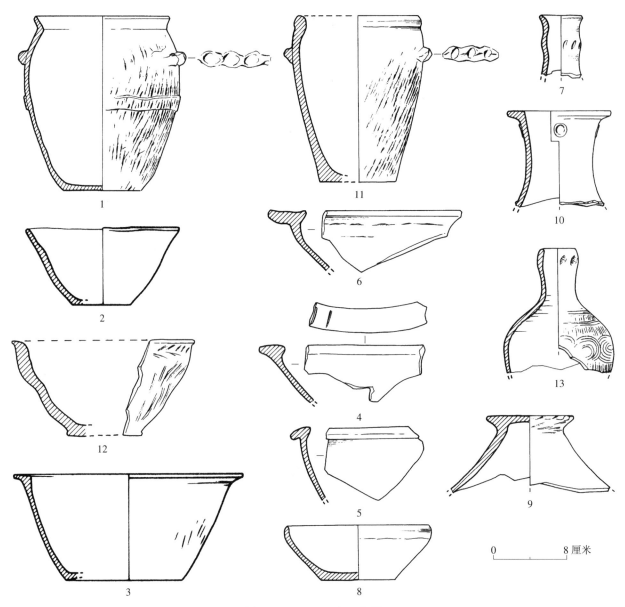

图 2 - 279A G15 出土陶器

1、11. 罐 2、8. 钵 3~6. 盆 7、10、13. 瓶 9. 器盖 12. 碗

陶碗 1 件。

标本 G15:12，可修复。泥质红陶。敞口，尖圆唇，弧腹，腹不规整，假圈足。素面，器表有刮痕。口径 19、底径 8、高 10 厘米（图 2 - 279A）。

陶刀 3 件。

标本 G15:14，系用瓶类残片打制而成。泥质红陶。长方形，单面刃，有一打制而成的缺口。长 9.7、宽 4.9、厚 0.3 厘米（图 2 - 279B）。

标本 G15:15，系用盆或钵类残片打制而成。泥质红陶。长方形，单面刃，两侧有打制而成的缺口。长 7.3、宽 5.1、厚 0.4 厘米（图 2 - 279B）。

标本 G15:16，系用盆或钵类残片打制而成。泥质红陶。长方形，双面刃，两侧有打制而成的缺口。长 6.5、宽 4.5、厚 0.7 厘米（图 2 - 279B）。

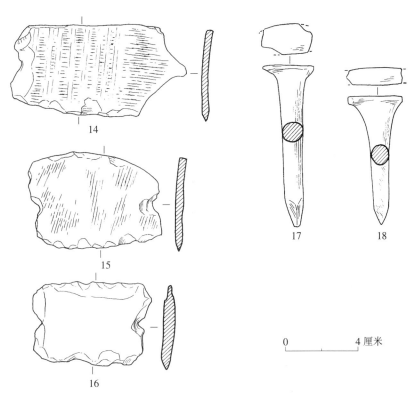

图 2－279B　G15 出土陶器

14～16. 刀　17、18. 笄

陶笄　2 件。

标本 G15：17，泥质灰陶。器身呈 "T" 字形，底端尖锐，顶端扁平。长 8.6 厘米（图 2－279B）。

标本 G15：18，泥质红陶。器身近 "T" 字形，较短，底端尖锐，顶端扁平。长 5.7 厘米（图 2－279B）。

玉笄　2 件。

标本 G15：30，浅绿墨玉。器身呈 "T" 字形，顶端宽平并残缺，尾端较尖锐并磨光。残长 5.7 厘米（图版八四，2）。

标本 G15：31，绿墨玉。柱状，一端尖锐，一端已残。器身有大量磨痕。残长 6.2 厘米。

石球　1 件。

标本 G15：32，完整。球形，表面磨光。直径 3.6 厘米。

石刀　6 件。5 件为打制，1 件为磨制。

标本 G15：19～23，长方形，两侧均有打制而成的缺口（图 2－279C；图版一〇六，1）。

标本 G15：24，通体磨制。已残。器身近方形，双面弧刃，中部有一圆形对钻穿孔。器表有磨痕。残长 8.4、宽 6.2、厚 1.6 厘米（图 2－279C）。

石刮削器　1 件。

标本 G15：25，打制。圆饼状，中间较厚，边缘较薄，边缘有打击痕。直径 5.2、厚 1.6 厘米（图 2－279C）。

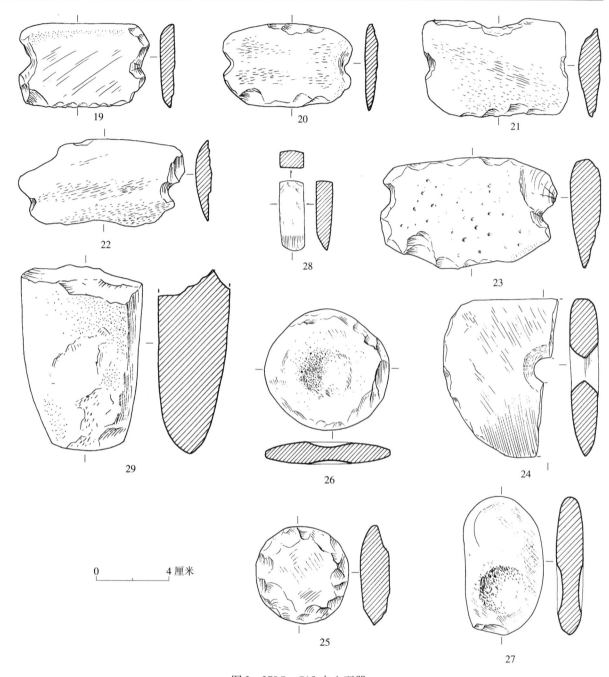

图 2 – 279C　G15 出土石器

19～24. 刀　25. 刮削器　26. 饼　27. 钻垫　28. 锛　29. 锤

石锛　1 件。

标本 G15：28，通体磨光。器形规整，窄条形，断面为方形，单面刃。长 3.7、宽 1.3、厚 0.9
厘米（图 2 – 279C；图版九六，4）。

石饼　1 件。

标本 G15：26，粗磨。圆饼状，断面近棱形，两侧中部均有对钻凹窝，周缘略有残损。直径
6.8、宽 1.2 厘米（图 2 – 279C；图版一一一，5）。

石钻垫　1 件。

标本 G15：27，磨制。器身扁圆，一端两侧均有圆形凹窝。器表有磨痕。长 7.4、宽 4.5、厚

1.5 厘米（图 2 - 279C；图版一一三，3）。

石锤 1 件。

标本 G15：29，粗磨。残断。器身近柱状，一端圆钝，周缘有残损。残长 9.9、宽 6.8、厚 4 厘米（图 2 - 279C）。

14. G16

位于 2010LX Ⅰ T0211 西部，开口①层下，被 H222、H301 打破，打破 H284、H285、H294、G17，西部压于隔梁之下。揭露沟口形状不规则，近椭圆形，东西向分布，坑壁较缓，底不平。揭露长度 7、最宽处 5.2、深 0.7 米。沟内填土为灰褐色土，土质疏松，出土有少量陶片、石块。

出土陶器 15 件，泥器 1 件，玉器 5 件，石器 6 件，骨器 4 件，角器 1 件。陶器器形可辨瓶、盆、罐、钵、碗、瓮、甑、刀、笄和环，泥器为球，玉器为笄，石器为刀、斧、铲和凿，骨器为锥、笄和镞，角器为锥。

陶瓶 3 件。

标本 G16：7，仅存口部。泥质红陶。口微侈，尖圆唇，颈上部圆鼓，下部较直，近葫芦形。素面，颈部有一周戳印。口径 5、残高 7 厘米（图 2 - 280A）。

标本 G16：8，仅存口部。泥质红陶。口微侈，平唇，口沿有一周折棱，由重唇口退化而来，直高领。素面，颈部贴有圆形泥饼。口径 6.8、残高 7.8 厘米（图 2 - 280A）。

标本 G16：9，仅存口部。泥质红陶。侈口，平唇微上斜，口内有一折棱，束颈。素面，颈上部贴附有泥饼，下部有一周附加堆纹。口径 10、残高 10.2 厘米（图 2 - 280A）。

陶罐 3 件。根据形态可分为鼓腹罐、直腹罐和小口圆腹罐。

小口圆腹陶罐 1 件。

标本 G16：2，仅存口及上腹。夹砂红陶。小口微侈，圆唇，上腹圆鼓。素面。口径 14、残高 6.4 厘米（图 2 - 280A）。

鼓腹陶罐 1 件。

标本 G16：5，仅存口及上腹。夹砂红陶。口微侈，圆唇，敛颈，腹圆鼓，上腹有一鸡冠状器鋬。器表饰竖向绳纹，上腹贴附有小泥饼。口径 16、残高 6 厘米（图 2 - 280A）。

直腹陶罐 1 件。

标本 G16：3，仅存口及上腹。夹砂红陶。直口，方唇，颈微束，口内有折棱，直腹。器表饰交错绳纹，口下贴附有小泥饼，沿部有轮修痕迹。残高 6 厘米（图 2 - 280A）。

陶碗 1 件。

标本 G16：6，可修复。泥质红陶。口微敛，尖圆唇，弧腹，平底。素面。口径 12、底径 6.4、高 6 厘米（图 2 - 280A）。

陶钵 1 件。

标本 G16：12，可修复。泥质红陶。敛口，圆唇，鼓肩，斜腹，平底。素面。口径 16、底径 5.6、高 7.2 厘米（图 2 - 280A；图版五〇，5）。

陶盆 1 件。

标本 G16：4，可修复。夹砂红陶。敛口，窄沿微上斜，圆唇，弧腹，平底。素面。口径 32、底径 17.2、残高 16 厘米（图 2 – 280A）。

陶瓮　1 件。

标本 G16：10，仅存口及上腹。夹砂红陶。敛口，圆唇外叠，唇面微凹，腹微鼓，上腹有一鸡冠状器鋬。素面。残高 10.4 厘米（图 2 – 280A）。

陶甑　1 件。

标本 G16：11，仅存底部。泥质红陶。斜腹，平底，底部有圆形箅孔。素面。底径 14、残高 3 厘米（图 2 – 280A）。

陶残器　1 件。

标本 G16：1，为陶器口部残片。泥质红陶。宽桥形耳，前侧似有流。器体轻薄。素面。残高 6 厘米（图 2 – 280A）。

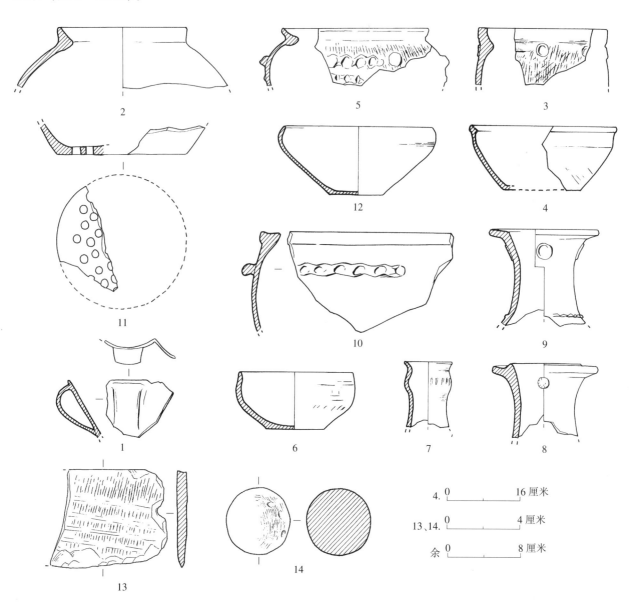

图 2 – 280A　G16 出土陶器

1. 残器　2、3、5. 罐　4. 盆　6. 碗　7~9. 瓶　10. 瓮　11. 甑　12. 钵　13. 刀　14. 泥球

陶刀　1件。

标本 G16：13，系用瓶类残片打制而成。泥质红陶。一端已残，器身为方形，单面刃，一侧有一打制的缺口。残长 6.4、宽 5.3、厚 0.5 厘米（图 2－280A）。

泥球　1件。

标本 G16：14，球体，器表略经烧烤，较粗糙。直径 3.6 厘米（图 2－280A）。

玉笄　5件。

标本 G16：21，绿墨玉。柱状，一端尖锐，一端磨光。残长 10.1 厘米。

标本 G16：22，墨玉。扁柱状，一端尖锐，一端已残。残长 7.5 厘米。

标本 G16：23，墨玉。扁柱状，一端尖锐，一端已残。残长 6.8 厘米。

标本 G16：24，墨玉。器身呈 "T" 字形，顶端宽平，尾端已残。残长 2.9 厘米。

标本 G16：25，绿墨玉。器身呈 "T" 字形，顶端宽平并残缺，尾端已残。残长 7.6 厘米。

石刀　1件。

标本 G16：15，打制。长方形，单面刃，两侧有打制而成的缺口。长 8.3、宽 5.2、厚 1 厘米（图 2－280B）。

石斧　2件。

标本 G16：16，粗磨。器身近梯形，较厚重，单面刃。长 10.9、宽 7.2、厚 3.8 厘米（图 2－280B；图版九二，4）。

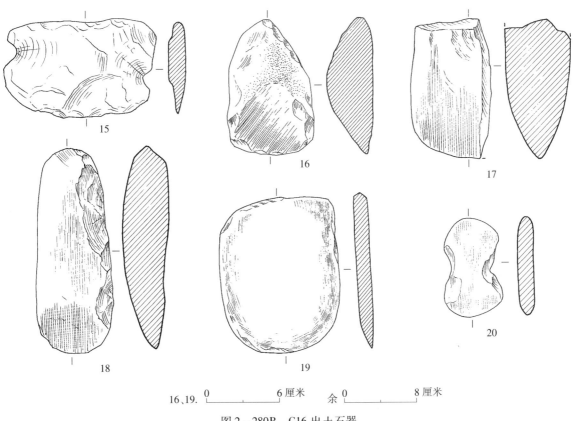

16、19. [0 ___ 6 厘米]　余 [0 ___ 8 厘米]

图 2－280B　G16 出土石器

15. 刀　16、17. 斧　18. 凿　19. 铲　20. 网坠

标本 G16：17，磨制。仅存刃部，残余部分为条形，双面弧刃。残长 7.4、宽 4.5、厚 3.6 厘米（图 2 - 280B）。

石凿　1 件。

标本 G16：18，磨制。窄条形，单面弧刃，周缘略有残损。长 10.9、宽 4.4、厚 2.5 厘米（图 2 - 280B）。

石铲　1 件。

标本 G16：19，粗磨。器身近椭圆形，扁平，一侧有磨制而成的双面弧刃。长 12.5、宽 9.8、厚 1.2 厘米（图 2 - 280B）。

石网坠　1 件。

标本 G16：20，打制。椭圆形，器身扁平，两侧各有一打制而成的缺口。长 5.3、宽 3.4、厚 0.9 厘米（图 2 - 280B）。

15. G18

位于 2010LX Ⅱ T0115 东北部，开口①层下，被 H254、H261、H327 打破，东、北部压于隔梁之下。沟口形状不明，探方内揭露一斜边，坑壁较缓，底不平。揭露长度 6.5、深 0.6 米。沟内填土为灰褐色土，土质疏松，出土有少量陶片和石块。

出土陶器 10 件，泥器 1 件，玉器 9 件，石器 10 件，骨器 5 件。陶器器形可辨盆、钵、灶、钏、笄和环，泥器为盏，玉器为笄和环，石器为刀、斧和球，骨器为锥和镞。

陶盆　1 件。

标本 G18：1，可修复。泥质灰陶。斜沿外侈，斜直腹，底微凹。素面，抹光，内壁有刮抹痕迹。口径 19.4、底径 12、高 7.7 厘米（图 2 - 281A；图版三九，6）。

陶钵　1 件。

标本 G18：2，可修复。泥质红陶。敛口，尖唇，内有凸棱，鼓肩，弧腹，平底。素面。口径 14.8、底径 6.3、高 7.6 厘米（图 2 - 281A）。

陶灶　3 件。

其中灶口部残片 1 件，足部 2 件。

标本 G18：3，下部已残，仅存口部。夹砂红陶。口微敛，斜折沿，圆唇，腹较直。腹壁饰有几道凹弦纹。残高 7 厘米（图 2 - 281A）。

标本 G18：4，上部已残，仅存灶足。夹砂红陶。平底，下接长方形足。素面。残高 5.8 厘米（图 2 - 281A）。

标本 G18：5，上部已残，仅存灶足。夹砂红陶。平底，下接长方形足。素面。残高 5.5 厘米（图 2 - 281A）。

陶钏　2 件。

标本 G18：6，泥质灰陶。残断，环状，断面为半圆形。外侧有凹槽装饰。残长 3.2 厘米（图 2 - 281A；图版八三，5）。

标本 G18：7，泥质灰陶。残断，环状，器身较宽，断面近圆角方形。外侧有条块状装饰。残长 4.6 厘米（图 2 - 281A）。

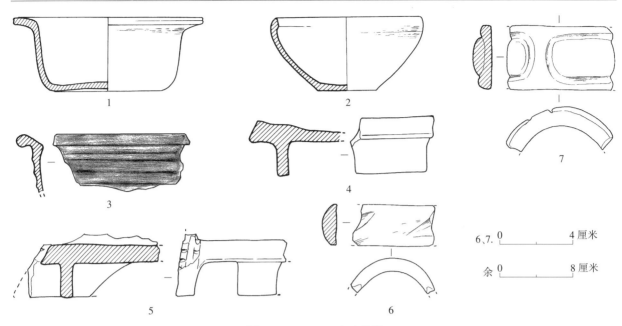

图 2－281A　G18 出土陶器

1. 盆　2. 钵　3. 灶　4、5. 灶足　6、7. 钏

玉笄　8件。

标本 G18：13，墨玉。器身一侧磨光平整，一侧有弧度，两端已残。残长 3.7 厘米。

标本 G18：14，墨玉。器身一侧磨光平整，一侧有弧度，两端已残。其中一端有磨制痕迹。残长 3.7 厘米。

标本 G18：15，墨玉。柱状，两端皆残。残长 5.6 厘米。

标本 G18：16，浅绿墨玉。器身一侧平整，一侧有弧度，一端已残，一端尖锐。残长 3.7 厘米。

标本 G18：17，绿墨玉。柱状，两端皆残。器身残缺。残长 3.1 厘米。

标本 G18：18，绿墨玉。扁柱状，一端已残，一端尖锐。残长 5.8 厘米。

标本 G18：19，绿墨玉。柱状，一端已残，一端尖锐。残长 8.3 厘米。

标本 G18：20，绿墨玉。器身呈"T"字形，顶端宽平并有残缺，顶端有延伸至器身的凹槽，尾端尖锐。长 8 厘米（图版八四，2）。

玉环　1件。

标本 G18：12，磨制。断面为半圆形。残长 5.3 厘米（图 2－281B；图版八九，1）。

石球　5件（图版——七，1）。

标本 G18：21，完整。球形，表面有少许磕豁。直径 4.2 厘米。

标本 G18：22，完整。近球形，表面有磕豁。直径 3.3 厘米。

标本 G18：23，完整。球形，表面有坑疤。直径 5.1 厘米。

标本 G18：24，较完整。近球形，表面有较多坑疤。直径 4.6 厘米。

标本 G18：25，残。球形，表面有磕豁。直径 5.6 厘米。

石刀　2件。

均打制。长方形，单面刃，两侧有打制而成的缺口。

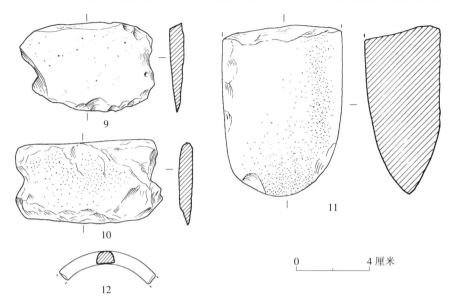

图 2 - 281B　G18 出土玉、石器
9、10. 石刀　11. 石斧　12. 玉环

标本 G18:9，长 7.5、宽 4.7、厚 0.8 厘米（图 2 - 281B）。

标本 G18:10，长 8.2、宽 4.4、厚 0.7 厘米（图 2 - 281B）。

石斧　1 件。

标本 G18:11，磨制。一端已残，条形，双面弧刃，刃缘略有残损。残长 9、宽 6.6、厚 4.2 厘米（图 2 - 281B）。

16. G21

位于 2010LXⅡT0214 西北部，开口①层下，被 H296 打破，打破 H324、G26，北部压于隔梁之下。揭露沟口形状近方形，沟壁较直，底较平。揭露长度 4.8、宽 2.8、深 0.6 米。沟内填土为灰褐色土，土质疏松，出土有陶片和石块。

出土陶器 28 件，玉器 3 件，石器 15 件，骨器 2 件。陶器器形可辨瓶、盆、钵、罐、碗、瓮、缸、甑、釜、灶、器盖、锉、陶塑、刀和圆陶片，玉器为笄，石器有刀、斧、球和纺轮，骨器为锥。

陶钵　3 件。

标本 G21:9，仅存口及上腹。泥质红陶。敛口，圆唇，鼓肩，斜腹。素面。口径 19.8、残高 5.6 厘米（图 2 - 282A）。

标本 G21:1，仅存口及上腹。泥质灰陶。口微敛，尖圆唇，内有凸棱，斜腹。素面，抹光。残高 7.8 厘米（图 2 - 282A）。

标本 G21:15，仅存口及腹部。泥质红陶。口微敛，圆唇，弧腹。素面。口径 20、残高 7.4 厘米（图 2 - 282A）。

陶瓮　2 件。

标本 G21:3，底部已残，仅存口及腹部。泥质红陶。敛口，斜沿，圆唇，上腹微鼓。素面，沿下贴有圆形泥饼。口径 48.8、残高 28.8 厘米（图 2 - 282B）。

标本 G21:18，仅存口及上腹。夹砂红陶。敛口，沿外卷贴于口壁，上腹微鼓。素面，上腹有

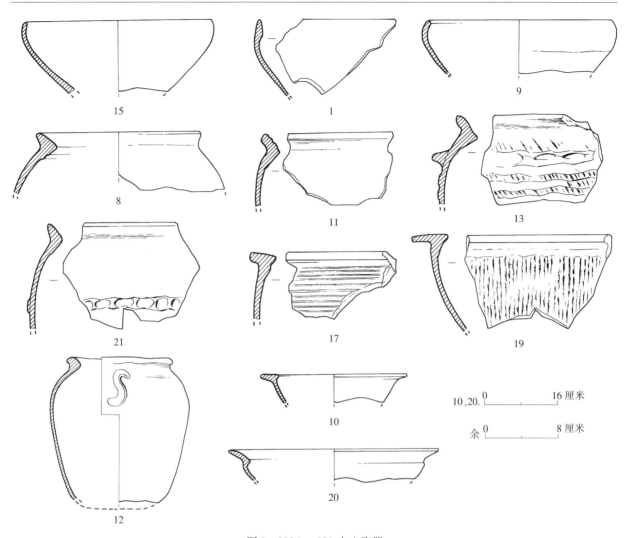

图 2 - 282A　G21 出土陶器

1、9、15. 钵　8、11 ~ 13、21. 罐　10、19、20. 盆　17. 缸

一周附加堆纹。残高 9.8 厘米（图 2 - 282B）。

陶缸　1 件。

标本 G21：17，仅存口部。夹砂褐陶。敛口，平折沿，方唇，上腹较直。器表饰平行弦纹，抹光。残高 7.2 厘米（图 2 - 282A）。

陶瓶　1 件。

标本 G21：6，仅存口部。泥质灰陶。口较直，平唇微上斜，口内有一道折棱，高领。颈下部饰细线纹，上有数道抹弦纹。口径 10、残高 15.4 厘米（图 2 - 282B）。

陶釜　1 件。

标本 G21：2，可修复。夹砂红陶。敞口，斜折沿，束颈，浅折腹，折腹部有一道尖凸扉棱，圜底。素面。口径 20、腹径 22.4、高 10 厘米（图 2 - 282B；图版五二，3）。

陶灶　1 件。

标本 G21：4，仅存足部。夹砂红陶，有红色陶衣。兽足。素面。残高 10 厘米（图 2 - 282B）。

陶罐　5 件。根据形态可分为鼓腹罐和小口圆腹罐。

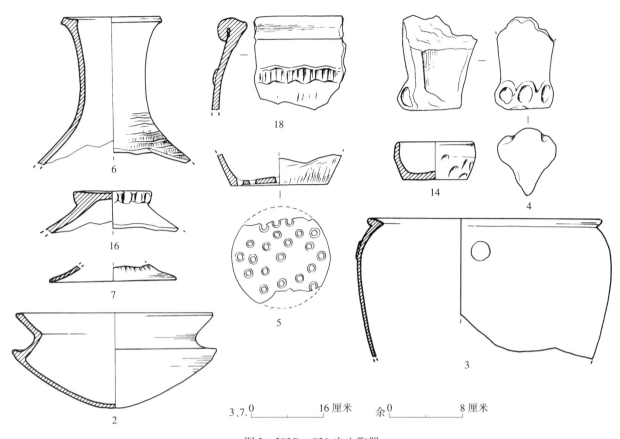

图 2－282B　G21 出土陶器

2. 釜　3、18. 瓮　4. 灶　5. 甑　6. 瓶　7、16. 器盖　14. 碗

鼓腹陶罐　4 件。

标本 G21：11，仅存口及上腹。夹砂灰陶。敛口，斜折沿，方唇，腹微鼓。素面，沿面有三道凹弦纹。残高 7.6 厘米（图 2－282A）。

标本 G21：12，底部略残。泥质红陶。口微敛，短沿微卷，圆唇，上腹微鼓，下腹较直。素面，口下贴附有"S"形泥条。口径 11.5、残高 15.5 厘米（图 2－282A；图版五四，2；图版六九，5）。

标本 G21：13，仅存口及上腹。夹砂红陶。敛口，斜折沿，圆唇，鼓腹，上有一鸡冠状器鋬。器表饰斜向绳纹，腹饰几道附加堆纹。残高 9.4 厘米（图 2－282A）。

标本 G21：21，仅存口及上腹。夹砂褐陶。敛口，斜沿，尖圆唇，腹微鼓。素面，腹饰一周附加堆纹。残高 11.2 厘米（图 2－282A）。

小口圆腹陶罐　1 件。

标本 G21：8，仅存口部。泥质灰陶。侈口，尖圆唇，束颈，圆腹。素面。口径 16.8、残高 6 厘米（图 2－282A）。

陶盆　3 件。

标本 G21：10，仅存口及上腹。泥质红陶。敛口，宽平沿，圆唇，弧腹。素面。口径 24、残高 6 厘米（图 2－282A）。

标本 G21：19，仅存口及上腹。泥质红陶。敛口，宽平沿，方唇，弧腹。腹饰竖向绳纹。残高

9.8 厘米（图 2 - 282A）。

标本 G21：20，仅存口及上腹。泥质灰陶。敛口，斜沿上翘，尖唇。素面。口径 44、残高 6.4 厘米（图 2 - 282A）。

陶碗　1 件。

标本 G21：14，可修复。泥质灰陶。口微敛，圆唇，浅腹微鼓，平底。素面，器表有划痕。口径 7.8、底径 6.8、高 4 厘米（图 2 - 282B）。

陶器盖　2 件。

标本 G21：16，仅存顶部。夹砂灰陶。捉手假圈足状，顶微凹，盖口外敞。素面，顶有一周按捺窝。残高 4.4 厘米（图 2 - 282B）。

标本 G21：7，仅存底部。泥质红陶。盖口外敞，弧腹。素面，器表有轮制痕迹，内壁有烟炱。口径 27.2、残高 1.6 厘米（图 2 - 282B）。

陶甑　1 件。

标本 G21：5，仅存底部。泥质红陶。斜腹，底微凹，底部有圆形箅孔。腹饰斜向绳纹。底径 10.4、残高 2.8 厘米（图 2 - 282B）。

陶塑　1 件。

标本 G21：22，为罐类残片。夹砂红陶。器表饰竖向绳纹，其上贴附一泥条，泥条一端用戳印表现出人的眼、口等五官形象。残长 7.1 厘米（图 2 - 282C；图版六八，4）。

陶刀　4 件。

标本 G21：23 ~ 26，均系用瓶、钵类残片打制而成。长方形，两端多有打制而成的缺口（图 2 - 282C）。

圆陶片　1 件。

标本 G21：27，系用瓶类器物残片打制而成。泥质红陶。近圆饼状，周缘有一周打制而成的刃口。直径 4.8 ~ 6、厚 0.6 厘米（图 2 - 282C）。

陶锉　1 件。

标本 G21：28，泥质红陶。一端已残，器体近三角形，表面布满坚硬粗糙的麻点面。残长 7.3、宽 4.7、厚 1 厘米（图 2 - 282C；图版八〇，3）。

玉笄　3 件。

标本 G21：43，绿墨玉。柱状，一端已残，一端磨光平整。残长 4.8 厘米。

标本 G21：44，墨玉。器身呈 "T" 字形，顶端宽平，尾端已残。器身有残缺。残长 7 厘米。

标本 G21：45，绿墨玉。柱状，两端皆残。残长 4.5 厘米。

石球　1 件。

标本 G21：46，完整。球形，表面有坑疤。直径 2.7 厘米。

石刀　11 件。

标本 G21：29 ~ 39，均为打制。长方形，两侧多有打制而成的缺口（图 2 - 282D；图版一〇六，2）。

石斧　2 件。

标本 G21：40，打制。器身厚重，长方形，双面刃，周缘及刃口有残损。长 16.3、宽 12.5、厚 4.3 厘米（图 2 - 282E）。

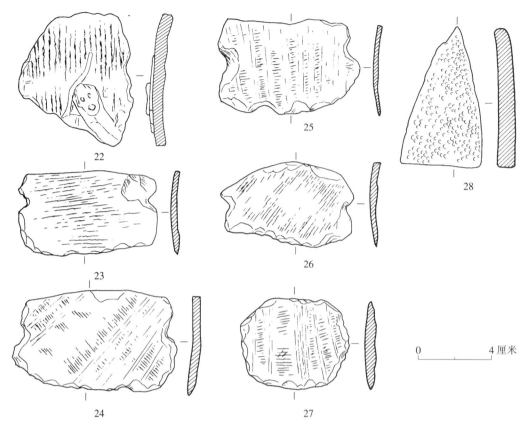

图 2 – 282C　G21 出土陶器
22. 陶塑　23 ~ 26. 刀　27. 圆陶片　28. 锉

标本 G21：41，磨制。仅存刃部。残余部分近方形，双面弧刃。残长 5.6、宽 6.7、厚 1.5 厘米（图 2 –282E）。

石纺轮　1 件。

标本 G21：42，通体磨光。圆饼状，断面为圆角长方形，中有一单面钻的圆形穿孔。直径 4、厚 1.2 厘米（图 2 –282E）。

17. G22

位于 2010LX Ⅱ T0213 东南部和 Ⅱ T0313 南部，开口①层下，被 H290、H291、H316、H321、H331、H332、H337 和 H352 打破，打破 H322、H345，大部压于隔梁之下。沟口形状不明，揭露部分有一 "S" 形边，东西向分布，沟壁较直，底较平。长度超过 18 米，深 0.6 米。沟内填土为灰褐色土，土质疏松，出土有大量陶片、石块。

出土陶器 76 件，玉器 10 件，石器 52 件，骨器 28 件，角器 1 件。陶器器形可辨钵、盆、罐、瓶、缸、瓮、壶、甑、杯、灶、器盖、鼓、锉、刀、笄、支垫、纺轮、陶塑、圆陶片和环，玉器为笄和环，石器有刀、斧、锛、凿、纺轮、钻头、刮削器、饼、笄、笄坯、球和石料，骨器为锥、笄、镞（图版一二九，3），角器为叉。

陶钵　4 件。

标本 G22：1，可修复。泥质红陶。敛口，圆唇，鼓肩，弧腹，凹底。素面。口径 27.2、底径 10、高 12.2 厘米（图 2 –283A；图版五〇，6）。

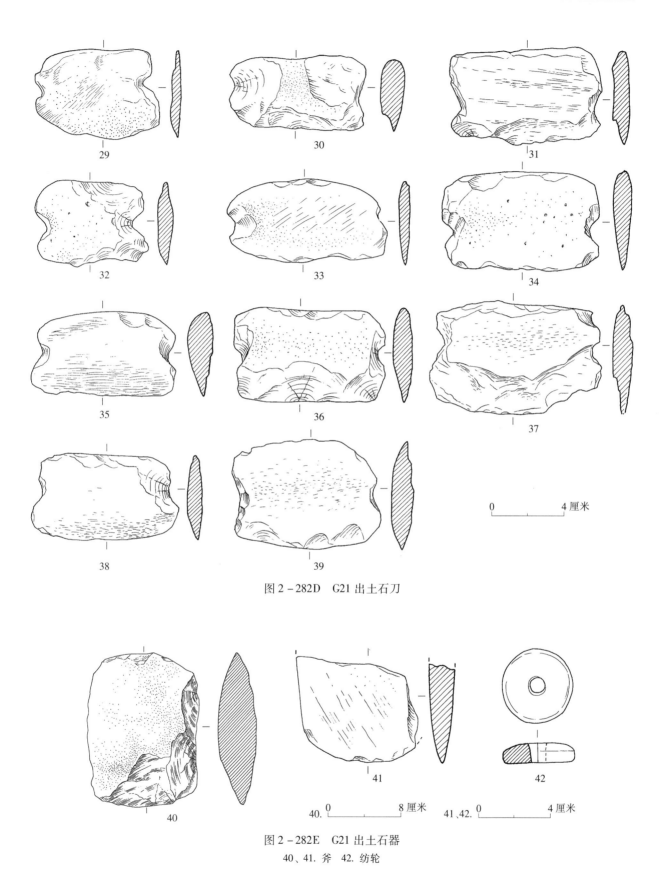

图 2 - 282D　G21 出土石刀

图 2 - 282E　G21 出土石器
40、41. 斧　42. 纺轮

　　标本 G22：8，可修复。泥质灰陶。敛口，尖圆唇，鼓肩，斜腹，平底。素面，抹光，器表有 4 个对钻小孔。口径 27.2、底径 10.8、高 12.6 厘米（图 2－283A）。

　　标本 G22：34，仅存口及腹部。泥质红陶。直口，圆唇，上腹较直，下腹斜收。口径 27.6、残高 8.4 厘米（图 2－283A）。

　　标本 G22：39，可修复。泥质灰陶。敛口，圆唇，鼓肩，弧腹，平底。素面。口径 17.6、底径 9、高 8 厘米（图 2－283A）。

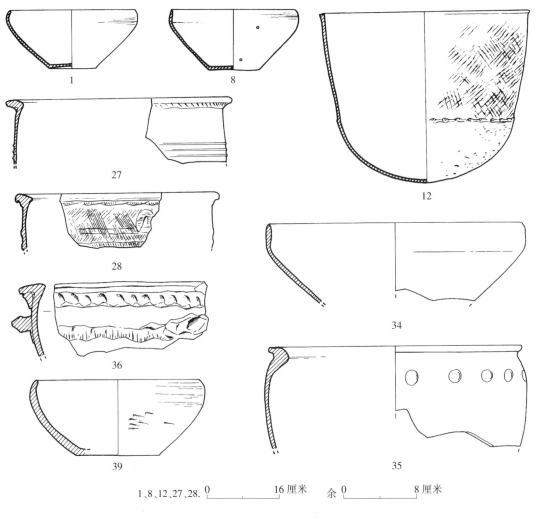

图 2－283A　G22 出土陶器

1、8、34、39. 钵　12、27、28、35、36. 缸

　　陶盆　15 件。根据形态可分为宽沿盆、窄沿盆和带流盆。

　　窄沿陶盆　9 件。

　　标本 G22：2，可修复。泥质红陶。口微敛，窄卷沿，圆唇，弧腹，平底。沿面有一人形雕塑。素面，内壁有抹痕。口径 31.2、底径 14、高 14.4 厘米（图 2－283B；图版六七，2）。

　　标本 G22：13，可修复。泥质红陶。敞口，窄沿微卷，圆唇，斜腹，底微凹。素面，沿面有戳刺纹。口径 30.4、底径 14.4、高 15.2 厘米（图 2－283B；图版四〇，6）。

标本 G22：14，可修复。泥质红陶。口微敛，圆唇，窄平沿，弧腹，上腹有一对鸡冠状器鋬，底微凹。素面。口径 32.8、底径 12、高 22 厘米（图 2－283B；图版四〇，4）。

标本 G22：18，可修复。泥质红陶。敛口，圆唇，窄沿微上斜，弧腹，平底。素面。口径 20、底径 9.4、高 11.6 厘米（图 2－283B）。

标本 G22：20，可修复。泥质红陶。敛口，尖圆唇，窄卷沿，斜腹，底微凹。素面。口径 29.6、底径 18、高 10.6 厘米（图 2－283B）。

标本 G22：21，可修复。泥质红陶。敛口，圆唇，窄沿微斜，斜腹，平底。素面。口径 28.8、底径 14.8、高 13.2 厘米（图 2－283B）。

标本 G22：23，可修复。泥质红陶。口微敛，圆唇，窄沿微上翘，斜腹，上腹有一对鸡冠状器鋬，平底。素面。口径 32.8、底径 16.8、高 16.4 厘米（图 2－283B）。

标本 G22：31，仅存口及上腹。泥质灰陶。敛口，圆唇较厚，弧腹，平底。残高 9 厘米（图 2－283B）。

标本 G22：38，仅存口及腹部。泥质红陶。敛口，窄沿微上斜，圆唇，深弧腹。素面。口径 27.2、残高 11.6 厘米（图 2－283B）。

宽沿陶盆 5 件。

标本 G22：3，可修复。泥质灰陶。敛口，尖圆唇，斜沿上翘，斜腹，平底。素面，内壁口沿抹光。口径 39.2、底径 16、高 11.2 厘米（图 2－283B）。

标本 G22：4，可修复。泥质红陶。敛口，尖圆唇，卷沿上斜，弧腹较浅，平底。素面，内壁口沿抹光。口径 38.2、底径 26.8、高 7.2 厘米（图 2－283B）。

标本 G22：9，可修复。泥质灰陶。敛口，尖圆唇，斜沿上翘，斜腹，平底。素面。口径 42.4、底径 19.2、高 10.4 厘米（图 2－283B）。

标本 G22：11，可修复。泥质灰陶。敛口，圆唇，斜沿上翘，口沿不平，斜腹，平底。素面。口径 22、底径 8、高 7 厘米（图 2－283B）。

标本 G22：33，仅存口及上腹。泥质灰陶。敛口，宽平沿，圆唇，弧腹。残高 7.8 厘米（图 2－283B）。

带流陶盆 1 件。

标本 G22：10，可修复。泥质灰陶。敛口，圆唇，上腹圆鼓，下腹斜收，一侧有一槽状流，上腹两侧各有一鸡冠状器鋬。素面。口长径 43.2、底径 18.4、高 22.8 厘米（图 2－283B）。

陶罐 6 件。根据形态可分为鼓腹罐和小口圆腹罐。

小口圆腹陶罐 3 件。

标本 G22：15，可修复。夹砂红陶。口微侈，圆唇，小直领，圆腹，平底。口径 14.4、底径 13.6、高 27.2 厘米（图 2－283C；图版五七，4）。

标本 G22：5，可修复。泥质灰陶。侈口，尖圆唇，束颈，圆腹，平底。颈下饰 7 个圆形泥突，腹饰两周附加堆纹。口径 16、底径 16.4、高 27.6 厘米（图 2－283C；图版五七，3）。

标本 G22：19，可复原。泥质红陶。侈口，方唇，束颈，圆腹，底微凹。素面，腹部有一圆形穿孔。口径 11、底径 11.2、高 13.6 厘米（图 2－283C；图版五八，1）。

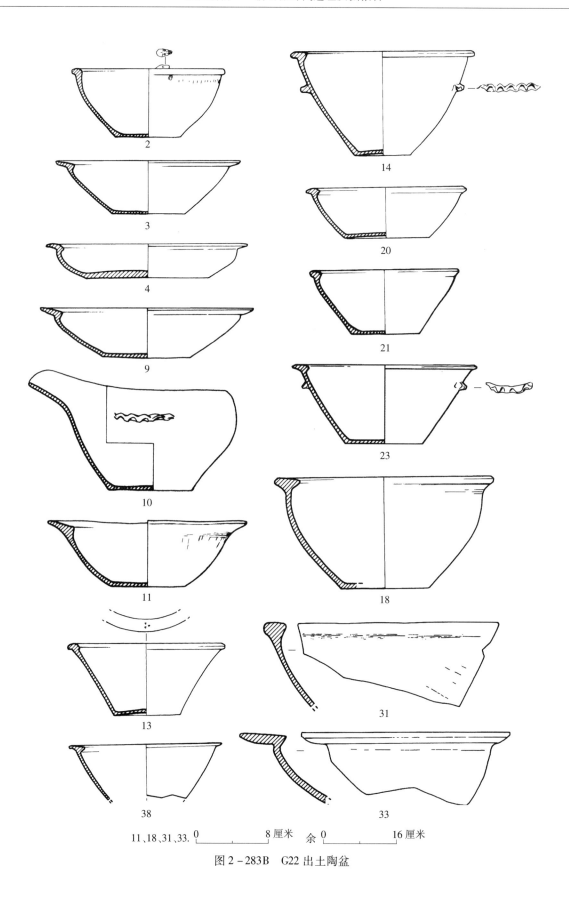

11、18、31、33. 0 _____ 8厘米　余 0 _____ 16厘米

图 2 - 283B　G22 出土陶盆

鼓腹陶罐　3件。

标本 G22：17，可修复。夹砂褐陶。敛口，斜沿外折，圆唇，鼓腹，上腹有一对鸡冠状器鋬，平底。通体饰斜向绳纹，上腹有一道附加堆纹。口径 14、底径 8、残高 17.6 厘米（图 2－283C）。

标本 G22：32，仅存口部。夹砂红陶。敛口，斜沿，圆唇，腹较直，上有一鸡冠状器鋬。器表饰绳纹，沿下有一周附加堆纹。残高 10.6 厘米（图 2－283C）。

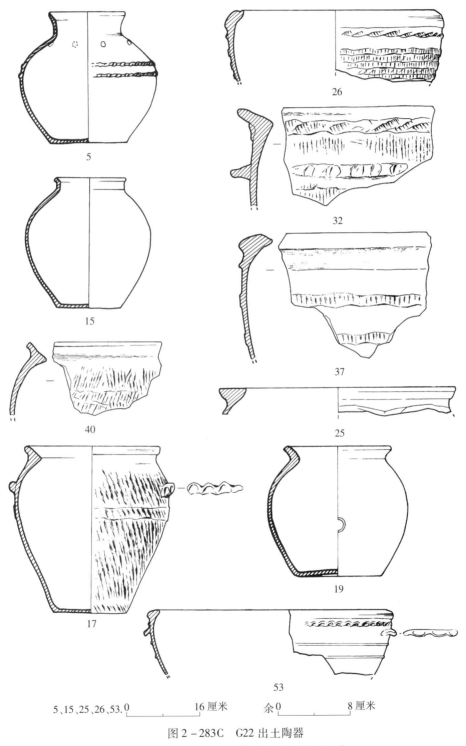

5、15、25、26、53. 0 ——— 16 厘米　　余 0 ——— 8 厘米

图 2－283C　G22 出土陶器

5、15、17、19、32、40. 罐　25、26、37、53. 瓮

标本 G22：40，仅存口部。夹砂灰陶。敛口，斜折沿，方唇，腹微鼓。器表饰斜向绳纹，上腹有一周附加堆纹。残高 7.8 厘米（图 2 –283C）。

陶缸　5 件。

标本 G22：12，可修复。夹砂红陶。口微侈，方唇，斜直腹，圜底。腹饰交错绳纹，底素面，不平。口径 44、高 36 厘米（图 2 –283A；图版六〇，4）。

标本 G22：35，仅存口及上腹。夹砂红陶。敛口，沿微卷，尖圆唇，上腹较直。素面，上腹有一周附加泥饼。口径 25.2、残高 10.8 厘米（图 2 –283A）。

标本 G22：28，仅存口及上腹。夹砂红陶。口微敛，斜折沿，卷唇，上腹较直。器表饰交错绳纹，上腹有几周附加堆纹。残高 11.6 厘米（图 2 –283A）。

标本 G22：27，仅存口及上腹。夹砂灰陶。口微敛，窄沿平折，圆唇，上腹较直。素面，沿下有一周戳刺，上腹有三道纤细的附加堆纹。残高 14 厘米（图 2 –283A）。

标本 G22：36，仅存口部。夹砂褐陶。敛口，平沿外折，方唇，腹微鼓，上腹有一鸡冠状器鋬。沿下有两道附加堆纹。残高 7.8 厘米（图 2 –283A）。

陶瓮　4 件。

标本 G22：25，仅存口部。泥质灰陶。敛口，平折沿，尖圆唇。素面。口径 40、残高 5.2 厘米（图 2 –283C）。

标本 G22：37，仅存口及上腹。夹砂红陶。敛口，圆唇外叠，腹斜收。腹有两周附加堆纹。残高 13.4 厘米（图 2 –283C）。

标本 G22：53，仅存口及上腹。泥质红陶。敛口，圆唇外叠，腹斜收，上有一对鸡冠状器鋬。沿下有一周附加堆纹。口径 50.8、残高 14 厘米（图 2 –283C）。

标本 G22：26，仅存口及上腹。夹砂红陶。敛口，圆唇外叠，腹斜收。器表饰竖向绳纹，上腹有几周附加堆纹。口径 40、残高 15.2 厘米（图 2 –283C）。

陶器盖　6 件。

标本 G22：7，可修复。夹砂灰陶。捉手假圈足状，顶平，盖口外敞，弧腹。素面，器表有抹痕。口径 21.2、高 7.6 厘米（图 2 –283D）。

标本 G22：16，可修复。夹砂红陶。捉手假圈足状，顶平，盖口外敞，斜腹，上腹有一对鸡冠状器鋬。器表饰粗绳纹，捉手有一周按捺纹。口径 40、高 18.8 厘米（图 2 –283D；图版六一，3）。

标本 G22：52，可修复。夹砂红陶。捉手假圈足状，顶平，盖口外敞，弧腹。器表饰细绳纹。口径 32、高 12.8 厘米（图 2 –283D）。

标本 G22：42，可修复。夹砂褐陶。捉手假圈足状，顶平，盖口外敞，斜腹。素面。口径 9、高 3.6 厘米（图 2 –283D）。

标本 G22：43，可修复。夹砂红陶。捉手假圈足状，顶平，盖口外敞，弧腹。素面，器顶有一周按捺窝。口径 16.2、高 6.8 厘米（图 2 –283D）。

标本 G22：47，仅存盖口部。夹砂灰陶。盖口外敞，斜腹。器表饰三道平行的附加堆纹。口径 6.4、残高 3.6 厘米（图 2 –283D）。

陶壶 1件。

标本 G22：6，可修复。泥质红陶。侈口，尖圆唇，高领，垂腹，平底。素面。口径4.8、底径5.4、高8.4厘米（图2－283D；图版四五，3）。

陶甑 1件。

标本 G22：22，可修复。泥质红陶。敞口，尖圆唇，斜腹，上有一对鸡冠状錾，底微凹，底部有圆形箅孔。素面。口径19.8、底径11.4、高13厘米（图2－283D；图版四四，3、4）。

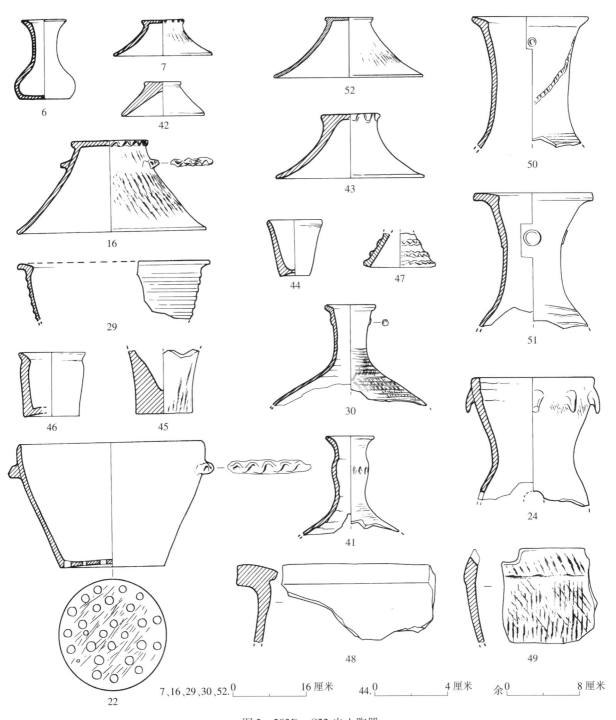

图2－283D G22 出土陶器

6. 壶 7、16、42、43、47、52. 器盖 22. 甑 24. 鼓 29、48、49. 灶 30、41、50、51. 瓶 44～46. 杯

陶杯　3件。

标本 G22:44，可修复。夹砂灰陶。敞口，尖唇，斜腹，凹底。素面。口径2.8、底径1.6、高3厘米（图2-283D）。

标本 G22:45，仅存底部。泥质灰陶。斜直腹，平底。器表饰少量绳纹。底径6、残高6.6厘米（图2-283D）。

标本 G22:46，可修复。夹砂红陶。口微侈，尖圆唇，束颈，直腹，凹底。素面。口径7、底径6、残高6.8厘米（图2-283D）。

陶灶　3件。

标本 G22:49，仅存口部。夹砂红陶。敛口，方唇较厚，腹斜收。器表饰交错绳纹。残高10厘米（图2-283D）。

标本 G22:48，仅存口部。夹砂灰陶。口微敛，平折沿，方唇较厚，口内有一道浅凹槽，上腹较直。素面。残高8厘米（图2-283D）。

标本 G22:29，仅存口及上腹。夹砂红陶，器表有红色陶衣。口微敛，斜折沿，圆唇，腹斜收。素面，腹饰几道附加泥条。残高12.4厘米（图2-283D）。

陶瓶　4件。

标本 G22:41，仅存口部。泥质红陶。侈口，尖圆唇，颈部圆鼓，近葫芦状。颈部有一周指甲状戳印。口径5、残高10.2厘米（图2-283D）。

标本 G22:50，仅存口部。泥质灰陶。口微侈，窄沿微斜，尖圆唇，口内有一折棱，高领微束。颈部贴有三个小泥饼和斜向贴一道泥塑泥条，颈以下饰抹弦纹。口径12.4、残高13.8厘米（图2-283D）。

标本 G22:51，仅存口部。泥质红陶。侈口近喇叭状，方唇，口内有一折棱，高领微束。颈部贴有三个小泥饼，颈以下饰抹弦纹。口径10、残高14.4厘米（图2-283D）。

标本 G22:30，仅存口部及肩部。泥质灰陶。口微侈，平唇微上斜，口内有一道折棱，直高领。颈部贴有两个小泥饼，颈下部饰细密线纹，其上有抹弦纹。口径9.6、残高21.2厘米（图2-283D）。

陶鼓　1件。

标本 G22:24，仅存口及腹部。泥质红陶。口微侈，厚方唇，中腹微凹，下腹外鼓，有一圆形穿孔。口外贴附一周均匀的鸟喙状凸起，口下饰少量细绳纹。口径11.6、残高13.6厘米（图2-283D；图版三二，2）。

陶锉　1件。

标本 G22:54，泥质红陶。长方形，周缘略有残损。表面布满坚硬粗糙的麻点面。长8.5、宽4.7、厚2.3厘米（图2-283F；图版八〇，2）。

陶刀　11件。

标本 G22:55~65，均系用瓶、钵类器物残片打制而成。多为长方形，两侧多有打制而成的缺口。其中，标本 G22:58 和标本 G22:64 器表各有一对钻而成的穿孔（图2-283E）。

陶纺轮　2 件。

标本 G22：66，泥质灰陶。圆饼状，断面为下宽上窄的梯形，中有一圆形穿孔。器表有磨痕。直径 5.2、厚 2.1 厘米（图 2 － 283F）。

标本 G22：67，泥质红陶。圆饼状，断面为下宽上窄的梯形，中有一圆形穿孔。直径 5.8、厚 1.5 厘米（图 2 － 283F）。

陶笄　1 件。

标本 G22：68，泥质灰陶。器身为柱状，底端尖锐，顶端略宽，已残。长 6.9 厘米（图 2 － 283F）。

陶塑　2 件。

标本 G22：69，夹砂红陶。为瓶、杯类残片。表面浮雕出一人面，眼、鼻、口等五官清晰可见。残高 4.5 厘米（图 2 － 283F；图版六九，6）。

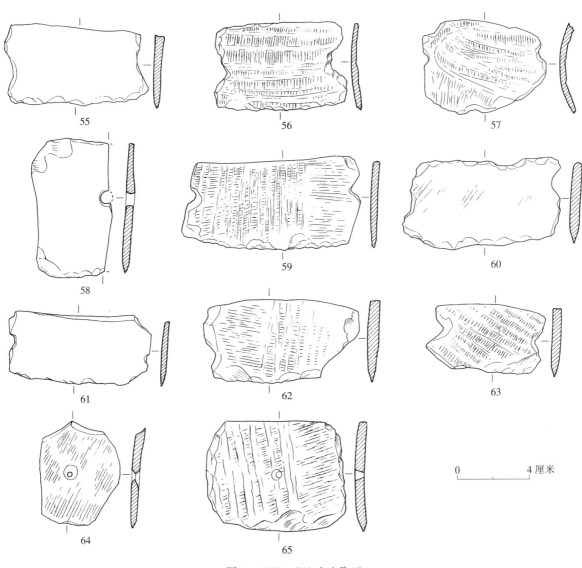

图 2 － 283E　G22 出土陶刀

标本 G22：70，夹砂红陶。为罐类残片，器表浮雕出一鹿首及肢体。残长 10.7、高 6 厘米（图 2 - 283F；图版六八，3）。

陶支垫　1 件。

标本 G22：71，泥质红陶。圆锥状，顶端圆钝，平底。直径 2.6、高 2.8 厘米（图 2 - 283F）。

圆陶片　2 件。

标本 G22：72，泥质灰陶。器体较小，圆饼状。素面。直径 2.2、厚 1 厘米（图 2 - 283F；图版七九，6）。

标本 G22：73，泥质灰陶。器体较小，圆饼状。素面。直径 1.9、厚 0.5 厘米（图 2 - 283F）。

玉笄　9 件（图版八七，2）。

标本 G22：119，白色石英石。柱状，一端尖锐并有残缺，一端已残。残长 3.7 厘米。

标本 G22：120，墨玉。柱状，一端尖锐，一端已残。残长 7.8 厘米。

标本 G22：121，浅绿墨玉。柱状，一端尖锐，一端已残。残长 7.7 厘米。

标本 G22：122，墨玉。柱状，一端尖锐，一端已残。残长 4.7 厘米。

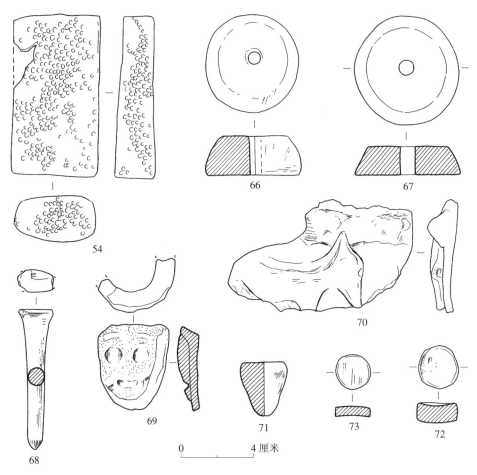

图 2 - 283F　G22 出土陶器

54. 锉　66、67. 纺轮　68. 笄　69、70. 陶塑　71. 支垫　72、73. 圆陶片

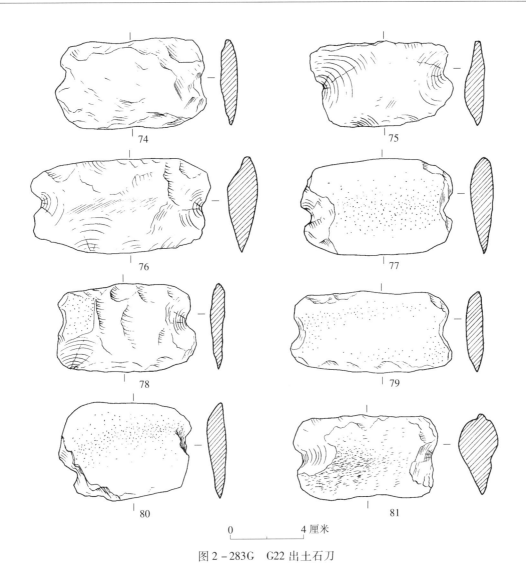

0　　　　4 厘米

图 2 - 283G　G22 出土石刀

标本 G22：123，浅绿墨玉。柱状，一端尖锐，一端已残。残长 3.8 厘米。

标本 G22：124，浅绿墨玉。器身呈"T"字形，顶端宽平并有残缺，尾端已残。残长 4.8 厘米。

标本 G22：125，绿墨玉。柱状，两端皆残。残长 5.6 厘米。

标本 G22：126，绿墨玉。扁柱状，一端已残，一端磨光平整。残长 10.5 厘米。

标本 G22：127，绿墨玉。器身呈"T"字形，顶端宽平，尾端残缺。长 7.2 厘米。

玉环　1 件。

标本 G22：112，磨制。残断，断面为圆形。残长 5.1 厘米（图 2 - 283J；图版八九，3）。

石刀　14 件。

标本 G22：74～86，打制。均为长方形，两侧多有打制而成的缺口（图 2 - 283G、H；图版一○七，1）。

标本 G22：87，通体磨光。窄长方形，一端略宽，一端较窄，双面刃，宽端有一缺口，器身中部有一对钻圆形穿孔。长 10.8、宽 5、厚 0.5 厘米（图 2 - 283H）。

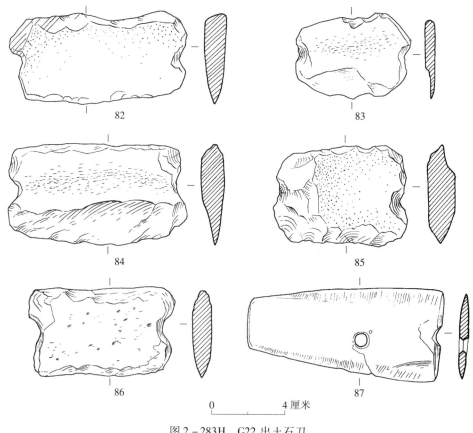

图 2 – 283H　G22 出土石刀

石斧　4 件。

标本 G22：88，整体粗磨，刃部磨光。器身厚重，长条形，双面刃，顶端有残损。残长 15.2、宽 7.2、厚 6.1 厘米（图 2 – 283I）。

标本 G22：89，琢制，刃部磨光。长条形，双面弧刃。器身有疤痕。长 13.2、宽 5.7、厚 3 厘米（图 2 – 283I）。

标本 G22：90，粗磨。顶端已残，仅存刃部。条形，双面刃。残长 6.2、宽 4、厚 2.6 厘米（图 2 – 283I）。

标本 G22：92，粗磨，刃部磨光。条形，单面刃。长 8.7、宽 5、厚 1.7 厘米（图 2 – 283I）。

石锛　3 件。

标本 G22：91，通体磨光。一端已残。残余器身近方形，扁平，单面刃，周缘有残损。残长 5、宽 4.4、厚 1 厘米（图 2 – 283I）。

标本 G22：93，磨制。器体较小，窄条形，扁平，单面刃，周缘略有残损。长 6.9、宽 2.3、厚 1 厘米（图 2 – 283I；图版九六，3）。

标本 G22：94，粗磨。器体较小，窄条形，双面刃。长 7.3、宽 2.6、厚 1 厘米（图 2 – 283I）。

石凿　2 件。

标本 G22：95，琢制，刃部磨光。窄条形，单面刃。长 8.7、宽 3.5、厚 1 厘米（图 2 – 283I）。

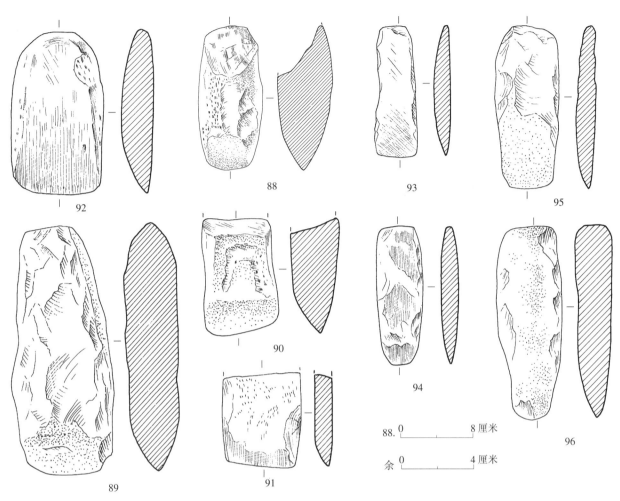

图 2 - 283I　G22 出土石器

88 ~ 90、92. 斧　91、93、94. 锛　95、96. 凿

标本 G22：96，粗磨。长条形，双面刃，周缘略有残损。长 10.4、宽 3.7、厚 2 厘米（图 2 - 283I）。

石球　9 件（图版一一七，2）。

标本 G22：128，完整。球形，表面较光滑。直径 4.7 厘米。

标本 G22：129，完整。球形，表面磨光。直径 1.8 厘米。

标本 G22：130，完整。球形，表面较光滑，有少许磕豁。直径 5 厘米。

标本 G22：131，完整。球形，表面较光滑，有少许磕豁。直径 6.1 厘米。

标本 G22：132，完整。球形，表面较光滑，上有磕豁。直径 6 厘米。

标本 G22：133，完整。球形，表面有坑疤。直径 4.2 厘米。

标本 G22：134，残。球形，表面有磕豁。直径 6.1 厘米。

标本 G22：135，略残。球形，表面有磕豁。直径 6.8 厘米。

标本 G22：136，较完整。近球形，表面有磕豁、坑疤。直径 4.1 厘米。

残石器　3 件。

标本 G22：97，磨制。为斧、锛类残器。刃部已残。条形，底端略宽，周缘有残损。残长 8.2、宽 5.4、厚 3 厘米（图 2 - 283K）。

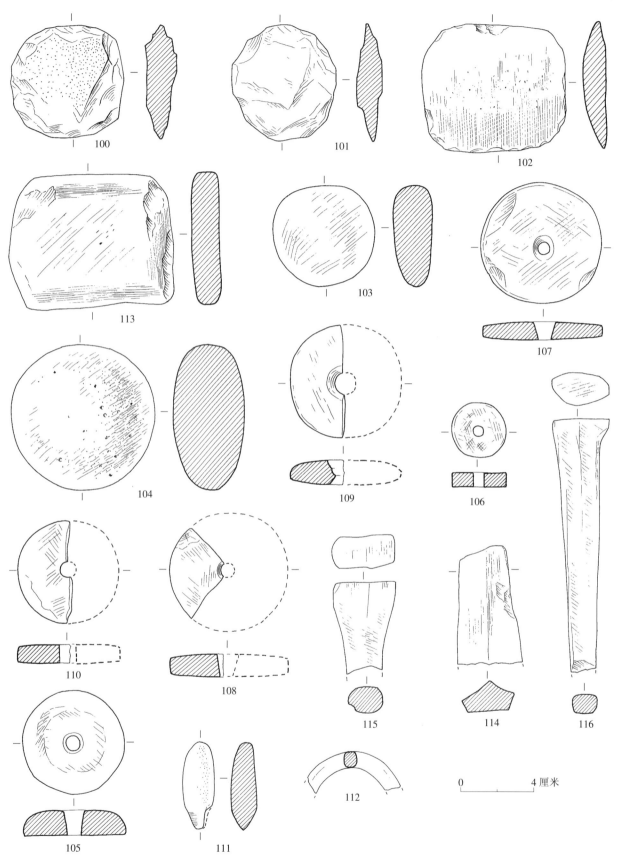

图 2 - 283J　G22 出土玉、石器

100 ~ 102. 石刮削器　103、104. 石饼　105 ~ 110. 石纺轮　111. 石钻头　112. 玉环　113、114. 石料　115、116. 石笄坯

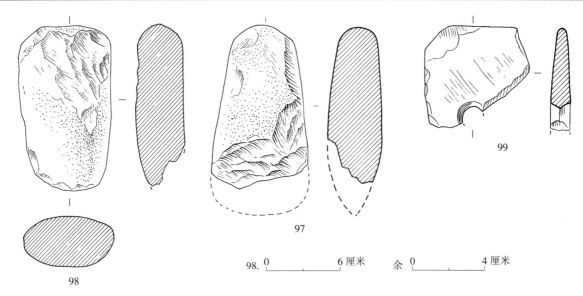

图 2 - 283K　G22 出土残石器

　　标本 G22:98，粗磨。为斧、锛类残器。刃部已残。长条形，周缘有残损。残长 13.1、宽 7.5、厚 4 厘米（图 2 - 283K）。

　　标本 G22:99，通体磨光。已残，器形不明。残余部分近方形，一侧有一直角边，器身中部较厚，边缘较薄，一侧有一对钻而成的穿孔。残长 5.4、宽 5.8、厚 1.2 厘米（图 2 - 283K）。

　　石刮削器　3 件。

　　标本 G22:100，打制。圆饼状，中部较厚，边缘较薄，有打制而成的刃口。直径 6.3、厚 1.7 厘米（图 2 - 283J）。

　　标本 G22:101，打制。圆饼状，中部较厚，边缘有打制而成的刃口。直径 5.8、厚 1.4 厘米（图 2 - 283J）。

　　标本 G22:102，打制。圆角方形，一面保留有石皮，双面刃。长 7.9、宽 6.9、厚 1.3 厘米（图 2 - 283J）。

　　石饼　2 件。

　　标本 G22:103，粗磨。圆饼状，器表有磨痕。直径 5.6、厚 2.2 厘米（图 2 - 283J）。

　　标本 G22:104，粗磨。圆饼状，器身较厚。直径 8、厚 4 厘米（图 2 - 283J）。

　　石纺轮　6 件。

　　标本 G22:105，通体磨光。圆饼状，断面为下宽上窄的梯形，中部有一圆形单面钻穿孔。器表有磨痕。直径 5.6、厚 1.3 厘米（图 2 - 283J；图版一○九，5）。

　　标本 G22:106，通体磨光。器体较小，圆饼状，断面为长方形，中部有一圆形单面钻穿孔。直径 3、厚 0.7 厘米（图 2 - 283J）。

　　标本 G22:107，通体磨光。圆饼状，断面为圆角长方形，中部略厚，中部有一圆形单面钻穿孔，周缘略有残损。器表有磨痕。直径 6.6、厚 1 厘米（图 2 - 283J）。

　　标本 G22:108，通体磨光。残剩 1/4。断面为圆角方形，中部有一圆形单面钻穿孔。直径 6.5、厚 1.2 厘米（图 2 - 283J）。

标本 G22：109，通体磨光。残半。圆饼状，中部略厚，边缘较薄，断面为椭圆形，中部有一圆形对钻穿孔。直径6、厚1.2厘米（图2-283J）。

标本 G22：110，通体磨光。残半。圆饼状，断面为圆角长方形，中部有一圆形单面钻穿孔。器表有磨痕。直径5.6、厚1厘米（图2-283J）。

石钻头　1件。

标本 G22：111，粗磨。器体较小，器身柱状，顶端圆钝，底端略细。直径1.8、长4.6厘米（图2-283J；图版一一二，4）。

石料　2件。

标本 G22：113，粗磨。推测为加工纺轮的粗坯。圆角长方形，器身扁平。长9.2、宽7.1、厚1.6厘米（图2-283J）。

标本 G22：114，棱柱状，一面有对切痕迹。残长6.2、宽3.5、厚1.7厘米（图2-283J；图版一二一，5）。

石笄坯　2件。

标本 G22：115，粗磨。为加工石笄的粗坯。一端残断，器身下端为圆柱状，顶端宽平，表面有切割痕。残长4.9、宽3.5、厚1.8厘米（图2-283J；图版一二〇，5）。

标本 G22：116，粗磨。为加工石笄的粗坯。已残。一端较粗，宽平，一端较细，圆柱状，器表有磨痕。残长13.4、宽3.2、厚1.8厘米（图2-283J；图版一二〇，2）。

骨镞　1件。

标本 G22：117，已残，仅存尖部。器身扁平，顶端尖锐。残长6厘米（图2-283L）。

角叉　1件。

标本 G22：118，用整根鹿角加工而成。整体呈"Y"形，根部为捉手，磨制光滑，刻有两周凹槽，尖部一支截断，一支尖锐。长11.6厘米（图2-283L；图版一三一，3）。

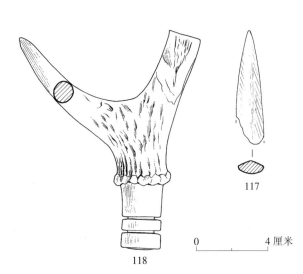

图2-283L　G22出土骨、角器
117.骨镞　118.角叉

18. G23

位于 2010LXⅡT0115 西南角，开口①层下，大部压于隔梁之下。揭露沟口形状近1/4圆形，沟壁较缓，底较平。长2.8、宽1.5、深0.8米。沟内填土为灰褐色土，土质疏松，出土有少量陶片、石块。

出土陶器8件，石器、蚌器各1件，骨器6件。陶器为盆、杯、刀和环，石器为刀，骨器为笄、锥和针，蚌器为蚌饰。

陶盆　1件。

标本 G23：2，仅存口部。泥质红陶。口微敛，窄平沿，圆唇，斜腹。素面，唇面刻划有一"十"字图案。残高4.4厘米（图2-284；图版七二，2）。

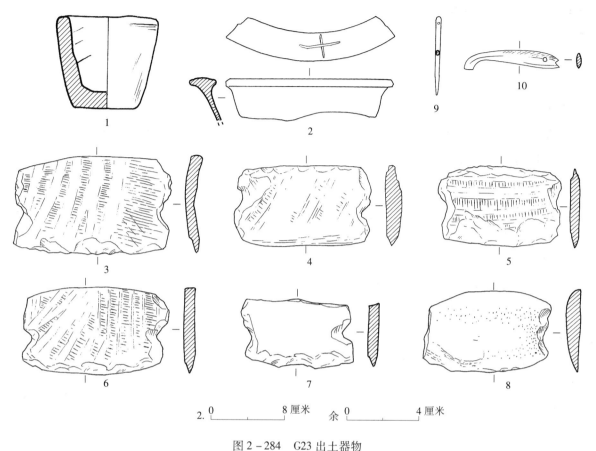

图 2 - 284　G23 出土器物

1. 陶杯　2. 陶盆　3 ~ 7. 陶刀　8. 石刀　9. 骨针　10. 蚌饰

陶杯　1 件。

标本 G23：1，可修复。泥质灰陶。口微侈，方圆唇，斜腹，平底。素面。口径 4.4、底径 3.4、高 4.8 厘米（图 2 - 284）。

陶刀　5 件。

均系用瓶、钵类残片打制而成。长方形，两侧多有打制而成的缺口（图 2 - 284）。

石刀　1 件。

标本 G23：8，打制。长方形，双面刃，一侧有打制而成的缺口。长 6.9、宽 4.3、厚 0.8 厘米（图 2 - 284）。

骨针　1 件。

标本 G23：9，器身短小，圆柱状，底端尖锐，顶端圆钝，有一圆形穿孔。长 4.1 厘米（图 2 - 284；图版一二五，5）。

蚌饰　1 件。

标本 G23：10，器身窄长，近鱼形，一端微弯，似鱼尾，另一端有一缺口和穿孔，似鱼嘴和鱼眼。长 5.2 厘米（图 2 - 284；图版一三〇，6）。

19. G24

位于 2010LXⅡT0115 西南部，开口①层下，被 H252、H330、H406 打破。沟口形状近椭圆形，沟壁较缓，圜底。长4.8、宽2.3、深0.6米。沟内填土为灰褐色土，土质疏松，出土有少量陶片、石块。

出土陶器9件，玉器1件，石器4件，骨器1件。陶器器形可辨瓶、盘、罐、钵、杯、甑、刀、垫和环，玉器为环，石器为刀、锛和环，骨器为锥。

陶钵　1件。

标本G24：1，可修复。泥质灰陶。直口微敛，尖圆唇，斜腹，底微凹。素面，抹光，沿下有一对鸡冠状器鋬和一对半环状泥条。口径34.8、底径16、高15厘米（图2-285A）。

陶盘　1件。

标本G24：2，可修复。泥质红陶。敛口，宽平沿，尖圆唇，斜腹较浅，平底。素面，器表有轮修痕迹。口径12.4、底径8、高3.4厘米（图2-285A）。

陶罐　1件。

标本G24：3，仅存口部。夹砂灰陶。口微敛，斜沿，方圆唇，上腹较直。器表饰方格纹，口沿有一周按捺窝。残高6厘米（图2-285A）。

陶瓶　1件。

标本G24：4，仅存口部。泥质灰陶。口微侈，平唇，高领。素面。口径4、残高3.2厘米（图2-285A）。

陶甑　1件。

标本G24：6，仅存底部残片。泥质灰陶。斜腹，平底，上有圆形箅孔。素面，器表有抹痕。底径12、残高4.8厘米（图2-285A）。

陶杯　1件。

标本G24：5，可修复。泥质灰陶。直口，圆唇，直腹，凹底。口径6、底径6、高7.8厘米（图2-285A）。

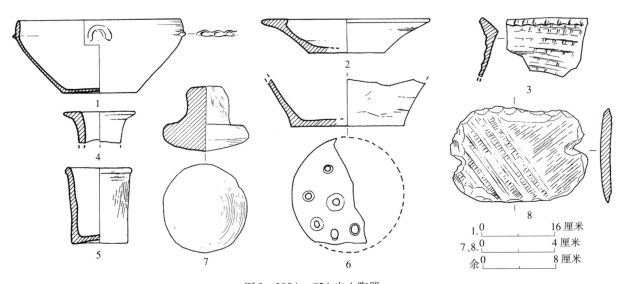

图2-285A　G24出土陶器

1. 钵　2. 盘　3. 罐　4. 瓶　5. 杯　6. 甑　7. 垫　8. 刀

陶垫　1件。

标本 G24:7，泥质褐陶。器体近伞状，一端为圆饼，捉手为柱状。直径4.5、高3.5厘米（图2−285A；图版八○，4）。

陶刀　1件。

标本 G24:8，系用瓶类残片打制而成。泥质红陶。长方形，双面刃，两侧有打制而成的缺口。长7.7、宽5.1、厚0.5厘米（图2−285A）。

石刀　1件。

标本 G24:9，打制。长方形，双面刃，两侧有打制而成的缺口。长7.3、宽4.7、厚1厘米（图2−285B）。

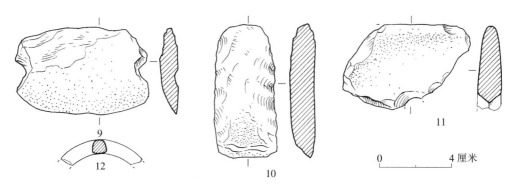

图2−285B　G24 出土石器
9. 刀　10. 锛　11. 残石器　12. 环

石锛　1件。

标本 G24:10，琢制。窄长条形，单面刃，周缘有疤痕。长7.1、宽3.3、厚1.3厘米（图2−285B）。

残石器　1件。

标本 G24:11，磨制。已残，器形不明。残余部分近菱形，一侧有一对钻而成的穿孔，周缘略有残损。残长7.2、宽4.6、厚1.3厘米（图2−285B）。

石环　1件。

标本 G24:12，磨制。残断，断面近圆角方形。残长4.5厘米（图2−285B）。

20. G25

位于 2010LXⅡT0214、ⅡT0215 东部，开口①层下，被 H295、H296、H297、H328、H350、H351 打破，打破 G26，东部压于隔梁下。揭露沟口形状近半椭圆形，沟壁较缓，圜底。揭露长度13、最宽3.2、深0.6米。沟内填土为灰褐色土，土质疏松，出土有少量陶片、石块。

出土陶器1件，石器2件，骨器4件，角器1件。陶器为盆，石器为斧和锛，骨器为锥和镞，角器为锥。

陶盆　1件。

标本 G25:1，可修复。夹砂红陶。口微敛，窄沿上斜，尖圆唇，斜腹，底微凹。素面，器表有刮痕。口径16.8、底径10.6、高6.6厘米（图2−286）。

石斧　1件。

标本 G25:2，粗磨。条形，器身厚重，双面弧刃，顶端和刃缘均有残损。长10、宽4.8、厚3.4 厘米（图2-286）。

石锛　1件。

标本 G25:3，整体粗磨，刃部磨制较精细。长条形，单面刃，顶端有残损。长7.4、宽4.4、厚1.6 厘米（图2-286）。

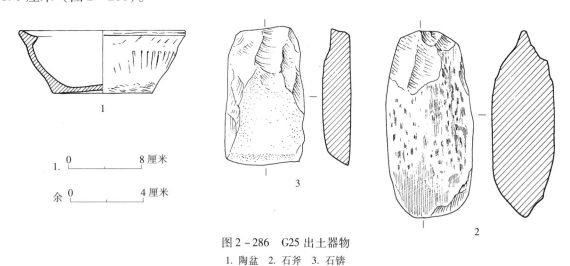

1.　0 ⸺⸺⸺ 8厘米

余　0 ⸺⸺⸺ 4厘米

图 2-286　G25 出土器物
1. 陶盆　2. 石斧　3. 石锛

21. G33

位于 2010LXⅠT0213 东部和北部，开口①层下，打破 H392、H396、H397、H398、H399、H400 和 H401，东部压于隔梁下。沟口形状不明，揭露部分南北向分布，北宽南窄，沟壁较缓，圜底。揭露长度8.5、宽度3.5~8.5、深0.7米。沟内填土为灰褐色土，土质疏松，出土有陶片和石块。

出土陶器32件，泥器1件，玉器5件，石器28件，骨器12件。陶器器形可辨瓶、盆、罐、钵、缸、瓮、甑、壶、碗、杯、器盖、环、笄和刀，泥器为盏，玉器有笄和笄坯，石器有刀、斧、锛、铲、凿、纺轮、刮削器、饼和球，骨器为锥、笄和镞（图版一二九，2）。

陶钵　3件。

标本 G33:1，可修复。泥质灰陶。敛口，方唇，鼓肩，斜腹，底微凹。素面，抹光。口径20.8、底径8.8、高9.4 厘米（图2-287A）。

标本 G33:17，可修复。泥质红陶。直口微敛，尖圆唇，浅弧腹，平底。口径15.5、底径9.2、高5.6 厘米（图2-287A）。

标本 G33:18，可修复。泥质灰陶。直口，尖圆唇，浅弧腹，平底。素面。口径19.6、底径10、高8.4 厘米（图2-287A）。

陶盆　5件。根据形态可分为宽沿盆、窄沿盆和带流盆。

宽沿陶盆　2件。

标本 G33:2，可修复。泥质灰陶。敛口，圆唇，斜沿上翘，斜腹，平底。素面。口径27.2、底径14.4、高11.6 厘米（图2-287B）。

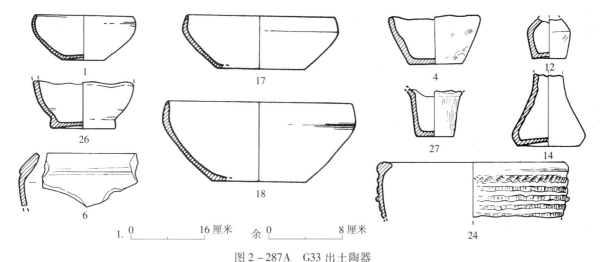

图 2 - 287A　G33 出土陶器

1、17、18. 钵　4、26. 碗　6、24. 瓮　12、14. 壶　27. 杯

标本 G33：28，仅存口部。泥质红陶。敛口，平沿，圆唇。沿面饰红彩波折纹和圆点图案。残高 3.2 厘米（图 2 - 287B）。

窄沿陶盆　1 件。

标本 G33：3，可修复。泥质红陶。口微敛，卷沿上斜，圆唇，斜腹，上腹有一对鸡冠状器鋬，底微凹。素面，器表有抹痕。口径 31.2、底径 16.8、高 20 厘米（图 2 - 287B）。

带流陶盆　2 件。

标本 G33：23，仅存口部，泥质红陶。口微敛，圆唇，鼓肩，斜腹，腹有一鸡冠状器鋬。素面。残高 12.6 厘米（图 2 - 287B）。

标本 G33：16，泥质灰陶。为流部残片，槽状。素面，器表有抹痕。流宽 3 厘米（图 2 - 287B）。

陶碗　2 件。

标本 G33：4，可修复，泥质红陶。敞口，圆唇，斜腹，平底。口部不规整。素面。口径 9.2、底径 6、高 5.2 厘米（图 2 - 287A）。

标本 G33：26，口部已残，仅存腹底部。泥质红陶。器形不规整，弧腹，假圈足，器底微凹。素面。底径 6.8、残高 4.8 厘米（图 2 - 287A）。

陶杯　1 件。

标本 G33：27，口部已残。泥质红陶。斜直腹，平底。素面，器表有抹痕。底径 4、残高 5 厘米（图 2 - 287A）。

陶罐　6 件。根据形态可分为鼓腹罐和小口圆腹罐。

小口圆腹陶罐　2 件。

标本 G33：5，仅存口部。泥质灰陶。侈口，圆唇，小高领，鼓腹。素面。口径 13.8、残高 6 厘米（图 2 - 287C）。

标本 G33：7，仅存口部。泥质红陶。侈口，圆唇，束颈，鼓腹。素面。口径 13.4、残高 8.2 厘米（图 2 - 287C）。

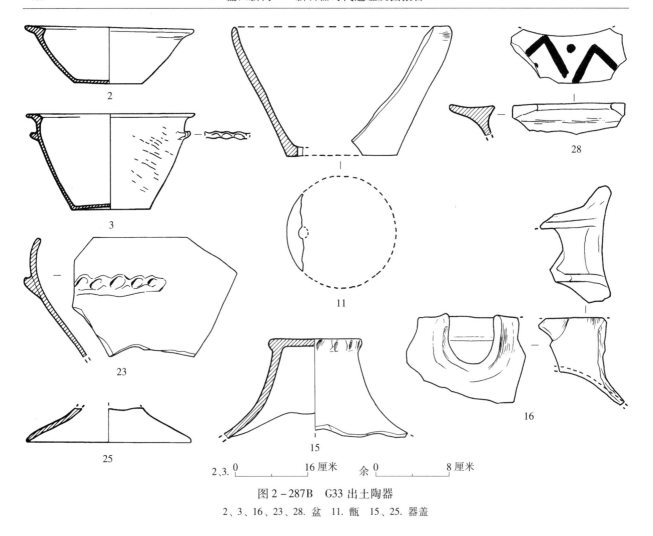

图2-287B　G33出土陶器

2、3、16、23、28. 盆　11. 甑　15、25. 器盖

鼓腹陶罐　4件。

标本 G33:8，仅存口部。夹砂红陶。敛口，斜沿，方圆唇，腹微鼓，上腹有一鸡冠状器錾。素面。残高5.6厘米（图2-287C）。

标本 G33:10，仅存口及上腹。夹砂红陶。敛口，斜沿上翘，圆唇，上腹微鼓。器表饰粗绳纹，上腹有几周附加堆纹。残高8.8厘米（图2-287C）。

标本 G33:9，仅存口及上腹。夹砂红陶。敛口，短斜沿，圆唇，直腹。器表饰细绳纹，上有几周附加堆纹。残高11.8厘米（图2-287C）。

标本 G33:20，仅存口及上腹。泥质红陶。敛口，折沿微上斜，方圆唇，腹较直。素面，器表有抹痕，沿下有一周附加堆纹。残高6厘米（图2-287C）。

陶瓶　3件。

标本 G33:13，仅存口部。泥质红陶。直口微侈，尖唇，口内形成一折棱，高领较直。素面，颈部贴有泥饼。口径8.8、残高11厘米（图2-287C）。

标本 G33:19，仅存口部。泥质红陶。平唇口，直高领。器表饰线纹，颈部有几周抹弦纹，口沿下贴附有三个小泥饼。口径10.2、残高15厘米（图2-287C）。

标本 G33:21，仅存口部。泥质红陶。口微侈，方圆唇，颈部圆鼓，呈葫芦状。素面，颈部有

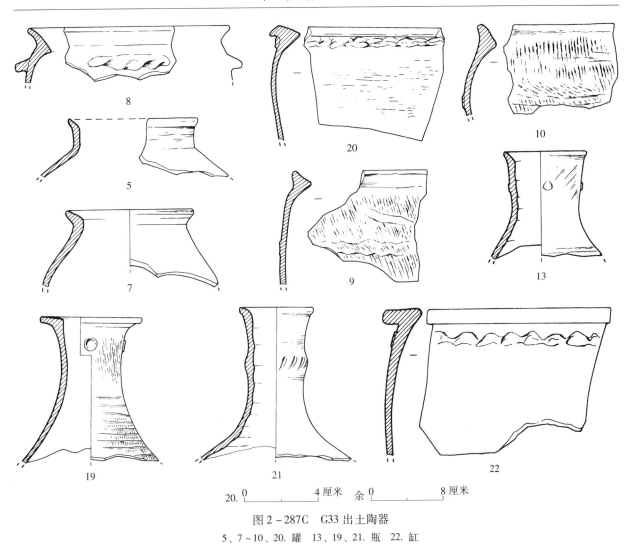

20.┣━━━━┫ 4 厘米　　余 ┣━━━━┫ 8 厘米

图 2 - 287C　G33 出土陶器

5、7 ~ 10、20. 罐　13、19、21. 瓶　22. 缸

一周指甲状戳印。口径 7.4、残高 16 厘米（图 2 - 287C）。

陶瓮　2 件。

标本 G33：6，仅存口部。泥质灰陶。敛口，圆唇外叠，腹微鼓。素面。残高 5.6 厘米（图 2 - 287A）。

标本 G33：24，仅存口及上腹。夹砂红陶。敛口，圆唇外叠，腹斜收。上腹饰几周附加堆纹。口径 18、残高 5.8 厘米（图 2 - 287A）。

陶缸　1 件。

标本 G33：22，仅存口及上腹。夹砂灰陶。敛口，平折沿，方圆唇，上腹较直。素面，沿下饰一周附加堆纹。残高 16 厘米（图 2 - 287C）。

陶甑　1 件。

标本 G33：11，可修复。泥质红陶。敞口，圆唇，斜腹，平底，底有圆形箅孔。素面。口径 23、底径 12、高 13.6 厘米（图 2 - 287B）。

陶壶　2 件。

标本 G33：12，仅存口部。泥质灰陶。鼓腹，底微凹。素面，器表不平整。口径 3.6、残高 4

厘米（图2－287A）。

标本G33：14，仅存底部。泥质红陶。垂腹，凹底。素面。底径6.6、残高7.4厘米（图2－287A）。

陶器盖　2件。

标本G33：15，仅存顶部。夹砂红陶。捉手假圈足状，平顶，盖口外敞，弧腹。素面。残高10.4厘米（图2－287B）。

标本G33：25，仅存口部。泥质红陶。盖口外敞，斜腹。素面。口径18、残高3.6厘米（图2－287B）。

陶环　2件。

标本G33：29，泥质红陶。断面为圆角方形。外径4.7、内径3.8厘米（图2－287D）。

标本G33：30，泥质灰陶。略残。断面近半圆。外径7.2、内径5.7厘米（图2－287D）。

陶笄　1件。

标本G33：31，泥质红陶。器身呈“T”字形，较粗短，顶端宽平，底端尖锐。长5.2厘米（图2－287D）。

陶刀　1件。

标本G33：32，系用钵或盆类器物残片打制而成。长方形，双面刃，两侧有打制而成的缺口。长7.1、宽4.3、厚0.4厘米（图2－287D）。

泥盏　1件。

标本G33：33，捏制。敞口，浅斜腹，平底。口径3.3、底径2.7、高1.4厘米（图2－287D）。

玉笄　4件。

标本G33：61，浅绿墨玉。柱状，一端已残，一端尖锐。残长6.8厘米。

标本G33：62，浅绿墨玉。器身呈“T”字形，顶端宽平，尾端已残。残长5.4厘米。

标本G33：65，绿墨玉。扁柱状，一端已残，一端磨光平整。残长7.7厘米。

标本G33：66，浅绿墨玉。柱状，一端磨光，一端尖锐。残长5.9厘米。

石球　2件。

标本G33：63，完整。球形，表面较光滑。直径4.2厘米。

标本G33：64，残。球形，表面有磕豁。直径4.3厘米。

石刀　8件。

均打制。长方形，两侧多有打制而成的缺口。其中标本G33：41形体较大（图2－287E；图版一○七，2）。

石斧　6件。

标本G33：42，琢制，刃部磨光。窄条形，双面刃，周缘有疤痕。长12、宽4.8、厚2.6厘米（图2－287F；图版九三，4）。

标本G33：43，粗磨。长条形，器身扁平，双面弧刃，刃部及器身周缘有残损。长13.2、宽6.1、厚1.8厘米（图2－287F）。

标本G33：44，琢制，刃部经粗磨。长条状，双面弧刃，刃部残损，周缘有疤痕。长14.1、宽7.5、厚3.5厘米（图2－287F）。

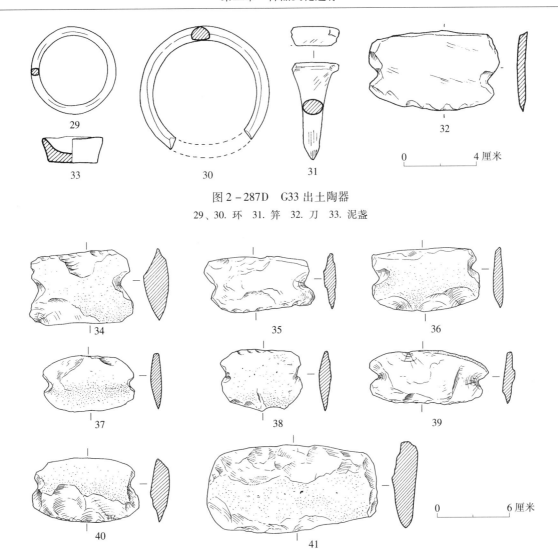

图 2 - 287D G33 出土陶器

29、30. 环 31. 笄 32. 刀 33. 泥盏

图 2 - 287E G33 出土石刀

标本 G33:45，粗磨。条形，双面弧刃，刃部及周缘有残损。长 13.4、宽 6.4、厚 3.4 厘米（图 2 - 287F）。

标本 G33:46，通体粗磨，刃部磨光。条形，器身厚重，双面刃，顶端有残损。长 14.2、宽 5.9、厚 5.1 厘米（图 2 - 287F）。

标本 G33:49，粗磨，刃部磨光。器身粗短，单面弧刃，顶端有残损。长 9.8、宽 5.5、厚 5.3 厘米（图 2 - 287F）。

石锛 4 件。

标本 G33:48，琢制，刃部粗磨。条形，单面刃，周缘有疤痕，刃部略有残损。长 10.1、宽 6.4、厚 2.9 厘米（图 2 - 287F）。

标本 G33:50，粗磨。器体较小，条形，单面刃。长 7.7、宽 4.2、厚 1.8 厘米（图 2 - 287F）。

标本 G33:51，磨制。已残。条形，器身扁平，单面刃，周缘有残损。长 5.7、宽 4.8、厚 1 厘米（图 2 - 287F）。

标本 G33:60，磨制。条形，单面刃，顶缘有残损（图版九五，2）。

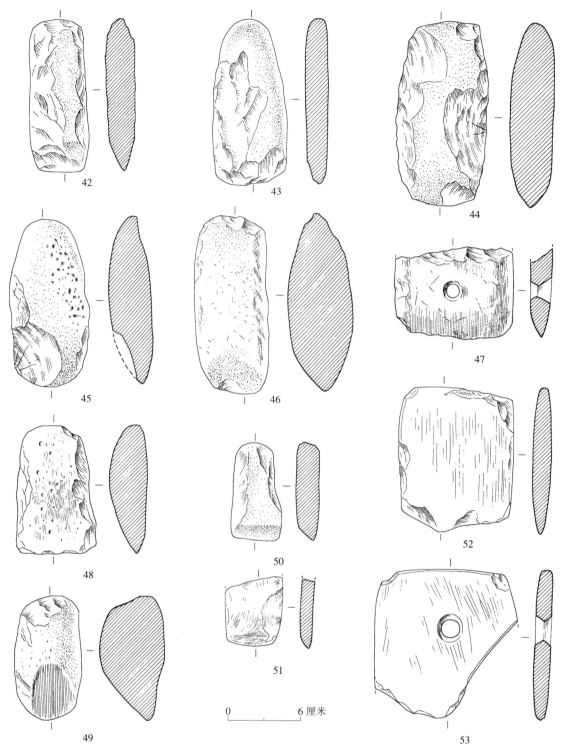

图 2 - 287F　G33 出土石器

42～46、49. 斧　48、50、51. 锛　47、52、53. 铲

石铲　3 件。

标本 G33：47，通体磨光。一端已残，仅存刃部。残余部分近方形，器身扁平，双面刃，中部有一对钻而成的穿孔。残长 7.5、宽 9.5、厚 1.7 厘米（图 2 - 287F；图版九四，4）。

标本 G33：52，磨制。器身近方形，扁平，双面刃，顶端圆钝，刃缘及顶端有残存。长 11.5、宽9.2、厚1.5厘米（图2-287F；图版九四，3）。

标本G33:53，通体磨光。刃部已残。残余部分近方形，扁平，中部有一对钻而成的穿孔。残长11.9、宽11.4、厚1.3厘米（图2-287F；图版九四，2）。

石凿　1件。

标本G33:54，粗磨，刃部磨光。已残。器身较厚，窄条形，双面刃。残长5.1、宽3.2、厚2.9厘米（图2-287G）。

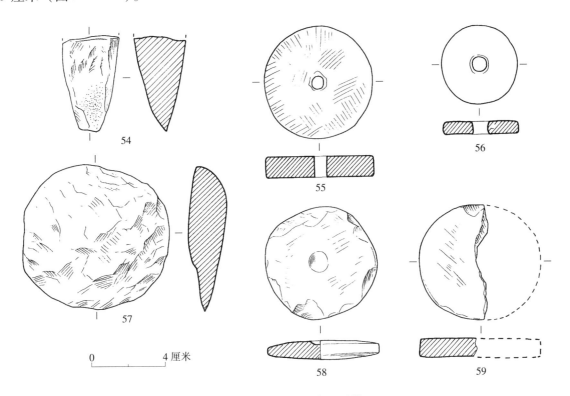

图2-287G　G33出土石器
54. 凿　55、56. 纺轮　57. 刮削器　58、59. 饼

石纺轮　2件。

标本G33:55，通体磨光。圆饼状，断面为长方形，中部有一单面钻穿孔。器表有磨痕。直径6、厚1.1厘米（图2-287G；图版一一〇，1）。

标本G33:56，通体磨光。器体较小。圆饼状，断面为圆角长方形，中部有一对钻而成的穿孔。直径4.2、厚0.7厘米（图2-287G；图版一一〇，2）。

石刮削器　1件。

标本G33:57，打制，一面经粗磨。圆饼状，中部较厚，边缘有打制而成的刃缘。直径8.1、厚2厘米（图2-287G；图版一〇八，6）。

石饼　2件。

标本G33:58，磨制。圆饼状，中部略厚，边缘略薄，近圆角长方形，中部有一未穿的钻窝，周缘有残损。直径6.1、厚1厘米（图2-287G；图版一一一，6）。

标本G33:59，通体磨光。已残。圆饼状，断面为长方形。直径6.7、厚1厘米（图2-287G）。

第三章 龙山时代遗存

新街遗址龙山时代遗迹，多集中分布于发掘出区南区，主要有窑址3座、灰坑55个、灰沟2条，出土遗物亦较丰富，其中不乏明显属于仰韶文化晚期的典型陶片，但显系扰动后埋入，少有可修复的仰韶陶器。

第一节 窑址

共3座，编号为Y5、Y7和Y8，结构大体相似。

1. Y7

位于2010LXⅡT0116西南部，开口①层下。仅火塘保存较好（图3-1；图版一三二，1）。窑室位于西北部，已遭破坏，具体形制不明。火塘位于东南部，西宽东窄，平面近三角形，平底，长155、深75厘米，因长期使用壁面形成了坚硬的烧土面。火道共三股，位于火塘西侧，连接火塘与窑室。窑内填土为深褐色土，土质疏松，包含有大量红烧土块、熘渣和少量陶片，出土陶环1件。

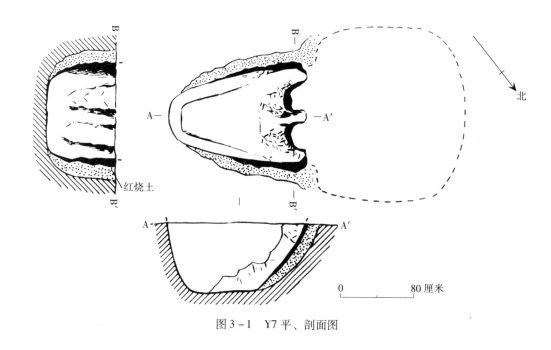

图3-1 Y7平、剖面图

2. Y8

位于2010LX Ⅰ T0115 东北部，开口①层下。窑室已毁，仅存火塘和火道，整体呈瓢形（图3-2；图版一三二，2）。火塘位于西部，长100、宽57、深50厘米，底平，壁面形成坚硬的烧土层。火塘东侧有四股火道，宽11~14厘米。火塘内堆积为灰褐色土，土质疏松，出土少量陶片。

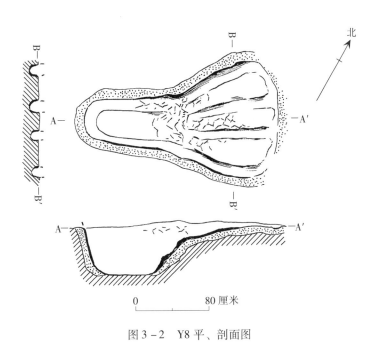

图3-2　Y8平、剖面图

第二节　灰坑

共55个。编号为 H29、H31、H36、H40、H49、H78、H88、H89、H96、H114、H117、H133、H153、H191、H224、H227、H231、H234、H238、H243、H246、H247、H252 ~ H254、H257、H260、H268、H273、H289、H292、H296、H299、H311、H315、H316、H320、H332、H334 ~ H339、H350、H353、H354、H356、H379、H381、H384 ~ H386、H394、H395。这些灰坑的分布情况如图1-3至图1-5所示，其总体分布较散，但北区较集中。

55个灰坑中有四组打破关系，即 H311→H320，H353→H354，H338→H339，H381→H386。灰坑的形状有圆形筒状、圆形袋状和不规则形三种，其中圆形筒状坑8个、圆形袋状坑46个、不规则形坑1个。同前述仰韶文化灰坑相比，该期许多灰坑容积明显增大，如 H49、H153、H234、H238等，底径都在3米以上；许多圆形袋状灰坑修建精工，不仅坑壁规整，而且底面处理尤为平整。

一　圆形筒状

共清理9个。坑口形状为圆形或近圆形，剖面为口大底小或口底等大的筒状，底近平。现依次介绍如下。

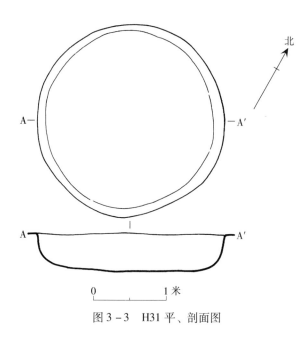

图 3 - 3　H31 平、剖面图

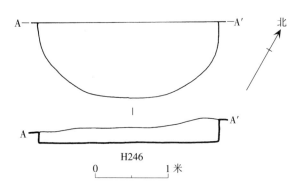

图 3 - 4　H246、H252 平、剖面图

1. H31

位于 2009LX Ⅰ T0305 东北部，开口①层下。坑口为圆形，剖面为筒状，口大底小，平底（图 3 - 3）。口径 260、底径 230、深 50 厘米。坑内堆积仅一层，灰黄色土，土质疏松，含有红烧土颗粒和炭屑，出土有陶片和兽骨。

2. H246

位于 2010LX Ⅱ T0417 西北部，开口①层下。坑口近圆形，剖面为筒状，口底等大，平底。口径 250、深 32 厘米（图 3 - 4 上）。坑内堆积仅一层，灰土，土质疏松，出土有陶片及骨锥 2 件。

3. H252

位于 2010LX Ⅱ T0115 中部偏西，开口①层下，打破 G24。坑口近圆形，剖面为筒状，口底等大，底部不平，中间下凹（图 3 - 4 下；图版一三三，1）。口径 224、深 24 厘米。坑内堆积仅一层，灰土，土质疏松，出土有陶片、兽骨、石块及角锥 1 件。

4. H253

位于 2010LX Ⅱ T0115 中部偏东，开口①层下。坑口为椭圆形，剖面为筒状，口大底小，底部不平，北高南低（图 3 - 5A）。口径 140 ~ 170、底径 130 ~ 160、深 40 厘米。坑内堆积仅一层，灰土，土质疏松，出土有陶片、兽骨及石块。

出土陶器 8 件，均为鼎足。

标本 H253：1，夹砂灰陶。锥状足，足面中部有一扉棱。器表饰横向篮纹，扉棱上有按捺窝。残高 8.8 厘米（图 3 - 5B）。

标本 H253：2，夹砂红陶。足呈长条形，足面中部有一扉棱。素面，扉棱上有按捺窝。残高 8 厘米（图 3 - 5B）。

标本 H253：3，夹砂红陶。足呈上宽

下窄的倒梯形，足面中部有一扉棱。器表饰横向篮纹，扉棱上有按捺窝。残高9.6厘米（图3-5B）。

标本H253:4，夹砂灰陶。足瘦高，呈上宽下窄的倒梯形，足面中部有一扉棱。器表饰横向篮纹，扉棱上有按捺窝。残高12厘米（图3-5B）。

标本H253:5，夹砂灰陶。足呈长条形，足面中部有一扉棱。素面，扉棱上有按捺窝。残高10.2厘米（图3-5B）。

标本H253:6，夹砂灰陶。锥状足。器表饰斜向篮纹和按捺窝。残高11.7厘米（图3-5B）。

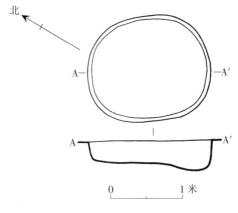

图3-5A H253平、剖面图

标本H253:7，存下腹及足部。夹砂灰陶。弧腹，下接上宽下窄的倒梯形足，足面中部有一扉棱。器表饰斜向篮纹，扉棱上有按捺窝。残高16厘米（图3-5B）。

标本H253:8，存下腹及足部。夹砂灰陶。弧腹，平底，下横装三棱柱状足。腹及足部饰横向篮纹，腹有附加堆纹。残高18厘米（图3-5B）。

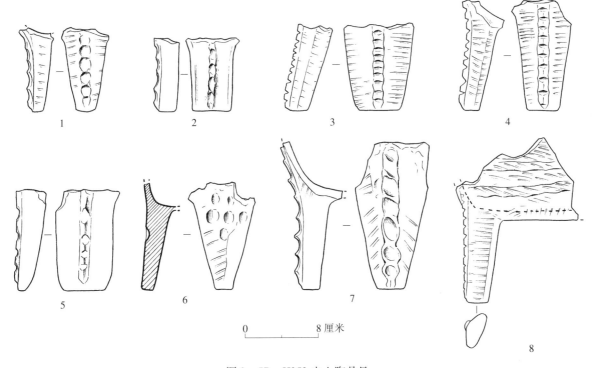

图3-5B H253出土陶鼎足

5. H289

位于2010LXⅡT0114南部，开口①层下。打破G30。坑口为圆形，剖面为筒状，口大底小，平底（图3-6左）。口径300、底径274、深136厘米。坑内堆积仅一层，灰土，土质疏松，含红烧土块及炭屑，出土有陶片等。

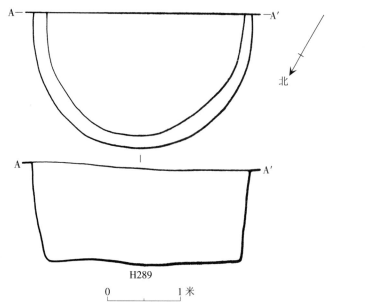

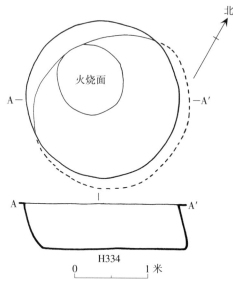

图 3-6　H289、H334 平、剖面图

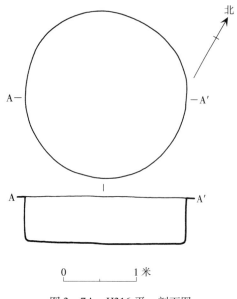

图 3-7A　H316 平、剖面图

6. H316

位于 2010LXⅡT0313 东南部，开口①层下，打破 H317、H321、G22。坑口为圆形，剖面为筒状，口底等大，平底（图 3-7A；图版一三三，2）。口径 220、深 60 厘米。坑内堆积仅一层，灰土，土质硬，出土有陶片、少量兽骨及石块。

出土陶器 9 件，骨器 1 件。陶器器形可辨盆、罐、器盖、鼎足和球，骨器为锥。

陶盆　1 件。

标本 H316:4，仅存口部。泥质灰陶。口微敛，宽斜沿上挑，尖圆唇。素面。残高 6 厘米（图 3-7B）。

陶罐　3 件。根据形态可分为鼓腹罐、直腹罐和喇叭口罐。

鼓腹陶罐　1 件。

标本 H316:2，仅存口及上腹。夹砂灰陶。口微侈，圆唇，上腹微鼓。器表饰斜向篮纹，沿下有两周附加堆纹，沿面有一周按捺窝。残高 10 厘米（图 3-7B）。

直腹陶罐　1 件。

标本 H316:1，仅存口及上腹。夹砂灰陶。口微侈，方唇，上腹较直。器表饰横向篮纹，沿下有几周附加堆纹。残高 13.7 厘米（图 3-7B）。

喇叭口陶罐　1 件。

标本 H316:7，仅存口部。夹砂灰陶。侈口呈喇叭状，圆唇，斜直高领。腹饰横向篮纹。口径 12.8、残高 14 厘米（图 3-7B）。

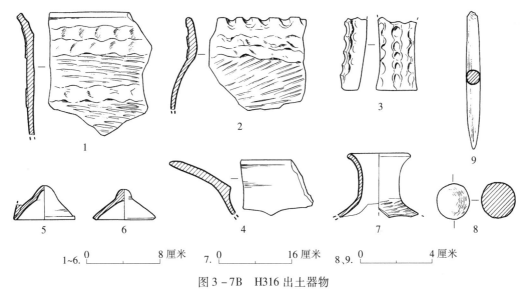

图 3 - 7B　H316 出土器物

1、2、7. 陶罐　3. 陶鼎足　4. 陶盆　5、6. 陶器盖　8. 陶球　9. 骨锥

陶器盖　2 件。

标本 H316：5，可修复。泥质红陶。圆纽状捉手，盖口外敞，斜腹。素面。口径 6.2、高 3.4 厘米（图 3 - 7B）。

标本 H316：6，可修复。泥质灰陶。圆纽状捉手，盖口外敞，弧腹。素面。口径 6.4、高 3.7 厘米（图 3 - 7B）。

陶鼎足　1 件。

标本 H316：3，夹砂灰陶。足呈长方形，下端略粗，外有一道扉棱，两侧和扉棱上均有按捺窝。残高 8 厘米（图 3 - 7B）。

陶球　1 件。

标本 H319：8，泥质灰陶。球体，器表有磨痕。直径 1.8 厘米（图 3 - 7B；图版一四四，6）。

骨锥　1 件。

标本 H319：9，圆柱状，一端已残，一端尖锐。残长 7.2 厘米（图 3 - 7B）。

7. H334

位于 2010LXⅡT0215 中部偏西，开口于①层下。坑口为圆形，西壁斜收，东壁外扩呈袋状，平底，西北部有一圆形火烧面（图 3 - 6 右；图版一三八，1）。口径 210、底径 198、深 60 厘米。坑内堆积仅一层，灰土，土质疏松，含红烧土块。出土有陶片、兽骨、石块及残石斧（图版一四八，3）和骨笄各 1 件（图版一五六，6）。

8. H339

位于 2010LXⅡT0114 西南部，开口①层下，被 G27、H338 打破，大部压于隔梁之下。坑口为椭圆形，剖面为筒状，口底等大，平底。口径 220～260、深 110 厘米。坑内堆积仅一层，灰土，土质疏松，出土有陶片等。

出土陶器 4 件，器形可辨罐、杯和鼎足。

陶罐　2 件。均为鼓腹罐。

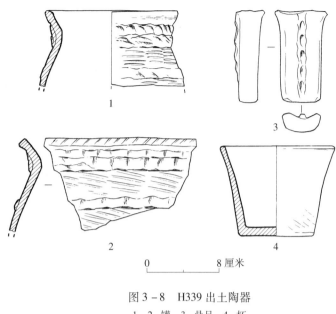

图 3 - 8　H339 出土陶器
1、2. 罐　3. 鼎足　4. 杯

标本 H339：1，仅存口及腹部。夹砂灰陶。侈口，斜沿，圆唇，鼓腹。沿下和上腹饰多周附加堆纹，器表饰横向篮纹。口径 14、残高 8.2 厘米（图 3 - 8）。

标本 H339：2，仅存口及腹部。夹砂灰陶。侈口，斜折沿，方唇，鼓腹。沿下和上腹饰多周附加堆纹，器表饰斜向篮纹。残高 10 厘米（图 3 - 8）。

陶杯　1 件。

标本 H339：4，可修复。泥质灰陶。侈口，圆唇，斜直腹，平底。素面，器表有抹痕。口径 11.6、底径 8.2、高 9.8 厘米（图 3 - 8；图版一四二，6）。

陶鼎足　1 件。

标本 H339：3，夹砂褐陶。足呈长条形，足面正中有一扉棱。素面，扉棱上有按捺窝。残高 10 厘米（图 3 - 8）。

9. H394

位于 2010LXⅠT0216 西南部，开口②层下。坑口为椭圆形，剖面为筒状，口大底小，平底。口径 240 ~ 320、底径 234 ~ 310、深 90 厘米（图 3 - 9A）。坑内堆积仅一层，黄灰土，土质疏松，含少量炭屑，出土有陶片等。

出土陶器 6 件，器形可辨盆、罐、瓮和器盖。

陶盆　3 件。均为宽沿盆。

标本 H394：5，底部已残，仅存口及上腹。泥质灰陶。口微侈，斜沿上挑，圆唇，弧腹。素面。口径 23.6、残高 9 厘米（图 3 - 9B）。

标本 H394：2，仅存口及上腹。泥质灰陶。口微侈，斜沿上挑，圆唇，弧腹。腹饰斜向篮纹。残高 8 厘米（图 3 - 9B）。

标本 H394：3，仅存口及上腹。泥质灰陶。口微侈，斜沿上挑，圆唇，沿面内凹，斜腹。素面，抹光，盆沿有轮制痕迹。残高 7 厘米（图 3 - 9B）。

陶罐　1 件。

标本 H394：1，仅存口及上腹。夹砂灰陶。侈口，斜沿，方唇，腹微鼓。器表饰横向篮纹，沿下有两道附加堆纹。残高 10 厘米（图 3 - 9B）。

陶瓮　1 件。

标本 H394：4，仅存口部。泥质灰陶。敛口，平折沿，尖圆唇，上腹较直。素面，沿下有一周附加堆纹。残高 7.6 厘米（图 3 - 9B）。

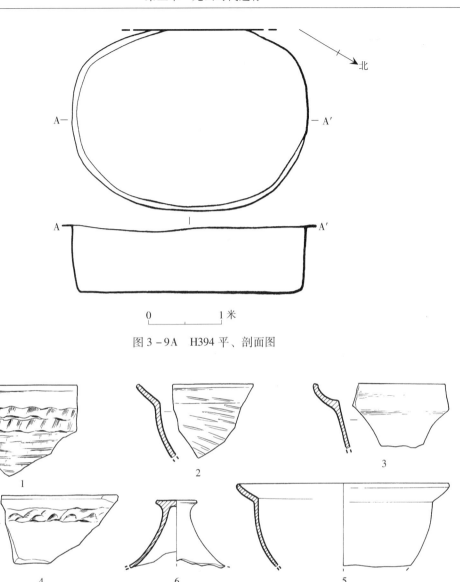

图 3 - 9A H394 平、剖面图

图 3 - 9B H394 出土陶器
1. 罐 2、3、5. 盆 4. 瓮 6. 器盖

陶器盖 1 件。

标本 H394:6，仅存顶部。泥质灰陶。握手假圈足状，平顶，盖口外敞。素面。残高 7.4 厘米（图 3 - 9B）。

二 圆形袋状

共清理 45 个。坑口为圆形或近圆形，剖面为口小底大的袋状。现依次介绍如下。

1. H29

位于 2009LXⅠT0405 西部，开口①层下，打破 H30。坑口为圆形，剖面为袋状，平底（图 3 - 10A）。口径 252、底径 272、深 80 厘米。坑内堆积仅一层，浅灰土，土质硬，含有少量炭屑，出土有陶片及少量兽骨和石块。

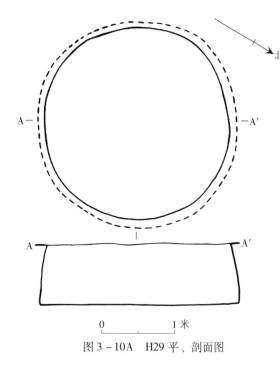

图3-10A　H29平、剖面图

出土陶器2件，石器4件，骨器2件。陶器有器盖和球，石器为刀、纺轮和笄，骨器为锥和镞。

陶器盖　1件。

标本H29：1，可修复。夹砂红陶。盖口外敞，斜腹，假圈足状捉手，平顶。器表饰横向篮纹，捉手有一周按捺窝。口径17、高7厘米（图3-10B；图版一四三，6）。

陶球　1件。

标本H29：2，泥质红陶。器表抹光。直径4.7厘米（图3-10B）。

石刀　2件。

标本H29：3，打制。一侧已残，长方形，单面刃，一侧有打制而成的缺口。残长5.3、宽4.8、厚0.8厘米（图3-10B）。

标本H29：4，打制。长方形，双面刃，两侧有打制而成的缺口。长8.5、宽5.1、厚1.3厘米（图3-10B）。

石纺轮　1件。

标本H29：5，磨制。已残，圆饼状，中间有一对钻的圆孔。残长6.7厘米（图3-10B）。

骨锥　1件。

标本H29：6，一端尖锐，一端圆钝。长6.5厘米（图3-10B）。

骨镞　1件。

标本H29：7，锋部断面为梭状，铤部较长。长7.2厘米（图3-10B；图版一五八，1）。

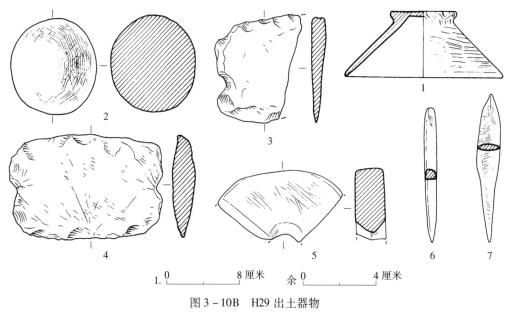

图3-10B　H29出土器物

1. 陶器盖　2. 陶球　3、4. 石刀　5. 石纺轮　6. 骨锥　7. 骨镞

2. H36

位于 2009LX Ⅰ T0404 西南部，开口①层下，打破 H107。坑口为圆形，剖面为袋状，平底（图版一三四，1）。口径 266、底径 298、深 100 厘米。坑内堆积仅一层，为灰褐色土，土质疏松，出土有陶片、兽骨及石块。

出土陶器 5 件，石器 2 件，骨器 1 件。陶器器形可辨罐、盆、鼎足和鬶足，石器为刀，骨器为镞。

陶罐　2 件。根据形态可分为喇叭口罐和鼓腹罐。

鼓腹陶罐　1 件。

标本 H36：1，仅存口及上腹。夹砂灰陶。直口，斜沿，唇面呈花边状，上腹微鼓。器表饰横向篮纹，口下有两周附加堆纹。残高 9 厘米（图 3－11）。

喇叭口陶罐　1 件。

标本 H36：2，仅存口部。泥质灰陶。敞口呈喇叭状，圆唇，高领微束。素面。口径 10、残高 7 厘米（图 3－11）。

陶盆　1 件。

标本 H36：5，仅存口及腹部。泥质灰陶。侈口，斜沿，方唇，上腹较直，有一鸡冠状器鋬。器表饰斜向篮纹和附加堆纹。口径 24.4、残高 12 厘米（图 3－11）。

陶鬶足　1 件。

标本 H36：3，夹砂灰陶。弧腹，下接筒状空足。器表饰横向篮纹。残高 12.4 厘米（图 3－11）。

陶鼎足　1 件。

标本 H36：4，夹砂灰陶。足呈上下等宽的三棱柱状。器表饰横向篮纹和戳印纹。残高 7.8 厘米（图 3－11）。

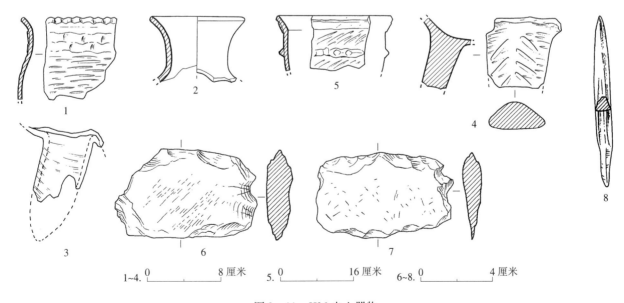

图 3－11　H36 出土器物

1、2. 陶罐　3. 陶鬶足　4. 陶鼎足　5. 陶盆　6、7. 石刀　8. 骨镞石刀　2件。

标本 H36:6，打制。长方形，双面刃，一角残缺，两侧有打制而成的缺口。长7.4、宽4.5、厚1厘米（图3-11）。

标本 H36:7，打制。长方形，双面刃，两侧有打制而成的缺口。长7.7、宽4.7、厚1.9厘米（图3-11）。

骨镞　1件。

标本 H36:8，锋部尖锐，断面呈三棱状，铤部较长。长9.6厘米（图3-11；图版一五八，2）。

3. H40

位于2009LX I T0302东南部，开口①层下，打破G1。坑口为圆形，剖面为袋状，平底（图3-12A）。口径240、底径300、深120厘米。坑内堆积仅一层，灰土，土质硬，出土有陶片、兽骨和石块。

出土陶器仅鼎足、钏各1件。

陶鼎足　1件。

标本 H40:1，夹砂灰陶。足呈上宽下窄的倒梯形，足面中部有一扉棱。器表饰篮纹，扉棱上有按捺痕。高16.4厘米（图3-12B）。

陶钏　1件。

标本 H40:2，泥质灰陶。已残，环状。器表饰螺旋状凹旋纹。宽5.2、残长8.6厘米（图3-12B）。

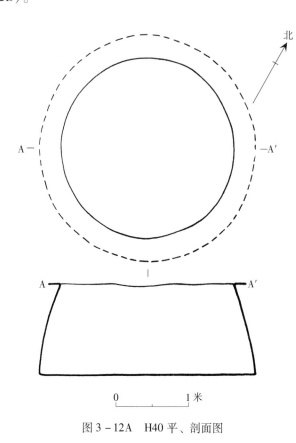

图3-12A　H40平、剖面图

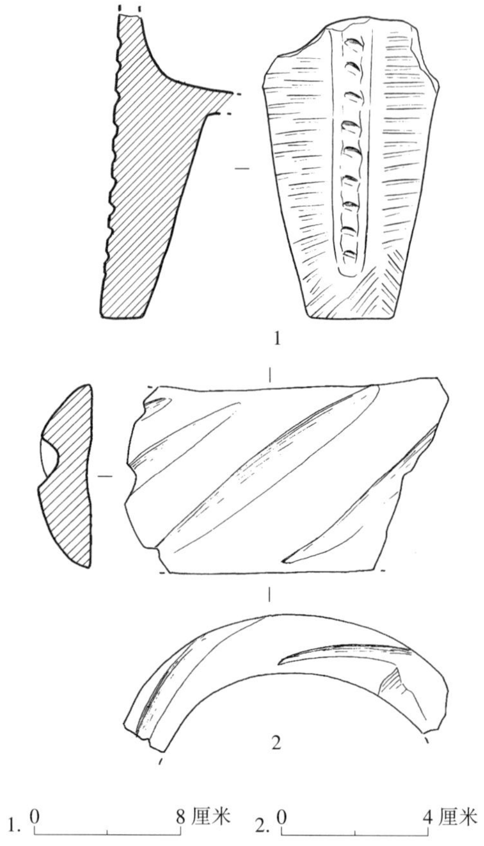

图3-12B　H40出土陶器
1. 鼎足　2. 钏

4. H49

位于 2009LXⅠT0202 西南部，开口①层下，打破 G1。坑口为圆形，剖面为袋状，平底（图 3－13A）。口径 280、底径 380、深 160 厘米。坑内堆积仅一层，灰土，土质硬，含有草拌泥块、红烧土块及炭屑，出土有陶片、螺壳。

出土陶器 5 件，石器 1 件，骨器 8 件。陶器器形可辨盆和罐，石器为刀，骨器为锥、匕和镞。

陶罐 3 件。根据形态可分为鼓腹罐和直腹罐。

鼓腹陶罐 2 件。

标本 H49：1，仅存口部。夹砂灰陶。敛口，斜折沿，方唇，上腹微鼓。器表饰斜向绳纹。残高 6 厘米（图 3－13B）。

标本 H49：4，仅存口及上腹。夹砂灰陶。敛口，短沿微斜，方唇，上腹微鼓。器表饰斜向篮纹，口下有一周附加堆纹。口径 24.8、残高 12 厘米（图 3－13B）。

直腹陶罐 1 件。

标本 H49：2，仅存口及上腹。夹砂灰陶。敞口，圆唇，直腹。器表饰斜向篮纹。残高 8 厘米（图 3－13B）。

陶盆 2 件。根据形态可分为深腹盆和刻槽盆。

深腹陶盆 1 件。

标本 H49：5，可修复。泥质灰陶。侈口，斜沿微内折，圆唇，上腹较直，下腹斜收，平底。器表有少量斜向绳纹。口径 22、底径 11.2、高 15 厘米（图 3－13B；图版一四二，3）。

刻槽陶盆 1 件。

标本 H49：3，仅存底部。夹砂灰陶。弧腹，平底，内部有放射状刻槽。器表饰竖向绳纹。底径 12、残高 5 厘米（图 3－13B）。

石刀 1 件。

标本 H49：6，打制。长方形，双面刃，两侧有打制而成的缺口。长 7.1、宽 5.1、厚 1.6 厘米（图 3－13B）。

骨锥 6 件。

标本 H49：7，一端尖锐，一端圆钝。长 9.5 厘米（图 3－13B）。

标本 H49：9，一端尖锐，一端保留有骨节。长 8.3 厘米（图 3－13B）。

标本 H49：10，圆柱状，尖端已残。残长 6.3 厘米（图 3－13B）。

标本 H49：11，体扁平，一端尖锐，一端圆钝。长 8.2 厘米（图 3－13B）。

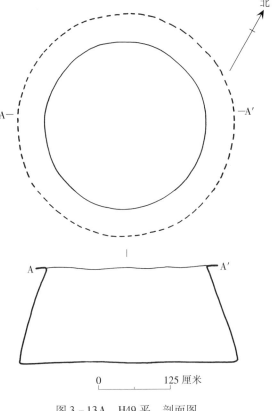

北

0 125 厘米

图 3－13A H49 平、剖面图

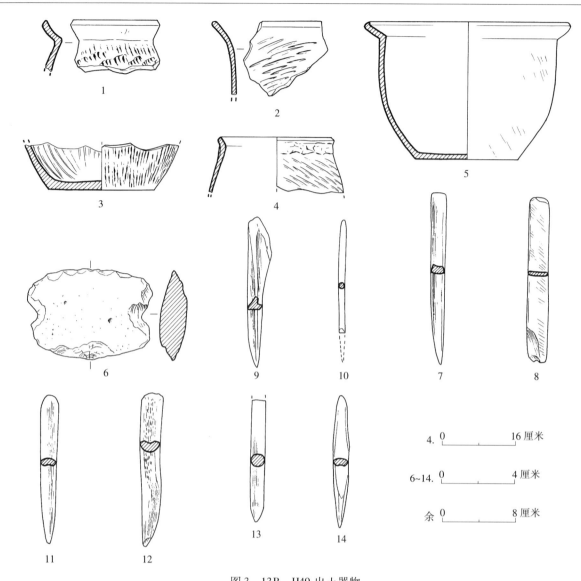

图 3 - 13B　H49 出土器物

1、2、4. 陶罐　3、5. 陶盆　6. 石刀　7、9~13. 骨锥　8. 骨匕　14. 骨镞

标本 H49:12，一端尖锐，一端圆钝。长 8.5 厘米（图 3 - 13B）。

标本 H49:13，圆柱状，一端已残，一端尖锐。残长 6.8 厘米（图 3 - 13B）。

骨匕　1 件。

标本 H49:8，体宽扁，尖端已残，一端圆钝。残长 9.1 厘米（图 3 - 13B）。

骨镞　1 件。

标本 H49:14，体扁平，一端圆钝，一端尖锐。长 7.3 厘米（图 3 - 13B）。

5. H88

位于 2009LXⅠT0305 西北部，开口①层下，部分压于北壁之下。坑口为圆形，剖面为袋状，平底（图 3 - 14A）。口径 240、底径 320、深 210 厘米。坑内堆积仅一层，浅灰土，土质疏松，出土有陶片、兽骨及石块。

出土陶器 24 件，石器 1 件，骨器 7 件。陶器器形可辨盆、罐、豆、缸、瓮、器盖、鼎足和鬶足，石器为刀，骨器为锥、镞和笄（图版一六〇，1）。

陶盆　2件。

标本 H88：1，仅存口及腹部。泥质褐陶。口微敛，圆唇外叠，弧腹。素面。残高6.6厘米（图3-14C）。

标本 H88：2，仅存口及腹部。泥质灰陶。侈口，窄沿上斜，圆唇，深弧腹。素面。残高9厘米（图3-14C）。

陶罐　9件。根据形态可分为喇叭口罐、鼓腹罐和矮领圆腹罐。

喇叭口陶罐　3件。

标本 H88：14，仅存口部。泥质灰陶。敞口近喇叭状，窄平唇，颈微束。素面。口径8.8、残高6.6厘米（图3-14B）。

标本 H88：18，仅存口颈部。夹砂灰陶。敞口呈喇叭状，方唇，高领微束。颈以下饰横向篮纹，颈部有抹痕。口径16、残高14.6厘米（图3-14B）。

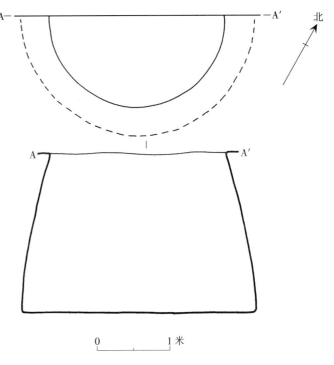

图3-14A　H88 平、剖面图

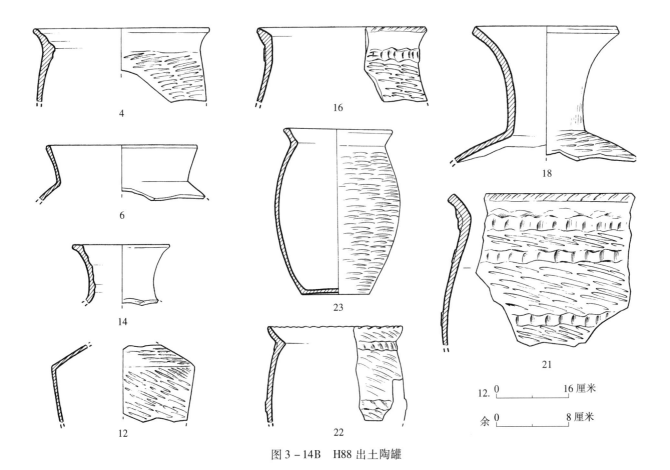

图3-14B　H88 出土陶罐

标本 H88：12，仅存肩部。夹砂红陶。折肩，斜直腹。器表饰斜向篮纹。残高 16.8 厘米（图 3 - 14B）。

鼓腹陶罐　5 件。

标本 H88：23，可修复。夹砂灰陶。敛口，斜沿，圆唇，鼓腹，平底。器表饰横向篮纹。口径 11、底径 7.4、高 18 厘米（图 3 - 14B；图版一四一，1）。

标本 H88：16，仅存口及上腹。夹砂灰陶。直口，窄沿微斜，方唇，腹微鼓。器表饰斜向篮纹，口下有一周附加堆纹。口径 18.6、残高 8 厘米（图 3 - 14B）。

标本 H88：21，仅存口及上腹。夹砂灰陶。口微敛，斜沿外折，方唇，腹微鼓。器表饰斜向篮纹，口下及上腹饰多周附加堆纹。残高 16.5 厘米（图 3 - 14B）。

标本 H88：4，仅存口及腹部。夹砂红陶。敛口，斜沿，圆唇，腹微鼓。器表饰斜向篮纹。口径 18.4、残高 8 厘米（图 3 - 14B）。

标本 H88：22，仅存口及腹部。夹砂灰陶。敛口，口呈花边状，斜沿外折，上腹微鼓。器表饰斜向篮纹，口下及腹饰附加堆纹。口径 14.2、残高 10.4 厘米（图 3 - 14B）。

矮领圆腹陶罐　1 件。

标本 H88：6，仅存口部。泥质灰陶。侈口，圆唇，小高领微束，腹圆鼓。素面。口径 16、残高 6 厘米（图 3 - 14B）。

陶豆　2 件。

标本 H88：5，仅存豆座下部。泥质褐陶。豆座为覆钵状，圈足较矮。素面。底径 17.6、残高 3.2 厘米（图 3 - 14C）。

标本 H88：10，仅存豆盘。泥质褐陶。口部已残，弧腹，下接豆柄。素面，抹光，下腹有一周凸棱。残高 7 厘米（图 3 - 14C）。

陶器盖　4 件。

标本 H88：24，捉手稍残，仅存下部。夹砂褐陶。盖口外敞，斜腹，钵状捉手。器表饰横向篮纹。口径 16.2、残高 8 厘米（图 3 - 14C；图版一四三，7）。

标本 H88：13，仅存顶部。夹砂灰陶。盖口外敞，捉手为矮圈足状。素面。残高 4.6 厘米（图 3 - 14C）。

标本 H88：17，仅存盖口部。泥质灰陶。盖口外敞，斜腹较浅。素面。残高 4 厘米（图 3 - 14C）。

标本 H88：9，仅存顶部。盖口外敞，捉手较短，为假圈足。器表饰斜向篮纹，捉手有一周按捺窝。残高 4.2 厘米（图 3 - 14C）。

陶瓮　4 件。根据形态可分为平沿瓮、叠唇瓮和饰敛口瓮。

平沿陶瓮　2 件。

标本 H88：3，仅存口及上腹。夹砂红陶。敛口，窄平沿，圆唇，上腹较直。素面。残高 7.6 厘米（图 3 - 14C）。

标本 H88：7，仅存口及上腹。泥质灰陶。敛口，平沿外折，圆唇，上腹微鼓。素面。残高 8 厘米（图 3 - 14C）。

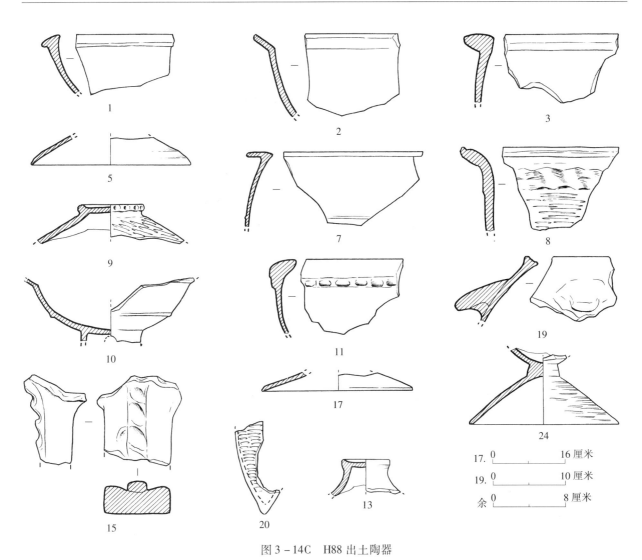

图 3 - 14C　H88 出土陶器

1、2. 盆　3、7、11、19. 瓮　5、10. 豆　8. 缸　9、13、17、24. 器盖　15. 鼎足　20. 鬶足

叠唇陶瓮　1 件。

标本 H88∶11，仅存口及上腹。夹砂灰陶。敛口，圆唇外叠，腹斜收。素面，唇下有一周按捺窝。残高 8 厘米（图 3 - 14C）。

敛口陶瓮　1 件。

标本 H88∶19，仅存口部。泥质红陶。敛口，圆唇，唇面微凹。口沿饰一周鸟喙状装饰。残高 9.6 厘米（图 3 - 14C）。

陶缸　1 件。

标本 H88∶8，仅存口及上腹。夹砂红陶。口微侈，沿微外卷，圆唇，直腹。器表饰横向篮纹和附加堆纹。残高 9 厘米（图 3 - 14C）。

陶鼎足　1 件。

标本 H88∶15，夹砂灰陶。足呈长条状，足面正中有一扉棱。素面，扉棱上有按捺窝。残高 10 厘米（图 3 - 14C）。

陶鬲足　1件。

标本 H88:20，夹砂灰陶。圆锥状袋足。器表饰横向篮纹。残高 10 厘米（图 3 - 14C）。

石刀　1件。

标本 H88:25，打制。长方形，单面刃，两侧有打制而成的缺口。长 8.7、宽 4.9、厚 1.1 厘米（图 3 - 14D）。

骨锥　4件。

标本 H88:26，器身扁平，一端尖锐，一端已残。残长 7.4 厘米（图 3 - 14D）。

标本 H88:27，两端均尖，器身较短。长 6.3 厘米（图 3 - 14D）。

标本 H88:28，器身扁平，一端尖锐，一端圆钝。长 6.8 厘米（图 3 - 14D）。

标本 H88:29，器身扁平，一端尖锐，一端圆钝。长 7.3 厘米（图 3 - 14D）。

骨笄　2件。

标本 H88:30，柱状，一端尖锐，一端圆钝。长 12.5 厘米（图 3 - 14D；图版一五六，1）。

标本 H88:31，柱状，一端尖锐，一端有两周系绳槽。长 11.8 厘米（图 3 - 14D；图版一五六，2）。

骨镞　1件。

标本 H88:32，锋部较钝，断面扁平，铤部较长。长 5 厘米（图 3 - 14D）。

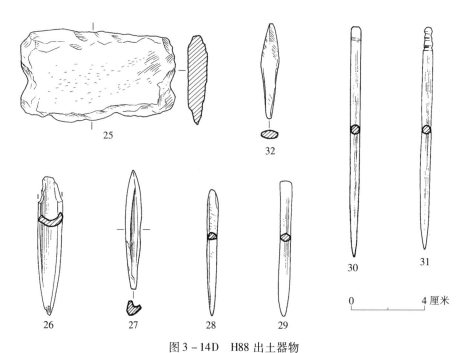

图 3 - 14D　H88 出土器物

25. 石刀　26~29. 骨锥　30、31. 骨笄　32. 骨镞

6. H89

位于 2009LXⅠT0305 西南部，开口①层下，打破 F2。坑口为圆形，剖面为袋状，平底（图版一三四，2）。口径 260、底径 300、深 150 厘米。坑内堆积仅一层，黄褐土，土质疏松，出土有陶片及兽骨。

出土陶器 4 件，器形可辨盆和罐。

陶盆 1 件。为刻槽盆。

标本 H89：1，可修复。泥质褐陶。侈
口，方唇，弧腹，平底微凹，内壁有一周放
射状刻槽。器表上部饰横向篮纹，下部饰斜
向篮纹。口径 15.6、底径 9.6、高 6.4 厘米
（图 3－15；图版一四三，1、2）。

陶罐 3 件。均为鼓腹罐。

标本 H89：2，仅存口部。夹砂褐陶。小
口微敛，短沿外斜，方唇，腹微鼓。器表饰
横向篮纹。口径 15.2、残高 6.4 厘米（图 3－15）。

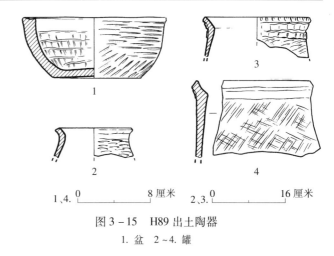

图 3－15 H89 出土陶器
1. 盆 2~4. 罐

标本 H89：3，仅存口部及上腹。夹砂褐陶。敛口，斜沿外折，方唇，腹微鼓。器表饰斜向篮
纹，口下有两周附加堆纹。口径 22.4、残高 8.8 厘米（图 3－15）。

标本 H89：4，仅存口及上腹。夹砂褐陶。口微敛，短沿外斜，方唇，直腹。器表饰交错绳纹。
残高 8.4 厘米（图 3－15）。

7. H96

位于 2009LXⅠT0304 东北部，开口①层下，打破 H95。坑口为圆形，剖面为袋状，平底（图
3－16）。口径 250、底径 270、深 30 厘米。坑内堆积仅一层，灰土，土质疏松，出土有陶片、兽
骨及骨镞 1 件。

8. H114

位于 2009LXⅠT0304 西部，开口②层下，西部压于隔梁之下。坑口为圆形，剖面为袋状，平
底，底部有一椭圆形小坑（图 3－17A）。口径 280、底径 300、深 190 厘米。坑内堆积仅一层，灰
土，土质硬，含少量红烧土块及炭屑，出土有陶片、兽骨及石块。

出土陶器 13 件，石器 9 件。陶器器形可辨钵、
盆、罐、壶和鼎足，石器为刀、饼和球。

陶钵 1 件。

标本 H114：10，仅存口及腹部。夹砂灰陶。敛
口，圆唇，弧腹。素面。口径 23.2、残高 8 厘米
（图 3－17B）。

陶盆 2 件。根据形态可分为宽沿盆和刻槽盆。

宽沿陶盆 1 件。

标本 H114：1，仅存口及腹部。泥质褐陶。敞
口，宽沿上挑，圆唇，深斜腹。素面。残高 6 厘米
（图 3－17B）。

刻槽陶盆 1 件。

标本 H114：8，仅存口及上腹。夹砂灰陶。侈

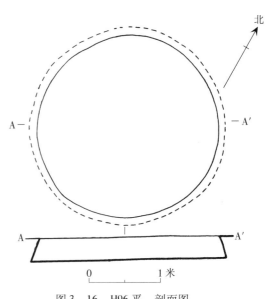

图 3－16 H96 平、剖面图

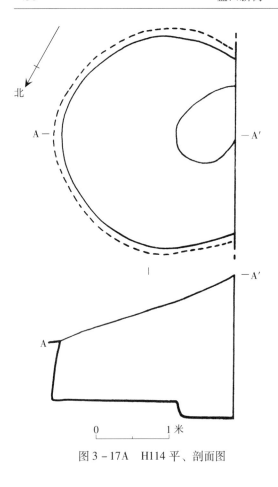

图 3-17A　H114 平、剖面图

口，方唇，弧腹，内壁有放射状刻槽。器表饰斜向绳纹和附加堆纹。口径 14.4、残高 8.8 厘米（图 3-17B）。

陶壶　2 件。

标本 H114:4，仅存腹底部。泥质灰陶。腹斜鼓呈袋状，平底微凹。素面，抹光。底径 7.2、残高 4.8 厘米（图 3-17B）。

标本 H114:5，仅存颈及腹部。夹砂灰陶。束颈，圆腹。素面。残高 6.8 厘米（图 3-17B）。

陶罐　6 件。根据形态可分为喇叭口罐和鼓腹罐。

喇叭口陶罐　1 件。

标本 H114:13，仅存口部。泥质灰陶。敞口呈喇叭状，圆唇，高领微束。颈下饰斜向篮纹。口径 16、残高 14 厘米（图 3-17B）。

鼓腹陶罐　5 件。

标本 H114:11，仅存口及上腹。夹砂灰陶。敛口，斜沿，圆唇，腹微鼓。口沿有戳印，器表饰斜向篮纹，上腹有附加堆纹。口径 30.4、残高 10.4 厘米（图 3-17B）。

标本 H114:2，仅存口及腹部。夹砂灰陶。敛口，斜折沿，圆唇，腹微鼓。器表饰横向篮纹。口径 13.2、残高 8.6 厘米（图 3-17B）。

标本 H114:3，仅存口及腹部。夹砂灰陶。口微敛，斜折沿，方唇，上腹较直。唇面有一周凹弦纹，口下有一周附加堆纹，腹饰横向篮纹。口径 16.4、残高 7 厘米（图 3-17B）。

标本 H114:9，仅存口及腹部。夹砂褐陶。敛口，斜折沿，鼓腹。花边口，器表饰斜向篮纹。口径 20.8、残高 17.2 厘米（图 3-17B）。

标本 H114:12，仅存口及上腹。夹砂灰陶。敛口，斜折沿，圆唇，腹微鼓。口为花边状，沿下有一周附加堆纹，器表饰斜向篮纹。口径 20、残高 9.2 厘米（图 3-17B）。

陶鼎足　2 件。

标本 H114:6，夹砂红陶。足呈上宽下窄的倒梯形，足面中部有一扉棱。素面，扉棱上有按捺窝。残高 7.4 厘米（图 3-17B）。

标本 H114:7，夹砂红陶。足呈长条形，足面中部有一扉棱。素面，扉棱上有按捺窝。残高 10.4 厘米（图 3-17B）。

石刀　5 件。

均为打制。长方形，两侧多有打制而成的缺口。

标本 H114:14，单面刃。长 9.4、宽 5.5、厚 1.2 厘米（图 3-17C；图版一五二，4）。

标本 H114:15，双面刃。长 8.9、宽 5.9、厚 1.7 厘米（图 3-17C；图版一五二，4）。

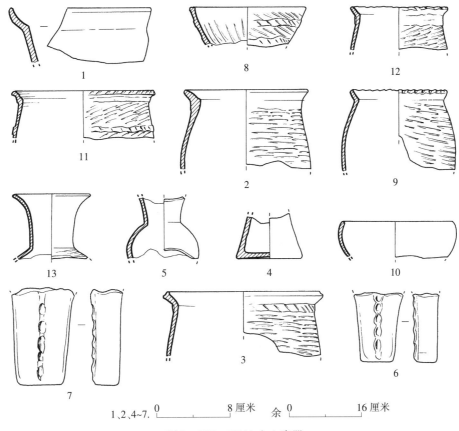

图 3 - 17B　H114 出土陶器

1、8. 盆　2、3、9、11 ~ 13. 罐　4、5. 壶　6、7. 鼎足　10. 钵

标本 H114:16，双面刃。长 7.8、宽 5.1、厚 1.3 厘米（图 3 - 17C；图版一五二，4）。

标本 H114:17，双面刃。长 8.1、宽 4.3、厚 0.9 厘米（图 3 - 17C；图版一五二，4）。

标本 H114:18，单面刃。长 8.7、宽 4.6、厚 1.5 厘米（图 3 - 17C）。

石饼　1 件。

标本 H114:19，圆饼状，一面粗磨，周缘有打制痕迹。直径 6.2、厚 1.5 厘米（图 3 - 17C）。

石球　3 件（图版一五五，1）。

标本 H114:20，完整。球形，表面较光滑，略微有磕豁。直径 4.8 厘米。

标本 H114:21，完整。青色花岗岩。球形，表面略有坑疤。直径 4.4 厘米。

标本 H114:22，完整。球形，表面有坑疤。直径 4.7 厘米。

9. H117

位于 2009LX Ⅰ T0403 西南部，开口①层下，打破 H118。坑口为圆形，剖面为袋状，平底（图 3 - 18；图版一三五，1）。口径 230、底径 250、深 150 厘米。坑内堆积仅一层，灰土，土质硬，出土有陶片、兽骨及陶刀、骨锥各 1 件。

10. H133

位于 2009LX Ⅰ T0303 东南部，开口①层下，打破 G1。坑口为圆形，剖面为袋状，平底，坑底近西壁处有一圆形小坑（图 3 - 19A）。口径 240、底径 300、深 60 厘米。坑西壁经火烧呈红色。坑内堆积仅一层，灰土，土质硬，出土有陶片、兽骨及石块。

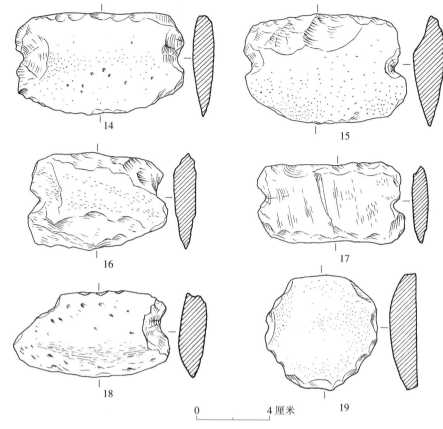

图 3 - 17C　H114 出土石器

14 ~ 18. 刀　19. 饼

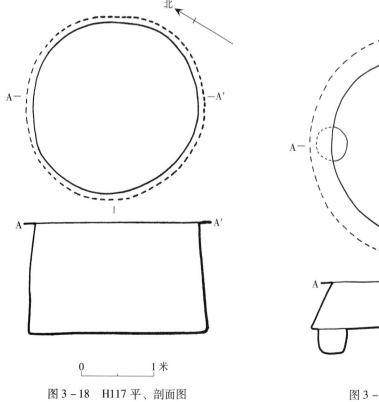

图 3 - 18　H117 平、剖面图

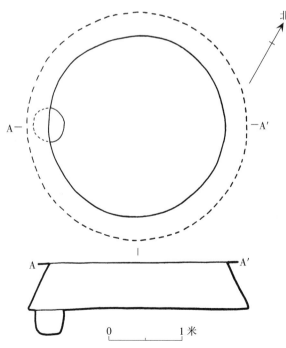

图 3 - 19A　H133 平、剖面图

出土陶器为器柄，石器有凿、刀和残石器各 1 件，骨器为锥。

陶器柄　1 件。

标本 H133:1，上下均残，仅存柄部。泥质灰陶。呈管状，上端较细，下端较粗。素面，抹光。残高 13.2 厘米（图 3 - 19B）。

石刀　1 件。

标本 H133:2，通体磨光。长方形，双面刃，刃部微内凹，器体中部有一对钻穿孔。长 10.3、宽 3.6、厚 0.6 厘米（图 3 - 19B；图版一五〇，2）。

石凿　1 件。

标本 H133:3，刃部磨光。长条形，双面刃，器身有残损。长 11.2、宽 4、厚 2.5 厘米（图 3 - 19B；图版一四九，2）。

残石器　1 件。

标本 H133:4，器形不明。呈半环状，有打制疤痕。残长 10.9、宽 14.8、厚 5.5 厘米（图 3 - 19B）。

骨锥　1 件。

标本 H133:5，器身扁平，一端残断。残长 6.5 厘米（图 3 - 19B）。

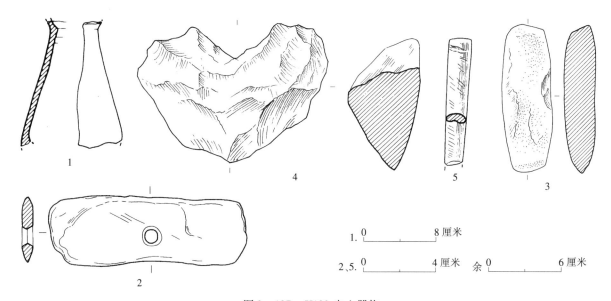

图 3 - 19B　H133 出土器物
1. 陶器柄　2. 石刀　3. 石凿　4. 残石器　5. 骨锥

11. H153

位于 2009LXⅠT0201 中部，开口②层下，打破 G13。坑口为圆形，剖面为袋状，底部西低东高（图 3 - 20A；图版一三五，2）。口径 300、底径 380、深 180 厘米。坑内堆积仅一层，灰土，土质硬，出土有陶片、兽骨及石块。

出土陶器 36 件，石器 7 件，玉器 1 件，骨牙器 16 件。陶器器形可辨罐、盆、鼎、豆、壶、瓮、鼎足、斝、器盖、纺轮、祖和圆陶片，石器为刀、饼、网坠和砺石，玉器为凿，骨牙器有镞、笋、锥、骨板以及牙饰（图版一五九，2、3）。

陶罐　11 件。根据器物形态可分为侈口鼓腹罐、直腹罐和喇叭口罐。

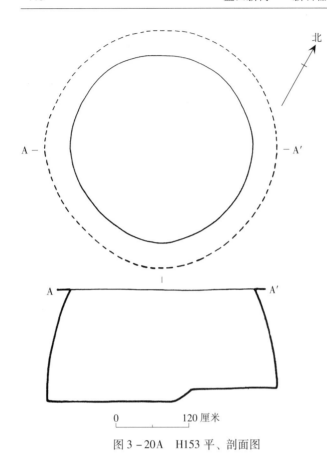

图 3 - 20A　H153 平、剖面图

侈口鼓腹陶罐　4 件。

标本 H153：2，可修复。泥质灰陶。侈口，斜折沿，方唇，束颈，垂腹，平底。素面。口径 8.4、底径 6.8、高 11.6 厘米（图 3 - 20B）。

标本 H153：29，仅存口及上腹。夹砂灰陶。侈口，沿外折，鼓腹。口为花边状，沿下有一周附加堆纹，腹饰竖向绳纹。口径 20.8、残高 9.2 厘米（图 3 - 20B）。

标本 H153：28，仅存口及上腹。夹砂灰陶。侈口，沿微外斜，鼓腹。口为花边状，沿下及上腹有多周附加堆纹，器表饰横向篮纹。口径 30.4、残高 15.2 厘米（图 3 - 20B）。

标本 H153：31，仅存口及上腹。夹砂灰陶。口微侈，斜沿，方唇，腹微鼓。沿下有两周附加堆纹，器表饰横向篮纹。口径 16.8、残高 8.4 厘米（图 3 - 20B）。

直腹陶罐　3 件。

标本 H153：26，仅存口及上腹。夹砂灰陶。直口，斜沿，圆唇，腹较直。口下有多周弦纹，上腹饰一周附加堆纹，其下为斜向篮纹。口径 32、残高 10.4 厘米（图 3 - 20B）。

标本 H153：15，仅存口及上腹。夹砂灰陶。直口，斜折沿，方唇，直腹。器表饰竖向篮纹，沿下和上腹有附加堆纹，口部有一周戳印。残高 10.4 厘米（图 3 - 20B）。

标本 H153：18，仅存口及上腹。夹砂灰陶。直口，方唇，颈微束，腹较直。器表饰横向篮纹。口径 12、残高 9 厘米（图 3 - 20B）。

喇叭口陶罐　4 件。

标本 H153：3，仅存口部。泥质灰陶。侈口呈喇叭状，圆唇，高领。素面，抹光。口径 9.6、残高 9 厘米（图 3 - 20B）。

标本 H153：25，仅存口部。泥质灰陶。敞口呈喇叭状，尖唇，高领微束。素面，抹光。口径 16、残高 11.2 厘米（图 3 - 20B）。

标本 H153：30，仅存口部。夹砂褐陶。敞口呈喇叭状，圆唇，束颈。器表饰横向篮纹。口径 16、残高 11.6 厘米（图 3 - 20B）。

标本 H153：13，仅存颈部。泥质灰陶。高领微束，素面。残高 7.2 厘米（图 3 - 20B）。

陶鼎　1 件。

标本 H153：1，足部已残，仅存鼎身。夹砂灰陶。鼎身为盆形，侈口，斜折沿，圆唇，直腹，下腹有一对鸡冠状器鋬，平底，横装三足。器表饰横向篮纹和四周附加堆纹。口径 22、残高 16.4 厘米（图 3 - 20C；图版一三九，1）。

图 3 - 20B　H153 出土陶器

2、3、13、15、25、18、26、28~31. 罐　4~8、10、14、17、24. 盆

陶盆　9 件。根据形态可分为宽斜沿盆、无沿深腹盆和刻槽盆。

宽斜沿陶盆　5 件。

标本 H153：5，可修复。泥质灰陶。敞口，斜折沿，方唇，弧腹，凹底。素面，抹光，底部有交错绳纹。口径 25.6、底径 10.2、高 10.2 厘米（图 3 - 20B；图版一四二，4）。

标本 H153：4，仅存口部。泥质灰陶。口微侈，斜沿，圆唇，弧腹。器表饰斜向篮纹，腹有一穿孔，孔周贴有泥条，有朱砂痕迹。残高 8 厘米（图 3 - 20B）。

标本 H153：7，仅存口及上腹。泥质灰陶。敛口，沿上斜，圆唇，沿面不平，深斜腹。素面。残高 8.6 厘米（图 3 - 20B）。

标本 H153：8，仅存口及上腹。泥质灰陶。口微侈，斜折沿，圆唇，腹较直。沿下饰横向篮纹。残高6厘米（图3-20B）。

标本H153：10，仅存口及腹部。泥质灰陶。敞口，斜折沿，圆唇，深弧腹。素面。残高12厘米（图3-20B）。

无沿深腹陶盆　2件。

标本H153：6，仅存口部。泥质褐陶。敞口，尖圆唇，弧腹，上腹有一器鋬。素面。残高7.6厘米（图3-20B）。

标本H153：24，仅存口部。泥质灰陶。侈口，圆唇，弧腹，内壁不平。素面。残高4.3厘米（图3-20B）。

刻槽陶盆　2件。

标本H153：14，仅存腹部。弧腹，有一鸡冠状器鋬，内壁有刻槽。器表饰斜向篮纹和附加堆纹。残高9厘米（图3-20B）。

标本H153：17，仅存口及上腹。直口，方唇，上腹较直，内壁有刻槽。器表饰横向篮纹。残高8.4厘米（图3-20B）。

陶壶　1件。

标本H153：16，仅存口部。泥质灰陶。侈口，圆唇，直领。素面。残高3.6厘米（图3-20C）。

陶豆　3件。

标本H153：20，仅存豆柄。夹砂灰陶。柄为高圈足，其下外敞。素面。残高9.6厘米（图3-20C）。

标本H153：27，仅存豆盘。泥质灰陶。盘口残，折腹较浅，下接豆柄。素面。残高5.6厘米（图3-20C）。

标本H153：11，仅存豆柄中部。泥质灰陶。柄为高圈足，上端较细，中部有一凸棱。素面，抹光。残高6.4厘米（图3-20C）。

陶瓮　2件。

标本H153：12，仅存口及上腹。泥质灰陶。敛口，尖圆唇，腹微鼓。素面，抹光。残高7.4厘米（图3-20C）。

标本H153：9，仅存口及上腹。泥质灰陶。敛口，窄平沿，圆唇，腹微鼓。沿下有一周附加堆纹。残高5.8厘米（图3-20C）。

陶鬲足　2件。

标本H153：22，夹砂灰陶。足尖残，足上端为筒状空足。素面。残高7厘米（图3-20C）。

标本H153：19，夹砂灰陶。袋状锥足。器表饰横向篮纹。残高10.8厘米（图3-20C）。

陶鼎足　1件。

标本H153：23，夹砂灰陶。足呈上宽下窄的倒梯形，足面正中有一扉棱。器表饰绳纹，扉棱上有按捺窝。残高8.4厘米（图3-20C）。

陶器盖　1件。

标本H153：21，仅存顶部。夹砂灰陶。盖口外敞，捉手为矮圈足状。器表饰斜向绳纹。残高

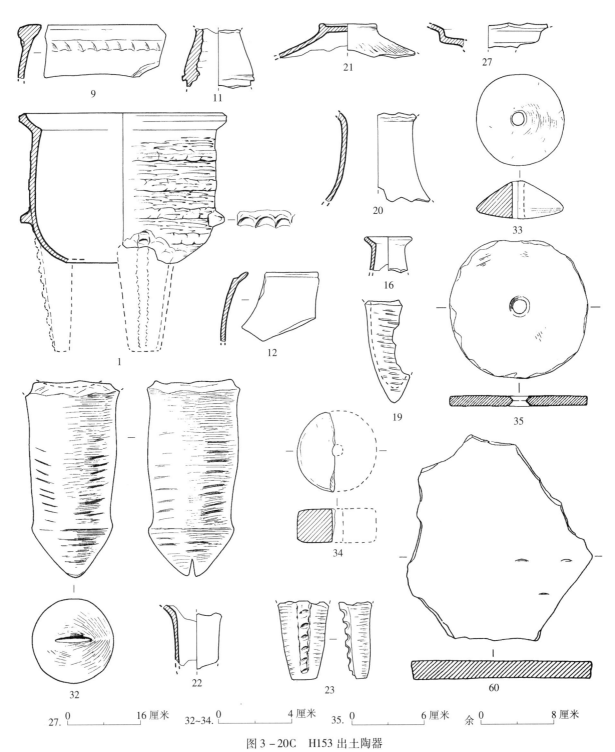

图3-20C　H153出土陶器

1. 鼎　9、12. 瓮　11、20、27. 豆　16. 壶　19、22. 鬶足　21. 器盖　23. 鼎足　32. 祖　33、34. 纺轮　35. 圆陶片　60. 罐底

3.6厘米（图3-20C）。

陶祖　1件。

标本H153：32，夹砂灰陶。仿男性生殖器状，一端残断。直径5.2、残长10.4厘米（图3-20C；图版一四五，2）。

陶纺轮　2件。

标本 H153：33，泥质红陶。圆形，断面呈梭状，中有一穿孔。直径4.9、厚2厘米（图3-20C；图版一四四，2）。

标本 H153：34，夹砂红陶。已残。圆饼状，中有一穿孔。直径4.3、厚2厘米（图3-20C）。

圆陶片　1件。

标本 H153：35，夹砂灰陶。圆饼状，器体较薄，中有一圆形对钻穿孔。直径11.4、厚0.7厘米（图3-20C；图版一四五，1）。

陶罐底　1件。

标本 H153：60，夹砂灰陶。此器应为陶罐的底部，烧制之前的内表用指甲戳印出人的口与双目（图3-20C；图版一四五，3）。

玉凿　1件。

标本 H153：42，碧玉。通体磨光。长条状，器身扁平，刃部残断。残长6.2、宽1.6、厚0.6厘米（图3-20D）。

石刀　4件。

标本 H153：36，打制。长方形，单面刃，两侧有打制而成的缺口。长7.6、宽4.6、厚1.3厘米（图3-20D；图版一五一，1）。

标本 H153：37，通体磨光。长方形，单面刃，中部有一对钻穿孔。残长5.5、宽3.9、厚0.7厘米（图3-20D；图版一五〇，4）。

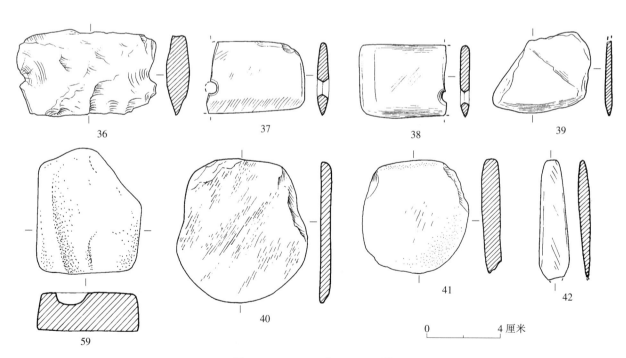

图3-20D　H153出土玉、石器

36～39. 石刀　40、41. 石饼　42. 玉凿　59. 砺石

标本 H153：38，通体磨光。长方形，单面刃，中部有一对钻穿孔。残长 4.7、宽 3.9、厚 0.5 厘米（图 3 - 20D；图版一五〇，5）。

标本 H153：39，仅存刃部。刃部磨光。弧形刃。残长 5.3、残宽 4.4、厚 0.4 厘米（图 3 - 20D）。

石饼　2 件。

标本 H153：40，磨制。圆饼状，两侧有残损。直径 7.6、厚 0.5 厘米（图 3 - 20D）。

标本 H153：41，通体磨光。圆饼状，一侧有残损。直径 5.9、厚 1 厘米（图 3 - 20D）。

砺石　1 件。

标本 H153：59，长方形，上有长期使用而形成的槽状磨痕。长 6.7、宽 5.7、厚 2 厘米（图 3 - 20D）。

骨锥　6 件。

标本 H153：43，由兽骨关节磨制而成。一端尖锐，一端保留有关节头。长 13.5 厘米（图 3 - 20E；图版一五七，1）。

标本 H153：44，柱状，一端尖锐。长 7.9 厘米（图 3 - 20E）。

标本 H153：45，器身扁平，一端尖锐，一端残断。残长 6.4 厘米（图 3 - 20E）。

标本 H153：46，圆柱状，一端尖锐，一端扁平。长 6.7 厘米（图 3 - 20E）。

标本 H153：47，圆柱状，一端尖锐，一端圆钝。长 5.4 厘米（图 3 - 20E）。

标本 H153：48，器身微弯，一端尖锐，一端略残。长 6.5 厘米（图 3 - 20E）。

骨笄　3 件。

标本 H153：49，器体呈"T"字形，一端尖锐，一端宽扁。长 7.1 厘米（图 3 - 20E；图版一五六，3）。

标本 H153：50，器体呈"T"字形，尖端残断，一端宽扁。残长 4.6 厘米（图 3 - 20E）。

标本 H153：51，器身为柱状，较细，一端尖锐，一端磨成一圆纽。长 8.2 厘米（图 3 - 20E；图版一五六，4）。

骨镞　4 件。

标本 H153：52，锋部呈棱台状，铤部已残。残长 5 厘米（图 3 - 20E）。

标本 H153：53，锋部为圆柱状，较尖锐，铤部略细。长 7 厘米（图 3 - 20E；图版一五八，3）。

标本 H153：54，锋部扁平，略残，铤部较长。残长 4.5 厘米（图 3 - 20E）。

标本 H153：55，锋部呈三棱状，尖锐，铤部较长。长 5 厘米（图 3 - 20E）。

骨板　2 件。

标本 H153：56，长条状，器身宽扁。长 6.8 厘米（图 3 - 20E）。

标本 H153：57，条状，器身扁平，一端较窄，一端残断。残长 8.6 厘米（图 3 - 20E）。

牙饰　1 件。

标本 H153：58，系兽牙磨制而成。器身扁平。残长 6.7 厘米（图 3 - 20E）。

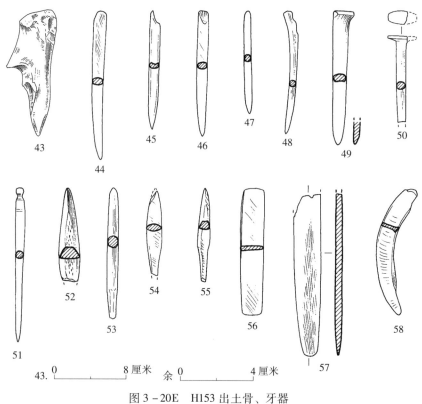

图 3 - 20E　H153 出土骨、牙器

43~48. 骨锥　49~51. 骨笄　52~55. 骨镞　56、57. 骨板　58. 牙饰

12. H191

位于 2010LXⅠT0308 东南部，开口①层下，打破 H218。坑口为圆形，剖面为袋状，平底（图 3 - 21A）。口径 280、底径 300、深 90 厘米。坑内堆积仅一层，灰土，土质疏松，含大量红烧土颗粒、炭屑及少量熘渣，出土有陶片及兽骨。

出土陶器 17 件，石器 3 件。陶器器形可辨盆、罐、壶、豆、鼎、斝、瓮、器盖和鼎足，石器为斧、镞和饼。

陶盆　3 件。根据形态可分为带沿盆和刻槽盆。

带沿陶盆　2 件。

标本 H191：5，底部已残，仅存口及腹部。泥质灰陶。敞口，斜沿外折，圆唇，弧腹。素面。口径 24.8、残高 12 厘米（图 3 - 21C）。

标本 H191：7，仅存口及腹部。泥质灰陶。敛口，窄平沿，圆唇，弧腹。素面。口径 29.6、残高 7.2 厘米（图 3 - 21C）。

刻槽陶盆　1 件。

标本 H191：6，可修复。泥质灰陶。敞口，圆唇，弧腹，凹底，一侧有一短流，上腹有一对鸡冠状器鋬，盆内有放射状刻槽。器表饰附加堆纹和细绳纹。口径 34、底径 18、高 14 厘米（图 3 - 21C；图版一四三，5）。

陶罐　共 6 件。根据形态可分为鼓腹罐、单耳罐和喇叭口罐。

单耳陶罐　2 件。

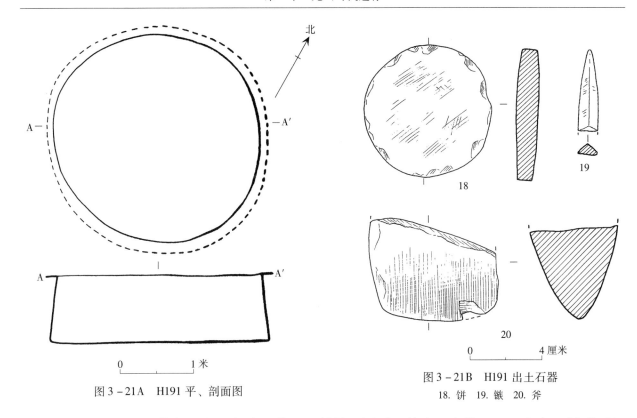

图 3-21A H191 平、剖面图

图 3-21B H191 出土石器
18. 饼 19. 镞 20. 斧

标本 H191:2，可修复。夹砂灰陶。侈口，斜沿，圆唇，鼓腹，底微凹，口腹有一桥形耳相连。器表饰横向篮纹。口径 9、底径 6.4、高 12.8 厘米（图 3-21C；图版一四二，1）。

标本 H191:16，仅存口部。泥质灰陶。口微敛，圆唇，上腹较直，有一桥形耳。素面。残高 7.6 厘米（图 3-21C）。

喇叭口陶罐　1 件。

标本 H191:12，仅存口部。泥质灰陶。敞口呈喇叭状，圆唇，束颈。素面。口径 16、残高 5.2 厘米（图 3-21C）。

鼓腹陶罐　3 件。

标本 H191:8，仅存口及上腹。夹砂灰陶。口微敛，短沿外斜，上腹微鼓。口为花边状，上腹饰斜向篮纹，口及腹部有附加堆纹。口径 24、残高 8.4 厘米（图 3-21C）。

标本 H191:9，仅存口及上腹。夹砂灰陶。敛口，斜沿，方唇，上腹微鼓。器表饰斜向篮纹，沿下有一周附加堆纹。口径 26、残高 10 厘米（图 3-21C）。

标本 H191:10，仅存口及腹部。夹砂灰陶。直口，沿外斜，方唇，鼓腹。器表饰斜向篮纹，沿下及上腹有附加堆纹。口径 26.4、残高 15.2 厘米（图 3-21C）。

陶壶　1 件。

标本 H191:1，可修复。泥质灰陶。侈口呈喇叭状，圆唇，高领，圆腹，平底。素面。口径 10.2、底径 7.4、高 21.3 厘米（图 3-21C；图版一四〇，3）。

陶豆　1 件。

标本 H191:11，仅存豆盘。泥质灰陶。敞口，圆唇，浅腹，下接圈足。器表饰横向篮纹。口径 24.8、残高 6.8 厘米（图 3-21C）。

陶鼎　1件。

标本 H191：3，可修复。夹砂红褐陶。鼎身为盆形，侈口，方唇，直腹，腹有一对鸡冠状器鋬，平底，下横装三个长条形足，足正面有扉棱。鼎身饰斜向篮纹和附加堆纹，足两侧及扉棱上有按捺窝。口径19.6、高23厘米（图3-21C；图版一三九，2）。

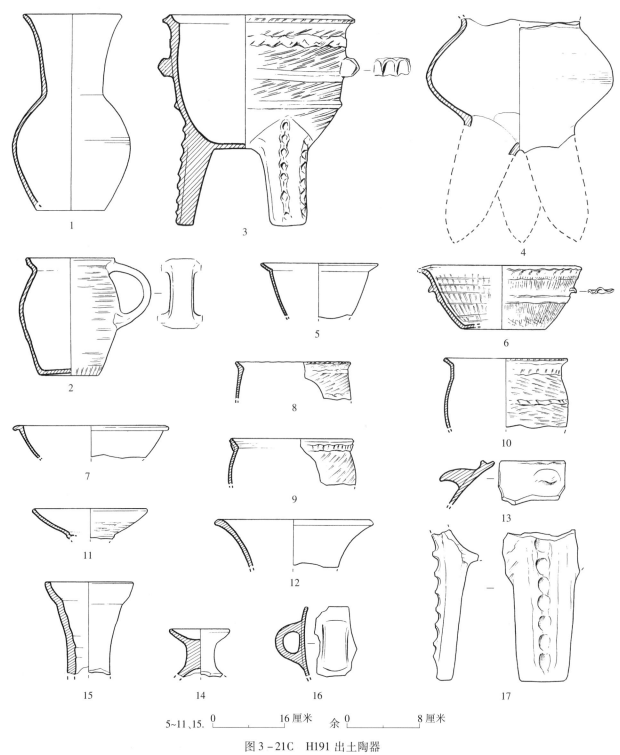

图3-21C　H191出土陶器

1. 壶　2、8~10、12、16. 罐　3. 鼎　4. 斝　5~7. 盆　11. 豆　13. 瓮　14. 器盖　15. 残陶器　17. 鼎足

陶斝 1件。

标本H191:4，口、足均残，仅存腹部。夹砂灰陶。近釜状，折腹，下接三直筒状空足。素面。残高14.8厘米（图3-21C；图版一三九，3）。

陶鼎足 1件。

标本H191:17，夹砂灰陶。足呈长条形，足面正中有一扁棱。素面，扁棱上有按捺窝。残高16.5厘米（图3-21C）。

陶瓮 1件。

标本H191:13，仅存口部。泥质褐陶。子母状敛口，鼓腹，口下有鸟喙状泥突。素面。残高4.8厘米（图3-21C）。

陶器盖 1件。

标本H191:14，仅存纽部。夹砂褐陶。圈足状捉手。素面。残高5.2厘米（图3-21C）。

残陶器 1件。

标本H191:15，器类不明。夹砂灰陶。敞口，方唇，直高领。素面。口径8.4、残高10厘米（图3-21C）。

石斧 1件。

标本H191:20，磨制。条形，一端残断，仅存刃部，双面刃，刃部有残损。残长5.6、宽7.1、厚4.9厘米（图3-21B）。

石饼 1件。

标本H191:18，通体磨制。圆饼状，器身扁平，周缘略有残损。直径7.1、厚1.3厘米（图3-21B；图版一五四，1）。

石镞 1件。

标本H191:19，磨制。锋部呈三棱状，较为锋利，铤部残断。残长4.3厘米（图3-21B）。

13. H224

位于2010LXⅡT0118东北部，开口①层下，打破H225，北部压于隔梁之下。坑口近圆形，剖面为袋状，平底（图3-22）。口径320、底径340、深54厘米。坑内堆积仅一层，黑灰土，土质硬，出土有少量陶片、兽骨及螺壳。

14. H227

位于2010LXⅡT0118东南部，开口①层下，被Y5打破。坑口近圆形，剖面为袋状，平底（图3-23A；图版一三六，1）。口径250、底径290、深86厘米。坑内堆积仅一层，灰土，土质疏松，出土有陶片、螺壳及少量兽骨、石块。

出土陶器9件，石器5件，骨器2件。陶器器形可辨盆、罐、豆、器盖、鼎足、斝和纺轮，石器为铲、刀、凿和纺轮，骨器为笄和匕。

陶盆 1件。为刻槽盆。

标本H227:2，可修复。夹砂灰陶。敞口，方唇，弧腹，平底微凹，上腹有一对鸡冠状器鋬，内壁有一周放射状刻槽。器表饰斜向篮纹和附加堆纹。口径24.4、底径14.8、高14.8厘米（图3-23B；图版一四三，3、4）。

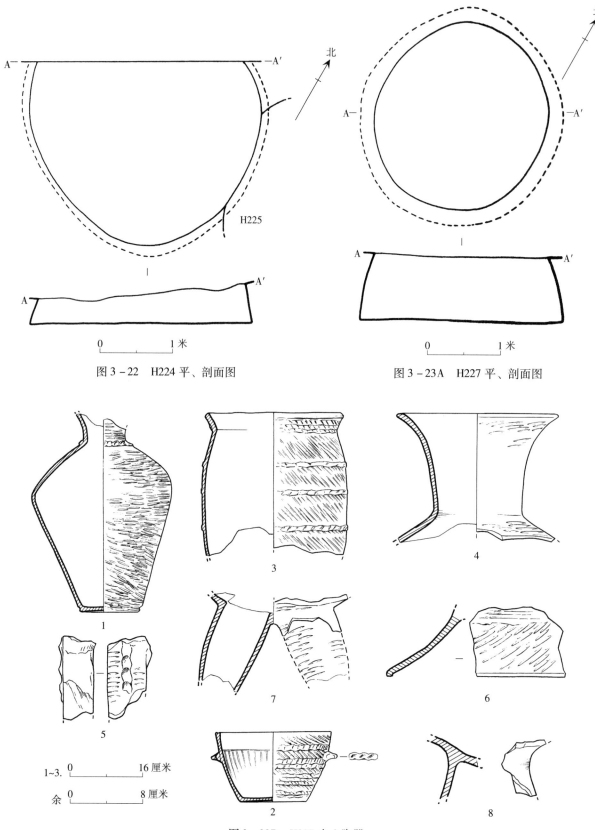

图 3 – 22　H224 平、剖面图　　　　　　　图 3 – 23A　H227 平、剖面图

图 3 – 23B　H227 出土陶器

1、3、4. 罐　2. 盆　5. 鼎足　6. 器盖　7. 斝　8. 豆

陶罐　3件。根据形态可分为鼓腹罐和喇叭口罐。

喇叭口陶罐　2件。

标本 H227：1，口部已残，存腹及底部。夹砂灰陶。喇叭状口，高领，圆肩，斜腹，平底。颈部饰一周附加堆纹，口、腹部均饰横向篮纹。底径13.2、残高43.2厘米（图3–23B；图版一四一，2）。

标本 H227：4，仅存口部。泥质灰陶。敞口呈喇叭状，圆唇，高领微束。器表饰横向篮纹。口径16.4、残高13.8厘米（图3–23B）。

鼓腹陶罐　1件。

标本 H227：3，底部已残，仅存口及上腹。夹砂灰陶。侈口，斜沿，方唇，腹较直。器表饰斜向篮纹，沿下及腹饰多周附加堆纹。口径29.6、残高29.6厘米（图3–23B；图版一四一，3）。

陶豆　1件。

标本 H227：8，仅存豆柄。泥质灰陶。弧腹，下接高圈足豆柄。素面。残高6.2厘米（图3–23B）。

陶器盖　1件。

标本 H227：6，仅存底部。夹砂灰陶。盖口外敞，弧腹。器表饰斜向篮纹。残高7.7厘米（图3–23B）。

陶鬲　1件。

标本 H227：7，仅存裆部。泥质灰陶。联裆，下接筒状袋足。器表饰斜向篮纹。残高10.6厘米（图3–23B）。

陶鼎足　1件。

标本 H227：5，夹砂红陶。足呈长条形，足面中部有一扉棱。器表饰横向篮纹，扉棱上有按捺窝。残高9厘米（图3–23B）。

陶纺轮　1件。

标本 H227：9，泥质灰陶。圆饼状，断面为长方形，中有一穿孔。直径4.2、厚1.8厘米（图3–23C；图版一四四，2）。

石刀　1件。

标本 H227：11，打制。长方形，双面刃，两侧有打制而成的缺口。长9.3、宽4.4、厚1厘米（图3–23C；图版一五一，3）

石凿　1件。

标本 H227：10，磨制，较为精致。残。长条状，双面刃。残长4.5、宽2.4、厚1.5厘米（图3–23C；图版一四九，4）。

石纺轮　1件。

标本 H227：12，磨制。残半。圆饼状，边缘光滑，中有一穿孔。直径6.1、厚1厘米（图3–23C）。

骨匕　1件。

标本 H227：13，一端已残，器身中部呈柱状，另一端宽扁。残长10.5厘米（图3–23C）。

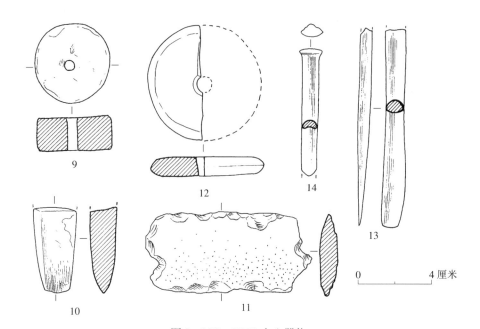

图 3 - 23C　H227 出土器物

9. 陶纺轮　10. 石凿　11. 石刀　12. 石纺轮　13 骨匕　14. 骨笄

骨笄　1 件。

标本 H227：14，器身扁平，一端已残，一端圆钝。残长 6.8 厘米（图 3 - 23C）。

15. H231

位于 2010LXⅡT0316 中部偏西南，开口①层下。坑口为圆形，剖面为袋状，平底（图 3 - 24；图版一三六，2）。口径 210、底径 230、深 70 厘米。坑内堆积仅一层，黄灰土，土质硬，含炭屑及红烧土块，出土少量陶片和极少量兽骨、石块。

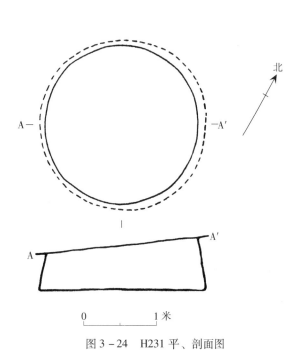

图 3 - 24　H231 平、剖面图

16. H234

位于 2010LXⅡT0217 北部，开口①层下，部分压于北隔梁下。坑口近圆形，剖面为袋状，平底（图 3 - 25A）。口径 340、底径 440、深 200 厘米。坑内堆积仅一层，灰褐土，土质疏松，含炭屑、红烧土块及白灰面块，出土大量陶片、少量兽骨及石块。

出土陶器 16 件，石器 2 件，骨器 2 件。陶器器形可辨盆、罐、瓮、器盖、鼎足和纺轮，石器为刀和球，骨器为锥和笄。

陶盆　3 件。根据形态可分为宽沿盆和刻槽盆。

宽沿陶盆　2 件。

标本 H234：2，仅存口及上腹。泥质灰陶。敞口，宽沿上斜，弧腹。器表饰横向篮纹，沿面有凹弦纹。残高 8 厘米（图 3 - 25B）。

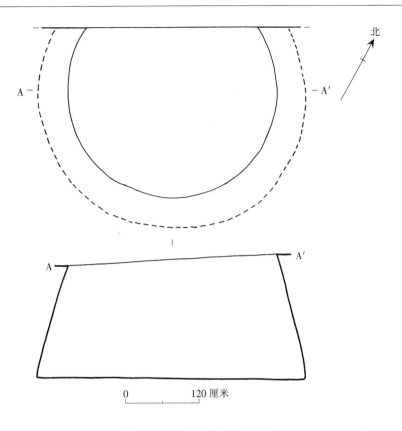

北

0　　　　120厘米

图 3 - 25A　H234 平、剖面图

标本 H234：8，仅存口及上腹。敛口，折沿，沿面微凹，上腹较直。素面。残高 6 厘米（图 3 - 25B）。

刻槽陶盆　1 件。

标本 H234：4，仅存腹底部。夹砂灰陶。弧腹，平底，内壁有放射状刻槽。器表饰横向篮纹和附加堆纹。残高 14 厘米（图 3 - 25B）。

陶罐　9 件。根据形态可分为喇叭口罐和鼓腹罐。

喇叭口陶罐　2 件。

标本 H234：14，仅存口部。夹砂灰陶。侈口，尖唇，斜直高领。素面。口径 12、残高 12 厘米（图 3 - 25B）。

标本 H234：15，仅存肩部。夹砂灰陶。圆肩，斜腹。器表饰横向篮纹。残高 14 厘米（图 3 - 25B）。

鼓腹陶罐　7 件。

标本 H234：3，仅存口及上腹。夹砂灰陶。口微敛，沿微斜，方唇，腹微鼓。器表饰斜向篮纹，口下有一周附加堆纹。残高 10 厘米（图 3 - 25B）。

标本 H234：5，仅存口及上腹。夹砂灰陶。直口，短沿微斜，圆唇，腹微鼓。器表饰竖向绳纹。残高 7 厘米（图 3 - 25B）。

标本 H234：6，仅存口及上腹。夹砂灰陶。口微敛，短沿外斜，方唇，腹微鼓。器表饰横向篮纹，口下有一周附加堆纹。残高 10 厘米（图 3 - 25B）。

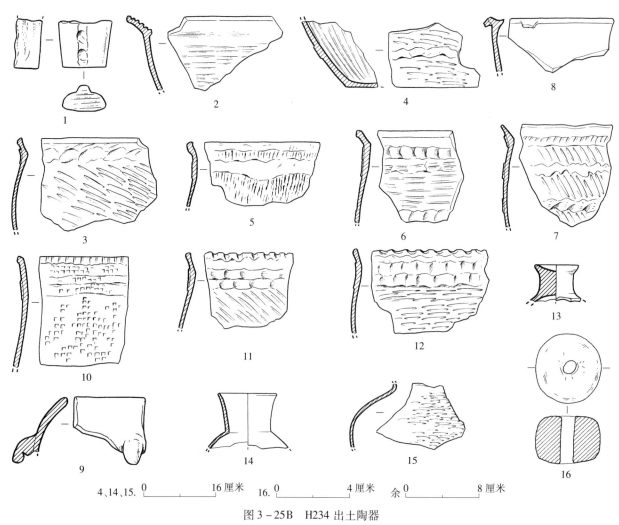

图 3－25B　H234 出土陶器

1. 鼎足　2、4、8. 盆　3、5～7、10～12、14、15. 罐　9. 瓮　13. 器盖　16. 纺轮

标本 H234：7，仅存口及上腹。夹砂灰陶。敛口，斜沿，尖唇，腹微鼓。器表饰斜向篮纹，口下及上腹饰多周附加堆纹。残高 11 厘米（图 3－25B）。

标本 H234：11，仅存口及上腹。口微敛，沿微斜，鼓腹。唇面为花边状，器表饰斜向篮纹，口下有两周附加堆纹。残高 8.4 厘米（图 3－25B）。

标本 H234：12，仅存口及上腹。口微敛，沿微斜，腹微鼓。唇面为花边状，器表饰横向篮纹，口下有两周附加堆纹。残高 9 厘米（图 3－25B）。

标本 H234：10，仅存口及上腹。夹砂褐陶。直口，方圆唇，腹微鼓。器表饰方格纹，口下有多周附加堆纹。残高 12 厘米（图 3－25B）。

陶瓮　1 件。

标本 H234：9，仅存口部。泥质灰陶。敛口，圆唇，鼓腹，上腹有鸟喙状凸饰。素面，抹光。残高 7.2 厘米（图 3－25B）。

陶器盖　1 件。

标本 H234：13，仅存捉手。夹砂灰陶。假圈足状捉手。素面。残高 4 厘米（图 3－25B）。

陶鼎足 1件。

标本 H234：1，仅存足跟。夹砂红陶。足呈上宽下窄的倒梯形，足面正中有一扉棱。素面，扉棱上有按捺窝。残高 5.2 厘米（图 3-25B）。

陶纺轮 1件。

标本 H234：16，泥质灰陶。圆饼状，断面呈圆角方形，中有一穿孔。直径 3.7、厚 2.5 厘米（图3-25B；图版一四四，1）。

石刀 1件。

标本 H234：17，通体磨光。长方形，双面刃，刃部锋利，中有一对钻圆形穿孔。长 11.7、宽 4.7、厚0.7 厘米（图 3-25C；图版一五〇，1）。

石球 1件。

标本 H234：20，较完整。球形，表面有坑疤。直径 4.2 厘米。

骨锥 1件。

标本 H234：18，器身为三棱形，一端较平，一端尖锐。长 12.5 厘米（图 3-25C）。

骨笄 1件。

标本 H234：19，器身较长，器身为柱状，一端扁平，一端尖锐。长 19.5 厘米（图 3-25C；图版一五六，5）。

17. H238

位于 2010LXⅡT0216 中部，开口①层下。坑口为圆形，剖面为袋状，平底，部分坑壁已坍塌（图3-26A）。口径 270、底径 400、深 160 厘米。坑内堆积仅一层，灰土，土质疏松，出土大量陶片、兽骨及少量石块。

出土陶器 19件，石器 6件。陶器器形可辨盆、罐、豆、壶、斝、器盖、釜灶、鼎足和刀，石器为刀和残石片。

陶盆 2件。根据形态可分为宽沿盆和刻槽盆。

宽沿陶盆 1件。

标本 H238：16，可修复。泥质褐陶。侈口，斜沿外折，圆唇，深弧腹，凹底。腹饰斜向篮纹。口径 23.4、底径 11.8、高 13.2 厘米（图3-26B；图

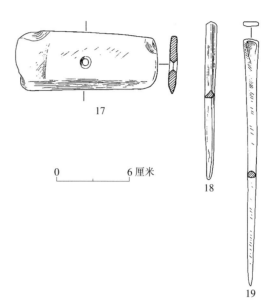

图 3-25C H234 出土器物
17. 石刀 18. 骨锥 19. 骨笄

0   6 厘米

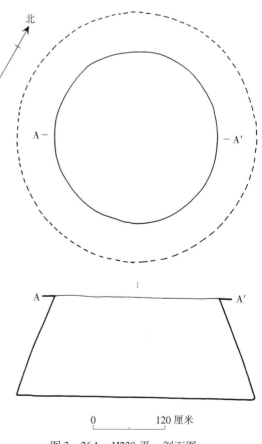

北

0   120 厘米

图 3-26A H238 平、剖面图

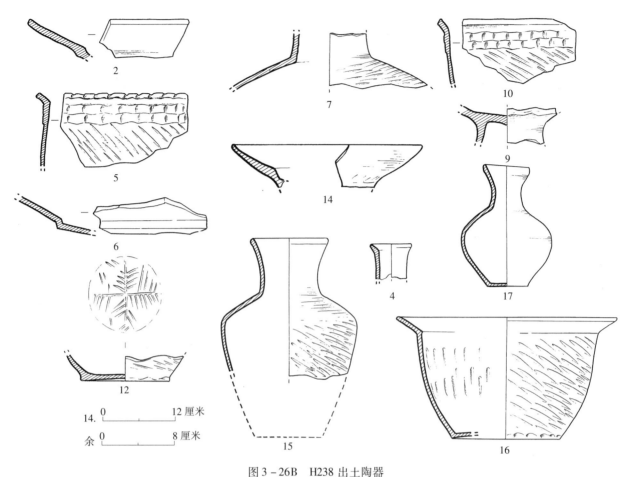

图 3 – 26B　H238 出土陶器

2、6、9、14. 豆　4、17. 壶　5、7、10、15. 罐　12、16. 盆

版一四二，5）。

刻槽陶盆　1 件。

标本 H238：12，仅存底部。夹砂灰陶。弧腹，平底微凹。器表饰斜向篮纹，底部有放射状刻槽。底径 10、残高 2.8 厘米（图 3 – 26B）。

陶罐　4 件。根据形态可分为鼓腹罐和喇叭口罐。

鼓腹陶罐　2 件。

标本 H238：10，仅存口及上腹。夹砂红陶。直口，斜沿，方唇，直腹。器表饰斜向篮纹，沿下有两周附加堆纹。残高 7 厘米（图 3 – 26B）。

标本 H238：5，仅存口及上腹。夹砂灰陶。直口，短沿外斜，方唇，腹微鼓。唇面呈花边状，器表饰斜向篮纹，沿下有两周附加堆纹。残高 8 厘米（图 3 – 26B）。

喇叭口陶罐　2 件。

标本 H238：15，底部已残。夹砂灰陶。敞口呈喇叭状，圆唇，高领，圆肩，斜腹。器表饰斜向篮纹。口径 7.8、残高 15.2 厘米（图 3 – 26B；图版一四一，5）。

标本 H238：7，仅存颈部。夹砂灰陶。直高领，颈下曲张。颈下饰斜向篮纹。残高 6 厘米（图 3 – 26B）。

陶豆 4件。

标本 H238∶2，仅存豆盘。泥质灰陶。敞口，方唇，浅斜腹。素面。残高4.2厘米（图3－26B）。

标本 H238∶6，仅存豆盘。泥质红陶。上腹外斜，下腹近平，形成折棱。素面。残高4厘米（图3－26B）。

标本 H238∶14，仅存豆盘。泥质灰陶。敞口，尖圆唇，浅腹，下接豆柄。素面，器表有抹痕。口径32、残高7.2厘米（图3－26B）。

标本 H238∶9，仅存豆柄。泥质灰陶。弧腹，下接圈足器柄。素面。残高4厘米（图3－26B）。

陶壶 2件。

标本 H238∶17，可修复。泥质褐陶。侈口，圆唇，高领微束，圆腹，平底。素面，抹光。口径4.6、底径4.4、高13厘米（图3－26B；图版一四〇，4）。

标本 H238∶4，仅存口部。泥质灰陶。侈口，尖唇，直高领。素面。口径4、残高4厘米（图3－26B）。

陶斝 1件。

标本 H238∶18，可修复。夹砂灰陶。直口，尖圆唇，口内有一周凹槽，高领，下腹圆鼓，腹底接三个筒状锥足。素面。口径15.6、腹径21.6、复原高度26.8厘米（图3－26C）。

陶器盖 1件。

标本 H238∶11，仅存捉手。泥质灰陶。捉手呈伞状。素面。残高3.2厘米（图3－26C）。

陶釜灶 1件。

标本 H238∶1，仅存口部。夹砂灰陶。敛口，圆唇外侈，束颈，腹较直。器表饰斜向篮纹。残高8.8厘米（图3－26C）。

陶鼎足 2件。

标本 H238∶3，泥质红陶。足呈上宽下窄的倒梯形，足面中部有一扁棱。器表饰斜向篮纹，扁棱上有按捺窝。残高8厘米（图3－26C）。

标本 H238∶8，夹砂灰陶。足呈三棱锥状。素面，有抹痕。残高9厘米（图3－26C）。

残陶片 1件。

标本 H238∶13，为缸、瓮类器物残片。夹砂红陶。器表有一鸟喙状凸起。素面。残高7厘米（图3－26C）。

陶刀 1件。

标本 H238∶19，系用瓶类陶片打制而成。泥质灰陶。长方形，单面刃，两侧有打制而成的缺口。长7.7、宽4.6、厚0.5厘米（图3－26C；图版一四六，3）。

石刀 5件。

标本 H238∶20，打制。长方形，双面刃，一侧有打制而成的缺口。长7.8、宽4.3、厚1.2厘米（图3－26D）。

标本 H238∶21，打制。长方形，双面刃，两侧有打制而成的缺口。长7.4、宽4.7、厚0.6厘

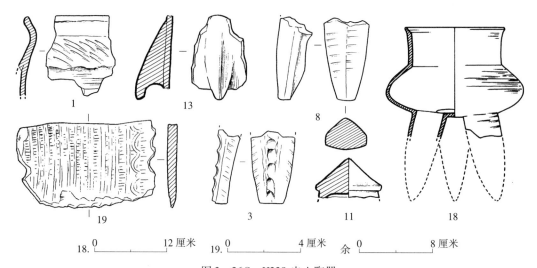

18. ┠─────┨ 12 厘米   19. ┠─────┨ 4 厘米   余 ┠─────┨ 8 厘米

图 3 - 26C H238 出土陶器

1. 釜灶 3、8. 鼎足 11. 器盖 13. 残陶片 18. 罕 19. 刀

米（图 3 - 26D）。

　　标本 H238：22，打制。长方形，双面刃，两侧有打制而成的缺口。长 7.7、宽 4.6、厚 1.2 厘米（图 3 - 26D）。

　　标本 H238：23，通体磨制。器身较窄，近梭形，一端残断，一端较尖，双面弧刃。残长 6.9、宽 2.6、厚 0.4 厘米（图 3 - 26D；图版一五〇，6）。

　　标本 H238：24，磨制。长方形，一端已残，单面刃。器身有因钻孔而留的划磨痕。残长 4.7、宽 4.4、厚 0.8 厘米（图 3 - 26D）。

　　残石片 1 件。

　　标本 H238：25，通体磨制。器形不明。长条形，两端均残，器身两面较规整。残长 3.5、宽 3、厚 0.5 厘米（图 3 - 26D）。

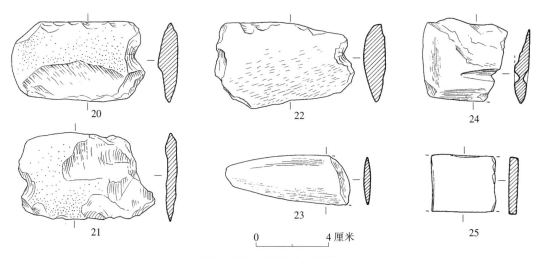

0 ┠─────┨ 4 厘米

图 3 - 26D H238 出土石器

20 ~ 24. 刀 25. 残石片

18. H243

位于 2010LXⅡT0216 东南部，开口①层下，打破 H244、H245，大部压于隔梁之下。坑口为圆形，剖面为袋状，平底。口径 60～170、底径 70～180、深 70 厘米。坑内堆积仅一层，灰土，土质硬，出土有陶片等。

19. H247

位于 2010LXⅡT0417 西北部，开口①层下，西部压于隔梁之下。坑口为圆形，剖面为袋状，平底。口径 230、底径 290、深 100 厘米。坑内堆积仅一层，灰土，土质疏松，出土有陶片、石块及陶纺轮、石球、蚌环各 1 件。

陶壶　1 件。

标本 H247:1，口部残。泥质灰陶。上腹圆鼓，下腹斜收，平底。素面，器表有抹痕。底径 3.8、残高 6 厘米（图 3-27）。

陶纺轮　1 件。

标本 H247:2，系用钵、盆类陶片打制而成。泥质红陶。圆饼状，中有一对钻穿孔，边缘略有残损。直径 3.2、厚 0.5 厘米（图 3-27）。

石球　1 件。

标本 H247:4，完整。球形，表面有坑疤。直径 3.2 厘米。

蚌环　1 件。

标本 H247:3，圆饼状，中有一穿孔，断面为长方形，边缘略有残损。直径 2、厚 0.5 厘米（图 3-27）。

20. H254

位于 2010LXⅡT0115 西北部，开口①层下，打破 H406。坑口为圆形，剖面为袋状，平底（图 3-28A）。口径 294、底径 384、深 194 厘米。坑内堆积仅一层，灰土，土质疏松，含少量红烧土颗粒及炭屑，出土有陶片、兽骨及石块。

出土陶器 6 件，玉器 1 件，石器 7 件，骨器 4 件。陶器器形可辨罐、壶、鼎足、鬶足和纺轮，玉器为笄，石器有刀、锤、锛、钻头、钻垫和球，骨器有锥和镞（图版一六〇，2）。

陶罐　2 件。均为鼓腹罐。

标本 H254:1，仅存部分口及腹部。夹砂褐陶。敛口，斜折沿，方唇，束颈。颈下有两周附加堆纹，器表饰篮纹。残高 7 厘米（图 3-28B）。

标本 H254:2，仅存部分口及腹部。夹砂灰陶。敛口，弧折沿，方唇，束颈。颈部有一周附加堆纹，器表饰篮纹。残高 10 厘米（图 3-28B）。

陶壶　1 件。

标本 H254:4，仅存口部。泥质红陶。喇叭形口，方唇。素面。口径 8.8、残高 9.4 厘米（图 3-28B）。

陶鬶足　1 件。

标本 H254:5，夹砂灰陶。空尖足。器表饰篮纹。残高 4.4 厘米（图 3-28B）。

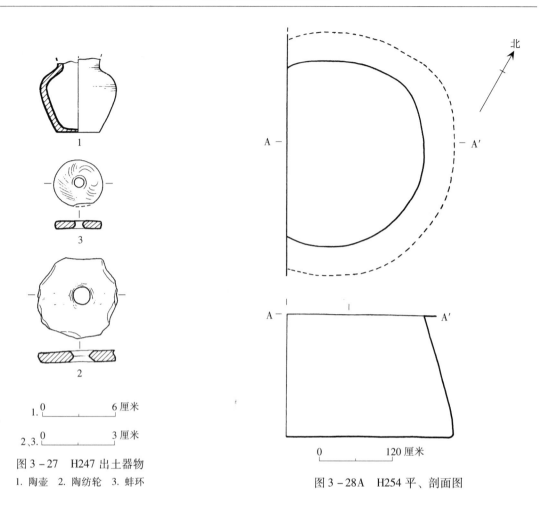

图 3 - 27　H247 出土器物
1. 陶壶　2. 陶纺轮　3. 蚌环

图 3 - 28A　H254 平、剖面图

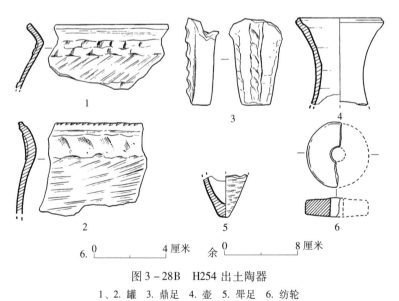

图 3 - 28B　H254 出土陶器
1、2. 罐　3. 鼎足　4. 壶　5. 罂足　6. 纺轮

陶鼎足　1 件。

标本 H254∶3，夹砂红陶。足呈上宽下窄的倒梯形，足面中部有一扉棱。器表饰篮纹，扉棱上有按捺窝。残高 9.4 厘米（图 3 - 28B）。

陶纺轮　1件。

标本 H254：6，夹砂灰陶。残半。圆饼状，断面为长方形，中部微鼓。直径4.6、厚1.4厘米（图3－28B）。

玉笄　1件。

标本 H254：17，墨玉。扁柱状，两端皆残。残长5.4厘米。

石球　1件。

标本 H254：18，残。半球形，表面有磕豁。直径3.3厘米。

石刀　2件。

标本 H254：7，打制。长方形，双面刃，两侧有打制而成的缺口。长11.1、宽5.8、厚1.5厘米（图3－28C；图版一五二，2）。

标本 H254：8，打制。梯形，单面刃，两侧有打制而成的缺口。长7.4、宽5.5、厚1.5厘米（图3－28C；图版一五二，2）。

石锛　1件。

标本 H254：9，磨制。方形，单面刃，器身较薄，一端有残存。残长5.5、宽4.3、厚0.7（图3－28C）。

石锤　1件。

标本 H254：10，磨制。条形，一端圆钝，一端扁平，器身略有残损。长11.5、宽6.6、厚4.1厘米（图3－28C；图版一五三，2）。

石钻垫　1件。

标本 H254：11，磨制。圆饼状，中部有凹窝。直径11.2、厚3厘米（图3－28C；图版一五

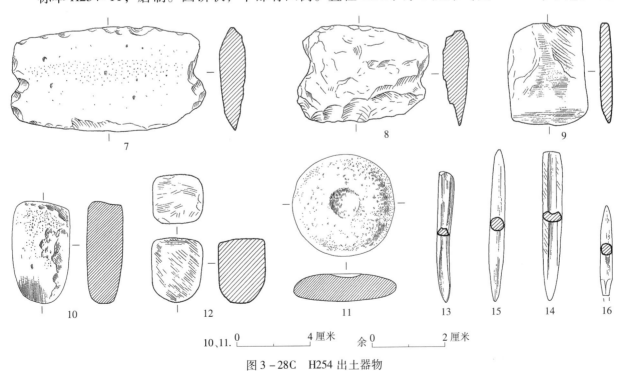

图3－28C　H254 出土器物

7、8. 石刀　9. 石锛　10. 石锤　11. 石钻垫　12. 石钻头　13、15. 骨锥　16. 骨镞

三，4）。

石钻头　1件。

标本H254：12，磨制。柱状，器身较短，一端扁平，一端圆钝。直径2.9、高3.5厘米（图3－28C；图版一五三，3）。

骨锥　3件。

标本H254：13，器身扁平，一端较扁，一端较尖锐。直径7.1厘米（图3－28C）。

标本H254：14，器身宽扁，一端较平，一端尖锐。直径8.1厘米（图3－28C）。

标本H254：15，器身为柱状，两端均较尖锐。长8.3厘米（图3－28C）。

骨镞　1件。

标本H254：16，锋部为柱状，顶端尖锐，铤部已残。残长4.9厘米（图3－28C）。

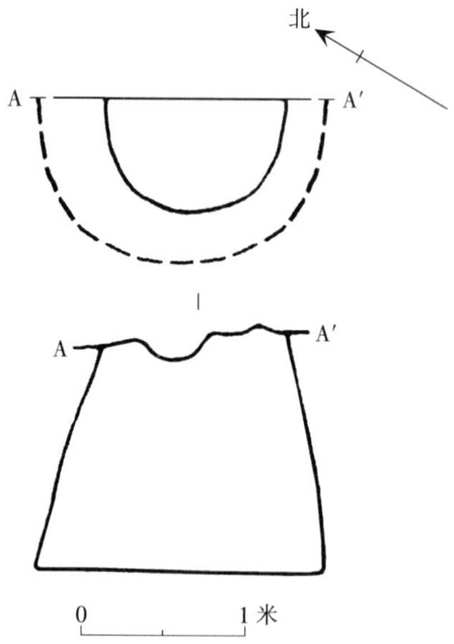

图3－29A　H257平、剖面图

21. H257

位于2010LXⅠT0212西北部，开口①层下，打破H265，部分压于北隔梁下。坑口为圆形，剖面为袋状，平底（图3－29A）。口径88、底径136、深114厘米。坑内堆积仅一层，灰土，含灰量大，土质疏松，出土有陶片、兽骨、螺壳及石块。

出土陶器2件，石器3件，骨器2件。陶器有豆和环，石器为环和球，骨器为锥和镞（图版一五九，1）。

陶豆　1件。

标本H257：1，口部残。泥质灰陶。豆盘较浅，折腹，平底，下接高圈足，底外敞尤甚。素面，抹光。底径20、残高19厘米（图3－29B；图版一四〇，1）。

石球　2件。

标本H257：5，完整。球形，表面较光滑、略有磕豁。直径4.8厘米。

标本H257：6，较完整。球形，表面有坑疤。直径3.6厘米。

石环　1件。

标本H257：2，磨制。器身近环形，一边较直，中部有一对钻的圆形穿孔。残长9.2、宽6、厚1.1厘米（图3－29B；图版一五四，2）。

骨锥　1件。

标本H257：3，柱状，一端已残，一端尖锐。残长7.7厘米（图3－29B）。

骨镞　1件。

标本H257：4，锋部为三棱状，尖锐，铤部较细，为柱状。残长8.4厘米（图3－29B）。

22. H260

位于2010LXⅡT0115东南部，开口①层下，打破H262、H263。坑口为圆形，剖面为袋状，平底（图3－30）。口径140、底径180、深120厘米。坑内堆积仅一层，深灰土，土质疏松，出土有

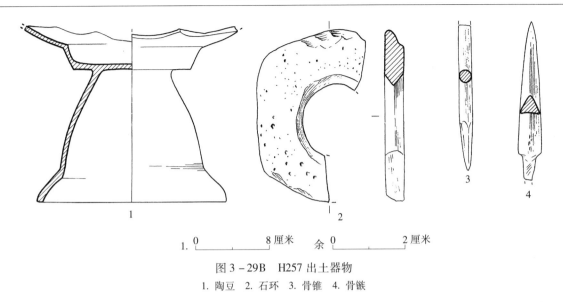

1.　0 ⎯⎯⎯⎯⎯ 8 厘米　　余 0 ⎯⎯⎯⎯ 2 厘米

图 3 - 29B　H257 出土器物

1. 陶豆　2. 石环　3. 骨锥　4. 骨镞

陶片、螺壳及石块。

23. H268

位于 2010LXⅠT0212 中部，开口①层下，打破 G19。坑口为圆形，剖面为袋状，平底（图 3 - 31A；图版一三七，1）。口径 180、底径 260、深 136 厘米。坑内堆积仅一层，浅灰土，土质疏松，出土大量陶片、兽骨及石块。

出土陶器 27 件，石器 5 件，骨牙器 6 件。陶器器形可辨盆、罐、壶、豆、杯、鼎足和陶垫，石器为斧（和毛坯）、锛和球，骨器为锥、板，牙器为牙饰（图版一六〇，3）。

陶罐　14 件。根据形态可分为鼓腹罐、带耳罐和小口圆腹罐。

带耳陶罐　2 件。

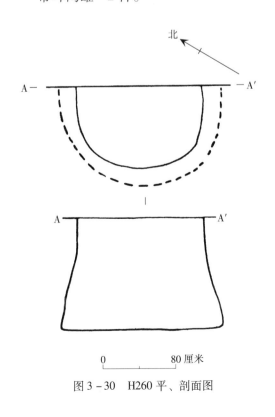

0 ⎯⎯⎯⎯ 80 厘米

图 3 - 30　H260 平、剖面图

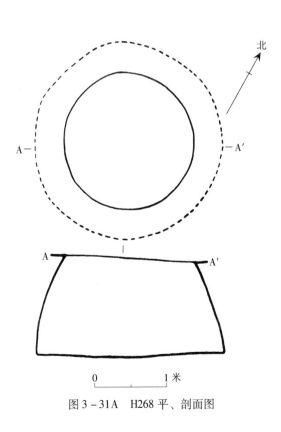

0 ⎯⎯⎯⎯ 1 米

图 3 - 31A　H268 平、剖面图

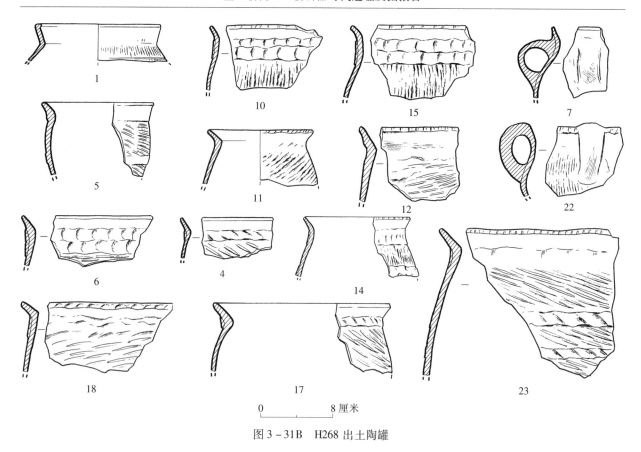

0 ———————— 8 厘米

图 3 – 31B　H268 出土陶罐

标本 H268：7，仅存口及上腥。夹砂灰陶。侈口，方唇，颈微束，腹圆鼓，口腹有一桥形耳相连。残高 7.6 厘米（图 3 – 31B）。

标本 H268：22，仅存口及上腹。夹砂灰陶。口微侈，束颈，腹微鼓，口腹有一桥形耳相连。器表饰竖向绳纹。残高 8 厘米（图 3 – 31B）。

小口圆腹陶罐　1 件。

标本 H268：1，仅存口部。夹砂灰陶。侈口，方唇，颈微束。器表饰竖向绳纹。口径 12.4、残高 4 厘米（图 3 – 31B）。

鼓腹陶罐　11 件。

标本 H268：4，仅存口部。夹砂灰陶。敛口，沿外斜，圆唇，上腹较直。器表饰斜向篮纹，口下有一周附加堆纹。残高 4.4 厘米（图 3 – 31B）。

标本 H268：6，仅存口部。夹砂灰陶。敛口，沿外斜，圆唇，上腹较直。器表饰横向篮纹，口下有两周附加堆纹。残高 5.6 厘米（图 3 – 31B）。

标本 H268：5，底部已残，仅存口及上腹。夹砂灰陶。口微敛，沿微外斜，尖圆唇，腹微鼓。器表饰横向篮纹和附加堆纹。残高 8 厘米（图 3 – 31B）。

标本 H268：10，仅存口及上腹。夹砂红陶。口微敛，沿微外斜，方唇，腹外鼓。器表饰竖向绳纹，口下有两周附加堆纹。残高 7 厘米（图 3 – 31B）。

标本 H268：11，仅存口及上腹。夹砂灰陶。敛口，斜沿外折，圆唇，腹微鼓。器表饰斜向绳纹。口径 11.6、残高 6 厘米（图 3 – 31B）。

标本 H268：12，仅存口及上腹。夹砂红陶。敛口，斜沿外折，圆唇，腹微鼓。器表饰斜向篮纹。残高 8 厘米（图 3 –31B）。

标本 H268：14，仅存口及腹部。夹砂褐陶。敛口，斜沿，圆唇，鼓腹。器表饰竖向绳纹和附加堆纹。口径 12、残高 6 厘米（图 3 –31B）。

标本 H268：15，仅存口及上腹。夹砂灰陶。直口，短沿外斜，圆唇，鼓腹。器表饰竖向绳纹，口下有两周附加堆纹。残高 8 厘米（图 3 –31B）。

标本 H268：18，仅存口及上腹。夹砂红陶。敛口，斜沿，圆唇，上腹较直。器表饰斜向篮纹。残高 7.6 厘米（图 3 –31B）。

标本 H268：17，仅存口及上腹。夹砂灰陶。敛口，斜沿，圆唇，鼓腹。器表饰斜向篮纹，口下有一周附加堆纹。口径 18、残高 7.6 厘米（图 3 –31B）。

标本 H268：23，仅存口及腹部。夹砂灰陶。敛口，斜沿，圆唇，腹微鼓。器表饰斜向篮纹和附加堆纹。残高 16 厘米（图 3 –31B）。

陶盆　3 件。根据形态可分为宽沿盆和刻槽盆。

宽沿陶盆　2 件。

标本 H268：9，仅存口及腹部。泥质灰陶。敞口，平沿，圆唇，弧腹。素面。残高 6 厘米（图 3 –31C）。

标本 H268：13，仅存口及腹部。泥质灰陶。敞口，宽沿上斜，圆唇，弧腹较深。器表有横向篮纹。残高 9 厘米（图 3 –31C）。

刻槽陶盆　1 件。

标本 H268：26，仅存口及腹部。夹砂灰陶。敞口，圆唇，弧腹。器表饰斜向篮纹和附加堆纹，内壁有交错刻槽。残高 11 厘米（图 3 –31C）。

陶杯　3 件。

标本 H268：2，底部已残。泥质红陶，口部有红衣。敞口呈喇叭状，尖唇。素面。口径 6、残高 4 厘米（图 3 –31C）。

标本 H268：3，底部已残。泥质灰陶。喇叭状口，方圆唇，腹斜收。素面，抹光。口径 8、残高 5 厘米（图 3 –31C）。

标本 H268：24，口部已残。泥质红陶。器身细长，斜腹，小平底。素面，器表有抹痕。底径 5.4、残高 14 厘米（图 3 –31C）。

陶壶　1 件。

标本 H268：19，仅存口部。泥质褐陶。敞口，方唇，束颈，腹圆鼓。素面。口径 4、残高 5.6 厘米（图 3 –31C）。

陶豆　1 件。

标本 H268：20，仅存豆盘。泥质红陶。腹较直，平底。素面。残高 3.8 厘米（图 3 –31C）。

陶器盖　2 件。

标本 H268：16，仅存顶部。泥质灰陶。盖口外敞，捉手圈足状，较矮。素面，抹光，捉手有一周按捺窝。残高 5.6 厘米（图 3 –31C）。

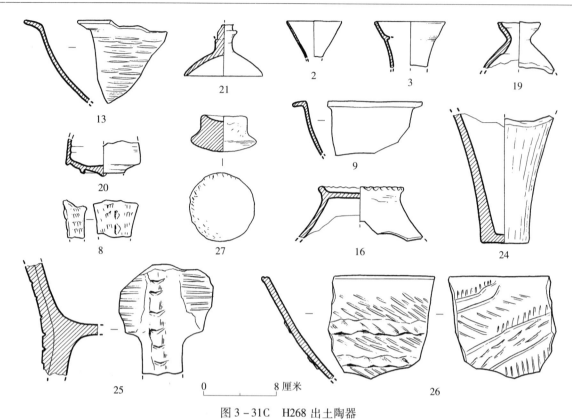

图 3-31C　H268 出土陶器

2、3、24. 杯　8、25. 鼎足　9、13、26. 盆　16、21. 器盖　19. 壶　20. 豆　27. 垫

标本 H268：21，顶部残。盖口外敞，浅腹，上有一伞状捉手。素面，抹光。口径9、残高5.6厘米（图3-31C）。

陶鼎足　2件。

标本 H268：8，夹砂灰陶。足呈倒梯形。器表有戳印。残高4厘米（图3-31C）。

标本 H268：25，夹砂灰陶。斜腹，平底，下接长条形足，足中部有一道扉棱。器表饰横向篮纹，扉棱上有戳印。残高12厘米（图3-31C）。

陶垫　1件。

标本 H268：27，泥质褐陶。器身近蘑菇状，捉手一端圆鼓，另一端微凹。直径7.4、高4厘米（图3-31C；图版一四六，2）。

石斧毛坯　1件。

标本 H268：28，琢制。平面呈长方形，单面刃。长8.8、宽5.5、厚2.4厘米（图3-31D）。

石斧　1件。

标本 H268：29，磨制。平面呈长方形，单面弧刃，底端圆钝。长9、宽5.5、厚3.4厘米（图3-31D；图版一四八，1）。

石锛　1件。

标本 H268：37，通体琢制，近刃部磨光。平面近长方形，单面直刃（图版一四九，1）。

残石器　1件。

标本 H268：30，磨制。已残，器形不明。器身扁平，一侧为直边，另一侧有两个对钻穿孔。

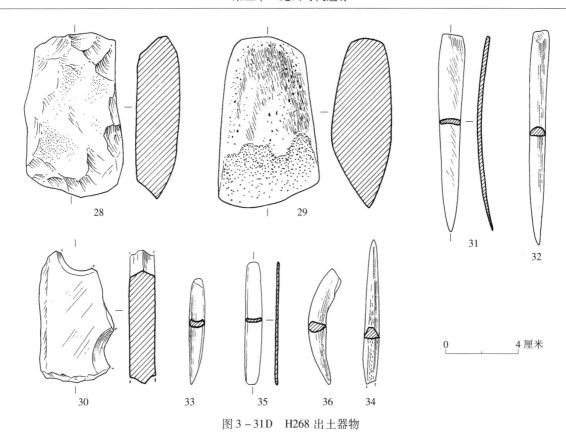

图 3 – 31D H268 出土器物

28. 石斧毛坯 29. 石斧 30. 残石器 31～34. 骨锥 35. 骨板 36. 牙饰

残长 7、残宽 4.1、厚 1.4 厘米（图 3 – 31D）。

石球 1 件。

标本 H268：37，完整。球形，表面有磕豁。直径 3.6 厘米。

骨锥 4 件。

标本 H268：31，器身宽扁，微弯，一端尖锐，一端扁平。长 10.5 厘米（图 3 – 31D）。

标本 H268：32，器身为半圆形，一端较平，一端尖锐。长 11.5 厘米（图 3 – 31D）。

标本 H268：33，器身宽扁，短小，一端尖锐。长 5.7 厘米（图 3 – 31D）。

标本 H268：34，器身为三棱状，一端尖锐，一端残断。残长 7.6 厘米（图 3 – 31D）。

骨板 1 件。

标本 H268：35，条形，器身较扁。长 6.5 厘米（图 3 – 31D）。

牙饰 1 件。

标本 H268：36，以兽牙加工而成，一端磨平。长 6.2 厘米（图 3 – 31D）。

24. H273

位于 2010LXⅡT0315 东北部，开口①层下，打破 H275、H278。坑口为圆形，剖面为袋状，平底（图 3 – 32）。口径 280、底径 340、深 100 厘米。坑内堆积仅一层，灰土，土质硬，含少量红烧土颗粒，出土有陶片、兽骨及石块。

25. H292

位于 2010LXⅡT0314 北部，开口①层下，打破 H305、G22，部分压于北隔梁下。坑口为圆形，

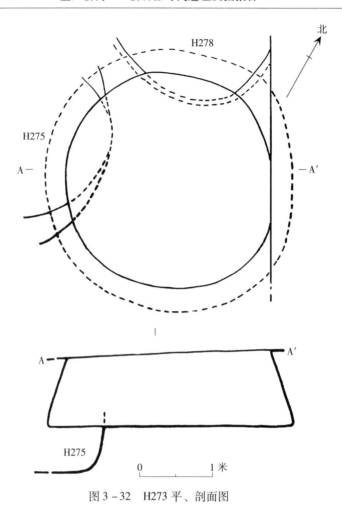

图 3 – 32　H273 平、剖面图

剖面为袋状，平底（图 3 – 33）。口径 250、底径 272、深 50 厘米。坑内堆积仅一层，黄灰土，土质疏松，含红烧土颗粒及炭屑，出土有陶片等。

出土陶器 2 件，为盆和器盖。另有玉笄、骨锥各 1 件。

陶盆　1 件。

标本 H292：2，为刻槽盆。仅存腹底部。夹砂灰陶。弧腹，平底，内壁有放射状刻槽。器表饰斜向篮纹。底径 18、残高 5 厘米（图 3 – 34）。

陶器盖　1 件。

标本 H292：1，仅存纽部。夹砂灰陶。假圈足捉手。素面。残高 4 厘米（图 3 – 34）。

玉笄　1 件。

标本 H292：3，墨玉。器身呈 "T" 字形，顶端宽平，底端已残。残长 5 厘米（图 3 – 34；图版一四七，1）。

骨锥　1 件。

标本 H292：4，用兽类肢骨片磨成。器身较短。长 9 厘米（图 3 – 34；图版一五七，2）。

26. H296

位于 2010LXⅡT0214 中部，开口①层下，打破 G21、G25、G26。坑口近圆形，剖面为袋状，平底（图 3 – 35A）。口径 250 ~ 265、底径 310 ~ 320、深 120 厘米。坑内堆积仅一层，黄灰土，土质疏松，含少量红烧土块及炭屑，出土有陶片等。

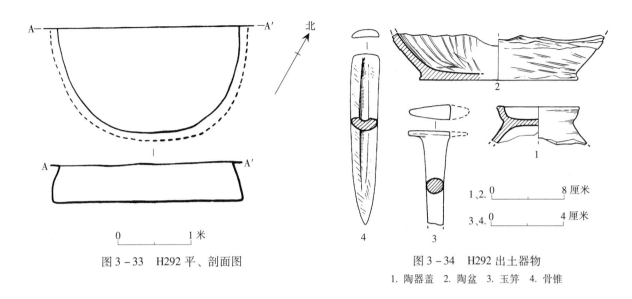

图 3 – 33　H292 平、剖面图

图 3 – 34　H292 出土器物
1. 陶器盖　2. 陶盆　3. 玉笄　4. 骨锥

出土陶器 10 件，器形可辨盆、罐、器盖和鼎足。另有石刀（图版一五一，2）和骨锥各 1 件。

陶盆　3 件。根据形态可分为宽沿盆和刻槽盆。

宽沿陶盆　2 件。

标本 H296：6，仅存口及上腹。泥质灰陶。口微敛，宽沿上斜，圆唇，弧腹。素面，沿面有多周弦纹。残高 10 厘米（图 3 – 35B）。

标本 H296：9，仅存口部。泥质褐陶。敛口，宽平沿，尖唇，浅弧腹。素面，上腹有两个对钻圆孔。残高 3.4 厘米（图 3 – 35B）。

刻槽陶盆　1 件。

标本 H296：8，仅存腹底部。夹砂褐陶。弧腹，平底，内壁有一周放射状刻槽。器表饰斜向篮纹。残高 5 厘米（图 3 – 35B）。

陶罐　2 件。均为鼓腹罐。

标本 H296：3，仅存口部。夹砂褐陶。敛口，斜沿，圆唇，腹微鼓。器表饰横向篮纹。残高 5.6 厘米（图 3 – 35B）。

标本 H296：4，仅存口部。泥质红陶。口微敛，沿微外斜，方唇，腹微鼓。器表饰横向篮纹，口下有一周附加堆纹，口沿有一周按捺窝。残高 7.4 厘米（图 3 – 35B）。

陶器盖　2 件。

标本 H296：7，仅存口部。泥质灰陶。盖口外敞，如覆钵状。素面，内壁有朱砂痕迹。残高 4 厘米（图 3 – 35B）。

标本 H296：10，仅存顶部。泥质红陶。假圈

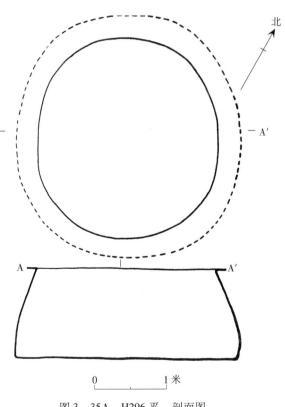

图 3 – 35A　H296 平、剖面图

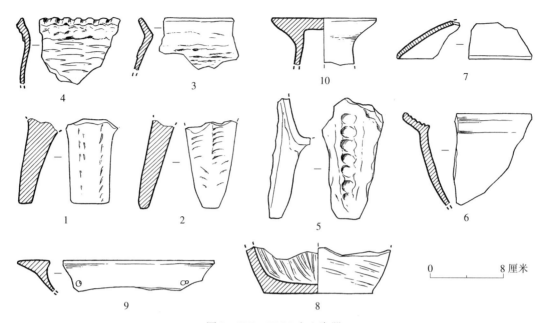

图 3 – 35B　H296 出土陶器
1、2、5. 鼎足　3、4. 罐　6、8、9. 盆　7、10. 器盖

足捉手，平顶。素面。残高 5 厘米（图 3 – 35B）。

陶鼎足　3 件。

标本 H296：1，夹砂红陶。足呈长方形。素面，足面有两道指甲状戳印。残高 9 厘米（图 3 – 35B）。

标本 H296：2，夹砂红陶。足呈舌形。器表饰横向篮纹。残高 9.6 厘米（图 3 – 35B）。

标本 H296：5，夹砂灰陶。足呈上大下小的倒梯形，足中部有一道扉棱。素面，扉棱上有按捺窝。残高 13 厘米（图 3 – 35B）。

27. H299

位于 2010LXⅡT0216 西南部，开口①层下，打破 H298、H232。坑口为圆形，剖面为袋状，平底（图 3 – 36A）。口径 272、底径 374、深 150 厘米。坑内堆积仅一层，黄灰土，土质疏松，含大量红烧土颗粒及炭屑，出土有陶片等。

出土陶器 6 件，石器 4 件，骨器 3 件。陶器器形可辨盆、罐、瓮和鼎足，石器为刀和斧，骨器为笄和锥。

陶盆　1 件。

标本 H299：1，仅存口及上腹。泥质灰陶。直口，斜沿上挑，圆唇，弧腹。素面，口及内壁抹光。残高 4.8 厘米（图 3 – 36B）。

陶罐　3 件。根据形态可分为鼓腹罐和小口圆腹罐。

鼓腹陶罐　2 件。

标本 H299：2，仅存口及上腹。夹砂灰陶。敛口，斜沿外折，尖圆唇，腹微鼓。腹饰横向篮纹。残高 6 厘米（图 3 – 36B）。

标本 H299：3，仅存口部。泥质褐陶。敛口，斜沿外折，圆唇，腹微鼓。素面，口沿及外壁抹光。口径 30.4、残高 4.4 厘米（图 3 - 36B）。

小口圆腹陶罐　1 件。

标本 H299:4，仅存口及上腹。夹砂灰陶。侈口，圆唇，矮领，束颈，鼓腹。素面，颈肩部饰有几周弦纹。口径 24.8、残高 8 厘米（图 3 - 36B）。

陶瓮　1 件。

标本 H299:5，仅存口及上腹。泥质褐陶。敛口，方唇，鼓腹，口下有一泥突。素面，抹光。口径 23.2、残高 14.4 厘米（图 3 - 36B）。

陶鼎足　1 件。

标本 H299:6，夹砂灰陶。足呈长条形，上有一道扉棱。足两侧和扉棱均有按捺窝。残高 10 厘米（图 3 - 36B）。

石刀　2 件。

标本 H299:7，打制。长方形，双面刃，两侧有打制而成的缺口。长 7.8、宽 5、厚 1.3 厘米（图 3 - 36C；图版一五二，3）。

标本 H299:8，打制。长方形，双面刃，三侧有打制而成的缺口。长 9、宽 5.1、厚 1.5 厘米（图 3 - 36C；图版一五二，3）。

石斧　2 件。

标本 H299:9，粗磨。器身厚重，长条形，一面较平，单面刃，刃部及周缘略有残损。长 16.6、宽 10.4、厚 4.1 厘米（图 3 - 36C）。

标本 H299:10，磨制。长条形，刃部已残，顶端较平整，周缘略有残损。长 7.6、宽 5.7、厚 2.5 厘米（图 3 - 36C）。

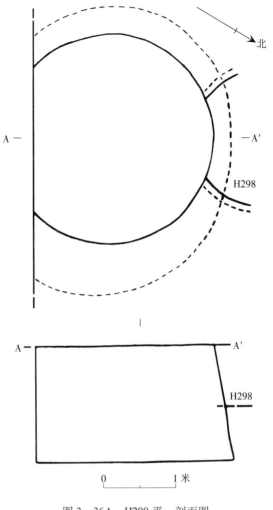

图 3 - 36A　H299 平、剖面图

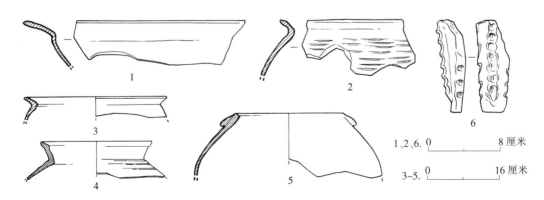

图 3 - 36B　H299 出土陶器
1. 盆　2 ~ 4. 罐　5. 瓮　6. 鼎足

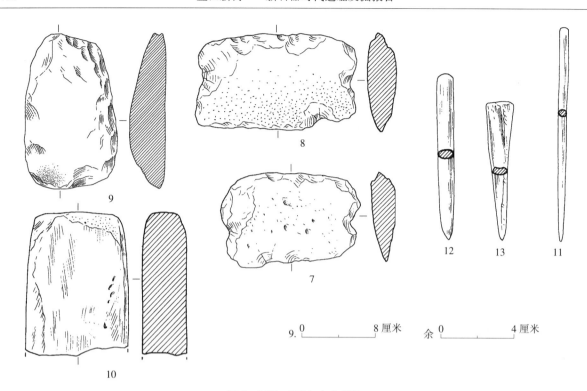

图 3 – 36C　H299 出土器物

7、8. 石刀　9、10. 石斧　11、12. 骨笄　13. 骨锥

骨笄　2 件。

标本 H299：11，器身为柱状，一端尖锐，一端圆钝。长 11.4 厘米（图 3 – 36C）。

标本 H299：12，器身宽扁，一端圆钝，一端尖锐。长 8.8 厘米（图 3 – 36C）。

骨锥　1 件。

标本 H299：13，器身粗短、宽扁，一端尖锐，一端宽平。长 7.7 厘米（图 3 – 36C；图版一五七，3）。

28. H311

位于 2010LXⅡT0114 中部，开口①层下，被 G29 打破，打破 H320。坑口为圆形，剖面为袋状，平底。口径 196、底径 216、深 80 厘米。坑内堆积仅一层，灰土，土质疏松，含少量草木灰及炭屑，出土有陶片等。

出土陶器 13 件，器形可辨盆、罐、杯、斝、鼎足和器盖。石器 1 件，为凿。

陶盆　4 件。根据形态可分为窄沿盆、深腹盆和刻槽盆。

窄沿陶盆　2 件。

标本 H311：3，可修复。泥质灰陶。直口，短沿微斜，浅直腹，平底。素面。口径 18.4、底径 16、残高 7.6 厘米（图 3 – 37）。

标本 H311：8，仅存口及上腹。泥质灰陶。敞口，短沿微卷，圆唇，浅弧腹。素面。口径 34.4、残高 6 厘米（图 3 – 37）。

深腹陶盆　1 件。

标本 H311：9，仅存口及腹部。泥质灰陶。侈口，方唇，深直腹。素面。口径 18.4、残高 11.2 厘米（图 3 – 37）。

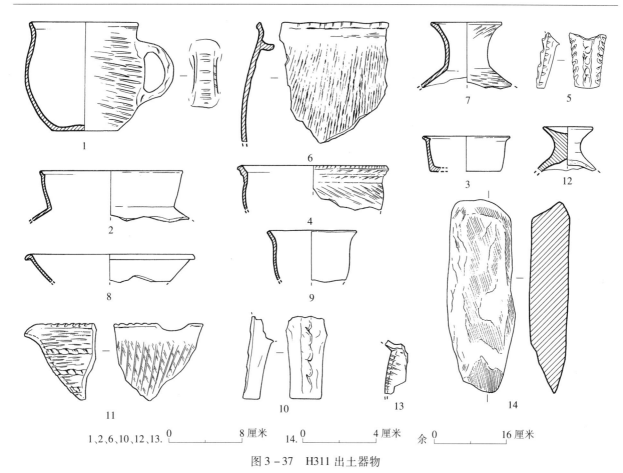

图 3 - 37 H311 出土器物

1. 陶杯 2、13. 陶斝 3、8、9、11. 陶盆 4、6、7. 陶罐 5、10. 陶鼎足 12. 陶器盖 14. 石凿

刻槽陶盆 1 件。

标本 H311：11，仅存口及腹部。夹砂灰陶。敞口，弧腹，一侧有一浅槽状流，内壁有刻槽。唇面有按捺窝，腹饰横向篮纹，并有多条附加堆纹。残高 16.8 厘米（图 3 - 37）。

陶罐 3 件。根据形态可分为鼓腹罐和喇叭口罐。

鼓腹陶罐 2 件。

标本 H311：4，仅存口及上腹。夹砂灰陶。直口，唇面不平，沿微斜，方唇，腹微鼓。沿外附有两周附加堆纹，腹饰斜向篮纹。口径 32、残高 10 厘米（图 3 - 37）。

标本 H311：6，仅存口及腹部。夹砂灰陶。口微敛，短沿微斜，圆唇，唇面不平，口内有一内錾，腹微鼓。器表饰斜向绳纹。残高 15 厘米（图 3 - 37）。

喇叭口陶罐 1 件。

标本 H311：7，仅存口部。夹砂灰陶。喇叭状口，圆唇，高领微束。颈部抹光，口下和颈下饰斜向篮纹。口径 16、残高 14 厘米（图 3 - 37）。

陶器盖 1 件。

标本 H311：12，仅存捉手。泥质灰陶。高圈足状。素面。残高 5 厘米（图 3 - 37）。

陶杯 1 件。

标本 H311：1，可修复。夹砂灰陶。口微侈，圆唇，圆腹，腹一侧有一桥形耳，平底。器表饰斜向篮纹。口径11.8、底径7.2、残高11.8厘米（图3－37；图版一四二，2）。

陶罕　2件。

标本H311∶2，仅存口部。泥质红陶。口微侈，尖圆唇，高领微束，腹外鼓。素面。口径15.6、残高5.6厘米（图3－37）。

标本H311∶13，仅存足部。泥质灰陶。足微外撇，柱状。器表饰斜向篮纹。残高5.8厘米（图3－37）。

陶鼎足　2件。

标本H311∶5，夹砂灰陶。足呈上宽下窄的倒梯形，足面正中有一扉棱。足两侧和扉棱上有按捺窝。残高11厘米（图3－37）。

标本H311∶10，夹砂红陶。足呈长条形，足面正中有一扉棱。扉棱上有按捺窝。残高9厘米（图3－37）。

石凿　1件。

标本H311∶14，通体粗磨，仅刃部磨光。器身较窄长，窄刃。长10.5、宽3.8、厚2.2厘米（图3－37；图版一四九，3）。

29. H315

位于2010LXⅡT0117西北部，开口①层下。坑口为圆形，剖面为袋状，平底（图3－38）。口径200、底径210、深20厘米。坑内堆积仅一层，深灰土，土质疏松，含大量红烧土颗粒，出土有陶片及陶球1件。

30. H320

位于2010LXⅡT0114北部，开口①层下，打破H325、H326，被H311、G29打破。坑口为圆形，剖面为袋状，平底。口径312、底径392、深160厘米。坑内堆积仅一层，浅灰土，土质疏松，含少量红烧土颗粒及草木灰，出土有陶片等。

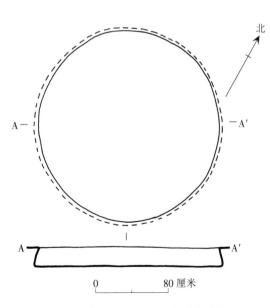

图3－38　H315平、剖面图

出土陶器14件，石器3件，骨器4件。陶器器形可辨盆、罐、瓮、鼎足和纺轮，石器为刀和笄，骨器有锥、镞和笄。

陶盆　4件。根据形态可分为宽沿盆和带流盆。

宽沿陶盆　3件。

标本H320∶3，仅存口部。泥质红陶。敛口，宽平折沿，尖圆唇，弧腹。素面。残高4厘米（图3－39A）。

标本H320∶8，仅存口部。泥质红陶。敛口，宽平折沿，圆唇，斜腹。素面。口径18.4、残高3.2厘米（图3－39A）。

标本H320∶11，仅存口部及腹部。泥质灰陶。敛口，宽平沿，圆唇，浅弧腹。器表饰斜向绳纹。残高6厘米（图3－39A）。

带流陶盆　1 件。

标本 H320:2，仅存口部。夹砂红陶。敛口，口下有一鸡冠状器鋬，圆唇，鼓肩。素面。残高 6 厘米（图 3-39A）。

陶罐　6 件。均为鼓腹罐。

标本 H320:1，仅存口及上腹。夹砂红陶。敛口，斜沿，沿下有一鸡冠状器鋬，圆唇，腹微鼓。腹饰斜向绳纹。残高 6 厘米（图 3-39A）。

标本 H320:4，仅存口及上腹。夹砂灰陶。敛口，斜折沿，圆唇，鼓腹。素面，沿下有一周附加堆纹。残高 11 厘米（图 3-39A）。

标本 H320:5，仅存底部。泥质灰陶。斜腹，平底。器表饰斜向篮纹。底径 16、残高 6.2 厘米（图 3-39A）。

标本 H320:9，仅存口及上腹。夹砂灰陶。敛口，斜沿，尖圆唇，上腹外鼓。器表饰斜向绳纹。口径 15.4、残高 6.2 厘米（图 3-39A）。

标本 H320:12，仅存口及上腹。夹砂褐陶。直口，斜折沿，方唇，上腹较直。器表饰斜向篮纹，沿外侧有两周附加堆纹。残高 7 厘米（图 3-39A）。

标本 H320:14，仅存口及上腹。夹砂灰陶。敛口，卷沿，圆唇，上腹外鼓。器表饰竖向绳纹。口径 25.6、残高 7.6 厘米（图 3-39A）。

陶瓮　2 件。

标本 H320:6，仅存口及上腹。泥质灰陶。敛口，圆唇外叠，上腹较直。素面。残高 7.2 厘米（图 3-39A）。

标本 H320:10，仅存口及上腹。泥质红陶。敛口，厚圆唇，上腹外鼓。唇外有一周凹弦纹，器表抹光。口径 20、残高 5 厘米（图 3-39A）。

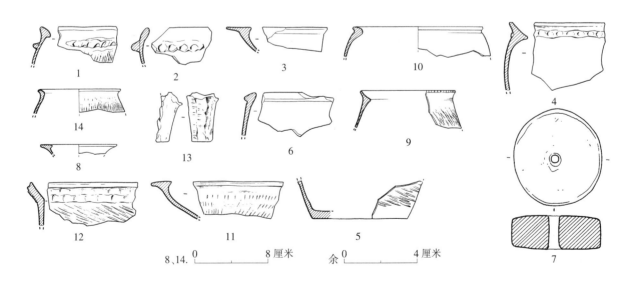

图 3-39A　H320 出土陶器

1、4、5、9、12、14. 罐　2、3、8、11. 盆　6、10. 瓮　7. 纺轮　13. 鼎足

陶鼎足　1件。

标本 H320：13，夹砂红陶。足呈上宽下窄的倒梯形。表面有细绳纹，足面中部有按捺窝。残高 8 厘米（图 3 - 39A）。

陶纺轮　1件。

标本 H320：7，泥质红陶。圆饼状，断面为长方形，中有一圆形穿孔。直径 5.1、厚 1.8 厘米（图 3 - 39A；图版一四四，5）。

石笄　1件。

标本 H320：21，仅存尖部。器身为柱状，底端尖锐。残长 4.1 厘米（图 3 - 39B；图版一五四，5）。

石刀　2件。

标本 H320：15，通体磨光。长方形，双面弧刃，一端已残，另一端有一圆形对钻穿孔。残长 9.1、宽 3.3、厚 0.4 厘米（图 3 -39B，图版一五〇，3）。

标本 H320：16，打制。长方形，单面刃，两侧有打制而成的缺口。长 8.7、宽 5.2、厚 1 厘米（图 3 -39B，图版一五一，6）。

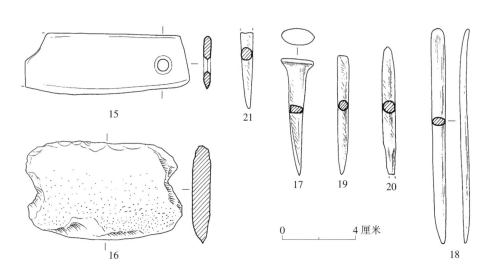

图 3 - 39B　H320 出土器物

15、16. 石刀　17. 骨笄　18、19. 骨锥　20. 骨镞　21. 石笄

骨笄　1件。

标本 H320：17，器身呈"T"字形，一端尖锐，一端扁平。长 6.2 厘米（图 3 - 39B）。

骨锥　2件。

标本 H320：18，器身扁平，两端均较圆钝，一端微弯。长 11.5 厘米（图 3 - 39B）。

标本 H320：19，器身较短，为柱状，一端尖锐，一端扁平。长 6.3 厘米（图 3 - 39B）。

骨镞　1件。

标本 H320：20，锋部为柱状，略尖，铤部细长，已残断。残长 6.7 厘米（图 3 - 39B）。

31. H332

位于 2010LXⅡT0213 南部略偏东，开口①层下，打破 G22。坑口为圆形，剖面为袋状，平底

（图版一三七，2）。口径250、底径290、深100厘米。坑内堆积仅一层，灰土，土质疏松，含少量红烧土块，出土有陶片及少量兽骨、石块。

出土陶器4件，石器1件。陶器器形可辨有罐和釜灶，石器为刀。

陶罐　3件。根据形态可分为鼓腹罐和喇叭口罐。

鼓腹陶罐　2件。

标本H332:2，仅存口及上腹。夹砂灰陶。敛口，方唇外侈，上腹微鼓。唇面呈花边状，器表饰横向篮纹，口下有一周附加堆纹。口径16.8、残高6.8厘米（图3-39C）。

标本H332:3，仅存口及上腹。夹砂灰陶。敛口，斜沿外折，圆唇，上腹微鼓。器表饰横向篮纹，口下有两周附加堆纹。口径19.6、残高7.1厘米（图3-39C）。

喇叭口陶罐　1件。

标本H332:1，仅存颈部残片。泥质红陶。束颈，上腹微鼓。腹饰斜向绳纹，上有白彩痕迹。残高9.2厘米（图3-39C）。

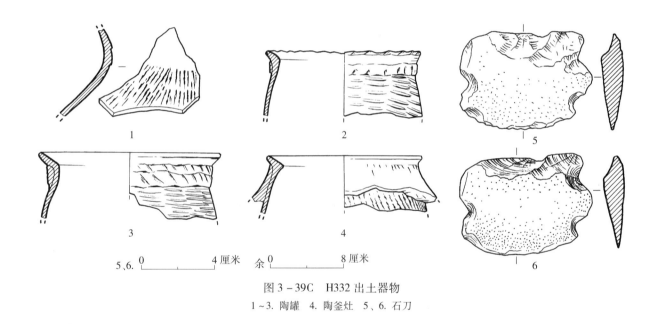

图3-39C　H332出土器物

1~3. 陶罐　4. 陶釜灶　5、6. 石刀

陶釜灶　1件。

标本H332:4，底部已残，仅存口部。夹砂灰陶。敛口，圆唇，束颈，灶接于釜颈下部。器表饰竖向绳纹。口径16.4、残高5.4厘米（图3-39C）。

石刀　2件。均打制。长方形，双面刃，两侧有打制而成的缺口。

标本H332:5，长7、宽5、厚1.2厘米（图3-39C）。

标本H332:6，长7、宽5、厚1.1厘米（图3-39C）。

32. H335

位于2010LXⅡT0215西北部，开口①层下。坑口为圆形，剖面为袋状，平底（图3-40）。口径258、底径290、深94厘米。坑内堆积仅一层，浅灰土，土质疏松，含少量红烧土块及炭屑，出土有陶片、兽骨及石块。

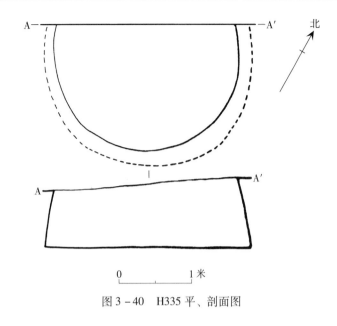

图 3 - 40　H335 平、剖面图

出土陶器 17 件，可辨器形钵、盆、罐、豆、灶、盘、缸、杯、斝和鼎足。另有石球和骨锥各 1 件。

陶钵　1 件。

标本 H335：2，仅存口部。泥质灰陶。敛口，厚圆唇，斜腹。素面。残高 4 厘米（图 3 - 41）。

陶盆　1 件。

标本 H335：12，仅存口及腹部。泥质灰陶。口微敛，沿上斜，圆唇，上腹较直，下腹斜收。沿面有多周凹弦纹，腹饰斜向篮纹。残高 9.6 厘米（图 3 - 41）。

陶罐　6 件。根据形态可分为鼓腹罐和喇叭口罐。

鼓腹陶罐　2 件。

标本 H335：4，仅存口及上腹。夹砂褐陶。直口，斜折沿，圆唇，直腹。沿下饰两周附加堆纹。残高 9.6 厘米（图 3 - 41）。

标本 H335：9，仅存口及腹部。夹砂灰陶。直口，沿微上斜，圆唇，直腹。唇面有按捺窝，器表饰斜向篮纹，沿下和上腹有附加堆纹。残高 9 厘米（图 3 - 41）。

喇叭口陶罐　4 件。

标本 H335：1，可修复。夹砂褐陶。侈口呈喇叭状，圆唇，束颈，圆肩，斜腹，平底。器表饰斜向篮纹。口径 10.8、底径 9.2、残高 29 厘米（图 3 - 41；图版一四一，4）。

标本 H335：3，仅存口部。泥质红陶。敞口呈喇叭状，圆唇，直高领。素面，器表有抹痕。口径 12.8、残高 7.6 厘米（图 3 - 41）。

标本 H335：10，仅存口部。泥质红陶。侈口呈喇叭状，尖圆唇，小高领微束。唇面不平，颈部饰横向篮纹。口径 12、残高 7.2 厘米（图 3 - 41）。

标本 H335：15，仅存肩部。夹砂红陶。束颈，鼓肩。器表饰斜向篮纹。残高 7.4 厘米（图 3 - 41）。

陶豆　1 件。

标本 H335：13，口底均残，仅存腹部。泥质灰陶。折腹，平底，下接高圈足豆柄。素面。残高 9 厘米（图 3 - 41）。

陶杯　1 件。

标本 H335：5，仅存口部。泥质灰陶。敞口，斜侈沿，尖圆唇，直高领。颈部饰横向篮纹。残高 8.8 厘米（图 3 - 41）。

陶缸　1 件。

标本 H335：14，仅存口部。泥质灰陶。口微敛，呈子母状，直腹。素面。残高 6 厘米（图 3 - 41）。

图 3 - 41　H335 出土器物

1、3、4、9、10、15. 陶罐　2. 陶钵　5. 陶杯　6. 陶罨　7、8. 陶鼎足　11. 陶盘　12. 陶盆　13. 陶豆　14. 陶缸　16. 残陶片
17. 圆陶片　18. 骨锥

陶罨　1 件。

标本 H335：6，仅存口部。夹砂灰陶。口微侈，方唇，直高领。素面。口径 16、残高 4.8 厘米（图 3 - 41）。

陶盘　1 件。

标本 H335：11，已残。夹砂红陶。直口，圆唇，浅直腹，平底。器表饰竖向绳纹，腹壁有一圆形穿孔。残高 5.6 厘米（图 3 - 41）。

陶鼎足　2件。

标本H335:7，夹砂灰陶。足呈上宽下窄的倒梯形，足面正中有一扉棱。扉棱上有按捺窝。残高7厘米（图3-41）。

标本H335:8，夹砂灰陶。足呈上宽下窄的倒梯形。器表饰斜向篮纹。残高5.6厘米（图3-41）。

圆陶片　1件。

标本H335:17，夹砂灰陶。为盆类器物残片打制而成。上有交错的刻槽。直径11厘米（图3-41）。

残陶片　1件。

标本H335:16，夹砂灰陶。为罐类器物残片。器表饰方格纹。残长7.4厘米（图3-41）。

石球　1件。

标本H335:19，完整。有烧制痕迹。球形，表面有磕豁。直径6.1厘米。

骨锥　1件。

标本H335:18，用兽类肢骨片磨成。器扁平。长12.1厘米（图3-41；图版一五七，5）。

33. H336

位于2010LXⅡT0215西南部，开口①层下，打破H343、H344、H348，大部压于隔梁之下。坑口为圆形，剖面为袋状，平底。口径248、底径288、深76厘米。坑内堆积仅一层，灰土，土质疏松，含大量红烧土块及炭屑，出土有陶片、兽骨及石块。

出土陶器5件，玉器1件，石器2件，骨器1件。陶器为盆、罐和刀，玉器为笄，石器为刀，骨器为锥。

陶盆　2件。根据形态可分为窄沿盆和刻槽盆。

窄沿陶盆　1件。

标本H336:3，仅存部分口及腹部。夹砂灰陶。敞口外撇，方唇，斜腹。器表饰斜向篮纹。残高9厘米（图3-42）。

刻槽陶盆　1件。

标本H336:2，仅存口及腹部，底部残。夹砂灰陶。敞口，圆唇，弧腹，腹部两侧各有一鸡冠状器鋬，内壁有数道刻槽。器表饰斜向篮纹，腹部上下各有两周附加堆纹。口径36、残高16厘米（图3-42）。

陶罐　2件。均为鼓腹罐。

标本H336:4，仅存口部。夹砂灰陶。侈口，尖圆唇，束颈。器表饰横向绳纹。口径12、残高4.4厘米（图3-42）。

标本H336:1，仅存部分口及腹部。夹砂红陶。敛口，斜折沿，方唇，弧腹。器表饰交错篮纹，口沿下和腹部各饰两周附加堆纹。残高23.6厘米（图3-42）。

陶刀　1件。

标本H336:5，系用瓶类陶片打制而成。泥质红陶。长方形，单面刃，两侧有打制而成的缺口。长6.9、宽5.1、厚0.5厘米（图3-42）。

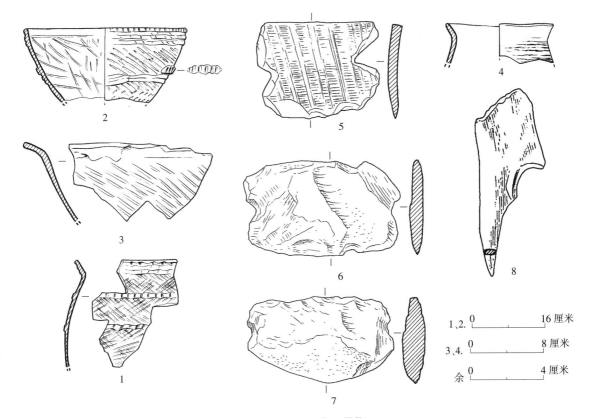

图 3 - 42　H336 出土器物

1、4. 陶罐　2、3. 陶盆　5. 陶刀　6、7. 石刀　8. 骨锥

玉笄　1 件。

标本 H336:9，墨玉。器身呈"T"字形，顶端宽平并有残缺，尾端已残，在器身钻有小孔。残长 6.6 厘米。

石刀　2 件。均为打制。长方形，两侧有打制而成的缺口。

标本 H336:6，双面刃。长 8.6、宽 5.1、厚 0.8 厘米（图 3 - 42；图版一五二，1 右）。

标本 H336:7，单面刃。长 8.1、宽 4.6、厚 1.3 厘米（图 3 - 42；图版一五二，1 左）。

骨锥　1 件。

标本 H336:8，一端保留有骨节，较为粗大，一端尖锐。长 10 厘米（图 3 - 42；图版一五七，6）。

34. H337

位于 2010LXⅡT0313 西北部，开口①层下，打破 G22，西部压于隔梁之下。坑口为圆形，剖面为袋状，平底。口径 360、底径 390、深 60 厘米。坑内堆积仅一层，灰土，土质硬，含大量红烧土块及草木灰，出土有陶片、兽骨及石块。

出土陶器 7 件，石器 4 件，骨器 4 件。陶器为盆、罐、豆和笄，石器为刀、斧、铲和饼，骨器为锥和笄。

陶盆　2 件。根据形态可分为窄沿盆和刻槽盆。

窄沿陶盆　1 件。

标本 H337:1，仅存口及腹部。夹砂灰陶。口较直，短沿微上挑，圆唇，弧腹。器表饰横向篮纹。残高 10 厘米（图 3 - 43A）。

刻槽陶盆1件。

标本 H337：6，底部已残，仅存口及上腹。夹砂灰陶。敞口，方唇，弧腹，沿面有一道凹槽，内壁有一周放射状凹槽。器表饰斜向篮纹，腹有两道附加堆纹。口径13.2、残高12.4厘米（图3－43A）。

陶罐　3件。根据形态可分为鼓腹罐和喇叭口罐。

鼓腹陶罐　2件。

标本 H337：3，仅存口及上腹。夹砂灰陶。敛口，沿微外折，方唇，腹微鼓。器表饰横向篮纹，沿下有一周附加堆纹。口径12.8、残高7.4厘米（图3－43A）。

标本 H337：4，仅存口及上腹。夹砂灰陶。敛口，斜沿外折，方唇，上腹微鼓。器表饰斜向篮纹，沿下和上腹有两周附加堆纹。残高11厘米（图3－43A）。

喇叭口陶罐　1件。

标本 H337：5，仅存口部。夹砂灰陶。侈口，方唇，斜直高领。素面。口径9.6、残高7.8厘米（图3－43A）。

陶豆　1件。

标本 H337：2，仅存口部。泥质灰陶。敞口，尖圆唇，腹斜直。素面。残高11厘米（图3－43A）。

石刀　1件。

标本 H337：7，长方形，单面刃，两侧有打制而成的缺口。长8、宽4.7、厚1.6厘米（图3－43B；图版一五一，5）。

石斧　1件。

标本 H337：8，磨制。平面呈上窄下宽的梯形，双面弧刃，中部一侧有一对钻而成的穿孔。长7、宽7.5、厚1.4厘米（图3－43B；图版一四八，2）。

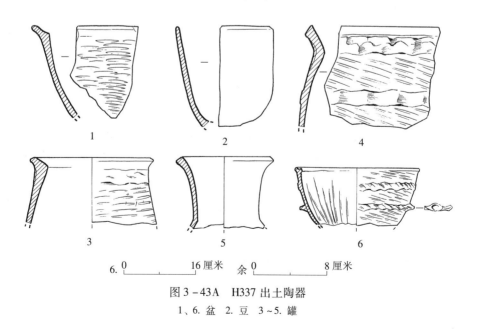

图3－43A　H337出土陶器

1、6. 盆　2. 豆　3~5. 罐

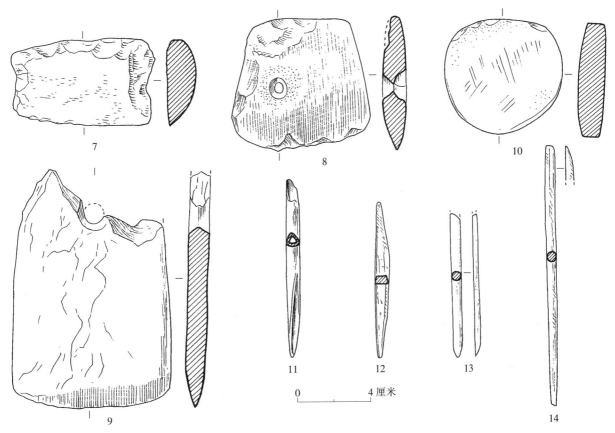

图 3 - 43B H337 出土石、骨器
7. 石刀 8. 石斧 9. 石铲 10. 石饼 11 ~ 13. 骨锥 14. 骨笄

石铲 1 件。

标本 H337:9，磨制精细。器身扁平，长条形，双面刃，顶端已残，有一对钻而成的穿孔。残长 12.8、宽 8.6、厚 1.1 厘米（图 3 - 43B；图版一四八，4）。

石饼 1 件。

标本 H337:10，磨制。圆饼状，边缘略薄。直径 6.6、厚 1.5 厘米（图 3 - 43B；图版一五四，2）。

骨锥 3 件。

标本 H337:11，中空，一端已残，一端尖锐。残长 9.4 厘米（图 3 - 43B）。

标本 H337:12，器身扁平，两端尖锐。长 8.3 厘米（图 3 - 43B）。

标本 H337:13，器身为柱状，一端已残，一端尖锐。长 7.6 厘米（图 3 - 43B）。

骨笄 1 件。

标本 H337:14，器身较长，柱状，一端尖锐，略残，一端扁平。残长 13.8 厘米（图 3 - 43B）。

35. H338

位于 2010LXⅡT0114 西南部，开口①层下，被 G27 打破，打破 H339，西部压于隔梁之下。坑口为圆形，剖面为袋状，平底（图 3 - 44）。口径 240、底径 268、深 90 厘米。坑内堆积仅一层，灰土，土质疏松，含大量红烧土块及草木灰，出土有陶片等。

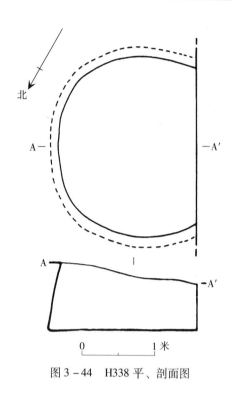

图 3 - 44　H338 平、剖面图

36. H350

位于 2010LXⅡT0215 东南部, 开口①层下, 打破 G25, 大部分压于东隔梁之下。坑口为椭圆形, 剖面为袋状, 平底。口径 50 ~ 180、底径 90 ~ 200、深 100 厘米。坑内堆积仅一层, 黄灰土, 土质疏松, 含少量红烧土颗粒及炭屑, 出土少量陶片、兽骨及骨锥 2 件、人形陶塑 1 件 (图版一四五, 4)。

骨锥　2 件。

标本 H350∶2, 用兽类肢骨片磨成。器身较长。长 14.6 厘米 (图版一五七, 3)。

37. H353

位于 2010LXⅡT0214 东南部, 开口①层下, 打破 H354, 大部压于东隔梁之下。坑口为圆形, 剖面为袋状, 平底 (图 3 - 45 左)。口径 234、底径 260、深 100 厘米。坑内堆积仅一层, 灰土, 土质硬, 含大量红烧土块及炭屑, 出土有陶片及骨锥 1 件。

38. H354

位于 2010LXⅡT0214 东南部, 开口①层下, 被 H353 打破, 打破 H313、H367。坑口近圆形, 剖面为袋状, 平底 (图 3 - 45 右)。口径 260、底径 270、深 90 厘米。坑内堆积仅一层, 灰土, 土质疏松, 含少量红烧土块, 出土有陶片等。

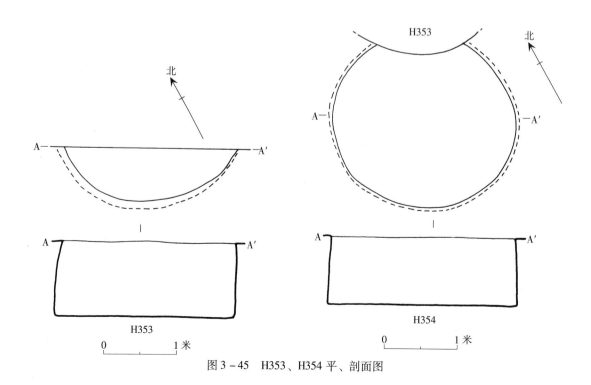

图 3 - 45　H353、H354 平、剖面图

39. H356

位于 2010LX Ⅱ T0116 中部，开口②层下，打破 H357。坑口为圆形，剖面为袋状，平底（图3－46A；图版一三八，2）。口径 240、底径 320、深 120 厘米。坑内堆积仅一层，黄灰土，土质硬，含大量炭屑及少量红烧土颗粒，出土有陶片等。

出土陶器 2 件，石器 4 件。陶器为罐和釜灶，石器为铲、凿和球。

陶釜灶 1 件。

标本 H356：2，底部已残，仅口部。夹砂红陶。敛口，圆唇外侈，束颈，灶接于釜颈下部，腹较直。器表饰横向篮纹。口径 19.4、残高 10 厘米（图 3－46B）。

陶罐 1 件。

标本 H356：1，可修复。夹砂褐陶。敛口，斜沿，圆唇，圆腹，平底。腹部贴有两个圆形泥饼和两条蛇形泥条。应为仰韶晚期遗物。口径 6、底径 3.7、高 6.8 厘米（图 3－46B）。

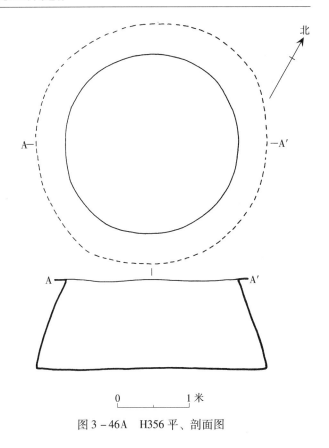

图 3－46A H356 平、剖面图

石铲 1 件。

标本 H356：3，磨制。长条形，器身较薄、扁平，双面刃，一端已残。残长 6.5、宽 5、厚 1 厘米（图 3－46B）。

石凿 1 件。

标本 H356：4，磨制。窄长条形，双面弧刃，周缘略有残损。长 8、宽 2.5、厚 1.3 厘米（图 3－46B）。

石球 2 件。

标本 H356：5，完整。球形，表面有坑疤。直径 4.5 厘米。

标本 H356：6，残。半球形，表面磨光。直径 3.3 厘米。

40. H379

位于 2010LX Ⅱ T0113 西部，开口①层下，西部压于隔梁之下。坑口为圆形，剖面为袋状，平底（图 3－47A）。口径 158、底径 198、深 90 厘米。坑内堆积仅一层，灰土，土质疏松，出土大量陶片。

出土陶器 5 件，器形可辨瓶、盘、瓮和釜灶。

陶瓶 1 件。

标本 H379：4，仅存口部。泥质灰陶。侈口呈喇叭状，直高领。素面。口径 11.8、残高 11 厘米（图 3－47B）。

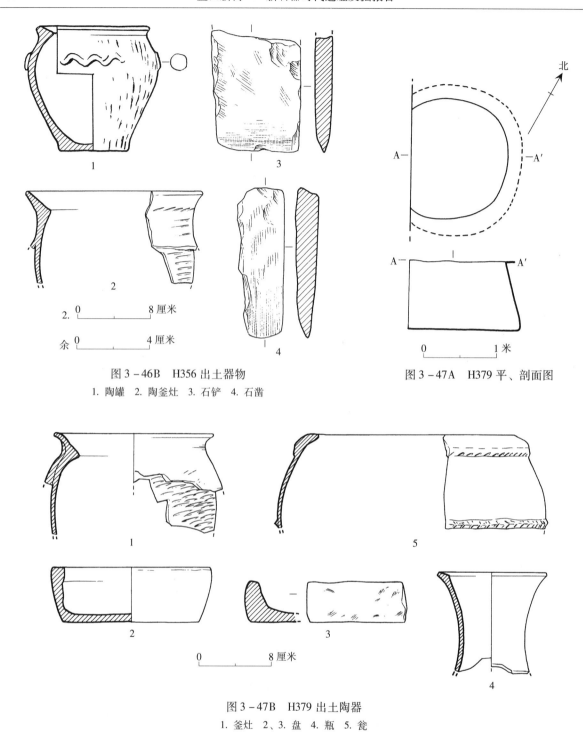

图 3 - 46B　H356 出土器物
1. 陶罐　2. 陶釜灶　3. 石铲　4. 石凿

图 3 - 47A　H379 平、剖面图

图 3 - 47B　H379 出土陶器
1. 釜灶　2、3. 盘　4. 瓶　5. 瓮

陶盘　2 件。

标本 H379：2，可修复。泥质灰陶。直口，方唇，直腹微斜，平底。素面，抹光。口径 17.8、底径 15.2、高 6 厘米（图 3 - 47B）。

标本 H379：3，残留小部。夹砂灰陶。侈口，圆唇，直腹，平底。素面，底部有烟炱。高 4.4 厘米（图 3 - 47B）。

陶瓮　1 件。

标本 H379：5，仅存口及上腹部。泥质红陶。敛口，尖圆唇外叠，上腹微鼓。沿下有一周戳印，上腹有一周附加堆纹。口径20、残高10.2厘米（图3-47B）。

陶釜灶　1件。

标本H379：1，底部已残，仅存口及上腹。夹砂红陶。敛口，圆唇，斜沿外侈，束颈，灶接于釜颈下部，腹较直。器表饰斜向篮纹。口径18、残高10.8厘米（图3-47B）。

41. H381

位于2010LXⅠT0115西北部，开口①层下，打破H386。坑口为圆形，剖面为袋状，平底（图3-48）。口径170、底径190、深60厘米。坑内堆积仅一层，灰土，土质疏松，出土少量陶片。

42. H384

位于2010LXⅠT0113西北部，开口①层下，西部压于隔梁之下。坑口为圆形，剖面为袋状，平底。口径230、底径290、深190厘米。坑内堆积仅一层，灰土，土质疏松，出土有陶片及少量兽骨。

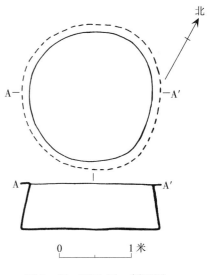

图3-48　H381平、剖面图

出土陶器11件，玉器2件，石器1件，骨器4件。陶器器形可辨盆、罐、器盖、釜灶、鼎足和刀，玉器为笄，石器为刀，骨器为镞、笄和锥。

陶盆　1件。

标本H384：10，仅存口部。夹砂红陶。敞口，方唇，腹斜收，一侧有一槽状流，内壁有一周刻槽。口下有一周附加堆纹，器表饰斜向篮纹。残高6.4厘米（图3-49A）。

陶罐　3件。根据形态可分为鼓腹罐和带耳罐。

鼓腹陶罐　2件。

标本H384：8，仅存口及上腹。夹砂灰陶。敛口，斜沿，方唇，腹微鼓。唇部有戳印，沿下有一周附加堆纹，器表饰斜向篮纹。残高6.6厘米（图3-49A）。

标本H384：7，仅存口及上腹。夹砂灰陶。敛口，斜沿，方唇，上腹较直。器表饰斜向篮纹，上有几周附加堆纹。残高13厘米（图3-49A）。

带耳陶罐　1件。

标本H384：6，泥质灰陶。直口，尖圆唇，腹微鼓，口腹有一桥形耳相连。素面。残高11厘米（图3-49A）。

陶器盖　4件。

标本H384：2，仅存捉手。泥质灰陶。捉手外敞，圈足状。素面。残高3.3厘米（图3-49A）。

标本H384：3，仅存捉手。泥质红陶。捉手尖顶，伞塔状。素面。残高5厘米（图3-49A）。

标本H384：4，可修复。泥质褐陶。盖口外敞，弧腹，捉手为高圈足。素面，器表有慢轮修整痕迹。口径6.2、高5厘米（图3-49A）。

标本H384：5，可修复。夹砂褐陶。盖口较小，为覆钵状，捉手为圈足，较高。素面。口径

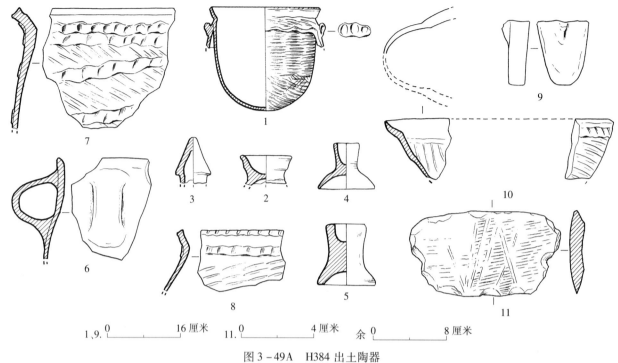

图 3 - 49A　H384 出土陶器

1. 釜灶　2~5. 器盖　6~8. 罐　9. 鼎足　10. 盆　11. 刀

6.4、高 6.7 厘米（图 3 - 49A）。

陶釜灶　1 件。

标本 H384:1，夹砂灰陶。侈口，灶体残，口下有对称鸡冠状器鋬。釜体鼓腹，圜底。灶体外饰篮纹，釜体外饰绳纹。口径 25.2、高 22.4 厘米（图 3 - 49A；图版一三九，4）。

陶鼎足　1 件。

标本 H384:9，夹砂灰陶。足呈舌状，一侧有一扉棱。素面。残高 7 厘米（图图 3 - 49A）。

陶刀　1 件。

标本 H384:11，系用瓶类陶片打制而成。泥质红陶。长方形，双面刃，两侧有打制而成的缺口。长 8.3、宽 4.5、厚 0.8 厘米（图 3 - 49A；图版一四六，4）。

玉笄　2 件。

标本 H384:13，绿玉。磨制。器身呈"T"字形，顶端宽平并呈圆形，顶端与器身连接处较细，尾端已残。残长 3.6 厘米（图 3 - 49B；图版一四七，2）。

标本 H384:14，绿墨玉。磨制。器身为柱状，一端尖锐，一端磨光并局部残缺。残长 5.2 厘米（图 3 - 49B；图版一四七，3）。

石刀　1 件。

标本 H384:12，打制。长方形，双面刃，两侧有打制而成的缺口。长 8.1、宽 4.9、厚 0.9 厘米（图 3 - 49B；图版一五一，4）。

骨笄　1 件。

标本 H384:16，器身细长，柱状，一端尖锐，一端有三道弦纹呈连珠状。长 9.8 厘米（图 3 - 49B）。

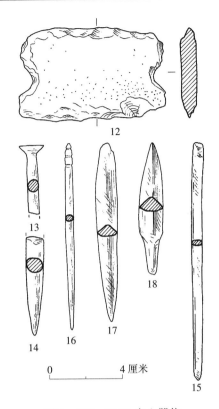

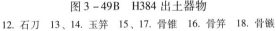

图 3 – 49B　H384 出土器物

12. 石刀　13、14. 玉笄　15、17. 骨锥　16. 骨笄　18. 骨镞

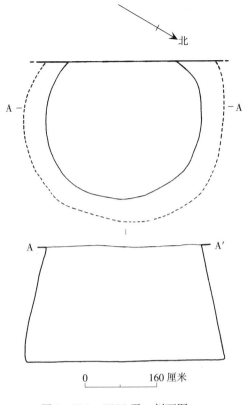

图 3 – 50A　H385 平、剖面图

骨锥　2 件。

标本 H384：15，器身扁平，一端宽平，一端圆钝。长 12.5 厘米（图 3 – 49B）。

标本 H384：17，器身为三棱状，一端略残，一端尖锐。长 9.5 厘米（图 3 – 49B）。

骨镞　1 件。

标本 H384：18，锋部为三棱状，顶端尖锐，铤部为圆柱状，较短。长 7 厘米（图 3 – 49B；图版一五八，4）。

43. H385

位于 2010LXⅠT0114 西部，开口①层下，西部压于隔梁之下。坑口为圆形，剖面为袋状，平底（图 3 – 50A）。口径 350、底径 450、深 250 厘米。坑内堆积仅一层，浅灰土，土质疏松，出土有陶片、兽骨及石块。

出土陶器 18 件，玉器 1 件，石器 20 件，骨角器 14 件。陶器器形可辨盆、罐、豆、盘、壶、轮盘、器盖、器座、鬶足、鼎足、刀、纺轮和垫，玉器为笄，石器为刀、锛、杵和球，骨角器为锥、镞和针。

陶盆　2 件。根据形态可分为宽沿盆和深腹盆。

宽沿陶盆　1 件。

标本 H385：5，底部已残，仅存口及腹部。泥质褐陶。侈口，宽沿外折，尖圆唇，腹微外鼓。素面，抹光，口沿有轮修痕迹。口径 22、残高 8 厘米（图 3 – 50B）。

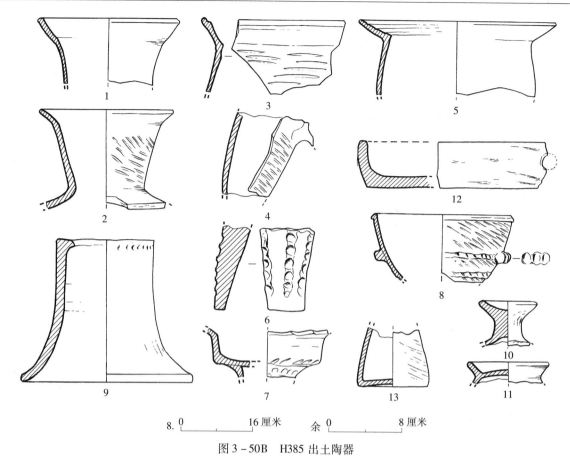

图 3－50B　H385 出土陶器

1～3. 罐　4. 斝足　5、8. 盆　6. 鼎足　7. 豆　9. 器座　10、11. 器盖　12. 盘　13. 壶

深腹陶盆　1 件。

标本 H385：8，底部已残，仅存口及腹部。夹砂灰陶。敞口，厚圆唇，弧腹，上腹有一对鸡冠状器鋬。器表饰斜向篮纹和附加堆纹。口径 29.6、残高 14 厘米（图 3－50B）。

陶罐　3 件。根据形态可分为喇叭口罐和鼓腹罐。

喇叭口陶罐　2 件。

标本 H385：1，仅存口部。夹砂灰陶。侈口呈喇叭状，方唇，直高领。素面。口径 14.8、残高 7.2 厘米（图 3－50B）。

标本 H385：2，仅存口部。泥质灰陶。侈口呈喇叭状，圆唇，高领微束。器表饰斜向篮纹。口径 14.8、残高 10.8 厘米（图 3－50B）。

鼓腹陶罐　1 件。

标本 H385：3，仅存口部。泥质灰陶。口微敛，斜折沿，圆唇，腹微鼓。器表饰横向篮纹。残高 8 厘米（图 3－50B）。

陶豆　1 件。

标本 H385：7，上下均残，仅存盘底和柄上端。夹砂灰陶。口外敞，浅直腹，平底，下接柱状器柄。盘底及柄端饰斜向篮纹。残高 5.4 厘米（图 3－50B）。

陶壶　1 件。

标本 H385：13，仅存底部。泥质灰陶。垂腹，凹底。素面。底径 7.6、残高 6.2 厘米（图 3－50B）。

陶盘　1件。

标本 H385：12，可修复。夹砂红陶。直口，方唇，直壁，平底。素面，器壁有一穿孔。高 5 厘米（图 3 – 50B）。

陶轮盘　1件。

标本 H385：14，可修复。夹砂灰陶。折腹，平底，呈圆饼状。器表饰细密绳纹。底径 38.8、高 4 厘米（图 3 – 50C）。

陶器座　1件。

标本 H385：9，可修复。泥质红陶。体呈倒置的喇叭状，底部外敞。素面，器表有抹痕。口径 11、底径 19.2、高 15.4 厘米（图 3 – 50B）。

陶器盖　2件。

标本 H385：10，仅存纽部。夹砂灰陶。捉手呈圈足状。素面，器表有抹痕。残高 4.8 厘米（图 3 – 50B）。

标本 H385：11，仅存纽部。夹砂灰陶。捉手呈圈足状。素面。残高 2.2 厘米（图 3 – 50B）。

陶鬶足　1件。

标本 H385：4，夹砂灰陶。袋状空足外撇。器表饰斜向篮纹。残高 9 厘米（图 3 – 50B）。

陶鼎足　1件。

标本 H385：6，夹砂灰陶。足呈上宽下窄的倒梯形，足面正中有一扉棱。素面，扉棱上和足两侧有按捺窝。残高 9 厘米（图 3 – 50B）。

陶刀　2件。

标本 H385：15，系用瓶类陶片打制而成。泥质灰陶。长方形，双面刃，两侧有打制而成的缺口。长 8.5、宽 5.6、厚 0.7 厘米（图 3 – 50C）。

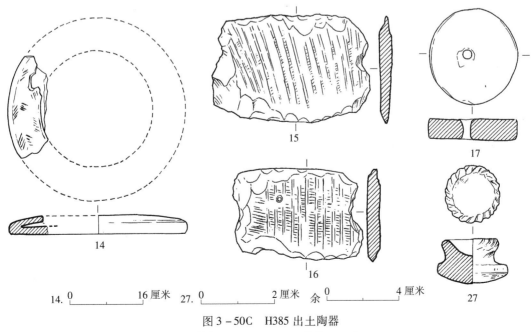

14. $\;$ 0 $\qquad$ 16厘米　　27. 0 $\quad$ 2厘米　余 0 $\qquad$ 4厘米

图 3 – 50C　H385 出土陶器

14. 轮盘　15、16. 刀　17. 纺轮　27. 垫

标本 H385∶16，系用瓶类陶片打制而成。泥质灰陶。长方形，双面刃，两侧有打制而成的缺口。长 7、宽 4.7、厚 0.7 厘米（图 3 - 50C）。

陶纺轮　1 件。

标本 H385∶17，泥质红陶。圆饼状，断面为长方形，中部有一圆形穿孔。直径 4.9、厚 1.1 厘米（图 3 - 50C；图版一四四，4）。

陶垫　1 件。

标本 H385∶27，泥质褐陶。器身呈蘑菇状，一端圆鼓。捉手有丝绦状花边。直径 7.6、高 4.6 厘米（图 3 - 50C；图版一四六，1）。

玉笄　1 件。

标本 H385∶34，绿墨玉。磨制。器身呈"T"字形，顶端宽平并残缺，尾端已残。长 6.2 厘米（图 3 - 50E；图版一四七，4）。

石刀　11 件。

其中 9 件为打制。器身均为长方形，两侧有打制而成的缺口（图 3 - 50D）。

标本 H385∶28，通体磨制。器身扁平，长方形，两侧均残，双面刃，一侧有一残缺的对钻穿孔。残长 8.8、宽 6.1、厚 0.4 厘米（图 3 - 50D）。

标本 H385∶29，磨制精细。器身较薄，仅存刃部，残余部分近三角形，双面弧刃。残长 5.5、宽 5.4、厚 0.2 厘米（图 3 - 50D）。

石铧　2 件。

标本 H385∶30，磨制。窄长条形，双面刃，顶端已残，周缘略有残损。残长 7、宽 5、厚 2 厘米（图 3 - 50E）。

标本 H385∶31，磨制。长条形，单面刃，器身周缘及刃部均有残损。残长 9.1、宽 5.1、厚 2.9 厘米（图 3 - 50E）。

石球　5 件（图版一五五，2）。

标本 H385∶49，完整。椭球形，表面较光滑。长径 8.4、短径 7.2 厘米。

标本 H385∶50，完整。球形，表面有坑疤。直径 4.7 厘米。

标本 H385∶51，完整。球形，表面有磕豁。直径 3.3 厘米。

标本 H385∶52，完整。球形，表面有坑疤。直径 4.2 厘米。

标本 H385∶53，完整。球形，表面较光滑，有几处坑疤。直径 6.1 厘米。

残石器　1 件。

标本 H385∶32，磨制。器形不明。残余部分为长方形，器身宽平。残长 5.5、宽 7.4、厚 1.8 厘米（图 3 - 50E）。

石杵　1 件。

标本 H385∶33，粗磨。器身细长，为圆柱状，底端微粗。器表有磨痕。长 16.8、宽 4～5.2 厘米（图 3 - 50E；图版一五三，1）。

骨锥　6 件。

标本 H385∶35，器身扁平，一端圆钝，一端尖锐。长 7.4 厘米（图 3 - 50F）。

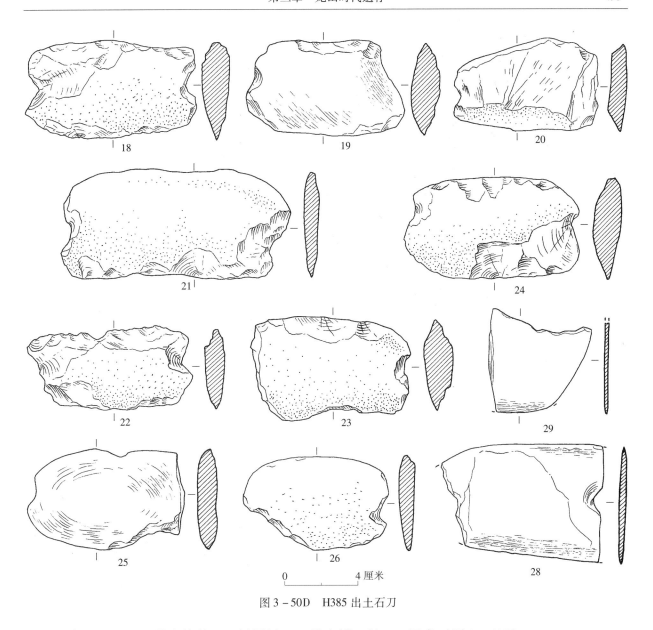

图 3 – 50D H385 出土石刀

标本 H385：36，器身柱状，一端圆钝，一端尖锐。长 8.2 厘米（图 3 – 50F）。

标本 H385：37，器身宽扁，一端已残，一端尖锐。残长 5.5 厘米（图 3 – 50F）。

标本 H385：38，器身较短，圆柱状，一端尖锐，一端宽平。长 6.9 厘米（图 3 – 50F）。

标本 H385：39，器身为三棱状，一端已残，一端较尖锐。残长 8.2 厘米（图 3 – 50F）。

标本 H385：40，器身为三棱状，一端已残，一端微弯，较尖锐。残长 6.1 厘米（图 3 – 50F）。

骨镞 5 件（图版一六〇，4）。

标本 H385：43，锋部扁平，较尖锐，铤部细长。长 6.6 厘米（图 3 – 50F）。

标本 H385：44，锋部为三棱状，顶端尖锐，铤部细长。残长 9 厘米（图 3 – 50F；图版一五八，5）。

标本 H385：45，锋部为三棱状，顶端较尖锐，铤部较粗短。残长 6.4 厘米（图 3 – 50F）。

标本 H385：46，锋部为三棱状，顶端尖锐，铤部已残。残长 6.5 厘米（图3 – 50F）。

标本 H385：47，锋部较短，断面为三棱状，顶端圆钝，铤部较粗长。长 4.9 厘米（图3 – 50F；图版一五八，6）。

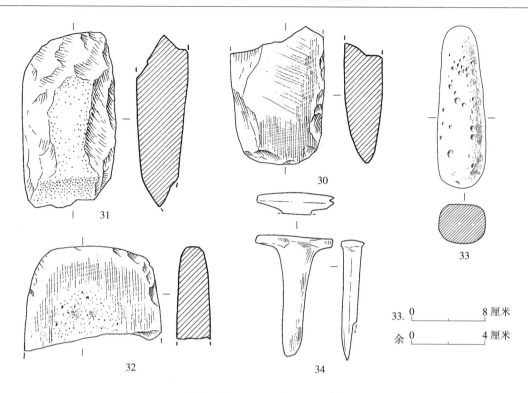

图 3 - 50E　H385 出土玉、石器

30、31. 石锛　32. 残石器　33. 石杵　34. 玉笄

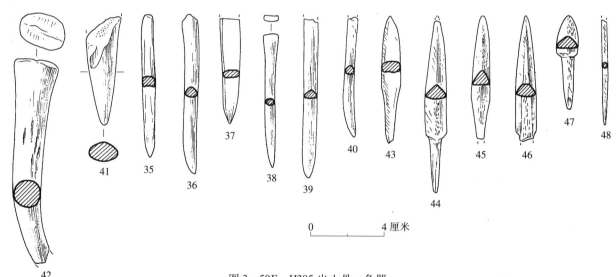

图 3 - 50F　H385 出土骨、角器

35~40. 骨锥　41、42. 角锥　43~47. 骨镞　48. 骨针

骨针　1 件。

标本 H385：48，器身细长，圆柱状，底部尖锐，顶部已残。残长 5.5 厘米（图 3 - 50F）。

角锥　2 件。系用兽角加工而成。

标本 H385：41，仅存尖端。残长 5.7 厘米（图 3 - 50F）。

标本 H385：42，一端粗大，较圆钝，尖端已残，微弯。残长 10.5 厘米（图 3 - 50F）。

44. H386

位于 2010LXⅠT0115 西北部，开口①层下，被 H381 打破，部分压于北隔梁之下。坑口为圆形，剖面为袋状，平底（图 3－51）。口径 252、底径 316、深 120 厘米。坑内堆积仅一层，黄灰土，土质疏松，出土有陶片及玉笄 1 件（图版一四七，5）。

45. H395

位于 2010LXⅠT0214 西南部，开口①层下。坑口为圆形，剖面为袋状，平底（图 3－52）。口径 200、底径 270、深 150 厘米。坑内堆积仅一层，灰土，土质硬，出土有陶片、兽骨及陶刀、石刀各 1 件。

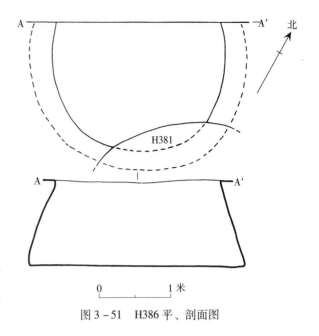

图 3－51　H386 平、剖面图

三　不规则状

形状不规则，仅 1 个。

H78

位于 2009LXⅠT0503 西北部，开口②层下，西部压于隔梁之下。坑口形状不规则，壁斜收，口大底小，底部东高西低（图 3－53）。口径 240～300、底径 154～180、深 70 厘米。坑内堆积仅一层，灰土，土质硬，含有大量红烧土块，出土有陶片等。

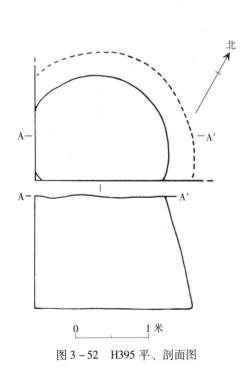

图 3－52　H395 平、剖面图

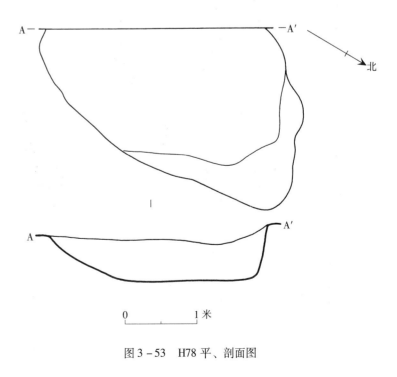

图 3－53　H78 平、剖面图

第三节　灰沟

本时期灰沟仅发现并清理2条，简述如下：

1. G27

位于2010LXⅡT0114西南部，开口①层下，打破H338、H339，大部分压于隔梁下。仅发掘一沟边，沟口形状不明，沟壁较缓，底近平。揭露长度280、宽度350厘米，深60厘米。沟内填土为灰褐土，土质疏松，出土有少量陶片和石块。

出土陶器5件，器形可辨罐、瓶和陶塑。石球1件。

陶罐　2件。均为侈口斜沿罐。

标本G27：1，仅存口及上腹。夹砂灰陶。直口，斜沿外侈，尖唇，上腹微鼓。沿下有一周附加堆纹，腹饰斜向篮纹。口径15.6、残高7厘米（图3－54）。

标本G27：2，仅存口及上腹。夹砂灰陶。敛口，斜沿外折，圆唇，上腹微鼓。腹饰斜向篮纹，上腹有一周附加堆纹。口径12.8、残高9.2厘米（图3－54）。

陶瓶　1件。

标本G27：3，仅存口及上腹。口微侈，尖圆唇，直高领，鼓肩，斜腹。颈以下饰斜向篮纹。口径6.6、残高21.6厘米（图3－54）。

陶塑　1件。

标本G27：4，器体较小，捏制。泥质红陶。为一动物造型。四足，头部一侧有凸出犄角，与

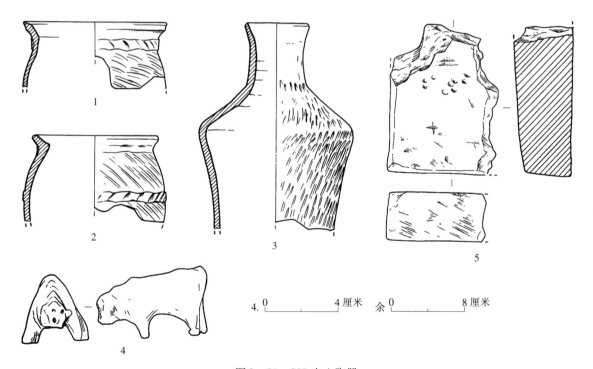

图3－54　G27出土陶器
1、2. 罐　3. 瓶　4. 陶塑　5. 残器

牛相似。长 6、高 3.6 厘米（图 3 – 54；图版一四五，5）。

残陶器　1 件。

标本 G27：5，夹粗砂红褐陶，表面呈红色，砖芯多呈灰褐色。仅存一角，长方体，残存两侧保留有规整的直角边，厚薄不匀，上厚下薄。器表拍印有篮纹。据上部残断状况分析，可能为一器足。残长 15.6、残宽 12、厚 5～6.4 厘米（图 3 – 54）。

2. G29

位于 2010LXⅡT0114 东北部，开口①层下，打破 H311、H320、H341、H347，大部分压于东、北隔梁之下。沟口形状近条形，沟壁较缓，底不平。揭露长度 670、宽度 380 厘米，深 70 厘米。坑内堆积仅一层，灰褐土，土质较疏松，出土有陶片、兽骨和石块。

陶盆　1 件。

标本 G29：1，可修复。夹砂灰陶。直口，窄沿上斜，尖圆唇，弧腹，平底，内壁有一周放射状凹槽。器表饰横向篮纹。口径 13.4、底径 8、高 7.7 厘米（图 3 – 55）。

陶鼎足　1 件。

标本 G29：2，夹砂灰陶。足呈上宽下窄的倒梯形，外有一道凸棱，断面近五边形。素面，器表较粗糙。高 12 厘米（图 3 – 55）。

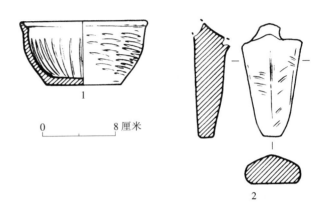

0　　　　　　8 厘米

图 3 – 55　G29 出土陶器
1. 盆　2. 鼎足

第四章　商代遗存

本时期遗迹较少，仅发掘 3 座灰坑。现依次介绍如下：

1. H28

位于 2009LX I T0402 中部，开口①层下。坑口为圆形，剖面为袋状，平底（图 4 - 1A；图版一六一，1）。口径 152、底径 168、深 100 厘米。坑内堆积仅一层，灰土，土质硬，颗粒度大，包含大量红烧土块，出土陶片及少量兽骨和石块。

出土陶器共 3 件，器形可辨鬲、器盖和刀。其中，陶刀显系仰韶文化晚期遗物。

陶鬲　1 件。

标本 H28：2，仅存口及上腹。夹砂灰陶。敛口，折沿束颈，方唇，腹微鼓，裆已残。唇部有一周戳印，腹饰竖向绳纹。残高 8.5 厘米（图 4 - 1B）。

陶器盖　1 件。

标本 H28：1，仅存捉手。泥质灰陶。捉手为圈足状，下接长器柄。柄部有多周弦纹。残高 6.4厘米（图 4 - 1B）。

陶刀　1 件。

标本 H28：3，系用瓶类残片打制而成。泥质灰陶。长方形，单面刃，两侧有缺口。长 7.3、宽4.3、厚 0.5 厘米（图 4 - 1B）。

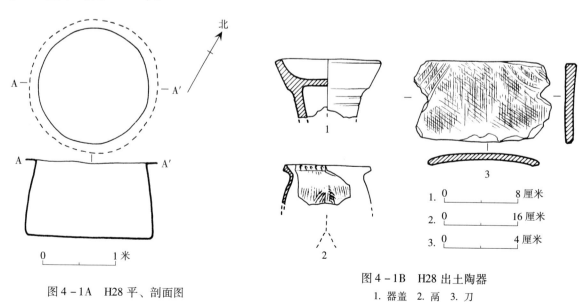

图 4 - 1A　H28 平、剖面图

图 4 - 1B　H28 出土陶器
1. 器盖　2. 鬲　3. 刀

2. H135

位于2009LXⅠT0503西南部，开口①层下。坑口为圆形，剖面为筒状，口底等大，平底。口径130、深35厘米。坑内堆积仅一层，灰土，土质疏松，出土有陶片及兽骨。

出土陶器4件，为鬲和鬲足，另有卜骨1件。

陶鬲 2件。

标本H135:1，仅存口及上腹。夹砂灰陶。敛口，沿微外折，圆唇，颈微束，腹圆鼓。腹饰竖向绳纹。口径17.5、残高16厘米（图4-2）。

标本H135:4，仅存口及上腹。夹砂灰陶。敛口，斜折沿，圆唇，束颈，腹较直。颈下有三周凹弦纹，腹饰竖向绳纹。口径16、残高16厘米（图4-2）。

陶鬲足 2件。

标本H135:2，仅存足根部。夹砂灰陶。袋足呈锥状，足尖较锐。素面。残高4.1厘米（图4-2）。

标本H135:3，仅存足根部。夹砂灰陶。袋足呈锥状，下接一实心足根。足根以上饰绳纹。残高6.1厘米（图4-2）。

卜骨 1件。

标本H135:5，为牛肩胛骨。已有残损，器表布满钻、凿而成的凹坑。长35厘米（图4-2；图版一六二，1）。

3. H391

位于2010LXⅠT0216中部，开口①层下，打破H393。坑口为圆形，剖面为袋状，平底（图4-3A；图版一六一，2）。口径270、底径310、深60厘米。坑内堆积仅一层，黄灰土，土质疏松，含少量炭屑，出土有陶片等。

出土陶器6件，石器和骨器各1件，另有

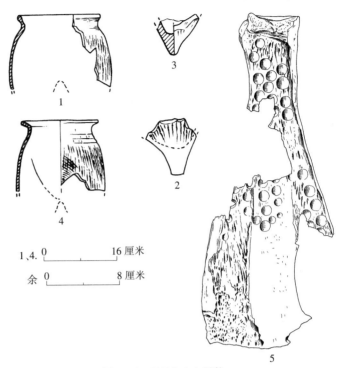

图4-2 H135出土器物
1、4. 陶鬲 2、3. 陶鬲足 5. 卜骨

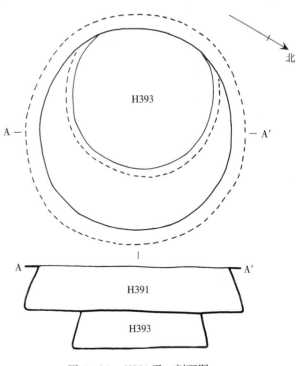

图4-3A H391平、剖面图

卜骨 1 件。陶器器形可辨鬲、甑、罐、豆、残器底和圆陶片，石器为刀，骨器为笄。

陶甑　1 件。

标本 H391：1，口部残。夹砂灰陶。甑部与鬲部上下连体，上腹部斜收，下腹部较直，高弧裆，下接三个高袋足。器表饰竖向绳纹，上下腹相接处有一周附加堆纹。残高 38.4 厘米（图 4 - 3B；图版一六二，2）。

陶鬲　1 件。

标本 H391：3，仅存口部。夹砂灰陶。口微敛，斜折沿，圆唇，上腹较直。沿部抹光，腹饰斜向绳纹。残高 9.8 厘米（图 4 - 3B）。

陶罐　1 件。

标本 H391：2，仅存口及上腹。夹砂灰陶。侈口，尖圆唇，束颈，溜肩，直腹。颈部有多周凹弦纹，肩部有一周附加堆纹，颈以下饰竖向绳纹。口径 20.3、残高 22.8 厘米（图 4 - 3B）。

陶豆　1 件。

标本 H391：6，豆盘已残，仅存柄部。泥质灰陶。柄部较高，中部微束，底部外撇。器柄上端和下端各有两周凹弦纹。残高 8 厘米（图 4 - 3B）。

残陶器底　1 件。

标本 H391：4，已残，器形不明。夹砂灰陶。腹较直，圜底。器表饰竖向绳纹。残高 6.2 厘米（图 4 - 3B）。

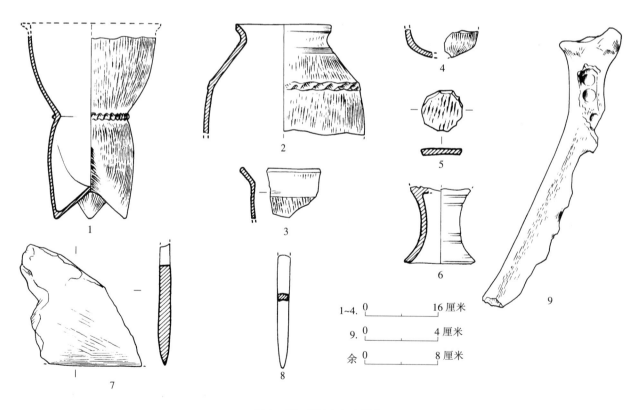

图 4 - 3B　H391 出土器物

1. 陶甑　2. 陶罐　3. 陶鬲　4. 残器底　5. 圆陶片　6. 陶豆　7. 石刀　8. 骨笄　9. 卜骨

圆陶片　1 件。

标本 H391∶5，为罐类残片打制而成。泥质灰陶。圆饼状。器表饰竖向绳纹。直径 4.3 厘米（图 4 - 3B）。

石刀　1 件。

标本 H391∶7，已残，仅存刃部。磨制。残存部分近三角形，双面直刃。残长 12.3 厘米（图 4 - 3B）。

骨笄　1 件。

标本 H391∶8，已残。器身较扁，一端尖锐。残长 11.6 厘米（图 4 - 3B）。

卜骨　1 件。

标本 H391∶9，为牛肩胛骨。大部分已残。器表有钻、凿留下的凹坑。残长 14.6 厘米（图 4 - 3B）。

陕西省考古研究院田野考古报告　第 88 号

蓝田新街

——新石器时代遗址发掘报告

（下）

陕西省考古研究院　编著

文物出版社

北京·2020

Field Archaeological Report No. 88, Shaanxi Academy of Archaeology

Xinjie Site at Lantian

Excavation Report on the Neolithic Period Site

（Ⅱ）

（*With an English Abstract*）

by

Shaanxi Academy of Archaeology

Cultural Relics Press

Beijing · 2020

图版目录

第五章 植物遗存的浮选与分析

一 浮选结果

浮选样品采自新街遗址 2009 年至 2010 年的考古发掘,共计 58 份浮选土样,包括取自灰坑的 44 份土样和取自陶制容器内的 14 份土样。其中,取自灰坑的 44 份浮选土样中,平均每份包含土样 20 升左右,而取自陶制容器的浮选土量则依容器的不同而有所差别,平均每份维持在 1~3 升上下。

本次采样并未完全按照系统的针对性采样法,而是将灰坑列为采样的主要遗迹单位。但就整个新街遗址来说,灰坑也为其绝对数量最多的遗迹单位。本次所取土样的灰坑大部分年代较单一而明确,基本为仰韶文化晚期,另外还有 5 份取自龙山时代的灰坑以及 2 份取自汉代的灰坑。

出土植物遗存的浮选工作是利用 2009 年 11 月至 2010 年 5 月期间的周末于新街遗址当地完成的。浮选工具是使用自制的简易浮选设备,较类似于水桶浮选设备,浮选过程中使用的筛网为 80 目(0.2 毫米)的标准分样筛。

浮选后的样品经过阴干后被送至中国社会科学院考古研究所科技中心进行植物种属的鉴定,炭化植物种子的鉴定是通过体式显微镜完成的。经鉴定,新街遗址浮选出的炭化植物遗存主要有炭化木屑、植物种子两大类。

(一) 炭化木屑

炭化木屑是指经过燃烧的木头残存,其主要来源应该是未燃尽的燃料或遭到焚烧的建筑木材和其他用途的木料等。新街遗址出土了大量的炭化木屑,大多比较细碎。通过显微镜观察,出土木屑的细胞结构如导管、筛管和纤维等清晰可见,很容易识别,然而更进一步的植物种属鉴定则需要比较专业的植物解剖学知识和技术,这部分工作留给专业人员鉴定和研究。实验室所做的工作是将所有木屑作为一个统一的类别进行量化分析。具体做法是,利用标准分样筛将样品中大于 1 毫米的炭化木屑筛选出来,称重计量。结果显示,平均每十升土样所含炭化木屑重为 1.167 克。

(二) 炭化植物遗存

在新街遗址所做的 58 份浮选土样中,浮选土量共计 1028 升,共发现炭化植物种子 14236 粒(图版一六三、一六四)。平均每十升土壤样品中出土植物种子约 138 粒。经鉴定,新街遗址出土的炭化植物种子包括粟（*Setaria italica*）、黍（*Panicum miliaceum*）、稻米（*Oryza sativa*）、小麦（*Triticum aestivum*）、大豆（*Glycine max*）和大麻（*Cannabis sativa*）六种农作物炭化籽粒，共计11181粒。其他可鉴定的植物种子还包括狗尾草（*Setaria viridis*）、野燕麦（*Avena fatua*）、野大豆（*Glycine soja*）、胡枝子（*Lespedeza bicolor*）、草木樨（*Melilotus suaveolens*）、藜（*Chenopodium album*）、酸模叶蓼（*Polygonum lapathifolium*）、委陵菜（*Potentilla chinensis*）、异型莎草（*Cyperus difformis*）、一把伞南星（*Arisaema erubescens*）、水棘针（*Amethystea caerulea*）等。另外还有一些特征不明显的、或者由于炭化过甚而失去了特征部位的未知种属的植物种子，共计38粒。

表 5 – 1　　　　　　　　　　新街遗址出土植物种子绝对数量统计表

炭化植物种子	仰韶晚期	龙山早期	汉代	绝对数量
粟（*Setaria italica*）	9142	140	4	9286
黍（*Panicum miliaceum*）	931	25	3	959
稻米（*Oryza sativa*）	802	116	1	919
大豆（*Glycine max*）	10	2		12
小麦（*Triticum aestivum*）	1			1
大麻（*Cannabis sativa*）	4			4
野燕麦（*Avena fatua*）	6			6
狗尾草（*Setaria viridis*）	1377	33		1410
稗子（*Echinochloa crusgalli*）	1			1
雀稗（*Paspalum thunbergii*）	1			1
黍属（*Panicum*）	1			1
野大豆（*Glycine soja*）	49	6		55
胡枝子（*Lespedeza bicolor*）	348	5		353
草木樨（*Melilotus suaveolens*）	300	13		313
藜（*Chenopodium album*）	856	30	3	889
委陵菜（*Potentilla chinensis*）	3			3
异型莎草（*Cyperus difformis*）	4			4
酸模叶蓼（*Polygonum lapathifolium*）	11		1	12
一把伞南星（*Arisaema erubescens*）	1	1		2
悬钩子属（*Rubus*）	1			1
堇菜（*Viola verecumda*）	1			1
水棘针（*Amethystea caerulea*）	2			2
紫苏（*Perilla frutescens*）	1			1
合计	13853	371	12	14236

1. 农作物种子

在新街遗址出土炭化种子中，炭化农作物种子在绝对数量上占到了78.52％，绝对数量由多到少依次为粟、黍、稻米、大豆、大麻、小麦。

粟，新街遗址出土最多的炭化农作物种子，共发现 9286 粒，绝对数量占到全部六种农作物种子的 83.05% 。而在采集的 58 份样品中，有 57 份发现了粟，出土概率占到了 98.28% ，如此高的出土概率和其绝对数量在全部炭化农作物种子的比例相吻合，充分说明粟在当时人生产生活中的重要地位。

黍，共发现 959 粒，绝对数量占到全部六种农作物种子的 8.57% 。而在采集的 58 份样品中，有 44 份发现了黍，出土概率占到了 75.86% 。由此，黍也应为当时人们重要的农作物之一。

稻米，共发现 919 粒，绝对数量占到全部六种农作物种子的 8.22% ，而其中完整稻粒有 382 粒，占到了全部发现稻米遗存的 42.98% 。而在采集的 58 份样品中，有 36 份发现了稻米或稻谷基盘，出土概率占到了 62.07% ，出土概率的高低与其绝对数量在农作物种子中的比例也基本相一致。

大豆，共发现 12 粒，绝对数量占到全部六种农作物种子的 0.11% 。出自 4 份浮选样品，出土概率仅为 6.90% 。

大麻，种子共发现 4 粒，占到全部农作物种子的 0.04% 。所发现的四粒大麻种子呈球形，直径约为 0.8 毫米，皆因火烧导致种子胚部残损。

小麦，仅于 H11 中发现了 1 粒，但同时在此遗迹单位中还发现了 2 粒小麦穗轴。由于发现的小麦种子过少，且只有一个遗迹单位出土，对其存在与否还持保留态度。

2. 杂草种子

新街遗址发现的杂草种子共计 3058 粒，绝对数量占到全部出土炭化种子数的 21.48% 。可鉴定的杂草种子有狗尾草、野大豆、草木樨、胡枝子、藜、酸模叶蓼、委陵菜、异型莎草、一把伞南星、酸枣、水棘针等。

野燕麦种子发现 6 粒，占到全部杂草种子的 0.2% 。其形态特征比较一致，种子均呈长扁形，背部略鼓，腹部扁平，其中有两粒保存情况较好，较为完整，种子长度 3.5 ~ 5 毫米，粒宽 1 ~ 1.5 毫米。

狗尾草种子共发现 1410，占到全部杂草种子的 46.11% ，是所有炭化杂草种子中绝对数量最多的，并且其出土概率也达到了 74.13% 。

豆科种子共发现 721 粒，占到全部杂草种子的 23.58% 。此次新街遗址发现的豆科种子包括胡枝子、草木樨和野大豆。胡枝子和草木樨共发现 666 粒，其中胡枝子 353 粒，草木樨 313 粒。胡枝子种子呈倒卵状长圆形，脐部斜截明显；草木樨种子为圆肾形，稍扁，先端微凹。野大豆种子共发现 55 粒，占到全部杂草种子的 1.80% 。粒长在 1.5 ~ 2.5 毫米之间，粒宽在 1.5 ~ 2 毫米之间。

藜共发现 889 粒，其数量占到全部杂草种子的 29.07 % 。这些藜种子多数大体呈圆形，两面呈双凸透镜形，表面光滑且表面有放射状纹理，马蹄形唇，胚位于顶部凹口处。粒长在 0.6 ~ 1 毫米之间，粒宽在 0.5 ~ 0.7 毫米之间。

还发现了酸模叶蓼种子 12 粒，异型莎草种子 4 粒，委陵菜种子 3 粒，水棘针种子和一把伞南星各 2 粒。悬钩子属（*Rubus*）、瑾菜（*Viola verecumda*）、紫苏（*Perilla frutescens*）各发现 1 粒。

3. 其他

除去炭化农作物种子和杂草种子，我们还发现 2297 粒炭化植物遗存，包括稻谷基盘、2 粒小麦穗轴和 1 粒酸枣种子的部分。这些非种子类炭化植物遗存占到全部炭化植物遗存的 13.89%。另有一些特征不明显的、或者由于炭化过甚而失去了特征部位的未知种属的植物种子，共计 38 粒。

其中，共发现水稻基盘 2256 粒，占到该类炭化植物遗存的 98.21%。

二　初步分析

（一）炭化木屑问题

新街遗址出土的炭化木屑含量平均为每 10 升土样 1.167 克。就目前已发表的遗址资料来看，安徽蒙城尉迟寺遗址浮选样品的平均炭化木屑含量是 2.7 克/10 升[①]，陕西扶风周原遗址浮选样品的平均炭化木屑含量为 4 克/10 升[②]，王城岗遗址的平均炭化木屑含量为 0.26 克/10 升[③]。新街遗址炭化木屑含量均在阈值范围之内。

具体就新街遗址而言，基本没有大块木屑，以细小木屑为主。据此，看不出有大块木料经废弃、燃烧而留存，亦无法得出有木质建筑等焚毁的依据。

新街遗址本次所取的 58 份土样中，包括 44 份取自灰坑的样本以及 14 份取自陶制容器内的样本。取自灰坑的 44 份土壤样品中 37 份来自仰韶晚期灰坑，5 份来自龙山早期灰坑，2 份来自汉代灰坑，可以明显观察到，炭化木屑的平均含量以仰韶晚期灰坑样本为最高（1.30 克/10 升），龙山早期炭化木屑平均含量有所降低（0.79 克/10 升），汉代灰坑样本仅 2 份，平均含量最低（0.03 克/10 升）。而取自陶制容器内的样本皆属于仰韶时代晚期，炭化木屑平均含量仅为 0.46 克/10 升（表 5 - 2）。

表 5 - 2　　　　　　　　　　新街遗址各期样品炭化木屑含量

	样品数量 （取自灰坑）	炭化木屑 平均含量	样品数量 （取自陶容器内）	炭化木屑 平均含量
仰韶晚期	37	1.30 克/10 升	14	0.46 克/10 升
龙山早期	5	0.79 克/10 升		
汉代	2	0.03 克/10 升		

（二）农作物种子问题

新街遗址浮选出土的炭化植物种子以农作物为主，主要包括四种禾谷类作物，即粟、黍、稻谷和小麦，以及一种豆类作物，即大豆（表 5 - 3；图 5 - 1）。

---

① 中国社会科学院考古研究所、安徽省蒙城县文化局编著：《蒙城尉迟寺》（第二部），科学出版社，2007 年，第 330 页。
② 赵志军、徐良高：《陕西扶风周原遗址王家嘴地点浮选结果分析报告》，《文物》2004 年第 10 期。
③ 赵志军、方燕明：《登封王城岗遗址浮选结果及分析》，《华夏考古》2007 年第 2 期。

表 5 - 3　　　　　　　　　　　　新街遗址农作物种子绝对数量和出土概率比较

	绝对数量	绝对数量所占谷物比例	出土概率
粟	9286	83.05%	98.28%
黍	959	8.57%	75.86%
稻米	919	8.22%	62.07%
大豆	12	0.11%	6.90%
小麦	1	0.01%	1.70%
大麻	4	0.04%	1.70%

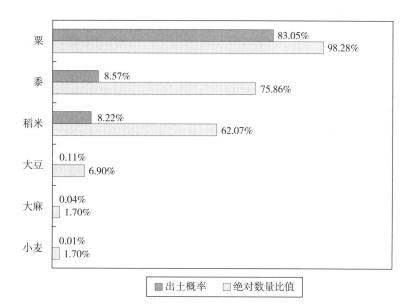

图 5 - 1　新街遗址农作物出土概率比较

1. 粟、黍的问题

粟为一年生旱生草本植物，喜温，生长的年积温在 1600℃ ~ 3000℃，但在不同发育阶段所要求的气温并不完全一致，尽管在 7℃ ~ 8℃ 的温度下，种子即可萌发，但最适宜的萌发温度却为 15℃ ~ 25℃。粟的生长期短、耐瘠、适应性强、耐储藏，且对水的利用率高。常与其同生的粟属植物有大狗尾草（*Setaria faberii*）、金色狗尾草（*Setaria glauca*）和狗尾草（*Setaria viridis*），狗尾草被认为是粟的近缘野生种或是粟的祖先。

黍为一年生草本植物，属禾本科黍属，又称糜子、稷。具有早熟、耐瘠和耐旱的生理特性。其分布很广，但主要种植于亚欧两洲。黍为喜温作物，生长的最适温度为 20℃ ~ 30℃，其发芽最低温只有 8℃ ~ 11℃。黍是谷类作物中最抗旱的类型之一，在干旱、半干旱地区降水量变率大、春旱频发的情况下，较其他作物易于生长。黍的应用广泛，其籽实不仅可以加工成食品，还可以作为酿酒的原料，茎秆则可作饲料。

整个新石器时代，粟的出土概率远高于黍，但显然，不同时期两者比例有变化。前仰韶时代，兴隆沟和月庄两个遗址系统浮选的结果表明，这个时期黍的数量远远超过粟的数量，出土概率也高。甘肃秦安大地湾遗址植物遗存分析结果也有同样的现象，黍的种植和使用比粟早，但后来黍的优势地位被粟取代。由以上三处遗址和其他前仰韶时代遗址浮选植物遗存结果来看，在这一时期中国北方古代社会的生业结构中，黍应该较之粟占有更为重要的地位。

从已发表渭河流域鱼化寨遗址①、东阳遗址②等遗址出土植物遗存结果来看，仰韶时代早中期时，粟开始取代黍，成为更为重要的粮食资源。而仰韶时代晚期，粟应该已经成为北方地区最为重要的农作物遗存。本次新街遗址植物种子浮选结果，无论在种子出土的绝对数量还是出土概率方面，粟也都要多于黍。而到了龙山时代，粟是北方聚落中最重要的粮食作物，在多数遗址中，其数量和出土概率都是各类粮食作物中最高的；同时，粟、黍共存的遗址比较多，黍遗存数量比仰韶文化时期似乎有增多的趋势。

2. 粟、黍和稻米的问题

粟黍类作物以外，稻谷也是新街遗址重要的农作物之一。水稻是一年生禾本科植物，高约 1.2 米，叶长而扁，圆锥花序由许多小穗组成。水稻喜高温、多湿、短日照，对土壤要求不严，水稻土最好。幼苗发芽最低温度 10℃～12℃，最适温度为 28℃～32℃。水稻是重要的粮食作物，除颖果可食用外，还可酿酒、制醋，米糠可榨油，稻秆为良好的饲料。目前，通过遗址出土稻米遗存，我们尚难以判断这些稻谷为水稻还是旱稻，这一点本文暂不做讨论。

接下来，让我们通过对新街遗址仰韶晚期、龙山早期以及汉代出土农作物统计数据，对粟、黍、稻谷三种谷物进行进一步分析。

51 份仰韶晚期的浮选样品中出土了大量炭化植物种子，其中谷物的数量占到了全部炭化植物种子的 78.38%，这说明，当时生活在新街遗址的古代人群应处在一种比较发达的农业经济阶段中，农耕应是新街遗址先民获取植物资源的主要方式。此次浮选结果还显示，在出土农作物中，炭化粟粒的绝对数量要远高于其他谷物品种，这进一步说明，当时的农业生产特点应是以种植粟为主。与粟粒相比，炭化黍粒的绝对数量则少了很多，二者绝对数量之比为 1∶0.1；而炭化稻米的绝对数量略低于炭化黍粒，较之粟粒则同样也是少了很多，二者绝对数量之比为 1∶0.09。需要指出的是，由于炭化植物遗存在堆积、埋藏过程中以及被提取过程中存在着各种自然或人为因素，导致运用浮选法所获得的植物遗存在绝对数量上是有误差的；另外，新街遗址出土的稻米遗存即便是碎稻粒在体积上也比粟粒大得多，不同体积、质地的植物种子在出土绝对数量上的比较应该是相对的。因此，在对考古遗址出土植物遗存进行量化分析时，除了考虑到植物遗存的绝对数量外，还应采用其他计量方法如植物遗存的出土概率做进一步的统计分析。

对新街遗址仰韶时代晚期出土的粟和黍进行出土概率统计后显示，炭化粟粒的出土概率为 98%，炭化黍粒的出土概率为 74.5%，二者的比值为 1∶0.76，黍粒的出土概率与粟的出土概率相差不太大，其比值明显高于它们绝对数量之间的比值。而炭化稻米的出土概率为 62.7%，与炭化粟粒出土概率的比值为 1∶0.64，同样，二者比值也明显高于它们绝对数量之比。这说明，黍和稻米在新街遗址仰韶时代晚期人们的生活中也起到了非常重要的作用，二者的种植在其农业中也应占到很大一部分比重。由此可以推断，新街遗址的农耕生产是以种植粟为主的，同时也种植相当数量的黍，而在水源充足的地方，或许也存在着大量的稻米种植。这种农作物组合既不属于典型

① 赵志军：《仰韶文化时期农耕生产的发展和农业社会的建立——鱼化寨遗址浮选结果的分析》，《江汉考古》2017 年第 6 期。
② 赵志军：《渭河平原古代农业的发展与变化——华县东阳遗址出土植物遗存分析》，《华夏考古》2019 年第 5 期。

的中国北方早期旱作农业的特点，也不属于南方稻作农业传统，而表现为一种典型的稻旱混种农业生产方式。这种农业组合在仰韶时代晚期的关中地区还是较少见的，后文将对炭化稻米的问题进行进一步的探讨。

龙山时代早期，在新街遗址共浮选 5 份土壤样品，包含 371 粒植物种子，其中包含 140 粒粟、25 粒黍和 116 粒稻米，农作物种子占到龙山早期全部种子绝对数量的 75.7%，略低于仰韶时代晚期农作物所占全部种子数量的比例，依旧反映着农作物占主体的农耕经济模式。在这 5 份样品中，粟、黍和稻米的出土概率分别是 100%、100% 和 60%。值得注意的是，由于龙山早期的浮选样品数目过少，直接影响到对真实情况反映的准确性，尤其是对不同农作物种子绝对数量的反映（H385，一个灰坑即出土稻米 107 粒，使得在这 5 份样品中，稻米的绝对数量较高）。

在 2 份汉代浮选样品中，出土了 4 粒粟、3 粒黍子和 1 粒稻米，占到了全部 14 粒植物种子的 57.1%。

3. 大豆的问题

大豆为一年生直立草本植物。作为重要的粮食和油料作物，在世界上广泛种植。大豆为喜温作物，发芽的适宜温度为 20℃ 左右，全生长期的积温一般在 2000℃ ~ 2900℃。大豆又是典型的短日照作物，对日照长短反映敏感。

新街遗址此次浮选共发现大豆 12 粒，分别出自四个灰坑（H185 中 1 粒，H368 中 1 粒，H375 中 8 粒，H385 中 2 粒），前三者属于仰韶时代晚期灰坑，H385 属于龙山时期灰坑。这些炭化大豆呈椭圆形，炭化后变形严重，膨胀爆裂，种皮基本完全脱落，子叶表面出现蜂窝状凹坑，显示出油亮光泽。参考近年发表的考古出土炭化大豆鉴定标准[①]，这些炭化大豆形态特征符合鉴定标准中关于豆粒、种皮和子叶特征和其被炭化后的变化，应该属于栽培大豆范畴。

就目前的考古发现，在中国发现最早的疑似大豆出土于河南舞阳贾湖遗址[②]，距今 8000 年前后。2011 年在贾湖遗址曾浮选出近 600 粒炭化大豆粒，这些大豆粒尺寸很小，粒长平均值为 3.28毫米，粒宽的平均值为 2.33 毫米，其栽培属性也有待进一步分析。另外，在一些仰韶时代的遗址如河南灵宝西坡遗址中也有大豆遗存的发现，与贾湖遗址的大豆相比，在尺寸上有所增大，但仍然明显小于现代的栽培种。龙山文化及以后的二里头文化、商周时期出土炭化大豆遗存的遗址数量逐渐增多，分布范围从黄河中游的甘肃、陕西、山西、河南到黄河下游的山东。在从龙山文化时期到商周时期的发展过程中，大豆遗存的生物学特性也在发生着变化，表现为在形态上和现代栽培大豆的逐渐接近。对已发表的大豆遗存的文献资料进行分析后可以发现，从龙山时代开始，大豆已经成为我国北方古代居民生活中的重要资源之一。

对新街遗址发现的炭化大豆也进行过测量，尺寸较大者的粒长可以达到 3.5 毫米，作为仰韶时代遗址所发现的大豆遗存，尺寸上同样大于贾湖遗址所发现大豆的平均粒长，但仍小于现代栽培种。符合目前考古上对栽培大豆时代性的认识。另外，根据新的鉴定标准，大豆尺寸大小在判别栽培大豆和野大豆方面仅具参考价值。新街遗址出土大豆为栽培大豆，并处在其栽培早期阶段。

① 赵志军、杨金刚：《考古出土炭化大豆的鉴定标准和方法》，《南方文物》2017 年第 3 期。
② 赵志军、张居中：《河南舞阳贾湖遗址浮选结果分析报告》，《考古》2009 年第 10 期。

4. 小麦的问题

普通小麦为一年生或越年生草本植物。其适应性强、分布广，主要产区在北半球 30°~60° 的温带地区，且主要分布在海拔 3000 米以下地方。目前，渭河流域的小麦种植主要为冬小麦，一般在 9 月中下旬至 10 月上旬播种，翌年 5 月底至 6 月中下旬成熟。全年生长期的积温一般在 1700℃~2400℃。小麦孕穗至扬花期间（包括灌浆初期）是决定小麦粒重、产量的关键时期，也是小麦需水的高峰期。

本次新街遗址浮选样品中仅在仰韶晚期的灰坑 H11 中发现一粒小麦，值得注意的是在该灰坑的不同位置（H11 取得多份土样）还发现炭化小麦穗轴两粒。

小麦起源于西亚的新月沃地地区，就目前考古证据而言，经过 AMS 碳十四测年，最早的小麦发现于龙山时代的山东胶州赵家庄遗址[1]，年代为 4450 B. P. ~4220B. P. 。而其他中原地区龙山时期遗址之前所发现小麦，往往经过碳十四测年显示，其时代与遗址本身时代有着较大的差距。到了二里头文化时期，无论中原地区还是属于岳石文化的海岱地区，在进行过浮选的多数遗址中都发现了小麦遗存，但数目都很有限，一般不超过 10 粒。这种局面到二里岗时期发生了变化，中原地区进入二里岗时期后，无论何种等级的遗址，小麦的重要性都得到了明显提升。

而本次新街遗址的浮选样品为较单纯的仰韶晚期遗存，且遗址地处渭河流域，若能证明新街遗址有小麦存在，将大大提前小麦传入中原的乃至中国的时间，并为小麦的东传提供新的线索。本次新街遗址浮选所得的 1 粒炭化小麦种子和 2 粒小麦穗轴出土位置确切，特征明显，小麦穗轴的发现也在一定程度上说明小麦在遗址上加工的可能。遗憾的是，由于遗址出土的这粒小麦不足碳十四直接测年所需的样品最低量，目前并未得出小麦遗存的确切所属年代。

5. 大麻的问题

大麻为一年生草本植物。其适应性很强，大麻的纤维可以纺织制作麻布，种子可以榨油或供药用，是我国古代极为重要的一种经济类作物。

新街遗址浮选样品中共发现大麻种子 4 粒，且全部出自同一仰韶晚期的灰坑 H274 之中。甘肃省东乡林家的马家窑文化聚落遗址中也有大麻种子发现，其形态与现代栽培种相似，发掘确定其为农作物，年代上也与新街遗址相差不多[2]。在西安半坡和河姆渡遗址出土的器物上也发现有大麻植物印痕，但准确性难以确定。进入历史时期，从老山汉墓到新疆吐鲁番洋海墓地都发现了大麻果实的随葬，可以证明，至迟在 2000 年前，大麻已经应用于生活和医药。

但大麻在新街遗址具体是作为纺织之用，还是榨油，抑或其他，目前还没有足够的证据。大麻的传播路线也需要其他遗址资料的支持。

（三）非农作物种子问题

本次新街遗址浮选出的非农作物种子中狗尾草和野大豆等与农作物关系紧密的农田杂草绝对数量占到了全部杂草种子的一半左右。

---

① 靳桂云、王海玉、燕生东等：《山东胶州赵家庄遗址龙山文化炭化植物遗存研究》，《科技考古·第三辑》，科学出版社，2011 年。
② 西北师范学院植物研究所、甘肃省博物馆：《甘肃东乡林家马家窑文化遗址出土的稷与大麻》，《考古》1984 年第 7 期。

狗尾草种子是所有炭化杂草种子中，绝对数量最多的，并且其出土概率也最高。狗尾草植物主要是田间常见的杂草，杂草是伴随人类的出现而形成的、依附于人类的生产生活而存在于某种人工环境的一类特殊植物，作为田间杂草，不同的品种往往伴随着与其在形态上、生长习性上和对生活环境的需求上都十分相似的农作物品种，粟和黍都是黍亚科，而狗尾草也属于黍亚科，粟田中的伴生杂草也应以黍亚科品种为主。据此分析，这些狗尾草属植物种子进入遗址途径的最大可能是混杂在已收获的农作物（粟或黍）中被人带入的。

豆科种子包括胡枝子、草木樨和野大豆三种。胡枝子和草木樨这两种豆科植物花果期都在夏秋季节，并且都可以作为饲草，推测可能与牲畜畜养相关。野大豆是一种喜水耐湿的植物，多生于山野以及河流沿岸、湿草地、湖边、沼泽附近或灌丛中，稀见于林内和风沙干旱的沙荒地。种子含大量油脂、蛋白质，除供食用外，还可榨油及药用。野大豆的种子在澧县八十垱、舞阳贾湖、渑池班村、滕州庄里西、胶州赵家庄和洛阳皂角树等遗址都有发现①。在这些遗址中出现的野大豆种子可能是当时的人们从周边湿地采集而来作为他们食物的重要补充，也可能是当地的未被利用的杂草。

藜共发现889粒，其数量占到全部杂草种子的29.07%。这些藜种子多数呈圆形，两面呈双凸透镜形，表面光滑且表面有放射状纹理，马蹄形唇，胚位于顶部凹口处。粒长在0.6～1毫米之间，粒宽在0.5～0.7毫米之间。藜主要分布于温寒带，多为盐碱地或旱生植物，现有的分布以西北荒漠区为最多。藜在美洲、台湾等地是一种常见的栽培作物，有着较长的栽培历史。但是，新街遗址所发现的藜为人类有意种植还是仅为一般的杂草被带入遗址，还有待进一步的辨别分析。

野燕麦种子在新街遗址发现6粒。野燕麦是分布于亚洲、非洲、欧洲的温带和寒带的一年生草本植物。在中国，分布尤以长城内外和青藏高原居多，野燕麦主要生产在平原低湿地，分布于田野路旁、淡水草甸和居民点周围。野燕麦可以作为重要的饲草。

紫苏为一年生草本，是中国古代重要的油料作物。中国各地、日本、朝鲜、缅甸至印度都有分布，中国长江以南地区仍有紫苏的野生种植资源。近年来，在澧县八十垱、秦安大地湾、澧县城头山、洛阳皂角树、胶州赵家庄等遗址都有发现。

由新街遗址出土的杂草种子来看，与旱作农业关系紧密的田间杂草狗尾草，以及适应干旱环境的藜的大量发现，可以大致反映新街遗址应该有着适应旱地作物生长的生态环境；而野大豆、莎草科的异型莎草、天南星科的一把伞南星、紫苏遗存的发现虽不及旱地杂草的数量，但也可以反映遗址中同样也存在着适应这些喜温湿环境植物的生长区域，可能是遗址周边的湿地，也可能是种植稻谷的水田。狗尾草、藜这类旱地杂草的绝对数量和出土概率都明显高于适应温暖湿润的野大豆、异型莎草、紫苏等植物遗存，可能反映旱田中的田间管理除草技术不高，而表明水稻的田间管理技术比较高；也可能在一定程度上反映旱田的规模和面积要高于水田。

三　讨论

（一）关于水稻的讨论

本次共对新街遗址58份浮选土样进行了鉴定和分析，其中有5份来自龙山时代早期，2份来

---

① 刘长江、靳桂云、孔昭宸：《植物考古——种子和果实研究》，科学出版社，2008年。

自汉代，其余全部取自仰韶时代晚期。由表 5-1 可以知道，新街遗址在仰韶时代晚期就有了我们浮选所得的全部农作物种子及非农作物种子类别，即该遗址在仰韶时代晚期就出现粟、黍、水稻、大麻、大豆以及小麦这六种农作物以及全部的非农作物杂草种子。而在龙山时代早期的这 5 份样品中，也包含了粟、黍、稻这三种主要的农作物种子，以及狗尾草属、禾本科、豆科、野大豆、藜科、天南星科这几种非农作物种子。由于样品数目上的局限性，限制了龙山时代样本在统计上的准确性，但是，值得注意的一点是，在一份取自属于龙山时代早期的 H385 的样本中，发现了 114 颗稻米或稻米碎块，占到了新街遗址全部出土的 919 粒稻米的 12%，而 5 份龙山早期的土样中有 3 份发现了稻米，至少可以说明直至龙山时代早期，水稻依旧是新街先民的重要粮食来源之一。

表 5-4　　　　　　　　　　　新街遗址出土稻米测量数据表　　　　　　　　（长度单位：毫米）

稻米	长	宽	厚	长宽比
仰韶晚期-1	3.72	1.98	1.56	1.88
仰韶晚期-2	3.7	2.45	1.74	1.51
仰韶晚期-3	3.58	2.29	1.77	1.56
仰韶晚期-4	3.82	2.24	1.49	1.82
仰韶晚期-5	3.8	2.1	1.57	1.81
仰韶晚期-6	3.67	2.18	1.67	1.68
仰韶晚期-7	3.55	2.49	1.6	1.43
仰韶晚期-8	3.69	1.96	1.41	1.88
仰韶晚期-9	3.84	2.45	1.65	1.56
仰韶晚期-10	3.56	2.02	1.55	1.76
仰韶晚期-11	3.64	2.15	1.39	1.69
仰韶晚期-12	3.54	2.08	1.3	1.70
仰韶晚期-13	3.85	2.09	1.54	1.84
仰韶晚期-14	3.8	1.98	1.55	1.92
仰韶晚期-15	3.56	2.21	1.71	1.61
仰韶晚期-16	3.42	1.96	1.36	1.74
仰韶晚期-17	3.29	1.97	1.44	1.67
仰韶晚期-18	3.33	2.11	1.59	1.58
仰韶晚期-19	3.43	2.34	1.71	1.47
仰韶晚期-20	3.58	2.33	1.67	1.54
平均值	3.62	2.17	1.56	1.67

　　表 5-4 所示数据来自于由本次浮选所得的 20 粒完整裸露的炭化稻米，这 20 粒稻米为随机抽得，且均为仰韶时代晚期灰坑出土，应该具有相当的代表性。稻米测量数据所示，20 粒完整稻米的粒长平均值为 3.62 毫米，粒宽平均值为 2.17 毫米，粒厚平均值为 1.56 毫米，长宽比的平均值为 1.67。现代籼稻的长宽比一般在 2.3 以上，粳稻的长宽比在 1.6 到 2.3 之间，新街遗址出土的稻谷若按照平均值考虑，似乎应该属于粳稻。但是，利用稻粒形态特征判别稻谷品种是相对的，

因为判别界限是人们根据一般规律设定的；再则，新街遗址出土的炭化稻米经过火的烧烤多少都会变形，而稻米在炭化后形态变化的规律目前还不清楚。因此，根据形态和测量数据判断考古出土稻谷品种是不可靠的，仅具参考价值。由之前分析我们知道，稻米在新街遗址仰韶时代晚期时已成为当地重要的农作物之一。但对于处在关中地区灞河流域的新街遗址，又是在何种情况下，通过什么途径开始种植稻谷的，则是我们需要进一步研究的内容。

中国北方发现早期稻米的证据包括裴李岗时期的贾湖遗址[①]和山东月庄遗址[②]，仰韶时代早期的三门峡南交口遗址[③]，西乡何家村遗址[④]等。具体到关中地区，仰韶时代中期在杨官寨遗址、案板遗址和泉护遗址即已发现了稻米的植硅体证据[⑤]，兴乐坊遗址也发现了20余粒稻米遗存[⑥]。但是，虽然稻米在中国北方出现较早，但其在仰韶时代晚期之前，在生业经济中所占的比重还是较有限的（月庄遗址发现稻米28粒，三门峡南交口遗址发现稻米64粒，兴乐坊遗址发现稻米遗存21粒，并且这些遗址稻米出土概率都不高）。本次新街遗址植物考古浮选共采得仰韶时代晚期稻米颗粒802粒，出土概率达62.7%。尽管出土稻米的绝对数量所占比值不高，但如此高的出土概率则可以说明，在仰韶晚期时，水稻已经是该遗址的重要农作物来源之一。并且，值得注意的是，在仰韶时代晚期，新街遗址中还出土了大量的稻谷基盘，在很大程度上可以证明该遗址也是稻谷的加工场所，那么，稻米则很可能也是在当地种植的。最近的研究显示，新街遗址发现的稻米也是当时酿酒的重要原料[⑦]，但我们尚无从得知用作酿造米酒的稻米与全部稻米遗存的比例关系。

（二）陶制容器内样品植物种子的讨论

在本次浮选的58份土样中包括了14份来自仰韶晚期的陶制容器内的样品。其中，只有2份样品取自同一灰坑H375的2件容器中，其他12份分别来自不同的遗迹单位中。14件陶制容器包括2件钵、5件罐、4件盆、2件瓿和1件带流盆，它们在出土时都是完整的陶容器。

这14份样品中出土炭化物1.456克，而浮选土量共31.6升，平均每十升含有炭化物0.46克。这一数值要明显低于新街遗址的全部浮选样本的炭化物含量的平均值每十升1.167克，但也在之前所提到的其他遗址此数值的阈值范围中。

陶制容器内浮选样品中共出土4种农作物种子（149粒粟、20粒黍、5粒稻米、1粒大豆）以及4种非农作物种子（25粒狗尾草、18粒豆科、3粒藜和1粒委陵菜），从样品种类看远少于新街遗址其他样本中植物种子类别。从出土概率来看，在这14份样品中，农作物种子中粟的出土概率为92.9%，黍的出土概率为42.9%，稻米出土概率为14.3%。其中，容器中粟的出土概率略低

① 赵志军、张居中：《贾湖遗址2001年度浮选结果分析报告》，《考古》2009年第8期。
② Gary Crawford、陈雪香、王建华：《山东济南长清区月庄遗址发现后李文化时期炭化稻》，《东方考古》第3集，科学出版社，2006年。
③ 秦岭：《南交口遗址浮选植物遗存的初步分析》，《三门峡南交口》，科学出版社，2009年。
④ 陕西省考古研究所汉水考古队：《陕西西乡何家湾新石器时代遗址首次发掘》，《考古与文物》1981年第4期。
⑤ Jianping Zhang et al. 2010, Phytolith evidence for rice cultivation and spread in Mid-Late Neolithic archaeological sites in central North China. *Boreas* Volume 39, Issue 3, pages 592-602, July 2010.
⑥ 刘焕、胡松梅、张鹏程等：《陕西两处仰韶时期遗址浮选结果分析及其对比》，《考古与文物》2013年第4期。
⑦ 刘莉、王佳静、赵昊等：《陕西蓝田新街遗址仰韶文化晚期陶器残留物分析：酿造谷芽酒的新证据》，《农业考古》2018年第1期。

于全遗址仰韶时代晚期 51 份样品中粟的出土概率，而黍的出土概率则远低于该时期的 74.5%，发现稻米遗存的样品仅有 2 份；非农作物种子方面，狗尾草的出土概率为 42.9%，豆科的出土概率为 21.4%，二者的出土概率也远低于全遗址这两种植物种子出土概率的平均值。

当时对这 14 件陶制容器中的土壤取样时，曾考虑会不会由此发现一些特别的，不同于其他遗迹单位的炭化植物遗存的构成，从而推测容器在进入埋藏阶段前是作为具体何种（或几种）农作物的蒸煮器皿。但是，根据浮选出植物种子的统计结果，未看出有什么特别的地方，其中也包含非农作物种子，只是炭化物含量较少，炭化种子种类很少，出土概率也相对较低。由此难以推断容器内的炭化植物种子为器皿埋藏状态前已存于其内，从而推测当时人具体利用该容器蒸煮何物。

也许，更合理的解释或许是因为容器内土样普遍含量较少，过少的浮选土量会大大增大出土植物种子的随机性，使得容器内的土样浮选结果无法代表该灰坑的出土炭化植物种子水平。例如，同是灰坑 H375 的陶甑和陶钵内，陶甑中出土 9 粒粟、1 粒黍，陶钵内出土 2 粒粟、1 粒狗尾草、1 粒豆科（胡枝子）；而同是该灰坑内浮选的土样中则出土了 73 粒粟、4 粒黍、8 粒稻米、8 粒大豆、5 粒狗尾草、3 粒豆科（2 粒胡枝子、1 粒草木樨）等。由此可以看出，该灰坑两容器中出土的炭化植物种子都包括在容器所在灰坑样品出土种子种类中，却没有灰坑中出土的稻米、大豆等植物种子。或者，较低的炭化物、炭化种子数量以及较少的植物种子类别，可以在一定程度上推测这些完整陶制容器并不是同大部分炭化种子一同进入遗址的，也就是说，当时人并不会把这些完整陶器同垃圾（炭化植物种子多是由此方式进入遗址）一起倾倒入灰坑，因此，陶器中的土壤所含垃圾的比例就较少，炭化植物种子的数量和类别自然也较少。

（三）有关农业经济模式的讨论

众所周知，中国古代的农业经济模式可分为南、北两个相对独立的农业区域，即北方以黄河中下游地区为中心、以粟黍为主要农作物的北方旱作农业区和南方以长江中下游地区为中心、以稻谷为主要农作物的南方稻作农业区。通过以往的考古发现和植物考古学研究，我们基本可以发现，北方的考古遗址通过浮选发现的农作物以炭化的粟粒占多数，而南方考古遗址通过浮选或植硅石等手段发现稻谷是最为重要的农作物遗存。这种南、北方农业经济模式对立的局面在新石器时代晚期或更早阶段已经形成。具体到新街遗址居民所生活的仰韶时代晚期到龙山时代阶段的北方地区，通过考古研究，我们知道农业经济也主要是以旱作农业经济模式为主，即以粟、黍为主要的粮食来源。即便是到了龙山时代，黄河中下游地区已经形成了"粟、黍、稻谷、大豆、小麦"五谷齐备的局面，多数考古遗址的植物考古研究表明，无论从绝对数量还是出土概率方面，粟依然是全部农作物中最为重要的粮食来源。值得注意的是，在处于大汶口文化晚期和龙山时代的尉迟寺遗址和处于龙山时代的两城镇遗址，通过系统浮选得出的植物遗存的结果来看，粟和稻谷的绝对数量相差无几，而出土概率也很接近。这充分表明，对这两个遗址的居民而言，粟和稻谷应该同为主要的粮食来源，两遗址的农业经济模式也有别于仅以粟为最重要农作物的旱作农业模式，而应为旱稻混种农业经济模式的代表。

由表 5-5 可知，新街遗址仰韶时代晚期的植物遗存（粟和稻谷）中，粟绝对数量占谷物的比值和出土概率两个数值都高于 80%，其中出土概率甚至达到了 98%。而比较代表旱作农业经

表 5－5　新街遗址出土炭化植物遗存一览表

时代	遗迹	土量(升)	说明	炭化物(g)	粟	黍	稻米	稻谷基盘	大豆	大麻	小麦	小麦穗轴	野燕麦	稗子	雀稗	黍属	狗尾草	野大豆	胡枝子	草木樨	藜	酸模叶蓼	水棘针	堇菜	委陵菜	异型莎草	紫苏	一把伞南星	酸枣	悬钩子属
仰韶晚期	H30:1	2.5	钵内	0.073	24	1											4		3											
仰韶晚期	H216	2.7	带流盆内	0.225	27	1	1										1													
仰韶晚期	H368	4.2	罐内	0					1																					
仰韶晚期	H377	3	盆内	0.031	3																									
仰韶晚期	H235	1.3	钵内	0.208	4																									
仰韶晚期	H92	3	盆内	0.275	39	4	4										8		10	4	3				1					
仰韶晚期	H47	1.3	盆内	0.032	3																									
仰韶晚期	H375	2	盆内	0.114	2	2											1		1											
仰韶晚期	H184	1.4	罐内	0.023	1																									
仰韶晚期	H344	3	罐内	0.107	28	11											10													
仰韶晚期	H69	3.4	甑内	0.135	5												1													
仰韶晚期	H37	1.7	罐内	0.145	1	2																								
仰韶晚期	H208	0.8	罐内	0.04	3																									
仰韶晚期	H375	1.3	甑内	0.048	9	1																								
仰韶晚期	H77	10		1.164	50	18	1	1									15		7	1										
仰韶晚期	H6	22		1.689	101	5		1									28		13	17	3									
仰韶晚期	H5	22		0.279	23	4	16											1	1	2	3									
仰韶晚期	H402	20		2.617	71	4	4										11		2	1	16									
仰韶晚期	H398	20		0.608	50	3	3										24		2	2										
仰韶晚期	H396	20		1.3	4	1											1													

续表 5-5

时代	遗迹	土量(升)	说明	炭化物(g)	粟	黍	稻米	稻谷基盘	大豆	大麻	小麦	小麦穗轴	野燕麦	稗子	雀稗	黍属	狗尾草	野大豆	胡枝子	草木樨	黎	酸模叶蓼	水棘针	堇菜	委陵菜	异型莎草	紫苏	一把伞南星	酸枣	悬钩子属
仰韶晚期	H375	18		0.334	73	4	8		8						1		5		2	1										1
仰韶晚期	H371	40		3.215	77	25	5	3									6			2	437	2								
仰韶晚期	H369	20		2.03	5												1													
仰韶晚期	H355	37		3.954	104	14	7										52		8	5										
仰韶晚期	H345	18		6.521	76	11	60	257									43	7	4	7	15	2								
仰韶晚期	H331	17		0.493	51	91	8	4								1	184		3		7									
仰韶晚期	H313	41		13.552	31	3	4	2									4		1	2	7									
仰韶晚期	H312	23		19.983	858	63	96	730									292	20	14	7	11									
仰韶晚期	H300	18		4.896	26	3	2										2	2	3	6	11			1						
仰韶晚期	H293	18		1.577	175	126	14										248		18	9										
仰韶晚期	H287	23		2.749	121	30	27	7									17	2	4	10	12									
仰韶晚期	H283	22		3.905	179	15	11	4									45	6					2						1	
仰韶晚期	H277	21		4.502	373	298	410	1228									53	3	103	69	35									
仰韶晚期	H274	23		0.375	49	2	41			4							59		122	100	260									
仰韶晚期	H237	21		2.511	94	18	17	2					6				6		4	2	1									
仰韶晚期	H189	18		2.01	43	1		1						1			11		1	2		1								
仰韶晚期	H188	18		1.039	50	13		1									25			1							1			
仰韶晚期	H185	18		4.877	138	11	8		1								33		1	2										
仰韶晚期	H181	18		0.499	45	5											25		1	2	13					1				
仰韶晚期	H180	21		0.271	6												1													

续表5-5

时代	遗迹	土量(升)	说明	炭化物(g)	粟	黍	稻米	稻谷基盘	大豆	大麻	小麦	小麦穗轴	野燕麦	稗子	雀稗	黍属	狗尾草	野大豆	胡枝子	草木樨	藜	酸模叶蓼	水棘针	堇菜	委陵菜	异型莎草	紫苏	一把伞南星	酸枣	悬钩子属
仰韶晚期	H17底部小坑	36		0.319	211	83	5										26		2	1										
仰韶晚期	H172	16		1.347	34	4	2	2									10	5		3	2									
仰韶晚期	H171	18		2.468	4	3	1										2		2	5										
仰韶晚期	H169	18		0.705	19	3	1										3	1	11	5										
仰韶晚期	H157	18		1.517	13	1	4										5			1										
仰韶晚期	H155	15		1.027	10												2		1	2										
仰韶晚期	H154	1.3		0.116	30	1	4	3									5					4								
仰韶晚期	H142	19		0.423	4	2		1									6				2	2								
仰韶晚期	H140	42		5.624	132	25	1	3									29	2		24	8							1		
仰韶晚期	H112	20		1.313	8														2											
仰韶晚期	H11	66		7.182	5655	24	38	3			1	2					73		7	3	9									
龙山早期	H395	20		0.397	23	1	1	1									6		5	1	22				2	3				
龙山早期	H385	40		2.553	62	13	114		2								6	4	2	1	4							1		
龙山早期	H336	17		1.297	12	4											6	2	2		2									
龙山早期	H268	23		2.775	5	2														1										
龙山早期	H191	18		2.357	38	5	1	2									15		4	2	2									
汉代	H4	22		0.038	3	3	1													1	3	1								
汉代	H281	20		0.095	1																1									

济模式的陶寺遗址和王城岗遗址的相应数值后，我们可以发现，新街遗址这两项数据分别接近和高于两遗址的最高值。由此看来，旱作农业的代表作物——粟，在新街遗址仰韶晚期的农业生活中依旧扮演着极其重要的角色。表5-5中显示，这一时期新街遗址的稻谷绝对数量占全部谷物的比例为7.4%，出土概率则为62.7%。稻谷绝对数量的比值虽高于前面两遗址中的此项数值，但较之旱稻混种的两城镇遗址和尉迟寺遗址高于30%的比例还是有很大差距。我们知道，绝对数量的比较会因植物遗存大小、保存特性、偶然的大量发现等原因造成较大误差，这时就要再对其出土概率进行考查。稻谷在新街遗址仰韶晚期植物遗存的出土概率达到了62.7%，这一数据甚至高于旱稻混种的两遗址的相应数值，从这里我们可以看到稻谷对于新街遗址居民的重要性。

新街遗址龙山时代的植物遗存数据与仰韶晚期差异很大，很大程度上是因为客观上本次该遗址龙山时代浮选样品仅有5份，大大增加了不同植物遗存出现的偶然性。但我们仍可以看到这仅有的5份浮选样品中，全部都有粟的存在，而在其中的3份中也有稻谷发现，二者在出土概率方面其实和仰韶晚期相差不多，基本上可以反映一种相继延续的趋势。

新街遗址出土的水稻虽然不及粟在农作物中的主导地位，但也绝不是旱作农业中辅助性的作物，而应该是与粟、黍同为重要的主体农作物，为当地居民的重要粮食来源之一。那么，由以上的分析，我们可以得出新街遗址的农业不是北方常见的旱作农业经济模式，而应该是粟、稻谷并重的稻旱混合经济模式。但是，相比于两城镇遗址和尉迟寺遗址，新街遗址中粟在农业生产中的地位显得更为重要。

第六章　动物遗存的鉴定与分析

第一节　前言

本章针对新街遗址出土的动物标本按发掘单位逐一进行了系统的鉴定和研究，其中大部分标本出自灰坑，少量出自探沟，共计 5064 件标本，其中可鉴定属种的标本为 2932 件，不可鉴定属种的残骨块为 2132 件。全部标本可分为兽类、鸟类、蚌类、鱼类和鳖类，至少代表 31 个属种（见附表七）。测量的内容与方法主要参考《考古遗址出土动物骨骼测量指南》[①] 一书，另对个别标本测量数据做了补充。鉴定时的对照标本是陕西省考古研究院动物标本室的标本，同时也参考中外文的动物骨骼图谱和论文。各期的动物种属、数量见附表八至附表一〇。遗址中不可鉴定的动物数量分布情况见附表一一。

第二节　分类简述

1. 中华圆田螺（*Cipangopaludina cathayensis*）

共发现该类完整螺壳 591 件，还有一些破碎螺壳未作统计。在遗址中的具体分布见表 6 - 1。

表 6 - 1　　　　　　　中华圆田螺在各灰坑中的具体分布情况

H4	H6	H12	H13	H14	H17	H21	H32	H47	H164	H196	H291	H302	H346	G4	G10	G11	G13	G16③	G22	G23
11	46	7	1	1	32	43	3	20	48	56	2	3	2	89	16	30	102	77	1	1

总的特征是壳大而薄，呈圆锥形，有 6 个相当膨凸的螺环，各螺环均匀增长。体螺环膨凸而宽大，其高度是壳高的 5/7。壳口呈卵圆形，上端角状，轴唇不加厚。壳面有细的生长纹。该类动物遗存发现的数量最多，是该遗址动物遗存的一个显著特征，在有些遗迹中大量存在，如 G13 中就有 102 件（图版一六五，1），与关中地区华县泉护村遗址出土情况类似。中华圆田螺可能是当时人类捕捞的主要对象，也是主要的食物来源之一。

---

① 安格拉·冯登德里施著，马萧林、侯彦峰译：《考古遗址出土动物骨骼测量指南》，科学出版社，2007 年。

2. 圆顶珠蚌 （*Unio douglasiae*）

完整的标本 1 件 （H153∶D1）；另有 13 件标本，其中左半壳 8 件，右半壳 5 件。其中仰韶晚期 3 件，龙山早期 11 件。全部材料可代表的最小个体数为 10，在遗迹中的分布见附表九。

标本大小不一，长度变化约 40～60 毫米间，宽度变化约 22～26 毫米间。

标本 （H291∶D1） 为一保存相当完整的右半壳 （图版一六五，2）。蚌壳呈卵圆形，前部短圆，后部窄扁，壳面有卵圆形的生长线。长 58.92、宽 25.37 毫米。

圆顶珠蚌目前在我国境内分布很广，在陕西关中临潼的姜寨遗址①、康家遗址②、华县泉护村遗址③、高陵杨官寨遗址④、华阴兴乐坊遗址⑤及丹江上游的丹凤巩家湾新石器遗址⑥均有出土，尤其是巩家湾遗址出土了大量的蚌壳。由于其营养丰富且分布较广，应是古人类的一种食物来源。

3. 背瘤丽蚌 （*Lamprotula leai*）

仅有 1 件基本完整的左半壳 （H12∶D1） （图版一六五，3）。

壳体厚大，喙较大，向内旋转，壳前部宽圆。仅在壳顶及喙部有小的疣突。壳面其他地方有生长线。主齿高大，呈三角锥状。韧带沟长。高 86.42、宽 58.3 毫米。

4. 蚌 （Unionidae）

除上述完整的蚌壳外，另有可能属同一个体的残片 12 件，由于保存较少且缺乏对比标本，无法做进一步的属种鉴定。但从其纹饰、壳体较薄分析，应属另一类蚌。

5. 鲤鱼 （*Cyprinus carpio*）

仅有左咽喉齿 1 件 （H227∶D1） （图版一六五，4）。

标本 H227∶D1 保存较好，齿式为 1·1·3，牙齿呈臼齿状，咀嚼面具有沟纹。

6. 鲶鱼 （*Silurus* sp. ）

左胸鳍刺 1 件 （H12∶D2）。

标本 H12∶D2 为左胸鳍刺，长 47.21、近端关节宽 11.86 毫米 （图版一六五，5），大小介于华县泉护村遗址两件标本间。

鲶鱼、鲤鱼在我国的分布很广，现除西藏地区尚未发现外，其他各省均有记载。从鱼骨全部出自灰坑这点来看，它们可能是被新街先民作为肉食享用的。

7. 鱼 （Pisces）

鳃盖骨 1 件 （H77∶D1） （图版一六五，6）。

标本 H77∶D1 为一不完整的鳃盖骨，为扁平膜质骨，保存长度 61.07 毫米。

8. 大嘴乌鸦 （*Corvus macrorhynchos*）

仰韶晚期的标本包括：左尺骨远段 1 件 （H23∶D1）；左右肩胛骨远段各 1 件 （H42∶D2、D3）；完整右腕掌骨 1 件 （H348∶D1）。

---

① 祁国琴：《姜寨新石器时代遗址动物群的分析》，见半坡博物馆等编《姜寨》，第 504～538 页，文物出版社，1988 年。
② 刘莉等：《陕西临潼康家龙山文化遗址 1990 年发掘动物遗存》，《华夏考古》2001 年第 1 期。
③ 胡松梅：《泉护村动物遗存分析》，见陕西省考古研究院等编著《华县泉护村》第五章，文物出版社，2014 年。
④ 胡松梅：《高陵杨官寨环壕西门址动物遗存分析》，《考古与文物》2011 年第 6 期。
⑤ 胡松梅：《华阴兴乐坊遗址动物遗存分析》，《考古与文物》2011 年第 6 期。
⑥ 胡松梅：《陕西丹凤巩家湾新石器时代动物骨骼分析》，《考古与文物》2001 年第 6 期。

龙山早期的标本包括：属于同一个体残骨架 1 具 H133：D1，包括残头骨、上颌骨、下颌骨、左右肩胛骨各 1 件、右喙骨 1 件、左肱骨近段 1 件、右肱骨 1 件、左尺骨 1 件、右尺骨远段 1 件、左右掌骨各 1 件；完整的左肱骨 2 件（H385：D1、D2）；完整的左尺骨 4 件（H385：D3 ~ D6）；完整的右桡骨 1 件（H385：D7）；右股骨骨干 1 段（H385：D8）；左胫骨中近端 1 件（H385：D9）；左胫骨骨干 1 件（H114：D2）；左胫骨中远段 1 件（H114：D1）；右胫骨远端 1 件（H191②：D1）。

标本 H385：D1 为完整的左肱骨 1 件，长约 70.22 毫米，外侧翼的三角嵴少有破损，近端韧带沟沟槽呈明显的条带状长凹，肱骨头后翻向背侧，主沟呈"U"形凹槽，内结节突出于顶端，气窝深陷。远端肱肌痕较浅，分布于前表边缘，内外髁突特征明显，内髁突的尖突指向内下方，外髁突尖细，直指近端肱骨方向，同是雀形目鸟类的共有特征之一。

标本 H385：D3 为完整的左尺骨 1 件，骨体整体较直，仅近端略显弯曲，长度 85.8 毫米，鹰嘴突尖突明显，外侧骨壁上并列分布两列乳突状突起，其中肘托侧突起显著，远端发育有片状的茎状突。

标本 H385：D7 为完整的右桡骨 1 件，长 73.69 毫米，形态简单，为细棍状，近端大结节肿大，形似靴状圆凹形，仅在远端有外突的片状茎状突以及较为扁平的伸肌槽。

标本 H42：D3 为左侧不完整肩胛骨，长约 48.93 毫米，近端叉骨关节有损坏，近三角形的肱骨浅窝面突出，占近端肩胛骨 1/2 之多，骨体渐远变薄。

标本 H348：D1 为完整的右腕掌骨 1 件，长 48.34 毫米，第 Ⅱ 掌骨突较尖，腕滑车（carpal trochlea）凹非对称，向内侧倾斜，第 Ⅱ 掌骨粗壮，第 Ⅲ 掌骨扁薄，但均较平直，掌骨间结节突出并覆盖第 Ⅲ 掌骨上，第 Ⅲ 指骨面超出第 Ⅱ 指骨面 5.04 毫米，两指骨转折面有凹陷的深窝①。

标本 H114：D1 为中远段左胫骨 1 件，保留长度 86.65 毫米，近端仅见片状的胫外脊，由于腓骨脊的出现，故近端较之远端骨体加宽，远端腱沟较浅，带状的骨质腱桥（supratendinal bridge）近外缘略突，内外髁突发育，尤其内侧外翻明显，形成两侧侧凹。

上述骨骼形态的描述，均与现生鸦科的大嘴乌鸦相一致，因此，将出土的这组骨骼鉴定归类为大嘴乌鸦的不同部位。

乌鸦喜栖息于平原、丘陵、河谷地带，常在农耕地、村寨、河滩等处觅食，主要以农作物种子为食。

9. 环颈雉（*Phasianus colchicus*）

仰韶晚期的标本有：右肱骨骨干 1 段（G15：D2）；右尺骨远端 1 件（G21：D1）；左胫骨骨干残段 1 件（H76：D1）；右胫骨远端 2 件（H333：D3、G6①：D1）。

龙山早期的标本有：右肩胛骨近段 2 件（H29：D1、D2）。

标本 H29：D2 为近完整的右肩胛骨 1 件，形态扁平弯曲，直线长度 70.94 毫米，脊柱缘处最宽 7.54 毫米，肩胛骨骨体自上而下呈刀片状，中有浅凹，肱骨浅窝面大，但不平整，肩峰突明显，鸟喙关节面窄小且有凹槽，外侧缘呈光滑弧线，脊柱缘在中后部分外扩明显，但收缩亦很迅速②。

标本 G21：D1 为右尺骨远端 1 件，骨骼粗直，最长径 6.65 毫米，外侧乳突状突起不明显，内髁呈锥状，外髁扇状，远端内侧茎状突粗大，肌腱凹陷深。

---

① Miles Gilbert B，Martin L D，Savage H G. 1985. Avian Osteology，1 - 252.
② Miles Gilbert B，Martin L D，Savage H G. 1985. Avian Osteology，1 - 252.

标本 H333：D3 和标本 G6①：D1 同为右胫骨中远端部分，骨壁较厚，骨体结实均匀，截面近圆形，至远端变宽，最大宽度为 9.89 毫米，其中远端腱沟较深，且向近端延伸长，骨质腱桥宽厚平整，前踝间窝槽型很深，内外髁突出，均向外侧翻曲成凹弧，后侧踝间沟平滑呈浅弧形。

环颈雉是我国雉科中分布最广的鸟，栖息于中、低山丘陵的灌丛、竹丛或草丛中，善于奔跑，飞行快速而有力。

10. 雕鸮（*Bubo bubo*）

仅有右尺骨骨干残段 1 件（H38：D1），为仰韶晚期。

标本 H38：D1 为右尺骨骨干残段 1 件，长 137.05 毫米，近、远端关节均破损未被保留下来。肉眼观察可见骨骼表面磨蚀较为严重，骨体表面十分光滑。作为雕鸮类尺骨外侧一列典型的微小乳头状突起也被磨蚀，仅隐约可见 8 个连续的黑色印迹排列，内侧的肌间线（intermuscular line）存在明显，远端横断面近似圆形①。对比现生雕鸮的右尺骨，所见骨骼外部形态极为一致，推测其为雕鸮的右尺骨，完整长度大约为 175 毫米。故将此标本鉴定为雕鸮的右尺骨。

雕鸮分布广，多生活于山地林木以及裸露的岩石丛或峭壁上。

11. 秃鹫（*Aegypius monachus*）

左肱骨骨干残段 1 件（H191：D1），属于龙山早期。其余标本属于仰韶晚期：包括右肱骨近端 1 件（H364：D3）；左尺骨近端 1 件（H364：D4）；右掌骨远端 1 件（H364：D5）；右侧第 II 指的第 1 节指骨 1 件（H364：D6）。

标本 H364：D3 为右肱骨近端 1 件，长约 130 毫米，肱二头面尤为宽厚，近端韧带沟为一凹坑，不同于雉类、游禽类韧带沟延长。三角嵴狭长型，但不同于鹗类三角嵴显著独立，约占近端的一半。背侧内结节显著发育，主沟较浅，气窝孔洞增大。

标本 H191：D1 为左肱骨 1 件，但破损严重，仅留残部，且在三角嵴下方有明显的人工刀痕切割，断口整齐。

标本 H364：D4 为左尺骨近端部分，长约 120.36 毫米，鹰嘴突明显，半月凹为形态典型的圆凹形，下方有陷入式充气孔，内侧骨壁上肱肌痕脊线突出。

标本 H364：D5 为右掌骨远端部分，可见内侧末端掌骨愈合处位置靠下，不同于游禽类联合较长。伸肌槽浅宽，并延伸到末端，外侧第 II 掌骨结节向上呈靴状突出。

标本 H364：D6 为右侧第 II 指的第 1 节指骨，远端局部损坏，近端指骨面双凹形，伸肌槽在指骨侧向上发育，指骨呈刀状，外侧翼变薄，充气孔发育。远端的指骨面浅窝较深②。标本 H364：D5 和 H364：D6 关节的咬合自然，而且骨骼保存的原始颜色一致，应是同一右侧肢的组成部分。

秃鹫栖息范围较广，主要栖息于低山丘陵和高山荒原与森林中的荒岩草地、山谷溪流和林缘地带，冬季偶尔也到山脚平原地区的村庄、牧场、草地以及荒漠和半荒漠地区。

12. 雪雁（*Anser caerulescens*）

左肱骨远段 2 件（H91：D1、H291：D2）；右肱骨 1 件（H355：D1）；均属于仰韶晚期。

---

① Miles Gilbert B, Martin L D, Savage H G. 1985. Avian Osteology, 1 - 252.

② Miles Gilbert B, Martin L D, Savage H G. 1985. Avian Osteology, 1 - 252.

标本 H355：D1 为基本完整的右肱骨 1 件，仅远端外侧残破，长度 150.40 毫米，近端最宽处 32.39 毫米，同时较好保存了右肱骨的解剖学特征：如骨体整体为"S"形弯曲，近端肱骨头为膨大的半圆弧形，肱骨头下侧主沟槽（capital groove）较深，外结节背侧的胸肌附着点（pectoral attachment）呈现凹形的三角突。内结节（internaltuberosity）角状尖突向后上方延伸显著，背侧的气窝（pneumatic fossa）明显呈"O"形孔，韧带沟（ligamental furrow）较深，肱二头肌嵴（bicipital crest）线凸弧型，组成了肱二头肌附着表面略微凸起的平面，成为游禽类的典型特征。近端外侧的三角嵴（deltoid crest）翼部稍有破损，但向前翻卷明显。远端仅保留内侧的内髁突（entepicondylar prominence）和前韧带（anterior ligament）附着点，肱肌痕（impression of brachialis anticus）为明显的椭圆形。

标本 H91：D1 和 H291：D2 均为左肱骨远段，保留程度相近，长度为 82.48 毫米和 85.83 毫米，留有中段及至远端部分，内髁突为圆形小窝，前韧带附着处为面状，易于韧带附着，外骨节（external condyle）膨大凸起明显并内翻，内骨节大小不及外骨节，同时横向交汇于外骨节处。外髁（ectepicondyle）呈直立面状外凸，背侧鹰嘴窝（olecranon fossa）凹槽深陷于内骨节后侧[1]。

雪雁的活动区域主要是苔原。越冬区一般选在沼泽地、沙洲、湿草甸、沿海的农作地及稻茬地，在中国主要分布于秦岭淮河一带。

13. 金雕（*Aquila chrysaetos*）

仅有完整左尺骨 1 件（H299：D1），属于龙山早期。

标本 H299：D1 为完整左尺骨 1 件，全长 153.34 毫米。骨骼比较粗壮，近端鹰嘴突（olecranon process）尖突，半月凹呈斜椭圆形，同时可见鹰嘴突内下侧方的肱尺凹（humero-ulnar depression）明显，在下缘还发育有倒三角形的关节面，其下方肱肌痕长约 23.48 毫米，呈长椭圆形沿着骨干分布。此外，近端外侧三角肌附着处凹槽呈卵圆形，内侧肌间线近骨干上中部发育一细小的滋养孔（nutrient foramen），在外侧分布有一列中等形态的乳突状突起（quill knobs）。远端内侧茎状突（styloid process）呈三角形显著发育，外侧端肌腱凹陷和肌腱槽（tendinal groove）较深[2]。上述特征与现生金雕的标本进行比较，形态学特征完全吻合，骨骼近端最宽 19.83 毫米，远端最宽 16.66 毫米，经对比鉴定为金雕左尺骨。

金雕一般生活于多山或丘陵地区，特别是山谷的峭壁以及筑巢于山壁凸出处。栖息于高山草原、荒漠、河谷和森林地带，并以大中型的鸟类和兽类为食。

14. 苍鹭（*Ardea cinerea*）

仅有完整左桡骨 1 件（H344：D1），属于仰韶晚期。

标本 H344：D1 为左桡骨 1 件，全骨长度 179.19 毫米，侧视外观形态细长如弓，近端桡骨头较小，形似不规则圆形，与肱骨结合关节面凹形，桡骨结节（radial tuberosity）明显，骨干呈圆管形，近中央外侧骨间嵴（interosseous crest）锋利，并现凸起，肌间线明显，旁侧发育一滋养孔，渐近远端骨干变扁，远端外侧二伸肌槽（extensor groove）浅而宽，茎状突（styloid process）向内侧翻卷[3]。有别于鹰科鸟类远端内侧韧带突明显且有小的充气孔，也有别于游禽类鸭科鸟类的桡骨直而细的

---

[1]　Hildegarde H. 1929. The Avifauna of Emeryille Shellmound. *Zool*, 32（2）. 301 – 394.

[2]　Hildegarde H. 1929. The Avifauna of Emeryille Shellmound. *Zool*, 32（2）. 301 – 394.

[3]　Miles Gilbert B, Martin L D, Savage H G. 1985. Avian Osteology, 1 – 252.

特征。与对比的现生苍鹭在长度（179毫米）和形态上近似一致。

苍鹭几乎遍及全中国各地，栖息于江河、溪流、湖泊、水塘等水域岸边及其浅水处，也见于沼泽、稻田、山地、森林和平原荒漠上的水边浅水处和沼泽地上，主要以小型鱼类、昆虫等动物性食物为食。

15. 鸬鹚（*Phalacrocorax carbo*）

左肱骨1段（G22：D3）和完整的腰骶骨带盆骨1件（H355：D2），属于仰韶晚期。

标本G22：D3为左肱骨残段1件，有效鉴定特征为三角嵴发育不十分显著，上延较短，长度也明显变短。

标本H355：D2为较完整的腰骶骨带盆骨1件，但髂骨破损、右侧前端坐骨和左右耻骨缺失，也是遗址中唯一的1件腰带保留，长约115毫米。最大特征为前部髂骨边缘显著外扩，9对椎间孔狭窄封闭，排列在髋臼后的耻骨之上。髋臼后的髂骨长度约占整个腰带的一半之多。

鸬鹚善于潜水，常在海边、湖滨、淡水中活动。飞行能力强，除迁徙时一般不离开水域。主要以鱼类和甲壳类动物为食。鸬鹚是典型的地栖鸟类，十分善于奔跑，栖息于广阔草原、半荒漠地带及农田草地。既吃野草，又吃甲虫、蝗虫、毛虫等。

16. 鸟（Aves，属种未定）

属于仰韶晚期的标本有：右肩胛骨骨干1段（H402：D2）；左喙骨骨干1段（H348：D2）；左尺骨骨干1段（G22：D4）；右肱骨远端1件（H364：D1）；左尺骨残段1件（H42：D1）；右尺骨骨干2件（G13：D1、D2）；左桡骨干1段（H237：D1）；右桡骨近段1件（H237：D2）；桡骨骨干1段（H402：D3）；右股骨骨干2段（H12：D5、H364：D2）；残股骨骨干1段（G4：D8）；右胫骨近端1段（G15：D1）；胫骨残段1件（H8：D1）；右跗骨骨干残段1件（H249①：D1）。

龙山早期的标本有：残右肩胛骨1件（H268：D1）；右尺骨近端1件（H395：D1）；右桡骨近段1件（H153：D5）；胫骨骨干残段1件（H335：D3）；残骨干2段（H395：D2、D3）；右侧趾骨2件（H335：D1、D2）。

由于保存较少且缺乏对比标本，无法做进一步的属种鉴定。

17. 中华鳖（*Pelodiscus sinensis*）

上板1件（H33：D1）；肩胛骨残段1件（H12：D3）；右侧背甲1件（H12：D4）。

标本H33：D1为完整的上板1件（图版一六五，7），为扁平骨，呈"V"字形，夹角处为弧形转角，接近直角。

标本H12：D3为肩胛骨残段1件（图版一六五，8），呈"V"字形，夹角略小于90°。

标本H12：D4为带有肋板的右侧背甲1件（图版一六五，9），长52.82、中间宽13.56毫米。背面呈小麻点状，内面光滑。

鳖栖息在河湖和沼泽之中，以鱼、虾和螺等为食。在关中华县泉护村遗址①、商州东龙山遗址②、陕北靖边五庄果梁遗址③均有少量发现。它们可能是被新街先民作为食物，但从整体来说，

① 胡松梅：《泉护村动物遗存分析》，见陕西省考古研究院等编著《华县泉护村》第五章，文物出版社，2014年。

② 胡松梅：《东龙山遗址动物遗存分析》，见陕西省考古研究院等编著《商洛东龙山报告》附录二，科学出版社，2011年。

③ 胡松梅、孙周勇：《陕北靖边五庄果梁动物遗存及古环境分析》，《考古与文物》2005年第6期。

数量较少，很大程度上与发掘时由于体积小而未能完全采集有关。

18. 褐家鼠（*Rattus norvegicus*）

残头骨 1 件（H153：D6）；头骨残块 1 件（H220：D1）；左右侧均带有 M1 的上颌 1 件（H220：D2）；完整的右下颌骨 1 件（H402：D1）；右盆骨 1 件（H42：D15）；左肱骨骨干 1 段（H336：D12）；左胫骨 1 件（H153：D7）。其中标本 H153：D6、D7 和 H336：D12 为龙山文化早期，其余标本均为仰韶文化晚期。全部材料可代表的最小个体数为 2 个。

标本 H153：D6 为缺失前颌骨、鼻骨、颧弓、听泡、乳突的头骨 1 件（图版一六六，1），右侧带有 M1 - M3，左侧牙齿缺失。颅骨的顶骨两侧颞嵴呈几乎平行的微弧形。第一上臼齿具有三个横嵴，第一横嵴外齿突不明显，齿前缘无外侧沟，第一、二横嵴具有内侧沟，第三横嵴内齿突退化；第二上臼齿的第一横嵴仅有一个内齿突，第二横嵴正常，第三横嵴仅中央齿突正常，内外齿突退化；第三上臼齿最小，构造基本与第二上臼齿相似，但更不发达。腭桥后缘明显向后超出第三上臼齿后缘。上齿列长 7.79 毫米，与陕北靖边五庄果梁的标本测量尺寸接近。

标本 H402：D1 为完整的右下颌骨 1 件（图版一六六，2），臼齿保存完整，每一横嵴仅有左右两个齿突，第一下臼齿最大，有三个横嵴，前端的第一、二横嵴在中部连通，形成一个相当发育的齿尖，第一横嵴在前外侧有一下外侧沟。第二、三臼齿均只有两个横嵴。下颊齿列长 7.23 毫米。第一、二下臼齿后附尖发育，牙齿大，这与其类似的林姬鼠（*Apodemus*）、巢鼠（*Micromys*）、小家鼠（*Mus*）有明显区别。

标本 H42：D15 为缺失耻骨及部分坐骨的右盆骨 1 件（图版一六六，3），髋臼长 LA 为 4.2 毫米。

标本 H153：D7 为左胫骨 1 件（图版一六六，4），近端骨骺脱落，保留长度 37.8 毫米。

褐家鼠是最常见的家鼠之一，栖息于住宅、粮仓、屠宰场、饲养场周围、阴沟、厕所以及田野、草原、小河岸边等各种生境。食性很广。

19. 中华鼢鼠（*Myospalax fontanieri*）

仅有基本完整的右下颌骨 1 件（H333：D1），属于仰韶文化晚期。代表最小个体数为 1 个。

标本 H333：D1 为带有 i1 的基本完整的右下颌骨 1 件（图版一六六，5），缺失冠状突和髁突，臼齿缺失。下颌骨粗短。门齿 i1 保存完整，唇侧外表有一层呈浅粉红色的釉质，舌侧外表有一层呈乳白色的釉质，宽 2.26 毫米。测量数据见表 6 - 2。

表 6 - 2　　　　　　　　　中华鼢鼠下颌骨测量数据表　　　　　　　（单位：毫米）

参数 标本	下颌骨高 （m1 颊侧）	齿缺长 （门齿槽后缘 - m1 齿前）	m1 - m3 长 （齿槽长）	m1 长/宽	m2 长/宽	m3 长/宽
新街 H333：D1		6.18	11.36			
横山杨界沙① H10：1	12.77	7.5	14.24	5.27/2.75	5.08/2.65	4.18/2.24
榆林火石梁② 1001	11.1	6.3	12.4	4.6/2.6	4/1.9	3.8/1.7

---

① 胡松梅等：《陕北横山杨界沙遗址动物遗存研究》，《人类学学报》2013 年卷 32 第 1 期。
② 胡松梅、张鹏程、袁明：《榆林新机场火石梁遗址动物遗存研究报告》，《人类学学报》2008 年卷 27 第 3 期。

中华鼢鼠广泛栖息于农田、草原、林区，终生于地下生活，主要以农作物或其他植物根、地下茎及绿色部分为食物，是农业的主要害鼠之一。

20. 中华竹鼠（*Rhizomys sinensis*）

左上门齿 2 件（H302：D1、H337：D1）；右上门齿 2 件（H333：D2、G6①：D2）；右下颌 1 件（H235：D1）；游离门齿残段 1 件（H191：D2）；左肱骨远端 1 件（H13：D1）；左尺骨骨干残段 3 件（H88：D2、H105：D1、H227：D9）；右尺骨近段 1 件（H29：D3）；右尺骨骨干 1 件（H337：D2）。共计 12 件标本，在各个时期的分布见表 6－3。

表 6－3　　　　　　　　　　　　　中华竹鼠在各个时代骨骼的分布情况

时代	出土单位、动物解剖部位及件数	可鉴定标本数	最小个体数
仰韶晚期	H13：左肱骨远端 1 件 H105：左尺骨骨干残段 1 件 H235：完整右下颌 1 件 H302：左上门齿 1 件 H333：右上门齿 1 件 G6①：右上门齿 1 件	6	2 （右上门齿 2 枚）
龙山早期	H29：右尺骨近段 1 件 H88：左尺骨中段 1 件 H191：游离门齿残段 1 件 H227：左尺骨骨干残段 1 件 H337：左上门齿 1 件、右尺骨 1 件	6	2 （右尺骨 2 件）

标本 H302：D1 为左上门齿 1 枚（图版一六六，6），其唇侧外表上半部分有一层棕红色的釉质，舌侧呈浅粉红色的釉质。横断面为三角形。磨蚀面呈铲状。宽 6.74 毫米，和西安半坡遗址①的中华竹鼠大小一致。

标本 H235：D1 为缺失冠状突的残右下颌 1 件（图版一六六，7），保留有 m1－m3，下颊齿列咀嚼面从前至后呈凹弧形，齿列中 m1 前端最高。臼齿咀嚼面皱褶呈横条状。颊齿齿列长 19.13 毫米。

标本 H13：D1 为左肱骨远段端 1 件（图版一六六，8），保留长度 48.94 毫米。其三角肌粗隆结节明显。

标本 H29：D3 为右尺骨近段 1 件（图版一六六，9），保留长度 61.39 毫米，跨过沟突厚 DPA 为 11.64 毫米，近端关节面的最大宽 BPC 为 7.95 毫米。

中华竹鼠在陕西临潼白家村、西安半坡、临潼姜寨、宝鸡北首岭和华县泉护村及河南安阳殷墟遗址、渑池县笃忠均有报道，说明在黄河中游的新石器时代乃至历史时期，这种动物还广泛存在，而目前在关中平原已无踪迹，说明新街遗址一带的生态环境在几千年中确实发生了变化。这种变化一方面和气候变化密不可分，另一方面和人类的过度开发有关。

---

① 李有恒等：《半坡新石器时代遗址中之兽骨骨骼》，《古脊椎动物与古人类》1959 年卷 1 第 4 期。

21. 草兔 (*Lepus capensis*)

属同一个体（G33：D1）的残骨架 1 具（图版一六七，1），包括左尺桡骨各 1 件、左股骨 1 件、右股骨近端 1 件、左胫骨近远端各 1 件、右胫骨骨干残段 1 件、右胫骨残远端 1 件。带有 i1、p3－m2 的左下颌 1 件（H140：D1）；右下颌骨 1 件（H375：D1）；左肩胛骨远段 1 件（H140：D2）；左肱骨骨干残段 1 件（H140：D3）；完整的右肱骨 1 件（H302：D2）；右肱骨远段 1 件（H91：D2）；左盆骨残段 3 件（H140：D4、H227：D10、G23：D1）；左股骨近段 1 件（H140：D5）；左股骨远段 1 件（H88：D1）；完整的右股骨 1 件（H296：D2）；右股骨骨干 1 件（H140：D6）；右侧盆骨、股骨远段、胫骨远段各 1 件（H31：D1～D3）；完整的左胫骨 3 件（H140：D7、H296：D1、H303：D1）；左胫骨近端 2 件（H237：D3、H302：D3）；左胫骨骨干 1 段（G22：D5）；右胫骨 1 件（H140：D8）；右胫骨远段 2 件（H91：D3、H368：D1）；左侧第Ⅴ跖骨 1 件（H140：D9）；右侧第Ⅳ跖骨 1 件（G6①：D3）。共计 28 件标本，在各个时期的分布见表 6－4。全部材料可代表的最小个体数为 6。

表 6－4　　　　　　　　　　　　　　草兔在各个时代骨骼的分布情况

时代	出土单位、动物解剖部位及件数	可鉴定标本数	最小个体数
仰韶晚期	H91：右肱骨远段 1 件、右胫骨远段 1 件 H140：左下颌 1 件、左肩胛骨远段 1 件、 　　　左肱骨骨干残段 1 件、左盆骨残段 1 件、 　　　左股骨近段 1 件、右股骨骨干 1 件、 　　　左右胫骨各 1 件、左侧第Ⅴ跖骨 1 件 H237：左胫骨近端 1 件 H302：完整右肱骨、左胫骨近端各 1 件 H303：完整左胫骨 1 件 H368：右胫骨远段 1 件 H375：右下颌骨 1 件 G6①：右第Ⅳ跖骨 1 件 G22：左胫骨骨干 1 段 G23：左盆骨残段 1 件 G33：骨架 1 具	21	5 （左胫骨 5 件）
龙山早期	H31：右侧盆骨、股骨远段、胫骨远段各 1 件 H88：左股骨远段 1 件 H227：左盆骨残段 1 件 H296：完整右股骨 1 件、完整左胫骨 1 件	7	1

标本 H140：D1 为带有 i1、p3－m2 的左下颌 1 件（图版一六七，2），下颌牙齿式为 1·0·2·3，下颌骨体只有一个切齿齿槽，切齿与臼齿齿槽之间为较宽的齿槽间隙。颏孔在第一前臼齿的前方。两枚前臼齿最发达，冠面高于臼齿冠面，并向后倾斜。测量数据如下：

颊齿列长	15.8 毫米
M3 齿槽远口缘—切齿点长	34.34 毫米
齿槽间隙长	17.77 毫米

上述数据结果表明，蓝田新街草兔和靖边五庄果梁的草兔形态相同、大小接近。

标本 H140：D2 为左肩胛骨远段 1 件（图版一六七，3），肩胛骨有明显的肩峰，与肩峰构成直角的后肩峰尤为突出。关节窝的前缘有盂上结节，后缘有盂下结节，盂上结节的内侧有喙突，肩胛结最大长 GLP 为 12.22 毫米，肩臼长 LG 为 8.73 毫米，肩臼宽 BG 为 8.97 毫米。

标本 H302：D2 为完整的右肱骨 1 件（图版一六七，4），肱骨近端内侧结节凸向内侧，三角肌粗隆不发达，远端冠状窝内有明显的滑车上孔，肱骨最大长 GL 为 82.71 毫米，近端最大宽 Bp 为 13.54 毫米，远端最大宽 Bd 为 10.04 毫米。肱骨近端骨骺愈合中，应为一青年个体。

标本 H31：D1 为缺失部分髂骨和耻骨的残右盆骨 1 件（图版一六七，5），髋臼长 LA 为 9.04 毫米。

标本 H296：D2 为完整右股骨 1 件（图版一六七，6），最大长 GL 为 101.29 毫米，从股骨头到远端滑车的最大长 HLC 为 95.75 毫米，近端最大宽 Bp 为 23.14 毫米，第三转子区宽 BTr 为 19.09 毫米，股骨头厚 DC 为 7.49 毫米，骨干最小宽 SC 为 8.14 毫米，远端最大宽 Bd 为 15.6 毫米。

标本 H303：D1 为基本完整的左胫骨 1 件（图版一六七，7），胫骨与腓骨下半部则愈合在一起，腓骨头与胫骨外侧髁相愈合。最大长 GL 为 116.15 毫米，骨干最小宽 SC 为 6.15 毫米，远端最大宽 Bd 为 12.4 毫米。

草兔也叫蒙古野兔，栖息于低洼地、草甸、田野、树林、草丛或灌木丛。主要以草类为食，也以嫩枝、树皮、树苗、农作物幼苗、蔬菜和豆类等为食。

22. 狗（*Canis familiaris*）

属于同一个体（H87：D1）的狗骨架前半段 1 具（图版一六八，1），包括基本完整的颅骨 1 件，带有 i3、c、p1－p2、p4－m2 的左下颌 1 件，带有 i3、p2－m1 的右下颌 1 件，肩胛骨残段 1 件，右肩胛骨远段 1 件，右肱骨 1 件，左尺桡骨各 1 件，第Ⅳ掌骨 1 件。

左颧骨颧突 1 件（G22：D6）；保留有右额骨、顶骨的头骨残块 1 件（G13：D3）；带枕髁的残枕骨 1 件（H268：D2）；残头骨 4 件（H277：D1、H335：D10、G4：D9、G18：D1）；头骨残块 11 块（G4：D12～D22）；右颌前骨 1 件（H277：D2）；左上颌骨 2 件（H335：D11、G16④：D1）；右上颌骨 1 件（H335：D12）；下颌骨 4 件（H183：D1、G4：D10、G15：D3、G29：D1）；左下颌 13 件（H12：D7、H193：D1、H327：D1、H327：D2、H335：D13、H368：D2、H375：D2、G5：D1、G13：D4、G15：D4、G22：D7、G22：D8、G25：D1）；右下颌 9 件（H86：D1、H313：D1、H324：D1、H327：D3、H335：D14、G4：D11、G16③：D1、G22：D9、G23：D2）；寰椎 2 件（G16③：D2、D3）；枢椎 1 件（G4：D23）；左肩胛骨 5 件（H277：D3、H324：D2、H335：D15、H346：D1、G13：D5）；右肩胛骨 1 件（H335：D16）；左肱骨近端 2 件（H277：D5、G25：D2）；左肱骨骨干 2 件（H237：D4、G15：D5）；左肱骨远端 2 件（H277：D4、G4：D24）；右肱骨 1 件（H335：D17）；右肱骨近段 2 件（H22：D1、G22：D10）；右肱骨残段 1 件（H8：D2）；左尺骨 1 件（H296：D3）；左尺骨近端 4 件（H368：D3、G4：D25～D27）；左尺骨骨干残段 1 件（H87：D2）；左尺骨远端 2 件（H335：D18、G15：D6）；右尺骨近、远端各 1 件（H335：D19、D20）；右尺骨 1 件（G16④：D2）；右尺骨近端 1 件（G4：D28）；右尺骨干 1 段（H277：D6）；左桡骨 3 件（H296：D4、H302：D4、G4：D29）；左桡骨远端 2 件（H335：D21、G4：D31）；右桡骨 1 件（G4：D30）；右桡骨远端 1 件

（H335：D22）；左第Ⅱ掌骨 2 件（H4②：D1、G4：D38）；左右侧Ⅳ、Ⅴ掌骨各 1 件
（H335：D24～D27）；左第Ⅲ掌骨 1 件（G4：D39）；右第Ⅳ掌骨 1 件（H296：D11）；右第Ⅴ掌骨 1 件
（G22：D14）；左第Ⅳ掌骨近段 1 件（H77：D2）；左盆骨 4 件（H296：D5、G4：D32、G15：D7、
G22：D11）；右盆骨 1 件（H130：D2）；右髂骨 1 件（H296：D6）；左股骨 2 件（H296：D9、H313：
D2）；左股骨近段 2 件（H65：D1、G22：D12）；右股骨 1 件（H296：D10）；右股骨远端 2 件
（H335：D23、G4：D33）；左胫骨近段 2 件（H33：D2、G4：D34）；左胫骨骨干 2 件（H330：D1、
G4：D35）；左胫骨远段 1 件（H76：D2）；右胫骨 2 件（H296：D7、G4：D36）；右胫骨骨干 1 件
（H87：D3）；右胫骨远端 1 件（G22：D13）；右腓骨 1 件（H105：D6）；残右腓骨 1 段（H296：D8）；
残腓骨骨干 1 段（G4：D37）；左第Ⅱ、Ⅲ、Ⅳ、Ⅴ跖骨各 1 件（H105：D2～D5）；右第Ⅱ、Ⅲ跖骨
各 1 件（G4：D40、D41）；右第Ⅳ跖骨 1 件（H277：D7）；左第Ⅳ残跖骨 1 段（G23：D3）；右第Ⅴ
跖骨 1 件（H335：D28）。

幼狗标本材料：带有 Dp4 的完整下颌骨 1 件 H335：D4；残右下颌骨后半段 1 件 H335：
D5；右肱骨 1 件 H335：D6；左右尺骨各 1 件 H335：D7、D8；右胫骨 1 件 H335：D9。以上骨
骺均脱落。

共计 138 件标本，在各个时期的分布见表 6 - 5。

标本 H87：D1 为缺失鼻骨、部分右上颌骨、部分右额骨、右颧弓、颚骨的残头骨 1 件。额骨
中间部分强烈地向上凸出，从两侧相向倾斜，在头骨中部二骨相接处形成一凹沟，和前部的鼻骨
间凹沟相连，构成头骨背侧中间的鼻额沟，该凹沟向后在未达额顶缝前即结束，转为高起的矢状
脊，脑颅较大而圆。上颌变短，牙齿排列紧密，齿隙变小。恒齿已长全，磨蚀较轻甚至未磨蚀，
为青年个体。测量数据见表 6 - 6。

表 6 - 5　　　　　　　　　　　　狗在各个时代骨骼的分布情况

时代	出土单位、动物解剖部位及件数	可鉴定标本数	最小个体数
仰韶晚期	H8：右肱骨残段 1 件 H12：左下颌 1 件 H22：右肱骨近段 1 件 H33：左胫骨近段 1 件 H65：左股骨近段 1 件 H76：左胫骨远段 1 件 H77：左第Ⅳ掌骨近段 1 件 H86：右下颌 1 件 H87：骨架 1 具；另有左尺骨骨干残段 1 件、右胫骨骨干 1 件 H105：左第Ⅱ、Ⅲ、Ⅳ、Ⅴ跖骨各 1 件，右腓骨 1 件 H130：右盆骨 1 件 H183：下颌骨 1 件 H193：左下颌骨 1 件 H237：左肱骨骨干 1 件 H277：残头骨 1 件、右额前骨 1 件、左肩胛骨 1 件、左肱骨远端 1 件、左肱骨近端 1 件、右尺骨干 1 段、右侧第Ⅳ跖骨 1 件	101	13 （左下颌骨 13 件）

续表 6 - 5

时代	出土单位、动物解剖部位及件数	可鉴定标本数	最小个体数
仰韶晚期	H302：左桡骨 1 件 H313：右下颌骨 1 件、左股骨 1 件 H324：右下颌骨 1 件、左肩胛骨 1 件 H327：左下颌骨 2 件、右下颌骨 1 件 H330：左胫骨骨干 1 段 H346：左肩胛骨 1 件 H368：左下颌骨 1 件、左尺骨近端 1 件 H375：带有 p3 - p4、m2 的左下颌骨 1 件 G4：残头骨 1 件、下颌骨 1 件、残右下颌骨 1 件、头骨残块 11 块、完整枢椎 1 件、左肱骨远端 1 件、左尺骨近端 3 件、右尺骨近端 1 件、完整左右桡骨各 1 件、左桡骨远端 1 件、残左盆骨 1 件、右股骨远端 1 件、左胫骨近端 1 件、左胫骨骨干 1 段、右胫骨 1 件、残腓骨骨干 1 段，左第Ⅱ、Ⅲ掌骨各 1 件，右第Ⅱ、Ⅲ跖骨各 1 件 G5：残左下颌骨 1 件 G13：保留有右额骨、顶骨的头骨残块 1 件，带有 p4 - m2 残左下颌骨 1 件、残左肩胛骨 1 件 G15：下颌骨 1 件、残左下颌骨 1 件、左肱骨骨干 1 件、左尺骨远端 1 件、左盆骨 1 件 G16③：右下颌骨 1 件、完整寰椎 2 件 G16④：左上颌骨 1 件、右尺骨 1 件 G18：残头骨 1 件 G22：左颞骨颧突 1 件、左残下颌骨 2 件、右下颌骨 1 件、右肱骨近端 1 件、左残盆骨（烧）1 件、左股骨近端（烧）1 件、右胫骨远端 1 件、右第Ⅴ掌骨 1 件 G23：右下颌骨 1 件、左第Ⅳ残跖骨 1 段 G25：左下颌骨 1 件、左肱骨近端 1 件	101	13 （左下颌骨 13 件）
龙山早期	H268：带枕髁的残枕骨 1 件 H296：左尺桡骨各 1 件、左盆骨 1 件、右髋骨 1 件、右胫骨 1 件、右残腓骨 1 段、左右股骨各 1 件、右第Ⅳ掌骨 1 件 H335：幼狗：下颌骨 1 件、右残下颌骨 1 件、右肱骨 1 件、左右尺骨各 1 件、右胫骨 1 件 　　　残头骨 1 件、左右上颌骨各 1 件、左下颌骨 1 件、右残下颌骨 1 件、左右肩胛骨各 1 件、右肱骨 1 件、左尺骨远端 1 件、右尺骨远近端各 1 件、左右桡骨远端各 1 件、右股骨远端关节面 1 件、左右侧第Ⅳ和第Ⅴ掌骨各 1 件、右第Ⅴ跖骨 1 件 G29：下颌骨 1 件	36	3 （左尺骨 3 件）
汉代	H4②：左第Ⅱ掌骨 1 件	1	1

表 6 - 6　　　　　　　　　　　　狗头骨测量数据表　　　　　　　　　（单位：毫米）

标本 测量指标	新街	横山杨界沙①			狼②
	H87：D1	CH15：12	AH19：8	AH25：5	
颅全长	173.57	160.55	169.44		224.8～253.2
颅基长	162.15	151.66			
基底长	155.32	143.2			
脏颅长		80.03	84.95		101.8～122.3
颅顶长	82.25	74.84	76.89	69.65	70.8～83.0
面长	102.52	99.72	101.76		95.0～107.2
"口鼻部"长		73.59	74.65		71.0～81.3
腭正中长		75.91	82.76		
颚骨水平部长			29.73		
颊齿列长	64.85	55.28	60.61	60.57	
臼齿列长	16.42	16.93	17.23	16.72	
前臼齿列长	50.16	43.44	46.86	47.32	
P4 长和宽	18.87/9.29	18.27/9.05	17.92/9.3	17.71/8.49	17～18.5（长）
M1 长和宽	12.02/15.68	11.7/14.87	12.19/15.22	12.06/14.55	
M2 长和宽	6.48/7.47	9.04/6.75	9.24/7.19	9.37/6.33	
鼓泡的最大直径	19.11	21.37		23.55	
外听道最大宽	64.83	54.67			
外听道背侧宽	62.58	52.35			
枕髁最大宽	36.18	32.32		35.01	
枕髁副乳突底部最大宽	50.1	43.91			
枕骨大孔最大宽	20.3	18.06		18.74	
枕骨大孔高	14.13	14.64		15.19	
额骨最大宽	41.64	45.64	42.04	42.94	
颅骨最大宽	51.36	49.8		49.56	
颅骨最小宽	30.11	32.11	28.05	28.25	
颧骨最大宽		90.28			124.0～148.1
眼眶间最小宽		30.46	29.51	31.1	35.0～47.5
颚骨最大宽	47.48	55.46	58.87	61.99	
颚骨最小宽	29.68	30.96	30.61	31.54	
犬齿齿槽宽	34.13	32.77	33.32	33.18	
眼眶内部最大高	28.63	27.65	27.41	28.84	
颅高	51.78	52.9			
无矢状脊的颅高	45.11	48.66		44.78	

① 胡松梅等：《陕北横山杨界沙遗址动物遗存研究》，《人类学学报》2013 年第 1 期。
② 高耀亭：《中国动物志·兽纲》第八卷"食肉目"，科学出版社，1987 年。

22 件下颌骨的下颌枝下缘向下弯曲成弧形，下颌也变短，咬肌窝变浅。我们仅对完整的三件下颌进行测量，测量数据见表 6－7。

表 6－7　　　　　　　　　　　狗下颌测量数据表　　　　　　　　　　　（单位：毫米）

测量指标 ＼ 标本	H313：D1	G16③：D1	G22：D9	狼①
全长：从下颌髁 – Id	135.02	140.23	133.46	
长：下颌角突 – Id	133.66	138.35	133.45	135～165
从下颌髁与下颌角突间的凹痕 – Id	126.36	133.24	128.16	
长：下颌髁 – 犬齿齿槽远口缘	120.52	122.42	116.79	
从下颌髁与下颌角突间的凹痕 – 犬齿齿槽远口缘	115.52	116.26	113.46	
下颌角突 – 犬齿齿槽远口缘的长	120.36	120.63	119	
m3 齿槽远口缘 – 犬齿齿槽远口缘	79.39	77.63	77.76	
m3 – p1 齿列长	71.91	73.36	71.37	71～81
m3 – p2 齿列长	66.08	68.1	66.32	
臼齿列长	34.29	32.64	34.22	
p1 – p4 齿列长		40.18	38.65	
p2 – p4 齿列长		34.59	33.6	
m1 长和宽	19.08	19.8/7.29	19.73/7.6	20～24（长）
m2 长和宽	7.99/6.01	8.16/6.94	7.83/6.41	
下颌骨垂直部高	54.77	56.09	55.54	
颌体的最大厚	11.48	10.21	11.86	
m1 后下颌骨高	26.51	24.02	23.67	
p2 和 p3 间下颌骨高	22.52	20.48	19.52	

从以上测量数据可看出，新街遗址标本的数据大于榆林火石梁遗址的，从时代上看，该遗址略早于龙山晚期的火石梁遗址；表明从早到晚，随着人类对狗的驯化，狗有逐步变小的趋势。众所周知，狗是由狼驯化而来的，狗的标本都比狼小，说明驯化的过程本身就是动物逐渐变小的过程。

23. 狗獾（*Meles meles*）

右上颌 1 件（H32：D2），属于仰韶文化晚期。左侧额、顶骨 1 件（H153：D8）；右胫骨 1 件（H153：D9）；属于龙山文化晚期。

标本 H32：D2 为带有 P3、P4、M1 的右上颌 1 件（图版一六八，2），裂齿 P4 呈三角形，外缘有发达的前尖，后内缘中央有一个低的齿尖，内侧顶端有 2 个小齿尖。M1 宽大呈矩形，外缘短于内缘，外侧有发达的前尖和后尖，内侧有一个后小突，组成齿的后外角，中央由 3 个小齿尖构成一纵走的低嵴，内缘与低嵴间、外缘与低嵴间均有一深槽。裂齿长和宽为 9.08/6.82 毫米，M1 长

---

① 高耀亭：《中国动物志·兽纲》第八卷"食肉目"，科学出版社，1987 年。

和宽为 16.29/9.91 毫米。

标本 H153：D9 为近端关节面略有缺失、远端缺失外侧髁的右胫骨 1 件（图版一六八，3），骨干最小宽 SC 为 6.28 毫米。

狗獾分布广泛，栖息于森林、山坡灌丛、荒野、沙丘草丛及湖泊堤岸等。食性杂，以植物的根、茎、果实和蛙、蚯蚓、小鱼、昆虫和小型哺乳动物类等为食。

24. 猫（Felis sp.）

仅有右胫骨近段 1 件（H130：D1），属于仰韶文化晚期。

标本 H130：D1 为右胫骨近段 1 件（图版一六八，4），在其前外侧处有一明显的砍痕，保留长度 54.62 毫米。

25. 家猪（Sus domesticus）

属同一个体（H62：D1）的完整的后肢骨骨架 1 具（图版一六八，5）：包括左右盆骨各 1 件，左右股骨近远端骨骺均未愈合，右侧股骨近端骨骺脱落；胫骨近端骨骺均未愈合，右侧近端骨骺脱落，远端骨骺已愈合；腓骨近端骨骺均未愈合，左侧近端骨骺脱落，远端骨骺已经愈合；跟骨近端骨骺基本愈合；尾椎 3 件。

基本完整的幼猪骨架 1 具（G7：D1）：包括完整的头骨 1 件，下颌骨 1 件，左右肩胛骨各 1 件，右肱骨 1 件，右尺骨 1 件，左盆骨 1 件，右髂骨 1 件，右股骨 1 件，左右胫骨各 1 件。

属同一个体（G7：D2）的残骨架 1 具（图版一六九，1）：包括残头骨 1 件，残右上颌 1 件，左右下颌各 1 件，左肩胛骨 1 件，左右肱骨各 1 件，左盆骨 1 件，右尺骨 1 件，右髂骨 1 件，左右股骨各 1 件，以上四肢骨骺全脱落。

属同一个体（G16④：D3）的基本完整的幼猪骨架 1 具（图版一六九，2）：包括残头骨 1 件，左残上颌骨 1 段，下颌骨 1 件，右肩胛骨各 1 件，左右肱骨各 1 件，左右尺骨各 1 件，左右桡骨各 1 件，左髂骨 1 件，右盆骨 1 件，左右股骨各 1 件，左右胫骨各 1 件，左胫骨远端关节面 1 件，残右腓骨 1 件，以上四肢骨骺均脱落。

头骨残块 225 件、颚骨 8 件、颌前骨 9 件、左上颌 64 件、右上颌 44 件、下颌联合 46 件、左下颌 112 件、左下颌角 27 件、右下颌 106 件、右下颌角 14 件、完整寰椎 9 件、残寰椎 1 件、完整枢椎 1 件、荐椎 1 件、左肩胛骨 57 件、右肩胛骨 61 件、肩胛骨残片 5 件、完整左肱骨 7 件、左肱骨近段 6 件、左肱骨骨干 30 件、左肱骨远段 29 件、完整右肱骨 9 件、右肱骨近段 8 件、右肱骨骨干 28 件、右肱骨远段 20 件、左尺桡骨 4 件、右尺桡骨 1 件、完整左尺骨 10 件、左尺骨近段 5 件、左尺骨骨干 14 件、左尺骨远段 2 件、完整右尺骨 14 件、右尺骨近段 6 件、右尺骨骨干 12 件、右尺骨远段 2 件、左桡骨骨干 10 件、完整左桡骨 7 件、左桡骨近段 5 件、左桡骨远段 2 件、完整右桡骨 7 件、右桡骨近段 4 件、右桡骨骨干 13 件、右桡骨远段 2 件、完整的左掌骨 18 件、左掌骨近段 2 件、完整的右掌骨 12 件、右掌骨近段 3 件、左右侧髂骨各 15 件、左坐骨 9 件、右坐骨 10 件、左盆骨 26 件、右盆骨 24 件、完整左股骨 2 件、左股骨近段 2 件、左股骨骨干 27 件、左股骨远段 4 件、完整右股骨 1 件、右股骨近段 3 件、右股骨骨干 26 件、右股骨远段 9 件、左右侧髌骨各 1 件、完整左胫骨 5 件、左胫骨近段 6 件、左胫骨骨干 40 件、左胫骨远段 4 件、完整右胫骨 6 件、右胫骨近段 3 件、右胫骨骨干 26 件、右胫骨远段 4 件、左侧腓骨 22 件、右腓骨 19 件、左跟骨 9

件、右跟骨 8 件、左距骨 2 件、右跟骨 8 件、跗骨 7 件、中央跗骨 1 件、完整左跖骨 23 件、左跖骨近段 1 件、完整右跖骨 23 件、右跖骨骨干 4 件、右跖骨远段 5 件、第 1 节指（趾）骨 3 件、第 2 节指（趾）骨 5 件、第 3 节指（趾）骨 2 件。

出土的动物骨骼中，可鉴定猪骨骼数量 1571 件，最小个体数 120 个。遗址中共 146 个遗迹单位出土了动物骨骼，其中 140 个遗迹单位分布有猪骨。新街遗址主要为仰韶文化晚期和龙山时代早期遗存，大约距今 5500~4500 年，该时期我国已大量饲养家猪。目前，考古遗址家猪判断的主要标准包括形体特征（包括形态和尺寸）、年龄结构、性别特征和在全部动物中所占的数量比例等。本文采用比较下颌臼齿测量值、年龄结构的方法，对新街遗址出土猪的属性进行分析判断。

本文根据猪牙齿萌出、脱落以及磨损情况，建立了该遗址猪的年龄结构（见附表一二）。牙齿萌出与磨损参照国际通行的格兰特方法，即根据牙齿咬合面暴露的牙质和珐琅质的图案确定牙齿萌出和磨损的级别。根据牙齿萌出与磨损年龄表，保留两个或三个臼齿的下颌骨归入相邻的年龄范围，单个的游离齿可以简单地归入某一年龄级别。根据格兰特的界定，成型而未磨蚀的牙齿分别记作 C（可见齿槽孔）、V（可见牙齿）、E（刚萌出）、1/2（萌出 1/2）、U（牙齿长至最高但未磨损）。新街遗址的鉴定结果见附表一二。

传统上，臼齿大小是用来区分家猪与野猪的一个常用标准，下颌第三臼齿长度更被视为一项基本的测量值。这里将新街遗址出土的猪下颌 m3 的长、前宽和后宽的测量数据均同现生王屋山野猪的测量数据进行比较（图 6-1）。王屋山野猪是 2005 年 12 月至 2006 年 1 月，河南省文物考古研究所在河南济源王屋山收集的批准狩猎的 48 件野猪头骨。比较结果表明，新街遗址出土的猪下颌骨均为家猪。

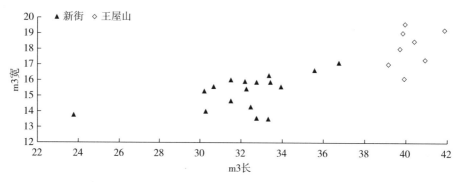

图 6-1　新街遗址猪下颌 m3 尺寸与王屋山现生野猪比较图

通常，猪长到 1~2 岁后，体形和肉量不会再有明显增加，如果继续饲养，其所产生的肉料比降低，故猪的屠宰年龄一般为 1~2 岁。我们可根据其年龄结构推测遗址中出土猪是否为家猪。

在可鉴定年龄的 146 件标本中，大多数为 2 岁以下的年轻个体（见表 6-8），猪的死亡年龄 1 岁以下的占 47.26%，1~2 岁间的占 43.15%，2~3 岁猪占到总数的 9.59%，3 岁以上的猪下颌未发现，而捕获的野猪正常情况下年龄分布比较均匀。国内已有资料的统计结果表明，新石器时代遗址中出土家猪的年龄结构基本上以年轻个体为主，而且时代愈晚，猪的年龄愈小。新街遗址属于仰韶文化晚期和龙山时代早期，这时的驯养水平已经很成熟，因此 2~3 岁猪的比例偏低。据此判断该遗址的猪为家猪。

表6-8			新街遗址猪的年龄结构		
年龄（月）	左（数量）	左+右	右（数量）	总数（数量）	总数（%）
Ⅰ（0~4）（图版一六八，6）	4	3	3	10	6.85%
Ⅱ（4~6）（图版一六九，3）	10	1	15	26	17.81%
Ⅲ（6~12）（图版一六九，4）	14	3	16	33	22.60%
Ⅳ（12~18）（图版一六九，5）	14		12	26	17.81%
Ⅴ（18~24）（图版一六九，6）	13	9	15	37	25.34%
Ⅵ（24~36）（图版一六九，7）	3	2	9	14	9.59%
总数	58	18	70	146	100.00%

新街遗址猪下颌 m3 长度变化范围比王屋山野猪大（图6-2），是家畜化的一个特征[1]。王屋山野猪下颌 m3 平均长度为 39.82±1.43 毫米（平均值±标准偏差），而新街遗址猪下颌 m3 平均长度仅为 32.16±2.75 毫米，沙门盐津遗址（宋金）家猪更小，为 28.45±6.70 毫米。根据新街遗址猪下颌 m3 的长度变化范围，应为家猪。图6-2 是不同遗址不同时期 m3 的平均值±标准偏差图，从图中明显能看出随着考古遗址时代从早到晚，家猪 m3 的平均值呈现出从大到小的变化。

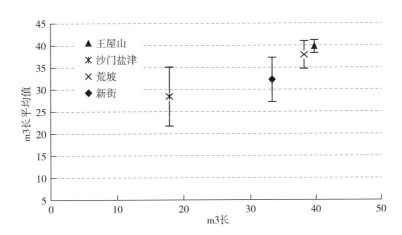

图6-2　新街遗址猪、王屋山野猪、荒坡遗址猪和沙门盐津家猪的下颌 m3 长的比较图

猪的性别判断主要是根据下颌骨犬齿及犬齿孔的形态特征来区分，雄性猪的上犬齿大，下犬齿发育，横断面呈三角形；雌性猪的上犬齿较小，下犬齿不发育，横断面似椭圆形[2]。

鉴定材料主要包括猪的犬齿和保存有犬齿及犬齿齿槽孔的左右下颌骨。乳犬齿的性别差异不明显。恒犬齿约在 9~12 月龄萌出。因此，我们就新街遗址中猪年龄约在 9 月龄左右及 9 月龄以上的标本进行了鉴定。该遗址中可鉴定性别的标本仅有 12 件，其中雄性 9 件，雌性 3 件，分别占可鉴定总数的 75% 和 25%。从遗传理论讲，一个动物群体中的性别比率应该是 1:1。新街遗址的家猪以雄性为主，这种性别比例的失调应反映人为干预的结果。在阉割术出现以前，人类为了更

---

① 西本丰弘著，袁靖译：《论弥生时代的家猪》，《农业考古》1993 年第 3 期。
② 黄蕴平：《动物骨骼概述》，见中国社会科学院考古研究所《敖汉赵宝沟——新石器时代聚落》，中国大百科全书出版社，1997 年。

好地饲养和繁殖猪，提高肉量，必然会大量屠宰公猪，留下母猪产仔。由于可鉴定的标本数量太少，仅为我们提供一个参考。

新街遗址的猪骨属仰韶文化晚期至龙山早期的遗存，这一时期关中地区农业已占较大的比重。有了大量剩余农产品，必然会增加家猪的饲养量。基于上述测量数据、年龄结构和在遗址中个体数最多的特点，我们将该遗址猪定为家猪。

26. 狍（*Capreolus capreolus*）

带部分眉枝的左角1件（H333：D27）；带角盘的左角干1段（G33：D27）；带上分枝的左残角干1件（G33：D28）；残胫骨骨干1段（G33：D29）；以上标本均属于仰韶文化晚期。左桡骨远段1件（H88：D5）；左股骨骨干残段1件（H88：D6）；属于龙山文化早期。

标本G33：D27为带角盘的左角干1段（图版一七〇，1），属于自然脱落，保留长度107.37毫米。

标本H88：D5为左桡骨远段1件（图版一七〇，2），保留长度81.09毫米，远端最大宽Bd为21.74毫米。

西北狍体形最小，角相对也较小，见于中国西北部陕西和甘肃黄土高原、青藏高原和四川北部地区。狍主要栖息于林木稀疏而多草的环境，主要采食含蛋白质和能量丰富的多汁食物，如嫩的枝芽、树叶、花苞及树皮。

27. 獐（*Hydropotes inermis*）

右眼眶骨残段1件（H29：D21）；残右顶骨1件（H311：D6）；左上颌1件（H29：D5）；右上颌3件（H227：D22－D23、H249①：D7）；右上犬齿2枚（G6①：D13、H385：D65）；左下颌2件（H29：D6、H238：D103）；右下颌3件（H42：D14、H153：D41、H311：D5）；下颌角残片1件（H12：D29）；左肩胛骨4件（H86：D5、H364：D9、H395：D23、G22：D154）；左肩胛骨远段2件（H34：D1、H91：D26）；右肩胛骨5件（H268：D19、H333：D21～D23、H385：D66）；左肱骨2件（H86：D6、G7：D5）；左肱骨近段1件（H12：D30）；左肱骨远端2件（H91：D27、H268：D20）；右肱骨远段2件（H91：D28、G6①：D14）；左右尺桡骨各1件（G22：D155、D156）；左尺骨带左桡骨远端1件（H333：D24）；左桡骨近端1件（H324：D10）；左桡骨远端1件（G6①：D15）；右桡骨近段2件（H29：D7、H114：D8）；左掌骨近端1件（H299：D9）；左掌骨远端1件（H385：D67）；右掌骨近端1件（H363：D3）；右掌骨远端1件（H6：D1）；左坐骨3件（H153：D43、H363：D4、H395：D24）；右盆骨3件（H153：D44、H337：D5、H385：D68）；残右髂骨1段（H191②：D14）；左股骨近端3件（H364：D11－D12、H402：D45）；左股骨远端1件（H364：D10）；左股骨残段1件（H153：D42）；右股骨近端4件（H9：D1、H91：D29、H191②：D16－D17）；右股骨头1件（H191：D27）；右股骨远端4件（H191：D28、H191②：D15、H333：D25、H385：D69）；左胫骨骨干2段（H385：D70、H395：D25）；左胫骨远端2件（H191②：D18、H337：D6）；右胫骨远端1件（H254：D7）；左跖骨近端1件（G25：D5）；左跖骨骨干1段（H363：D5）；残左跖骨远端1件（H337：D7）；右跖骨近端1件（G13：D26）；右跖骨远端1件（H333：D26）；左跟骨1件（H220：D38）；完整的第1节指（趾）骨8件（H12：D31、H29：D8、H220：D39－D40、H385：D71－D72、H395：D26－D27）。共计83件标本，在各个时期的分布见表6－9。

表6－9　　　　　　　　　　　獐在各个时代骨骼的分布情况

时代	出土单位、动物解剖部位及件数	可鉴定标本数	最小个体数
仰韶晚期	H6：右掌骨远端1件 H9：右股骨近端1件 H12：下颌角残片1件、左肱骨近段1件、完整的第1节指（趾）骨1件 H34：左肩胛骨远段1件 H42：右下颌1件 H86：左肩胛骨1件、左肱骨1件 H91：左肩胛骨远段1件、左右肱骨远段各1件、右股骨近段1件 H220：左跟骨1件，左第1、2指骨各1件 H249①：右上颌1件 H324：左桡骨近端1件 H333：右肩胛骨3件、左尺骨带左桡骨远端1件、右股骨远端1件、右跖骨远端1件 H363：右掌骨近端1件、左残盆骨残1段、左跖骨骨干1段 H364：左肩胛骨1件、左股骨远端1件、左股骨近端1件、左股骨远端1件 H402：左股骨近段1件 G6①：右上犬齿1枚、右肱骨远端1件、左桡骨远端1件 G7：完整的左肱骨1件 G13：右跖骨近端1件 G22：左肩胛骨1件、左右尺桡骨各1件 G25：左跖骨近端1件	41	5 （左肩胛骨5件）
龙山早期	H29：左上颌1件、左下颌1件、右桡骨近段1件、完整的右第1节指（趾）骨1件、右眼眶骨残段1件 H114：右桡骨近段残段1件 H153：右下颌1件、左股骨残段1件、左坐骨1件、右盆骨1件 H191：右股骨头1件、右股骨远端1件 H191②：残右髂骨1段、左股骨远端关节面1件、右股骨近端2件、左胫骨远端1件 H227：右上颌2件 H238：左下颌骨残1段 H254：右胫骨远端1件 H268：右肩胛骨1件、左肱骨远端1件 H299：左掌骨近端1件 H311：残右下颌骨1件、残右胫骨骨干1件 H337：右残坐骨1段、左胫骨远端1件、左残跖骨远端1件 H385：右上犬齿1枚、右残肩胛骨1段、左掌骨远端1件、右残盆骨1件、右股骨远端1件、左胫骨骨干1段、右第1节趾骨2件 H395：残左肩胛骨1段、左坐骨1件、左胫骨骨干1段、左侧第1节趾骨2件	42	3 （右上颌3件）

标本 G6①：D13 为右上犬齿1枚（图版一七〇，3），齿尖部分向外撇。牙齿扁长，呈镰刀状，但弯曲的弧度不大，齿壁薄，中空，在齿根处封闭，外面凸内面平，长63.43毫米，最大宽11.14毫米。和西安半坡、安阳殷墟的獐大小接近。

标本 H153：D41 为一不完整的右下颌骨，缺失上升枝上半段、部分角突，保存 p4 - m3（图版一七〇，4）。臼齿向前向内微倾。水平枝外侧较凸，内侧较平。牙冠低，齿柱明显。p4 轻微磨蚀，m1 中等磨蚀，m2、m3 轻微磨蚀，为一中年个体。

其他下颌骨标本特征同上，测量数据见表 6 - 10。

表 6 - 10　　　　　　　　　　　獐下颌骨测量数据表　　　　　　　　　（单位：毫米）

项目	标本	新街				华县泉护村[1]	西安半坡[2]
		H29：D6	H42：D14	H153：D41	H311：D5	ⅠT05014：1	
p2 - m3 长				55.82		54	52.0 ~ 60.5
p2 - p4 长				21.13		22	22 ~ 24.5
m1 - m3 长				32.53		32	
P2 前位	高		11.28	12.96	11.35	14	
	厚		5.39	4.23	4.96	4.5	
m1 前位	高		15.08	14.74	15.01	15	
	厚		8.47	7.23	8.63	6.5	
m3 后位	高	22.48		21.93		22.5	
	厚	9.09		7.59		7.8	
m3	长	13.98		13.13		14	
	宽	6.76		6.31		7	

下颌骨共 5 件，左下颌 2 件，右下颌 3 件。通过观测牙齿萌发、脱落及磨蚀情况鉴定獐的年龄（见表 6 - 11），獐年龄的判断参考黄鹿颊齿的生长序列与月令的关系[3]。从表 6 - 11 中可看出：5 个下颌中，青年个体 4 个，占总数的 75%；成年个体 1 个，占总数的 25%。没有老年个体，青年个体占绝大部分，和华县泉护村遗址[4]及高陵东营遗址[5]中獐的年龄结构相同，这说明獐不属于自然死亡（年幼和年老的个体占绝大部分），应是人类为了获取肉食进行狩猎造成的灾害性死亡。

表 6 - 11　　　　　　　　新街遗址獐下颌骨牙齿萌发及磨蚀情况

标本编号	左/右	标本保存情况	牙齿萌发、脱落及磨蚀情况	个体年龄估计
H29：D6	左	保留 m1 - m2	m1 严重磨蚀，m3 中等磨蚀	成年个体
H42：D14	右	保留 Dp2 - m2	Dp4 严重磨蚀，m1、m2 轻微磨蚀	青年个体
H153：D41	右	保留 p4 - m3	m1、m2 中等磨蚀，m3 轻微磨蚀	青年个体
H238：D103	左	保留 m1 - m2	m2 轻微磨蚀	青年个体
H311：D5	右	保留 Dp4 - m2	m1 中等磨蚀，m2 轻微磨蚀	青年个体

① 胡松梅：《泉护村动物遗存分析》，见陕西省考古研究院等编著《华县泉护村》第五章，文物出版社，2014 年。
② 李有恒等：《陕西西安半坡新石器时代遗址中之兽类骨骼》，《古脊椎动物与古人类》1959 年卷 1 第 4 期。
③ 盛和林等：《哺乳动物野外研究方法》第五章第二节"年龄鉴定方法"，中国林业出版社，1992 年。
④ 胡松梅：《泉护村动物遗存分析》，见陕西省考古研究院等编著《华县泉护村》第五章，文物出版社，2014 年。
⑤ 胡松梅：《高陵东营遗址动物遗存分析》，见陕西省考古研究院《高陵东营——新石器时代遗址发掘报告》，科学出版社，2010 年。

标本 H333：D21 为基本完整的右肩胛骨 1 件（图版一七〇，5），肩胛窝为圆形，喙突呈扁长条形且在前部向内弯。肩胛冈的高 HS 为 123.29 毫米，肩颈最小长 SLC 为 14.23 毫米，肩胛结最大长 GLP 为 26.22 毫米，肩臼长 LG 为 18.4 毫米，肩臼宽 BG 为 18.19 毫米。

标本 G7：D5 为基本完整的左肱骨 1 件（图版一七〇，6），近端骨骺愈合中，肱骨头呈舌状向后翻，大结节很大，斜向内倾斜，大结节峰明显。外侧上髁内凹且明显小于内侧上髁，内侧上髁略向外突出，滑车峰明显且平行滑车内外侧缘。肱骨最大长 GL 为 139.09 毫米，肱骨骨干最小宽 SD 为 11.2 毫米，近端最大宽 Bp 为 30 毫米，远端最大宽 Bd 为 25.97 毫米，滑车最大宽 BT 为 22.03 毫米。

标本 H153：D44 为缺失髂骨、耻骨的残左盆骨 1 件（图版一七一，1），髋臼窝外缘呈波浪状，坐骨髋臼窝关节末端引长。髋臼长 LA 为 25.86 毫米。

标本 H9：D1 为右股骨近段 1 件（图版一七〇，7），股骨头圆且向大转子方向延伸。保留长度为 66.09 毫米，近端最大宽 Bp 为 41.1 毫米，股骨头最大厚 DC 为 17.89 毫米。

标本 H191②：D18 为左胫骨远段 1 件（图版一七一，2），保留长度为 114.69 毫米，远端最大宽 Bd 为 25.86 毫米。

獐栖息于江岸湖边的灌丛中，以青草为食，现多分布在长江下游的沼泽地带，在关中地区几乎绝迹。新街遗址大量獐骨的存在，一方面说明遗址周围有沼泽地带，有高大的草丛；另一方面也说明当时的气候比现在要湿润和温暖一些。据说獐的肉很好吃，泉护村、半坡新石器时代的人把它作为主要的猎捕对象。

28. 梅花鹿（*Cerves hortulorum*）

左右角残段各 1 件（H12：D32、D33）；保留有角盘的鹿角 1 件（H78：D4）；保存有角柄、角盘的左鹿角 2 件（H66：D3、G23：D13）；保存有残角盘及眉枝的左角 8 件（H191：D22、H191②：D20、H268：D21－D22、H402：D46、G22：D157～D159）；保存有角盘的左角残段 1 件（H88：D9）；左角盘残段 1 件（H36：D5）；保存有角盘、眉枝及第二残枝的右角 1 件（G23：D14）；保存有第 2 分枝的左角 1 件（H355：D7）；左角柄残段 1 件（H92⑥：D8）；保存有残角盘及残角干的鹿角 2 段（H268：D23、H311：D7）；保存有残角盘及眉枝的右角 5 件（H92②：D4、H114：D10、H235：D2、H402：D47、G6①：D16）；保存有角柄、角盘及眉枝的右角 1 件（H293：D6）；保存有角盘的右鹿角 1 件（H65：D2）；右角盘 1 件（H102：D4）；保存有眉枝、第二分支的右角残段 1 件（H92②：D5）；鹿角残段 116 件（H29：D9、H32：D7、H36：D4、H66：D4、H76：D21、H86：D8～D12、H88：D16～D21、H92④：D3－D4、H101：D2、H102：D5－D6、H153：D52～D65、H166：D3～D6、H191：D23、H191②：D21～D23、H234：D11、H238：D105－D106、H254：D8、H268：D25－D26、H269：D3、H290：D13、H291：D45－D46、H302：D27、H311：D8、H313：D6、H333：D28～D36、H368：D16、H375：D23、H385：D73～D75、H389：D2、H391：D1、G14：D5～D8、G16④：D7、G21：D36、G23：D15－D16、G25：D6～D9、G33：D30～D31、H337：D9～D12、H355：D8～D22、H402：D48～D53、G22：D160～D164）；保存有角柄、角盘及眉枝的额骨 1 件（H86：D7）；保存有角柄的左额骨 2 件（H114：D9、H355：D5）；保存有角柄、角盘及残角干的左额骨 2 件（H238：D104、H191②：D19）；残额骨 2 件（H348：D10、H364：D13）；保存有角柄、角盘及眉枝的右额骨 2 件（H88：D7、H337：D8）；保存有角柄的右残额骨 2 件（H268：

D24、H355：D6）；保存有右角柄、角盘的残头骨1件（H88：D8）；保存有角柄、角盘及角干残段的右额骨残块1件（H191：D21）；保存有左残顶骨及左残枕骨的头骨1件（G23：D12）；保留有枕骨及左颞骨的残头骨1件（H24：D3）；保存有顶骨及枕骨的残头骨1件（H92⑥：D7）；带有左枕髁的枕骨残块1件（H41：D1）；右枕髁3件（H336：D4、H385：D76－D77）；保存有鼓泡及右颞骨的残头骨1件（H24：D4）；顶骨残块1件（H24：D5）；头骨残块34件（H88：D10、H268：D27～D31、H336：D5～D7、H364：D14～D38）；左上颌骨1段（H299：D10）；右上颌2件（H268：D32、H364：D39）；左下颌6件（H29：D11、H114：D11、H140：D12、H268：D33、H385：D78、G4：D120）；残左下颌骨3段（H337：D13－D15）；左下颌上升枝残片3件（H29：D10、H114：D12、H268：D35）；右下颌9件（H12：D34、H86：D13、H191②：D24、H227：D24、H254：D9、H268：D34、H385：D79、H395：D28、G22：D165）；右残下颌骨1段（H395：D29）；右下颌上升枝1件（H227：D25）；残枢椎3件（H26：D7、H293：D10、G33：D32）；左肩胛骨远端4件（H153：D45、H355：D23－D24、H385：D80）；左肩胛骨残段9件（H12：D35－D36、H29：D12、H32：D8、H228：D21、H268：D36－D37、G4：D121、G13：D27）；右肩胛骨远段2件（H41：D2、H114：D13）；右肩胛骨残片7件（H105：D9、H153：D46～D48、H268：D38、H333：D37、G15：D23）；左肱骨近端6件（H12：D37、H120：D3、H336：D8、H385：D81、G33：D33、H402：D54）；左肱骨远端5件（H238：D107、H268：D39、H293：D7、H300：D4、G6①：D17）；右肱骨近端3件（H29：D15、H385：D82、H402：D55）；右肱骨远端5件（H41：D3、H153：D49、H249①：D8、H327：D11、G4：D122）；左尺骨近段1件（H29：D13）；左尺骨残段4件（H14：D2、H45：D55、H88：D11、H385：D83）；右残尺骨1件（G33：D34）；左桡骨近段4件（H29：D14、H105：D10、H268：D40、H293：D11）；左桡骨残段1件（H88：D12）；左桡骨远端3件（H153：D50、H336：D9、H395：D30）；右桡骨1件（G4：D123）；右桡骨骨干残段3件（H52：D5、H333：D38、G23：D17）；左掌骨近端1件（H237：D12）；左掌骨远段2件（H237：D11、H385：D84）；残右掌骨骨干2件（H293：D8、H355：D26）；右掌骨近端1件（H293：D9）；左盆骨1件（H227：D26）；左盆骨残段6件（H12：D38、H140：D13、H191：D24－D25、H268：D41、H337：D16）；坐骨残块1件（H4⑤：D2）；残右盆骨3件（H363：D6、H385：D85、G6①：D18）；右髂骨残段2件（H105：D11、H337：D17）；左股骨近端3件（H29：D16、H227：D27、H337：D18）；左股骨头1件（H41：D4）；左股骨骨干残段3件（H41：D5、H290：D14、G33：D35）；左股骨远端5件（H29：D17、H88：D13、H92⑥：D9、H268：D42、H337：D19）；右股骨近端1件（H385：D87）；右股骨骨干残段4件（H92②：D6、H364：D40－D41、H385：D88）；右股骨远端7件（H29：D18、H91：D30、H191②：D25、H363：D7、H385：D86、H395：D31－D32）；完整的左髌骨1件（H12：D40）；左胫骨近端5件（H4⑤：D1、H214：D8、H293：D12、H385：D89、G33：D36）；左胫骨骨干残段2件（H29：D19、H368：D17）；左胫骨远段7件（H12：D39、H14：D3、H355：D25、H364：D42、H389：D3、G22：D166、G33：D37）；右胫骨近段5件（H114：D14、H238：D108、H335：D69、H385：D90、G22：D167）；右胫骨远段9件（H41：D6－D7、H114：D15、H277：D43、H293：D13、H299：D11、H335：D68、H336：D10、H337：D20）；残胫骨骨干1段（G33：D38）；左跗骨近端2件（H76：D22、H293：D14）；左侧残跗骨1段（H355：D27）；左跗骨远端1件（H395：D33）；跗骨残片1件（H76：D23）；完整的

左跟骨 2 件（H14：D4、H86：D14）；完整的右跟骨 2 件（H114：D16、H337：D21）；右跟骨近段 1 件（H88：D14）；完整的左距骨 4 件（H14：D5、H24：D6、H191：D26、H268：D44）；左残距骨 2 件（H12：D41、H336：D11）；完整的右距骨 4 件（H88：D15、H234：D12、H268：D45 – D46）；第 1 节指（趾）骨 4 件（H153：D51、H254：D10、H299：D12、H301：D12）；第 2 节指（趾）骨 3 件（H348：D11、H268：D47 – D48）；第Ⅳ指第 1 节指（趾）骨 1 件（H268：D49）。共计 391 件标本，在各个时期的分布见表 6 – 12。

表 6 – 12　　　　　　　　　　梅花鹿在各个时代骨骼的分布情况

时代	出土单位、动物解剖部位及件数	可鉴定标本数	最小个体数
仰韶晚期	H12：左右角残段各 1 件、右下颌 1 件、左肩胛骨残段 2 件、左肱骨近端 1 件、左盆骨残段 1 件、左胫骨远段 1 件、完整的左髌骨 1 件、左残距骨 1 件 H14：左尺骨残段 1 件、左胫骨远段 1 件、完整的左跟骨 1 件、完整的左距骨 1 件 H24：残头骨 2 件、顶骨残块 1 件、完整的左距骨 1 件 H26：枢椎 1 件 H32：角残段 1 件、左肩胛骨残段 1 件 H41：带有左枕髁的枕骨残块 1 件、右肩胛骨远段 1 件、右肱骨远端 1 件、左股骨头及左股骨骨干残段各 1 件、右胫骨远段 2 件 H45：左尺骨残段 1 件 H52：右桡骨骨干残段 1 件 H65：保存有角盘的右角 1 件 H66：保存有角柄、角盘的左角 1 件，鹿角残段 1 块 H76：残角 1 件、左跖骨近端 1 件、跖骨残片 1 件 H86：保存有角柄、角盘及眉枝的额骨 1 件，鹿角 5 件、右下颌 1 件、完整的左跟骨 1 件 H91：右股骨远段 1 件 H92②：保存有角盘及眉枝的右角 1 件，保存有眉枝、第二分支的右角残段 1 件、右股骨骨干残段 1 件 H92④：鹿角残段 2 件 H92⑥：保存有顶骨及枕骨的残头骨 1 件、左角柄残段 1 件、左股骨远端 1 件 H101：鹿角残块 1 件 H102：右角盘 1 件、鹿角残段 2 块 H105：右肩胛骨残片 1 件、左桡骨近端残块 1 件、右髂骨残段 1 件 H120：左肱骨近端 1 件 H140：左下颌 1 件、左盆骨残段 1 件 H166：鹿角残段 4 件 H214：左胫骨近段 1 件 H228：残左肩胛骨 1 件 H235：保存有角盘及眉枝的右角 1 件 H237：左掌骨远、近端各 1 件 H249①：右肱骨远段 1 件 H269：残角 1 段 H277：右胫骨远端 1 件 H290：残角 1 块、左股骨干 1 段	221	7 （左胫骨远段为 7 件）

时代	出土单位、动物解剖部位及件数	可鉴定标本数	最小个体数
仰韶晚期	H291：残角块 2 件 H293：保存有角柄、角盘及眉枝的右角 1 件，残枢椎 1 件、左肱骨远端 1 件、残掌骨骨干 1 件、右侧掌骨近端 1 件、左桡骨近端 1 件、左胫骨近端 1 件、右胫骨远端 1 件、左侧残距骨近端 1 件 H300：左肱骨远端 1 件 H301：右第 1 节指（趾）骨 1 件 H302：残角 1 块 H313：残角 1 段 H327：残右肱骨远端 1 件 H333：残角 9 块、右残肩胛骨 1 段、右桡骨骨干 1 段 H348：残左额骨 1 件、左第 2 节指（趾）骨 1 件 H355：保存有角柄的左额骨 1 件、保存有角柄的右残额骨 1 件、保存有第 2 分枝的左角 1 件、角残块 15 块、左肩胛骨远端 2 件、左胫骨远端 1 件、残右掌骨骨干 1 段、残左距骨 1 段 H363：右盆骨 1 件、右股骨近端 1 件 H364：残额骨 1 件、头骨残块 25 件、右上颌骨 1 件、右股骨骨干 2 段、左胫骨远端 1 件 H368：残角 1 块、左胫骨骨干 1 段 H375：残角 1 段 H389：残角 1 段、左胫骨远端 1 件 H402：保存有角盘及眉枝的左右角各 1 件、残角 6 块、左右肱骨近端各 1 件 G4：左下颌骨 1 件、左残肩胛骨 1 段、右肱骨远端 1 件、右桡骨 1 件 G6①：保存有角盘及眉枝的右角 1 件、左肱骨远端 1 件、右残盆骨 1 件 G13：左肩胛骨 1 段 G14：残角块 4 块 G15：右肩胛骨 1 段 G16④：残角 1 块 G21：残角 1 段 G22：保存有角盘及眉枝的左角 3 件、残角 5 段、右下颌骨 1 段、左胫骨远端 1 件、右胫骨近端 1 件 G23：保存有左残顶骨及左残枕骨的头骨 1 件，保存有角柄、角盘的左角 1 件，保存有角盘、眉枝及第二残枝的右角 1 件、残角 2 块、右桡骨骨干 1 段 G25：残角 4 块 G33：残角 2 段、残枢椎 1 件、左肱骨近端 1 件、右残尺骨 1 件、左股骨残骨干 1 段、左胫骨近端 1 件、左胫骨远端 1 件、残胫骨骨干 1 段	221	7 （左胫骨远段为 7 件）

时代	出土单位、动物解剖部位及件数	可鉴定标本数	最小个体数
龙山早期	H29：鹿角残片 1 件、左下颌支残片 1 件、左下颌 1 件、左侧肩胛骨近段残片 1 件、左尺桡骨近段残段各 1 件、右肱骨近端 1 件、左股骨近端 1 件、左股骨远端 1 件、右股骨远端 1 件、左胫骨骨干残段 1 件 H36：角残段 1 件、左角盘残段 1 件 H78：带有角盘的鹿角 1 件 H88：保存有角柄、角盘及眉枝的右额骨 1 件，保存有右角柄、角盘的残头骨 1 件，保存有角盘的左角残段 1 件、鹿角残块 6 块、头骨残片 1 件、左尺桡骨残段各 1 件、左股骨远段 1 件、右跟骨近段 1 件、完整右距骨 1 件 H114：保存有角柄的左额骨 1 件，保存有角盘及眉枝的右角 1 件、左下颌 1 件、左下颌角残片 1 件、右肩胛骨远段 1 件、右胫骨近段 1 件、右胫骨远段 1 件、完整右跟骨 1 件 H153：鹿角残块 14 件、左肩胛骨远段 1 件、肩胛骨残片 3 件、右肱骨远端 1 件、左桡骨远段 1 件、第 1 节指骨 1 件 H191：带有角柄、角盘及角干残段的右额骨残块 1 件、带有角盘、第一分支的左角 1 件、鹿角残段 1 件、左盆骨残段 2 件、左距骨 1 件 H191②：保存有角柄、角盘及残角干的左额骨 1 件，保存有残角及眉枝的左角 1 件、残分枝 1 段、残角块 2 块、右残下颌骨 1 段、右股骨远端 1 件 H227：右下颌 1 件、右下颌支 1 件、左盆骨 1 件、左股骨近段 1 件 H234：残角 1 段、右距骨 1 件 H238：保存有角柄、角盘及残角干的左额骨 1 件，残角 2 段、左肱骨远端 1 件、右胫骨近端 1 件 H254：残角 1 件、右下颌骨 1 件、左第 1 趾骨 1 件 H268：保存有残角盘及眉枝的左角 2 件、保存有残角盘及残角干的鹿角 1 件、保存有角柄的右残额骨 1 件、残角 2 段、残头骨 5 块、右上颌骨 1 件、左下颌骨 1 件、右下颌骨残 1 段、左下颌角 1 件、残左肩胛骨 2 段、残右肩胛骨 1 段、左肱骨远端 1 件、左桡骨近端 1 件、左盆骨残 1 件、左股骨远端 1 件、右股骨近段 1、左距骨 1 件、右距骨 2 件、右侧第 2 节指骨 2 件、左第Ⅳ指第 1 节指（趾）骨 1 件 H299：残左上颌骨 1 段、右胫骨远端 1 件、右第 1 节趾骨 1 件 H311：保存有残角盘及残角干的鹿角 1 段、残角 1 块 H335：右胫骨远、近端各 1 件 H336：残右枕髁 1 件、残头骨 3 块、左肱骨近端 1 件、左桡骨远端关节面 1 件、左胫骨远端 1 件、左残距骨 1 件 H337：保存有角柄、角盘及眉枝的右额骨 1 件、残角 4 块、残左下颌骨 3 段、残左盆骨 1 件、残右髂骨 1 件、左股骨近端 1 件、左股骨远端关节面 1 件、右胫骨远端 1 件、右跟骨 1 件 H385：残角 3 块、右枕髁 2、左下颌骨 1 件、右下颌骨 1 件、左肩胛骨远端 1 件、左肱骨近端关节面 1 件、右肱骨近端 1 件、残左尺骨 1 段、左掌骨残远端 1 段、右盆骨 1、右股骨远端 1 件、右股骨近端 1 件、右股骨骨干 1 段、左胫骨近端 1 件、右胫骨近端 1 件 H395：右下颌骨 1 件、残右下颌骨 1 段、左桡骨远端 1 件、右股骨远端 2 件、左距骨远端 1 件	167	4 （右胫骨近远段均 4 件）
商代	H391：残角 1 段	1	1
汉代	H4⑤：左胫骨近端 1 件、坐骨残块 1 件	2	1

标本 H92⑥:D7 为保存有顶骨、枕骨及枕髁的头骨块 1 件（图版一七一，3），骨缝明显，呈锯齿形，"人"字缝呈向前的弧形，骨壁较厚。

鹿角在角环的不远处分出眉枝，眉枝与主枝分叉处外侧较凹，内侧较平，角环上方前后有沟棱。向上变圆变光滑，其他部分角表面布满了瘤。测量数据见表 6-13。

标本 H191:D22 为自然脱落的残左角 1 件（图版一七一，4），保留了部分主枝和眉枝。角环基本呈圆形，角环的前上方约 63.79 毫米处分出眉枝。眉枝与主枝分叉处外侧较凹，内侧较平。眉枝向前伸出，与主枝之间的夹角约 100°。主枝粗壮近四棱柱，前面有两条较深的沟棱。角环上方有一圈呈放射状的密而小的沟棱，其他部分角表面布满了瘤。眉枝基部扁，尖部缺失，保存长 113.85 毫米，基部横切面为椭圆形。

其他保存较好的鹿角标本测量数据见表 6-13。

表 6-13　　　　　　　　　　　梅花鹿鹿角测量数据与对比表　　　　　　　　（单位：毫米）

项目 \ 标本	左				右			
	H88:D7	H114:D10	H191:D22	H402:D47	H66:D3	H268:D22	H337:D8	G6①:D16
角柄长（头骨－角环长）	30.98						33.16	
角环到眉枝分叉长	82.37	63.79	71.72	55.8	50.82	42.65	64.26	67.32
角环　前后径长	53.72	58.28	56.7		40.19	49.92		45.59
角环　内外径长	52.44	57.27	57.1	45.99	39.29	41.02		42.16
角柄　前后径长	37.21				27.19		26.63	
角柄　内外径长	34.22				26.16		27.14	
第一主枝　前后径长	32.22	31.62	35.36	30.62	24.14	29.2	31.94	29.78
第一主枝　内外径长	31.11	21.74	36.15	27.37	22.16	24.62	24.68	24.16

标本 H86:D13 为保留 p2-m3 的右下颌 1 件（图版一七二，1），齿冠低，臼齿长方形，向内向前倾斜，臼齿齿柱明显，所有牙齿鹿皱明显。m1 严重磨蚀，m2 中等磨蚀，为 3.5~4 岁左右的个体。

下颌骨共 19 件，其中左下颌 9 件，右下颌 10 件。在下颌中，可供观测牙齿萌发、脱落及磨蚀情况的标本有 13 件（见表 6-14 及图 6-3；图版一七二，2~7）。从表中可看出：有幼年个体 2 个，占总数的 15%；青年个体 7 个，占总数的 54%；成年个体 4 个，占总数的 31%。没有老年个体。青年个体占绝大部分，应是人类为了获取肉食进行狩猎造成的灾害性死亡。

表 6-14　　　　　　　　　新街遗址梅花鹿下颌骨牙齿萌发及磨蚀情况

标本编号	标本保存情况	牙齿萌发、脱落及磨蚀情况	个体年龄估计
H29:D11	保留 p2、p4-m1	m1 中等磨蚀，为青年个体	2.5~3 岁
H86:D13	保留 p2-m3	m1 严重磨蚀、m2 相当磨蚀	3.5~4 岁
H114:D11	保留 m1-m2	m1 轻微磨蚀、m2 萌出一半	1 岁左右

标本编号	标本保存情况	牙齿萌发、脱落及磨蚀情况	个体年龄估计
H140：D12	保留 p2 - m2	m1 严重磨蚀、m2 相当磨蚀	3.5 ~ 4 岁
H191②：D24	保留 m2 - m3	m2 中等磨蚀，m3 轻微磨蚀	3 ~ 3.5 岁
H227：D24	保留 Dp2 - m1	m1 中等磨蚀	1.5 岁左右
H254：D9	保留 p3 - m3	m1 严重磨蚀、m3 相当磨蚀	4 ~ 4.5 岁
H268：D33	保留 m3	m3 轻微磨蚀	3 ~ 3.5 岁
H385：D78	保留 m1 - m3	m2 中等磨蚀，m3 轻微磨蚀	3 ~ 3.5 岁
H385：D79	保留 m2 - m3	m2 中等磨蚀，m3 轻微磨蚀	3 ~ 3.5 岁
H395：D28	保留 m1 - m3	m1 中等磨蚀、m3 萌出一半	2 ~ 2.5 岁
G22：D165	保留 p4 - m2	m1、m2 中等磨蚀	2.5 ~ 3 岁
G4：D120	保留 m1 - m3	m1 - m2 磨蚀较深	4.5 ~ 5 岁

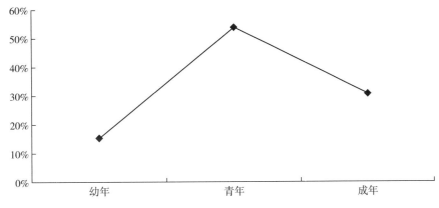

图 6 - 3　新街遗址梅花鹿年龄百分比分布图

标本 H26：D7 为缺失部分椎体、棘突的残枢椎 1 件（图版一七一，5），保留长度 110.76 毫米。

标本 H402：D54 为左肱骨近段 1 件（图版一七一，6），近端骨骺愈合中，为一青年个体。肱骨头呈舌状向后翻。保留长度为 127.45 毫米，近端最大宽 Bp 为 62.95 毫米。

标本 H153：D50 左桡骨远段 1 件（图版一七三，1），骨体前后扁，向前微弓，远端前面有明显的呈平行的两条嵴，以区别于羊类。保留长度为 97.73 毫米，远端最大宽 Bd 为 42.53 毫米。

标本为 H237：D12 左掌骨近段 1 件（图版一七三，2），近端关节面扁，为半圆形，背面炮骨愈合缝浅呈线状，掌面凹槽明显，为深的"U"形谷。保留长度为 112.5 毫米，近端最大宽 Bp 为 30.87 毫米。

标本 H363：D6 为缺失髂骨及部分坐骨的右残盆骨 1 件（图版一七三，3），坐骨髋臼窝关节末端引长。保留长度为 163.92 毫米，闭孔内缘长 LFo 为 63.3 毫米，髋臼长 LA 为 44.18 毫米。

标 H385：D87 为缺失大转子的右股骨近段 1 件（图版一七三，4），股骨头圆且向大转子方向延伸。保留长度为 82.5 毫米，股骨头最大厚 DC 为 30.06 毫米。

标本 H12：D39 为左胫骨远段 1 件（图版一七三，5），远端骨骺刚刚愈合，为一成年个体。保留长度为 139.6 毫米，远端最大宽 Bd 为 43.79 毫米。

标本 H14：D4 为完整左跟骨 1 件（图版一七三，6），最大长 GL 为 101.93 毫米，最大宽 GB 为 36.73 毫米。

标本 H14：D5 为完整左距骨 1 件（图版一七三，7），外半部最大长 GLI 为 47.55 毫米，内半部最大长 GLm 43.04 毫米，外半部最大厚 DI 为 26.5 毫米，内半部最大厚 DM 为 24.8 毫米，远端最大宽 Bd 为 30.09 毫米。

梅花鹿体型较大，又集群生活，易被发现，自古就是人类主要的狩猎对象。梅花鹿现在此地消失，人类的过渡猎获以及长期大规模地砍伐森林、拓垦土地，使梅花鹿的生境遭到毁灭性的破坏，这是导致野生梅花鹿在我国濒于绝灭的最根本原因。

29. 牛亚科（Bovinae Gill，1872）

仅保留右侧下颌体后半段唇侧部分 1 片（G14：D9），属仰韶晚期。

标本 G14：D9 为右侧下颌体后半段唇侧部分 1 件（图版一七四，1），没有牙齿，无法鉴定到种属。保留长度为 146.6 毫米，宽 75 毫米。

30. 黄羊（Procpapra guttuosa）

右角 1 件（G4：D117）；右坐骨 1 件（H268：D18）；右胫骨近端 1 件（G4：D119）；右跖骨远段 1 件（H17：D10）。

标本 G4：D117 为右角 1 件（图版一七四，2），角尖部断失，且有一圈明显的环切痕迹。角呈扁圆柱形，左右侧扁平，向后缓缓弯曲，角面布满窄而密集的纵向沟肋。保存最大长度 137.79 毫米，角基部前后径 37.6 毫米，左右径 27.17 毫米。

标本 G4：D119 为右胫骨近端 1 件，保留长度为 40.73 毫米，近端最大宽 Bp 为 37.34 毫米。

标本 H17：D10 为右跖骨远段 1 件（图版一七四，3），其背侧正中的纵沟较羚羊的宽，滑车间切迹向上的延伸较羚羊的长。保留长度 75.11 毫米，远端最大宽 Bd 为 23.66 毫米。

黄羊广泛分布在草原和荒漠草原，特别喜欢栖息在平原丘陵地形的草原地区，现多分布在内蒙古、甘肃和陕北的榆林、靖边、神木。数量很少，可能为偶获的野生动物。

31. 山羊亚科（Caprinae Gill，1872）

仅保留右 Dp3－m1 的牙齿 1 段（H31：D4）。

标本 H31：D4 为仅保留右 Dp3－m1 的牙齿 1 段（图版一七四，4），m1 磨蚀轻微，为一青年个体。

我国确定为家养羊的时代晚至龙山晚期[①]。由于出土标本数量太少且保存较差，未见完整的下颌骨，我们暂且将此标本归为野生种类。

第三节　各遗迹单位动物骨骼保存分布情况

H4

中华圆田螺：11 个。

---

① 黄蕴平：《动物骨骼数量分析和家畜驯化发展初探》，见河南省文物考古研究所编《动物考古（第Ⅰ辑）》，文物出版社，2010 年。

H4②

狗：左第Ⅱ掌骨 1 件 H4②：D1。

家猪：带有 p3、Dp4、m1 的左下颌 1 件 H4②：D2；左肱骨残段 1 件 H4②：D3。

H4⑤

梅花鹿：左胫骨近端 1 件 H4⑤：D1；坐骨残块 1 件 H4⑤：D2。

H6

中华圆田螺：46 个。

獐：右掌骨远端 1 件 H6：D1。

H8

鸟：胫骨残段 1 件 H8：D1。

狗：右肱骨残段 1 件 H8：D2。

幼猪：近远端骨骺脱落的右肱骨 1 件 H8：D3；近远端骨骺脱落的左尺骨 1 件 H8：D4。

家猪：游离门齿 2 枚 H8：D5、D6；左下颌骨 1 件 H8：D7；右胫骨远段 1 件 H8：D8；右腓骨残段 1 件 H8：D9。

H9

獐：右股骨近端 1 件 H9：D1。

H11

家猪：保留有颧突和右颞骨的头骨残片 1 件 H11：D1；右下颌 1 件 H11：D2；带有 p3、Dp4 的右下颌 1 件 H11：D3；右股骨残段 1 件 H11：D4。

H12

中华圆田螺：7 个。

背瘤丽蚌：左半壳 1 件 H12：D1。

鲶鱼：左胸鳍 1 件 H12：D2。

中华鳖：肩胛骨残段 1 件 H12：D3；带有肋板的右侧背甲 1 件 H12：D4。

鸟：右股骨残段 1 件 H12：D5。

兔：左肩胛骨残片 1 件 H12：D6。

狗：左下颌 1 件 H12：D7。

家猪：游离残齿 1 件 H12：D8；左侧颧突残段 1 件 H12：D9；左侧额骨残块 1 件 H12：D10；寰椎 1 件 H12：D11；带有 M1－M3 的右上颌骨 1 件 H12：D12；带有 p4－m2 的左下颌骨 1 件 H12：D13；左侧肱骨远段 3 件 H12：D14、D16；骨骺脱落的右肱骨远段 2 件 H12：D17、D18；左尺骨残段 1 件 H12：D19；右尺骨近端 1 件 H12：D20；右尺骨残段 1 件 H12：D21；左桡骨近段 1 件 H12：D22；完整的左第Ⅱ掌骨 1 件 H12：D23；右髋臼 1 件 H12：D24；左坐骨残段 1 件 H12：D25；左股骨残段 1 件 H12：D26；近端骨骺脱落的左跟骨 1 件 H12：D27；完整的左第 2 节趾骨 1 件 H12：D28，有烧痕。

獐：下颌角残片 1 件 H12：D29；左肱骨近段 1 件 H12：D30；完整的左第 1 节指（趾）骨 1 件 H12：D31。

梅花鹿：左右角残段各 1 件 H12：D32、D33；带有 Dp4－m1 的右下颌 1 件 H12：D34；左肩胛骨残段 2 件 H12：D35、D36；左肱骨近端 1 件 H12：D37；骨骺愈合中的左盆骨残段 1 件 H12：D38；左胫骨远段 1 件 H12：D39；完整的左髌骨 1 件 H12：D40；残左距骨 1 件 H12：D41。

H13

中华圆田螺：1 个。

中华竹鼠：左肱骨远端 1 件 H13：D1。

家猪：带有 P2 - P4 的残左上颌骨 1 段 H13：D2；游离门齿 1 枚 H13：D3；右腓骨近端 1 段 H13：D4。

H14

中华圆田螺：1 个。

家猪：远端骨骺脱落的右第Ⅳ掌骨 1 件 H14：D1。

梅花鹿：左尺骨残段 1 件 H14：D2；左胫骨远段 1 件 H14：D3；完整的左跟骨 1 件 H14：D4；完整的左距骨 1 件 H14：D5。

H17

中华圆田螺：32 个。

家猪：左侧枕髁及茎突 1 件 H17：D1；右侧颞骨颧突 1 件 H17：D2；左下颌骨残段 1 件 H17：D3，有烧痕；右肩胛骨残段 2 件 H17：D4、D5；右第Ⅳ掌骨近段 1 件 H17：D6；右肱骨残段 1 件 H17：D7；盆骨残块 1 件 H17：D8；右股骨残段 1 件 H17：D9，有烧痕。

黄羊：右跖骨远段 1 件 H17：D10。

H21

中华圆田螺：43 个。

家猪：带有 m1 的右下颌 1 件 H21：D1。

H22

狗：右肱骨近段 1 件 H22：D1。

H23

大嘴乌鸦：左尺骨远段 1 件 H23：D1。

家猪：带有 p3、Dp4、m1 的右下颌 1 件 H23：D2。

H24

家猪：保留有顶骨、枕骨及颞嵴的残头骨 1 件 H24：D1；带有 m1 的左下颌骨 1 件 H24：D2。

梅花鹿：保留有枕骨及左颞骨的残头骨 1 件 H24：D3；保存有鼓泡及右颞骨的残头骨 1 件 H24：D4；顶骨残块 1 件 H24：D5；完整的左距骨 1 件 H24：D6。

H26

家猪：左下颌骨残段 2 件 H26：D1、D2；游离雄性左犬齿 1 枚 H26：D3；游离门齿 1 枚 H26：D4；右肩胛骨远段 1 件 H26：D5；左胫骨骨干残段 1 件 H26：D6。

梅花鹿：枢椎 1 件 H26：D7。

H29

环颈雉：右肩胛骨近段 2 件 H29：D1、D2。

中华竹鼠：右尺骨近段 1 件 H29 : D3。

家猪：右第Ⅳ跖骨近段 1 件 H29 : D4；左下颌骨残段 1 件 H29 : D20。

獐：带有 P4 – M3 的左上颌 1 件 H29 : D5；带有 m2 – m3 的左下颌 1 件 H29 : D6；右桡骨近段 1 件 H29 : D7；完整的右第 1 节指（趾）骨 1 件 H29 : D8；右眼眶骨残段 1 件 H29 : D21。

梅花鹿：鹿角残片 1 件 H29 : D9；左下颌上升枝残片 1 件 H29 : D10；带有 p2、p4、m1 的左下颌 1 件 H29 : D11；左肩胛骨近段残片 1 件 H29 : D12；左尺、桡骨近段残段各 1 件 H29 : D13、D14；右肱骨近端 1 件 H29 : D15；左股骨近端 1 件 H29 : D16；左股骨远端 1 件 H29 : D17；右股骨远端 1 件 H29 : D18；左胫骨骨干残段 1 件 H29 : D19。

H31

草兔：右侧盆骨、股骨远段、胫骨远段各 1 件 H31 : D1 – D3，股骨、胫骨远端骨骺均脱落。

羊：带有 p3、Dp4、m1 的右下颌 1 件 H31 : D4。

H32

中华圆田螺：3 个。

蚌：右侧残片 1 件 H32 : D1。

狗獾：带有 P3 – M1 的右上颌 1 件 H32 : D2。

家猪：带有 m1 的左下颌 1 件 H32 : D3；右肩胛骨远段 1 件 H32 : D4；左髂骨残段 1 件 H32 : D5；胫骨近端 1 件 H32 : D6。

梅花鹿：角残段 1 件 H32 : D7；左肩胛骨残段 1 件 H32 : D8。

H33

中华鳖：上板 1 件 H33 : D1。

狗：左胫骨近段 1 件 H33 : D2。

家猪：带有 P1 – P4 的左上颌 1 件 H33 : D3；左鼻骨 1 件 H33 : D4；带有 Dp4 – m2 的左下颌 1 件 H33 : D5；左下颌残片 1 件 H33 : D6；带有 Dp4 – m1 的右下颌骨 1 件 H33 : D7；游离右下犬齿 1 枚 H33 : D8；左肩胛骨 1 件 H33 : D9；左肱骨骨干残段 1 件 H33 : D10；左肱骨远段 1 件 H33 : D11；左尺骨骨干残段 1 件 H33 : D12；右第Ⅳ掌骨近段 1 件 H33 : D13；左髋骨残段 1 件 H33 : D14；左髂骨残段 1 件 H33 : D15；左股骨骨干残段 1 件 H33 : D16；左胫骨骨干残段 2 件 H33 : D17、D18；右胫骨骨干残段 1 件 H33 : D19；左腓骨残段 1 件 H33 : D20；左第Ⅲ跖骨 1 件 H33 : D21，远端骨骺脱落。

H34

獐：左肩胛骨远段 1 件 H34 : D1。

H35

家猪：带有 P2 – P3 的左上颌 1 件 H35 : D1；游离右下犬齿 1 件 H35 : D2。

H36

圆顶珠蚌：左半壳 1 件 H36 : D1。

家猪：左下颌支残片 1 件 H36 : D2；左胫骨骨干残段 1 件 H36 : D3。

梅花鹿：角残段 1 件 H36 : D4；左角盘残段 1 件 H36 : D5。

H38

雕鸮：右尺骨骨干残段 1 件 H38：D1。

家猪：左侧带有 i2、p2－m3，右侧带有 i2、p3－m3 的基本完整的下颌骨 1 件 H38：D2；左盆骨 1 件 H38：D3；脱落的右股骨头 1 件 H38：D4；脱落的右股骨远端关节面 1 件 H38：D5。

H41

梅花鹿：带有左枕髁的枕骨残块 1 件 H41：D1；右肩胛骨远段 1 件 H41：D2；右肱骨远端 1 件 H41：D3；左股骨头及左股骨骨干残段各 1 件 H41：D4、D5；右胫骨远段 2 件 H41：D6、D7。

H42

鸟：左尺骨残段 1 件 H42：D1。

大嘴乌鸦：左右肩胛骨远段各 1 件 H42：D2、D3。

褐家鼠：右盆骨 1 件 H42：D15。

家猪：左颧骨 1 件 H42：D12；左游离犬齿 1 枚 H42：D13；左侧带有 i1、p1－p3、Dp4、m1，右侧带有 p2、p3、Dp4、m1 的基本完整的下颌骨 1 件 H42：D4；带有 m1 的右下颌 1 件 H42：D5；左肩胛骨残片 1 件 H42：D6；左尺骨残段 1 件 H42：D7；左第Ⅳ掌骨 1 件 H42：D8；右盆骨 1 件 H42：D9；左腓骨远段 1 件 H42：D10；右第Ⅳ跖骨 1 件 H42：D11。

獐：带有 p3、Dp4、m1－m2 的右下颌 1 件 H42：D14。

H45

家猪：保留有额骨、顶骨及枕骨的残头骨 1 件 H45：D1；保留有左额骨及颧骨颞突的残头骨 1 件 H45：D2；左颧骨颞突 2 件 H45：D3、D4；右颧骨颞突 2 件 H45：D5、D6；左右鼻骨残段各 1 件 H45：D7、D8；右额骨 1 件 H45：D9；左侧带有 C、P2－P3，右侧带有 C、P2－M3 的上颌骨 1 件 H45：D10；带有 C、DP2－DP4、M1 的左上颌 1 件 H45：D11；带有 M2 的右上颌 1 件 H45：D12；左侧带有 i1－i2、c、p2－m3，右侧带有 i1－i2、c、p3－m3 的基本完整下颌骨 1 件 H45：D13；带有 p2－p3、Dp4、m1－m2 的左下颌骨 1 件 H45：D14；带有 p2、Dp4、m1 的左下颌 1 件 H45：D15；带有 Dp4－m1 的右下颌 1 件 H45：D16；带有 Dp4－m2 的右下颌 1 件 H45：D17；带有 m1－m2 的右下颌 1 件 H45：D18；下颌残片 3 件 H45：D19～D21；左肩胛骨远段 1 件 H45：D22，其远端骨骺未愈合；左肩胛骨残段 2 件 H45：D23、D24；右肩胛骨远段 1 件 H45：D25；右肩胛骨残段 3 件 H45：D26～D28；一个个体的左肱骨头及近端结节各 1 件 H45：D29；右肱骨 1 件 H45：D30，近端骨骺未愈合，远端骨骺刚刚愈合；左尺桡骨各 1 件 H45：D31，尺骨近端骨骺未愈合，骨骺脱落，桡骨近远端骨骺均未愈合，远端骨骺脱落；右尺桡骨各 1 件 H45：D32，尺骨近远端骨骺均未愈合，骨骺均脱落，桡骨近端骨骺刚刚愈合，远端骨骺未愈合，骨骺脱落；右第Ⅳ、Ⅴ掌骨各 1 件 H45：D33、D34；基本完整的右盆骨 1 件 H45：D35；荐椎 1 件 H45：D36；左右股骨骨干各 1 件 H45：D37、D38；右股骨残段 1 件 H45：D39；骨骺脱落的右股骨远段 1 件 H45：D40；左右髌骨各 1 件 H45：D41、D42；左右胫骨各 1 件 H45：D43、D44，近端骨骺均未愈合，右胫骨近端骨骺脱落，远端骨骺均刚刚愈合；左胫骨残段 1 件 H45：D45；右跟骨距骨各 1 件 H45：D46、D47，跟骨近端骨骺脱落；左中央跗骨 1 件 H45：D48；跗骨残块 2 件 H45：D49、D50；左右第Ⅲ、Ⅳ跖骨各 1 件 H45：D51～D54；头骨残块 10 件 H45：D56～D65。

梅花鹿：左尺骨残段 1 件 H45∶D55。

H47

中华圆田螺：20 个。

H52

家猪：左下颌 1 件 H52∶D1；带有 p2、p3、Dp4、m1 的右下颌 1 件 H52∶D2；带有 m1 – m3 的右下颌 1 件 H52∶D3；远端骨骺脱落的右股骨远段 1 件 H52∶D4。

梅花鹿：右桡骨骨干残段 1 件 H52∶D5。

H58

家猪：左肱骨骨干残段 1 件 H58∶D1；近远端骨骺均脱落的左股骨骨干 1 件 H58∶D2。

H59

家猪：额骨颧突 1 件 H59∶D1；带有 DP3 – DP4、M1 的右上颌骨 1 件 H59∶D2。

H60

家猪：保留有顶骨、枕骨的残头骨骨片 1 件 H60∶D1；带有 DP3 – DP4、M1 的右上颌 1 件 H60∶D2；右肩胛骨残段 1 件 H60∶D3。

H61

家猪：保留有顶骨、枕骨的残头骨骨片 1 件 H61∶D1；左额骨 1 件 H61∶D2；脱落的右胫骨近端骨骺 1 件 H61∶D3；左坐骨残段 1 件 H61∶D4。

H62

家猪：完整的后肢骨骨架 1 具 H62∶D1，包括左右盆骨各 1 件，左右股骨近远端骨骺均未愈合，右侧股骨近端骨骺脱落；胫骨近端骨骺均未愈合，右侧近端骨骺脱落，远端骨骺已愈合；腓骨近端骨骺均未愈合，左侧近端骨骺脱落，远端骨骺已经愈合；跟骨近端骨骺基本愈合；尾椎3 件。

H65

狗：左股骨近段 1 件 H65∶D1。

梅花鹿：保留有角盘的右鹿角 1 件 H65∶D2，属于自然脱落。

H66

家猪：游离下门齿 1 枚 H66∶D1；左肩胛骨 1 件 H66∶D2，远端骨骺未愈合。

梅花鹿：保留有角柄、角盘的左鹿角 1 件 H66∶D3；鹿角残段 1 块 H66∶D4。

H76

环颈雉：左胫骨骨干残段 1 件 H76∶D1。

狗：左胫骨远段 1 件 H76∶D2，有烧痕。

家猪：保留有左额骨、顶骨、枕骨、左枕髁及左颞骨颞突的残头骨 1 件 H76∶D3；保留有额骨、顶骨、枕骨及左颞骨颧突的残头骨 1 件 H76∶D4；保留有顶骨、枕骨的残头骨骨片 1 件 H76∶D5；左茎突 1 件 H76∶D6；带有 P2 – M3 的左上颌 1 件 H76∶D7；带有 P1、P3 – M2 的右上颌 1 件 H76∶D8；下颌联合部 1 件 H76∶D9；带有 p3 – m3 的左下颌 1 件 H76∶D10；带有 Dp3 – m1 的左下颌 1 件 H76∶D11；左下颌残段 1 件 H76∶D12；带有 p2 – m2 的右下颌 1 件

H76：D13；带有 Dp3 - m1 的右下颌 1 件 H76：D14；游离下门齿 1 件；带有 Dp3 - m1 的左下颌 1 件 H76：D15；左尺骨残段 1 件 H76：D16，近端骨骺未愈合，骨骺脱落；左桡骨 1 件 H76：D17，远端骨骺未愈合，骨骺脱落；右桡骨骨干残段 1 件 H76：D18；左股骨骨干残段 1 件 H76：D19；右胫骨骨干残段 2 件 H76：D20、D21，其中标本 H76：D20 有烧痕及咬痕。

梅花鹿：残角 1 件 H76：D22；左跖骨近端 1 件 H76：D23；跖骨残片 1 件 H76：D24。

H77

鱼：鳃盖骨 1 件 H77：D1。

狗：左第Ⅳ掌骨近段 1 件 H77：D2。

家猪：保留有右侧额骨及顶骨的残头骨骨片 1 件 H77：D3；带有 Dp4 - m1 的左下颌 1 件 H77：D4；带有 m1 的左下颌 1 件 H77：D5；骨骺脱落的右股骨远段 1 件 H77：D6；左胫骨骨干残段 1 件 H77：D7。

H78

家猪：带有 m2 - m3 的左下颌 1 件 H78：D1；左尺骨中部残段 1 件 H78：D2；左髂骨残段 1 件 H78：D3。

梅花鹿：保留有角盘的鹿角 1 件 H78：D4。

H83

家猪：带有 P4 - M3 的左上颌 1 件 H83：D1；下颌联合部 1 件 H83：D2；带有 m1 - m2 的左下颌 1 件 H83：D3；带有 Dp4 的右下颌 1 件 H83：D4；右桡骨骨干残段 1 件 H83：D5；左右腓骨远段各 1 件 H83：D6、D7。

H84

家猪：带有 Dp3 - m1 的左下颌 1 件 H84：D1；左盆骨 1 件 H84：D2；右胫骨骨干 1 件 H84：D3，近远端骨骺均脱落。

H86

狗：带有 p2 - p3 的右下颌 1 件 H86：D1。

家猪：幼猪左尺骨近段 1 件 H86：D2，近端骨骺脱落；右坐骨残段 1 件 H86：D3；左胫骨骨干残段 1 件 H86：D4。

獐：左肩胛骨 1 件 H86：D5；左肱骨 1 件 H86：D6。

梅花鹿：保留有角柄、角盘及眉枝的额骨 1 件 H86：D7；鹿角残段 2 件 H86：D8、D9；鹿角残块 3 件 H86：D10 ~ D12；带有 P2 - M3 的右下颌 1 件 H86：D13；完整的左跟骨 1 件 H86：D14。

H87

狗：属于同一个个体的残骨架 1 具 H87：D1，包括基本完整的头骨 1 件，带有 i3、c、p1、p2、p4 - m2 的左下颌 1 件，带有 i3、p2 - m1 的右下颌 1 件，肩胛骨残段 1 件，右肩胛骨远段 1 件，近端骨骺正在愈合中的右肱骨 1 件，左尺桡骨各 1 件，第Ⅳ掌骨 1 件。另有左尺骨骨干残段 1 件 H87：D2，近端骨骺脱落；右胫骨骨干 1 件 H87：D3，近远端骨骺均脱落。

家猪：保留有右额骨、顶骨、颞骨及颧突的头骨块 1 件 H87：D4；右颞骨 1 件 H87：D5；右下颌角 1 件 H87：D6；游离残 Dp4 牙齿 1 枚 H87：D7；右股骨骨干 1 件 H87：D8，近远端骨骺均脱落；

左第 1 节指（趾）骨 1 件 H87：D9。

H88

中华竹鼠：左尺骨中段 1 件 H88：D2。

草兔：左股骨远段 1 件 H88：D1。

家猪：左下颌角残片 1 件 H88：D3；游离下门齿 1 枚 H88：D4。

狍：左桡骨远段 1 件 H88：D5；左股骨骨干残段 1 件 H88：D6。

梅花鹿：保留有角柄、角盘及眉枝的右额骨 1 件 H88：D7；保留有右角柄、角盘的残头骨 1 件 H88：D8；保留有角盘的左角残段 1 件 H88：D9；鹿角残块 6 块 H88：D16～D21，其中 1 件有啮齿动物咬痕；头骨残片 1 件 H88：D10；左尺桡骨残段各 1 件 H88：D11、D12，均有咬痕；左股骨远段 1 件 H88：D13；右跟骨近段 1 件 H88：D14，近端骨骺脱落，且有咬痕；完整的右距骨 1 件 H88：D15。

H91

雪雁：左肱骨远段 1 件 H91：D1。

草兔：右肱骨远段 1 件 H91：D2；右胫骨远段 1 件 H91：D3。

家猪：右顶骨 1 件 H91：D4；右枕骨 1 件 H91：D5；左茎突 1 件 H91：D6；左额骨 1 件 H91：D7；寰椎残段 1 件 H91：D8；游离门齿 3 枚 H91：D9～D11；带有 m1 的右下颌 1 件 H91：D12；带有 p3－m3 的右下颌 1 件 H91：D13；左肩胛骨残段 1 件 H91：D14；右肩胛骨残段 2 件 H91：D15、D16；左肱骨骨干残段 2 件 H91：D17、D18；左尺骨骨干残段 1 件 H91：D19；左盆骨残段 1 件 H91：D20；右股骨远端 1 件 H91：D21，远端骨骺未愈合；右腓骨残段 2 件 H91：D22、D23；右第Ⅲ、Ⅳ跖骨各 1 件 H91：D24、D25。

獐：左肩胛骨远段 1 件 H91：D26；左右肱骨远段各 1 件 H91：D27、D28；右股骨近段 1 件 H91：D29。

梅花鹿：右股骨远段 1 件 H91：D30。

H92②

家猪：带有 DP2－M1 的左上颌 1 件 H92②：D1；带有 m1 的左下颌 1 件 H92②：D2；左肩胛骨残段 1 件 H92②：D3。

梅花鹿：保留有角盘及眉枝的右角 1 件 H92②：D4；保留有眉枝、第二分支的右角残段 1 件 H92②：D5；右股骨骨干残段 1 件 H92②：D6。

H92④

家猪：带有 m1 的右下颌残块 1 件 H92④：D1；左肱骨远段 1 件 H92④：D2。

梅花鹿：鹿角残段 2 件 H92④：D3、D4。

H92⑥

蚌：蚌壳残片 1 件 H92⑥：D1。

家猪：带有 P2－P3、M2－M3 的左上颌 1 件 H92⑥：D2；左右肩胛骨残段各 1 件 H92⑥：D3、D4；左肱骨骨干 1 件 H92⑥：D5，近远端骨骺均脱落；左肱骨远段 1 件 H92⑥：D6；左胫骨远段 1 件 H92⑥：D10。

梅花鹿：保留有顶骨及枕骨的残头骨 1 件 H92⑥：D7；左角柄残段 1 件 H92⑥：D8；左股骨远

端 1 件 H92⑥：D9。

H101

家猪：左右侧均带有 p4 – m3 的下颌骨 1 件 H101：D1。

梅花鹿：鹿角残块 1 件 H101：D2。

H102

家猪：保留有顶骨、枕骨、右颞骨及颧突的头骨残块 1 件 H102：D1；左侧带有 m1、m2，右侧带有 p4 – m3 的下颌骨 1 件 H102：D2；左肱骨近段 1 件 H102：D3，近端骨骺正在愈合中。

梅花鹿：右角盘 1 件 H102：D4；鹿角残段 2 块 H102：D5、D6。

H105

中华竹鼠：左尺骨骨干残段 1 件 H105：D1。

狗：左第Ⅱ、Ⅲ、Ⅳ、Ⅴ跖骨各 1 件 H105：D2 ~ D5；右腓骨 1 件 H105：D6。

家猪：带有 DP3 – M2 的左上颌 1 件 H105：D7；左第Ⅳ掌骨 1 件 H105：D8，远端骨骺脱落。

梅花鹿：右肩胛骨残片 1 件 H105：D9；左桡骨近端残块 1 件 H105：D10；右髂骨残段 1 件 H105：D11。

H107

家猪：带有 Dp3 – m1 的左下颌 1 件 H107：D1；左肱骨骨干残段 1 件 H107：D2；左桡骨骨干残段 1 件 H107：D3，远端骨骺脱落；右第Ⅳ掌骨 1 件 H107：D4，远端骨骺脱落；右盆骨残段 1 件 H107：D5；左胫骨骨干残段 1 件 H107：D6；左腓骨残段 1 件 H107：D7。

H112

家猪：右鼻骨 1 件 H112：D1；右泪骨 1 件 H112：D2；带有 M2 – M3 的左上颌 1 件 H112：D3；左肩胛骨残段 1 件 H112：D4；右肱骨骨干残段 1 件 H112：D5；右盆骨 1 件 H112：D6；右髂骨残段 1 件 H112：D7；左胫骨 1 件 H112：D8。

H114

大嘴乌鸦：左胫骨远段 1 件 H114：D1；左胫骨骨干 1 件 H114：D2。

家猪：左颞骨 1 件 H114：D3；带有 m2 的左下颌 1 件 H114：D4；带有 Dp4 – m2 的右下颌 1 件 H114：D5；带有 Dp3 – m1 的右下颌 1 件 H114：D6；右胫骨近段 1 件 H114：D7，近端骨骺脱落。

獐：右桡骨近段残段 1 件 H114：D8，有咬痕。

梅花鹿：保留有角柄的左额骨 1 件 H114：D9；保留有角盘及眉枝的右角 1 件 H114：D10；带有 m1 – m2 的左下颌 1 件 H114：D11；左下颌角残片 1 件 H114：D12；右肩胛骨远段 1 件 H114：D13；右胫骨近段 1 件 H114：D14，近端骨骺刚刚愈合；右胫骨远段 1 件 H114：D15；完整的右跟骨 1 件 H114：D16。

H120

家猪：带有 i2、i3、p2 – m3 的右下颌 1 件 H120：D1；左胫骨骨干残段 1 件 H120：D2。

梅花鹿：左肱骨近端 1 件 H120：D3。

H130

猫：右胫骨近段 1 件 H130：D1。

狗：右盆骨 1 件 H130：D2。

家猪：带有 m2 的右下颌骨 1 件 H130：D3；带有 m2 的左下颌骨残段 1 件 H130：D4；游离下门齿 1 枚 H130：D5；右肱骨远段 1 件 H130：D6；左股骨骨干 1 件 H130：D7，近远端骨骺均脱落。

H133

大嘴乌鸦：属于同一个体的残骨架 1 具 H133：D1，包括残头骨、上颌骨、下颌骨、左右肩胛骨各 1 件、右喙骨 1 件、左肱骨近段 1 件、右肱骨 1 件、左尺骨 1 件、右尺骨远段 1 件、左右掌骨各 1 件。

H138

家猪：带有 P2 - M2 的左上颌 1 件 H138：D1；带有 m2 - m3 的右下颌 1 件 H138：D2；左肩胛骨残段 1 件 H138：D3。

H140

草兔：带有 i1、p3 - m2 的左下颌 1 件 H140：D1；左肩胛骨远段 1 件 H140：D2；左肱骨骨干残段 1 件 H140：D3；左盆骨残段 1 件 H140：D4；左股骨近段 1 件 H140：D5；右股骨骨干 1 件 H140：D6，近远端骨骺均脱落；左右胫骨各 1 件 H140：D7、D8，近端骨骺均脱落，远端骨骺正在愈合中；左第 V 跖骨 1 件 H140：D9。

幼猪：保留有左额骨、左顶骨、枕骨、左颞骨及颧突的头骨块 1 件 H140：D10。

家猪：保留有额骨、顶骨、枕骨、泪骨、颞骨及颧突的头骨块 1 件 H140：D11。

梅花鹿：带有 p2 - m2 的左下颌 1 件 H140：D12；左盆骨残段 1 件 H140：D13。

H153

圆顶珠蚌：属同一个个体的左右侧蚌壳各 1 件 H153：D1。

蚌：蚌壳残片 3 件 H153：D2 ~ D4。

鸟：右桡骨近段 1 件 H153：D5。

褐家鼠：右侧带有 M1 - M3 的头骨 1 件 H153：D6；左胫骨 1 件 H153：D7。

狗獾：保留有左侧额骨及顶骨的头骨骨片 1 件 H153：D8；右胫骨 1 件 H153：D9。

家猪：幼猪残顶骨 1 件 H153：D10；残额骨 1 件 H153：D11；带有左茎突的枕髁 1 件 H153：D12；带有颧突的左颞骨残段 2 件 H153：D13、D14，有烧痕；带有颧突的右颞骨残段 1 件 H153：D15；右颧突残段 1 件 H153：D16，有烧痕；左上颌骨残段 2 件 H153：D17、D18，均有烧痕；带有 DP3 - DP4 的左上颌 1 件 H153：D19；带有 C、DP2 - M1 的右上颌 1 件 H153：D20，有烧痕；带有 m1 - m2 的左下颌 1 件 H153：D21；带有 Dp3 - m1 的右下颌 1 件 H153：D22；带有 Dp3 - m2 的右下颌 1 件 H153：D23；带有 Dp3 - m1 的右下颌 1 件 H153：D24；下颌残片 3 件 H153：D25 ~ D27，其中 1 件有烧痕；游离门齿 3 件 H153：D28 ~ D30；游离下犬齿 1 枚 H153：D31；左右髂骨残段各 1 件 H153：D32、D33，其中 1 件有烧痕；右股骨骨干残段 1 件 H153：D34，有咬痕；左胫骨近远段各 1 件 H153：D35、D36；左胫骨骨干残段 1 件 H153：D37；左腓骨残段 1 件 H153：D38；跖骨远段 1 件 H153：D39；第 1 节指（趾）骨近段 1 件 H153：D40。

獐：带有 p4 - m3 的右下颌 1 件 H153：D41；左股骨残段 1 件 H153：D42，有烧痕；左坐骨 1 件 H153：D43；右盆骨 1 件 H153：D44。

梅花鹿：鹿角残块 14 件 H153：D52 ~ D65；左肩胛骨远段 1 件 H153：D45；肩胛骨残片 3 件 H153：D46 ~ D48，其中 1 件有烧痕；右肱骨远端 1 件 H153：D49；左桡骨远段 1 件 H153：D50，远端骨骺刚刚愈合；第 1 节指骨 1 件 H153：D51。

H162

家猪：带有 M1 - M2 的左上颌 1 件 H162：D1；下颌联合残段 1 件 H162：D2；游离下门齿 1 枚 H162：D3；右肩胛骨残段 1 件 H162：D4；左第 Ⅲ 掌骨 1 件 H162：D5；右第 Ⅱ 跖骨 1 件 H162：D6；左右第 Ⅳ 跖骨各 1 件 H162：D7、D8，右跖骨远端骨骺脱落。

H164

中华圆田螺：48 个。

家猪：带有 Dp4 - m1 的左下颌 1 件 H164：D1。

H165

家猪：幼猪额骨 1 件 H165：D1；右颞骨颧突 1 件 H165：D2；左颌前骨 1 件 H165：D3；左下颌残段 1 件 H165：D4；左下颌体残段 1 件 H165：D5；左肩胛骨远段 1 件 H165：D6；左肩胛骨残段 1 件 H165：D7；左第 Ⅲ 跖骨 1 件 H165：D8，远端骨骺脱落。

H166

家猪：带有 M3 的右上颌 1 件 H166：D1；左尺骨 1 件 H166：D2。

梅花鹿：鹿角残段 4 件 H166：D3 ~ D6。

H178

家猪：保留有右额骨及顶骨的残头骨骨片 1 件 H178：D1；带有 P1、P3 - M1 的左上颌 1 件 H178：D2；右肱骨骨干残段 2 件 H178：D3、D4；右尺骨 1 件 H178：D5。

H183

狗：左侧带有 c、m1，右侧带有 p4 - m1 的下颌骨 1 件 H183：D1。

家猪：带有 P4 - M3 的右上颌 1 件 H183：D2；带有 m2 - m3 的左下颌 1 件 H183：D3；游离下门齿 1 枚 H183：D4；右肩胛骨远段 1 件 H183：D5；右髂骨 1 件 H183：D6。

H184

家猪：带有 c、p1 - p2 的右下颌 1 件 H184：D1；游离残犬齿 1 枚 H184：D2；右肩胛骨远段 1 件 H184：D3；肩胛骨残片 1 件 H184：D7；左肱骨骨干残段 1 件 H184：D4；右肱骨远段 1 件 H184：D5；右胫骨骨干残段 1 件 H184：D6。

H190

家猪：带有 M1 - M2 的左上颌 1 件 H190：D1；右肩胛骨残段 2 件 H190：D2、D3。

H191

秃鹫：左肱骨骨干残段 1 件 H191：D1，有锯痕。

中华竹鼠：游离门齿残段 1 件 H191：D2。

家猪：头骨残块 3 件 H191：D3 ~ D5；带有 DP4 的左上颌 1 件 H191：D6；右下颌 1 件 H191：D7；左肩胛骨残片 1 件 H191：D8；右尺骨骨干残段 1 件 H191：D9；左桡骨远段 1 件 H191：D10，远端骨骺正在愈合中；右桡骨远端 1 件 H191：D11，远端骨骺正在愈合中；左盆骨残块 1 件

H191：D12；右盆骨残块 4 件 H191：D13 ~ D16；左右胫骨骨干残段 2 件 H191：D17、D18，其中 1 件
近端骨骺脱落；左跟骨 1 件 H191：D19；右第Ⅲ掌骨近端 1 件 H191：D20。

獐：右股骨头 1 件 H191：D27；右股骨远端 1 件 H191：D28。

梅花鹿：保留有角柄、角盘及角干残段的右额骨残块 1 件 H191：D21；保留有角盘及眉枝的左
角 1 件 H191：D22，属于自然脱落；鹿角残段 1 件 H191：D23；左盆骨残段 2 件 H191：D24、D25；
左距骨 1 件 H191：D26。

H191②

大嘴乌鸦：右胫骨远端 1 件 H191②：D1。

家猪：保留右残顶骨和右残枕骨的头骨 1 件 H191②：D2；右颞骨颧突 1 件 H191②：D3；左鼻
骨 1 件 H191②：D4；右颌前骨 1 件 H191②：D5；带有 P4 - M2 的残左上颌骨 1 段 H191②：D6；带
有 P2 - M1 的右上颌骨 1 件 H191②：D7；带有 Dp2、Dp4 的残左下颌骨 1 段 H191②：D8；带有 c、
p4 - m2 的左下颌骨 1 件 H191②：D9；带有 Dp2 - m1 的左下颌骨 1 件 H191②：D10；残左肩胛骨 1
件 H191②：D11；右距骨 2 件 H191②：D12、D13。

獐：右残髂骨 1 段 H191②：D14；左股骨远端关节面 1 件 H191②：D15；右股骨近端 2 件 H191
②：D16、D17；左胫骨远端 1 件 H191②：D18。

梅花鹿：保留有角柄、角盘及残角干的左额骨 1 件 H191②：D19；保留有残角盘及眉枝的左角
1 件 H191②：D20；残分枝 1 段 H191②：D21；残角块 2 块 H191②：D22、D23；带有 m2 - m3 的残
右下颌骨 1 段 H191②：D24；右股骨远端 1 件 H191②：D25。

H193

狗：带有 c、p1 - p4、m2 的左下颌骨 1 件 H193：D1。

家猪：保留残顶骨及残枕骨的头骨 1 件 H193：D2；左颞骨及颧突 1 件 H193：D3；右残鼻骨 1
件 H193：D4；左颌前骨 1 件 H193：D5；带有 P1 - P4 的左上颌骨 1 件 H193：D6；左侧带有 i2，右侧
带有 i2、p2 - m2 的残下颌骨 1 段 H193：D7；左侧带有 i1 - i2，右侧带有 i1 - i2、c 的残下颌骨 1 段
H193：D8；带有 m1 - m2 的左下颌骨 1 件 H193：D9；残左下颌骨 2 件 H193：D10、D11；带有 m3 的
右下颌骨 1 件 H193：D12；残右下颌骨 3 件 H193：D13 ~ D15；寰椎 1 件 H193：D16；残左肩胛骨 2
件 H193：D17、D18；残右肩胛骨 2 件 H193：D19、D20；残左肱骨骨干 2 段 H193：D21、D22；左肱
骨远端 1 件 H193：D23；残左盆骨 1 件 H193：D24；右胫骨骨干 1 段 H193：D25。

H196

中华圆田螺：56 个。

H214

家猪：游离下门齿 1 枚 H214：D1；右肱骨残段 1 件 H214：D2，近端骨骺脱落；右肱骨远端 1
件 H214：D3；右尺骨残段 1 件 H214：D4；一个个体的左右盆骨各 1 件 H214：D5；右股骨近远端骨
干残段各 1 件 H214：D6、D7，近远端骨骺均已脱落。

梅花鹿：左胫骨近段 1 件 H214：D8，近端骨骺正在愈合中，且有烧痕。

H216

家猪：带有 m3 的左下颌 1 件 H216：D1；左侧带有 i1 - i3、c、m1 - m3，右侧带有 i1 - i3、c、 m3 的下颌骨 1 件 H216：D2；残下颌骨 2 件 H216：D3、D4。

H217

家猪：左肱骨远端 1 件 H217：D1。

H218

家猪：带有 P4 - M2 的右上颌骨 1 件 H218：D1；左侧带有 i1 - i2，右侧带有 i1 - i2、c、p2 - m3 的下颌骨 1 件 H218：D2。

H220

褐家鼠：头骨残块 1 件 H220：D1；左右侧均带有 M1 的上颌骨 1 件 H220：D2。

幼猪：保留有额骨、顶骨、鼻骨、左右颞骨及颧突的头骨残块 1 件 H220：D3；保留有部分额骨及顶骨的头骨残块 1 件 H220：D4；左顶骨 1 件 H220：D5；保留有右额骨及顶骨的头骨残块 1 件 H220：D6；右额骨 2 件 H220：D7、D8；右颞骨及颧突 1 件 H220：D9；右枕髁 2 件 H220：D10、D11；顶骨 1 件 H220：D12；带有 DP3 的左上颌 1 件 H220：D13；左上颌残段 1 件 H220：D14；右上 DP3 单齿 1 枚 H220：D15；左右侧均带有 i1、Dp3 - Dp4 的下颌骨 2 件 H220：D16、D17；带有 Dp4 的左下颌 1 件 H220：D18；左肩胛骨 1 件 H220：D19；左右肱骨骨干各 2 件 H220：D20 ~ D23；左尺骨骨干 1 件 H220：D24；右尺骨骨干 2 件 H220：D25、D26；左桡骨骨干 2 件 H220：D27、D28；右桡骨骨干 1 件 H220：D29；左盆骨 1 件 H220：D30；左右股骨骨干各 1 件 H220：D31、D32；左胫骨骨干 2 件 H220：D33、D34；右胫骨骨干 1 件 H220：D35；左腓骨骨干 1 件 H220：D36。以上四肢骨骨骺均脱落；头骨残片 18 件 H220：D42 ~ D59。

家猪：左尺骨骨干残段 1 件 H220：D37；右尺骨近段 1 件 H220：D41，近端骨骺正在愈合。

獐：左跟骨 1 件 H220：D38；左侧第 1、2 节指（趾）骨各 1 件 H220：D39、D40。

H227

鲤鱼：咽喉齿 1 件 H227：D1。

圆顶珠蚌：基本完整的左右蚌壳各 1 件 H227：D2、D3；左侧蚌壳残片 3 件 H227：D4 ~ D6；右侧蚌壳残片 2 件 H227：D7、D8。

中华竹鼠：左尺骨骨干残段 1 件 H227：D9。

草兔：左盆骨残段 1 件 H227：D10。

家猪：带有 C、P2 的左上颌 1 件 H227：D11；带有 m2 - m3 的右下颌 1 件 H227：D12；左下颌角残片 1 件 H227：D28；幼猪的左肱骨骨干残段 3 件 H227：D13 ~ D15，其中 1 件有咬痕；右侧坐骨残片 1 件 H227：D16；左右胫骨远段各 1 件 H227：D17、D18；左腓骨残段 1 件 H227：D19；右距骨残块 1 件 H227：D20；右距骨远段 1 件 H227：D21；右桡骨骨干 1 件 H227：D16，近远端骨骺均脱落。

獐：带有 P3 - P4 的右上颌 1 件 H227：D22；带有 M2 - M3 的右上颌 1 件 H227：D23。

梅花鹿：带有 Dp2 - m1 的右下颌 1 件 H227：D24；右下颌支 1 件 H227：D25；左盆骨 1 件 H227：D26；左股骨近段 1 件 H227：D27。

H228

家猪：保留有顶、枕骨的残头骨骨片 1 件 H228：D1；残左顶骨 1 件 H228：D2；右颧突 1 件

H228：D3；右颌前骨 1 件 H228：D4；带有 P2 - M3 的右上颌骨 1 件 H228：D5；残右肩胛骨远端 1 件 H228：D6；右肱骨近端 1 件 H228：D7；残右尺骨 1 件 H228：D8；左桡骨骨干 2 段 H228：D9、D10；左右胫骨骨干各 1 段 H228：D11、D12；右股骨骨干 1 件 H228：D13；残左髂骨 1 件 H228：D14；残左坐骨 2 件 H228：D15、D16；左第Ⅲ掌骨 1 件 H228：D17；左右第Ⅳ跖骨各 1 件 H228：D18、D19；右第Ⅱ跖骨 1 件 H228：D20。

梅花鹿：残左肩胛骨 1 件 H228：D21。

H234

家猪：左枕髁 1 件 H234：D1；残下颌联合体 1 件 H234：D2；带有 Dp3 - m1 的左下颌骨 2 件 H234：D3、D4；残左下颌角 1 件 H234：D5；游离左门齿 1 枚 H234：D6；游离下颌门齿 1 枚 H234：D7；残左肩胛骨 1 件 H234：D8；残左盆骨 1 件 H234：D9；残左掌骨骨干 1 段 H234：D10。

梅花鹿：残角 1 段 H234：D11；右距骨 1 件 H234：D12。

H235

中华竹鼠：完整的右下颌 1 件 H235：D1。

梅花鹿：保留角环及第一残眉枝的右角 1 件 H235：D2（切痕）。

H237

鸟：左桡骨骨干 1 段 H237：D1；右桡骨近端 1 件 H237：D2。

草兔：左胫骨近端 1 件 H237：D3。

狗：左肱骨骨干 1 件 H237：D4。

家猪：带有 p3 - m1 的残右下颌 1 件 H237：D5；带有 m1 - m2 的左下颌骨 1 件 H237：D6；右下颌骨 1 件 H237：D7；残右下颌骨 1 段 H237：D8；左肩胛骨 1 件 H237：D9；残右尺骨 1 件 H237：D10。

梅花鹿：左掌骨近、远端各 1 件 H237：D11、D12。

H238

圆顶珠蚌：左半壳 2 件 H238：D109、D110。

幼猪：带有 Dp4 的下颌骨 1 件 H238：D1；残左下颌骨 1 件 H238：D2；左肩胛骨 1 件 H238：D3；左右肱骨骨干各 1 件 H238：D4、D5；右桡骨骨干 1 件 H238：D6；左胫骨骨干 2 件 H238：D7、D8；右胫骨骨干 1 件 H238：D9；左右股骨骨干各 1 件 H238：D10、D11。以上四肢骨骨骺均脱落。

家猪：保留有额骨、顶骨、左右颞骨颧突的头骨残块 1 件 H238：D12；保留有右颞骨颧突、左右枕髁的头骨残块 1 件 H238：D13；保留额骨及残顶骨的残头骨骨片 2 件 H238：D14、D15；残左顶骨 1 件 H238：D16；残右茎突 1 件 H238：D17；右颞骨颧突 2 件 H238：D18、D19；右颞骨颧突 2 件 H238：D20、D21；带有 P3 - M1 的左上颌骨 1 件 H238：D22；带有 P1 - P3 的残左上颌骨 2 件 H238：D23、D24；带有 M2 - M3 的左上颌骨 1 件 H238：D25；带有 M1 - M3 的左上颌骨 1 件 H238：D26；带有 P2 - M3的右上颌骨 1 件 H238：D27；带有 M1 - M2 的残右上颌骨 1 件 H238：D28；左侧带有 i1、c、p3 - m3，右侧带有 i1 - i2、c、p2 - m2 的完整下颌骨 1 件 H238：D29；带有 m1 - m2 的残左下颌骨 2 件 H238：D30、D31；带有 m3 的残左下颌骨 1 件 H238：D32；带有 p3 - m3 的右下颌骨 1 件 H238：D33；左肩胛骨 1 件 H238：D34；右肩胛骨 4 件 H238：D35 ~ D38；左肱骨远端 3 件 H238：D39 ~ D41；右肱骨远端 2 件 H238：D42、D43；右肱骨近端关节面 1 件 H238：D44；左尺骨 2

件 H238：D45、D46；左桡骨 2 件 H238：D47、D48；右桡骨 1 件 H238：D49；右桡骨骨干 1 件 H238：D50；左胫骨 2 件 H238：D51、D52；左胫骨骨干 1 件 H238：D53；右胫骨 2 件 H238：D54、D55；左腓骨 1 件 H238：D56；左腓骨骨干 1 段 H238：D57；右腓骨远端 1 件 H238：D58；右腓骨近端 2 件 H238：D59、D60；左肱骨 2 件 H238：D61、D62；右肱骨 2 件 H238：D63、D64；残左盆骨 2 件 H238：D65、D66；左髂骨 1 件 H238：D67；左坐骨 2 件 H238：D68、D69；残右盆骨 1 件 H238：D70；右髂骨 2 件 H238：D71、D72；右坐骨 2 件 H238：D73、D74；盆骨残块 5 件 H238：D75 ~ D79；左跟骨 3 件 H238：D80 ~ D82；右跟骨 2 件 H238：D83、D84；左右距骨各 1 件 H238：D85、D86；左第Ⅳ、Ⅴ掌骨各 1 件 H238：D87、D88；右第Ⅱ掌骨 3 件 H238：D89 ~ D91；左第Ⅵ跖骨 2 件 H238：D92、D93；左第Ⅲ跖骨 2 件 H238：D94、D95；右第Ⅳ跖骨 3 件 H238：D96 ~ D98；右第Ⅲ跖骨 2 件 H238：D99、D100；第 2、3 节指（趾）骨各 1 件 H238：D101、D102。

獐：带有 m1 - m2 的残左下颌骨 1 段 H238：D103。

梅花鹿：保留有角柄、角盘及残角干的左额骨 1 件 H238：D104；残角 2 段 H238：D105、D106；左肱骨远端 1 件 H238：D107；右胫骨近端 1 件 H238：D108。

H249①

鸟：右跖骨骨干残段 1 件 H249①：D1。

家猪：带有 m2 的右下颌 1 件 H249①：D2；左肱骨远段 1 件 H249①：D3，远端骨骺正在愈合中；左肱骨骨干残段 1 件 H249①：D4；右尺骨残段 1 件 H249①：D5，有咬痕；右桡骨近段 1 件 H249①：D6。

獐：右上颌 1 件 H249①：D7。

梅花鹿：右肱骨远段 1 件 H249①：D8。

H254

家猪：左颞骨颞突 1 件 H254：D1；带有 p4 - m2 的残左下颌骨 1 段 H254：D2；带有 p1 - p4 的右下颌骨 1 段 H254：D3；右桡骨骨干 1 段 H254：D4；右胫骨骨干 1 段 H254：D5；左髂骨 1 件 H254：D6。

獐：右胫骨远端 1 件 H254：D7。

梅花鹿：残角 1 段 H254：D8；带有 p3 - m3 的右下颌骨 1 件 H254：D9；第 1 节指（趾）骨 1 件 H254：D10。

H258

家猪：带有 Dp4 - m1 的左下颌骨 1 件 H258：D1；左髂骨 1 件 H258：D2。

H259

家猪：残左下颌骨 2 段 H259：D2、D3；寰椎 1 件 H259：D1；右坐骨 1 件 H259：D5；右胫骨骨干 1 段 H259：D4。

H268

鸟：残右肩胛骨 1 件 H268：D1。

狗：带枕髁的残枕骨 1 件 H268：D2。

家猪：右枕髁 1 件 H268：D3；残左额骨 1 件 H268：D4；带有 C、P1 - P3 的左上颌骨 1 件 H268：D5；带有 p4 - m3 的左下颌骨 1 件 H268：D6；下颌游离门齿 3 枚 H268：D7 ~ D9；残右

盆骨 2 件 H268：D10、D11；残左髂骨 1 件 H268：D12；左腓骨近端 1 件 H268：D13；残左跟骨 1 件 H268：D14；残左距骨 1 件 H268：D15；残跖骨远端 2 件 H268：D16、D17。

黄羊：右坐骨 1 件 H268：D18。

獐：右肩胛骨 1 件 H268：D19；左肱骨远端 1 件 H268：D20。

梅花鹿：保留有残角盘及眉枝的左角 2 件 H268：D21、D22；保留有残角盘及残角干的鹿角 1 件 H268：D23；保留有角柄的残右额骨 1 件 H268：D24；残角 2 段 H268：D25、D26；残头骨 5 块 H268：D27 ~ D31（1 块有咬痕）；带有 P4 - M3 的右上颌骨 1 件 H268：D32；带有 m3 的左下颌骨 1 件 H268：D33；残右下颌骨 1 段 H268：D34；左下颌角 1 件 H268：D35；残左肩胛骨 2 段 H268：D36、D37；残右肩胛骨 1 段 H268：D38；左肱骨远端 1 件 H268：D39；左桡骨近端 1 件 H268：D40；残左盆骨 1 件 H268：D41；左股骨远端 1 件 H268：D42；右股骨近端 1 件 H268：D43；左距骨 1 件 H268：D44；右距骨 2 件 H268：D45、D46；右第 2 节指骨 2 件 H268：D47、D48；左第 3 节指骨 1 件 H268：D49。

H269

家猪：带有 P3 - M1 的右上颌骨 1 件 H269：D1；左肩胛骨 1 件 H269：D2。

梅花鹿：残角 1 段 H269：D3。

H273

家猪：带有 P3 - M2 的左上颌骨 1 件 H273：D1；带有 i1 - i2，Dp2 - Dp4 的左下颌骨 1 件 H273：D2；带有 m2 - m3 的右下颌骨 1 件 H273：D3；右肱骨 1 件 H273：D4；残右盆骨 1 件 H273：D5；右跟骨 1 件 H273：D6；左第Ⅳ掌骨 1 件 H273：D7；右第 1 节趾骨 1 件 H273：D8。

H277

狗：残头骨 1 件 H277：D1；右颌前骨 1 件 H277：D2；左肩胛骨 1 件 H277：D3；左肱骨远端 1 件 H277：D4；左肱骨近端 1 件 H277：D5；右尺骨骨干 1 段 H277：D6；右第Ⅳ跖骨 1 件 H277：D7。

家猪：保留有顶骨、枕骨及左颞骨颧突的残头骨 1 件 H277：D8；保留有右颞骨及颧突的头骨残块 1 件 H277：D9；右残茎突 1 件 H277：D10；带有 M1 的右上颌骨及颞骨颧突 1 件 H277：D11；带有 P3 - M2 的右上颌骨 1 件 H277：D12；带有 P4 - M2 的右上颌骨 1 件 H277：D13；左侧带有 i2、Dp2 - m1，右侧带有 i2、Dp4、m1 的基本完整的下颌骨 1 件 H277：D14；残下颌联合体 2 件 H277：D15、D16；残左下颌骨 2 件 H277：D17、D18；左残肩胛骨 2 件 H277：D19、D20；左肱骨远端 2 件 H277：D21、D22；右肱骨远端 4 件 H277：D23 ~ D26；右尺骨近、远端各 1 件 H277：D27、D28；右桡骨近端 2 件 H277：D29、D30；腓骨干 4 段 H277：D31 ~ D34；残右盆骨 1 件 H277：D35；左坐骨 1 件 H277：D36；残右髂骨 1 件 H277：D37；左股骨骨干 1 件 H277：D38；右股骨远端 1 件 H277：D39；右股骨骨干 1 段 H277：D40；左胫骨近端 1 件 H277：D41；右胫骨骨干 1 段 H277：D42。

梅花鹿：右胫骨远端 1 件 H277：D43。

H283

家猪：额骨 1 件 H283：D1；右额骨 1 件 H283：D2；带有 DP4 - M1 的左上颌骨 1 件 H283：D3；带有 m1 - m3 的右下颌骨 1 件 H283：D4；带有 p3 - m3 的右下颌骨 1 件 H283：D5；游离下门齿 1 枚

H283：D6；残右肩胛骨 1 件 H283：D7；左右肱骨骨干各 1 件 H283：D8、D9；右第Ⅳ跖骨 1 件 H283：D10。

H290

家猪：保留有顶骨及枕骨的残头骨 1 件 H290：D1；枢椎 1 件 H290：D2；带有 m1 - m2 的左下颌骨 1 件 H290：D3；带有 Dp2 - m1 的右下颌骨 1 件 H290：D4；左右肩胛骨各 1 件 H290：D5、D6；左胫骨骨干 1 件 H290：D7；右髂骨 1 件 H290：D8；左股骨骨干 2 件 H290：D9、D10；右股骨骨干 1 件 H290：D11；右股骨远端关节面 1 件 H290：D12。

梅花鹿：残角 1 块 H290：D13；左股骨骨干 1 段 H290：D14。

H291

中华圆田螺：2 个。

圆顶珠蚌：右半壳 1 件 H291：D1。

雪雁：左肱骨远端 1 件 H291：D2。

家猪：残右枕骨 1 件 H291：D3；左茎突 1 件 H291：D4；左颞骨颞突 1 件 H291：D5；右额骨 1 件 H291：D6；左泪骨 1 件 H291：D7；左鼻骨 2 件 H291：D8、D9；带有 DP4 - M2 的左上颌骨 1 件 H291：D10；带有 P3 - M2 的左上颌骨 1 件 H291：D11；带有 C、P3 - M2 的左上颌骨 1 件 H291：D12；带有 P1 - M3 的左上颌骨 1 件 H291：D13；残下颌联合体 1 件 H291：D14；带有 c 的左下颌骨 1 段 H291：D15；带有 c、p2 - p3 的左下颌骨 1 段 H291：D16；带有 Dp3 - m1 的左下颌骨 1 件 H291：D17；带有 m1 - m2 的左下颌骨 1 件 H291：D18；残左下颌骨 1 件 H291：D19；带有 C、p1、p3 - m3 的右下颌骨 1 件 H291：D20；游离门齿 6 枚 H291：D21 ~ D26；左右残肩胛骨各 1 件 H291：D27、D28；左肱骨近端 2 件 H291：D29、D30；右肱骨骨干 2 段 H291：D31、D32；右尺骨 1 件 H291：D33；右尺骨骨干 2 段 H291：D34、D35；左桡骨近、远端各 1 件 H291：D36、D37；右桡骨近端 1 件 H291：D38；右髂骨 1 件 H291：D39；左右股骨骨干各 1 段 H291：D40、D41；右股骨远端关节面 1 件 H291：D42；左胫骨骨干 2 段 H291：D43、D44。

梅花鹿：残角块 2 件 H291：D45、D46。

H293

家猪：残下颌联合体 1 件 H293：D1；带有 Dp4 - m1 的右下颌骨 1 件 H293：D2；残左尺骨 1 件 H293：D3；左髂骨 1 件 H293：D4；右胫骨骨干 1 段 H293：D5。

梅花鹿：保留有角柄、角盘及眉枝的右角 1 件 H293：D6；残枢椎 1 件 H293：D10；（砍痕）左肱骨远端 1 件 H293：D7；残掌骨骨干 1 件 H293：D8；右侧掌骨近端（锯痕）1 件 H293：D9；右桡骨近端（锯痕）1 件 H293：D11；左胫骨近端 1 件 H293：D12；右胫骨远端（锯痕）1 件 H293：D13；左侧残跖骨近端 1 件 H293：D14。

H296

草兔：完整的左胫骨 1 件 H296：D1；完整的右股骨 1 件 H296：D2。

狗：左尺、桡骨各 1 件 H296：D3、D4；左盆骨 1 件 H296：D5；右髂骨 1 件 H296：D6；右胫骨 1 件 H296：D7；残右腓骨 1 段 H296：D8；左右股骨各 1 件 H296：D9、D10；右第Ⅳ掌骨 1 件 H296：D11。以上四肢骨骨骺均脱落。

家猪：残右颞骨颞突 1 件 H296：D12；右额骨 1 件 H296：D13；寰椎 1 件 H296：D14；右肩胛骨

1 件 H296：D15；左股骨骨干 1 段 H296：D16。

H299

金雕：左尺骨 1 件 H299：D1。

家猪：左右额骨、顶骨、残颞骨颧突及泪骨各 1 件 H299：D2、D3；残下颌联合体 1 件 H299：D4；带有 m1－m2 的残左下颌骨 1 件 H299：D5；左肱骨近端 1 件 H299：D7；左桡骨近端 1 件 H299：D6；残腓骨骨干 1 段 H299：D8。

獐：左掌骨近端 1 件 H299：D9。

梅花鹿：带有 P4－M2 的残左上颌骨 1 段 H299：D10；右胫骨远端 1 件 H299：D11；右第 1 节指（趾）骨 1 件 H299：D12。

H300

家猪：残下颌联合体 2 件 H300：D1、D2；游离门齿 1 枚 H300：D3。

梅花鹿：左肱骨远端 1 件 H300：D4。

H301

家猪：带有 p3－m3 的左下颌骨 1 件 H301：D1；左下颌角 3 件 H301：D2～D4；带有 m2－m3 的右下颌骨 2 件 H301：D5、D6；右肩胛骨 1 件 H301：D7；左肱骨 1 件 H301：D8；右肱骨近端 1 件 H301：D9；残左尺骨 2 件 H301：D10、D11。

梅花鹿：右第 1 节指（趾）骨 1 件 H301：D12。

H302

中华圆田螺：3 个。

中华竹鼠：左上门齿 1 件 H302：D1。

草兔：右肱骨 1 件 H302：D2；左胫骨近端 1 件 H302：D3。

狗：左桡骨 1 件 H302：D4。

家猪：保留有额骨、顶骨、枕骨、颞骨颧突、左泪骨及带有 P1－M2 的左上颌骨的残头骨 1 件 H302：D5；右颞骨颧突 1 件 H302：D6；左侧带有 P2 及颌前骨，右侧带有 P2－P3 及颌前骨的残上颌骨 1 件 H302：D7；带有 DP4－M1 的左上颌骨 1 件 H302：D8；带有 P4、M1 的右上颌骨及颞骨颧突 1 件 H302：D9；带有 Dp3－Dp4 的左右下颌骨各 1 件 H302：D10、D11；带有 m3 的残右下颌骨 1 件 H302：D12；右下颌骨 1 件 H302：D28；游离门齿 3 枚 H302：D19～D21；左右残肩胛骨各 1 件 H302：D13、D14；右肱骨骨干 1 段 H302：D15；左右尺骨各 1 件 H302：D16、D17；右尺骨骨干 1 段 H302：D18；右胫骨骨干 2 件 H302：D22、D23；左腓骨近、远端各 1 件 H302：D24、D25；右腓骨 1 件 H302：D26。

梅花鹿：残角 1 块 H302：D27。

H303

草兔：左胫骨 1 件 H303：D1。

H306

家猪：残左下颌骨 1 件 H306：D1；带有 m3 的残右下颌骨 1 件 H306：D2；右下颌骨 2 件 H306：D3、D4。

H307

家猪：残鼻骨 1 件 H307：D1；左右残颌前骨各 1 件 H307：D2、D3；头骨残块 2 件 H307：D4、D5；残下颌联合体 1 段 H307：D6；游离门齿 2 枚 H307：D7、D8；左右肩胛骨各 1 件 H307：D9、D10；左颞骨颞突 1 件 H307：D11；左肱骨 1 件 H307：D12；左尺骨近、远端各 1 件 H307：D13、D14；左桡骨骨干 1 件 H307：D15；残左盆骨 2 件 H307：D16、D17；左右股骨骨干各 1 件 H307：D18、D19；右跟骨 1 件 H307：D20；左第Ⅳ掌骨 1 件 H307：D21；左第Ⅲ跖骨 1 件 H307：D22。

H311

家猪：左残鼻骨 1 件 H311：D1；左侧带有 p4 – m1，右侧带有 i1、i2、c、p3 的残下颌骨 1 件 H311：D2；残下犬齿 1 枚 H311：D3；残左盆骨 1 件 H311：D4。

獐：带有 Dp3 – m1 的残右下颌骨 1 件 H311：D5；残右胫骨骨干 1 件 H311：D6。

梅花鹿：保留有残角盘及残角干的鹿角 1 件 H311：D7；残角 1 块 H311：D8。

H313

狗：带有 c、p2 – m2 的右下颌骨 1 件 H313：D1；左股骨 1 件 H313：D2。

家猪：带有额骨及顶骨的残头骨骨片 1 件 H313：D3；右肩胛骨 1 件 H313：D4；左肱骨远端 1 件 H313：D5。

梅花鹿：残角 1 段 H313：D6。

H324

狗：带有 p3 的右下颌骨 1 件 H324：D1；左肩胛骨 1 件 H324：D2。

家猪：带有额骨、顶骨、枕骨及右颞骨颧突的残头骨 1 件 H324：D3；带有 M2 – M3 的左上颌骨 1 件 H324：D4；带有 P3 – M2 的左上颌骨 1 件 H324：D5；带有 P3 的左上颌骨 1 件 H324：D6；残联合体 2 件 H324：D7、D8；残右下颌骨 1 件 H324：D9。

獐：左桡骨近端 1 件 H324：D10。

H327

狗：带有 i1 – i2、c、p1 – p4、m2 的左下颌骨 1 件 H327：D1；带有 p2、m2 的左下颌骨 1 件 H327：D2；带有 i3、c、p2 – m2 的右下颌骨 1 件 H327：D3。

家猪：带有 P3 – P4、M2 – M3 的左上颌骨 1 件 H327：D4；带有 M2 – M3 的右上颌骨 1 件 H327：D5；带有 P2 – M1 的右上颌骨 1 件 H327：D6；右下颌角 1 件 H327：D7；残右下颌体 1 段 H327：D8；左髂骨 1 件 H327：D9；左胫骨骨干 1 段 H327：D10。

梅花鹿：残右肱骨远端 1 件 H327：D11。

H330

狗：左胫骨骨干 1 段 H330：D1。

家猪：残左下颌骨 1 段 H330：D2；残左肩胛骨 1 段 H330：D3；右肩胛骨 2 件 H330：D4、D5；右第Ⅳ跖骨 1 件 H330：D6。

H333

中华鼢鼠：右下颌骨 1 件 H333：D1。

中华竹鼠：右上门齿 1 枚 H333：D2。

环颈雉：左胫骨远端 1 件 H333：D3。

家猪：保留有右额骨及右顶骨的残头骨骨片 1 件 H333：D4；左颞骨颞突 1 件 H333：D5；残左下颌骨 2 件 H333：D6、D7；游离门齿 1 枚 H333：D8；左右残肩胛骨各 1 件 H333：D9、D10；左右肱骨远端各 1 件 H333：D11、D12；左盆骨 1 件 H333：D13；左桡骨骨干 1 件 H333：D14；左第Ⅳ掌骨 1 件 H333：D15；右第Ⅲ、Ⅳ掌骨各 1 件 H333：D16、D17；左第Ⅱ、Ⅳ跖骨各 1 件 H333：D18、D19；右第Ⅴ跖骨 1 件 H333：D20。

獐：右肩胛骨 3 件 H333：D21 ~ D23；连在一起的左尺、桡骨远端 1 件 H333：D24；右股骨远端 1 件 H333：D25；右跖骨远端 1 件 H333：D26。

狍：带眉枝的左角 1 件 H333：D27。

梅花鹿：残角 9 块 H333：D28 ~ D36；残右肩胛骨 1 段 H333：D37；右桡骨骨干 1 段 H333：D38。

H335

鸟：右侧趾骨 2 件 H335：D1、D2；残胫骨骨干 1 段 H335：D3。

幼狗：右侧带有 Dp4 的下颌骨 1 件 H335：D4；残右下颌骨 1 件 H335：D5；右肱骨 1 件 H335：D6；左右尺骨各 1 件 H335：D7、D8；右胫骨 1 件 H335：D9；以上骨骺均脱落。

狗：残头骨 1 件 H335：D10；带有 M2 的左右上颌骨各 1 件 H335：D11、D12；带有 c 的左下颌骨 1 件 H335：D13；带有 m1 – m2 的右残下颌骨 1 件 H335：D14；左右肩胛骨各 1 件 H335：D15、D16；右肱骨 1 件 H335：D17；左尺骨远端 1 件 H335：D18；右尺骨近、远端各 1 件 H335：D19、D20；左右桡骨远端各 1 件 H335：D21、D22；右股骨远端关节面 1 件 H335：D23；左右第Ⅳ、Ⅴ掌骨各 2 件 H335：D24 ~ D27；右第Ⅴ跖骨 1 件 H335：D28。

幼猪：保留有左枕髁及右茎突的残头骨 1 件 H335：D29；保留有残额骨及残顶骨的残头骨骨片 1 件 H335：D30；残顶骨 3 件 H335：D31 ~ D33；保留有右侧颞骨颧突及右侧鼓泡的残头骨 1 件 H335：D34；带有 Dp4 的左下颌骨 1 件 H335：D35；左肩胛骨 3 件 H335：D36 ~ D38；右肩胛骨 1 件 H335：D39；左右肱骨骨干各 2 件 H335：D40 ~ D43；左右尺骨各 1 件 H335：D44、D45；左桡骨 1 件 H335：D46；右桡骨 2 件 H335：D47、D48；左髂骨 1 件 H335：D49；左坐骨 1 件 H335：D50；左股骨 2 件 H335：D51、D52；右股骨 3 件 H335：D53 ~ D55；右股骨近端 1 件 H335：D56；左右胫骨各 1 件 H335：D57、D58。以上四肢骨骨骺均脱落。

家猪：带有 i2 – i3、c、Dp1 – m1 的右下颌骨 1 件 H335：D59；残跗跖骨 5 件 H335：D60 ~ D64；残左盆骨 1 件 H335：D65；右第 2、3 节指（趾）骨各 1 件 H335：D66、D67。

梅花鹿：右胫骨近、远端各 1 件 H335：D68、D69。

H336

褐家鼠：左肱骨骨干 1 段 H336：D12。

家猪：左额骨 1 件 H336：D1；带有 Dp3 – Dp4 的右下颌骨 1 件 H336：D2；带有 Dp4 的右下颌骨 1 件 H336：D3。

梅花鹿：右残枕髁（咬痕）1 件 H336：D4；残头骨 3 块 H336：D5 ~ D7；左肱骨近端 1 件 H336：D8；左桡骨远端关节面 1 件 H336：D9；左胫骨远端 1 件 H336：D10；左残距骨 1 件 H336：D11。

H337

中华竹鼠：左上门齿 1 件 H337：D1；完整的右尺骨 1 件 H337：D2。

家猪：残右颞骨颧突 1 件 H337：D3；残股骨头 1 件 H337：D4。

獐：残右坐骨 1 段 H337：D5；左胫骨远端 1 件 H337：D6；残左距骨远端 1 件 H337：D7。

梅花鹿：保留有角柄、角盘及眉枝的右额骨 1 件 H337：D8；保留有角盘的残角 1 块 H337：D9；残角 3 块 H337：D10 ~ D12；残左下颌骨 3 段 H337：D13 ~ D15；残左盆骨 1 件 H337：D16；残右髂骨 1 件 H337：D17；左股骨近端 1 件 H337：D18；左股骨远端关节面 1 件 H337：D19；右胫骨远端 1 件 H337：D20；右跟骨 1 件 H337：D21。

H344

苍鹭：完整的左桡骨 1 件 H344：D1。

家猪：保留有顶骨、枕骨及左颞骨颧突的残头骨 1 件 H344：D2；枕骨 1 件 H344：D3；保留有左颞骨颧突及左枕髁的残头骨 1 件 H344：D4；左颞骨颧突 1 件 H344：D5；右额骨 1 件 H344：D6；左右颌前骨各 1 件 H344：D7、D8；带有 P1 – M2 的左上颌骨及颞骨颧突 1 件 H344：D9；带有 C、P1 – M1 的右上颌骨 1 件 H344：D10；下颌联合体左侧残，右侧带有 c、Dp2 – m2 的下颌骨 1 件 H344：D11；带有 m2 – m3 的右下颌骨 1 件 H344：D12；左下犬齿 1 枚 H344：D13；游离下门齿 1 枚 H344：D14；残左肩胛骨 1 段 H344：D15；残肩胛骨 3 段 H344：D16 ~ D18；左肱骨远端 2 件 H344：D19、D20；右肱骨近端 1 件 H344：D21；左桡骨近端 1 件 H344：D22；右桡骨骨干 1 段 H344：D23；右髂骨 2 件 H344：D24、D25；右坐骨 1 件 H344：D26；左胫骨骨干 4 段 H344：D27 ~ D30；左腓骨近端 1 件 H344：D31；右股骨骨干 2 段 H344：D32、D33；右跟骨 1 件 H344：D34；左第Ⅱ掌骨 1 件 H344：D35；左第Ⅲ、Ⅴ跖骨各 1 件 H344：D36、D37。

H346

中华圆田螺：残片 2 件。

狗：左肩胛骨 1 件 H346：D1。

家猪：带有 P2 – M1 的左上颌骨 1 件 H346：D2；带有 m1 – m2 的右下颌骨 1 件 H346：D3；带有 m1 的残右下颌骨 1 件 H346：D4；右尺骨远端 1 件 H346：D5；左股骨远端 1 件 H346：D6；右第 3 节指（趾）骨 1 件 H346：D7；左上犬齿 1 枚 H346：D8。

H348

大嘴乌鸦：完整的右腕掌骨 1 件 H348：D1。

鸟：左喙骨骨干 1 段 H348：D2。

家猪：带有 Dp3 – Dp4 的左下颌骨 1 件 H348：D3；残右下颌角 2 件 H348：D4、D5；左肱骨远端 1 件 H348：D6；左尺骨骨干 1 段 H348：D7；右胫骨远端关节面 1 件 H348：D8；左腓骨远端 1 件 H348：D9。

梅花鹿：残额骨 1 件 H348：D10；左第 2 节指（趾）骨 1 件 H348：D11。

H351

家猪：保留有左残额骨、顶骨、枕骨及右残颞骨颧突的残头骨 1 件 H351：D1；保留有额骨、顶骨的残头骨骨片 1 件 H351：D2；寰椎 1 件 H351：D3；左侧带有 P2 – M2，右侧带有 P2 – M2 的上颌骨 1 件 H351：D4；带有 P2 - M2 的左上颌骨 1 件 H351：D5；左下颌角 1 件 H351：D6；左肩胛骨 1 件 H351：D7；残右肩胛骨 1 段 H351：D8；左股骨骨干 1 件 H351：D9；右腓骨近端 1 件 H351：D10。

H355

雪雁：完整的右肱骨 1 件 H355：D1。

鸬鹚：完整的腰荐骨及盆骨 1 件 H355：D2。

家猪：左侧带有 i2 - i3、c、m1 - m3，右侧带有 i2、m2 - m3 的基本完整的下颌骨 1 件 H355：D3。

梅花鹿：保留有角柄的左额骨 1 件 H355：D5；保留有角柄的残右额骨 1 件 H355：D6；保留有第 2 分枝的左角 1 件 H355：D7；角残块 15 块 H355：D8 ~ D22；左肩胛骨远端 2 件 H355：D23、D24；左胫骨远端 1 件 H355：D25；残右掌骨骨干 1 段 H355：D26；残左跖骨 1 段 H355：D27。

H363

家猪：带有 P3 - M2 的右上颌骨 1 件 H363：D1；游离下门齿 1 枚 H363：D2。

獐：右掌骨近端 1 件 H363：D3；残左盆骨 1 段 H363：D4；左跖骨骨干 1 段 H363：D5。

梅花鹿：右盆骨 1 件 H363：D6；右股骨近端 1 件 H363：D7。

H364

鸟：右肱骨远端 1 件 H364：D1；右股骨骨干 1 段 H364：D2。

秃鹫：右肱骨近端 1 件 H364：D3；左尺骨近端 1 件 H364：D4；左掌骨远端 1 件 H364：D5；右侧第 II 指的第 1 节指骨 1 件 H364：D6。

家猪：右颞骨颞突 1 件 H364：D7；左侧带有 C、P2 - M1，右侧带有 C、P2 - M1 的上颌骨 1 件 H364：D8。

獐：左肩胛骨 1 件 H364：D9；左股骨远端 1 件 H364：D10；左股骨近端 1 件 H364：D11；右股骨近端 1 件 H364：D12。

梅花鹿：残额骨 1 件 H364：D13；头骨残块 25 件 H364：D14 ~ D38；带有 M1 - M3 的右上颌骨 1 件 H364：D39；右股骨骨干 2 段 H364：D40、D41；左胫骨远端 1 件 H364：D42。

H367

家猪：带有 Dp3 - Dp4 的右下颌骨 1 件 H367：D1；带有 Dp4 - m1 的右下颌骨 1 件 H367：D2；带有 m2 的右残下颌骨 1 段 H367：D3；左残肩胛骨 2 件 H367：D4、D5；右残肩胛骨 1 件 H367：D6；右肱骨远端 1 件 H367：D7；左右残盆骨各 1 件 H367：D8、D9；左胫骨骨干 2 件 H367：D10、D11。

H368

草兔：右胫骨远端 1 件 H368：D1。

狗：带有 p3 的左下颌骨 1 件 H368：D2；左尺骨近端 1 件 H368：D3。

家猪：带有左枕髁、左茎突、鼓泡及左颞骨颧突的残头骨 1 件 H368：D4；右残下颌角 1 件 H368：D5；左肱骨远端 1 件 H368：D6；左右桡骨各 1 件 H368：D7、D8；左盆骨 1 件 H368：D9；左股骨远端 1 件 H368：D10；右股骨远端关节面 1 件 H368：D11；左第 III 掌骨 1 件 H368：D12；右第 IV 掌骨 1 件 H368：D13；右第 IV 跖骨 1 件 H368：D14；第 2 节指（趾）骨 1 件 H368：D15。

梅花鹿：残角 1 块 H368：D16；左胫骨骨干 1 段 H368：D17。

H375

草兔：右下颌骨 1 件 H375：D1。

狗：带有 p3 - p4、m2 的左下颌骨 1 件 H375：D2。

家猪：残右额骨 1 件 H375：D3；右颧骨颧突 1 件 H375：D4；左下颌骨 1 件 H375：D5；带有 Dp3 - Dp4 的右下颌骨 1 件 H375：D6；带有 m1 - m2 的右下颌骨 1 件 H375：D7；带有 m1、m3 的右下颌骨 1 件 H375：D8；残右肩胛骨 3 件 H375：D9 ~ D11；左肱骨远端 1 件 H375：D12；左肱骨骨干 2 段 H375：D13、D14；右肱骨骨干 1 件 H375：D15；左尺骨骨干 1 段 H375：D16；右坐骨 1 件 H375：D17；左股骨骨干 1 段 H375：D18；左胫骨骨干 1 段 H375：D19；左跟骨 1 件 H375：D20；左第 Ⅱ、Ⅳ 跖骨各 1 件 H375：D21、D22。

梅花鹿：残角 1 段 H375：D23。

H385

大嘴乌鸦：完整的左肱骨 2 件 H385：D1、D2；完整的左尺骨 4 件 H385：D3 ~ D6；完整的右桡骨 1 件 H385：D7；右股骨骨干 1 段 H385：D8；左胫骨近端 1 件 H385：D9。

家猪：保留有左枕髁、茎突的头骨残块 2 件 H385：D10、D11；保留有右枕髁、茎突及右颞骨颧突的残头骨 1 件 H385：D12；左顶骨 2 件 H385：D13、D14；右颞骨 1 件 H385：D15；左泪骨 1 件 H385：D16；带有 M1 - M3 的左上颌骨 1 件 H385：D17；带有 P3 - M1 的左上颌骨 1 段 H385：D18；带有 DP2 - DP3 的左上颌骨 1 件 H385：D19；带有 P4 - M1 的右上颌骨 1 件 H385：D20；带有 P4 - M2 的右上颌骨 1 段 H385：D21；带有 DP2 - DP3 的右上颌骨 1 件 H385：D22；右颌前骨 1 件 H385：D23；带有 c、Dp4 - m2 的左下颌骨 1 件 H385：D24；带有 p4 - m1 的左下颌骨 1 件 H385：D25；带有 Dp2 - m1 的右下颌骨 1 件 H385：D26；左下角 3 件 H385：D27 ~ D29；右下颌角 3 件 H385：D30 ~ D32；下颌残段 4 段 H385：D33 ~ D36；游离下门齿 7 枚 H385：D37 ~ D43；残左肩胛骨 1 件 H385：D44；残右肩胛骨 2 件 H385：D45、D46；左肱骨 2 件 H385：D47、D48；左肱骨骨干 1 段 H385：D49；右肱骨 1 件 H385：D50；右肱骨近、远端各 1 件 H385：D51、D52；右肱骨骨干 1 段 H385：D53；左右尺骨各 1 件 H385：D54、D55；左桡骨近端 1 件 H385：D56；左右髂骨各 1 件 H385：D57、D58；左胫骨近端关节面 1 件 H385：D59；左股骨骨干 2 段 H385：D60、D61；左第 Ⅴ 跖骨 1 件 H385：D62；残跖骨 2 段 H385：D63、D64。

獐：右上犬齿 1 枚 H385：D65；残右肩胛骨 1 段 H385：D66；左掌骨远端 1 件 H385：D67；残右盆骨 1 件 H385：D68；右股骨远端 1 件 H385：D69；左胫骨骨干 1 段 H385：D70；第 1 节指（趾）骨 2 件 H385：D71、D72。

梅花鹿：残角 3 块 H385：D73 ~ D75；右枕髁 2 件 H385：D76、D77；带有 m1 - m3 的残左下颌骨 1 件 H385：D78；带有 m2 - m3 的残右下颌骨 1 件 H385：D79；左肩胛骨远端 1 件 H385：D80；左肱骨近端关节面 1 件 H385：D81；右肱骨近端 1 件 H385：D82；左残尺骨 1 段 H385：D83；左掌骨远端 1 段 H385：D84；右盆骨 1 件 H385：D85；右股骨远端 1 件 H385：D86；右股骨近端 1 件 H385：D87；右股骨骨干 1 段 H385：D88；左胫骨近端 1 件 H385：D89；右胫骨近端 1 件 H385：D90。

H389

家猪：左肩胛骨 1 件 H389：D1。

梅花鹿：残角 1 段 H389：D2；左胫骨远端 1 件 H389：D3。

H391

梅花鹿：残角 1 段 H391：D1。

H395

鸟：右尺骨近端 1 件 H395：D1；残骨干 2 段 H395：D2、D3。

家猪：保留有右额骨及泪骨的头骨残块 1 件 H395：D4；右鼻骨 1 件 H395：D5；带有 P2 - P3 的左上颌骨 1 段 H395：D6；带有 Dp4 的左下颌骨 1 段 H395：D7；带有 m2 的右下颌骨 1 段 H395：D8；残右下颌角 2 件 H395：D9、D10；左下犬齿 1 枚 H395：D11；游离下门齿 1 枚 H395：D12；残右尺骨 1 段 H395：D13；右髂骨 2 件 H395：D14、D15；右坐骨 1 件 H395：D16；左股骨头 1 件 H395：D17；左股骨骨干 1 段 H395：D18；左胫骨近端 1 件 H395：D19；左右胫骨骨干各 1 件 H395：D20、D21；残右跟骨 1 件 H395：D22。

獐：残左肩胛骨 1 段 H395：D23；左坐骨 1 件 H395：D24；左胫骨骨干 1 段 H395：D25；左第 1 节指（趾）骨 2 件 H395：D26、D27。

梅花鹿：带有 m1 - m3 的右下颌骨 1 件 H395：D28；残右下颌骨 1 段 H395：D29；左桡骨远端 1 件 H395：D30；右股骨远端 2 件 H395：D31、D32；左距骨远端 1 件 H395：D33。

H402

褐家鼠：完整的右下颌骨 1 件 H402：D1。

鸟：右肩胛骨骨干 1 段 H402：D2；桡骨骨干 1 段 H402：D3。

家猪：右顶骨 1 件 H402：D4；右颞骨颧突 2 件 H402：D5、D6；带有 P3 - M1 的左上颌骨 1 件 H402：D7；带有 M1、M3 的左上颌骨 1 件 H402：D8；带有 P4 - M3 的左上颌骨 1 件 H402：D9；带有 m1 - m3 的左下颌骨 1 件 H402：D10；带有 p4 - m3 的左下颌骨 1 件 H402：D11；带有 p3 - m3 的左下颌骨 1 件 H402：D12；右下颌角 1 件 H402：D13；左下颌犬齿 1 枚 H402：D14；游离下门齿 2 枚 H402：D15、D16；残左肩胛骨 6 件 H402：D17 ~ D22；残右肩胛骨 1 件 H402：D23；左肱骨远端 3 件 H402：D24 ~ D26；右肱骨远端 2 件 H402：D27、D28；左尺骨 2 件 H402：D29、D30；左桡骨近端 1 件 H402：D31；右胫骨远端关节面 1 件 H402：D32；左右胫骨骨干各 1 段 H402：D33、D34；残腓骨骨干 4 段 H402：D35 ~ D38；右距骨 1 件 H402：D39；左第 Ⅱ、Ⅴ掌骨各 1 件 H402：D40、D41；右第Ⅳ、Ⅴ距骨各 1 件 H402：D42、D43；右下犬齿 1 枚 H402：D44。

獐：左股骨近端 1 件 H402：D45。

梅花鹿：保留有残角盘及眉枝的左右角各 1 件 H402：D46、D47；残角 6 块 H402：D48 ~ D53；左右肱骨近端各 1 件 H402：D54、D55。

G2

家猪：带有 Dp4 的左右下颌骨各 1 件 G2：D1、D2；带有 m1 的残右下颌骨 1 段 G2：D3；残左肩胛骨 1 段 G2：D4。

G4

中华圆田螺：89 个。

蚌：蚌壳残片 7 片 G4：D1 ~ D7。

鸟：残股骨骨干 1 段 G4：D8。

狗：左侧带有 I1 – I3、C、P1 – M2，右侧带有 P2 – M2 的残头骨 1 件 G4：D9；左侧带有 m1 – m2，右侧带有 p2、m1 – m2 的下颌骨 1 件 G4：D10；带有 p1 – m2 的残右下颌骨 1 件 G4：D11；头骨残块 11 块 G4：D12 ~ D22；完整枢椎 1 件 G4：D23；左肱骨远端 1 件 G4：D24；左尺骨近端 3 件 G4：D25 ~ D27；右尺骨近端 1 件 G4：D28；完整的左右桡骨各 1 件 G4：D29、D30；左桡骨远端 1 件 G4：D31；残左盆骨 1 件 G4：D32；右股骨远端 1 件 G4：D33；左胫骨近端 1 件 G4：D34；左胫骨骨干 1 段 G4：D35；右胫骨 1 件 G4：D36；残腓骨骨干 1 段 G4：D37；左第 II、III 掌骨各 1 件 G4：D38、D39；右第 II、III 跖骨各 1 件 G4：D40、D41。

家猪：保留有枕骨、枕髁及颞骨颧突的残头骨 1 件 G4：D42；保留有左额骨、顶骨及枕骨的头骨残块 1 件 G4：D43；保留有右额骨、顶骨及枕骨的头骨残块 1 件 G4：D44；保留有左残枕骨、左枕髁茎突、左顶骨、左颞骨颧突及左残额骨的残头骨 1 件 G4：D45；枕骨 1 件 G4：D46；右枕髁茎突 1 件 G4：D47；保留有左顶骨、左颞骨颧突及左额骨的残头骨 1 件 G4：D48；保留有右顶骨、右颞骨颧突及右额骨的头骨残块 1 件 G4：D49；额骨 1 件 G4：D50；左额骨 2 件 G4：D51、D52；左侧带有 P2 – M2，右侧带有 P2 – P3 的残上颌骨 1 段 G4：D53；带有 DP2 – M1 的左上颌骨 1 件 G4：D54；带有 P4 – M2 左上颌骨 1 件 G4：D55；带有 C、P2 – M1 右上颌骨 1 段 G4：D56；带有 M3 右上颌骨 1 段 G4：D57；带有 C、M1 右上颌骨 1 段 G4：D58；带有 P2 – M2 右上颌骨 1 件 G4：D59；左侧带有 i1、Dp3 – m1，右侧带有 Dp2 – m1 下颌骨 1 件 G4：D60；左侧带有 Dp4 – m1，右侧带有 Dp4 – m1 的残下颌骨 1 件 G4：D61；左侧带有 i1、p3 – m3 右侧带有 p1 – m3 的下颌骨 1 件 G4：D62；左侧带有 i1 – i2、c、m1 – m3，右侧带有 i2、c、p4 – m3 的下颌骨 1 件 G4：D63；带有 c、m1 的左下颌骨 1 件 G4：D64；左侧带有 i2 – i3，右侧带有 c、p4 – m1 的下颌骨 1 件 G4：D65；带有 Dp3 – Dp4 的左下颌骨 1 件 G4：D66；带有 Dp3 – m1 的左下颌骨 1 件 G4：D67；带有 Dp2 – m2 的左下颌骨 1 件 G4：D68；带有 m1 – m2 的残左下颌骨 1 段 G4：D69；带有 p2 – m3 的左下颌骨 1 件 G4：D70；带有 m2 的左下颌骨 1 段 G4：D71；带有 m3 的左下颌骨 2 件 G4：D72、D73；带有 i3、c 的右下颌骨 1 段 G4：D74；带有 Dp3 – Dp4 的右下颌骨 1 件 G4：D75；带有 Dp2 – m1 的右下颌骨 1 件 G4：D76；带有 m2 的右下颌骨 2 件 G4：D77、D78；带有 p2 – m2 的右下颌骨 1 件 G4：D79；带有 p2 – m3 的右下颌骨 1 件 G4：D80；带有 c、m3 的右下颌骨 1 件 G4：D81；右残下颌骨 1 件 G4：D82；左肩胛骨远端 2 件 G4：D83、D84；残右肩胛骨 3 件 G4：D85 ~ D87；左肱骨远端 3 件 G4：D88 ~ D90；左肱骨近端 2 件 G4：D91、D92；右肱骨骨干 2 段 G4：D93、D94；右肱骨远端 4 件 G4：D95 ~ D98；右尺骨 1 件 G4：D99；右桡骨骨干 3 件 G4：D100 ~ D102；残左盆骨 2 件 G4：D103、D104；残右盆骨 3 件 G4：D105 ~ D107；右髂骨 1 件 G4：D108；左股骨骨干 3 件 G4：D109 ~ D111；左胫骨骨干 3 件 G4：D112 ~ D114；左腓骨 1 件 G4：D115；右胫骨骨干 1 件 G4：D116；左尺骨远端 1 件 G4：D118。

黄羊：右角 1 件 G4：D117；右胫骨近端 1 件 G4：D119。

梅花鹿：带有 m1 – m3 的左下颌骨 1 件 G4：D120；左残肩胛骨 1 段 G4：D121；右肱骨远端 1 件 G4：D122；右桡骨 1 件 G4：D123。

G5

狗：带有 p1、p3 – p4 左残下颌骨 1 件 G5：D1。

家猪：左残上颌骨 1 件 G5：D2；左残下颌骨 1 段 G5：D3；右肱骨骨干 1 段 G5：D4；左右尺骨各 1 件 G5：D5、D6；右股骨骨干 1 段 G5：D7；右胫骨骨干 1 段 G5：D8。

G6①

环颈雉：右胫骨远端 1 件 G6①：D1。

中华竹鼠：右上门齿 1 件 G6①：D2。

草兔：右侧第Ⅳ跖骨 1 件 G6①：D3。

家猪：带有 M1 – M3 的左上颌骨 1 件 G6①：D4；带有 P2 – M2 的右上颌骨 1 件 G6①：D5；带有 i1 – i3、c、p1 – m1 及右 i1 的左下颌骨 1 件 G6①：D6；带有 Dp3 – m1 的右下颌骨 1 件 G6①：D7；左残下颌角 1 件 G6①：D8；右下犬齿 1 枚 G6①：D9；游离下颌门齿 1 枚 G6①：D10；左残盆骨 1 件 G6①：D11；右距骨 1 件 G6①：D12。

獐：右上犬齿 1 枚 G6①：13；右肱骨远端 1 件（烧）G6①：D14；左桡骨远端 1 件 G6①：D15。

梅花鹿：保留有角盘及眉枝的右角 1 件（砍痕）G6①：D16；左肱骨远端 1 件 G6①：D17；右残盆骨 1 件 G6①：D18。

G7

家猪：基本完整的幼猪骨架 1 具 G7：D1，包括完整的头骨 1 件、下颌骨 1 件、左右肩胛骨各 1 件、右肱骨 1 件、右尺骨 1 件、左盆骨 1 件、右髂骨 1 件、右股骨 1 件、左右胫骨各 1 件。基本完整的幼猪残骨架 1 具 G7：D2，包括残头骨 1 件、右残上颌 1 件、左右下颌各 1 件、左肩胛骨 1 件、左右肱骨各 1 件、左盆骨 1 件、右尺骨 1 件、右髂骨 1 件、左右股骨各 1 件。以上四肢骨骨骺全脱落。另有右肱骨 1 件 G7：D3；右侧第Ⅳ跖骨 1 件 G7：D4。

獐：完整的左肱骨 1 件 G7：D5。

G10

中华圆田螺：16 个。

家猪：保留有右残顶骨、枕骨的头骨残块 1 件 G10：D1；左顶骨 1 件 G10：D2；左额骨 1 件 G10：D3；带有 P3 – M2 的右上颌骨 1 件 G10：D4；左残下颌骨 2 件 G10：D5、D6；左侧带有 i1，右侧带有 p1 – p3 的残下颌骨 1 件 G10：D7；右残下颌骨 2 件 G10：D8、D9；寰椎 1 件 G10：D10；左肱骨 1 件 G10：D11；右肱骨 2 件 G10：D12、D13；左桡骨 1 件 G10：D14；右髂骨 1 件 G10：D15；右残坐骨 1 件 G10：D16；左股骨 2 件 G10：D17、D18；右股骨 1 件 G10：D19；左胫骨 3 件 G10：D20 ~ D22；右胫骨 1 件 G10：D23；左跟骨 1 件 G10：D24；左右第Ⅳ跖骨各 1 件 G10：D25、D26。

G11

中华圆田螺：30 个。

家猪：带有 m2 – m3 的残左下颌骨 1 件 G11：D1；左桡骨 1 件 G11：D2；左股骨骨干 1 段 G11：D3。

G13

中华圆田螺：102 个。

鸟：右尺骨骨干 2 段 G13：D1、D2。

狗：保留有右额骨、顶骨的头骨残块 1 件 G13：D3；带有 p4 – m2 的残左下颌骨 1 件 G13：D4；

残左肩胛骨 1 件 G13：D5。

　　家猪：带有 i1、m1 - m2 的残左下颌骨 1 件 G13：D6；带有 m1、m2 的残左下颌骨 1 件 G13：D7；带有 m1 - m2 的残左下颌骨 2 件 G13：D8、D9；带有 Dp4 - m1 的右下颌骨 1 件 G13：D10；带有 Dp4 - m2 的右下颌骨 1 件 G13：D11；带有 p4 - m3 的右下颌骨 1 件 G13：D12；带有 m2 的右下颌骨 1 件 G13：D13；右下颌骨 2 件 G13：D14、D15；左右残下颌角各 1 件 G13：D16、D17；左肩胛骨 1 件 G13：D18；残右肩胛骨 1 段（烧）G13：D19；左髂骨 1 件 G13：D20；残右坐骨 1 件 G13：D21；左股骨骨干 1 段 G13：D22；右胫骨 1 段 G13：D23；左右腓骨各 1 件 G13：D24、D25。

　　獐：右跗骨近端 1 件 G13：D26。

　　梅花鹿：左肩胛骨 1 段 G13：D27。

G14

　　家猪：带有 C、P1 - M1 的残左上颌骨 1 件 G14：D1；下颌残联合体 1 件 G14：D2；带有 m3 的残左下颌骨 1 件 G14：D3；残左下颌角 1 件 G14：D4。

　　梅花鹿：残角块 4 块 G14：D5 ~ D8。

　　牛：右残下颌骨 1 段 G14：D9。

G15

　　鸟：右胫骨近端 1 段 G15：D1。

　　环颈雉：右肱骨骨干 1 段 G15：D2。

　　狗：左侧带有 c、p1 - m2，右侧带有 p3 - m2 的下颌骨 1 件 G15：D3；带有 p2 - m2 的残左下颌骨 1 件 G15：D4；左肱骨骨干 1 段 G15：D5；左尺骨远端 1 段 G15：D6；左盆骨 1 件 G15：D7。

　　家猪：残头骨 1 件 G15：D8；左额骨、左顶骨、左颞骨颧突及带有 P4 - M1 的左上颌骨的残头骨 1 件 G15：D9；残左顶骨 1 件 G15：D10；右颞骨颧突 1 件 G15：D11；带有 P4 - M3 右上颌骨 1 件 G15：D12；左、右侧分别带有 Dp2 - m1 的下颌骨 1 件 G15：D13；左侧带有 m2，右侧带有 c 的残下颌骨 1 件 G15：D14；带有 m1 - m2 的右下颌骨 1 件 G15：D15；带有 Dp2 - m1 的右下颌骨 1 件 G15：D16；带有 Dp3、Dp4、m1 的右下颌骨 1 件 G15：D17；左下颌角 2 件 G15：D18、D19；右桡骨远端 1 件 G15：D20；左股骨远端关节面 1 件 G15：D21；右胫骨 1 件 G15：D22。

　　梅花鹿：右肩胛骨 1 段 G15：D23。

G16③

　　中华圆田螺：77 个。

　　狗：带有 p2 - m2 的右下颌骨 1 件 G16③：D1；完整的寰椎 2 件 G16③：D2、D3。

　　家猪：残左顶骨 1 件 G16③：D4；带有 P3 - M3 的左上颌骨 1 件 G16③：D5；带有 p3 - m3 的右下颌骨 1 件 G16③：D6；左右残肩胛骨各 1 件 G16③：D7、D8；右肱骨近端 1 件 G16③：D9；左右尺骨各 1 件 G16③：D10、D11；右胫骨远近端各 1 件 G16③：D12、D13。

G16④

　　狗：带有 P2 - P3、M2 的左上颌骨 1 件 G16④：D1；右尺骨 1 件 G16④：D2。

　　家猪：基本完整的幼猪骨架 1 具 G16④：D3，包括残头骨 1 件、残左上颌骨 1 段、下颌骨 1 件、右肩胛骨 1 件、左右肱骨各 1 件、左右尺骨各 1 件、左右桡骨各 1 件、左髂骨 1 件；右盆骨 1

件；左右股骨各 1 件；左右胫骨各 1 件；左胫骨远端关节面 1 件、右残腓骨 1 件。以上四肢骨骨骺均脱落。另有游离下颌门齿 1 枚 G16④：D4；左右残胫骨各 1 件 G16④：D5、D6。

梅花鹿：残角 1 块 G16④：D7。

G18

狗：残头骨 1 件 G18：D1。

G21

环颈雉：右尺骨远段 1 件 G21：D1。

家猪：保留有残左颞骨颧突、顶骨及枕骨的头骨残块 1 件 G21：D2；保留有残顶骨及枕骨的头骨残块 1 件 G21：D3；左额骨 2 件 G21：D4、D5；左颞骨颧突 1 件 G21：D6；左鼻骨 1 件 G21：D7；残左上颌骨 2 件 G21：D8、D9；带有 m1－m2 的左下颌骨 2 件 G21：D10、D11；残左下颌骨 2 件 G21：D12、D13；带有 m2 的右下颌骨 2 件 G21：D14、D15；带有 p3－m2 的右下颌骨 1 件 G21：D16；残右下颌骨 2 件 G21：D17、D18；游离下门齿 3 枚 G21：D19～D21；残左肩胛骨 1 件 G21：D22；残右肩胛骨 4 件 G21：D23～D26；残左肱骨 1 件 G21：D27；右肱骨 2 件 G21：D28、D29；左尺骨 1 件 G21：D30；右尺骨 2 件 G21：D31、D32；右桡骨 1 件 G21：D33；右胫骨近端 1 件 G21：D34；残掌骨骨干 1 段 G21：D35。

梅花鹿：残角 1 段（切痕）G21：D36。

G22

中华圆田螺：残片 1 件。

圆顶珠蚌：左右侧蚌壳各 1 件 G22：D1、D2。

鸬鹚：左肱骨骨干 1 段 G22：D3。

鸟：左尺骨骨干 1 段 G22：D4。

草兔：左胫骨骨干 1 段 G22：D5。

狗：左颞骨颧突 1 件 G22：D6；残左下颌骨 2 件（其中烧骨 1 件）G22：D7、D8；带有 m1－m2 的右下颌骨 1 件 G22：D9；右肱骨近端 1 件 G22：D10；残左盆骨 1 件（烧骨）1 件 G22：D11；左股骨近端（烧骨）1 件 G22：D12；右胫骨远端 1 件 G22：D13；右第 V 掌骨 1 件 G22：D14。

家猪：保留有残额骨、顶骨及左颞骨颧突的头骨残块 1 件 G22：D15；保留有额骨、顶骨的头骨残块 1 件 G22：D16；保留有左额骨、左顶骨及左颞骨颧突的残头骨 1 件 G22：D17；保留有左额骨、左顶骨的头骨残块 2 件 G22：D18、D19；左右残额骨各 1 件 G22：D20、D21；左颞骨颧突 2 件 G22：D22、D23；保留有右颞骨颧突、右枕髁的头骨残块 1 件 G22：D24；右颞骨颧突 3 件 G22：D25～D27；左颞骨颧突 1 件 G22：D28；左右残茎突各 1 件（烧骨 1 件）G22：D29、D30；右枕髁 1 件 G22：D31；左右残鼻骨各 1 件 G22：D32、D33；寰椎 3 件 G22：D34～D36；带有 M1－M3 的左上颌骨 1 件 G22：D37；带有 C、P1－P3 的左上颌骨 1 件 G22：D38；带有 P4、M2－M3 的左上颌骨 1 件 G22：D39；带有 P3－M3 的左上颌骨 1 件 G22：D40；带有 C、P2 的左上颌骨 1 件 G22：D41；带有 P2－M1 的右上颌骨及颌前骨 1 件 G22：D42；带有 M2－M3 的右上颌骨 1 件 G22：D43；带有 P2－P4 的右上颌骨 1 件 G22：D44；带有 P3－P4、M3 的右上颌骨 1 件 G22：D45；带有 P2－M1 的右上颌骨 2 件 G22：D46、D47；带有 P4 的右上颌骨 1 件 G22：D48；带有 P2－M2 的右上颌骨 1 件 G22：D49；带有 P4－M1 的右上颌骨 1 件 G22：D50；带有 P3 的残右上颌骨 1 段 G22：D51；右上颌骨 1 件 G22：D52；左侧带有 p3－m2，右侧带有 p2－m2 的下颌骨 1 件 G22：D53；左右侧均带有 p2－p3 的残下颌骨 1 件 G22：D54；左侧带有 i2、p3－p4，右侧带有 i2 的残下颌骨 1 件 G22：D55；右侧带有 i1－i2 残下颌骨 1 段 G22：D56；残下颌骨 1 段 G22：D57；残联合体 1 段 G22：D58；带有 Dp3－m1 的左下颌骨 1 件 G22：D59；带有 Dp4－m1 的左下颌骨 1 件 G22：D60；带有 m1 的左下颌骨 2 件 G22：D61、D62；带有 Dp4 的左下颌骨 1 件 G22：D63；带有 p4－m2 的左下颌骨 1 件 G22：D64；带有 Dp3－Dp4 的右下颌骨 1 件 G22：D65；带有 Dp4 的右下颌骨 1 件 G22：D66；带有 m1 的右下颌骨 1 件 G22：D67；带有 m2 的右下颌骨 1 件 G22：D68；带有 m3 的残右下颌骨 1 段 G22：D69；残左下颌骨 1 件 G22：D70；残右下颌骨 3 件 G22：D71～D73；残左下颌角 4 件 G22：D74～D77；残右下颌角 2 件 G22：D78、D79；残左肩胛骨 3 件 G22：D80～D82；残右肩胛骨 6 件 G22：D83～D88；左肱骨远端 2 件 G22：D89、D90；左肱骨骨干 5 件 G22：D91～D95；右肱骨骨干 9 件 G22：D96～D104；左尺骨 2 件 G22：D105、D106；右尺骨 5 件 G22：D107～D111；左右桡骨各 2 件 G22：D112～D115；残左盆骨 3 件 G22：D116～D118；左髂骨 1 件 G22：D119；左坐骨 1 件 G22：D120；残右盆骨 4 件 G22：D121～D124；左股骨骨干 1 件 G22：D125；右股骨骨干 4 件 G22：D126～D129；左胫骨骨干 2 件 G22：D130、D131；右胫骨骨干 3 件 G22：D132～D134；左腓骨骨干 2 件 G22：D135、D136；右腓骨骨干 3 件 G22：D137～D139；左右跟骨各 1 件 G22：D140、D141；右距骨 1 件 G22：D142；左第Ⅳ掌骨 1 件 G22：D143；右第Ⅲ掌骨 2 件 G22：D144、D145；左第Ⅳ跖骨 2 件 G22：D146、D147；右第Ⅳ跖骨 1 件 G22：D148；左第Ⅲ、Ⅳ跖骨各 1 件 G22：D149、D150；左第Ⅴ跖骨 1 件 G22：D151；残跖骨骨干 1 件 G22：D152；上犬齿 1 枚 G22：D153。

獐：左肩胛骨 1 件 G22：D154；左右尺桡骨各 1 件 G22：D155、D156。

梅花鹿：保留有角盘及第一残分枝的左角 3 件 G22：D157～D159；残鹿角 5 段 G22：D160～D164；带有 p3－m2 的左下颌骨 1 段 G22：D165；左胫骨远端 1 件 G22：D166；右胫骨近端 1 件 G22：D167。

G23

中华圆田螺：1 个。

草兔：残左盆骨 1 件 G23：D1。

狗：带有 i1－i2、c、p2－m2 的右下颌骨 1 件 G23：D2；左残第Ⅳ跖骨 1 段 G23：D3。

家猪：左茎突 1 件 G23：D4；残左下颌骨 2 件 G23：D5、D6；残右肩胛骨 1 件 G23：D7；右股骨远端 1 件 G23：D8；左第Ⅲ掌骨 1 件 G23：D9；左第Ⅴ掌骨 1 件 G23：D10；左第 2 节指（趾）骨 1 件 G23：D11。

梅花鹿：保留有残左顶骨及残左枕骨的头骨 1 件 G23：D12；保留有角柄、角盘的左角 1 件 G23：D13；保留有角盘、眉枝及第二残枝的右角 1 件 G23：D14；残角 2 块 G23：D15、D16；右桡骨骨干 1 段 G23：D17。

G25

狗：带有 p2－p3、m2 的左下颌骨 1 件 G25：D1；左肱骨近端 1 件 G25：D2。

家猪：残左肩胛骨 1 件 G25：D3；残左尺骨 1 件 G25：D4。

獐：左距骨近端 1 件 G25：D5。

梅花鹿：残角 4 块 G25：D6～D9。

G29

狗：左侧带有 i3、m1－m2，右侧带有 c、p1－p2、p4－m2 的下颌骨 1 件 G29：D1。

家猪：带有 m2 的右下颌骨 1 件 G29：D2；带有 m1－m2 的右下颌骨 1 件 G29：D3；残左肩胛骨 1 件 G29：D4。

G33

草兔：属同一个体的残骨架 1 具 G33：D1，包括左尺骨桡骨各 1 件、左股骨 1 件、右股骨近端 1 件、左胫骨远端及近端各 1 件、残右胫骨远端 1 件、残右胫骨骨干 1 段。

家猪：保留有残顶骨及枕骨的头骨残块 2 件 G33：D2、D3；残右顶骨及枕骨的头骨残块 1 件 G33：D4；残枕骨 1 件 G33：D5；左额骨 1 件 G33：D6；残右枕髁 1 件 G33：D7；带有 M1－M2 的左上颌骨 1 件 G33：D8；带有 M2 的右上颌骨 1 件 G33：D9；残左下颌骨 1 件 G33：D10；带有 i1、c、Dp4－m2 的左下颌骨 1 件 G33：D11；残右下颌骨 1 件 G33：D12；右肩胛骨 1 件 G33：D13；残左肱骨骨干 1 段 G33：D14；右肱骨 1 件 G33：D15；右尺骨 1 件 G33：D16；右桡骨 2 件 G33：D17、D18；残左盆骨 1 件 G33：D19；右盆骨 1 件 G33：D20；左右股骨骨干各 1 件 G33：D21、D22；残左胫骨 2 件 G33：D23、D24；右胫骨 1 件 G33：D25；左第Ⅲ掌骨 1 件 G33：D26。

狍：带角盘的左角干 1 段 G33：D27；左残角干带上分枝 1 件 G33：D28；残胫骨骨干 1 段 G33：D29。

梅花鹿：残角 2 段 G33：D30、D31；残枢椎 1 件 G33：D32；左肱骨近端 1 件 G33：D33；右残尺骨 1 件 G33：D34；左股骨残骨干 1 段 G33：D35；左胫骨近端 1 件 G33：D36；左胫骨远端 1 件 G33：D37；残胫骨骨干 1 段 G33：D38。

第四节　小结

一　遗址中动物群的成员

新街遗址中共出土 31 种动物，按它们和人类的关系及在遗址中数量的多少（见附表九）可分为四大类：

一是由人类饲养的动物：狗、猪。

二是主要狩猎和捕捞的动物：獐、梅花鹿、狍、中华圆田螺、圆顶珠蚌。

三是偶然猎获和捕捞的动物：黄羊、羊、牛、草兔、狗獾、猫、中华竹鼠、鸟类、鱼类、鳖类及蚌类。

四是穴居的动物：褐家鼠、中华鼢鼠，有可能是在遗址废弃后进入原遗址所在地。

从附表一〇可看出，该遗址以大量饲养动物猪、狗的出现为其特点，尤其是猪的标本无论是数量还是最小个体数都占到哺乳动物总数的 68% 以上，这和关中地区其他新石器时代遗址动物群的特征基本相同。不同的是：（1）猪的屠宰年龄整体偏小，猪的屠宰年龄与驯养水平有关，时代愈早则年龄越大，到新街遗址时，猪的驯养已有至少两千多年的历史，所以新街遗址猪的屠宰年龄偏小也是情理之中的；（2）该遗址水生动物的种类和数量较多：大量的中华圆田螺、圆顶珠蚌、背瘤丽蚌及少量的鱼类、鳖类和无法鉴定的蚌类；（3）发现野生动物的种类和数量也较多，这和新街遗址现在所处的地理位置（周围有河流和山区）有很大的关系；（4）鸟的种类较多，至少代表 9 个种类。

二　遗骸保存特征与先民行为

新街遗址是渭河流域一处重要的新石器时代遗址，有仰韶文化晚期、龙山时代早期、商代及汉代共四个时期的文化堆积。该遗址除发掘出大量的文化遗物外，还出土了一定数量的动物骨骼。特别值得指出的是，由于科学发掘和详尽的记录，可以对动物群进行详细地分期研究，为气候环境演化提供了可靠的资料。新街遗址中的脊椎动物遗骸代表着 27 个种类的 205 个个体。所发掘的标本除个别完整的猪骨架外，余均十分破碎，不同部位骨骼的破碎具有明显规律，即头骨比肢骨残破，肢骨近端比远端残破，少量完整骨骼完全限于没有食用价值的肢骨末端坚实部分，如腕骨、跟骨、距骨、指（趾）骨及小型动物的长骨如獐等。骨骼断口类型基本属于螺旋状断裂，往往发生在动物死亡不久骨骼尚具弹性阶段[①]。碎骨形态以长条状为主，实验证明在骨干中部受力时，长骨一般会沿骨干纵轴的纤维质延伸方向产生破裂[②]，这无疑是先民砸骨取髓的结果。只有少量骨骼表面有啮齿动物的啃咬痕迹和风化痕迹，断裂处棱角分明，属于快速埋藏类型。这类骨骼埋藏前在地表暴露一般不超过两至三年[③]，是就地破碎、就地埋藏的产物，也反映了新街先民们有着较多的生活活动，才使文化堆积层有较快的堆积速度。新街遗址动物遗骸的最小个体数多是以下颌计算而来，其他部位骨骼损失量大，肋骨也较少，这些部位的骨骼可能已被食用或加工成骨器。

三　遗址当时的自然环境

探索新石器时代遗址周围的环境，可从多方面入手，现主要根据发现的动物，尤其是哺乳动物进行分析。

哺乳动物一般可分为家养和野生两类，对自然环境的分析主要依靠野生动物，家养动物只是作为必要的补充。在该遗址中，野生动物主要为獐和梅花鹿，其次为狍、黄羊、羊、中华竹鼠、草兔、狗獾、猫等。其中狍、獐、中华竹鼠、梅花鹿、黄羊现已在此绝迹，其余为现仍生活在该地的种类。草兔和羊都是生活在草原区的典型动物。羊的数量虽然很少，但至少可以说明遗址周围有较为开阔的草原。

食肉动物猫的偶然出现，说明遗址周围有一定面积的森林。

梅花鹿因其角部粗大，在密林中生活有许多不便，一般栖息于较大的混交林或高山的森林草原，也有在稀疏灌丛中生活的。

中华竹鼠现主要分布在长江流域，在新街遗址的出现，说明新街遗址周围曾经有竹林分布，

---

① 张云翔、薛祥煦：《甘肃武都龙家沟三趾与动物群埋藏》，地质出版社，1995 年。
② 张俊山：《峙峪遗址碎骨的研究》，《人类学学报》1991 年卷 10 第 4 期。
③ Behresmeyer A K. Taphonomic and ecologic information From bone weathering. *Paleobiology*，1978. 4（2）：152 - 162.

且周围的气候至少比现在温暖湿润得多。

獐骨的大量存在，一方面说明遗址周围有沼泽地带，有高大的草丛；另一方面也说明当时的气候比现在湿润和温暖一些。现代獐常栖息在河岸芦苇丛中、山边林地及沼泽草地等环境中。现多分布于长江下游，在关中地区几乎绝迹。

貛的生境较为广泛。

狍、獐、梅花鹿、黄羊现在已在此绝迹，除了环境因素发生明显的变化外，人类的猎杀也可能是物种迅速消亡的一个原因。这从另一个方面也证明：这里在这个时期一直是人类活动最频繁的区域之一。从新街其周边地区发现大量新石器时代的遗址如大型聚落——半坡遗址，也可以印证这一点。

牛科动物羊和牛的出现也说明当时遗址周围的环境有草原存在，其数量较少（最小个体数为4）。鹿科动物梅花鹿、獐、狍数量较多（最小个体数为24），它们是林、灌环境的典型代表，以采食鲜嫩植物为主。鹿科动物与牛科动物的比例厘定了动物群的性质，是判断动物群生态类别、恢复自然环境的标志。从图6-4可看出，新街遗址鹿科动物（MNI）与牛科动物（MNI）的比例在仰韶和龙山时期发生了轻微的变化，即仰韶时期鹿科动物是牛科动物的7倍，生态环境主要为以鹿科动物为主的森林、丛林环境。到龙山时期鹿科动物是牛科动物的4倍，生态环境以鹿科动物为主的森林、丛林环境更加广泛。动物绝对数值的大小和发掘面积及发掘方法有密切的关系，但采用比值法就可以避免上述问题。

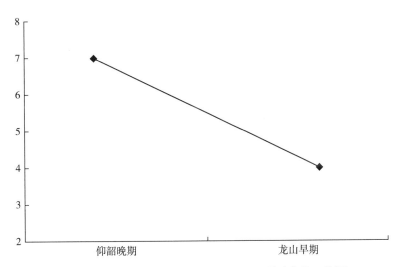

图6-4　新街遗址不同时期鹿科动物/牛科动物的比值图

整个遗址出土兽骨中家猪的最小个体数最多，为120，占整个兽骨个体数的66.67%左右。家猪的数量是农产品剩余量的间接反映，由此可推想该文化农业的发达程度，人类是有了农业剩余产品才会大量饲养家猪的，这也说明当时的气候非常适合农作物的生长，风调雨顺。反之，当气候环境恶劣，农业欠收，植被类型转变时，先民们自然会减少家猪的饲养量，而更多以野生动物作为肉食的主要补充。从仰韶晚期到龙山早期野生动物与家养动物的比例明显增加（图6-5；见附表一〇），这一方面说明仰韶晚期的环境比龙山早期好，人们更多地饲养家畜动物；另一方面也说明野生动物资源在龙山早期比在仰韶晚期丰富，在家养动物不能满足人们的需要时，人类更多的依赖野生动物资源作为肉食的补充。中华圆田螺、蚌、

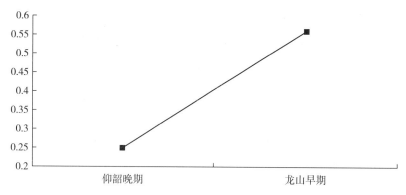

图6-5　新街遗址不同时期野生哺乳动物/家养哺乳动物的比值图

鱼和鳖类的存在，以及水鸟如游禽类的雪雁、鸬鹚和涉禽类的苍鹭的出现，说明遗址周围有一定面积的水域存在。

综上所述，当时遗址周围的环境以森林、疏林、灌丛的环境为主，其间有猫等食肉动物和各种鹿类动物出没；远处有一定面积的草原，草原上有羊、牛、兔等食草动物；草原、森林间分布着一定面积的水域，水中有鱼、蚌、鳖等水生动物，鸟多生活在水域附近、沼泽地区，或在有水草的浅水处活动觅食，以及营巢于水域周围的高树上、峭壁岩隙等处。整个地区气候适宜农作物的生长，我们的祖先在这块气候适宜的土地上生息繁衍，过着以农业为主，狩猎、捕鱼和畜牧为辅的经济生活。新街遗址的气候属于全新世大暖期，从东洋界动物獐和中华竹鼠的存在也可说明这一点，当时的气温应比现在高1℃~2℃。

四　经济类型和食物

从遗址中出土动物骨骼的属种和数量（见附表九、一〇）来看，新街人赖以生存的动物资源是非常丰富的，但主要是兽类中的猪、狗、獐、梅花鹿等。要了解当时人们对某种动物的依赖程度，我们可通过各种动物的可鉴定标本数、最小个体数及肉量比例来反映。一般认为肉量比例能更真实地反映当时人们对某种动物的依赖程度。这里对新街哺乳动物群的肉食比例进行了对比（图6-6；表6-15），以猪、狗等为主的家畜动物占90.23%，其中猪

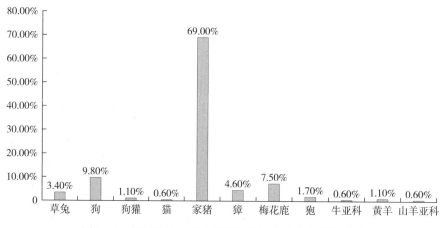

图6-6　新街遗址主要食用哺乳动物肉量百分比柱形图

86.82%，狗、牛分别为2.32%和1.09%；以獐和梅花鹿等为主的野生动物占12.3%。从新街人对动物资源的利用情况可见他们同时从事农业、狩猎、畜牧和捕捞。其中以猪和狗这两种动物的畜养为主，其次为狩猎。结合遗址中出土的石质生产工具如石刀、斧、铲、锛、凿来看，当地居民从事大量的农业生产。

表6－15　　　　　　　　　　　　　　新街遗址主要食用哺乳动物百分比统计

项目 属种	最小个体数		MW 纯肉量		附注		
	N	%	N（kg）	%	个体平均体重	出肉率	个体平均肉量
草兔	6	3.4%	6	0.1%	2kg	50%	1kg
狗	17	9.8%	170	2.4%	20kg	50%	10kg
狗獾	2	1.1%	7.5	0.1%	7.5kg	50%	3.75kg
猫	1	0.6%	1.5	0.0%	3kg	50%	1.5kg
家猪	120	69.0%	6000	85.0%	70kg	70%	50kg
獐	8	4.6%	60	0.9%	15kg	50%	7.5kg
梅花鹿	13	7.5%	650	9.2%	100kg	50%	50kg
狍	3	1.7%	45	0.6%	30kg	50%	15kg
牛亚科	1	0.6%	75	1.1%	150kg	50%	75kg
黄羊	2	1.1%	25	0.4%	25kg	50%	12.5kg
山羊亚科	1	0.6%	17	0.2%	42.5kg	40%	17kg
合计	174	100.0%	7057	100.0%			

五　骨骼痕迹分析

（一）风化作用

风化作用对该遗址动物骨骼的破坏很轻，仅有个别骨骼较为疏松，比重降低，表面留下凹凸不平的痕迹，其余标本表面风化较轻甚至无风化，这一方面说明动物骨骼在地表暴露的时间较短就被埋起来，另一方面说明土壤的酸碱性适中。

（二）动物作用

动物的作用主要表现在两个方面：一是啮齿类动物的咬痕，共有10件标本上有啮齿动物的咬痕，例如标本H385：D83为左尺骨残段1件，在其鹰嘴处、钩突及后侧均有大量的平行而短的啮齿类咬痕（图版一七四，5）。另一种是肉食动物的咬痕，在该遗址中未发现。

（三）人工作用

在新街遗址中，发现有3件梅花鹿标本上遗留有锯痕。标本H293：D9为右侧掌骨近端1件，标本H293：D11为右桡骨近端1件，标本H293：D13右胫骨远端1件（图版一七四，6），这三件标本保留的关节面均留有明显的锯痕，应为古人加工骨器遗弃的骨废料。

标本 G6①：D16 为梅花鹿的右角 1 件，在其眉枝的前侧上有明显的砍痕（图版一七四，7）。

另有 18 件标本经烧焦变黑炭化。虽然有烧痕的骨骼所占比例甚微，但不能排除当时人们有吃烤肉的可能。

[致谢]

上述鸟类标本由北京自然博物馆张玉光博士鉴定，赵东红技工为标本的修复和初步鉴定做了很多工作，在此深表谢忱。

第七章　结　语

本次考古工作，主要发现有仰韶文化、龙山时代和商代三个时期的遗存，其中以仰韶文化遗存最为丰富，是本次新街遗址考古工作的最主要收获，龙山时代遗存也有一些，商代遗存仅零星出土。

下面就这三期遗存的文化面貌、文化属性、重要意义等问题做一些简要分析和讨论。

一　关于仰韶文化遗存

（一）遗迹

主要包括房址3座、窑址6座、灰坑345个、灰沟30条。

3座房址均为长方形地面建筑，但分布比较分散。F1室内地面被毁坏，F2为沙土地面，F3室内则敷有白灰地面，厚8~10厘米。其中F2的居住面、灶址和垫基土层整体呈30°倾斜，即西北部严重翘起（经解剖了解可排除因地基不实而造成），联系到遗址中还发现有沙脉以及土层出现断裂错位等现象，我们推测F2这种情况应系地震原因所造成。

6座窑址分布亦较分散，均为小型窑，形状与结构基本相同。从保存较好的Y2、Y4和Y6来看，属于窑室位于火膛一侧的横穴式窑，火塘较深，剖面呈筒状或梯形，火道在两股以上。

345个灰坑的分布亦看不出明显规律，灰坑的形状多为圆形筒状或袋状。有的灰坑口径很小，但底径很大，因而具有较好的密闭性。如H401，口径仅0.6米，底径1.8米，深约1.5米。还有两个圆形袋状坑的底部再向下挖有一个圆形袋状坑，从而形成坑套坑的结构。个别灰坑中还修建有可供人上下的台阶踏步，如H98，存在作为简易式房屋或储藏室之类的地穴式房屋使用的可能。不少灰坑中都发现有植物朽灰与种子遗存，说明有些灰坑当时应当是用于储藏粮食的窖穴。

30条灰沟的分布亦无明显规律，其形状多呈不规则形，少数为长条形。沟的深浅不一，深者可达5米以上。沟壁上多有明显的掏挖痕迹且多打破生土，推测部分灰沟应当与当时建房取土或与制陶取土有关。

（二）遗物

按用途区分，主要有日用陶器、生产工具、装饰品、原始艺术品、砖形陶器以及动植物遗存等。此外，还发现了制作玉、石笄的毛坯和玉、石料。

1. 日用陶器

器形明确者共 725 件。陶系以泥质和夹砂红陶为主，约占陶器总数的 63%，泥质和夹砂灰陶次之，约占总数的 37%，此外还有极少量的白陶。器形常见鼎、盆、壶、尖底瓶、平底瓶、钵、盘、甑、釜、灶、罐、瓮、缸、漏斗、杯、器座和器盖等。

钵、盆和尖底瓶、平底瓶全系泥质陶，鼎和釜、灶全为夹砂陶，盘、甑、壶多泥质陶，罐、瓮、器盖则多为夹砂陶。除素面陶外，陶器纹饰主要有彩陶、绳纹、附加堆纹和戳印纹等。

彩陶数量不多，多施于陶盆的口与上腹部，着彩有黑、白、红三种。既有红底黑彩和白衣黑彩，也有以黑彩为母体而以白彩勾边者。由于多系残片，完整构图不明。但构图元素有直线、弧线、三角形和"目"形纹等。

绳纹多施于尖底瓶和罐、瓮的外表，且多见绳纹 + 抹弦纹或绳纹 + 附加堆纹。附加堆纹多见于罐、瓮等器类的腹部，多呈条索状，亦有圆饼和圆圈等。带流盆和鼓腹罐多有双錾。在个别陶片上，还有用锐器刻划而成的三角与圆圈纹。在一些尖底瓶的肩部，则有抹划而成的圆圈形涡纹。

有一件陶盆的口沿与内壁残留有白灰状物体，还有四件陶盆上涂有朱砂（？）。

2. 生产工具

依材质可分为石器、骨角器和陶器三类。石质工具共 493 件，器形有斧、铲、锛、凿、刀、刮削器、杵、钻头、钻垫、球、镞、纺轮和砺石等。其中以打制石刀的数量最多，共计 237 件。骨（角）质工具共 188 件，器形有锥、铲、匕、针等。陶质工具共 207 件，器形有打制陶刀、纺轮、拍和锉；等其中以打制陶刀数量最多，共 178 件。

3. 装饰品

依质料可分为玉、石、骨、蚌、陶五种。其中玉器 109 件，以玉笄数量最多，共 106 件。石器 67 件，器形有笄、环等，以石笄最多，共 48 件。

骨质饰品主要有笄和环。蚌牙饰品 10 件，有环、坠和鱼形饰三种。陶饰品 42 件，器形主要有笄和环，其中陶环 24 件，陶笄 18 件。

4. 原始艺术品

全为陶塑，题材有人也有鸟、兽，均系捏塑而成。

5. 陶砖形器与泥坯

共发现 6 件，其中陶砖形器 5 件，泥坯 1 件。陶砖形器中有 3 件出自仰韶文化灰坑，1 件出自仰韶文化地层，还有 1 件为采集品，但质地和基本形态与前 4 件大致相同。泥坯出土于仰韶文化灰坑中。陶砖形器均为泥质红陶，全为残块。最大一件标本 H22∶12 保留一个直角，残长 15.7、残宽 10、厚 3 厘米。砖的一面和侧边平整光滑，另一面则较粗糙，并残存有疑似作为黏合剂的泥垢。由直角推测这件标本的完整器形应为长方形或方形。我们曾将采集的陶砖形器样品送交中国国家建筑材料工业墙体屋面材料质量监督检验测试中心进行检测，结果显示该标本的烧成温度为 850℃~900℃，体积密度为 16.30kg/m³，吸水率为 16.35%，气孔率为 17.02%，强度等级为 MU10。标本 H291∶25，系尚未烧制的砖形器泥坯残块，厚 4 厘米，残存边缘非常齐整，无切割痕迹，应系使用木质（？）模具成型的。

6. 动植物遗存

植物遗存方面，经对出自灰坑和陶容器的 58 份土样进行浮选，共获得 14000 多粒植物种子。经鉴定，这些植物种子共包括 20 多个种属。其中属于农作物者主要有粟、黍和水稻，此外还发现有很少量的小麦、大麻和大豆籽实，亦疑似为栽培植物。

动物遗存方面，经鉴定至少包含有 6 个大纲、16 个目，共 28 个属种。可确定为人类饲养的动物主要有猪和狗，其中猪骨共 1204 件，占可鉴定动物总数的 53.7%；狗骨共 101 件，约占 4.5%。此外，还有数量较多的梅花鹿、獐、狍和中华圆田螺、圆顶珠蚌等，则可能是当时先民所主要狩猎和捕捞的野生动物。还有为数不多的黄羊、草兔、狗獾、中华竹鼠以及各种鸟类、鱼类和鳖类，则可能是当时先民所猎获和捕捞的动物。

（三） 文化面貌与属性

综观新街遗址仰韶文化遗存的总体面貌，其与蓝田泄湖遗址所发现的西王村类型遗存[①]、西安半坡四期遗存[②]、西安米家崖第一期遗存[③]、扶风案板二期遗存[④]、宝鸡福临堡三期遗存[⑤]、华县泉护村二期部分遗存[⑥]、商洛紫荆遗址第四期部分遗存[⑦]等具有较大的文化共性。因此，它们应当属于同时期的同一文化遗存。目前，学术界对此类遗存的认识尚有分歧，文化命名亦不统一，有称仰韶文化半坡晚期类型者，有称仰韶文化西王村类型者，还有称作半坡四期文化，或将其中部分遗存称作泉护二期文化者等。根据目前仰韶文化的分期成果，本报告暂将此类遗存称作仰韶文化晚期遗存。

在新街遗址仰韶文化晚期遗存中，遗迹之间的打破关系仅灰坑一项就有 58 组，遗物也能看到一定的早晚变化。据此，我们初步将新街遗址仰韶文化晚期遗存分作二期四段（图 7 - 1）[⑧]。

第一期为半坡四期遗存[⑨]，主要以平折沿喇叭口尖底瓶为典型器物，又可细分为三个发展阶段。第一段遗存单位较少，与扶风案板遗址二期一段及宝鸡福临堡遗址二期部分单位较为相近，器形有退化的重唇口尖底瓶、窄沿深腹盆、直口鼓腹罐、敛口弧腹钵，还有叠唇瓮、桥形捉手器盖等，仍留有仰韶文化庙底沟类型的一些特征，属仰韶晚期最早阶段的遗存。两者之间也存在着差异，如福临堡彩陶仍占有一定比例，而新街的部分器物器表已出现了篮纹。第二段遗存与福临堡遗址三期一段多数单位及扶风案板遗址二期二段的 H19、H29 等较为接近，器形有平折沿喇叭口尖底瓶、平沿深腹盆、敛口鼓腹罐、敛口深斜腹钵、平沿缸等，当属于仰韶晚期的中段。与关中西部相比，西部地区的泥质陶和红陶比例较高，平沿深腹盆腹部多

---

① 中国社会科学院考古研究所陕西六队：《陕西蓝田泄湖遗址》，《考古学报》1991 年第 4 期。

② 中国科学院考古研究所、陕西省西安半坡博物馆：《西安半坡——原始公社聚落遗址》，文物出版社，1963 年。

③ 陕西省考古研究院：《西安米家崖》，科学出版社，2012 年。

④ 西北大学文博学院考古专业：《扶风案板遗址发掘报告》，科学出版社，2000 年。

⑤ 宝鸡市考古工作队、陕西省考古研究所宝鸡工作站：《宝鸡福临堡——新石器时代遗址发掘报告》，文物出版社，1993 年。

⑥ 北京大学考古学系：《华县泉护村》，科学出版社，2003 年。

⑦ 商县图书馆、西安半坡博物馆、商洛地区图书馆：《陕西商县紫荆遗址发掘简报》，《考古与文物》1981 年第 3 期；王世和、张宏彦：《1982 年商县紫荆新石器时代遗址的发掘》，《文博》1987 年第 3 期。

⑧ 邸楠、杨亚长、邵晶：《陕西蓝田新街遗址仰韶文化晚期遗存的分期及相关问题研究》，《考古与文物》2014 年第 4 期。

⑨ 张忠培：《试论东庄村和西王村遗存的文化性质》，《考古》1979 年第 1 期。

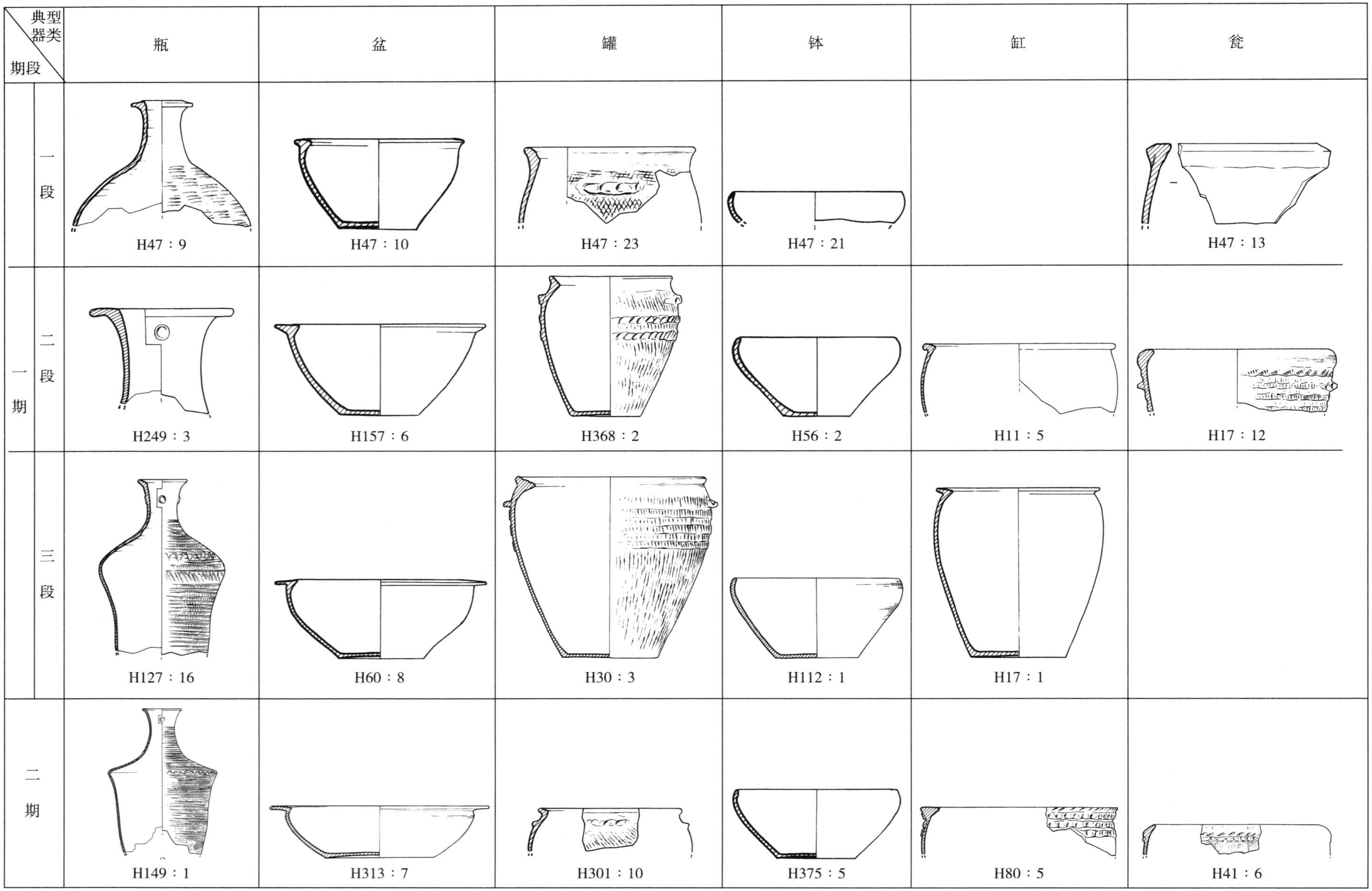

典型器类 期段	瓶	盆	罐	钵	缸	瓮
I 段	H47：9	H47：10	H47：23	H47：21		H47：13
II 段	H249：3	H157：6	H368：2	H56：2	H11：5	H17：12
III 段	H127：16	H60：8	H30：3	H112：1	H17：1	
II 期	H149：1	H313：7	H301：10	H375：5	H80：5	H41：6

图7-1 仰韶文化典型陶器分期图

有器鏊，还有较多浅腹盘，为新街之少见。第三段遗存与案板遗址二期二段的 H25、H37 和福临堡遗址三期其余单位、高陵杨官寨半坡第四期遗存基本一致，尖底瓶喇叭口内的折沿消失、肩部圆鼓，盆、钵腹变浅，罐沿变平，而部分罐、瓮则变化不大。本段与上段遗存联系极为密切，在关中东部的遗址尚可分辨，而在西部的遗址中多与上段遗存混杂，故本段仍可归于仰韶晚期中段。

第二期为泉护二期遗存①，为本地区仰韶文化最晚阶段的遗存。尖底瓶常见斜折沿喇叭口和敞喇叭口，并明确出现了关中地区仰韶文化少见器形——鼎。本期遗存与泉护遗址第二期遗存、长安花楼子 H11、H15 及丹江流域的商洛紫荆遗址的第四期部分遗存基本相当。瓶已变为敞喇叭口、折肩，盆沿宽而腹浅，钵为浅腹、大平底，鼓腹罐则沿面宽平，平沿缸的器表附加堆纹增多。与前三段不同，这类遗存主要集中于关中东部，新出现了鼎、高领圆腹壶、圈足杯、大口圜底缸等文化因素，可能是在发展过程中受到东、南方向同时期考古学文化影响的结果。

根据已经发表的 120 多个碳十四测年结果，仰韶文化的年代被估定为约公元前 5000～前 3000 年，其中仰韶文化晚期的年代约为公元前 3500～前 3000 年②。我们曾将新街遗址仰韶晚期遗存中时代偏早的 H22 中所提取的炭屑样品（实验室编号 XA5293），送交中国科学院地球环境研究所西安加速器质谱中心（AMS）进行测定，结果显示其校正后的日历年为公元前 3340～前 3090 年。

通过比对分析可以看出，新街遗址的仰韶文化晚期遗存，与渭水流域及邻近地区同时期遗存之间，在文化面貌"大同"的主流下仍存有"小异"。例如，新街遗址有一定数量的鼎，还有少量大口圜底缸，陶器纹饰中可见少量篮纹，相同器形和纹饰目前尚不见于渭水流域其他同时期遗址。新街遗址还发现有陶砖形器及其泥坯，亦为其他同期遗址所未见。此外，新街遗址还发现有数量丰富的玉制品，亦为其他同时期遗址所不见或少见。

查出土单位可知，新街遗址仰韶文化晚期的陶鼎出土于第二期遗迹，而该遗址龙山文化时期则有较多的鼎，且流行篮纹，以上现象或可说明新街遗址仰韶文化晚期遗存的晚段应当处于仰韶文化向龙山时代的嬗变阶段。

新街遗址仰韶文化晚期遗迹非常丰富，前后两期遗存在文化面貌上紧密相接，显示出一个聚落连续发展的过程，但各期遗迹的分布并不平衡。根据分期，第一期遗存更加丰富，房址、窑址均属于这一阶段，但之间略有早晚，表明已发掘区域的聚落功能在不同时期可能出现了某些转变。最初是作为聚落内的居住区使用的区域，后来出现了窑址和灰沟，居住区已被制陶场所所取代。第二期遗存数量较少，遗迹分布较为稀疏，组成较为简单，未发现房址和窑址，但灰坑中袋状灰坑所占比例较高，还出现一些相套的"子母坑"，储藏功能突出。这类用作窖穴的灰坑大量出现表明，本区域在此阶段存在被用作聚落集中储藏区的可能。

二 关于龙山时代遗存

（一）遗迹

清理遗迹有窑址 3 座、灰坑 55 个、灰沟 2 条。

---

① 王炜林：《试论泉护二期文化》，《考古与文物》2011 年第 6 期。
② 主要根据中国社会科学院考古研究所编：《中国考古学中碳十四年代数据集（1965—1991）》（文物出版社，1991 年）以及《考古》《文物》等杂志所刊载的相关碳十四测年报告。

窑址均保存不佳，其形状、结构与仰韶文化窑址基本相同。

灰坑分布较散，多为圆形袋状。同仰韶文化相比，龙山时代袋状坑容积普遍增大，口径多在2.5米以上，底径多在3米左右。如H29口径2.5、底径2.7、深0.8米，容积约3.6立方米；H36口径2.7、底径3、深1米，容积约5.5立方米；H88口径2.4、底径3.2、深2.1米，容积约12.6立方米；H153口径3、底径3.8、深1.8米，容积约16立方米。这些圆形袋状坑作为窖穴使用的可能性很大，其容积的明显增大，似乎暗示着新街龙山社会较仰韶社会储藏品的增加甚或生产力的提高。另外，有些圆形袋状坑修建考究，坑壁规整、坑底平整，当不排除作为穴居使用的可能性。

灰沟虽未完整揭露，但沟壁和沟底均未发现明确的"有意修建"现象和使用迹象。

（二）遗物

按照用途区分，主要包括日用陶器、生产工具、装饰品及艺术品等。

日用陶器的主要器形有鼎、斝、豆、壶、瓶、盆、罐、连体釜灶、器盖等。统计显示，日用陶器中灰陶占绝大多数，约占87%；红陶较少，约占13%。纹饰以篮纹为大宗，辅以附加堆纹（泥条）和绳纹。

生产工具依材质可分为石器、骨器和陶器三类。石质工具主要有斧、刀、铲、锛、凿、杵、钻头、钻垫、石球和砺石等；骨质工具主要为锥、镞；陶质工具有刀、纺轮、垫和轮盘。

装饰品主要有玉笄、石笄、骨笄、陶环、石环、蚌环和牙饰。玉、石笄的形制与仰韶文化晚期雷同，有些骨笄则较仰韶文化晚期稍作精良。

另外，还出土陶祖1件，人形和牛形陶塑及戳印人面各1件，似应归入原始艺术品的范畴。

（三）文化面貌与属性

新街遗址龙山时代遗存属庙底沟二期文化，为龙山时代早期遗存。

新街遗址龙山时代遗存的总体面貌，与陕西蓝田泄湖[①]、西安米家崖[②]、华阴横阵[③]和河南陕县庙底沟[④]、山西垣曲古城东关[⑤]等遗址发现的庙底沟二期文化遗存文化共性较大。关于庙底沟二期文化的分期，以往学者多有讨论，梁星彭将陕西地区的庙底沟二期文化遗存分出早、晚两期[⑥]。山西垣曲古城东关遗址出土了较为丰富的庙底沟二期文化遗存，报告依据层位关系将其划分为早、中、晚三期[⑦]。通过比较可以看出，新街遗址龙山时代遗存应属庙底沟二期文化早期遗存。

① 中国社会科学院考古研究所陕西六队：《陕西蓝田泄湖遗址》，《考古学报》1991年第4期。
② 陕西省考古研究院：《西安米家崖》，科学出版社，2012年。
③ 中国社会科学院考古研究所陕西工作队：《陕西华阴横阵遗址发掘报告》，《考古学集刊》第4集，中国社会科学出版社，1984年。
④ 中国科学院考古研究所：《庙底沟与三里桥》，科学出版社，1959年。
⑤ 中国历史博物馆考古部、山西省考古研究所、垣曲县博物馆：《垣曲古城东关》，科学出版社，2001年。
⑥ 梁星彭：《试论陕西庙底沟二期文化》，《考古学报》1987年第4期。
⑦ 中国历史博物馆考古部、山西省考古研究所、垣曲县博物馆：《垣曲古城东关》，科学出版社，2001年。

相关研究指出，斝的出现标志着黄河流域龙山时代的来临①，该阶段陶器组合彻底改变了仰韶文化晚期的尖底瓶陶器体系，建立了完整的空三足陶器体系，但还未出现成熟的鬲类空三足陶器。故此，包括新街遗址龙山时代遗存的庙底沟二期文化遗存应属龙山时代早期阶段遗存。

据碳十四测定，龙山时代早期的年代约为公元前 3000～前 2500 年②。我们将新街遗址提取的 3 件龙山时代炭屑样品送交西安加速器质谱中心（AMS）进行测定，样品 1（实验室编号 XA5240）校正后的日历年为公元前 2880～前 2680 年；样品 2（实验室编号 XA5241）校正后为公元前 2870～前 2603 年；样品 3（实验室编号 XA5242）校正后为公元前 2840～前 2490 年。

三　关于商代遗存

新街遗址发现的商代遗迹只有 3 座灰坑，出土遗物主要是陶器和卜骨。陶器可辨器形有鬲、盆、豆、罐、甗；卜骨 2 件，均为牛肩胛骨制成，经过修治，圆钻有灼。

新街遗址出土的商代鬲、豆、罐、甗等陶器与一沟（沙河沟）之隔的西安老牛坡③商文化第四期同类陶器形制最为接近，表明它们应属同一时期。

四　主要收获

本次抢救性考古发掘的主要收获，可概括为以下几点：

（1）大量仰韶文化晚期与龙山时代早期遗迹、遗物的发现，很大程度上充实和丰富了这两种遗存的考古资料，为仰韶文化晚期遗存的分期研究，以及进一步探讨仰韶文化晚期与龙山时代早期遗存之间的相互关系等问题奠定了坚实的基础。

（2）仰韶文化晚期疑似地震迹象（如房址整体发生倾斜、灰层出现断裂错位、沙脉以及灰坑出现大面积崩塌等）的发现，对我国史前时期自然灾害史的研究具有一定的参考价值，甚或涉及仰韶文化的结束问题。

（3）仰韶文化晚期陶砖形器及其泥坯的发现，将对我国砖类建材的起源研究具有非常重要的实证意义。

（4）大量仰韶文化晚期玉制品及玉料的出土，为进一步研究先民何时认识和开发"蓝田玉"提供了实物佐证，同时也为我国史前时期治玉工艺研究增添了丰富的标本。

（5）仰韶文化晚期与龙山时代早期动植物遗存的发现，为中国北方史前农业和环境的考古学研究提供新的重要素材。

---

① 张忠培：《试论黄河流域空三足器的兴起》，《华夏考古》1997 年第 1 期；邵晶：《庙底沟遗址"龙山文化"陶器再分析——兼说庙底沟二期文化已进入龙山时代》，《华夏考古》2019 年第 1 期。

② 根据中国社会科学院考古研究所编：《中国考古学中碳十四年代数据集（1965—1991）》（文物出版社，1991 年）以及《考古》《文物》等杂志所刊载的相关碳十四测年报告。

③ 刘士莪编著：《老牛坡》，陕西人民出版社，2002 年。

附　表

附表一　　新街遗址仰韶文化与龙山时代灰坑形制登记表

灰坑形状＼编号	仰韶文化（345 个）	龙山时代（55 个）
圆形（椭圆形）锅底状	H15、H25、H139、H144、H152、H192、H195、H197、H206、H211、H213、H219、H229、H236、H242、H256、H304、H342、H349	
圆形（椭圆形）筒状	H1、H2、H3、H7、H10、H14、H18、H23、H24、H27、H38、H39、H51、H53、H55、H57、H63、H67、H71、H73、H75、H76、H77、H79、H83、H84、H85、H92、H94、H97、H99、H101、H102、H109、H127、H131、H136、H143、H145、H147、H148、H151、H157、H158、H159、H161、H162、H163、H164、H165、H167、H168、H169、H173、H175、H176、H178、H179、H182、H183、H184、H187、H189、H193、H194、H196、H198、H199、H200、H201、H202、H203、H205、H209、H210、H215、H217、H218、H222、H225、H226、H230、H233、H240、H241、H245、H258、H259、H261、H262、H264、H265、H266、H267、H269、H277、H278、H280、H284、H288、H291、H301、H303、H305、H306、H307、H308、H309、H310、H314、H318、H322、H328、H329、H331、H333、H344、H347、H348、H352、H362、H363、H366、H367、H369、H372、H374、H375、H382、H383、H390、H397、H398、H399、H400、H402、H403、H406	H31、H246、H252、H253、H289、H316、H334、H339、H394
圆形（椭圆形）袋状	H5、H6、H12、H13、H16、H17、H19、H20、H21、H22、H26、H30、H32、H33、H34、H35、H37、H41、H42、H44、H45、H46、H47、H48、H50、H52、H54、H56、H58、H59、H60、H62、H64、H65、H69、H70、H74、H80、H81、H82、H86、H87、H90、H91、H93、H95、H100、H103、H104、H105、H106、H107、H110、H111、H112、H113、H115、H118、H119、H120、H121、H122、H123、H124、H125、H126、H128、H129、H130、H132、H137、H138、H140、H141、H142、H146、H149、H150、H154、H155、H156、H166、H170、H171、H172、H174、H177、H180、H181、H185、H186、H188、H190、H207、H208、H214、H216、H220、H221、H232、H235、H237、H244、H248、H249、H250、H251、H255、H263、H270、H271、H272、H274、H276、H279、H282、H283、H285、H286、H287、H290、H293、H294、H295、H297、H298、H302、H312、H313、H317、H319、H321、H323、H325、H326、H327、H330、H340、H341、H343、H345、H346、H351、H355、H357、H358、H359、H360、H361、H364、H365、H370、H371、H373、H376、H377、H378、H380、H387、H388、H389、H392、H393、H396、H401、H404、H405	H29、H36、H40、H49、H88、H89、H96、H114、H117、H133、H153、H191、H224、H227、H231、H234、H238、H243、H247、H254、H257、H260、H268、H273、H292、H296、H299、H311、H315、H320、H332、H335、H336、H337、H338、H350、H353、H354、H356、H379、H381、H384、H385、H386、H395
不规则状	H8、H9、H11、H61、H66、H68、H72、H98、H108、H116、H134、H160、H204、H212、H223、H228、H239、H275、H300、H324、H368	H78

附表二　新街遗址仰韶文化灰沟登记表

编号	位置	揭露情况	沟口形状	尺寸	开口层位	打破关系
G1	2009LX I T0202 南部、I T0302 及 I T0402 西部	基本完整	略呈东西向横 "S" 形	揭露长度 24、最宽处 8.2、深约 0.7 米	①层下	被 H40、H49、H51、H52、H133、Y2 打破；打破 H38、H50、H145、H146、H147、F1、G10
G2	2009LX I T0303 东南部	完整	近东西向长条形	长 4.2、宽 1.1、深约 0.7 米	①层下	
G3	2009LX I T0203 和 I T0203 西部	不完整	边缘极不规整的南北向半椭圆形	揭露长度 15、最宽处 6、深 1.2 米	①层下	被 G5 打破；打破 H7、H48、H54、F1
G4	2009LX I T0504、I T0404 东部、I T0504、I T0505 西部及 I T0503 北部	不完整	边缘不规整的南北向长条形	揭露长度 21、最宽处 10.9、深 4.2 米	①层下	被 H23、H41、H120 打破；打破 H42、H47、H55、H56、H67、H68、H69、H70、H74、H75
G5	2009LX I T2503 中部和 I T0303 西部	完整	东西向长条形	长 11.5、宽 0.8~1.2、深 0.7 米	①层下	打破 H97、H98、G3、F1
G6	2009LX I T0104 西南部	基本完整	东西向长条形	揭露长度 3.9、宽 1.2~1.7、深 2.3 米	①层下	打破 H79、H80、H126
G7	2009LX I T0102 西北角	不完整	东西向¼椭圆形	揭露长度 6.6、宽 1.5~2.8、深 2.3 米	①层下	被 H60 打破
G8	2009LX I T0304 东南部	完整	规整的南北向长条形	长 7.5、宽 1、深 0.3 米	①层下	被 H13、H90 打破
G9	2009LX I T0204 西部	不完整	边缘不规整的南北向长条形	揭露长度 7.8、宽 2.2~3、深 0.7 米	①层下	被 H76 打破；打破 H81、H82、H101、H102
G10	2009LX I T0302 东南部 和 I T0402 西南部	不完整	略呈东西向半椭圆形	揭露长度 8.7、宽 3、深 0.8 米	③层下	被 H35、H122、G1 打破
G11	2009LX I T0104 北部	完整	规整的东西向长条形	长 6.4、宽 1.3、深约 1.5 米	①层下	被 H109 打破；打破 H86

续附表二

编号	位置	揭露情况	沟口形状	尺寸	开口层位	打破关系
G12	2009LX I T0103 中部	不完整	规整的东西向长条形	揭露长度11.5、宽1、深1米	①层下	被 H127、H137、H143、H144、H148 打破
G13	2009LX I T0201 中东部和 I T0301 大部	不完整	略呈"V"字形	揭露长度约20、深约1米	①层下	被 H149、H150、H151、H153、H156 打破；打破 H155、H157、H158、H159、H160、H161、H162、H163
G14	2010LX I T0209 东南部和 I T0208 东部，延伸至 T0308 西部	基本完整	边缘不规整的南北向长条形	长13.8、宽1.9~6.2、深0.5米	①层下	被 H198 打破；打破 H208、G15
G15	2010LX I T0209 西南部和 I T0208 西部	不完整	略呈折角状	揭露长度12.8、深0.6米	①层下	被 H220、H269、H270、G14 打破；打破 H277
G16	2010LX I T0211 西部	不完整	近南北向半椭圆形	揭露长度7、最宽处5.2、深0.7米	①层下	被 H222、H301 打破；打破 H284、H285、H294、G17
G17	2010LX I T0211 西北部	不完整	近东西向¼椭圆形	揭露长度6.5、深0.2米	①层下	被 H221、H222、H301、G16 打破；打破 H288、H302
G18	2010LX I T0115 东北部	不完整	近东西向¼椭圆形	揭露长度6.5、深0.6米	①层下	被 H254、H261、H327 打破
G19	2010LX I T0212 中部	不完整	规整的东西向长条形	揭露长度8.5、宽1~1.5、深0.3米	①层下	被 H268 打破
G20	2010LX II T0315 中部偏南	不完整	规整的东西向长条形	揭露长度9、宽2.5、深0.5米	①层下	打破 H249、H279、H280、H312
G21	2010LX II T0214 西北部	不完整	近方形	揭露长度4.8、宽2.8、深0.6米	①层下	被 H296 打破；打破 H324、G26
G22	2010LX II T0213 东南部、II T0313 南部	不完整	有东西向分布的一条"S"形边	揭露长度超过18米、深0.6米	①层下	被 H290、H291、H331、H332、H337、H352 打破；打破 H322、H345

续附表二

编号	位置	揭露情况	沟口形状	尺寸	开口层位	打破关系
G23	2010LX II T0115 西南角	不完整	近¼圆形	揭露长度2.8、宽1.5、深0.8米	①层下	
G24	2010LX II T0115 西南部	完整	近椭圆形	长4.8、宽2.3、深0.6米	①层下	被H252、H330、H406打破
G25	2010LX II T0214、II T0215 东部	不完整	半椭圆形	揭露长度13、宽3.2、深0.6米	①层下	被H295、H296、H297、H328、H350、H351打破；打破G26
G26	2010LX II T0214 北壁中部	不完整	半椭圆形	揭露长度3、宽2.5、深1.7米	①层下	被H296、H303、C21、G25打破
G30	2010LX II T0114 东南角	不完整	近¼椭圆形	揭露长度5.7、宽2、深1.2米	①层下	被H289、H340打破
G31	2010LX I T0115 东南角	不完整	近¼椭圆形	揭露长度6.2、深2.1米	①层下	被H360、H365、H382打破
G32	2010LX I T0116 西侧大部	不完整	有南北向一弧边	揭露长度8.5、宽3.5~6.3米，深度不详	①层下	
G33	2010LX I T0213 东部和北部	不完整	有南北向一外弧边	揭露长度8.5、宽3.5~8.5、深0.7米	①层下	打破H392、H396、H397、H398、H399、H400、H401

附表三 仰韶文化石刀登记表

（单位：厘米）

标本号	刃数	长	宽	厚
H13：2	单面刃	9.9	4.5	0.8
H17：13	双面刃	7.3	4.5	1.1
H17：14	双面刃	9.3	4.9	1.4
H22：13	双面刃	7.9	5.5	1.2
H33：20	双面刃	8.6	5.1	1.4
H41：13	双面刃	7	5	1.4
H41：14	双面刃	8.4	4.7	1.2
H41：15	单面刃	8.9	4.2	2
H52：7	双面刃	9.3	6.2	1.5
H52：8	双面刃	8.6	4.7	1.4
H66：2	双面刃	8.7	5.1	1.3
H76：14	双面刃	8.7	4.1	1
H76：15	双面刃	8.6	4.1	1.4
H76：16	双面刃	6.9	4.5	1
H76：17	双面刃	9.6	5.5	1.6
H76：18	双面刃	7.5	3.8	0.9
H76：19	双面刃	14.6	4.9	0.6
H77：9	双面刃	7.5	4	1.1
H77：10	双面刃	7.5	5	1
H86：3	双面刃	7.7	5.4	1.5
H92：31	双面刃	8.4	5.4	0.9
H92：32	双面刃	7.9	4.7	0.4
H92：33	双面刃	残7.2	4.8	1
H95：3	双面刃	8.5	5.4	1.4
H112：15	单面刃	7.5	4.7	0.9
H112：16	双面刃	6.2	4.3	1
H112：17	双面刃	9.5	4.9	1.1
H166：15	双面刃	9.5	4.6	1.2
H167：33	双面刃	8.3	5	1.2
H167：34	单面刃	8.4	4.4	1.2
H167：35	双面刃	6.1	4.1	1.2
H172：10	双面刃	6.6	4.3	0.7

标本号	刃数	长	宽	厚
H172：11	双面刃	8.4	5.6	1.4
H175：11	单面刃	8.4	5.1	8.2
H175：12	双面刃	8	5.4	1.1
H193：13	单面刃	5.9	3.5	1
H193：14	单面刃	8	4.6	0.9
H193：15	单面刃	7	5.2	1.2
H218：2	单面刃	9.8	5.3	1
H218：3	双面刃	7.3	4.5	1
H228：17	双面刃	7.7	4.1	1
H230：2	双面刃	6.7	4.5	1.2
H237：3	双面刃	7.8	4.9	0.9
H249：8	双面刃	8.6	4.8	1.3
H259：12	双面刃	6.9	4.4	1.2
H262：6	单面刃	8.9	5.6	2
H262：7	单面刃	7.8	4.8	0.7
H262：8	双面刃	8.6	3.8	1.1
H262：9	单面刃	8.7	5.3	1.5
H263：3	双面刃	9.3	5.2	1.1
H263：4	双面刃	9.1	4.5	1.5
H277：66	双面刃	8.5	4.1	1.2
H277：67	双面刃	7.3	4.5	0.4
H277：68	双面刃	7.3	4.5	0.9
H277：69	双面刃	8.2	5.1	1.3
H277：70	双面刃	8.1	4.3	0.8
H277：71	双面刃	8	5.7	1
H285：2	双面刃	7.1	4.1	2
H291：20	双面刃	7.6	4.3	0.8
H293：11	单面刃	10.2	4.6	0.8
H293：12	双面刃	7.8	4.8	0.9
H300：29	单面刃	7.2	4	1.3
H300：30	双面刃	8.6	4.5	1.2
H300：31	双面刃	8.1	4.5	1.2
H302：18	双面刃	9.9	4.8	1.3
H309：3	单面刃	7.9	4.4	0.6
H309：4	双面刃	7.5	5	1.5

标本号	刃数	长	宽	厚
H321∶6	单面刃	10.5	4.4	0.3
H323∶3	双面刃	8.7	5	1.3
H323∶4	双面刃	8	5.7	1.2
H323∶5	双面刃	9.5	5.5	1.8
H323∶6	双面刃	7.8	4.1	0.8
H323∶7	双面刃	6.7	4.3	0.8
H324∶15	双面刃	7.6	5.3	1.2
H324∶16	双面刃	9.4	5.7	1.1
H328∶2	双面刃	9.1	5.9	1.5
H331∶18	双面刃	7.8	4.9	1.6
H331∶19	双面刃	7.1	3.9	0.6
H331∶20	单面刃	7.1	3.9	0.6
H333∶27	双面刃	7.4	5.3	1.4
H333∶28	双面刃	6.8	4.5	1.2
H333∶29	双面刃	9.2	4.9	0.9
H333∶30	双面刃	6.8	4.5	1.2
H344∶17	双面刃	8.5	4.6	1.1
H344∶18	双面刃	7.8	4.5	0.7
H345∶3	双面刃	8.6	4.5	1.2
H346∶2	三面刃	9.9	6.2	1.3
H347∶2	双面刃	8	5.8	2
H347∶3	双面刃	8.1	4.1	1.2
H365∶2	双面刃	8.3	5.5	0.7
H365∶3	双面刃	8	4.5	1.1
H367∶4	双面刃	9	4.9	0.9
H368∶8	双面刃	6	4.5	1.8
H368∶9	双面刃	7.4	4.1	1.2
H368∶10	双面刃	9.5	5.5	2
H371∶15	双面刃	8	4.9	1.1
H371∶16	双面刃	8.4	4.7	0.5
H375∶23	双面刃	7.3	3.9	0.6
H375∶24	双面刃	7.2	4.5	0.9
H375∶25	双面刃	9	4.5	1.6
H375∶28	双面刃	5.4	4.1	0.8
G1∶21	单面刃	5.8	4.1	0.7

标本号	刃数	长	宽	厚
G1：22	双面刃	6.1	4	0.7
G3：6	双面刃	8.3	5	1.5
G3：7	双面刃	8.8	4.5	0.8
G4：72	单面刃	9.5	5.3	1.3
G4：73	单面刃	7.3	4.9	0.8
G4：74	单面刃	8.7	5.4	0.6
G4：75	双面刃	8.8	5.2	0.9
G4：76	双面刃	8	4.2	1.3
G4：77	单面刃	9.5	3.6	0.9
G4：78	单面刃	8.6	5.2	1
G4：79	单面刃	8.9	6	1.3
G4：80	双面刃	5.3	5.1	1.1
G4：81	双面刃	10.8	5.5	2
G4：82	单面刃	9.9	5.2	1.2
G4：83	双面刃	10.6	5.4	1
G4：84	单面刃	10.1	5.4	1.8
G4：85	单面刃	8.1	5.3	2
G4：86	单面刃	7.9	4.9	0.9
G4：87	单面刃	5.3	4.9	1.1
G4：88	单面刃	7.8	5.5	1.1
G4：89	双面刃	6.7	4.8	0.9
G4：90	双面刃	7.3	4.7	0.4
G5：15	单面刃	8.3	3.9	0.9
G6：14	双面刃	9.7	5.7	1.2
G6：15	单面刃	8.4	4	1.2
G6：16	双面刃	9	5.2	1.2
G6：17	单面刃	9.5	5.6	1.7
G6：18	单面刃	6.9	5.4	1.6
G6：19	双面刃	7.3	4.9	1.2
G6：20	双面刃	6.7	4.7	1
G6：21	双面刃	7.8	4.7	0.7
G6：22	单面刃	8.3	4.1	1
G6：23	双面刃	10	4.9	1.2
G9：23	双面刃	7.7	3.9	0.9
G9：24	双面刃	7.5	5	1.2

标本号	刃数	长	宽	厚
G10：20	双面刃	7.5	4.7	1
G10：21	双面刃	8.2	5.2	1.3
G10：22	单面刃	7.4	4.5	1.2
G10：23	双面刃	8.4	4.7	0.9
G10：24	单面刃	8.7	5	1.2
G10：25	双面刃	8.4	4.9	1.4
G11：13	单面刃	7.9	4.1	0.9
G11：14	双面刃	8.3	5.5	1.4
G13：52	单面刃	8.7	4.7	1.8
G13：53	双面刃	8.1	4.5	1.1
G13：54	双面刃	8.5	4.7	1.2
G13：55	单面刃	9.8	4.8	0.9
G13：56	单面刃	8.1	4.4	0.6
G13：57	单面刃	7.1	4	1
G13：58	双面刃	8.8	5.1	1.5
G13：59	单面刃	8.4	4.7	0.8
G13：60	单面刃	8.4	4.9	1.3
G13：61	双面刃	9.1	5.8	1.1
G13：62	双面刃	7.9	4.4	1.1
G13：63	双面刃	8.1	4.5	0.9
G13：64	双面刃	7.4	4.3	1.1
G13：65	双面刃	15.2	8.9	1
G14：34	双面刃	8.4	5.6	1.1
G14：35	单面刃	7.2	3.5	0.7
G14：36	单面刃	7.2	3.9	0.7
G15：19	单面刃	7	4.5	0.8
G15：20	双面刃	7.1	4.4	0.6
G15：21	双面刃	8.1	5.2	1.2
G15：22	双面刃	9.2	4.5	0.9
G15：23	单面刃	9.6	6	1.8
G16：15	单面刃	8.3	5.2	1
G18：9	单面刃	7.5	4.7	0.8
G18：10	单面刃	8.2	4.4	0.7
G21：29	双面刃	6.9	4.8	0.5
G21：30	单面刃	7.5	4	1.3

标本号	刃数	长	宽	厚
G21∶31	单面刃	8.5	5.1	0.9
G21∶32	双面刃	6.2	4.5	0.9
G21∶33	双面刃	8.9	4.5	0.5
G21∶34	单面刃	8.8	5.2	1
G21∶35	单面刃	8	4.5	1.4
G21∶36	单面刃	8.4	5	1.1
G21∶37	双面刃	9.6	6	1.1
G21∶38	双面刃	8.2	4.7	0.8
G21∶39	双面刃	8.2	5.9	1.2
G22∶74	双面刃	8.3	4.7	1
G22∶75	单面刃	8	4.5	1
G22∶76	单面刃	9.9	5	1.7
G22∶77	单面刃	8.4	5.2	1.2
G22∶78	单面刃	7.7	4.7	0.8
G22∶79	双面刃	9	4.3	0.9
G22∶80	双面刃	7.3	5.3	1
G22∶81	单面刃	8	4.5	2.2
G22∶82	单面刃	9.8	4.8	1.2
G22∶83	单面刃	6.3	4.6	0.5
G22∶84	单面刃	10	5.4	1.3
G22∶85	双面刃	7.4	5.2	1.6
G22∶86	单面刃	8.5	5	1.1
G23∶8	双面刃	6.9	4.3	0.8
G24∶9	双面刃	7.3	4.7	1
G33∶34	双面刃	8.4	5.8	2
G33∶35	双面刃	8.9	4.4	1
G33∶36	双面刃	8.8	5	0.8
G33∶37	单面刃	7.5	4.5	0.8
G33∶38	双面刃	6.8	4.9	0.9
G33∶39	单面刃	9.8	4.2	0.9
G33∶40	双面刃	8.8	5.1	1.4
G33∶41	单面刃	13.9	6.8	2.2

附表四　仰韶文化陶刀登记表

（单位：厘米）

标本号	陶系	刃数	长	宽	厚
H6：5	泥质红陶	单面刃	7.7	4.5	0.7
H12：13	泥质红陶	双面刃	8.8	5.5	0.5
H41：12	泥质红陶	单面刃	8.4	5.3	0.8
H44：2	泥质红陶	单面刃	8.7	4.8	0.5
H54：2	泥质红陶	单面刃	8	5	0.7
H54：3	泥质灰陶	单面刃	7.9	5.7	0.6
H54：4	泥质红陶	单面刃	7	5.3	0.8
H76：9	泥质红陶	单面刃	7.7	6.2	0.6
H76：10	泥质红陶	单面刃	8.9	5.1	0.3
H76：11	泥质红陶	单面刃	9.4	4.4	0.7
H86：2	泥质红陶	双面刃	7.8	5	0.4
H101：12	泥质红陶	单面刃	10	5.6	0.4
H101：13	泥质红陶	单面刃	7.5	4.8	0.4
H101：14	泥质红陶	单面刃	7.5	4.8	0.5
H101：15	泥质红陶	双面刃	8.1	4.8	0.4
H103：2	泥质红陶	单面刃	5.2	4.6	0.4
H140：2	泥质红陶	双面刃	10.1	4.8	1
H141：5	泥质红陶	单面刃	8.2	4.3	0.5
H150：10	泥质灰陶	四面刃	6.5	4.6	0.7
H162：1	泥质红陶	双面刃	6.7	4.5	0.6
H166：13	泥质红陶	单面刃	7.3	4.1	0.6
H167：31	泥质红陶	单面刃	8	4.6	0.6
H167：32	泥质红陶	双面刃	9.4	4.5	0.4
H225：9	泥质红陶	双面刃	8.8	5.4	0.6
H228：15	泥质红陶	单面刃	8.6	5.1	0.4
H277：53	泥质红陶	单面刃	7.2	4.7	0.4
H277：54	泥质红陶	双面刃	7.6	5.2	0.6
H277：55	泥质灰陶	单面刃	5.4	5.3	0.4

标本号	陶系	刃数	长	宽	厚
H277：56	泥质红陶	单面刃	7.9	4.5	0.6
H277：57	泥质灰陶	单面刃	5.7	4.5	0.4
H228：16	泥质红陶	双面刃	9.4	5	0.5
H277：58	泥质灰陶	单面刃	8.1	5.2	0.7
H277：59	泥质红陶	双面刃	7.6	4.8	0.6
H277：60	泥质红陶	双刃	7	4.3	0.3
H277：61	泥质红陶	单面刃	7.3	4.2	0.3
H277：62	泥质红陶	单面刃	7.7	5.1	1
H277：63	泥质红陶	单面刃	7.7	4.8	0.4
H277：65	泥质灰陶	单面刃	9.9	5	0.8
H293：7	泥质灰陶	单面刃	6.9	4.7	0.4
H293：8	泥质红陶	双面刃	6.4	4.2	0.6
H293：9	泥质红陶	单面刃	6.9	4.3	0.4
H293：10	泥质红陶	单面刃	5	4.1	0.6
H298：5	泥质灰陶	单面刃	6.2	4	0.5
H300：27	泥质红陶	双面刃	8	4.7	0.9
H302：14	泥质红陶	单面刃	5.2	4.5	0.4
H302：15	泥质灰陶	单面刃	7.7	3.6	0.4
H302：16	泥质红陶	双面刃	11.5	6.8	0.8
H309：2	泥质红陶	单面刃	8.6	4.5	0.7
H317：9	泥质红陶	单面刃	6.5	5.5	0.7
H317：10	泥质红陶	双面刃	5.5	4.6	0.8
H317：11	泥质红陶	单面刃	6.9	5	0.4
H317：12	泥质红陶	单面刃	8	4.7	0.4
H317：13	泥质红陶	单面刃	7.1	4.2	0.5
H321：4	泥质灰陶	单面刃	残5.2	5.2	0.3
H321：5	泥质灰陶	单面刃	6.8	4.4	0.3
H324：10	泥质红陶	单面刃	9.4	5.6	0.4
H324：11	泥质红陶	单面刃	8.4	3	0.5
H324：12	泥质红陶	单面刃	7.7	4.1	0.4
H330：2	泥质红陶	单面刃	8.1	5.3	0.4

标本号	陶系	刃数	长	宽	厚
H331：13	泥质红陶	单面刃	4.8	4.2	0.4
H331：14	泥质红陶	四面刃	8.2	5.6	0.8
H331：15	泥质灰陶	单面刃	4.8	4.6	0.4
H331：16	夹砂灰陶	双面刃	6.6	5.4	0.7
H331：17	泥质红陶	单面刃	8.1	4.5	0.6
H358：12	泥质灰陶	单面刃	7.7	3.4	0.4
H365：2	泥质灰陶	双面刃	8.3	5.5	0.7
H365：3	泥质灰陶	双面刃	8	4.5	1.1
H368：5	泥质红陶	单面刃	8.5	4.9	0.4
H368：6	泥质红陶	单面刃	6.1	5.4	0.5
H375：22	泥质灰陶	单面刃	8	5.8	0.8
H403：5	泥质红陶	双面刃	8.8	0.8	0.5
G4：55	泥质灰陶	单面刃	9.3	5.3	0.6
G4：56	泥质红陶	单面刃	8.5	5	0.4
G4：57	泥质灰陶	单面刃	9	5.3	0.7
G4：58	泥质红陶	单面刃	7.2	4.7	0.5
G4：59	泥质灰陶	单面刃	8.1	4.3	0.5
G4：60	泥质红陶	单面刃	7.6	4.9	0.5
G4：61	泥质灰陶	单面刃	8.5	4.4	0.6
G4：62	泥质灰陶	单面刃	5.3	4	0.4
G9：19	泥质灰陶	单面刃	8.7	5	0.5
G9：20	泥质红陶	单面刃	10	5.4	0.6
G10：13	泥质红陶	单面刃	7.3	5.3	0.8
G11：11	泥质红陶	单面刃	7.9	4.5	0.5
G13：38	泥质红陶	单面刃	7.8	5.5	0.8
G13：39	泥质灰陶	单面刃	5.1	5.2	0.4
G13：40	泥质灰陶	单面刃	7.9	4.6	0.5
G13：41	泥质红陶	单面刃	7.6	4.5	0.9
G13：42	泥质红陶	单面刃	7	4.8	0.8
G14：26	泥质红陶	单面刃	8.3	5	0.5
G14：27	泥质灰陶	单面刃	8.6	5	0.5

标本号	陶系	刃数	长	宽	厚
G14：28	泥质红陶	单面刃	8.3	5	0.5
G14：29	泥质灰陶	单面刃	8.4	4.7	0.6
G14：30	泥质红陶	单面刃	8.7	5.2	0.8
G15：14	泥质红陶	单面刃	9.7	4.9	0.3
G15：15	泥质红陶	单面刃	7.3	5.1	0.4
G15：16	泥质红陶	双面刃	6.5	4.5	0.7
G16：13	泥质红陶	单面刃	6.4	5.3	0.5
G22：55	泥质红陶	单面刃	8.1	4.2	0.5
G21：23	泥质灰陶	单面刃	7.7	4.5	0.4
G21：24	泥质灰陶	单面刃	9.1	5.4	0.4
G21：25	泥质红陶	单面刃	7.9	5.1	0.3
G21：26	泥质红陶	单面刃	7.4	4.5	0.4
G22：55	泥质红陶	单面刃	8.1	4.2	0.5
G22：56	泥质红陶	双面刃	7.3	4.7	0.4
G22：57	泥质红陶	双面刃	6.9	5	0.5
G22：58	泥质红陶	单面刃	7.5	4.6	0.5
G22：59	泥质红陶	单面刃	9.9	5	0.4
G22：60	泥质红陶	单面刃	8.8	4.9	0.5
G22：61	泥质灰陶	单面刃	7.9	3.8	0.3
G22：62	泥质红陶	单面刃	8.7	4.4	0.6
G22：63	泥质灰陶	单面刃	6.6	3.6	0.5
G22：64	泥质红陶	双面刃	4.5	5.5	0.5
G22：65	泥质红陶	单面刃	7.7	5.8	0.5
G23：3	泥质灰陶	单面刃	8.4	5.1	0.6
G23：4	泥质灰陶	双面刃	7.4	4.3	0.9
G23：5	泥质灰陶	双面刃	6.8	4.2	0.5
G23：6	泥质灰陶	单面刃	7.7	4.5	0.6
G23：7	泥质红陶	单面刃	6.2	3.5	0.6
G24：8	泥质红陶	双面刃	7.7	5.1	0.5
G33：32	泥质红陶	双面刃	7.1	4.3	0.4

附表五　龙山时代石刀登记表

（单位：厘米）

标本号	刃数	长	宽	厚
H29：3	单面刃	5.3	4.5	0.8
H29：4	双面刃	8.5	5.1	1.3
H36：6	双面刃	7.4	4.5	1.0
H36：7	双面刃	7.7	4.7	1.9
H49：6	双面刃	7.1	5.1	1.6
H88：25	单面刃	8.7	4.9	1.1
H114：14	单面刃	9.4	5.5	1.2
H114：15	双面刃	8.9	5.9	1.7
H114：16	双面刃	7.8	5.1	1.3
H114：17	双面刃	8.1	4.3	0.9
H114：18	单面刃	8.7	4.6	1.5
H133：2	双面刃	10.3	3.6	0.6
H153：36	单面刃	7.6	4.6	1.3
H153：37	单面刃	5.5	3.9	0.7
H153：38	单面刃	4.7	3.9	0.5
H153：39	双面刃	5.3	4.4	0.4
H227：11	双面刃	9.3	4.4	1
H234：17	双面刃	11.7	4.7	0.7
H238：20	双面刃	7.8	4.3	1.2
H238：21	双面刃	7.4	4.7	0.6
H238：22	双面刃	7.7	4.6	1.2
H238：23	双面刃	6.9	2.6	0.4
H238：24	单面刃	4.7	4.4	0.8
H254：7	双面刃	11.1	5.8	1.5
H254：8	单面刃	7.4	5.5	1.5
H299：7	双面刃	7.8	5	1.3
H299：8	双面刃	9	5.1	1.5
H320：15	双面刃	9.1	3.3	0.4

标本号	刃数	长	宽	厚
H320：16	单面刃	8.7	5.2	1
H332：5	双面刃	7	5	1.2
H332：6	双面刃	7	5	1.1
H336：6	双面刃	8.6	5.1	0.8
H336：7	单面刃	8.1	4.6	1.3
H337：7	单面刃	8	4.7	1.6
H356：3	双面刃	6.5	5	1
H384：12	双面刃	8.1	4.9	0.9
H385：18	双面刃	9.3	5	1.5
H385：19	双面刃	8.6	5	1.6
H385：20	双面刃	7.9	4.8	0.9
H385：21	双面刃	12.3	5.6	0.8
H385：22	双面刃	8.6	5.4	1.6
H385：23	双面刃	8.6	5.4	1.6
H385：24	双面刃	9.5	5.3	1.4
H385：25	双面刃	8.9	5.2	1.1
H385：26	单面刃	7.8	5	0.9

附表六　龙山时代陶刀登记表

（单位：厘米）

标本号	陶系	刃数	长	宽	厚
H238：19	泥质灰陶	单面刃	7.7	4.6	0.5
H336：5	泥质红陶	单面刃	6.9	5.1	0.5
H384：11	泥质红陶	双面刃	8.3	4.5	0.8
H385：15	泥质灰陶	双面刃	8.5	5.6	0.7
H385：16	泥质灰陶	双面刃	7	4.7	0.7

附表七　新街遗址出土的动物群（31 种）

无脊椎动物　Invertebrate

　腹足纲　　　Gastropoda

　　中腹足目　　　Mesogastropoda

　　　田螺科　　　　Viviparidae

　　　　中华圆田螺　　*Cipangopaludina cathayensis*

　瓣腮纲　　　Lamellibranchia

　　真瓣腮目　　　Eulamellibranchia

　　　蚌科　　　　Unionidae

　　　　圆顶珠蚌　　　*Unio douglasiae*

　　　蚌　　　　Unionidae

　　　　背瘤丽蚌　　　*Lamprotula leai*

脊椎动物　Vertebrate

　鱼纲　　　　Pisces

　　骨鳔目　　　　Ostariophysi

　　　鲤科　　　　Cyprinidae

　　　　鲤鱼　　　　*Cyprinus carpio*

　　鲇鱼目　　　Siluroids

　　　鲇科　　　　Siluridae

　　　　鲇鱼　　　　*Silurus* sp.

　爬行纲　　　Peptilia

　　龟鳖目　　　Testudoformes

　　　鳖科　　　　Trionychidae

　　　　鳖　　　　*Amyda* sp.

　鸟纲　　　　Aves

　　雀形目　　　Passeriformes

　　　鸦科　　　　Corvidae

　　　　大嘴乌鸦　　　*Corvus macrorhynchos*

　　鸡形目　　　Galliformes

　　　雉科　　　　Phasianidae

　　　　环颈雉　　　*Phasianus colchicus*

　　鸮形目　　　Strigiformes

　　　鸱鸮科　　　Strigidae

雕鸮	*Bubo bubo*
隼形目	Falconiformes
鹰科	Accipitridae
秃鹫	*Aegypius monachus*
雁形目	Anseriformes
鸭科	Anatidae
雪雁	*Anser caerulescens*
隼形目	Falconiformes
鹰科	Accipitridae
金雕	*Aquila chrysaetos*
鹳形目	Ciconiiformes
鹭科	Ardeidae
苍鹭	*Ardea cinerea*
鹈形目	Pelecaniformea
鸬鹚科	Phalacrocoracidae
鸬鹚	*Phalacrocorax carbo*
哺乳纲	Mammalia
兔形目	Lagomorpha
兔科	Leporidae
草兔	*Lepus capensis*
啮齿目	Rodentia
鼠科	Muridae
褐家鼠	*Rattus norvegicus*
仓鼠科	Cricetidae
中华鼢鼠	*Myospalax fontanieri*
竹鼠科	Rhizomyidae
中华竹鼠	*Rhizomys sinensis*
食肉目	Carnivora
犬科	Canidae
狗	*Canis familiaris*
鼬科	Mustelidae
狗獾	*Meles meles*
猫科	Felidae
猫	*Felis* sp.
偶蹄目	Artiodactyla
猪科	Suidae

家猪　　　　　　　*Sus domesticus*

鹿科　　　　　　　Cervidae

　獐　　　　　　　　*Hydropotes inermis*

　梅花鹿　　　　　　*Cervus nippon*

　狍　　　　　　　　*Capreolus capreolus*

牛科　　　　　　　Bovidae

　牛亚科　　　　　　Bovinae Gill，1872

　羚亚科　　　　　　Antilopinae

　　黄羊　　　　　　　*Procpapra guttuosa*

　羊亚科　　　　　　Caprinae Gill，1872

附表八 新街遗址动物群在各文化层中的分布情况

文化类型 动物属种	仰韶晚期	龙山早期	商代	汉代
中华圆田螺 Cipangopaludina cathayensis	●			●
圆顶珠蚌 Unio douglasiae	●	●		
背瘤丽蚌 Lamprotula leai	●			
蚌 Unionidae	●	●		
鱼 Pisces	●			
鲤鱼 Cyprinus carpio		●		
鲶鱼 Silurus sp.	●			
中华鳖 Pelodiscus sinensis	●			
大嘴乌鸦 Corvus macrorhynchos	●	●		
环颈雉 Phasianus colchicus	●	●		
雕鸮 Bubo bubo	●			
秃鹫 Aegypius monachus	●	●		
雪雁 Anser caerulescens	●			
金雕 Aquila chrysaetos		●		
苍鹭 Ardea cinerea	●			
鸬鹚 Phalacrocorax carbo	●			
鸟 Aves	●	●		
褐家鼠 Rattus norvegicus	●	●		
中华鼢鼠 Myospalax fontanieri	●			
中华竹鼠 Rhizomys sinensis	●	●		
草兔 Lepus capensis	●	●		
狗 Canis familiaris	●	●		●
狗獾 Meles meles	●	●		
猫 Felis sp.	●			
家猪 Sus domesticus	●	●		●
狍 Capreolus capreolus	●	●		
獐 Hydropotes inermis	●	●		
梅花鹿 Cervus nippon	●	●	●	●
牛亚科 Bovinae Gill, 1872	●			
黄羊 Procpapra guttuosa	●	●		
羊亚科 Caprinae Gill, 1872		●		
种数合计（31）	28	19	1	4

附表九　新街遗址各文化层遗迹单位中出土动物骨骼数量、种属统计表

文化类型	遗迹编号	动物属种数	骨骼总数量	属种的骨骼数量
仰韶晚期	H6	2	47	中华圆田螺46、獐1
	H8	3	9	鸟1、狗1、幼家猪2、家猪5
	H9	1	1	獐1
	H11	1	4	家猪4
	H12	10	48	中华圆田螺7、背瘤丽蚌1、鲶鱼1、中华鳖2、鸟1、兔1、狗1、家猪21、獐3、梅花鹿10
	H13	3	5	中华圆田螺1、中华竹鼠1、家猪3
	H14	3	6	中华圆田螺1、家猪1、梅花鹿4
	H17	3	42	中华圆田螺32、家猪9、黄羊1
	H21	2	44	中华圆田螺43、家猪1
	H22	1	1	狗1
	H23	2	2	大嘴乌鸦1、家猪1
	H24	2	6	家猪2、梅花鹿4
	H26	2	7	家猪6、梅花鹿1
	H32	5	11	中华圆田螺3、蚌1、狗獾1、家猪4、梅花鹿2
	H33	3	21	中华鳖1、狗1、家猪19
	H34	1	1	獐1
	H35	1	2	家猪2
	H38	2	5	雕鸮1、家猪4
	H41	1	7	梅花鹿7
	H42	5	15	鸟1、大嘴乌鸦2、褐家鼠1、家猪10、獐1
	H45	2	65	家猪64、梅花鹿1
	H47	1	20	中华圆田螺20
	H52	2	5	家猪4、梅花鹿1
	H58	1	2	家猪2
	H59	1	2	家猪2
	H60	1	3	家猪3
	H61	1	4	家猪4
	H62	1	1	家猪1具
	H65	2	2	狗1、梅花鹿1
	H66	2	4	家猪2、梅花鹿2
	H76	4	25	环颈雉1、狗1、家猪20、梅花鹿3

文化类型	遗迹编号	动物属种数	骨骼总数量	属种的骨骼数量
仰韶晚期	H77	3	7	鱼1、狗1、家猪5
	H83	1	7	家猪7
	H84	1	3	家猪3
	H86	4	14	狗1、家猪3、獐2、梅花鹿8
	H87	2	9	狗1具、狗2、家猪6
	H91	5	30	雪雁1、草兔2、家猪22、獐4、梅花鹿1
	H92②	2	6	家猪3、梅花鹿3
	H92④	2	4	家猪2、梅花鹿2
	H92⑥	3	10	蚌1、家猪6、梅花鹿3
	H101	2	2	家猪1、梅花鹿1
	H102	2	6	家猪3、梅花鹿3
	H105	4	11	中华竹鼠1、狗5、家猪2、梅花鹿3
	H107	1	7	家猪7
	H112	1	8	家猪8
	H120	1	3	家猪2、梅花鹿1
	H130	3	7	猫1、狗1、家猪5
	H138	1	3	家猪3
	H140	3	13	草兔9、幼家猪1、家猪1、梅花鹿2
	H162	1	8	家猪8
	H164	2	49	中华圆田螺48、家猪1
	H165	1	8	家猪8
	H166	2	6	家猪2、梅花鹿4
	H178	1	5	家猪5
	H183	2	6	狗1、家猪5
	H184	1	7	家猪7
	H190	1	3	家猪3
	H193	2	25	狗1、家猪24
	H196	1	56	中华圆田螺56
	H214	2	8	家猪7、梅花鹿1
	H216	1	4	家猪4
	H217	1	1	家猪1
	H218	1	2	家猪2
	H220	3	59	褐家鼠2、幼家猪52、家猪2、獐3
	H228	2	21	家猪20、梅花鹿1

文化类型	遗迹编号	动物属种数	骨骼总数量	属种的骨骼数量
仰韶晚期	H235	2	2	中华竹鼠1、梅花鹿1
	H237	5	12	鸟2、草兔1、狗1、家猪6、梅花鹿2
	H249①	4	8	鸟1、家猪5、獐1、梅花鹿1
	H258	1	2	家猪2
	H259	1	5	家猪5
	H269	2	3	家猪2、梅花鹿1
	H277	3	43	狗7、家猪35、梅花鹿1
	H283	1	10	家猪10
	H290	2	14	家猪12、梅花鹿2
	H291	5	48	中华圆田螺2、圆顶珠蚌1、雪雁1、家猪42、梅花鹿2
	H293	2	14	家猪5、梅花鹿9
	H300	2	4	家猪3、梅花鹿1
	H301	2	12	家猪11、梅花鹿1
	H302	6	31	中华圆田螺3、中华竹鼠1、草兔2、狗1、家猪23、梅花鹿1
	H303	1	1	草兔1
	H306	1	4	家猪4
	H307	1	22	家猪22
	H313	3	6	狗2、家猪3、梅花鹿1
	H324	3	10	狗2、家猪7、獐1
	H327	3	11	狗3、家猪7、梅花鹿1
	H330	2	6	狗1、家猪5
	H333	7	38	中华鼢鼠1、中华竹鼠1、环颈雉1、家猪17、獐6、狍1、梅花鹿11
	H344	2	37	苍鹭1、家猪36
	H346	4	10	中华圆田螺2、狗1、家猪6、野家猪1
	H348	4	11	大嘴乌鸦1、鸟1、家猪7、梅花鹿2
	H351	1	10	家猪10
	H355	4	26	雪雁1、鸬鹚1、家猪1、梅花鹿23
	H363	3	7	家猪2、獐3、梅花鹿2
	H364	5	42	鸟2、秃鹫4、家猪2、獐4、梅花鹿30
	H367	1	11	家猪11
	H368	4	17	草兔1、狗2、家猪12、梅花鹿2
	H375	4	23	草兔1、狗1、家猪20、梅花鹿1
	H389	2	3	家猪1、梅花鹿2
	H402	6	55	鸟2、褐家鼠1、家猪40、野家猪1、獐1、梅花鹿10

续附表九

文化类型	遗迹编号	动物属种数	骨骼总数量	属种的骨骼数量
仰韶晚期	G2	1	4	家猪4
	G4	7	212	中华圆田螺89、蚌7、鸟1、狗33、家猪76、黄羊2、梅花鹿4
	G5	2	8	狗1、家猪7
	G6①	6	18	环颈雉1、中华竹鼠1、草兔1、家猪9、獐3、梅花鹿3
	G7	2	5	幼家猪1具、家猪3、獐1
	G10	2	42	中华圆田螺16、家猪26
	G11	2	33	中华圆田螺30、家猪3
	G13	6	129	中华圆田螺102、鸟2、狗3、家猪20、獐1、梅花鹿1
	G14	3	9	家猪4、梅花鹿4、牛1
	G15	5	23	鸟1、环颈雉1、狗5、家猪15、梅花鹿1
	G16③	3	90	中华圆田螺77、狗3、家猪10
	G16④	3	7	狗2、家猪1具、家猪3、梅花鹿1
	G18	1	1	狗1
	G21	3	36	环颈雉1、家猪34、梅花鹿1
	G22	10	168	中华圆田螺1、圆顶珠蚌2、鸬鹚1、鸟1、草兔1、狗9、家猪138、野家猪1、獐3、梅花鹿11
	G23	5	18	中华圆田螺1、草兔1、狗2、家猪8、梅花鹿6
	G25	4	9	狗2、家猪2、獐1、梅花鹿4
	G33	4	38	草兔1具、家猪25、狍3、梅花鹿9
小计	117	28	2243	中华圆田螺580、圆顶珠蚌3、蚌9、背瘤丽蚌1、鲶鱼1、鱼1、中华鳖3、鸟16、环颈雉5、大嘴乌鸦4、鸬鹚2、雕鸮1、苍鹭1、秃鹫4、雪雁3、褐家鼠4、中华鼢鼠1、中华竹鼠6、草兔21、猫1、狗獾1、狗101、家猪1204、黄羊3、獐41、狍4、梅花鹿221、牛1
龙山早期	H29	5	21	环颈雉2、中华竹鼠1、家猪2、獐5、梅花鹿11
	H31	2	4	草兔3、羊1
	H36	3	5	圆顶珠蚌1、家猪2、梅花鹿2
	H78	2	4	家猪3、梅花鹿1
	H88	5	21	中华竹鼠1、草兔1、家猪2、狍2、梅花鹿15
	H114	4	16	大嘴乌鸦2、家猪5、獐1、梅花鹿8
	H133	1	1	大嘴乌鸦1只
	H153	8	65	圆顶珠蚌1、蚌3、鸟1、褐家鼠2、狗獾2、家猪31、獐4、梅花鹿21
	H191	5	28	秃鹫1、中华竹鼠1、家猪18、獐2、梅花鹿6
	H191②	4	25	大嘴乌鸦1、家猪12、獐5、梅花鹿7
	H227	7	28	鲤鱼1、圆顶珠蚌7、中华竹鼠1、草兔1、家猪12、獐2、梅花鹿4

文化类型	遗迹编号	动物属种数	骨骼总数量	属种的骨骼数量
龙山早期	H234	2	12	家猪10、梅花鹿2
	H238	4	110	圆顶珠蚌2、幼家猪11、家猪91、獐1、梅花鹿5
	H254	3	10	家猪6、獐1、梅花鹿3
	H268	6	49	鸟1、狗1、家猪15、獐2、黄羊1、梅花鹿29
	H273	1	8	家猪8
	H296	3	16	草兔2、狗9、家猪5
	H299	4	12	金雕1、家猪7、獐1、梅花鹿3
	H311	3	8	家猪4、獐2、梅花鹿2
	H335	4	69	鸟3、幼狗6、狗19、幼家猪30、家猪9、梅花鹿2
	H336	3	12	褐家鼠1、家猪3、梅花鹿8
	H337	4	21	中华竹鼠2、家猪2、獐3、梅花鹿14
	H385	4	90	大嘴乌鸦9、家猪55、獐8、梅花鹿18
	H395	4	33	鸟3、家猪19、獐5、梅花鹿6
	G29	2	4	狗1、家猪3
小计	25	19	672	圆顶珠蚌11、蚌3、鲤鱼1、鸟8、环颈雉2、大嘴乌鸦13、金雕1、秃鹫1、褐家鼠3、中华竹鼠6、草兔7、狗獾2、狗36、家猪365、羊1、黄羊1、獐42、狍2、梅花鹿167
商代	H391	1	1	梅花鹿1
小计	1	1	1	梅花鹿1
汉代	H4	1	11	中华圆田螺11
	H4②	2	3	狗1、家猪2
	H4⑤	1	2	梅花鹿2
小计	3	4	16	中华圆田螺11、狗1、家猪2、梅花鹿2

附表一〇　新街遗址各期文化层动物骨骼的数量及对应的最小个体数

动物种类	可鉴定标本数量					最小个体数				
	文化分期					文化分期				
	仰韶晚期	龙山早期	商代	汉代	总数	仰韶晚期	龙山早期	商代	汉代	总数
中华圆田螺 *Cipangopaludina cathayensis*	580			11	591	580			11	591
圆顶珠蚌 *Unio douglasiae*	3	11			14	2	8			10
背瘤丽蚌 *Lamprotula leai*	1				1	1				1
蚌 Unionidae	9	3			12	1	1			2
鱼 Pisces	1				1	1				1
鲤鱼 *Cyprinus carpio*		1			1		1			1
鲶鱼 *Silurus* sp.	1				1	1				1
中华鳖 *Pelodiscus sinensis*	3				3	1				1
大嘴乌鸦 *Corvus macrorhynchos*	4	13			17	1	6			7
环颈雉 *Phasianus colchicus*	5	2			7	1	2			3
雕鸮 *Bubo bubo*	1				1	1				1
秃鹫 *Aegypius monachus*	4	1			5	1	1			2
雪雁 *Anser caerulescens*	3				3	2				2
金雕 *Aquila chrysaetos*		1			1		1			1
苍鹭 *Ardea cinerea*	1				1	1				1
鸬鹚 *Phalacrocorax carbo*	2				2	1				1
鸟 Aves，属种未定	16	8			24	1	1			2
褐家鼠 *Rattus norvegicus*	4	3			7	1	1			2
中华鼢鼠 *Myospalax fontanieri*	1				1	1				1
中华竹鼠 *Rhizomys sinensis*	6	6			12	2	2			4
草兔 *Lepus capensis*	21	7			28	5	1			6
猫 *Felis* sp.	1				1	1				1
狗 *Canis familiaris*	102	30		1	133	13	3		1	17
狗獾 *Meles meles*	1	2			3	1	1			2
家猪 *Sus domesticus*	1204	365		2	1571	95	24		1	120
狍 *Capreolus capreolus*	4	2			6	2	1			3
獐 *Hydropotes inermis*	41	42			83	5	3			8
梅花鹿 *Cervus nippon*	221	167	1	2	391	7	4	1	1	13
牛亚科 Bovinae Gill, 1872	1				1	1				1

动物种类	可鉴定标本数量					最小个体数				
	文化分期					文化分期				
	仰韶晚期	龙山早期	商代	汉代	总数	仰韶晚期	龙山早期	商代	汉代	总数
黄羊 Procpapra guttuosa	3	1			4	1	1			2
山羊亚科 Caprinae Gill, 1872		1			1		1			1
动物的总数	2243	672	1	16	2932	731	63	1	14	809
无脊椎动物总数	593	14		11	618	584	9		11	604
脊椎动物总数	1650	658	1	5	2314	147	54	1	3	205
哺乳动物的总数	1609	632	1	5	2247	135	42	1	3	181
野生哺乳动物的最小个体数（MNI）						27	15	1	1	44
家养哺乳动物的最小个体数（MNI）						108	27		2	137
野生哺乳动物（MNI）/家养哺乳动物（MNI）						0.25	0.56		0.50	0.32
牛科动物的最小个体数（MNI）						2	2			4
鹿科动物的最小个体数（MNI）						14	8	1	1	24
鹿科动物（MNI）/牛科动物（MNI）						7	4			6

附表一一　新街遗址不可鉴定动物骨骼统计表

遗迹单位	脊椎骨数量	肋骨数量	碎骨		备注	小计
			管状骨	片状骨	烧、切痕等	
H4②	2	8	1		烧1	11
H4⑤		3	2		烧1	5
H6			1			1
H8		2	3			5
H12	9	24	11	1		45
H13	1	2	6			9
H14		1	4			5
H17	2	2	4	1	烧2	9
H21		2	1			3
H22	1		1			2
H23		2	1			3
H26			1			1
H29		3	18			21
H31	1	3	2	3		9
H32		3				3
H33		3	6			9
H34		1				1
H35		1	7			8
H36			2			2
H38	2					2
H41	1		1			2
H42		16	7			23
H45	18	36				54
H58		4				4
H60	1	5				6
H61	1	1				2
H65		1			1烧	1
H76	1	1	1		1烧、2咬	3
H77		2				2
H83		5				5
H86	2	16	3			21
H87	7	13		9		29

遗迹单位	脊椎骨数量	肋骨数量	碎骨		备注	小计
			管状骨	片状骨	烧、切痕等	
H88		2	6		4 咬	8
H91	6	15	9		1 咬	30
H102	1					1
H105	2	1				3
H107		1	1			2
H112	1	3		4		8
H114		1	9		1 烧	10
H120		1				1
H130	1	2				3
H138			2			2
H140	2	19	5			26
H153		13	27	2	10 烧、1 咬	42
H162			1			1
H165	2	1				3
H166			2			2
H178		9		1		10
H183		2		1		3
H184		3		6		9
H190	1					1
H191	6	2	3	2	1 锯痕	13
H191②	8	9	6			23
H214		3			1 烧	3
H217	1					1
H220	6	18	2			26
H227	8	16	15		1 咬痕	39
H228	3	1	1			5
H234	2	7	1			10
H235	1		4		1 切痕	5
H237	3	6	2			11
H258	1					1
H259			1			1
H249	2	2	1		1 咬痕	5
H254	4	2	4			10
H238	25	41	18			84

续附表一一

遗迹单位	脊椎骨数量	肋骨数量	碎骨		备注	小计
			管状骨	片状骨	烧、切痕等	
H268	14	46	21			81
H269		1				1
H273			3			3
H277	3	24	3			30
H283	1	3				4
H290	4	34	3			40
H291	3	44	15			62
H293	2		1			3
H296	3	3	2			8
H299		1	4			5
H301	1	3				4
H302	2	20	4			26
H307	7	32				39
H311	1	7	4			12
H313		6				6
H324		8				8
H327			1			1
H330	1	2				3
H333	2	13	19			34
H336		8	20			28
H337	4	8	17			29
H344	7	8	7			22
H346	1		5			6
H348	2	8	4			14
H351	1	4	2			7
H363	1	2	9			12
H364	7	8	7			22
H385	1	19	43			63
H389			4			4
H395	3	25	23			51
H402	1	8	14			23
H335	20	49	30			99
H355		1	13			14
H367	1	6				7

遗迹单位	脊椎骨数量	肋骨数量	碎骨		备注	小计
			管状骨	片状骨	烧、切痕等	
H368		13	1			14
H375	5	16	9			30
G4	17	28	13			58
G5	1	1				2
G6①	1	5	8			14
G7	98	60	1			159
G10	2	7	7			16
G11	1	2	16			19
G13		4	4			8
G14		4	4			8
G15	1	8	14			23
G16③	1	7	1			9
G16④	3	8	2			13
G21	1	23	10			34
G22	28	119	47			194
G23		1	18			19
G29	1	2				3
G33	4	9	17			30
小计	392	1058	653	30		2132

附表一二　根据新街遗址出土猪下颌牙齿的萌出和磨损级别确定的年龄及性别状况

单位	左/右	标本	磨损级别					m1			m2			m3		年龄级别	性别
			m1	m2	m3	p4	Dp4	长(毫米)	前宽(毫米)	后宽(毫米)	长(毫米)	前宽(毫米)	后宽(毫米)	长(毫米)	宽(毫米)		
H4②：D2	左	p3 + Dp4 + m1	1/2				c									II	
H11：D3	右	p3 + Dp4	C				c									I	
H12：D13	左	p4 + m1 + m2	e	c				17.27	11.05	12	22.41	15.95	15.69			IV	
H21：D1	右	m1	c													III	
H23：D2	右	p3 + Dp4 + m1	c				d	16.58	9.78	10.31						II	
H24：D2	左	m1	g					14.55	9.38	10.18						V	
H32：D3	左	m1	c													III	
H33：D5	左	Dp4 + m1 + m2	d	1/2			e	17.63	9.99	11.28						III	
H33：D7	右	Dp4 + m1	c				d									II	
H38：D2	左、右	i2 + p2 + p3 + p4 + m1 + m2 + m3	g	e	1/2	b		16.53	10.22	11.12	20.52	13.27	13.57			V	
		i2 + p3 + p4 + m1 + m2 + m3	g	e	1/2			16.58		11.22	20.97	13.23	13.56				
H42：D4	左、右	i1 + p1 + p2 + p3 + Dp4 + m1	c	C				17.02	9.54	11.13						III	
		p2 + p3 + Dp4 + m1	c	V			e	17.09	9.94	11.16							
H42：D5	右	m1	c					16.61	8.21	9.97						III	
H45：D13	左、右	i1 + i2 + c + p2 + p3 + p4 + m1 + m2 + m3	e	d	U	c		15.97	10.47	10.84	20.75	13.75	13.87	33.32	13.51	V	雄
		i1 + i2 + c + p3 + p4 + m1 + m2 + m3															
H45：D14	左	p2 + p3 + Dp4 + m1 + m2	c	1/2			g	16.19	10.13	11.3						III	雄
H45：D15	左	p2 + Dp4 + m1	d				k	16.18	10.12	11.11						IV	
H45：D16	右	Dp4 + m1	a				d	17.8	10.62	11.8						II	
H45：D17	右	Dp4 + m1 + m2	c	1/2			f	16.62	10.58	11.58						III	
H45：D18	右	m1 + m2	e					16.03	10	11.08						IV	

续附表一二

单位	左/右	标本	磨损级别 m1	磨损级别 m2	磨损级别 m3	磨损级别 p4	磨损级别 Dp4	m1 长(毫米)	m1 前宽(毫米)	m1 后宽(毫米)	m2 长(毫米)	m2 前宽(毫米)	m2 后宽(毫米)	m3 长(毫米)	m3 宽(毫米)	年龄级别	性别
H52:D2	右	p2 + p3 + Dp4 + m1	c				d	17.6	11.24	11.73						Ⅲ	
H52:D3	右	m1 + m2 + m3		e	c						19.53	12.99	13.58	30.67	15.61	V	
H76:D10	左	p3 + p4 + m1 + m2 + m3	f	d	1/2			15.68	10.2	11.12	20.33	14.5	14.51			V	
H76:D11	左	Dp3 + Dp4 + m1	E				d									Ⅱ	
H76:D13	右	p2 + p3 + p4 + m1 + m2	e	d		d		16	10.39	11.34	21.72	13.8	14.36			Ⅳ	
H76:D14	左	Dp3 + Dp4 + m1	E				d									Ⅱ	
H77:D4	左	Dp4 + m1	c				e	17.01	10.15	10.7						Ⅲ	
H77:D5	左	m1	d					17.86	11.14	12.23						Ⅳ	
H78:D1	左	m2 + m3		d	c						20.49	13.51	13.71			V	
H83:D3	左	m1 + m2	e	d				15.99	9.56	10.68	20.08	12.96	13			Ⅳ	
H83:D4	右	Dp4					d									Ⅱ	
H84:D1	左	Dp3 + Dp4 + m1	c	C			d	14.01	8.38	9.42						Ⅲ	
H91:D12	右	m1	c	C				17.09	9.25	10.32						Ⅲ	
H91:D13	右	p3 + p4 + m1 + m2 + m3	j	e	d			15.34	9	10.83	18.09	13.02	13.49	31.49	14.66	Ⅵ	
H92②:D2	左	m1	d		1/2			17.55	10.95	11.17						Ⅳ	
H92④:D1	右	m1	d					17.08	10.27	11.68						Ⅳ	
H101:D1	左、右	p4 + m1 + m2 + m3	f	e			d	14.42	8.97	10.29	18.91	13.13	12.94			V	
H102:D2	左、右	p4 + m1 + m2 + m3	e	d			c	16.82	9.81	10.83	19.82	13.37	13.4			V	
H114:D4	左	m2		E												Ⅲ	
H114:D5	右	Dp4 + m1 + m2	c	E			g	18.05	12.11	12.24						Ⅲ	

续附表一二

单位	左/右	标本	磨损级别 m1	m2	m3	p4	Dp4	m1 长(毫米)	前宽(毫米)	后宽(毫米)	m2 长(毫米)	前宽(毫米)	后宽(毫米)	m3 长(毫米)	宽(毫米)	年龄级别	性别
H114②: D6	右	Dp3 + Dp4 + m1	C				d									II	雄
H120: D1	右	i2 + i3 + p2 + p3 + p4 + m1 + m2 + m3	k	f	c			12.5	9.27	9.96	18.76	11.86	12.28	23.77	13.77	VI	
H130: D4	左	m2		U												III	
H138: D2	右	m2 + m3		d	E						20.21	13.87	13.14			V	
H153: D21	左	m1 + m2	e	d				18.09	9.95	11.06						IV	
H153: D22	右	Dp3 + Dp4 + m1	b					20.16	12.28	12.6						II	
H153: D23	右	Dp3 + Dp4 + m1 + m2	d	c			g	16.76	10.29		21.14	13.3	13.97			IV	
H153: D24	右	Dp3 + Dp4 + m1	V				d									II	
H164: D1	右	Dp4 + m1	c				d									II	
H183: D3	左	m2 + m3		e	c						17.72	10.59	11.49	32.75	13.57	V	
H184: D1	右	c + p1 + p2															
H191②: D8	左	Dp2 + Dp4					d									II	雌
H191②: D9	左	c + p4 + m1 + m2	d	c	C			19.64	11.11	13.04	25.04	15.56	16.04			IV	
H191②: D10	左	Dp2 + Dp3 + Dp4 + m1	a				e	17.45	9.92	11.01						II	
H193: D7	左、右	i2 + p2 + p3 + p4 + m1 + m2	f	d				15.34	9.92	10.54	20.47		13.41			V	
H193: D8	左、右	i1 + i2															
H193: D9	左	m1 + m2	e	d	V			17.42	10.23	11.52	21.56	14.03	15.03			V	雌
H193: D12	右	m3			c									32.46	14.31	VI	
H216: D1	左	m3			c									33.4	15.88	V	
H216: D2	左、右	i1 + i2 + i3 + c + m1 + m2 + m3	g	e	d						19.23	13.68	14.33	32.25	15.45	VI	

续附表一二

单位	左/右	标本	磨损级别 m1	m2	m3	p4	Dp4	m1 长(毫米)	前宽(毫米)	后宽(毫米)	m2 长(毫米)	前宽(毫米)	后宽(毫米)	m3 长(毫米)	宽(毫米)	年龄级别	性别
H218：D2	左、右	i1 + i2 + c + p2 + p3 + p4 + m1 + m2 + m3	e	d	c			15.14	9.81	10.98	19.23	12.78	13.05	30.28	14.02	V	雄
H220：D16	左、右	i1 + Dp3 + Dp4					1/2									I	
H220：D17	左、右	i1 + Dp3 + Dp4					1/2									I	
H220：D18	左	i1 + Dp3 + Dp4					1/2									I	
H227：D12	右	m2 + m3		g	f											VI	
H234：D2	左	m1 + m2	e	d				17.13	10.91	11.62	21.38	14.23	14.41			V	
H234：D3	左	Dp3 + Dp4 + m1	1/2				d									II	
H234：D4	左	Dp3 + Dp4 + m1	1/2				d									II	
H237：D5	右	p3 + p4 + m1	f			b		16.6	10.68	10.96						V	
H237：D6	左	m1 + m2	c	1/2				16.696	10.54	11.47						III	
H238：D1	左、右	Dp4 Dp4					U									I	
H238：D29	左、右	i1 + c + p3 + p4 + m1 + m2 + m3 i1 + i2 + c + p2 + p3 + p4 + m1 + m2	g	f	d			15.86	10.89	11.14	21.05	14.76	15.08	36.76	17.14	V	雄
H238：D30	左	m1 + m2	c	a				17.35		11.2	22.97	14.53	14.22			III	
H238：D31	左	m1 + m2	e	d				17.3	11.05	11.83	22.41	14.18	14.63			V	
H238：D32	左	m3			1/2											V	
H238：D33	右	p3 + p4 + m1 + m2 + m3	g	e	1/2			17.01	11.45	12.16	22.4	15.27	14.43			V	

续附表一二

单位	左/右	标本	磨损级别 m1	m2	m3	p4	Dp4	m1 长(毫米)	m1 前宽(毫米)	m1 后宽(毫米)	m2 长(毫米)	m2 前宽(毫米)	m2 后宽(毫米)	m3 长(毫米)	m3 宽(毫米)	年龄级别	性别
H249①: D2	右	m2		d	C											IV	
H254: D3	右	p1 + p2 + p3 + p4				b										V	
H258: D1	左	Dp4 + m1	c	V			e	16.89	9.14	10.56						III	
H273: D2	左	i1 + i2 + Dp2 + Dp3 + Dp4	C				c									I	
H273: D3	右	m2 + m3		f	U						22.54	15.39		35.58	16.65	V	
H277: D14	左、右	i2 + Dp2 + Dp3 + Dp4 + m1 i2 + Dp4 + m1	a				d	12.29	9.8	10.49						II	
H283: D4	右	m1 + m2 + m3	k	f	d			14.79	9.77	11.51	19.97	13.83	14.1	32.2	15.93	VI	
H283: D5	右	p3 + p4 + m1 + m2 + m3	f	e	E			16.36	10.12	10.51	20.99	13.28	13.27			V	
H290: D3	左	m1 + m2	e	c				16.85	10.47	11.29	21.69	14.62	14.01			IV	
H290: D4	右	Dp2 + Dp3 + Dp4 + m1	c	C			f	17.19	10.38	10.91						III	
H291: D17	左	Dp3 + Dp4 + m1	d				j	18.07	10.59	11.32						III	
H291: D18	左	m1 + m2	e	c	V			16.72	10.16	10.18		13	13.35			IV	
H291: D19	左	c + p2 + p3															雄
H291: D20	右	c + p1 + p3 + p4 + m1 + m2 + m3	f	e	1/2			15.52	9.65	10.52	19.09	12.34	12.92			V	
H293: D2	右	Dp4 + m1	1/2													II	
H299: D5	左	m1 + m2	d	c	C			18.4	18.89	19.2	23.22	15.61	15.78			IV	
H301: D1	左	p3 + Dp4 + m1 + m2 + m3	f	e	1/2			15.03	9.32	10.2	20.13	12.41	13.3			V	
H301: D5	右	m2 + m3		f	e						19.87	14.26	13.24	30.22	15.3	VI	
H301: D6	右	m2 + m3		e	c											V	
H302: D10	左	Dp3 + Dp4	V				d									II	
H302: D11	右	Dp3 + Dp4	C				c									I	

续附表一二

单位	左/右	标本	磨损级别					m1			m2			m3		年龄级别	性别
			m1	m2	m3	p4	Dp4	长(毫米)	前宽(毫米)	后宽(毫米)	长(毫米)	前宽(毫米)	后宽(毫米)	长(毫米)	宽(毫米)		
H302：D12	右	m3			d											VI	
H306：D2	右	m3			d									28.34	15.01	VI	
H311：D2	左、右	p4 + m1				d										V	雄
H335：D35	左	Dp4	C				d									II	
H335：D59	右	i2 + i3 + c + Dp1 + Dp2 + Dp3 + Dp4 + m1	d	C			h	16.78	10.09	10.75						III	
H336：D2	右	Dp3 + Dp4	E				d									II	
H336：D3	右	Dp4	C				c									I	
H344：D11	左、右	右 c + Dp2 + Dp3 + Dp4 + m1 + m2	d	U	d		g	17.01	9.86	10.63	20.83	13.32	13.09			III	雄
H344：D12	右	m2 + m3		e							20.52	14.13	14.44	31.51	16.01	VI	
H346：D3	右	m1 + m2	e	c			e	16.05	10.2	10.49	20.59	13.08	13.17			IV	
H348：D4	左	Dp4 + m1	c	E			f	16.1	9.77	10.17						III	
H348：D3	左	Dp3 + Dp4	C				c									I	
H355：D3	左、右	i2 + i3 + c + m1 + m2 + m3 / i2 + m1 + m2 + m3		f	d						18.9	13.07	13.7	32.75	15.87	VI	雄
H367：D1	右	Dp3 + Dp4	C				c									II	
H367：D2	右	Dp4 + m1	d	C			e	17.76	10.17	11.05						III	
H367：D3	右	m2		e							21.35	13.01	13.35			V	
H375：D6	右	Dp3 + Dp4	C				c									II	
H375：D7	右	m1 + m2	e	c	C			17.02	9.98	10.77	18.96	11.96	12.99			IV	
H375：D8	右	m1 + m3	g	c	c											V	

续附表一二

单　位	左/右	标本	磨损级别					m1			m2			m3		年龄级别	性别
			m1	m2	m3	p4	Dp4	长（毫米）	前宽（毫米）	后宽（毫米）	长（毫米）	前宽（毫米）	后宽（毫米）	长（毫米）	宽（毫米）		
H385：D24	左	c + Dp3 + Dp4 + m1 + m2	d	U			g	17.82	10.9	11.09	22.25	14.55	14.08			III	雄
H385：D25	左	p4 + m1 + m2	e	d				17.05	11.1			14.42				V	
H385：D26	右	Dp2 + Dp3 + Dp4 + m1	1/2				d									II	
H395：D7	左	Dp4					c									I	
H395：D8	右	m2		e							21.57	14.29	14.32			V	
H402：D10	左	m1 + m2 + m3	h	f	c			15.65	10.22	11.26	19.73	13.82	12.84	33.33	16.33	VI	
H402：D11	左	p4 + m1 + m2 + m3	g	e	1/2			16.47	10.01	10.95	20.96	13.72	13.86			V	
H402：D12	左	p3 + p4 + m1 + m2 + m3	e	d	E			17.84	9.76	10.99	20.39	13.17	13.7			V	
G2：D1	右	Dp4	V				c									II	
G2：D2	右	Dp4					d									II	
G2：D3	右	m1	c					17.17	10.35	11.22						III	
G6①：D6	左	i1 + i2 + i3 + c + p2 + p3 + Dp4 + m1 + m2 + 右 i1	d	c			k	16.79	9.64	10.56	20.44	12.92	12.36			IV	
G6①：D7	右	Dp3 + Dp4 + m1	c	C			g	17.02	11.02	11.88						III	
G11：D1	左	m2 + m3		j	f											VI	
G13：D6	左	i1 + m1 + m2	e	d	V											V	
G13：D7	左	m1 + m2	c	V				16.38	9.06	9.56	19.6	12.17	12.24			III	
G13：D8	左	m1 + m2	e	c	E						18.48	12.14	12.35			IV	
G13：D9	左	m1 + m2	c	U				16.55	9.92	10.35	20.56	12.71	11.52			III	
G13：D10	右	Dp4 + m1	c	C			f									III	
G13：D11	右	Dp4 + m1 + m2	d	c			j	15.47	9.31	10.2	20.41	12.78	12.95			IV	
G13：D12	右	p4 + m1 + m2 + m3	f	d	1/2	b		15.06	9.78	10.28	20.51	13.01	13.39			V	

续附表一二

单位	左/右	标本	磨损级别 m1	磨损级别 m2	磨损级别 m3	磨损级别 p4	磨损级别 Dp4	m1 长（毫米）	m1 前宽（毫米）	m1 后宽（毫米）	m2 长（毫米）	m2 前宽（毫米）	m2 后宽（毫米）	m3 长（毫米）	m3 宽（毫米）	年龄级别	性别
G13：D13	右	m2	c	b												IV	
G14：D3	左	m3			f									33.92	15.59	VI	
G15：D13	左、右	Dp2＋Dp3＋Dp4＋m1	c	C			d	16.71	9.68	10.71						III	
G15：D13		Dp2＋Dp3＋Dp4＋m1															
G15：D14	左、右	左 m2	e	e							20.99	12.05	13.09			V	
G15：D15	右	m1＋m2	c	c				16.58	9.87	10.38	19.78	13.08	12.96			IV	
G15：D16	右	Dp2＋Dp3＋Dp4＋m1	a				f	16.89	9.83	10.73						III	
G15：D17	右	Dp3＋Dp4＋m1	e				d									II	
G16③：D6	右	p3＋p4＋m1＋m2＋m3	d	d	1/2	b		16.71		12.25	21.5	14.92	15.2			V	
G21：D10	左	m1＋m2	d	c	C			16.9	10.62	10.5	20.89	13.69	13.9			IV	
G21：D11	左	m1＋m2	d	c	V			15.96	9.88	10.82	21.39	14.06	14.06			IV	
G21：D14	右	m2		1/2												III	
G21：D15	右	m2		c	E						19.67	13.1	13.08			IV	
G21：D16	右	p3＋p4＋m1＋m2	d	c	E	b										IV	
G29：D2	右	m2		1/2												III	
G29：D3	右	m1＋m2	f	d				16.68	10.21	10.71	20.14	13.73	13.51			V	
G33：D11	左	Dp4＋m1＋m2	c	1/2			e	17.46	9.89	10.66						III	

后 记

　　和所有考古工作一样，蓝田新街遗址考古同样是一项集体工作。新街考古的领队是杨亚长，具体工作由邵晶负责，田野发掘的主要工作人员有同银星、赵向辉、杨国旗、蒋德伟等，资料整理的主要工作人员有同银星、赵向辉、杨国旗、蒋德伟、刘军幸、邸楠等。报告第一、二、三、四、七章由杨亚长、邵晶和邸楠共同撰写，第五章由钟华撰写，第六章由胡松梅和杨苗苗撰写，最后由邵晶通读稿件，统一核查、校对、修改并定稿。

　　回望新街考古，已成十年旧事。倚横岭、面灞水、眺鹿塬，卞家寨的三百多个日夜，每天都是对新街遗址的守护和期待。谁能不期待有好的收获和好的成果呢？毕竟，每日面对的是重型路桥机械的无尽轰鸣，风起时，更是沙灰漫天、口眼难睁。所以，每日会急着清洗"有希望"的陶片，期待尽快拼对"有希望"的罐子；所以，每夜在仔细写完当天的记录后，会认真盘算明日的计划，期待更加重要的发现；所以，雨天会忙着翻看考古报告，着急找出相似的器物，但更为期待新街出土的是报告里没有的器物。

　　种种期待，最终汇成这本报告。但必须坦诚的是，缺科技考古成果、少科学系统分析，如此短板，赫然纸上。面对丰富的新街遗存，我们对这些短板的任何解释和说明只能是借口。所以，新街报告付梓其实是带给了我们另一个期待，我们期待将来会有新街玉石器研究、陶器研究、骨器研究等专门性研究报告面世。这不是空想，因为种子已经播下，只待发芽开花。

　　感谢创造和留存新街遗存的先民，感谢为新街考古辛勤付出的方友，感谢关心和指导新街考古的领导和专家，感谢为报告出版劳心费力的朋友。

编者

2019 年 10 月

Abstract

The Xinjie site, located by the eastern bank of the Ba River, is in the southwest of the Bianjiazhai village, Lantian County, Xi'an. Its coordinates are N34°15′04″, E109°09′15″, with an elevation of 488 meter. The site covers an area of 30 ha, which is of a 600 meter length from the east to the west and 500 meter from the north to the south. It is about a hundred meter away from the Ba River, and 30 to 40 meter above the river.

The Xinjie site was first excavated by the Institute of Archaeology, CASS in 1957. It was listed as a county-level heritage in 1992. The Shaanxi Academy of Archaeology did a salvage excavation here from August 2009 to June 2010. An area of more than 6,000 square meter was unearthed. Up to 3 houses, 9 kilns, 406 pits and 33 trenches were discovered. Thousands of tools, daily pottery wares and decorative artifacts came to light. The dates range across the Yangshao period, the Longshan period and the Shang period. Discoveries of the Neolithic Age are the majority, among which the Yangshao relics were the most abundant.

Relics dating to the Yangshao period include 3 houses, 6 kilns, 345 pits and 30 trenches. Houses are of the rectangular shape. Kilns are all small in size. Pits are either in the shaft shape or the bursiform shape. Botanic remians and seeds can be identified at the bottom of a number of pits, which indicates that the pits be used for staple storage. The trenches are of irregular shape, which came into being possibly out of construction or pottery production. Cultural relics include daily pottery wares, production tools, decorative artifacts, brick-shaped pottery, botanic and zoological remains. Sixty-three percent of pottery wares were red, while the rest were mainly grey. A very small number of white pottery was also in existence. Pottery wares include diverse food-serving vessels, cooking vessels and pointed-bottom jars *jiandiping*. Production tools were made from stone, bone and pottery. Stone tools consist of axes, spades, knives, balls, arrow heads and so on, which feature chipped stone knives. Decorative artifacts were made from jade, stone, bone, shell and pottery. Jade artifacts feature hair pins. A large number of jade artifacts dating to the Yangshao period have been unearthed, which shed light on the utilization of the Lantian jade in the prehistoric period. Brick-shaped pottery and brick-shaped clay have also come to light. Brick-shaped pottery was all of the red color and broken. They should originally be in the rectangular or square shape, which may have been made by wooden molds. Their discovery contributes greatly to the origin of brick in China.

More than 10,000 botanic seeds have been identified from pits and pottery wares, which include 26 different species. The agriculture-related seeds feature millet and rice, together with a very small number of wheat, cannabis and soy beans. Zoological remains, up to 29 different species, have been identified, the domesticated ones of which feature pigs and dogs. Pigs made 52.8% among all the zoological remains, while dogs are up to 4.6%. A number of wild animals have also been found, which might be obtained by hunting and fishing.

Material remains similar with those unearthed from the Xinjie site include discoveries of the Xiwangcun group of the Xiehu site, the fourth phase of the Banpo site, the first phase at the Mijiaya site, the second phase of the Anban site, the third phase of the Fulinbao site, part of the second phase of the Quanhucun site, and the fourth phase of the Zijin site. They should be of the same culture and date to approximately the same period. Carbon dust sampled from pit H22 has been dated by the Chinese Academy of Sciences, the absolute date of which is 3340BC to 3090BC.

According to correlations of relics and morphological changes of pottery, the late Yangshao period can be divided into two sub-phases. The first sub-phase is the fourth phase of Banpo, the remains of which are characterized by pointed-bottom jars with folded mouth. The second sub-phase is the second phase of Quanhu, which is the very end of the local Yangshao culture. Pottery tripod *ding*, which was very rare in the Guanzhong region then, has been identified in the second sub-phase. Remains of the two sub-phases are coherent, which indicates the settlement was in continual use. On the other hand, the distribution of remains of the two sub-phases is unevenly, which shows changes occurred in different function zones within the settlement.

Relics dating to the Longshan period include three kilns, fifty-five pits and two trenches. The kilns are similar with those dating to the Yangshao period, but largely broken. The pits, compared with the Yangshao-period ones, were expanded in size, some of which may have been used as subterranean houses. Daily pottery, production tools and decorative artifacts have been unearthed. Pottery wares are mainly grey. The sandy grey paste pottery is up to 64%, while the clay pottery is around 22.8%. The sandy red ones are around 13%, while the red clay is merely 0.02%. The pottery wares include cooking pot *jia*, *dou*, kettle, basin, ovens, jars and lids. Decorative artifacts are mainly jade/stone hairpins, bone hairpins and shell loops. The jade/stone hairpins are similar with those of the Yangshao period, but more delicate. The Longshan discoveries at Xinjie are similar with material remains of the second phase of the Mijiaya site, as well as the second phase of the Miaodigou culture at the Xiehu, Hengzhen, Huxizhuang, Zhaojialai, Shaanxian and Dongguan sites. They should date to the same period and of the same culture, which belong to the second phase of the Miaodigou culture. The absolute date, based on three carbon samples, is from 2840BC to 2490BC.

Direct correlations among relics of this period are rare, while morphological change in pottery is insignificant. Remains of the Longshan period should be of approximately a short time. Typological resemblance can be identified with discoveries of the second phase of the Miaodigou culture at Dongguan, which indicates the Longshan discoveries at Xinjie should be no later than the early period of the second phase of the

Miaodigou culture.

Only three pits dating to the Shang period have come to light at Xinjie. Material discoveries of this period are mainly pottery and oracle bones. The pottery wares include tripod *li*, basin, *dou*, jar and *yan*. They are highly similar with pottery wares of the fourth phase of the Shang period unearthed at the Laoniupo site, which indicates the Xinjie discoveries should be of the same period.

The abundant remains of the late Yangshao period and early Longshan period are the most significant discoveries. Due to lack of archaeological work of the late Yangshao period in the past, not much was known regarding the name, distribution and chronology of this period. The Yangshao-period discoveries at Xinjie bear clear relics correlations and are in great quantities, which contribute greatly to further typological research of the late Yangshao period. The exceptional discovery of the second phase of the Yangshao culture (a. k. a. the second phase of Quanhu) has laid the foundation of investigation into the transition from the Yangshao period to the Longshan period. The discovery and identification of brick-shaped artifacts is crucial to architecture history in China. Moreover, the evidence of a probable earthquake in the late Yangshao period is invaluable to the study of environment-disaster history in the prehistoric period.

1. 遗址范围（上为北）

2. 遗址远景（西南—东北）

图版一　蓝田新街遗址

图版二　新街遗址发掘区俯瞰（上为北，北端有8个探方已毁）

1. 发掘场景（后为公路建设施工场景）

2. 灰坑间复杂的打破关系（2009LXIT0403内）

图版三　新街遗址发掘

仰韶灰沟

龙山灰坑

图版四　新街遗址发掘区中部大剖面

1. 发掘期间器物初步整理工作

2. 杨亚长、张天恩和孙周勇观摩出土遗物

3. 参与发掘工作人员合影
前排，邵晶（左一）、杨亚长（左二）；后排，刘军幸（左一）、杨国旗（左二）、卞卫东（左四）、同银星（左五）、蒋德伟（右六）、赵向辉（右四）

图版五　新街遗址发掘和初步整理工作

1. 沙脉迹象

2. 灰层断裂错位现象

图版六　遗址中发现的沙脉迹象与灰层断裂错位迹象

1. F1（南—北）

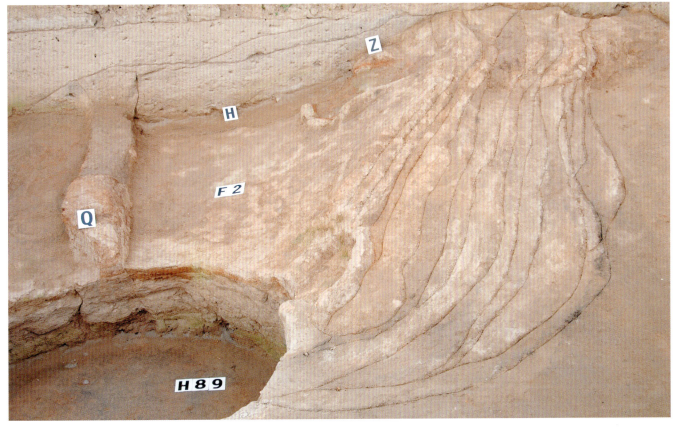

2. F2（上为西）

图版七　仰韶文化F1与F2

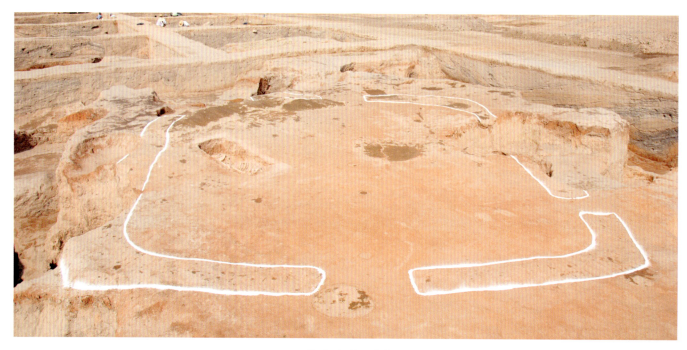

1. 鸟瞰（西—东）

2. 俯视（上为南）

图版八　仰韶文化F3

1. Y1（上为北）

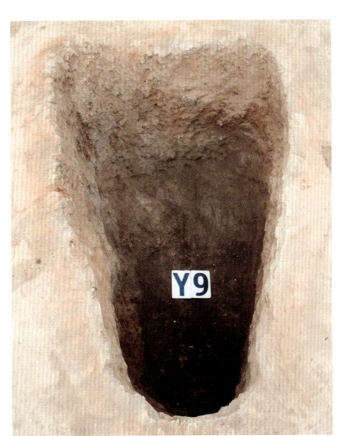

2. Y9（下为北）

3. Y6（西—东）

图版九　仰韶文化Y1、Y6与Y9

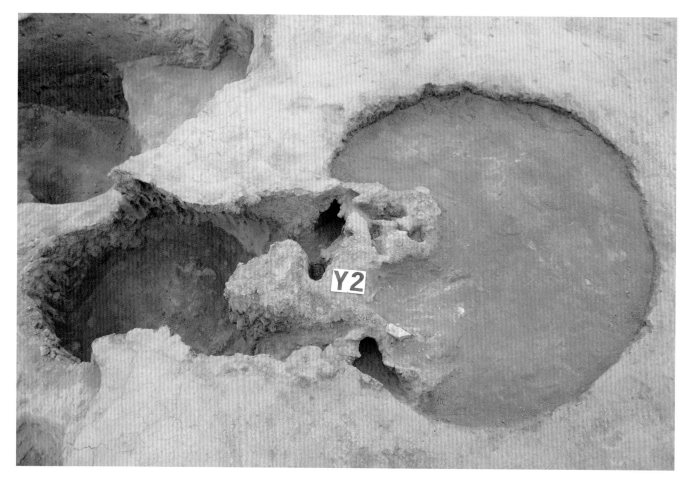

1. 全景（上为西）

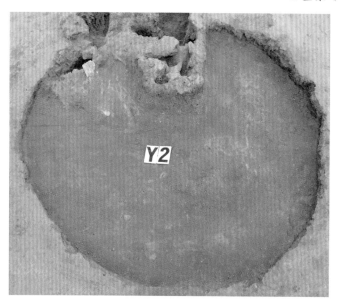

2. 窑室残存情况（上为南）

3. 火道与火塘的烧结层（南—北）

图版一〇　仰韶文化Y2

1. H15（上为北）

2. H25（上为北）

图版一一 仰韶文化H15与H25

1. H192（上为北）

2. H197（上为西）

图版一二　仰韶文化H192与H197

1. H342（上为北）

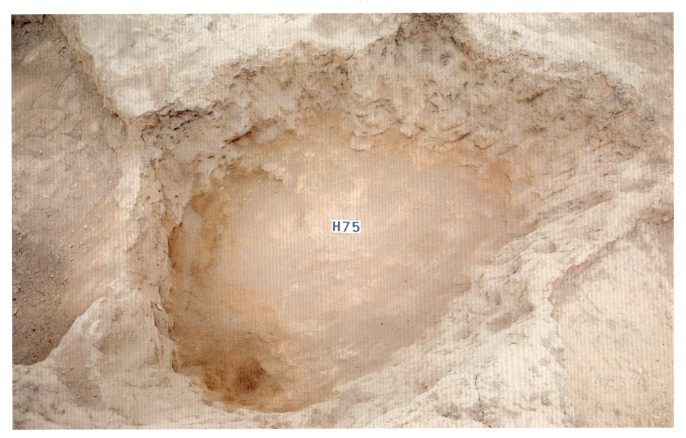

2. H75（上为东）

图版一三　仰韶文化H342与H75

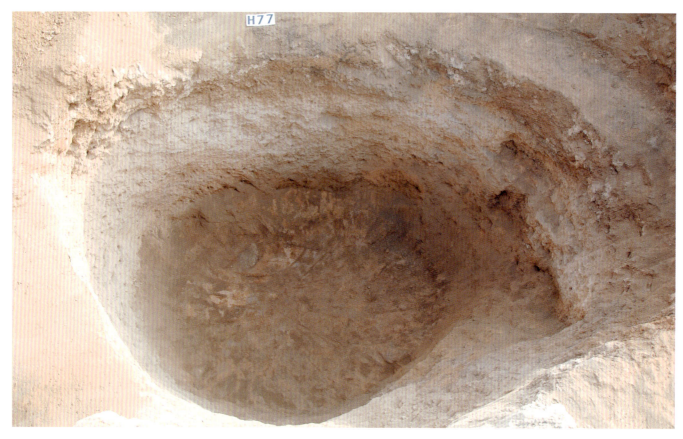

1. H77（上为东）

2. H267（上为北）

图版一四　仰韶文化H77与H267

1. H307（上为东）

2. H310（上为北）

图版一五　仰韶文化H307与H310

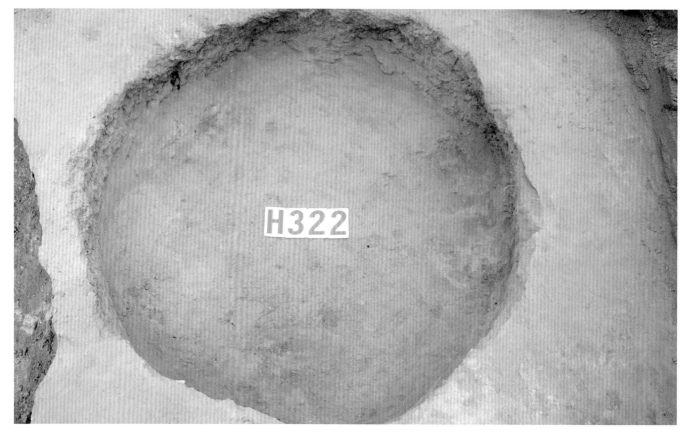

1. H322（上为北）

2. H352（上为北）

图版一六　仰韶文化H322与H352

1. H363（上为北）

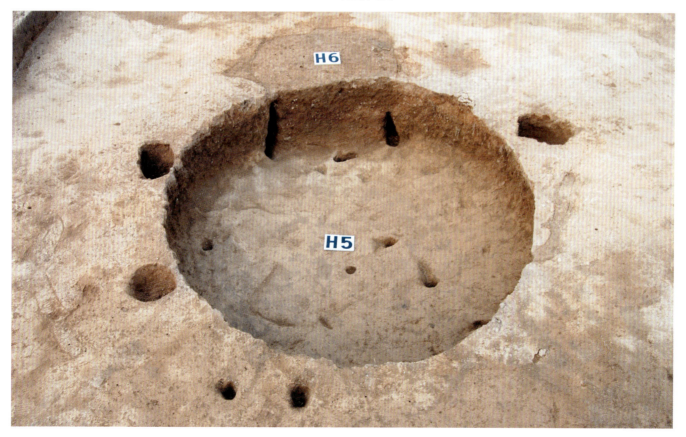

2. H5（上为东）

图版一七　仰韶文化H363与H5

1. 全景（上为北）

2. 坑底陶器出土情况

图版一八　仰韶文化H375

1. 全景（上为西）

2. 坑底出土的带锥人骨

3. 坑底发现的被肢解人骨

图版一九　仰韶文化H12

1. H17（下为北）

2. H20（上为西）

图版二〇　仰韶文化H17与H20

1. H33（上为北）

2. H37（上为北）

图版二一　仰韶文化H33与H37

1. H47（上为东）

2. H104（上为北）

图版二二　仰韶文化H47与H104

1. H113（上为北）

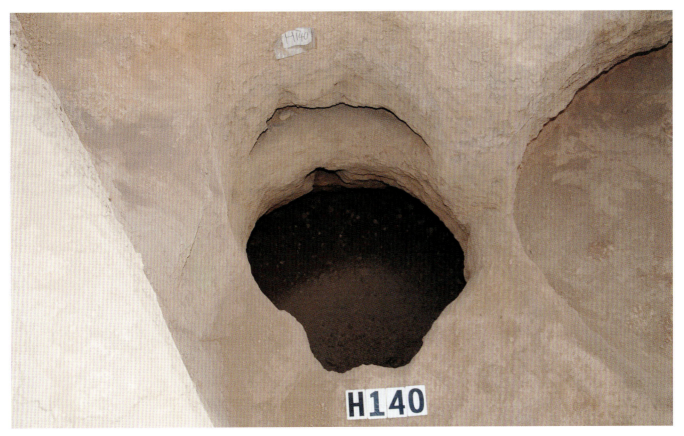

2. H140（下为北）

图版二三　仰韶文化H113与H140

1. H172（下为北）

2. H237（上为北）

图版二四　仰韶文化H172与H237

1. H274（上为北）

2. H326（上为北）

图版二五　仰韶文化H274与H326

1. H355（上为东）

2. H358（上为北）

图版二六　仰韶文化H355与H358

1. H377坑底陶器出土情况

2. H11（下为北）

图版二七　仰韶文化H377与H11

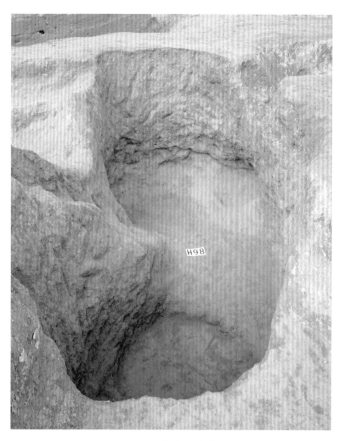

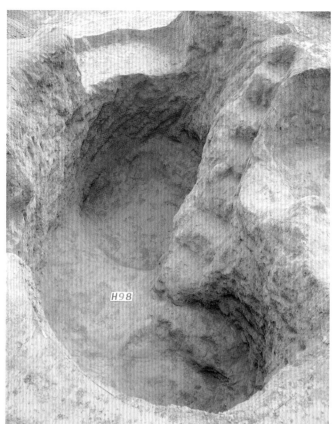

1. H98（北—南）　　　　　　　　　　　　　　2. H98（南—北）

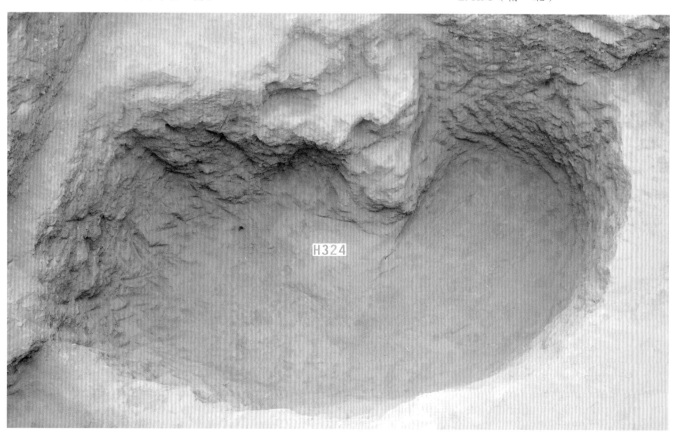

3. H324（下为北）

图版二八　仰韶文化H98与H324

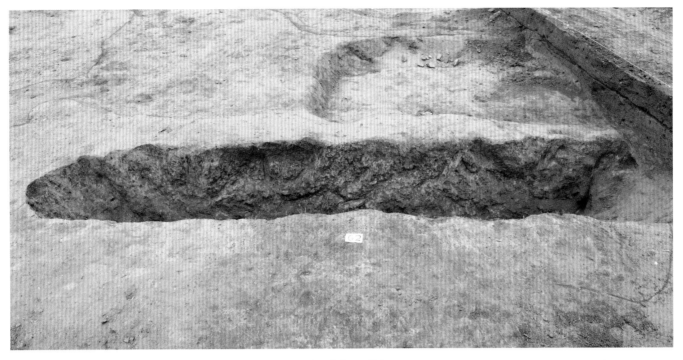

1. G2（北—南）

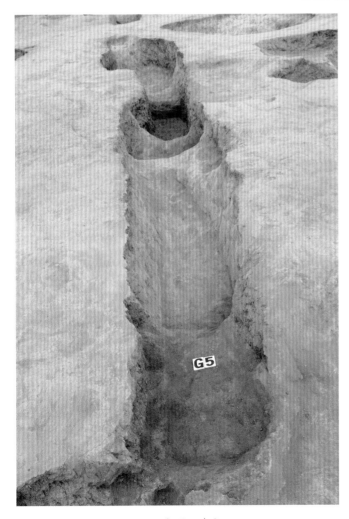

2. G5（西—东）

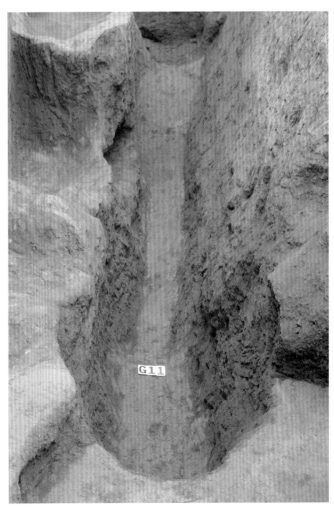

3. G11（西—东）

图版二九　仰韶文化G2、G5与G11

1. 侧视

2. 后视

图版三〇　仰韶文化兽形陶鼎（H149：2）

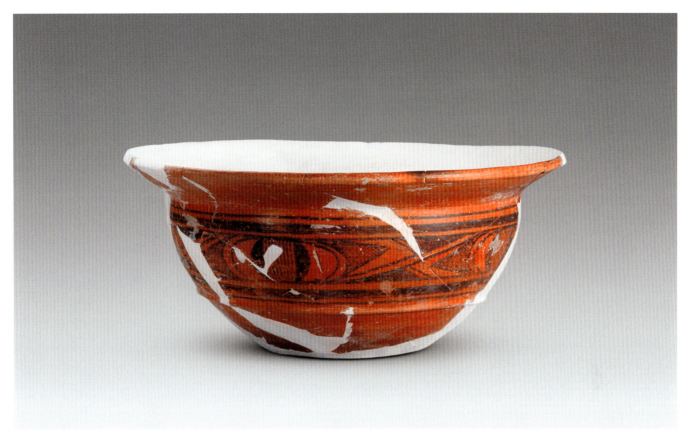

1. 器身纹样

2. 口沿纹样

图版三一　仰韶文化彩陶盆（H91∶1）

1. 鸟形壶（H154：1）

2. 鼓（G22：24）

图版三二　仰韶文化鸟形陶壶与陶鼓

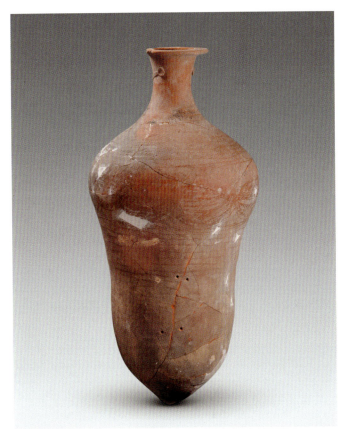

1. H112：3

2. H112：4

3. H127：14

4. H375：14

图版三三　仰韶文化陶尖底瓶

1. H127：16

2. H112：12

3. H149：1

4. H166：9

图版三四 仰韶文化陶尖底瓶

1. 平底瓶（H92：3）

2. 平底瓶（H306：1）

3. 鼎（H333：20）

4. 鼎（H358：3）

图版三五　仰韶文化陶平底瓶与陶鼎

1. H32：9

2. H216：1

3. H377：2

4. H380：18

5. H203：10

6. H375：18

图版三六　仰韶文化陶盆（带流）

1. H60：8

2. H92：1

3. H92：2

图版三七　仰韶文化陶盆（彩绘＋刻符）

1. H347：1   2. H347：1内底

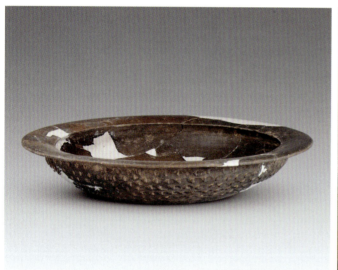

3. H375：19及口部纹饰

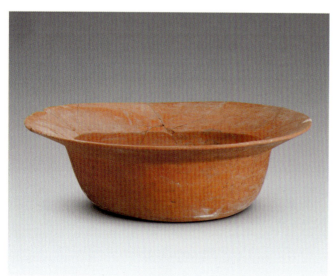
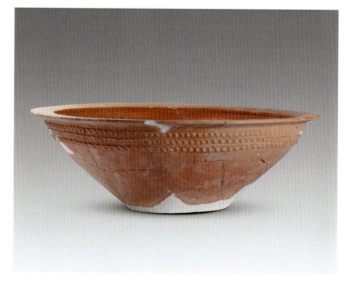

4. H375：1   5. H396：1

图版三八　仰韶文化陶盆（特殊）

1. H91：3

4. H375：4

2. H343：1

5. H405：9

3. H375：2

6. G18：1

图版三九　仰韶文化陶盆（浅腹）

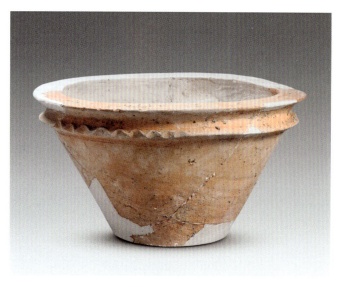

1. H109：1

2. H170：3

3. H175：1

4. G22：14

5. H47：10

6. G22：13

图版四〇　仰韶文化陶盆（深腹）

1. H203：9

2. H277：28

3. H154：2

4. H91：2

5. H402：2

6. H377：3

图版四一　仰韶文化陶盆（深腹）

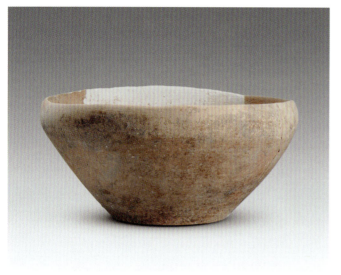

1. H69：1

2. H69：1内部

3. H167：3

4. H167：3内部

5. H223：1

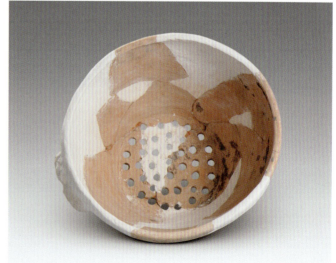

6. H223：1内部

图版四二　仰韶文化陶甑

1. G4：10

2. G4：10内部

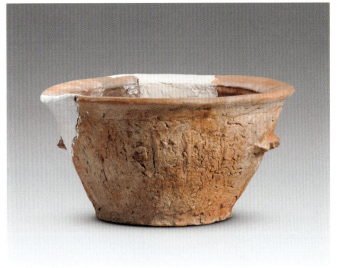

3. H375：10

4. H375：10内部

5. H193：3

6. H193：3内部

图版四三　仰韶文化陶甑

1. H129：1

2. H129：1内部

3. G22：22

4. G22：22内部

5. H344：2

6. H344：2内部

图版四四　仰韶文化陶甑

1. H3：1

2. H35：1

3. G22：6

4. H237：1

图版四五　仰韶文化陶壶

1. H203：1

2. H203：2

3. G3：1

4. G3：2

图版四六　仰韶文化陶壶

1. 盘（H86：1）

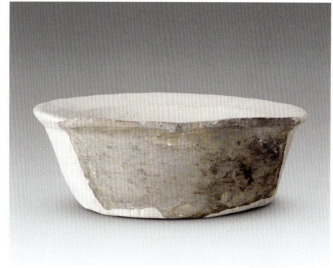

2. 盘（H291：13）

3. 盘（G4：4）

4. 漏斗（G4：12）

5. 器座（H98：8）

图版四七　仰韶文化陶盘、陶漏斗与陶器座

1. H107：13

4. H358：1

2. H181：4

5. H375：8

3. H181：4鋬手

6. H375：12

图版四八 仰韶文化陶钵

1. H12：3

2. H39：1

3. H91：21

4. H119：1

5. H262：2

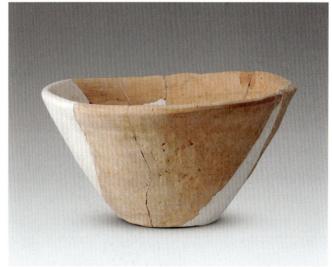

6. G15：2

图版四九　仰韶文化陶钵

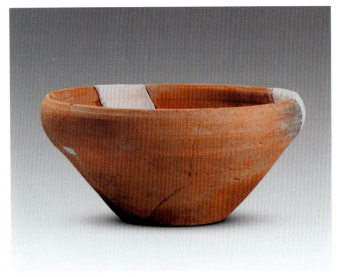

1. H93：3

2. H184：17

3. H235：3

4. H399：1

5. G16：12

6. G22：1

图版五〇　仰韶文化陶钵

1. H15：1

4. H362：3

2. H83：11

5. H375：13

3. H83：11内视

6. H375：20

图版五一　仰韶文化陶钵

1. I T0503② : 1

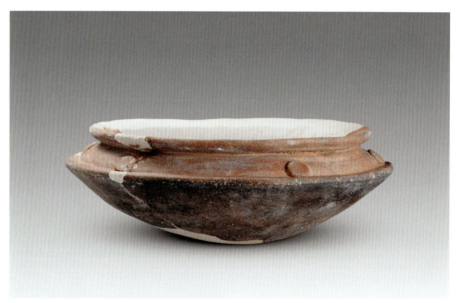

2. G4 : 15

3. G21 : 2

图版五二　仰韶文化陶釜

1. H76：8

2. H204：2

3. H277：32

4. H310：1

图版五三　仰韶文化陶罐

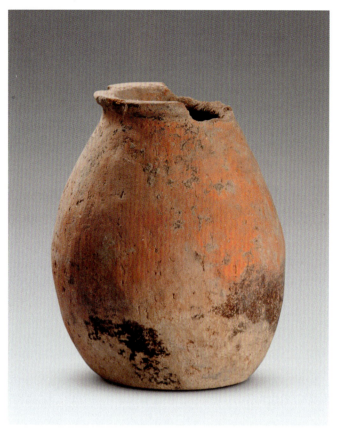

1. H208：1

2. G21：12

3. H302：1

4. H193：12

图版五四　仰韶文化陶罐

1. F3：1

2. H228：14

3. H368：2

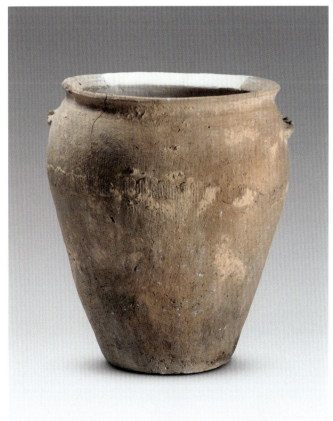

4. H368：3

图版五五　仰韶文化陶罐

1. H291：17

2. G15：1

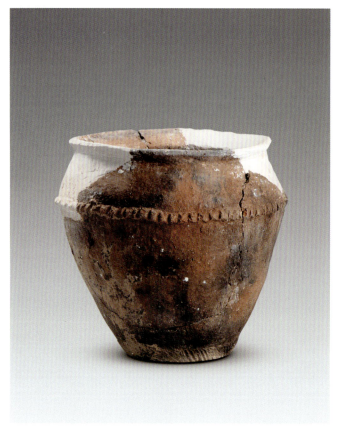

3. H344：16

4. ⅠT0214①：1

图版五六　仰韶文化陶罐

1. H107：12及上肩部刻符

2. H12：2

3. G22：5

4. G22：15

5. H106：1

图版五七　仰韶文化陶罐

1. G22：19

2. H365：1

3. H167：30

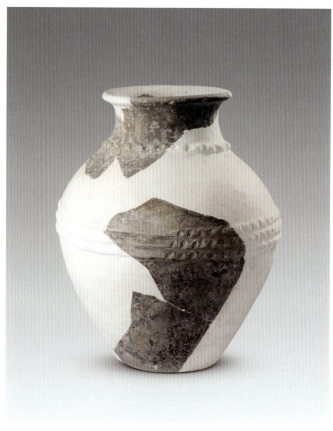

4. H111：13

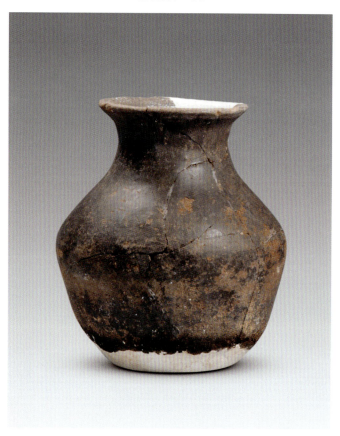

5. H375：9

图版五八　仰韶文化陶罐

1. 罐（H112：2）

2. 瓮（H98：7）

3. 瓮（H181：3）

4. 瓮（H390：5）

图版五九　仰韶文化陶罐与陶瓮

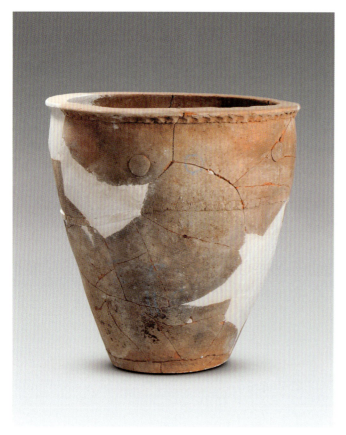

1. H92：4

2. H129：2

3. H249：6

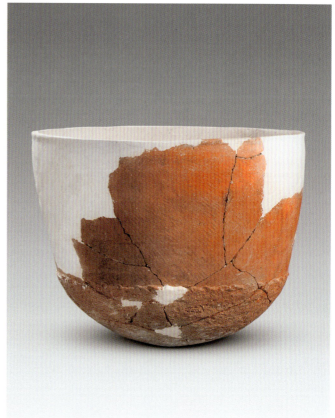

4. G22：12

图版六〇　仰韶文化陶缸

1. H277∶22

2. H42∶10

3. G22∶16

4. H184∶18

5. G4∶7

6. H343∶2

图版六一　仰韶文化陶器盖

1. G4：2

2. G4：8

3. H368：4

4. H345：1

5. G2：1

6. H348：1

图版六二　仰韶文化陶器盖

1. H193：2

2. H371：1

3. H371：2

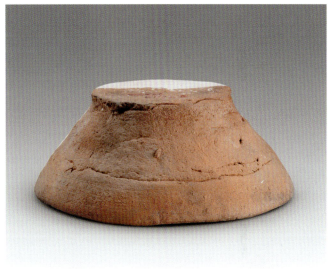

4. H375：17

5. H127：15

图版六三　仰韶文化陶器盖

1. G13：3

2. G4：13

3. H309：1

4. H302：2

5. G9：1

6. H159：1

图版六四　仰韶文化陶杯

1. H22：12

2. H41：16

3. H150：11

4. H150：11正视

图版六五　仰韶文化陶砖形器

1. ⅠT0104②：1

2. ⅠT0104②：1正视

3. 采：007

4. H291：25（泥坯）

图版六六　仰韶文化陶砖形器

1. H20∶1

2. G22∶2盆口沿

3. H98∶10

4. H98∶10侧视

图版六七　仰韶文化陶塑

1. G4：67

2. G5：14

3. G22：70

4. G21：22

图版六八　仰韶文化陶塑

1. H373：1

2. G1：2

3. ⅠT0304①：1

4. H371：5

5. G21：12罐口下

6. G22：69

图版六九　仰韶文化陶器贴塑

1. H60：9

2. H60：10

3. G13：38

4. G3：10

5. ⅠT0503②：1

6. H123：2

图版七〇　仰韶文化彩陶片

1. H37：14

2. H37：16

3. H184：27

4. H359：15

5. H375：34

6. G10：12

图版七一　仰韶文化彩陶片

1. H5：1

2. G23：2

3. G9：18

4. G12：3

5. H16：1

6. G4：54

图版七二　仰韶文化刻划符号

1. H22：16

2. H95：2

3. ⅠT0504②：1

4. H186：7

5. ⅠT0504②：2、3

6. H225：10

图版七三　仰韶文化刻划纹饰、朱砂与白灰

1. H277出土

2. H293出土

图版七四　仰韶文化打制陶刀

1. H167：32

2. H140：2

3. H302：16

4. H365：2

5. H365：3

6. H324：10

图版七五　仰韶文化打制陶刀

61　　　　　　60

58　　　　　　57

1. G4出土

55　　　　　　62

56　　　　　　59

2. G4出土

图版七六　仰韶文化打制陶刀

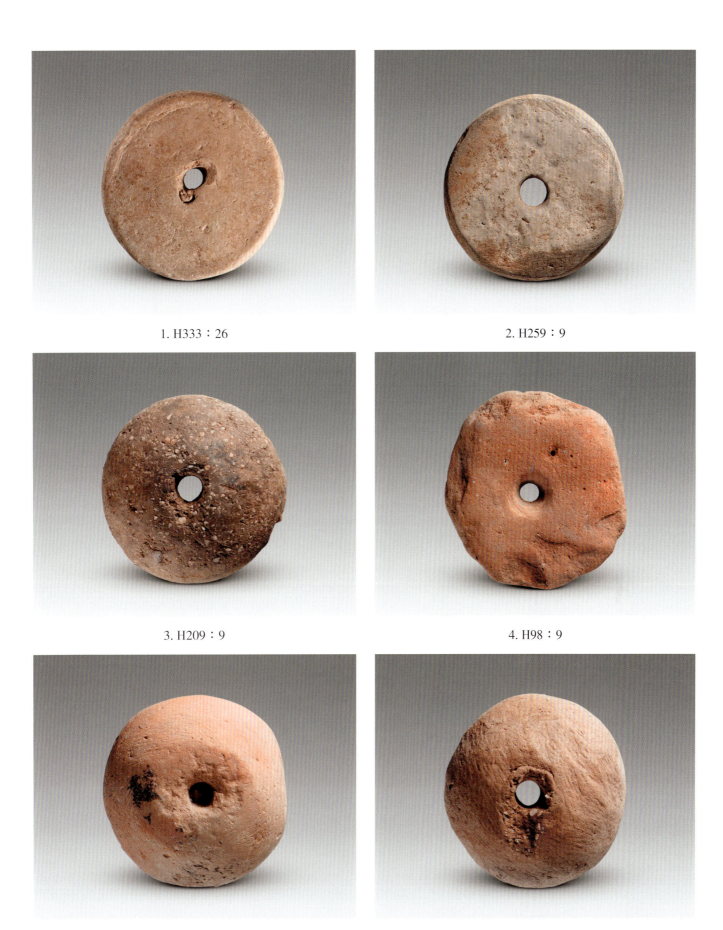

1. H333：26

2. H259：9

3. H209：9

4. H98：9

5. H76：12

6. H287：1

图版七七　仰韶文化陶纺轮

1. H359：9

2. G4：63

3. H300：28

4. H141：6

5. H380：20

6. H54：5

图版七八　仰韶文化陶纺轮

1. H283：1

2. H359：10

3. H48：4

4. H383：1

5. H375：21

6. G22：72

图版七九　仰韶文化圆陶饼（片）

1. 锉（H403：6）

4. 垫（G24：7）

2. 锉（G22：54）

5. 拍（H359：11）

3. 锉（G21：28）

图版八〇　仰韶文化陶锉、陶垫与陶拍

1. H184：20

2. H105：3

3. H269：2

4. G13：46

5. G10：17

6. G10：18

图版八一　仰韶文化陶球

1. H208：7

2. H184：19

3. H259：10

4. G10：15

5. H150：9

6. H112：13

图版八二　仰韶文化陶笄

1. 环（H221：3）

2. 环（H47：24）

3. 环（H317：14）

4. 环（G11：12）

5. 钏（G18：7）

6. 环（H112：14）

图版八三　仰韶文化陶环与陶钏

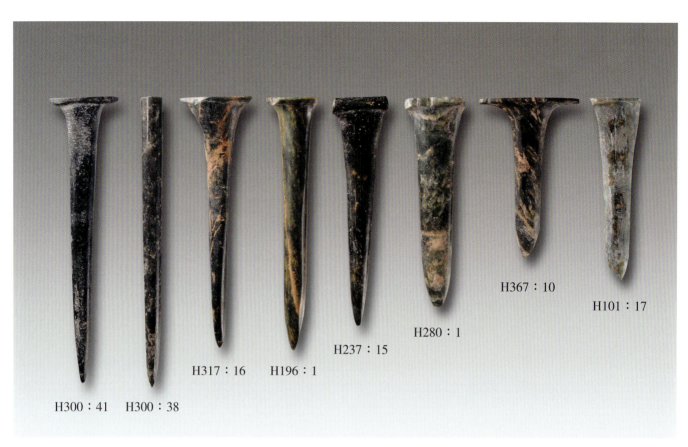

1. 灰坑出土完整玉笄

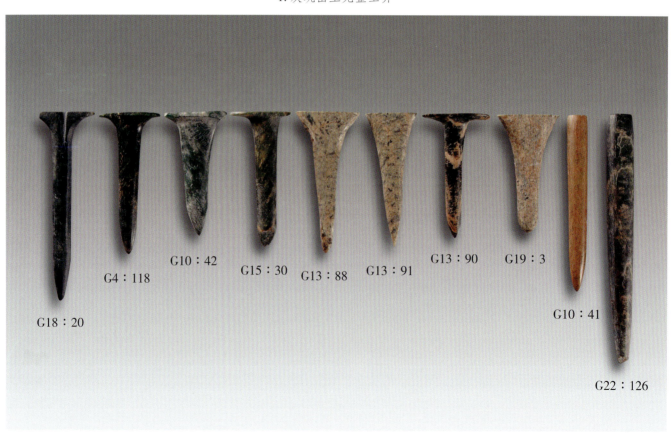

2. 灰沟出土完整玉笄

图版八四　仰韶文化玉笄

40 39

37

38 41

1. H300出土

10

8

7

9

2. H367出土

图版八五　仰韶文化玉笄

1. G4出土

2. G10出土

图版八六　仰韶文化玉笄

1. G13出土

2. G22出土

图版八七　仰韶文化玉笄

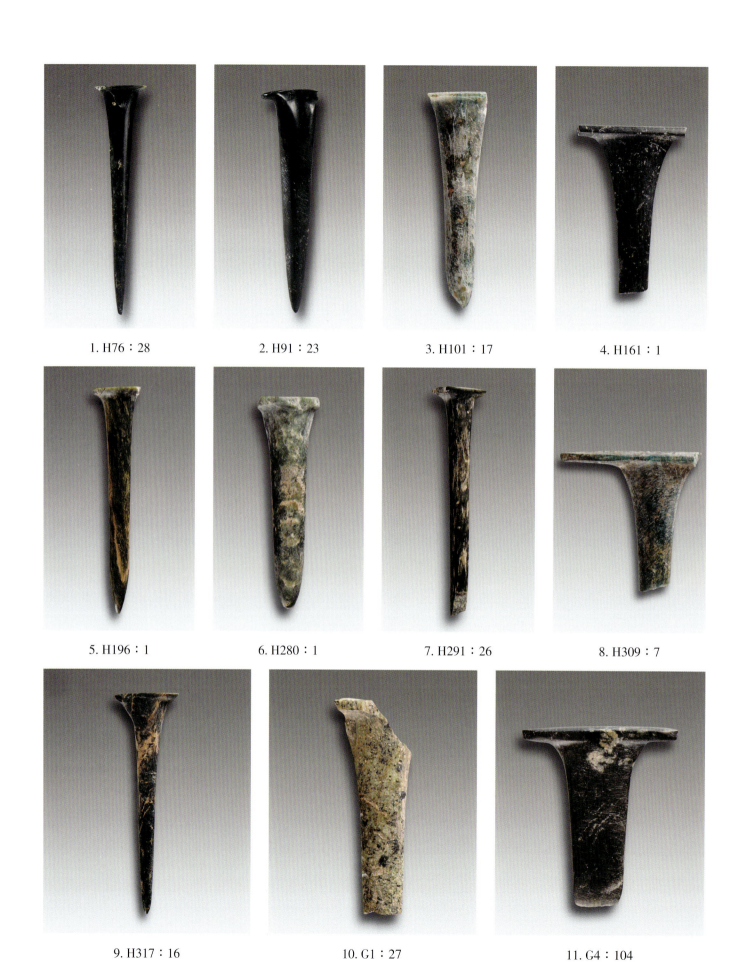

1. H76：28   2. H91：23   3. H101：17   4. H161：1

5. H196：1   6. H280：1   7. H291：26   8. H309：7

9. H317：16   10. G1：27   11. G4：104

图版八八　仰韶文化玉笄

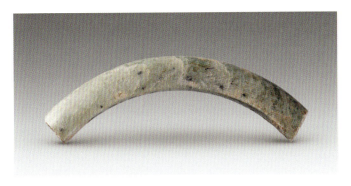

1. 环（G18：12）

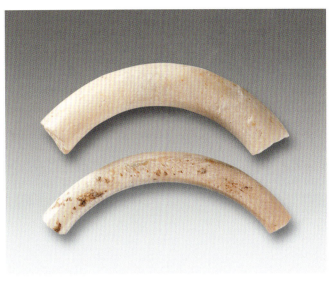

4. 环（G4：99、98）

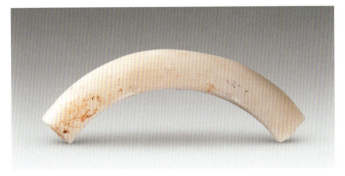

2. 环（H162：9）

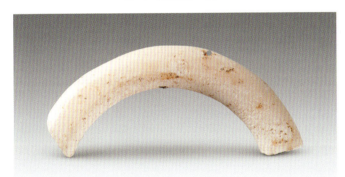

3. 环（G22：112）

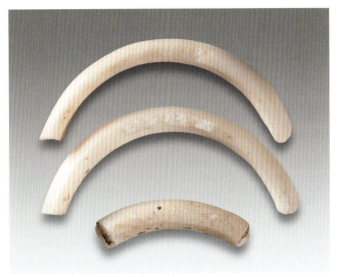

5. 环（G13：49、50、51）

6. 笄坯（G13：106）

7. 笄坯（G33：76）

8. 笄坯（G19：1）

图版八九　仰韶文化玉环与玉笄坯

1. A面

2. B面

图版九〇　仰韶文化玉料（H367：11）

1. G33：80

2. G7：9

3. H76：21

4. H324：17

图版九一　仰韶文化石斧

1. G13：67

2. H300：33

3. H300：34

4. G16：16

图版九二　仰韶文化石斧

1. H76：20

2. H91：22

3. H112：18

4. G33：42

图版九三　仰韶文化石斧

1. H399：15

2. G33：53

3. G33：52

4. G33：47

5. H101：16

6. G4：93

图版九四　仰韶文化石铲

1. H139：1

2. G33：60

3. H172：12

4. G4：94

图版九五　仰韶文化石锛

1. H277：74

2. H308：1

3. G22：93

4. G15：28

图版九六　仰韶文化石锛

1. H33：21

2. G4：95

3. G13：72

4. G13：74

图版九七　仰韶文化石凿

1. H302：20

2. H277：72

3. H222：1

4. G13：71

图版九八　仰韶文化石凿

1. 杵（H378：1）

2. 杵（H92：41）

3. 杵（H140：3）

4. 镞（H47：25）

图版九九　仰韶文化石杵与石镞

1. H66：2

2. H33：20

3. H95：3

4. H86：3

5. H333：30

6. H328：2

图版一〇〇　仰韶文化打制石刀

1. H267：1

2. H162：8

3. H291：20

4. H237：3

5. H13：2

6. H200：1

图版一〇一　仰韶文化打制石刀

30

29   31

1. H300出土

6   5

3   4

2. H323出土

图版一〇二　仰韶文化打制石刀

1. H76出土

2. H150出土

图版一〇三　仰韶文化打制石刀

1. H262出土

2. H277出土

图版一〇四　仰韶文化打制石刀

25 20 23

24 22 21

1. G10出土

63 64

57

62 59

2. G13出土

图版一〇五　仰韶文化打制石刀

1. G15出土

2. G21出土

图版一〇六　仰韶文化打制石刀

1. G22出土

2. G33出土

图版一〇七　仰韶文化打制石刀

1. H33：22

2. H184：21

3. G7：10

4. G9：25

5. G11：15

6. G33：57

图版一〇八　仰韶文化石刮削器

1. H362：13

2. H375：32

3. G4：97

4. G6：25

5. G22：105

图版一〇九　仰韶文化石纺轮

1. G33：55

2. G33：56

3. H21：1

4. H375：27

5. G13：47

6. G13：48

图版一一〇　仰韶文化石纺轮

1. H48：5

2. H193：16

3. H283：3

4. G3：9

5. G15：26

6. G33：58

图版一一一　仰韶文化钻窝圆石饼

1. H298：7

2. H269：1

3. H300：32

4. G22：111

5. H373：3

6. IT0104①：1

7. IT0114①：1

图版一一二　仰韶文化石钻头

1. H102：13

2. H76：23

3. G15：27

图版一一三　仰韶文化石钻垫

1. H140：6

2. H226：1

3. H330：4

4. H249：11

5. H123：1

6. H54：9

图版一一四　仰韶文化石球

1. H167出土

2. H402出土

图版一一五　仰韶文化石球

1. G4出土

2. G13出土

图版——六　仰韶文化石球

1. G18出土

2. G22出土

图版——七　仰韶文化石球

1. 环（H291：21）

2. 环（H333：34）

3. 环（H352：1）

4. 环（H91：23）

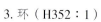

5. 环（H218：4）

6. 坠（IT0403②：1）

图版一一八　仰韶文化石环与石坠

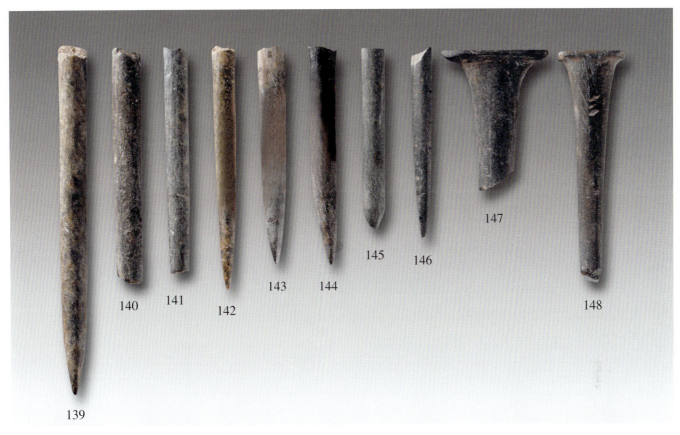

139   140   141   142   143   144   145   146   147   148

1. G4出土

106   107   108   109   110   111   112   113

2. G13出土

图版一一九　仰韶文化石笄

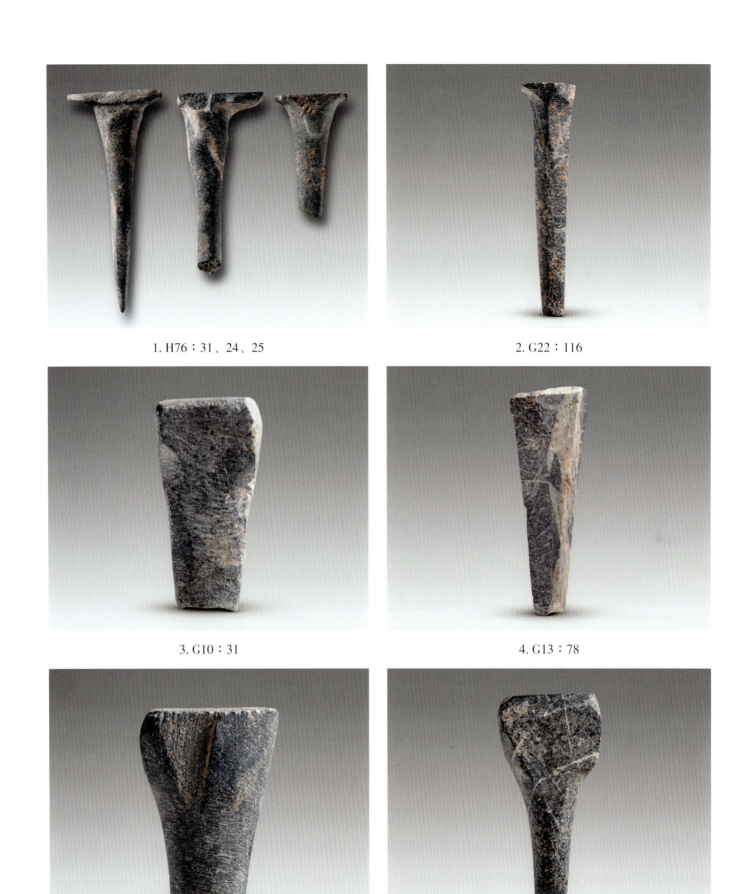

1. H76：31、24、25

2. G22：116

3. G10：31

4. G13：78

5. G22：115

6. IT0212②：1

图版一二〇　仰韶文化石笄与石笄坯

1. H347：4

3. G13：80

2. H367：6

4. G19：2

5. G22：114

图版一二一　仰韶文化石料

1. H225：10

2. H270：1

3. H375：40

4. G4：138

5. H399：16

6. H92：42

图版一二二　仰韶文化砺石

1. H107：25　　　　　　　2. H140：5　　　　　　　3. H174：1

4. G4：103　　　　　　　5. G13：83　　　　　　　6. G22：119

图版一二三　　仰韶文化骨笄

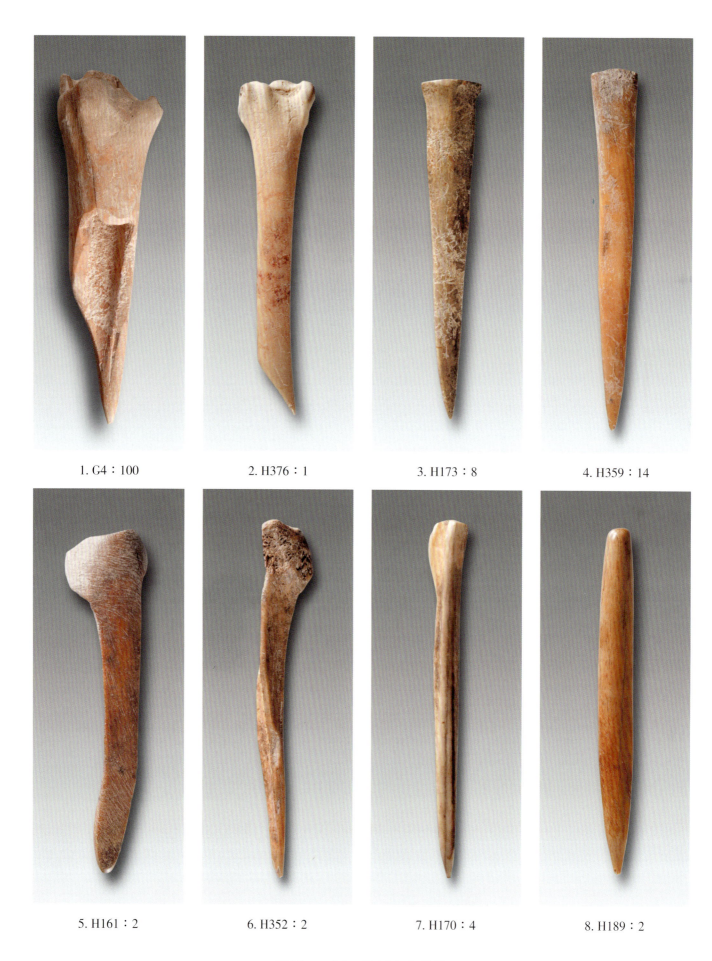

1. G4：100   2. H376：1   3. H173：8   4. H359：14

5. H161：2   6. H352：2   7. H170：4   8. H189：2

图版一二四　仰韶文化骨锥

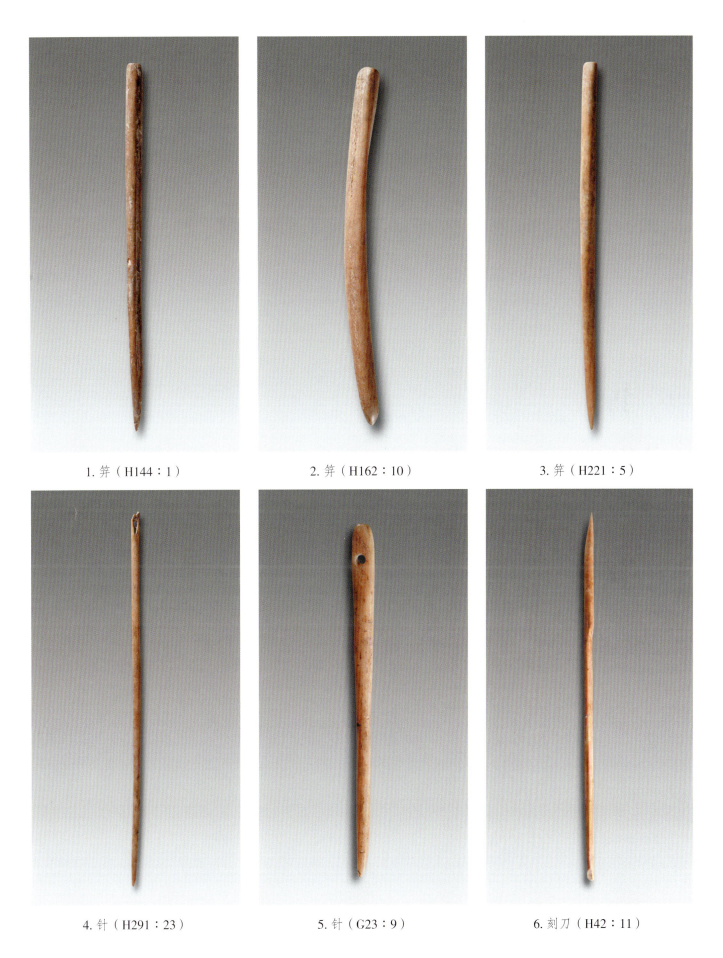

1. 笄（H144∶1）   2. 笄（H162∶10）   3. 笄（H221∶5）

4. 针（H291∶23）   5. 针（G23∶9）   6. 刻刀（H42∶11）

图版一二五　仰韶文化骨笄、骨针与骨刻刀

1. H33：23、24　　　　2. H271：1　　　　3. H116：1

4. H81：3　　5. H107：22　　6. H42：12　　7. H47：27

8. H54：8　　9. H164：1　　10. H167：36　　11. G1：31

图版一二六　仰韶文化骨镞

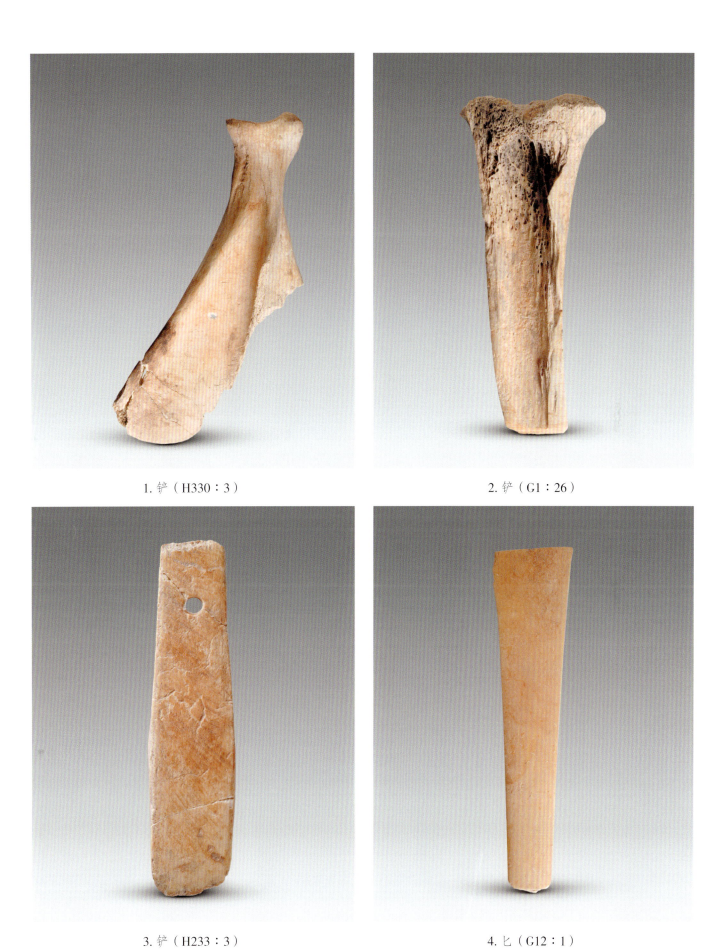

1. 铲（H330∶3）

2. 铲（G1∶26）

3. 铲（H233∶3）

4. 匕（G12∶1）

图版一二七　仰韶文化骨铲与骨匕

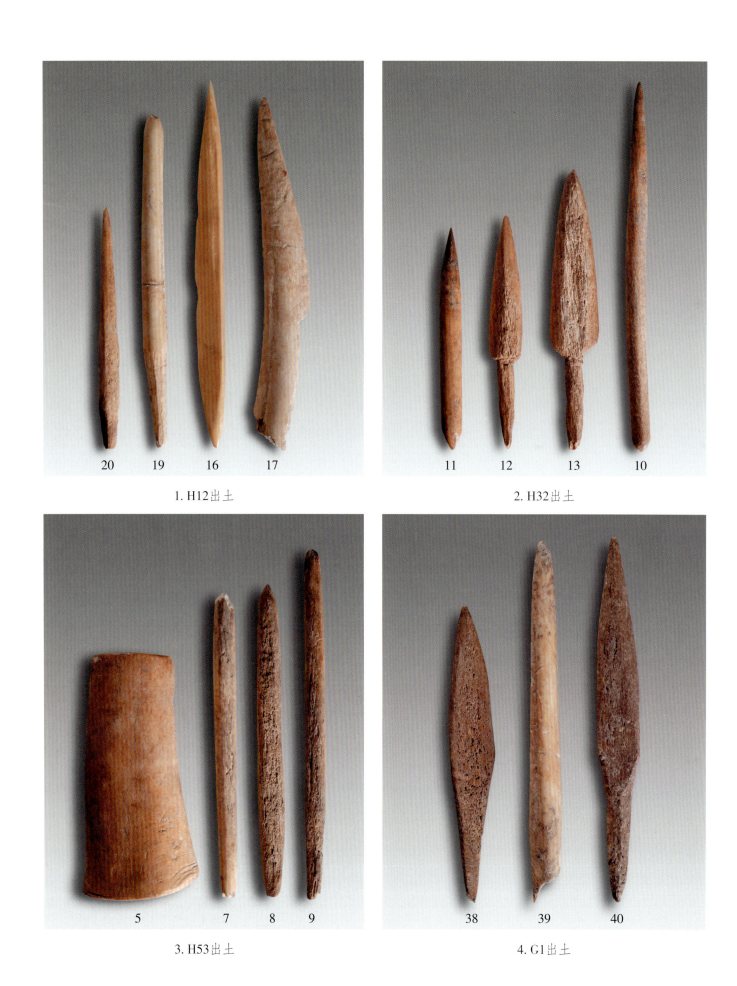

20　19　16　17

1. H12出土

11　12　13　10

2. H32出土

5　7　8　9

3. H53出土

38　39　40

4. G1出土

图版一二八　仰韶文化骨器

35

36

37

1. G6出土

77　78　79

2. G33出土

153　154　155　156　157　158　159　160

3. G22出土

图版一二九　仰韶文化骨器

1. 骨镯（H331：23）

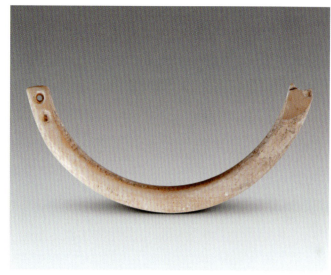

2. 蚌环（H331：24）

3. 蚌环（H92：40）

4. 蚌环（H344：19）

5. 蚌饰（H45：10）

6. 蚌饰（G23：10）

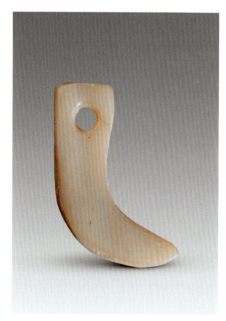

7. 蚌饰（H17：15）

图版一三〇　仰韶文化骨、蚌器

1. 凿（H283：2）

2. 锥（H290：7）

3. 叉（G22：118）

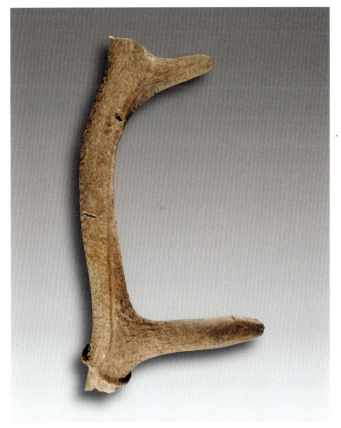

4. 钩（H291：26）

图版一三一　仰韶文化鹿角器

1. Y7（上为东）

1. Y8（上为东）

图版一三二　龙山时代Y7与Y8

1. H252（上为北）

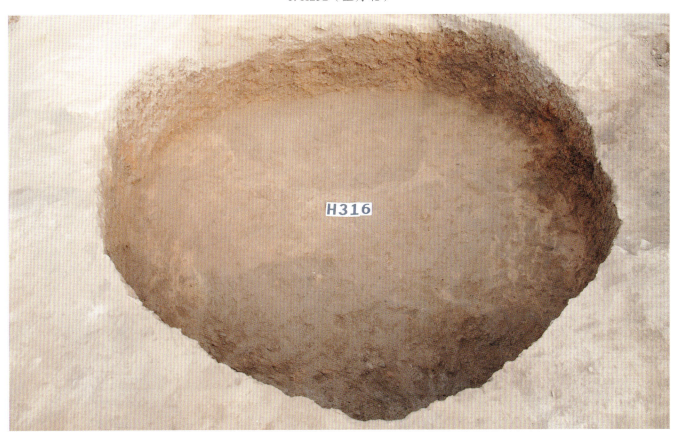

2. H316（下为北）

图版一三三　龙山时代H252与H316

1. H36（上为北）

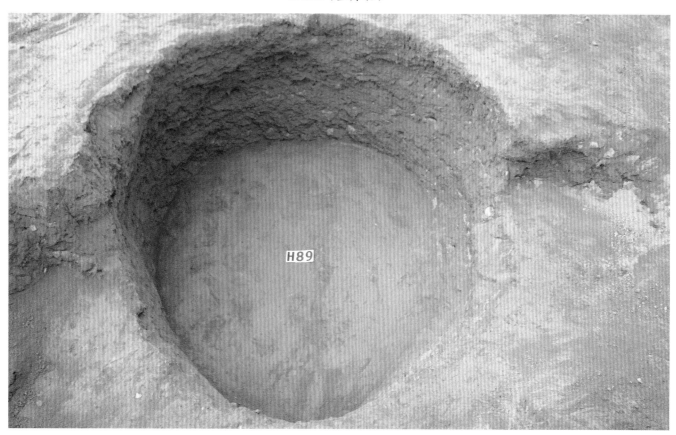

2. H89（上为北）

图版一三四　龙山时代H36与H89

1. H117（上为东）

2. H153（上为北）

图版一三五　龙山时代H117与H153

1. H227（上为北）

2. H231（上为北）

图版一三六　龙山时代H227与H231

1. H268（上为北）

2. H332（上为北）

图版一三七　龙山时代H268与H332

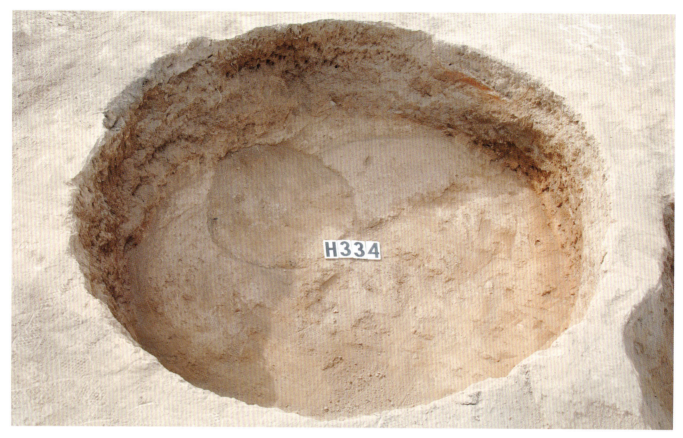

1. H334（上为北）

2. H356（上为北）

图版一三八　龙山时代H334与H356

1. 鼎（H153∶1）

2. 鼎（H191∶3）

3. 斝（H191∶4）

4. 连体釜灶（H384∶1）

图版一三九　龙山时代陶鼎、陶斝与陶连体釜灶

1. 豆（H257：1）   2. 豆（采：005）

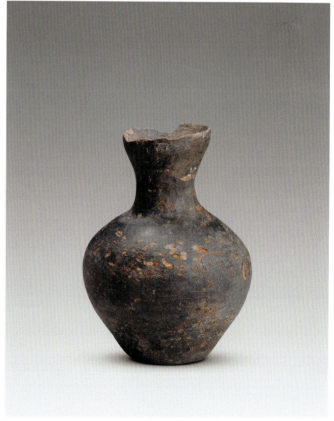

3. 壶（H191：1）   4. 壶（H238：17）

图版一四〇　龙山时代陶豆与陶壶

1. H88：23

3. H227：3

2. H227：1

4. H335：1

5. H238：15

图版一四一　龙山时代陶罐

1. 罐（H191：2）

2. 杯（H311：1）

3. 盆（H49：5）

4. 盆（H153：5）

5. 盆（H238：16）

6. 盆（H339：4）

图版一四二　龙山时代陶罐、陶杯与陶盆

1. 盆（H89：1）

2. 盆（H89：1）内视

3. 盆（H227：2）

4. 盆（H227：2）内底

5. 盆（H191：6）

6. 器盖（H29：1）

7. 器盖（H88：24）

图版一四三　龙山时代陶盆与陶器盖

1. 纺轮（H234：16）

2. 纺轮（H227：9）

3. 纺轮（H153：33）

4. 纺轮（H385：17）

5. 纺轮（H320：7）

6. 球（H316：8）

图版一四四　龙山时代陶纺轮与陶球

1. 圆陶片（H153：35）

2. 陶祖（H153：32）

3. 陶塑（H153：60）

4. 陶塑（H350：1）

5. 陶塑（G27：4）

图版一四五　龙山时代圆陶片、陶祖与陶塑

1. 垫（H385：27）

2. 垫（H268：27）

3. 刀（H238：19）

4. 刀（H384：11）

5. 彩陶片（H191：21）

6. 彩陶片（H385：54）

图版一四六　龙山时代陶垫、陶刀与彩陶片

1. H292：3

2. H384：13

3. H384：14

4. H385：34

5. H386：1

图版一四七　龙山时代玉笄

1. 斧（H268∶29）

2. 斧（H337∶8）

3. 斧（H334∶1）

4. 铲（H337∶9）

图版一四八　龙山时代石斧与石铲

1. 锛（H268：37）

2. 凿（H133：3）

3. 凿（H311：14）

4. 凿（H227：10）

图版一四九　龙山时代石锛与石凿

1. H234：17

4. H153：37

2. H133：2

5. H153：38

3. H320：15

6. H238：23

图版一五○　龙山时代磨制石刀

1. H153：36

2. H296：11

3. H227：11

4. H384：12

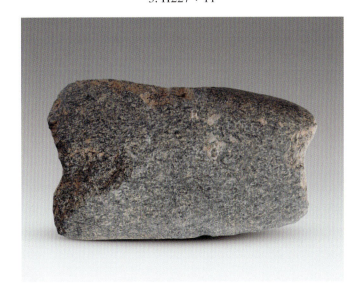

5. H337：7

6. H320：16

图版一五一　龙山时代打制石刀

1. H336：7、6

2. H254：8、7

3. H299：8、7

4. H114：15、16
　　H114：17、14

图版一五二　龙山时代打制石刀

1. 杵（H385：33）

2. 锤（H254：10）

3. 钻头（H254：12）

4. 钻垫（H254：11）

图版一五三　龙山时代石杵、石锤、石钻头与石钻垫

1. 饼（H191：18）

2. 饼（H337：10）

3. 环（H257：2）

4. 笄（H254：17）

5. 笄（H320：21）

图版一五四　龙山时代石饼、石环与石笄

1. H114出土

2. H385出土

图版一五五　龙山时代石球

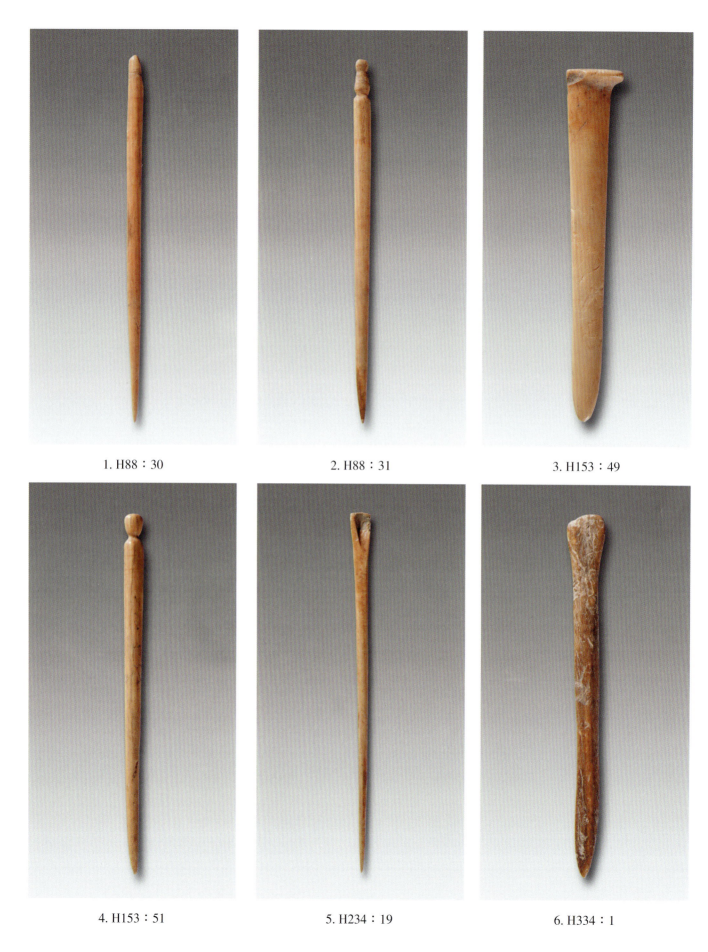

1. H88：30 2. H88：31 3. H153：49

4. H153：51 5. H234：19 6. H334：1

图版一五六　龙山时代骨笄

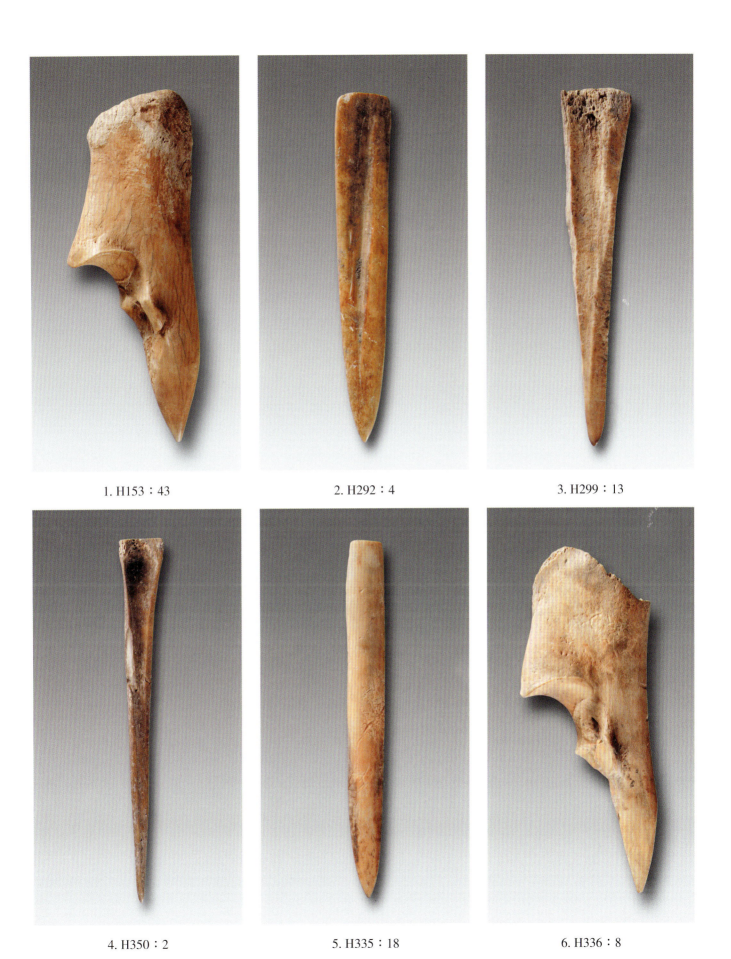

1. H153：43   2. H292：4   3. H299：13

4. H350：2   5. H335：18   6. H336：8

图版一五七　龙山时代骨锥

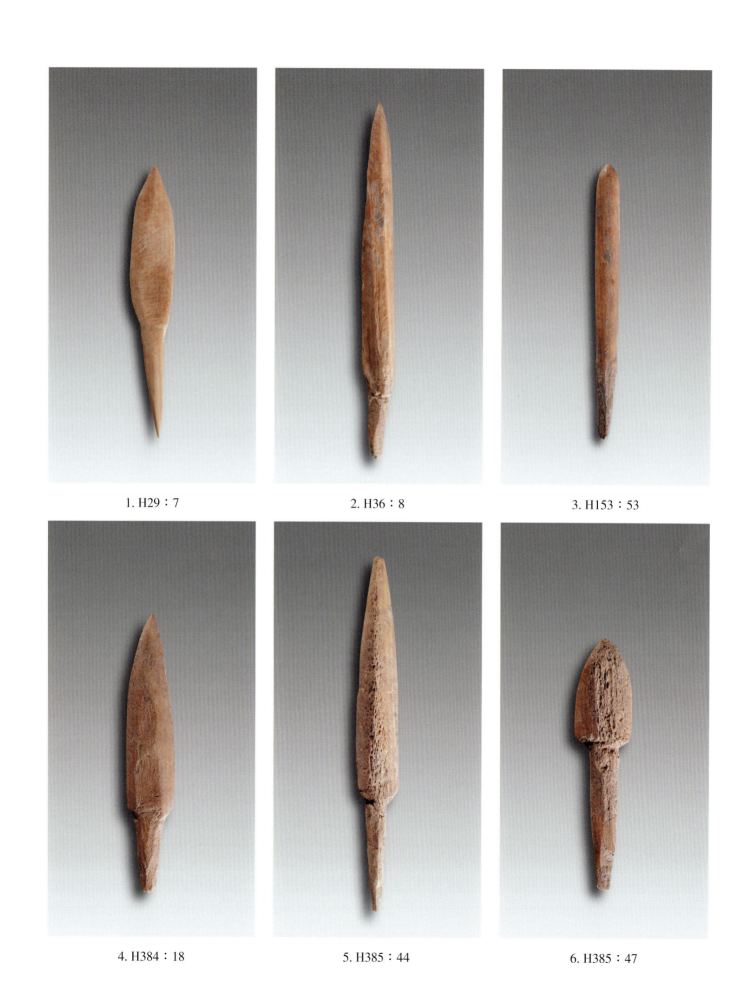

1. H29：7

2. H36：8

3. H153：53

4. H384：18

5. H385：44

6. H385：47

图版一五八　龙山时代骨镞

1. H257出土骨锥、镞

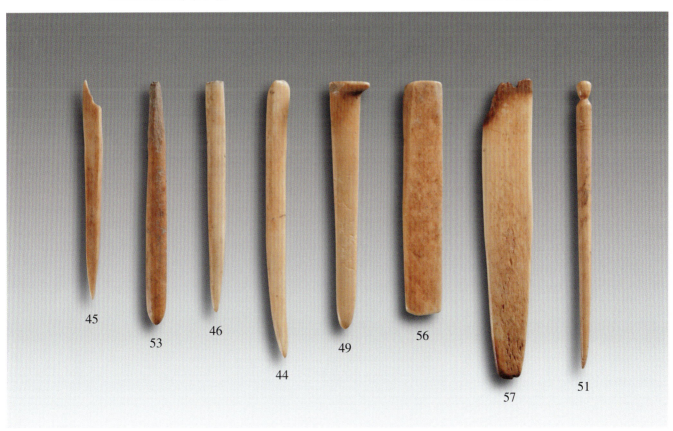

2. H153出土骨器

3. H153出土骨锥、镞、笄与板

图版一五九　龙山时代骨器

1. H88出土骨笄、锥等

2. H254出土骨锥、镞

3. H268出土骨、牙器

4. H385出土骨镞

图版一六〇 龙山时代骨、牙器

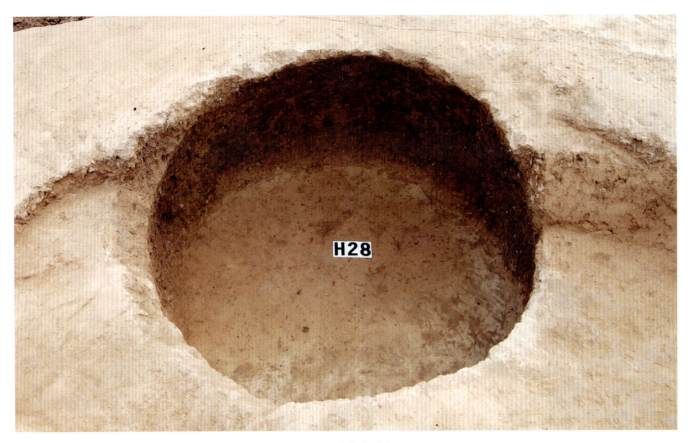

1. H28（上为北）

2. H391（上为北）

图版一六一　商代H28与H391

1. 卜骨（H135：5）

2. 陶甗（H391：1）

图版一六二 商代卜骨与陶甗

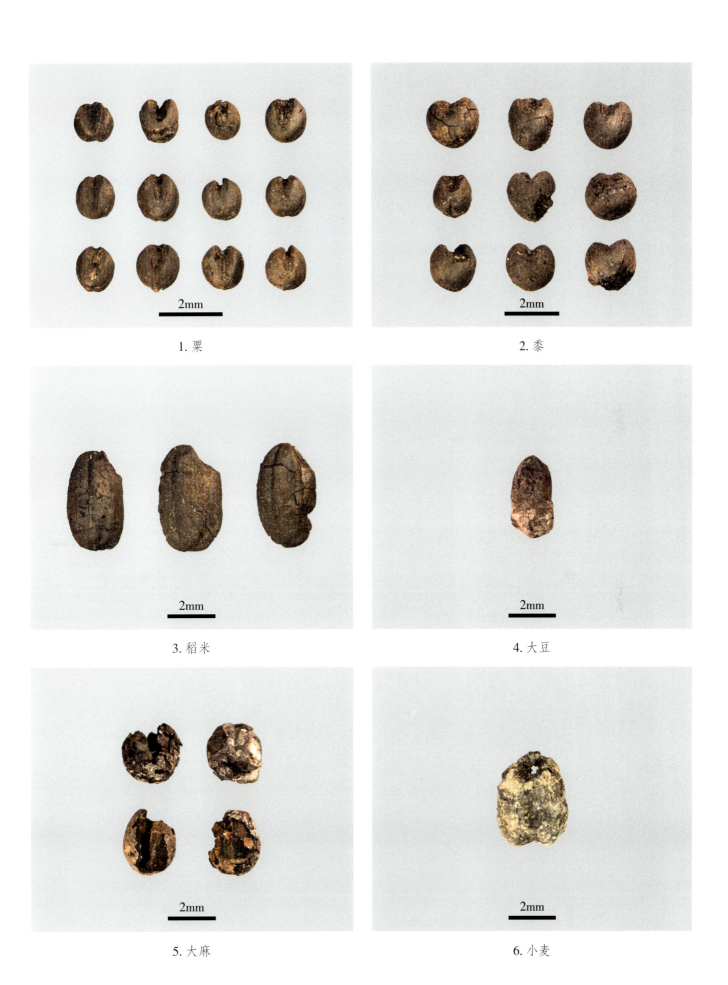

1. 粟

2. 黍

3. 稻米

4. 大豆

5. 大麻

6. 小麦

图版一六三　新街遗址炭化植物遗存

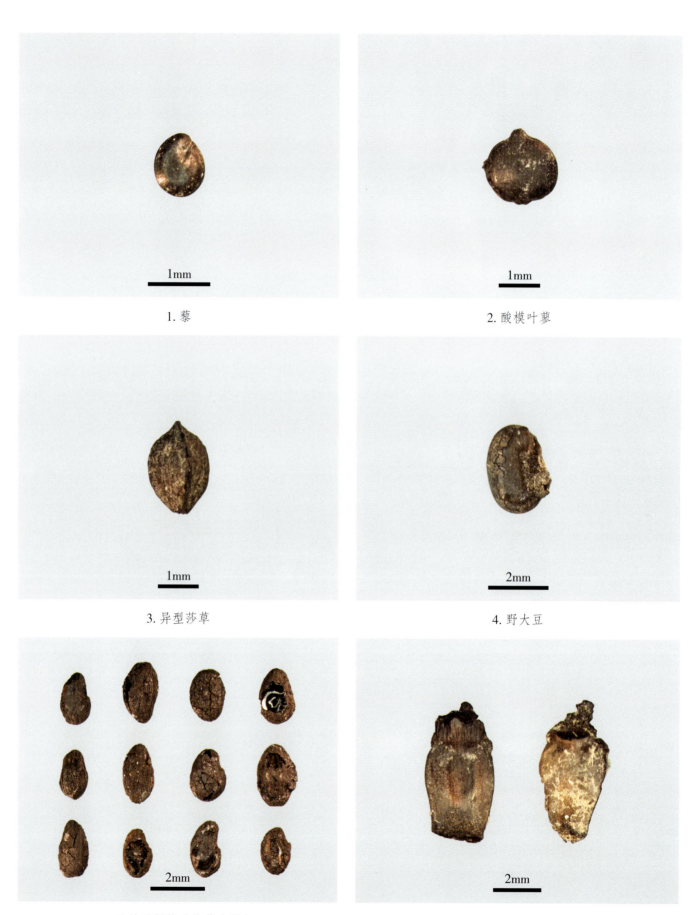

1. 藜

2. 酸模叶蓼

3. 异型莎草

4. 野大豆

5. 豆科（胡枝子和草木樨）

6. 小麦穗轴

图版一六四　新街遗址炭化植物遗存

1. 中华圆田螺（G13出土）

2. 圆顶珠蚌右半壳
H291：D1外视

3. 背瘤丽蚌左半壳
H12：D1

4. 鲤鱼左咽喉齿H227：D1嚼面视

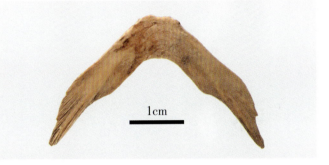

7. 中华鳖上板H33：D1

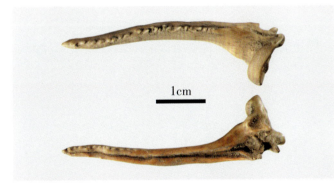

5. 鲶鱼左胸鳍刺H12：D2内侧视

8. 中华鳖左肩胛骨H12：D3

6. 鱼鳃盖骨H77：D1

9. 中华鳖右侧残肋板H12：D4背侧视

图版一六五　　新街遗址出土动物骨骼

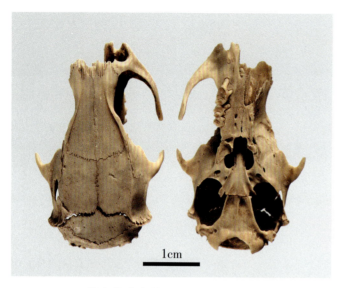

1. 褐家鼠残头骨H153：D6底、顶视

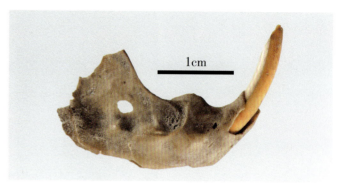

5. 中华鼢鼠右下颌骨H333：D1唇面视

6. 中华竹鼠左上门齿H302：D1外侧视

2. 褐家鼠右下颌骨H402：D1嚼、唇面视

7. 中华竹鼠右下颌H235：D1嚼、舌面视

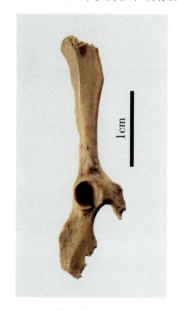

3. 褐家鼠右残盆骨
H42：D15外视

4. 褐家鼠左胫骨H153：D7
前视

8. 中华竹鼠左肱骨
H13：D1后、前视

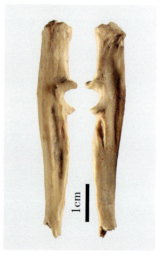

9. 中华竹鼠右尺骨
H29：D3外、内侧视

图版一六六　新街遗址出土动物骨骼

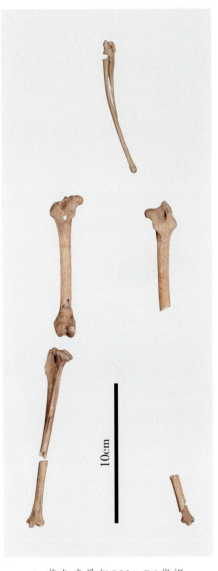

1. 草兔残骨架G33：D1背视

2. 草兔左下颌骨H140：D1嚼、唇面视

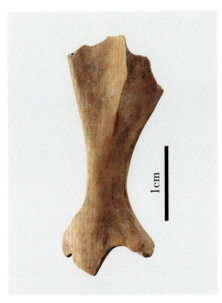

3. 草兔左肩胛骨H140：D2外侧视

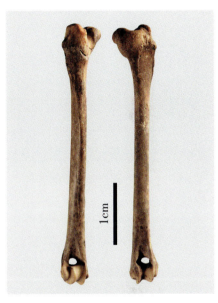

4. 草兔右肱骨H302：D2后、前视

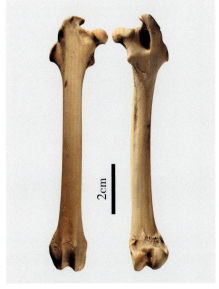

5. 草兔右残盆骨H31：D1外视

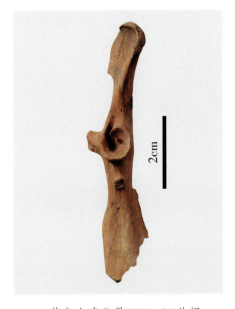

6. 草兔右股骨H296：D2前、后视

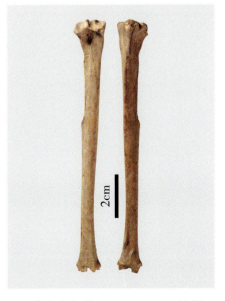

7. 草兔左胫骨H303：D1后、前视

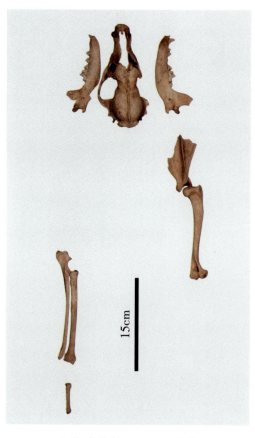

1. 狗残骨架H87：D1背视

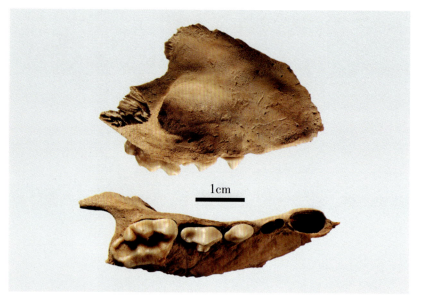

2. 狗獾右残上颌骨H32：D2外视、嚼面视

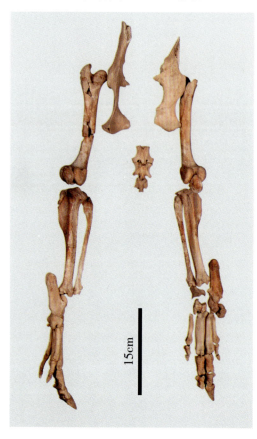

5. 家猪残骨架H62：D1背视

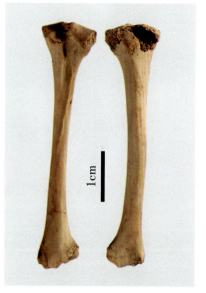

3. 狗獾右胫骨H153：D9前、后视

4. 猫右胫骨近段H130：D1前视

6. 家猪右残下颌骨H11：D3嚼、唇面视

图版一六八　新街遗址出土动物骨骼

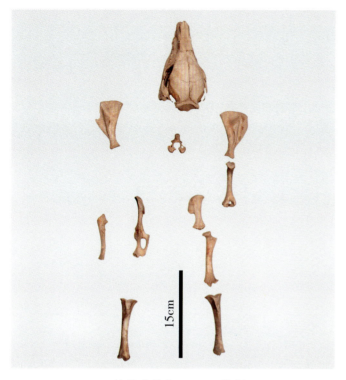

1. 幼猪残骨架G7：D2背视

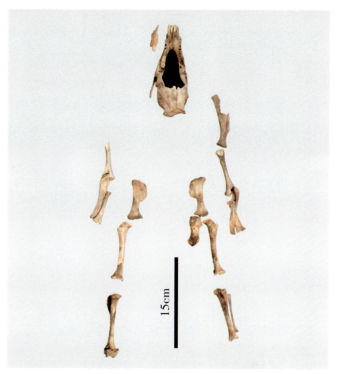

2. 幼猪残骨架G16④：D3背视

3. 家猪右残下颌骨H45：D16嚼、唇面视

5. 家猪右残下颌骨H153：D23嚼、唇面视

6. 家猪下颌骨H45：D13嚼面视

4. 家猪左下颌骨H45：D14嚼、唇面视

7. 家猪下颌骨H216：D2嚼面视

图版一六九　新街遗址出土动物骨骼

1. 狍左残角G33：D27

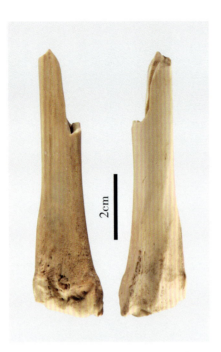

2. 狍左桡骨远段H88：D5后、前视

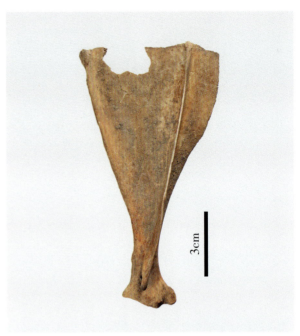

5. 獐右肩胛骨H333：D21外侧视

3. 獐右上犬齿G6①：D13内、外视

6. 獐左肱骨G7：D5前、后视

4. 獐右下颌骨H153：D41嚼、唇面视

7. 獐右股骨近段H9：D1前、后视

图版一七○　　新街遗址出土动物骨骼

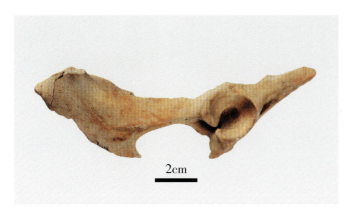

1. 獐右残盆骨H153：D44外视

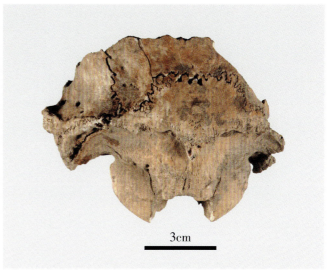

3. 梅花鹿残头骨H92⑥：D7顶视

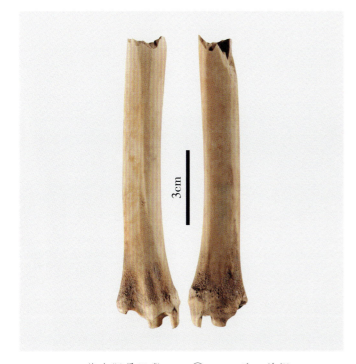

2. 獐左胫骨远段H191②：D18后、前视

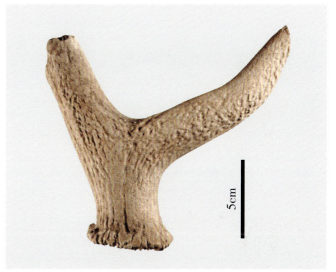

4. 梅花鹿左残角H191：D22内侧视

5. 梅花鹿枢椎H26：D7

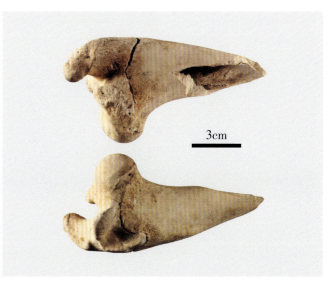

6. 梅花鹿左肱骨近段H402：D54外、内视

图版一七一　新街遗址出土动物骨骼

1. 梅花鹿右下颌骨H86：D13嚼、唇面视

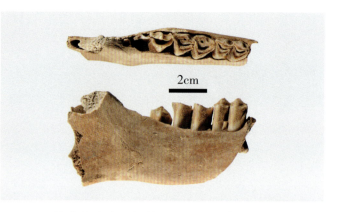

4. 梅花鹿右残下颌骨H395：D28嚼、唇面视

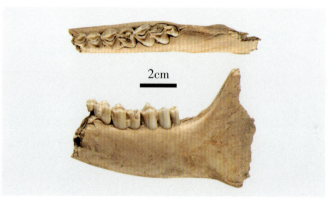

5. 梅花鹿左残下颌骨H385：D78嚼、唇面视

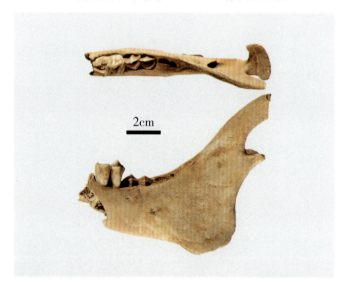

2. 梅花鹿左残下颌骨H114：D11嚼、唇面视

6. 梅花鹿右下颌骨H254：D9嚼、唇面视

3. 梅花鹿右残下颌骨H227：D24嚼、舌面视

7. 梅花鹿左下颌骨G4：D120嚼、唇面视

图版一七二　新街遗址出土动物骨骼

1. 梅花鹿左桡骨远段H153：D50后、前视

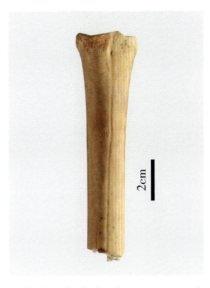

2. 梅花鹿左掌骨远段H237：D12前

3. 梅花鹿右残盆骨H363：D6外视

4. 梅花鹿右股骨近段H385：D87后视

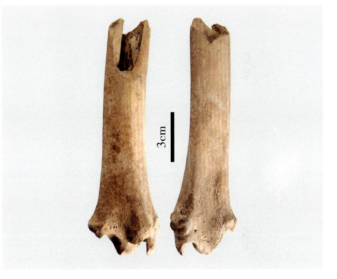

5. 梅花鹿左胫骨远段H12：D39后、前视

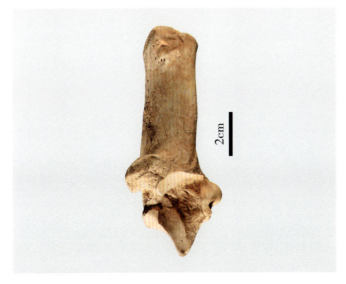

6. 梅花鹿左跟骨H14：D4内侧视

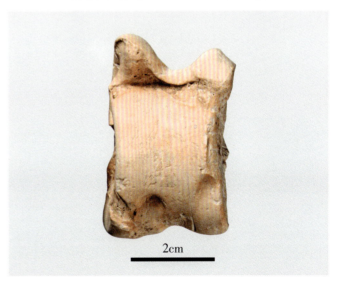

7. 梅花鹿左距骨H14：D5后视

图版一七三　新街遗址出土动物骨骼

1. 牛右残下颌骨G14：D9唇面视

5. 梅花鹿左尺骨近段H385：D83上的咬痕

2. 黄羊右角G4：D117内、外视

6. 梅花鹿右胫骨远段（H293：D13）锯痕

3. 黄羊右跖骨远段H17：D10前视

4. 羊右残下颌骨H31：D4嚼面视

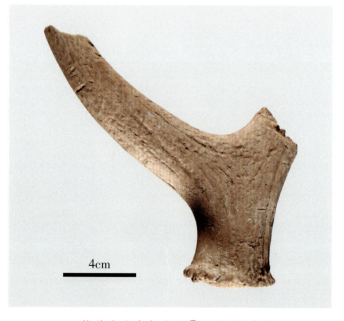

7. 梅花鹿右残角（G6①：D16）砍痕

图版一七四　新街遗址出土动物骨骼